Cornelia Kähr / Michel Kähr
Gesellschaftsrecht

Cornelia Kähr / Michel Kähr

Repetitorium Gesellschaftsrecht

Kurz gefasste Darstellung mit
Schemata, Übungen und Lösungen

3., überarbeitete Auflage

orell füssli Verlag

3., überarbeitete Auflage 2014, 2. Druckrate
© 2014 Orell Füssli Verlag AG, Zürich
www.ofv.ch
Alle Rechte vorbehalten

Dieses Werk ist urheberrechtlich geschützt. Dadurch begründete Rechte, insbesondere der Übersetzung, des Nachdrucks, des Vortrags, der Entnahme von Abbildungen und Tabellen, der Funksendung, der Mikroverfilmung oder der Vervielfältigung auf andern Wegen und der Speicherung in Datenverarbeitungsanlagen, bleiben, auch bei nur auszugsweiser Verwertung, vorbehalten. Vervielfältigungen des Werkes oder von Teilen des Werkes sind auch im Einzelfall nur in den Grenzen der gesetzlichen Bestimmungen des Urheberrechtsgesetzes in der jeweils geltenden Fassung zulässig. Sie sind grundsätzlich vergütungspflichtig. Zuwiderhandlungen werden straf- und zivilrechtlich verfolgt.

Druck: CPI books GmbH, Leck

ISBN 978-3-280-07301-8

Bibliografische Information der Deutschen Nationalbibliothek: Die Deutsche Nationalbibliothek verzeichnet diese Publikation in der Deutschen Nationalbibliografie; detaillierte bibliografische Daten sind im Internet unter http://dnb.d-nb.de abrufbar.

Vorwort

Die Repetitorien Recht basieren auf einem Lernkonzept, das durch die erfahrenen Lehrmittelspezialisten der Compendio Bildungsmedien entwickelt wurde. Die Reihe will und kann nicht Ersatz für die Vorlesung, das Studium der einschlägigen Literatur und die Auseinandersetzung mit der Gerichtspraxis sein, sondern ist lediglich als Ergänzung dazu gedacht.

Im Vordergrund stehen folgende Ziele:

- Repetition vor Prüfungen: Die systematische Kurzdarstellung des Stoffs wird ergänzt mit zahlreichen Beispielen, Grafiken, Verweisen auf die Gerichtspraxis (zum Teil mit Kurzbeschreibungen) sowie Übungsfällen mit Lösungsskizzen.
- Evaluation von allfälligen Wissens- und Verständnislücken, die dank Verweisen auf die Fachliteratur zielgerichtet geschlossen werden können.
- Vorbereitung auf Vorlesungen, Literaturstudium und Arbeit an Falllösungen dank kurzem, klar strukturiertem Überblick.

Das vorliegende Werk legt die Grundzüge des Schweizerischen Gesellschaftsrechts dar. Kernbereich ist demnach die Behandlung der in der Schweiz bekannten Gesellschaftsformen mit ihren spezifischen Eigenheiten. In einem Allgemeinen Teil werden zudem die Grundbegriffe und Funktionen des Gesellschaftsrechts sowie die Themenbereiche Handelsregister, kaufmännische Buchführung und Rechnungslegung, Vertretung von Gesellschaften und Firmenrecht besprochen. Den Abschluss dieses Werks machen Ausführungen zum Konzern, zu den kollektiven Kapitalanlagen und dem Fusionsgesetz.

Seit Erscheinen der zweiten Auflage sind fünf Jahre vergangen. Wesentlichste Neuerung ist die Einführung des neuen Rechts zur kaufmännischen Buchführung und Rechnungslegung auf den 1. Januar 2013. Die neuen Bestimmungen wurden aus dem Aktienrecht hinausgenommen und gesellschaftsübergreifend im OR angesiedelt. Die Neuauflage vollzieht diese Änderung und hat die neuen Normen nun im Allgemeinen Teil, vollständig überarbeitet und erweitert, nachvollzogen. Im Übrigen wurde das Werk vollständig überarbeitet und die Entwicklungen in Lehre und Praxis einbezogen.

Im Sinne einer besseren Lesbarkeit wird die männliche Form verwendet.

Wir möchten uns an dieser Stelle bei Herrn Dominik Probst vom Orell Füssli Verlag für seine hilfreiche Betreuung bedanken.

Hinweise auf Fehler und Verbesserungsvorschläge nehmen wir unter kaehr@gmx.net dankend entgegen.

Bern, Herbst 2013
Cornelia und Michel Kähr

Inhaltsübersicht

Vorwort	5
Inhaltsübersicht	6
Inhaltsverzeichnis	7
Abkürzungsverzeichnis	19
Literaturverzeichnis	22
Allgemeiner Teil	25
Besonderer Teil	65
1. Teil Die einfache Gesellschaft	66
2. Teil Die Kollektivgesellschaft (KollG)	88
3. Teil Die Kommanditgesellschaft (KommG)	105
4. Teil Die Aktiengesellschaft (AG)	125
5. Teil Die Kommanditaktiengesellschaft (KommAG)	229
6. Teil Die Gesellschaft mit beschränkter Haftung (GmbH)	232
7. Teil Die Genossenschaft	257
8. Teil Der Konzern	280
9. Teil Bundesgesetz über die Kollektiven Kapitalanlagen (KAG)	290
10. Teil Das Fusionsgesetz (FusG)	294
Lösungen	317
Stichwortverzeichnis	357

Inhaltsverzeichnis

Vorwort		5
Inhaltsübersicht		6
Inhaltsverzeichnis		7
Abkürzungsverzeichnis		19
Literaturverzeichnis		22
Allgemeiner Teil		25
A.	Einführung	26
	1. Einordnung des Gesellschaftsrechts in das Rechtssystem	26
	2. Inhalt und Aufbau des Repetitoriums Gesellschaftsrecht	26
B.	Übersicht über die Gesellschaftsformen	27
C.	Der Begriff der Gesellschaft	27
	1. Die Vereinigung von Personen	27
	2. Der gemeinsame Zweck	28
	3. Der Gesellschaftsvertrag	28
	4. Abgrenzungen	29
	4.1 Austauschverträge	29
	4.2 Geschäftsbesorgungsverträge	30
	4.3 Partiarische Rechtsgeschäfte	30
	4.4 Weitere vertraglich begründete Personengemeinschaften	31
D.	Die Typisierung der Gesellschaftsformen	32
	1. Gesellschaften mit oder ohne Rechtspersönlichkeit	32
	2. Rechtsgemeinschaften und Körperschaften	32
	2.1 Begriff	32
	2.2 Die juristische Person	33
	3. Personenbezogene und kapitalbezogene Gesellschaften	34
	4. Wirtschaftliche und nicht wirtschaftliche Zweckverfolgung	35
	4.1 Begriff	35
	4.2 Zulässigkeit	35
	5. Das kaufmännische Unternehmen	36
	5.1 Vorbemerkung	36
	5.2 Begriff	36
	5.3 Bedeutung	36
	5.4 Eignung der verschiedenen Gesellschaftsformen	37
E.	Das Handelsregister	37
	1. Funktion und Wirkungen	37
	1.1 Gesetzliche Grundlagen	37
	1.2 Funktion	37
	1.3 Publizitätsprinzip	38
	1.4 Inhalt der Eintragung	39
	1.5 Massgeblicher Zeitpunkt	39
	2. Gliederung	39
	3. Führung und Aufsicht	40
	4. Der Handelsregistereintrag	40
	4.1 Anmeldung und Eintragung in das Handelsregister	40

			4.2	Mangelhafter Eintrag	40
			4.3	Einwände Dritter	41
			4.4	Änderungen und Löschung	41
		5.		Eintragungsbedürftigkeit, -pflicht und -recht	41
			5.1	Eintragungsbedürftigkeit	41
			5.2	Eintragungspflicht	42
			5.3	Eintragungsrecht	42
			5.4	Konstitutiver und deklarativer Eintrag	42
	F.	Kaufmännische Buchführung und Rechnungslegung			43
		1.	Begriff		44
		2.	Anwendungsbereich		44
			2.1	Pflicht zur kaufmännischen Buchführung und Rechnungslegung	44
			2.2	Zusätzliche Anforderungen an die Rechnungslegung	45
		3.	Buchführung		47
		4.	Rechnungslegung		47
			4.1	Aufbau	47
			4.2	Inventar	48
			4.3	Bilanz	48
			4.4	Erfolgsrechnung	50
			4.5	Anhang	52
			4.6	Grundsätze der Rechnungslegung	53
			4.7	Bewertungsregeln	55
	G.	Die Firma			55
		1.	Begriff		55
		2.	Bestandteile einer Firma		56
		3.	Unzulässige Firmen		57
		4.	Schutz öffentlicher Interessen		58
		5.	Firmenschutz		58
		6.	Schutzbehelfe nach UWG		60
		7.	Persönlichkeitsrechtlicher Schutz		60
	H.	Die Vertretung von Gesellschaften			60
		1.	Begriff		60
		2.	Vertretungsbefugnis und Vertretungsmacht		60
		3.	Vertretungsarten		62
		4.	Zum Organbegriff		62

Besonderer Teil — 65

1. Teil Die einfache Gesellschaft — 66

A.	Begriff und Wesen der einfachen Gesellschaft				66
	1.	Definition			66
	2.	Wichtigste Elemente der einfachen Gesellschaft			68
	3.	Abgrenzungen			69
		3.1	Nichtgesellschaften		69
		3.2	Andere Gesellschaftsformen		69
B.	Die Entstehung der einfachen Gesellschaft				70
C.	Das Innenverhältnis				70
	1.	Beitragspflicht der Gesellschafter			71
		1.1	Beitragspflicht		71
		1.2	Art der Beiträge		71
	2.	Gesellschaftsbeschlüsse und Geschäftsführung			72
		2.1	Geschäftsführung		72

		2.2 Gesellschaftsbeschlüsse	74
	3.	Gewinn- und Verlustbeteiligung	75
	4.	Buchführung und Rechnungslegung	76
	5.	Verantwortlichkeit gegenüber den anderen Gesellschaftern	76
		5.1 Haftung gegenüber den anderen Gesellschaftern	76
		5.2 Konkurrenzverbot	76
	6.	Gesellschafterwechsel	77
		6.1 Eintritt	77
		6.2 Ausscheiden	77
		6.3 Ausschluss	78
D.	Das Aussenverhältnis		78
	1.	Vertretung	78
	2.	Haftung	79
E.	Die Beendigung der einfachen Gesellschaft		79
	1.	Auflösung	80
	2.	Liquidation	81
		2.1 Allgemeines	81
		2.2 Vorgehen	81
F.	Exkurs: Die stille Gesellschaft		82
	1.	Charakteristika	82
	2.	Gesetzliche Einordnung und Abgrenzung	82
G.	Übungen zum 1. Teil		84

2. Teil Die Kollektivgesellschaft (KollG) — 88

A.	Begriff und Wesen der Kollektivgesellschaft		89
	1.	Definition	89
	2.	Wichtigste Elemente der Kollektivgesellschaft	90
	3.	Abgrenzungen	90
		3.1 Abgrenzung zur einfachen Gesellschaft	90
		3.2 Abgrenzung zur Kommanditgesellschaft	91
		3.3 Abgrenzung zu den Nichtgesellschaften	91
B.	Die Entstehung der Kollektivgesellschaft		91
	1.	Allgemeines	91
	2.	Handelsregister	92
C.	Das Innenverhältnis		93
	1.	Beitragspflicht der Gesellschafter	93
	2.	Gesellschafterbeschlüsse und Geschäftsführung	93
	3.	Gesellschaftsvermögen und Gesellschaftsschulden	93
		3.1 Gesellschaftsvermögen	93
		3.2 Gesellschaftsschulden	93
	4.	Gewinn- und Verlustbeteiligung	93
	5.	Buchführung und Rechnungslegung	94
	6.	Verantwortlichkeit gegenüber den anderen Gesellschaftern	94
		6.1 Haftung gegenüber den anderen Gesellschaftern	94
		6.2 Konkurrenzverbot	94
	7.	Gesellschafterwechsel	95
		7.1 Eintritt	95
		7.2 Ausscheiden	95
		7.3 Ausschluss	96
D.	Das Aussenverhältnis		96
	1.	Nach aussen verselbstständigte Gesamthandgemeinschaft	96
	2.	Firma und Sitz	96

		2.1	Firma	96
		2.2	Sitz	97
	3.	Vertretung		97
	4.	Haftung		98
	5.	Konkurs		100
E.	Die Beendigung der Kollektivgesellschaft			101
	1.	Auflösung		101
	2.	Liquidation		101
		2.1	Allgemeines	101
		2.2	Vorgehen	102
F.	Übung zum 2. Teil			103

3. Teil   Die Kommanditgesellschaft (KommG) — 105

A.	Begriff und Wesen der Kommanditgesellschaft			106
	1.	Definition		106
	2.	Wichtigste Elemente der Kommanditgesellschaft		107
	3.	Abgrenzungen		108
		3.1	Abgrenzung zur Kollektivgesellschaft	108
		3.2	Abgrenzung zur einfachen Gesellschaft	108
		3.3	Abgrenzung zur stillen Gesellschaft	108
B.	Die Entstehung der Kommanditgesellschaft			109
	1.	Allgemeines		109
	2.	Handelsregister		109
C.	Das Innenverhältnis			110
	1.	Zwei Arten von Gesellschaftern		110
	2.	Beitragspflicht der Gesellschafter		111
	3.	Gesellschafterbeschlüsse und Geschäftsführung		112
		3.1	Geschäftsführung	112
		3.2	Gesellschaftsbeschlüsse	112
	4.	Gesellschaftsvermögen und Gesellschaftsschulden		112
		4.1	Gesellschaftsvermögen	112
		4.2	Gesellschaftsschulden	112
	5.	Gewinn- und Verlustbeteiligung		113
	6.	Buchführung und Rechnungslegung		113
	7.	Verantwortlichkeit gegenüber den anderen Gesellschaftern		113
	8.	Gesellschafterwechsel		114
		8.1	Eintritt	114
		8.2	Ausscheiden	114
		8.3	Ausschluss	115
D.	Das Aussenverhältnis			115
	1.	Nach aussen verselbstständigte Gesamthandsgemeinschaft		115
	2.	Firma und Sitz		116
		2.1	Firma	116
		2.2	Sitz	116
	3.	Vertretung		116
		3.1	Vertretung durch die Komplementäre	116
		3.2	Vertretung durch Kommanditäre	117
		3.3	Vertretung durch Dritte	117
	4.	Haftung		117
		4.1	Allgemeines	117
		4.2	Komplementäre	118
		4.3	Kommanditäre	118

		4.4	Eintretende und austretende Gesellschafter	119
		4.5	Deliktshaftung	119
	5.	Konkurs		119
		5.1	Konkurs der Kommanditgesellschaft	119
		5.2	Konkurs von Gesellschaftern	119
E.	Die Beendigung der Kommanditgesellschaft			120
	1.	Auflösung		120
	2.	Liquidation		121
		2.1	Allgemeines	121
		2.2	Vorgehen	121
F.	Übungen zum 3. Teil			122

4. Teil   Die Aktiengesellschaft (AG)   125

A.	Begriff und Wesen der Aktiengesellschaft			126
	1.	Definition		126
	2.	Wichtigste Elemente der Aktiengesellschaft		127
B.	Die Entstehung der Aktiengesellschaft			128
	1.	Die Gründung der Aktiengesellschaft		128
		1.1	Allgemeines	128
		1.2	Errichtungsphase	128
		1.3	Entstehungsphase	130
		1.4	Übersicht über die Voraussetzungen zur Gründung einer Aktiengesellschaft	130
	2.	Die qualifizierte Gründung der Aktiengesellschaft		130
		2.1	Allgemeines	130
		2.2	Sacheinlage	131
		2.3	Sachübernahme	131
		2.4	Ein Unternehmen als Sacheinlage bzw. -übernahme	132
		2.5	Gründervorteile	132
		2.6	Verrechnung	132
		2.7	Übersicht über die zusätzlichen Vorschriften bei der qualifizierten Gründung	133
	3.	Zu den Statuten		133
		3.1	Allgemeines	133
		3.2	Absolut notwendiger Inhalt der Statuten	133
		3.3	Bedingt notwendiger Inhalt der Statuten	134
		3.4	Fakultativer Inhalt der Statuten	134
		3.5	Statutenänderungen	135
		3.6	Andere interne Gesellschaftsbeschlüsse	135
	4.	Handelsregister		135
		4.1	Eintrag in das Handelsregister	135
		4.2	Inhalt des Eintrags	135
		4.3	Folgen des Eintrags im Handelsregister	136
	5.	Firma und Sitz		136
		5.1	Firma	136
		5.2	Sitz	137
	6.	Die rechtliche Lage vor Entstehung der Aktiengesellschaft		137
		6.1	Gründergesellschaft	137
		6.2	Abschluss von Rechtsgeschäften vor der Gründung der AG	137
	7.	Übungen zur Entstehung der Aktiengesellschaft		139
C.	Aktienkapital und Aktien			141
	1.	Aktienkapital		142
		1.1	Allgemeines	142
		1.2	Begriff	142

	2.	Schutz des Aktienkapitals	142
		2.1 Allgemeines	142
		2.2 Verbot der Aktienausgabe unter dem Nennwert	143
		2.3 Liberierungspflicht	143
		2.4 Verbot der Einlagenrückgewähr	143
		2.5 Ausschüttungsverbot	143
		2.6 Beschränkung des Erwerbs eigener Aktien	144
		2.7 Kapitalherabsetzung	145
		2.8 Bildung von Reserven	145
	3.	Bilanzverlust	145
		3.1 Bilanzverlust	145
		3.2 Kapitalverlust	145
		3.3 Überschuldung	149
	4.	Aktien	150
		4.1 Die Aktie als Beteiligungspapier an der Gesellschaft	150
		4.2 Arten von Aktien	151
	5.	Partizipations- und Genussschein	153
		5.1 Partizipationsschein (PS)	153
		5.2 Genussschein	154
	6.	Die Vinkulierung von Aktien	154
		6.1 Allgemeines	154
		6.2 Gesetzliche Vinkulierung	155
		6.3 Statutarische Vinkulierung	155
		6.4 Übersicht über die Vinkulierung und deren Folgen	158
	7.	Erhöhung des Aktienkapitals	159
		7.1 Allgemeines	159
		7.2 Ordentliche Kapitalerhöhung	160
		7.3 Genehmigte Kapitalerhöhung	160
		7.4 Gemeinsame Bestimmungen	161
		7.5 Bedingte Kapitalerhöhung	162
		7.6 Festübernahme	163
		7.7 Auswirkung auf die Bilanz	163
	8.	Herabsetzung des Aktienkapitals	165
		8.1 Allgemeines	165
		8.2 Arten der Kapitalherabsetzung	165
		8.3 Formen der Kapitalherabsetzung	166
		8.4 Verfahren zur Kapitalherabsetzung	167
	9.	Übungen zum Aktienkapital und zu den Aktien der Aktiengesellschaft	167
D.	Organisation der Aktiengesellschaft		171
	1.	Allgemeines	172
		1.1 Organbegriff	172
		1.2 Organe der Aktiengesellschaft	172
		1.3 Mängel in der Organisation der Aktiengesellschaft	172
	2.	Die Generalversammlung	173
		2.1 Allgemeines	173
		2.2 Befugnisse der Generalversammlung	174
		2.3 Einberufung und Traktandierung	174
		2.4 Durchführung der Generalversammlung	175
		2.5 Vertretung des Aktionärs	176
		2.6 Beschlussfassung und Wahlen	177
		2.7 Mangelhafte Generalversammlungsbeschlüsse	178

		2.8	Anfechtungsklage	178
		2.9	Nichtigkeit	180
		2.10	Abgrenzung der Anfechtungsklage zur Nichtigkeitsklage	181
	3.		Der Verwaltungsrat	181
		3.1	Funktion	181
		3.2	Wahl, Abberufung und Rücktritt	181
		3.3	Organisation und Beschlussfassung	183
		3.4	Aufgaben des Verwaltungsrates	184
		3.5	Abgrenzung der Aufgaben der Generalversammlung zum Verwaltungsrat	185
		3.6	Geschäftsführung und Vertretung	185
		3.7	Pflichten des Verwaltungsrates	186
		3.8	Entschädigung	188
		3.9	Haftung	188
	4.		Die Revisionsstelle	189
		4.1	Funktion	189
		4.2	Ordentliche und eingeschränkte Revision	189
		4.3	Wahl, Abberufung und Rücktritt	190
		4.4	Anforderungen an die Unabhängigkeit der Revisionsstelle	192
		4.5	Aufgaben	193
		4.6	Haftung	195
	5.		Übungen zur Organisation der Aktiengesellschaft	195
E.			Die Rechtsstellung des Aktionärs	199
	1.		Erwerb, Verlust und Übertragung der Mitgliedschaft	199
	2.		Pflichten	200
		2.1	Im Allgemeinen	200
		2.2	Aufgrund des Börsengesetzes im Besonderen	200
	3.		Vermögensrechte	200
		3.1	Recht auf Dividende	200
		3.2	Recht auf den Liquidationsanteil	201
		3.3	Recht auf Bauzins	201
		3.4	Recht auf Benutzung der gesellschaftlichen Anlagen	201
	4.		Mitwirkungsrechte	201
		4.1	Recht auf Mitgliedschaft	201
		4.2	Recht auf Teilnahme an der Generalversammlung	201
		4.3	Recht auf Vertretung an der Generalversammlung	201
		4.4	Stimmrecht	202
		4.5	Meinungsäusserungs- und Antragsrecht	202
		4.6	Recht auf Einberufung und Traktandierung einer Generalversammlung	202
	5.		Schutz der Beteiligungsquote	202
		5.1	Bezugsrecht	202
		5.2	Vorwegzeichnungsrecht	202
	6.		Schutzrechte	202
		6.1	Informations- und Kontrollrechte	202
		6.2	Recht auf Einleitung einer Sonderprüfung	203
		6.3	Gebot der Gleichbehandlung der Aktionäre	204
		6.4	Recht auf Vertretung im Verwaltungsrat	205
		6.5	Recht auf Anfechtung von Generalversammlungsbeschlüssen	205
		6.6	Recht auf Feststellung von nichtigen Generalversammlungs- und Verwaltungsratsbeschlüssen	205
		6.7	Recht auf Einreichung einer Verantwortlichkeitsklage	205

		6.8	Recht auf Einreichung einer Klage aufgrund von Mängeln in der Organisation der Gesellschaft	205
		6.9	Recht auf Einreichung einer Auflösungsklage	206
	7.		Die Schranken der Kapitalherrschaft/Minderheitenschutz	206
		7.1	Unverzichtbare und unentziehbare Rechte	206
		7.2	Erhöhte Beschlussquoren	206
	8.		Übungen zur Rechtsstellung der Aktionäre	206
F.	Reserven			208
	1.		Die Reserven	208
		1.1	Überblick über die Reserven	208
		1.2	Gesetzliche Reserven	209
		1.3	Statutarische Reserven	209
		1.4	Beschlussmässige Reserven	210
		1.5	Stille Reserven	210
	2.		Übungen zu den Reserven	211
G.	Verantwortlichkeit			213
	1.		Allgemeines	214
		1.1	Einteilung	214
		1.2	Unmittelbarer und mittelbarer Schaden	214
		1.3	Aktivlegitimation	215
		1.4	Haftung mehrerer Personen	216
		1.5	Erteilung der Décharge	216
		1.6	Verjährung	217
	2.		Haftung für den Emissionsprospekt	217
	3.		Gründungshaftung	218
	4.		Haftung für Verwaltung, Geschäftsführung und Liquidation (Verantwortlichkeitsklage)	219
	5.		Revisionshaftung	220
	6.		Übungen zur Verantwortlichkeit in der Aktiengesellschaft	221
H.	Die Beendigung der Aktiengesellschaft			223
	1.		Auflösung	223
		1.1	Allgemeines	223
		1.2	Auflösungsklage	223
	2.		Liquidation	224
	3.		Beendigung ohne Liquidation	225
	4.		Übungen zur Beendigung der Aktiengesellschaft	226
I.	Revision des Aktienrechts			227
	1.		Corporate Governance	227
	2.		Kapitalstruktur	227
	3.		Generalversammlung	228
	4.		Initiative Minder / Verordnung gegen die Abzockerei	228

5. Teil	**Die Kommanditaktiengesellschaft (KommAG)**	**229**
A.	Begriff und Wesen der Kommanditaktiengesellschaft	229
	1. Definition	229
	2. Wichtigste Elemente der Kommanditaktiengesellschaft	231

6. Teil	**Die Gesellschaft mit beschränkter Haftung (GmbH)**	**232**
A.	Begriff und Wesen der Gesellschaft mit beschränkter Haftung	233
	1. Definition	233
	2. Wichtigste Elemente der Gesellschaft mit beschränkter Haftung	233
B.	Die Entstehung der Gesellschaft mit beschränkter Haftung	234
	1. Gründung	234

	2.	Qualifizierte Gründung		235
		2.1	Sacheinlagegründung	235
		2.2	Sachübernahmegründung	236
	3.	Statuten		236
		3.1	Allgemeines	236
		3.2	Absolut notwendiger Statuteninhalt	236
		3.3	Bedingt notwendiger Statuteninhalt	237
		3.4	Fakultativer Statuteninhalt	238
	4.	Eintrag in das Handelsregister		238
C.	Kapital			239
	1.	Stammkapital und Stammanteil		239
	2.	Kapitalveränderungen		240
		2.1	Kapitalerhöhung	240
		2.2	Kapitalherabsetzung	241
D.	Organe			242
	1.	Übersicht		242
	2.	Die Gesellschafterversammlung		242
		2.1	Allgemeines	242
		2.2	Einberufung	242
		2.3	Beschlussfassung	243
		2.4	Stimmrecht	244
		2.5	Vetorecht	244
		2.6	Vertretung	245
		2.7	Befugnisse der Gesellschafterversammlung	245
		2.8	Anfechtung von Gesellschafterbeschlüssen	245
		2.9	Nichtigkeit von Gesellschafterbeschlüssen	246
	3.	Das Geschäftsführungsorgan		246
		3.1	Grundsatz	246
		3.2	Delegation und Abberufung der Geschäftsführungsbefugnis	247
		3.3	Haftung der Gesellschaft und Nichtigkeit von Beschlüssen	247
	4.	Die Revisionsstelle		247
E.	Das Innenverhältnis			248
	1.	Allgemeines		248
	2.	Rechte des Gesellschafters		249
	3.	Pflichten des Gesellschafters		250
	4.	Gesellschafterwechsel		250
		4.1	Aufnahme neuer Mitglieder	250
		4.2	Übertragung eines Mitgliedschaftsanteils	250
		4.3	Austritt von Gesellschaftern	251
		4.4	Ausschluss von Gesellschaftern	251
		4.5	Abfindung	252
F.	Das Aussenverhältnis			252
	1.	Firma und Sitz		252
		1.1	Firma	252
		1.2	Sitz	252
	2.	Vertretung		252
	3.	Haftung		253
	4.	Konkurs		254
G.	Die Beendigung der Gesellschaft mit beschränkter Haftung			254
	1.	Auflösung		254
	2.	Liquidation		254

H.	Übungen zum 6. Teil		255 |extbf

7. Teil   Die Genossenschaft — 257

A.	Begriff und Wesen der Genossenschaft			258
	1.	Definition		258
	2.	Wichtigste Elemente der Genossenschaft		258
B.	Die Entstehung der Genossenschaft			260
	1.	Gründung		260
	2.	Qualifizierte Gründung		261
	3.	Statuten		262
		3.1	Allgemeines	262
		3.2	Absolut notwendiger Statuteninhalt	262
		3.3	Bedingt notwendiger Statuteninhalt	262
		3.4	Fakultativer Statuteninhalt	263
C.	Genossenschaftskapital			263
	1.	Grundkapital und Anteilscheine		263
	2.	Kapitalveränderungen		264
		2.1	Kapitalerhöhung	264
		2.2	Kapitalherabsetzung	264
D.	Organe			264
	1.	Übersicht		264
	2.	Die Generalversammlung		265
		2.1	Allgemeines	265
		2.2	Einberufung	265
		2.3	Beschlussfassung	265
		2.4	Stimmrecht	265
		2.5	Vertretung	266
		2.6	Befugnisse der Genossenschafterversammlung	266
		2.7	Universalversammlung	266
		2.8	Anfechtung von Versammlungsbeschlüssen	266
		2.9	Nichtigkeit von Versammlungsbeschlüssen	267
	3.	Die Verwaltung		268
		3.1	Grundsatz	268
		3.2	Pflichten der Verwaltung	268
		3.3	Verwaltungsausschuss	269
		3.4	Delegation an Dritte	269
	4.	Die Revisionsstelle		269
E.	Das Innenverhältnis			270
	1.	Allgemeines		270
	2.	Rechte des Genossenschafters		270
	3.	Pflichten des Genossenschafters		271
	4.	Gesellschafterwechsel		271
		4.1	Grundsatz	271
		4.2	Aufnahme neuer Mitglieder	271
		4.3	Übertragung eines Mitgliedschaftsanteils	272
	5.	Austritt		272
		5.1	Austrittsrecht	272
		5.2	Einschränkungen	273
	6.	Ausschluss		274
		6.1	Nach Massgabe der Statuten	274
		6.2	Ausschluss aus wichtigen Gründen	274
		6.3	Haftung des ausgeschiedenen Gesellschafters	274

F.	Das Aussenverhältnis			274
	1.	Firma und Sitz		274
		1.1	Firma	274
		1.2	Sitz	275
	2.	Vertretung		275
	3.	Haftung		275
	4.	Konkurs		276
G.	Die Beendigung der Genossenschaft			276
	1.	Auflösung		276
	2.	Liquidation		276
		2.1	Grundsatz: Anwendbarkeit des Aktienrechts	276
		2.2	Besonderheiten der Genossenschaft	276
	3.	Umstrukturierungen		277
		3.1	FusG	277
		3.2	Übernahme durch eine öffentlich-rechtliche Körperschaft	277
H.	Besondere Arten von Genossenschaften			278
I.	Übungen zum 7. Teil			278

8. Teil   Der Konzern   280

A.	Allgemeines			280
	1.	Begriff		280
	2.	Abgrenzungen		281
B.	Konzernbildung			282
	1.	Entstehungsarten		282
	2.	Mögliche Strukturen		282
	3.	Mögliche Gesellschaftsformen		283
C.	Konsolidierungspflicht und verstärkte Publizität			283
D.	Aufgaben der Konzernleitung			284
E.	Minderheitenschutz			285
	1.	Konzerneintrittsphase		285
	2.	Konzernbetriebsphase		285
	3.	Konzernaustrittsphase		286
F.	Verträge mit Dritten			286
G.	Haftung im Konzern			286
	1.	Haftung der Muttergesellschaft		286
		1.1	Respektierung der rechtlichen Selbstständigkeit	286
		1.2	Die Muttergesellschaft als faktisches Organ	286
		1.3	Haftung aus Durchgriff	287
		1.4	Haftung aus erwecktem Konzernvertrauen im Besonderen	287
	2.	Haftung innerhalb der Tochtergesellschaft		288

9. Teil   Bundesgesetz über die kollektiven Kapitalanlagen (KAG)   290

A.	Einführung		290
B.	Offene kollektive Kapitalanlagen		291
	1.	Anlagefonds	291
	2.	Investmentgesellschaft mit variablem Kapital (SICAV)	291
C.	Geschlossene kollektive Kapitalanlagen		292
	1.	Kommanditgesellschaft für kollektive Kapitalanlagen (KGK)	292
	2.	Investmentgesellschaft mit festem Kapital (SICAF)	293

10. Teil   Das Fusionsgesetz (FusG)   294

A.	Vorbemerkungen	294
B.	Tabellarischer Überblick nach Gesellschaftsformen	295

	1.	Allgemeines	295
	2.	Einzelunternehmen	295
	3.	Kollektivgesellschaft	295
	4.	Kommanditgesellschaft	296
	5.	Aktiengesellschaft	296
	6.	Kommanditaktiengesellschaft	296
	7.	Gesellschaft mit beschränkter Haftung	296
	8.	Genossenschaft	297
	9.	Verein	297
	10.	KGK und SICAV	297
C.	Systematik des Gesetzes		297
D.	Fusion		298
	1.	Definition	298
	2.	Zulässige Transaktionen	299
	3.	Arten der Fusion	300
	4.	Ablauf einer Fusion	301
	5.	Möglichkeiten der erleichterten Fusion	302
	6.	Gesellschafter-, Gläubiger- und Arbeitnehmerschutz	303
E.	Spaltung		304
	1.	Definition	304
	2.	Zulässige Transaktionen	305
	3.	Arten der Spaltung	305
	4.	Ablauf einer Spaltung	307
	5.	Möglichkeiten der erleichterten Spaltung	308
	6.	Gesellschafter-, Gläubiger- und Arbeitnehmerschutz	308
F.	Umwandlung		309
	1.	Definition	309
	2.	Zulässige Transaktionen	310
	3.	Arten der Umwandlung	310
	4.	Ablauf einer Umwandlung	311
	5.	Möglichkeiten der erleichterten Umwandlung	312
	6.	Gesellschafter-, Gläubiger- und Arbeitnehmerschutz	312
G.	Vermögensübertragung		313
	1.	Definition	313
	2.	Zulässige Transaktionen	313
	3.	Ablauf einer Vermögensübertragung	314
	4.	Gesellschafter-, Gläubiger- und Arbeitnehmerschutz	315

Lösungen	**317**
Lösungen zum 1. Teil	317
Lösungen zum 2. Teil	321
Lösungen zum 3. Teil	324
Lösungen zum 4. Teil	327
Lösungen zum 6. Teil	349
Lösungen zum 7. Teil	353
Stichwortverzeichnis	**357**

Abkürzungsverzeichnis

Abs.	Absatz
AG	Aktiengesellschaft
Art.	Artikel
Aufl.	Auflage
BBl	Bundesblatt
Bd.	Band
BEG	Bundesgesetz über Bucheffekten vom 3. Oktober 2008 (Bucheffektengesetz; SR 957.1)
BEHG	Bundesgesetz über die Börsen und den Effektenhandel (Börsengesetz) vom 24. März 1995 (SR 954.1)
BGE	Entscheidungen des Schweizerischen Bundesgerichts (Lausanne)
BGer	Bundesgericht
BGG	Bundesgesetz über das Bundesgericht vom 17. Juni 2005 (Bundesgerichtsgesetz; SR 173.110)
BSG	Bernische Systematische Gesetzessammlung
BVG	Bundesgesetz über die berufliche Alters-, Hinterlassenen- und Invalidenvorsorge vom 25. Juni 1982 (SR 831.40)
bzw.	beziehungsweise
CHF	Schweizer Franken
d.h.	das heisst
E.	Erwägung
EJPD	Eidgenössisches Justiz- und Polizeidepartement
etc.	et cetera
ev.	eventuell
f./ff.	folgende/fortfolgende
FusG	Bundesgesetz über Fusion, Spaltung, Umwandlung und Vermögensübertragung (Fusionsgesetz) vom 13. Juni 2000 (SR 221.301)
ggf.	gegebenenfalls
GmbH	Gesellschaft mit beschränkter Haftung
GV	Generalversammlung
HRegV	Handelsregisterverordnung vom 17. Oktober 2007 (SR 221.411)
Hrsg.	Herausgeber
i.d.R.	in der Regel
inkl.	inklusive
insb.	insbesondere
IPRG	Bundesgesetz über das Internationale Privatrecht vom 18. Dezember 1987 (SR 291)
i.S.v.	im Sinne von

i.V.m.	in Verbindung mit
KAG	Bundesgesetz über die kollektiven Kapitalanlagen (Kollektivanlagengesetz) vom 23. Juni 2006 (SR 951.31)
KG	Bundesgesetz über Kartelle und andere Wettbewerbsbeschränkungen (Kartellgesetz) vom 6. Oktober 1995 (SR 251)
KGK	Kommanditgesellschaft für kollektive Kapitalanlagen
KollG	Kollektivgesellschaft
KKV	Verordnung über kollektive Kapitalanlagen (Kollektivanlageverordnung) vom 22. November 2006 (SR 951.311)
KommAG	Kommanditaktiengesellschaft
KommG	Kommanditgesellschaft
lit.	litera
m.a.W.	mit anderen Worten
mind.	mindestens
Mio.	Million(en)
MSchG	Bundesgesetz über den Schutz von Marken und Herkunftsangaben (Markenschutzgesetz) vom 28. August 1992 (SR 232.11)
OR	Bundesgesetz betreffend die Ergänzung des Schweizerischen Zivilgesetzbuches (Fünfter Teil: Obligationenrecht) vom 30. März 1911 (SR 220)
OrV JGK	Verordnung über die Organisation und die Aufgaben der Justiz-, Gemeinde- und Kirchendirektion (Organisationsverordnung JGK) des Kantons Bern vom 18. Oktober 1995 (BSG 152.221.131)
Pra	Die Praxis des Bundesgerichtes (Basel)
PS	Partizipationsschein
RAG	Bundesgesetz über die Zulassung und Beaufsichtigung der Revisorinnen und Revisoren (Revisionsaufsichtsgesetz) vom 16. Dezember 2005 (SR 221.302)
RBOG	Rechenschaftsbericht des Obergerichts des Kanton Thurgau (Frauenfeld)
S.	Seite
SchKG	Bundesgesetz über Schuldbetreibung und Konkurs vom 11. April 1889 (SR 281.1)
SchlBest.	Schlussbestimmung
SHAB	Schweizerisches Handelsamtsblatt (Bern)
SICAF	Investmentgesellschaft mit fixem Kapital
SICAV	Investmentgesellschaft mit variablem Kapital
SJZ	Schweizerische Juristenzeitung (Zürich)
sog.	sogenannt(en)
SR	Systematische Sammlung des Bundesrechts
StGB	Schweizerisches Strafgesetzbuch vom 21. Dezember 1937 (SR 311.0)
u.a.	unter anderem
u.ä.	und ähnliche(s)
u.U.	unter Umständen

UWG	Bundesgesetz gegen den unlauteren Wettbewerb vom 19. Dezember 1986 (SR 241)
v.	vom
VgdA	Verordnung gegen die Abzockerei
VGG	Bundesgesetz über das Verwaltungsgericht vom 17. Juni 2005 (Verwaltungsgerichtsgesetz; SR 173.32)
vgl.	vergleiche
z.B.	zum Beispiel
ZGB	Schweizerisches Zivilgesetzbuch vom 10. Dezember 1907 (SR 210)
Ziff.	Ziffer
ZPO	Schweizerische Zivilprozessordnung vom 19. Dezember 2008 (Zivilprozessordnung; SR 272)
ZR	Blätter für Zürcherische Rechtsprechung (Zürich)
z.T.	zum Teil

Literaturverzeichnis

Es wird im Folgenden auf die wichtigste und auch im Buch verwendete Literatur zum Gesellschaftsrecht hingewiesen. Für die Spezialliteratur sei auf die Literaturverzeichnisse in den angeführten Werken verwiesen.

Allgemeine Literatur

DRUEY JEAN NICHOLAS, Gesellschafts- und Handelsrecht, 10., völlig überarbeitete Auflage der Teile III und IV des Werks von Theo Guhl, Zürich 2010

HONSELL HEINRICH / VOGT NEDIM PETER / WATTER ROLF (Hrsg.), Basler Kommentar zum Schweizerischen Privatrecht, Obligationenrecht II: Art. 530–964, 4. Aufl., Basel 2012

KREN KOSTKIEWICZ JOLANTA / NOBEL PETER / SCHWANDER IVO / WOLF STEPHAN (Hrsg.), Handkommentar zum Schweizerischen Obligationenrecht, 2. Aufl., Zürich 2009

MEIER-HAYOZ ARTHUR / FORSTMOSER PETER, Schweizerisches Gesellschaftsrecht, 11. Aufl., Bern 2012

TERCIER PIERRE / AMSTUTZ MARC (Hrsg.), Commentaire Romand, Code des obligations II: art. 530–1186, Basel 2008

Literatur zu bestimmten Themenbereichen

BAUEN MARC / BERNET ROBERT, Schweizer Aktiengesellschaft, Zürich 2007

BÖCKLI PETER, Schweizer Aktienrecht, 4. Aufl., Zürich 2009

VON BÜREN ROLAND, Der Konzern – Rechtliche Aspekte eines wirtschaftlichen Phänomens, Schweizerisches Privatrecht Bd. VIII / 6, 2. Aufl., Basel 2005

VON BÜREN ROLAND / STOFFEL WALTER A. / WEBER ROLF H., Grundriss des Aktienrechts, 3. Aufl., Zürich 2011

FELLMANN WALTER / MÜLLER KARIN, Berner Kommentar, Kommentar zum schweizerischen Privatrecht, Band VI: Das Obligationenrecht, 2. Abteilung: Die einzelnen Vertragsverhältnisse, 8. Teilband: Die einfache Gesellschaft, Art. 530 – 544 OR, Bern 2006

FORSTMOSER PETER / MEIER-HAYOZ ARTHUR / NOBEL PETER, Schweizerisches Aktienrecht, Bern 1996

KÜNG MANFRED / CAMP RAPHAEL, GmbH-Recht, Zürich 2006

PATRY ROBERT, Grundlagen des Handelsrechts, Schweizerisches Privatrecht Bd. VIII / 1, Basel 1976

REYMOND JAQUES-ANDRÉ, Die Genossenschaft, Schweizerisches Privatrecht Bd. VIII / 5, Basel 1998

SIEGWART ALFRED, Zürcher Kommentar zum Schweizerischen Zivilgesetzbuch, Das Obligationenrecht, 4. Teil: Die Personengesellschaften (Art. 530–619), Zürich 1938

VON STEIGER WERNER, Die Personengesellschaften, Schweizerisches Privatrecht Bd. VIII / 1, Basel 1976

WATTER ROLF / VOGT NEDIM PETER / TSCHÄNI RUDOLF / DAENIKER DANIEL (Hrsg.), Basler Kommentar zum Fusionsgesetz, Basel 2005

Materialien

Anhörung zur Verordnung gegen die Abzockerei, Vorentwurf und Erläuternder Bericht zur Verordnung gegen die Abzockerei, abrufbar unter www.bj.admin.ch/content/bj/de/home/dokumentation/medieninformationen/2013/ref_2013-06-141.html

Botschaft zum Bundesgesetz über Fusion, Spaltung, Umwandlung und Vermögensübertragung (Fusionsgesetz; FusG) vom 13. Juni 2000, BBl 2000, 4337 ff.

Botschaft zur Revision des Obligationenrechts (GmbH-Recht) sowie Anpassungen im Aktien-, Genossenschafts-, Handelsregister- und Firmenrecht vom 19. Dezember 2001, BBl 2002, 3148 ff.

Botschaft zur Änderung des Obligationenrechts (Revisionspflicht im Gesellschaftsrecht) sowie Bundesgesetz über die Zulassung und Beaufsichtigung der Revisorinnen und Revisoren vom 23. Juni 2004, BBl 2004, 3969 ff.

Botschaft zur Änderung des Obligationenrechts (Aktienrecht und Rechnungslegungsrecht sowie Anpassungen im Recht der Kollektiv- und der Kommanditgesellschaft, im GmbH-Recht, Genossenschafts-, Handelsregister- sowie Firmenrecht vom 21. Dezember 2007, BBl 2008 1589 ff.

Allgemeiner Teil

A. Einführung

1. Einordnung des Gesellschaftsrechts in das Rechtssystem

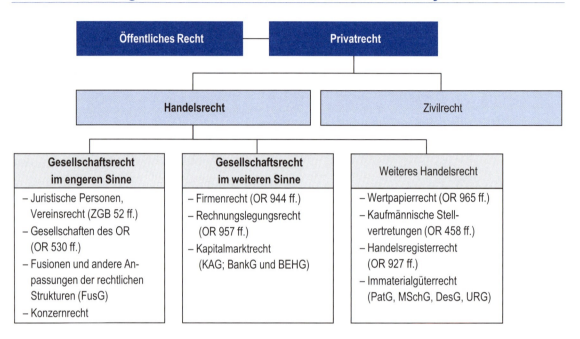

Das Gesellschaftsrecht bildet einen Teil des Handelsrechts und gehört damit zum Privatrecht. Innerhalb des Privatrechts wird zwischen Handelsrecht und Zivilrecht unterschieden. Während das Handelsrecht an eine unternehmerische Tätigkeit anknüpft, regelt das Zivilrecht die Rechtsbeziehungen zwischen gewöhnlichen Bürgern. Zum Zivilrecht gehören demnach primär die im ZGB geregelten Rechtsverhältnisse (Personenrecht, Familienrecht, Erbrecht und Sachenrecht) sowie allgemein das Obligationenrecht (OR 1 ff.)

Das Gesellschaftsrecht kann in einem engeren und in einem weiteren Sinne verstanden werden. Das Gesellschaftsrecht im engeren Sinne umfasst diejenigen Normen, welche unmittelbar das Bestehen von Gesellschaften, deren Innen- und Aussenverhältnis regeln. Der Kern dieser Rechtsgrundlagen findet sich im Obligationenrecht ab OR 530 ff. (Recht der einfachen Gesellschaft, Handelsgesellschaften und Genossenschaft). Allgemeine Grundlagen finden sich sodann zur juristischen Person in ZGB 52 ff. Ebenfalls zum Gesellschaftsrecht im engeren Sinne wird das Vereinsrecht (ZGB 60 ff.), die Regelungen zur Fusion von Gesellschaften (FusG) sowie das Konzernrecht gezählt. In einem weiteren Sinne kann zum Gesellschaftsrecht auch das Firmen- (OR 944 ff.) und das Rechnungslegungsrecht (OR 957 ff.) gezählt werden. Im Kapitalmarktrecht wurden sodann spezialgesetzliche Grundlagen geschaffen (BankG, BEHG, KAG), welche in Teilen ebenfalls gesellschaftsrechtliche Normen enthalten.

2. Inhalt und Aufbau des Repetitoriums Gesellschaftsrecht

Entsprechend der oben gemachten Einordnung des Gesellschaftsrechts in das Rechtssystem konzentriert sich das vorliegende Repetitorium auf das Gesellschaftsrecht im engeren Sinne. Im Zentrum stehen dabei die Gesellschaften des OR, welche im Besonderen Teil des Repetitoriums in separaten Abschnitten abgehandelt werden. In diesem Teil finden sich sodann auch Ausführungen zum Konzern- und zum Fusionsrecht sowie zu den besonderen Gesellschaften im Recht der kollektiven Kapitalanlagen. Der allgemeine Teil des Repetitoriums enthält neben grundsätzlichen Ausführungen zu Begriff und Typisierung von Gesellschaften des OR Bemerkungen zum Handelsregister-, Rechnungslegungs- und Firmenrecht.

B. Übersicht über die Gesellschaftsformen

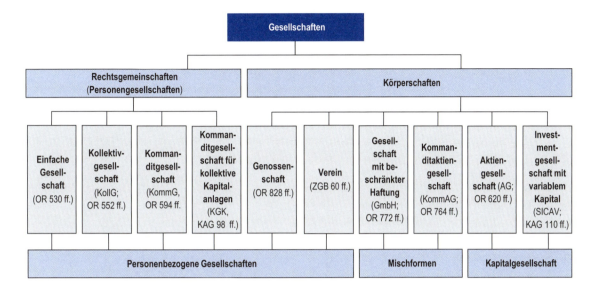

C. Der Begriff der Gesellschaft

Eine Gesellschaft ist die vertragsmässige Verbindung von Personen zur Erreichung eines gemeinsamen Zwecks mit gemeinsamen Kräften und Mitteln.

Diese grundsätzliche Definition findet sich im Recht der einfachen Gesellschaft (OR 530 Abs. 1) und enthält folgende *Merkmale*:

- Vereinigung von Personen;
- gemeinsamer Zweck;
- vertragliche Verbindung (Gesellschaftsvertrag).

1. Die Vereinigung von Personen

Eine Gesellschaft besteht traditionell aus einer Verbindung von mehreren Personen. Diese können *natürliche* oder *juristische Personen* sein, auch *Personenmehrheiten ohne Rechtspersönlichkeit* (so etwa die Kollektiv- oder die Kommanditgesellschaft) kommen als Gesellschafter infrage. Ausnahmen gelten für die Kollektivgesellschaft, die Komplementäre einer Kommanditgesellschaft sowie die unbeschränkt haftenden Aktionäre einer Kommanditaktiengesellschaft; hier werden zwingend natürliche Personen vorausgesetzt. Der Grund dafür liegt in der speziellen Eigenschaft dieser Gesellschafter: Sie prägen als Mitglied die Gesellschaft; ihre Tatkraft und ihr Ansehen als Mensch ist für diese Gesellschaftsformen wichtig.

Für die Gründung einer Gesellschaft fordert das Gesetz in der Regel mindestens zwei Personen. Mit Inkrafttreten der GmbH-Revision (die vereinzelt auch Anpassungen im Aktienrecht zur Folge hatte) am 1. Januar 2008 können eine AG und eine GmbH neu auch nur von einer einzelnen Person gegründet werden (sog. Einpersonengesellschaft; für die AG vgl. OR 625, für die GmbH vgl. OR 772). Dies widerspricht zwar dem Wesensmerkmal der Personenvereinigung, folgt jedoch einem praktischen Bedürfnis der Wirtschaft und wird deshalb künftig auch gesetzlich anerkannt. Praktische Konsequenz der Einpersonen-AG oder -GmbH ist einzig, dass auf die zu errichtende Gesellschaft von Anfang an das Recht der AG bzw. GmbH zur Anwendung kommt. Einpersonengesellschaften bergen ein gewisses Missbrauchspotenzial, kann sich doch mit deren Hilfe eine Person eine zweite Rechtspersönlichkeit überziehen. Erweist sich die Berufung auf die rechtliche Selbstständigkeit einer Einpersonengesellschaft als rechtsmissbräuchlich, wird die Rechtsform ignoriert und direkt auf den dahinter stehenden Gesellschafter durchgegriffen.

Rechtsprechung BGer v. 3. Juli 2003, 5C.14/2003, E.2.2: Die rechtliche Selbstständigkeit einer juristischen Person ist zu beachten, es sei denn, sie werde im Einzelfall rechtsmissbräuchlich geltend gemacht. Grundsätzlich hat selbst die Einmannaktiengesellschaft ihre eigene Rechtspersönlichkeit und wird mit ihrem Aktionär rechtlich nicht schlechthin identifiziert. Um von der rechtlichen Selbstständigkeit der juristischen Person abzusehen, bedarf es eines eigentlichen Rechtsmissbrauchs, einer offenbar zweckwidrigen, missbräuchlichen Verwendung der juristischen Person durch die sie beherrschende Person. Diesfalls kann es sich im konkreten Einzelfall rechtfertigen, vom beherrschten auf das beherrschende Subjekt oder umgekehrt «durchzugreifen». Dieser sogenannte Durchgriff bedeutet in einem allgemeinen Sinn, dass die formalrechtliche Selbstständigkeit der juristischen Person ausser Acht gelassen und die wirtschaftliche Realität auch rechtlich als massgebend betrachtet wird bzw. die juristische Person und die sie beherrschende Person rechtlich – vor allem in Vermögensbelangen – als Einheit behandelt werden.

Mehr als zwei Gesellschafter braucht es weiterhin bei der Genossenschaft, für die mindestens sieben Personen Mitglieder sein müssen (OR 831 Abs. 1). Nach erfolgter Gründung kann aber auch hier die Zahl der Genossenschafter auf eine Person sinken, sodass im Ergebnis auch eine Einpersonen-Genossenschaft vorkommen kann.

Bei den Personengesellschaften bleibt es beim Erfordernis der Personenmehrheit. Verfügt eine solche nur noch über einen Gesellschafter, wird sie ohne Weiteres in eine Einzelunternehmung umgewandelt.

1 Gründungsgesellschafter	2 Gründungsgesellschafter	7 Gründungsgesellschafter
- AG - GmbH - SICAV	- Einfache Gesellschaft - KollG - KommG - KommAG - KGK - Verein	- Genossenschaft

2. Der gemeinsame Zweck

Kern des Gesellschaftsvertrages ist der *Wille der Beteiligten, gemeinsam ein bestimmtes Ziel zu verfolgen*. Alle Gesellschafter wollen am erstrebten Erfolg teilhaben und sind auch bereit, einen allfälligen Misserfolg mitzutragen. Jeder der Beteiligten muss auf irgendeine Weise die Zweckerfüllung fördern, sei dies nun mit Geld, Wissen, Rat oder Tat.

Nicht übereinstimmen müssen die Motive der Gesellschafter. Gemeinsame Zweckverfolgung bedeutet nicht, dass allen Gesellschaftern dieselben persönlichen Beweggründe für den Zusammenschluss zugrunde liegen müssen. Es ist somit durchaus denkbar, dass jeder Gesellschafter letztlich auch individuelle Interessen verfolgt.

3. Der Gesellschaftsvertrag

Als Gesellschaften werden nur diejenigen Personenvereinigungen bezeichnet, welche *durch Vertrag* (d.h. mit übereinstimmender Willensäusserung im Sinne des allgemeinen Obligationenrechtes) begründet werden.

Keine Gesellschaften sind somit Gemeinschaften, die kraft Gesetz entstehen.

Beispiel A stirbt und hinterlässt seine Frau und drei Söhne. Die Erben erwerben die Erbschaft als Ganzes (mit allen Rechten und Pflichten) mit dem Tod des Erblassers (ZGB 560 Abs. 1). Beerben wie im vorliegenden Fall mehrere Erben den Erblasser, so besteht unter ihnen bis zur Teilung der Erbschaft eine Erbengemeinschaft (ZGB 602). Diese Erbengemeinschaft entsteht ipso iure im Zeitpunkt des Todes. Es handelt sich bei diesem Gesamthandsverhältnis somit nicht um eine Gesellschaft im Sinne von OR 530 Abs. 1.

Auch die Körperschaften oder sonstigen Organisationen des öffentlichen Rechts fallen nicht unter den Gesellschaftsbegriff. Wichtigstes Abgrenzungsmerkmal ist hier, ob das Gemeinwesen mit der Erfüllung öffentlicher Aufgaben betraut und zu diesem Zweck mit hoheitlicher Gewalt ausgestattet ist oder ob es gleich einer Privatperson handelt. Tritt das Gemeinwesen hoheitlich auf, regelt es also verbindlich und erzwingbar die Rechte und Pflichten einzelner Bürger, so beruht die Körperschaft auf öffentlich-rechtlicher Grundlage. Die obligationenrechtlichen Vorschriften können höchstens analog hinzugezogen werden.

Beispiele Öffentlich-rechtliche Körperschaften sind z.B.
- Einwohner- oder Kirchgemeinden
- öffentlich-rechtlich organisierte Studentenschaften
- die Nationalbank
- Meliorationsgenossenschaften

Daneben gibt es verschiedene Unternehmen, welche gemischtwirtschaftlich organisiert sind. Dies bedeutet, dass ein Unternehmen zwar von privater Hand geführt wird, aber entweder in der Unternehmensleitung oder in der Unternehmenskontrolle eine öffentlich-rechtliche Körperschaft mitwirkt.

Selbst wenn aber die Erfüllung öffentlicher Aufgaben durch private Gesellschaften wahrgenommen wird, unterstehen diese privaten Rechtsträger – soweit es um die Erfüllung öffentlicher Aufgaben geht – dem öffentlichen Recht.

Beispiele Private Rechtsträger mit öffentlichen Aufgaben sind z.B.:
- BLS
- Verbandsausgleichkassen der AHV
- Schützenvereine
- Billag AG

Ist der Abschluss des Gesellschaftsvertrages mit Mängeln behaftet, gilt er als nichtig oder einseitig unverbindlich. Solche Mängel können etwa darin bestehen, dass ein verdeckter Dissens, Formfehler, Willensmangel oder Handlungsunfähigkeit vorliegt. Ein Vertrag ist auch dann nichtig, wenn mit der Gesellschaft ein rechtswidriger oder unsittlicher Zweck verfolgt werden soll.

Zum Schutze des Vertrauens gutgläubiger Dritter wird indessen die Nichtigkeit nicht mit Wirkung ex tunc festgestellt. Die fehlerhafte Gesellschaft wird vielmehr für ihre bereits im Rechtsverkehr erfolgten Handlungen grundsätzlich wie eine rechtsgültige Gesellschaft behandelt. Erst für die Zukunft erfolgt ihre Liquidation (ex nunc). Vor diesem Zeitpunkt besteht die Gesellschaft somit als faktische Gesellschaft weiter.

Rechtsprechung BGE 116 II 707, E. 1b: Das Vertrauen eines Dritten in den Bestand einer einfachen Gesellschaft ist insoweit geschützt, als der Vertrag zwischen ihm und der einfachen Gesellschaft auch dann wirksam ist, wenn der Gesellschaftsvertrag infolge eines Mangels ungültig ist [...]. In diesen Fällen beurteilt sich das Aussenverhältnis trotz des Mangels nach Gesellschaftsrecht.

4. Abgrenzungen

4.1 Austauschverträge

Beispiele
- Kaufvertrag
- Mietvertrag

Hauptcharakteristikum der Gesellschaften ist die *gemeinsame Zweckverfolgung* und Zweckförderung. Die erbrachten Leistungen werden nicht ausgetauscht, sondern zusammengefügt – der Erfolg bzw. Misserfolg wird gemeinsam getragen. Austauschverträge sind demgegenüber auf die wechselseitige Entrichtung von Leistungen gerichtet. Die Leistung des Einzelnen erfolgt im Hinblick auf die Gegenleistung des anderen.

Bei der Gesellschaft ergibt sich somit die Leistungspflicht aus den Bedürfnissen der Gesellschaft und ist nicht abhängig von der Pflichterfüllung anderer.

4.2 Geschäftsbesorgungsverträge

Beispiele
- Auftrag
- Arbeitsvertrag
- Werkvertrag
- Mäklervertrag
- Frachtvertrag

Wie bei den Gesellschaftsverträgen verfolgen bei den Geschäftsbesorgungsverträgen alle Beteiligten dasselbe Ziel. Der Unterschied liegt aber darin, dass bei einer Gesellschaft dieses Ziel der Wahrung der Interessen aller Beteiligten dient, während bei einer Geschäftsbesorgung nur die Interessen der einen Vertragspartei verfolgt werden. Typischer Geschäftsbesorgungsvertrag ist der Auftrag. Hier ist normalerweise nur der Auftraggeber an der Ausführung des Auftrages interessiert. Der Beauftragte wahrt somit in erster Linie die Interessen des Auftraggebers, für ihn persönlich steht das Honorar als Gegenleistung im Zentrum. Wichtigstes Abgrenzungskriterium ist somit die Verfolgung gemeinsamer oder gegensätzlicher Interessen.

Rechtsprechung

BGE 104 II 108, E. 2: Auftrag und (einfache) Gesellschaft voneinander abzugrenzen kann namentlich dann schwirig sein, wenn sowohl der Auftraggeber als auch der Beauftragte an der Ausführung des Auftrages interessiert sind. Diesfalls ist [...] ein Auftrag anzunehmen, wenn ihr Interesse am Geschäft nicht gleicher Art ist. [...] Im vorliegenden Fall waren beide Parteien interessiert, dass die Beklagte als Schlagersängerin Karriere mache. [...] Die Beklagte war an einer beruflichen und finanziell erfolgreichen Karriere als Schlagersängerin, die Klägerin dagegen vor allem am Honoraranspruch interessiert, der sich aus diesem Erfolg ergab. Dass sie mit gemeinsamen Kräften und Mitteln das gleiche Ziel verfolgten, liesse sich nur sagen, wenn sie ihre Rechte und Pflichten aus den mit Dritten abzuschliessenden Verträgen über Auftritte, Produktionen usw. als gemeinsame Aufgabe betrachtet hätten [...]. Dies traf aber nicht zu.

BGE 109 II 228, E. 2b: Gesellschaftsrecht ist auf die wirtschaftlichen Beziehungen zwischen den Konkubinatspartnern stets nur insoweit anwendbar, als ein Bezug zur Gemeinschaft gegeben ist. Es ist daher möglich, dass zwischen den Partnern neben der einfachen Gesellschaft noch besondere Vertragsverhältnisse bestehen [...]. Andererseits können im Rahmen einer einfachen Gesellschaft Leistungen erbracht werden, die für sich allein durchaus einem zweiseitigen Vertrag zuzuordnen wären; ob sie gemeinsame oder entgegengesetzte Interessen der Partner befriedigen, lässt sich nur aufgrund einer Gesamtbetrachtung beurteilen [...] Arbeitet ein Konkubinatspartner im Betrieb des anderen erheblich mit, so trägt das in der Regel auch zur gemeinsamen Lebenshaltung bei, wie vorliegend die Mitarbeit der Klägerin in der Pension und im Hotel des Beklagten. Wird damit ein gemeinsamer Wert erwirtschaftet, so besteht das Gewinnanteilsrecht auch des nur Arbeit einwerfenden Partners. Wird aber nichts erwirtschaftet, so erschiene es nicht als billig, wenn ein Partner nachträglich dem anderen zu Ersparnissen verhelfen müsste. Im vorliegenden Fall ist daher Gesellschaftsrecht, nicht Arbeitsvertragsrecht massgebend.

4.3 Partiarische Rechtsgeschäfte

Beispiele
- Partiarisches Darlehen
- Verlagsvertrag mit Gewinnbeteiligung
- Arbeitsvertrag mit Gewinnbeteiligung

Die Besonderheit bei partiarischen Rechtsgeschäften ist, dass das Entgelt für die Leistung des einen Vertragspartners ganz oder zumindest teilweise vom wirtschaftlichen Erfolg des anderen abhängig gemacht wird. So kann zum Beispiel ein Arbeitgeber seinen Mitarbeitern eine Gewinnbeteiligung versprechen, um sie zu grösserer Leistungsbereitschaft und Motivation zu bewegen.

Die Parallele zu den Gesellschaften besteht darin, dass in beiden Fällen alle Beteiligten ein gemeinsames Interesse am Geschäftsergebnis haben. Die Abgrenzung – insbesondere zur stillen Gesellschaft – ist oftmals nicht einfach.

Abgrenzungshilfen können u.a. die folgenden Punkte sein:

Abgrenzungshilfen	
Mitwirkungsrechte	Je umfassender die Rechte zur Mitwirkung an der Geschäftsführung vertraglich eingeräumt bzw. tatsächlich ausgeübt werden, desto eher wird der Geldgeber Gesellschafter sein.
Kontrollrechte	Gemäss OR 541 hat selbst ein von der Geschäftsführung ausgeschlossener Gesellschafter das Recht, sich persönlich über die Geschäftsangelegenheiten zu informieren und Einsicht in die Papiere der Gesellschaft zu nehmen. Werden die Kontrollrechte unter diesem Minimum gehalten, spricht dies gegen eine Gesellschaft.
Haftung	Während ein Gesellschafter im Konkursfall solidarisch haftet, kann ein partiarischer Geldgeber seine Forderungen als Gläubiger anmelden.
Verlusttragung	Regelungen über Verlustbeteiligung deuten in der Regel auf ein Gesellschaftsverhältnis hin. Selbst bei partiarischen Rechtsgeschäften kann jedoch eine Beteiligung am Misserfolg vereinbart werden.
Bezeichnung des Vertrages	Die Bezeichnung des Vertrags, die von den Parteien gewählt wird, darf vermutungsweise als richtig betrachtet werden.

Rechtsprechung Entscheid des Obergerichts des Kanton Luzerns vom 23. April 1974, in: SJZ 1975, 44: Der Gesellschaftsvertrag unterscheidet sich von den gegenseitigen, sogenannten Interessengegensatzverträgen (wie Kauf-, Werk-, Arbeitsvertrag), den unvollständig zweiseitigen, sog. Interessen-Wahrungsverträgen (wie Auftrag, Hinterlegung, Frachtvertrag) und den Rechtsgeschäften mit Gewinnbeteiligung wie das partiarische Darlehen dadurch, dass die Parteien den Willen besitzen, sich zu vereinigen, um gemeinsam einen bestimmten Zweck mit bestimmten Mitteln oder Kräften zu verfolgen. Wichtigstes Unterscheidungskriterium der Gesellschaft vom Auftrag ist der Arbeits- und/oder Kapitaleinsatz aller Gesellschafter für einen gemeinschaftlichen Zweck. In der Gesellschaft werden durch die Geschäftsführung Rechte als Gesamteigentum erworben, im Auftrag dagegen vom Beauftragten entweder in eigenem Namen oder im Namen des Auftraggebers, d.h. für einen von beiden, aber nicht für beide gemeinschaftlich.

4.4 Weitere vertraglich begründete Personengemeinschaften

Beispiele
- Gütergemeinschaft
- fortgesetzte Erbengemeinschaft
- Stockwerkeigentümergemeinschaft

Charakteristisch für eine Gesellschaft ist, dass die Mitglieder gemeinsam auf die Erfüllung eines bestimmten Zwecks hinarbeiten. Daneben gibt es aber auch Organisationsformen, bei denen es in erster Linie um die Erhaltung eines bestimmten Status quo geht, also etwa um die gemeinsame Verwaltung oder Nutzung eines bestimmten Gutes. Solche Gemeinschaften sind namentlich im Familien-, Erb- und Sachenrecht vorgesehen. Sie werden nicht als Gesellschaften angesehen.

D. Die Typisierung der Gesellschaftsformen

1. Gesellschaften mit oder ohne Rechtspersönlichkeit

Ohne Rechtspersönlichkeit	Mit Rechtspersönlichkeit
- Einfache Gesellschaft - Kollektivgesellschaft - Kommanditgesellschaft - Kommanditgesellschaft für kollektive Kapitalanlagen (KGK)	- Aktiengesellschaft - Kommanditaktiengesellschaft - Gesellschaft mit beschränkter Haftung - Genossenschaft - Investmentgesellschaft mit variablem Kapital (SICAV) - Verein

Gesellschaften ohne eigene Rechtspersönlichkeit sind keine juristischen Personen und somit auch keine Träger von Rechten und Pflichten. Berechtigt und *verpflichtet werden immer nur die einzelnen Gesellschafter.*

Die einfache Gesellschaft kann unter ihrem Namen keine Rechte erwerben und Verbindlichkeiten eingehen, sie kann auch nicht vor Gericht klagen oder verklagt werden. Der Kollektiv- und der Kommanditgesellschaft kommt zwar nach herrschender Lehre ebenfalls keine Rechtspersönlichkeit zu. Anders als die einfache Gesellschaft treten sie aber im Rechtsverkehr unter einer eigenen Firma auf. Sie sind partei-, prozess- und betreibungsfähig, werden also in gewisser Hinsicht wie eine juristische Person behandelt (OR 562, 602). Kollektiv- und Kommanditgesellschaften werden auch als Handelsgesellschaften ohne Rechtspersönlichkeit bezeichnet.

Die Gesellschaften ohne Rechtspersönlichkeit werden auch Rechtsgemeinschaften genannt, diejenigen mit Rechtspersönlichkeiten gelten als Körperschaften (vgl. die nachfolgenden Ausführungen). Diese Abgrenzung stimmt indessen nicht uneingeschränkt. Wie bereits erwähnt, weisen etwa die Kollektiv- und die Kommanditgesellschaft im Aussenverhältnis körperschaftliche Merkmale auf, währenddessen die GmbH im Innenverhältnis teilweise an eine rechtsgemeinschaftlich strukturierte Gesellschaft erinnert.

2. Rechtsgemeinschaften und Körperschaften

2.1 Begriff

Rechtsgemeinschaften	Körperschaften
- Einfache Gesellschaft - Kollektivgesellschaft - Kommanditgesellschaft	- Aktiengesellschaft - Kommanditaktiengesellschaft - Gesellschaft mit beschränkter Haftung - Genossenschaft - Verein

Rechtsgemeinschaft bedeutet, dass mehreren natürlichen oder juristischen Personen bestimmte Rechte und Pflichten gemeinsam zukommen, ohne dass dadurch eine eigene Rechtspersönlichkeit geschaffen wird. Die rechtsgemeinschaftlich strukturierten Gesellschaften werden als Personengesellschaften bezeichnet. Rechtsgemeinschaften werden im Geschäftsverkehr durch Gesellschafter oder bevollmächtigte Dritte vertreten.

Bei einer *Körperschaft* werden demgegenüber die Mitglieder zu einer Einheit zusammengefasst. Die Körperschaft ist eine juristische Person. Sie ist als solche mit Rechtspersönlichkeit ausgestattet und wird nicht durch ihre Mitglieder vertreten, sondern handelt durch Organe im Geschäftsverkehr (vgl. dazu die nachfolgenden Abschnitte).

Wesentliche Unterschiede zwischen Rechtsgemeinschaft und Körperschaft zeigen sich auch in den folgenden Bereichen:

	Rechtsgemeinschaft	Körperschaft
Gesellschaftsvermögen	Gemeinschaftliches Eigentum der Gesellschafter	Alleineigentum der Gesellschaft
Haftung	Solidarische (subsidiäre) Haftung der Gesellschafter	Ausschliessliche oder primäre Haftung der Gesellschaft
Grundlage	Gesellschaftsvertrag (formfrei)	Statuten (einfache oder qualifizierte Schriftlichkeit)
Innenverhältnis	Gesellschaft ist grds. von den Gesellschaftern und deren Zusammenarbeit abhängig. Die interne Organisation ist von ihnen weitgehend frei gestaltbar.	Gesellschafter stehen in einem Verhältnis zur Gesellschaft, die Beziehung zu den anderen Gesellschaftern ist sekundär. Die interne Organisation ist weitgehend gesetzlich vorgegeben.
Aussenverhältnis	Durch eingegangene Rechtsgeschäfte werden die Gesellschafter direkt verpflichtet und berechtigt.	Durch eingegangene Rechtsgeschäfte wird ausschliesslich die Gesellschaft verpflichtet und berechtigt.

2.2 Die juristische Person

Juristische Personen sind gemäss ZGB 53 aller Rechte und Pflichten fähig, die nicht die natürlichen Eigenschaften des Menschen wie das Geschlecht, das Alter oder die Verwandtschaft zur notwendigen Voraussetzung haben.

Eine juristische Person ist somit grundsätzlich *rechtsfähig*. Welche Rechte und Pflichten ihr im Einzelfall zukommen, kann jedoch nicht generell umschrieben werden, sondern ist nach Massgabe des einzelnen Rechtsgeschäfts sowie des Verbandstypus zu entscheiden.

Konkret kann die juristische Person Trägerin von Vermögens-, Forderungs-, Sachen- und Immaterialgüterrechten sein. Sie ist fähig, am wirtschaftlichen Wettbewerb teilzunehmen, kann Willensmängeln erliegen und auch in ihrer Persönlichkeit verletzt werden.

Eine juristische Person darf nicht Kollektivgesellschafterin oder Komplementärin sein (OR 552 Abs. 1, 594 Abs. 2). Ansonsten steht ihr jedoch die Mitgliedschaft in Vereinigungen aller Art offen.

Weiter kommen der juristischen Person Grundrechte zu. Hierzu gehören die Wirtschaftsfreiheit, das Recht auf Gleichbehandlung, das Recht auf Meinungsäusserung und Information sowie die Medien- und Versammlungsfreiheit. Sie kann sich jedoch nur ausnahmsweise auf ihre Grundrechte berufen, nämlich dann, wenn sie durch einen staatlichen Akt gleich wie eine Privatperson betroffen ist.

Die juristische Person ist partei-, betreibungs- und prozessfähig.

Am 1. Oktober 2003 wurde die strafrechtliche Deliktsfähigkeit von juristischen Personen eingeführt. StGB 102 sieht eine grundsätzlich subsidiäre, ausnahmsweise aber auch primäre Verantwortlichkeit von Unternehmen vor:

Subsidiäre Haftung des Unternehmens	Primäre Haftung des Unternehmens
«Wird in einem Unternehmen in Ausübung geschäftlicher Verrichtung im Rahmen des Unternehmenszwecks ein Verbrechen oder Vergehen begangen und kann diese Tat wegen mangelhafter Organisation des Unternehmens keiner bestimmten natürlichen Person zugerechnet werden, so wird das Verbrechen oder Vergehen dem Unternehmen zugerechnet. In diesem Fall wird das Unternehmen mit Busse bis zu 5 Millionen Franken bestraft.»	Bei bestimmten, im Einzelnen aufgeführten Straftaten, insbesondere bei der Beteiligung an einer kriminellen Organisation oder Unterstützung einer solchen, bei der Finanzierung des Terrorismus oder bei Geldwäscherei, «wird das Unternehmen unabhängig von der Strafbarkeit natürlicher Personen bestraft, wenn dem Unternehmen vorzuwerfen ist, dass es nicht alle erforderlichen und zumutbaren organisatorischen Vorkehren getroffen hat, um eine solche Straftat zu verhindern».
StGB 102 Abs. 1	StGB 102 Abs. 2

Die juristischen Personen sind handlungsfähig, sobald die nach Gesetz und Statuten unentbehrlichen Organe bestellt sind (ZGB 54).

3. Personenbezogene und kapitalbezogene Gesellschaften

Personenbezogene Gesellschaft	Kapitalgesellschaft	Mischformen *
- Einfache Gesellschaft - KollG - KommG - Genossenschaft - Verein	AG SICAV KGK	- GmbH - KommAG

* Diese Gesellschaften sind teilweise personen- und teilweise kapitalbezogen.

Massgeblich für die Unterscheidung zwischen personen- und kapitalbezogenen Gesellschaften ist die *Art der eingesetzten Mittel*. Während bei den personenbezogenen Gesellschaften der persönliche Einsatz der Gesellschafter im Zentrum steht, spielt bei den Kapitalgesellschaften deren Kapitaleinsatz die entscheidende Rolle.

Die Gesellschafter stehen bei der personenbezogenen Gesellschaft in einer meist engen persönlichen Beziehung, sie haften für die Verbindlichkeiten der Gesellschaft persönlich und wirken in der Regel aktiv bei den Geschäften mit. Da die Mitgliedschaft meist auf die einzelnen Personen zugeschnitten ist, ist eine Übertragung der Mitgliedschaft grundsätzlich ausgeschlossen.

Anders bei den Kapitalgesellschaften; hier sind die Pflichten der Gesellschafter einzig darauf beschränkt, Vermögensgegenstände zur Verfügung zu stellen. Die persönlichen Fähigkeiten der Gesellschafter oder deren Individualität ist meist irrelevant und eine Übertragung grundsätzlich ohne Weiteres durchführbar.

Die Genossenschaft und auch der Verein sind Spezialformen der Körperschaften. Trotz der meist grossen Mitgliederzahl sind diese Gesellschaften grundsätzlich personenbezogen, auch wenn sie nicht alle Merkmale einer personenbezogenen Gesellschaft erfüllen (bspw. besteht grundsätzlich keine persönliche Haftung für Gesellschaftsschulden).

Die GmbH und die KommAG stellen Mischformen dar. Obwohl sich hier wie etwa bei der AG jeder Gesellschafter am Gesellschaftskapital zu beteiligen hat, ist die Geschäftsführung und Vertretung nach dem Prinzip der Selbstorganschaft ausgestaltet.

Grundlegende Unterscheidungsmerkmale sind:

	Personenbezogene Gesellschaft	Kapitalgesellschaft
Grundlage der Unterscheidung	Mitgliedschaft basiert auf Persönlichkeit	Mitgliedschaft basiert auf Kapitalbeteiligung
Pflichten	- Umfassende Beitragspflicht - Pflichten auch nicht finanzieller Art; insb. Treuepflicht - Persönliche Haftung für Gesellschaftsschulden oder Nachschusspflicht	- Beschränkte Beitragspflicht (Liberierung des Kapitalanteils) - Keine Pflichten nicht finanzieller Art; keine Treuepflicht - Keine persönliche Haftung für Gesellschaftsschulden - Keine Nachschusspflicht
Verhältnis der Mitglieder untereinander	- Persönliche Bindung - Erbringung der vertragsgemässen Leistung kann mittels actio pro socio eingeklagt werden.	- Keine persönliche Bindung - Rechtsbeziehungen zwischen den Mitgliedern nur mittels Aktionärbindungsverträgen

	Personenbezogene Gesellschaft	Kapitalgesellschaft
Mitgliedschafterwechsel	- Grundsätzlich keine Übertragbarkeit der Mitgliedschaft - Grundsätzlich feste Mitgliederzahl: Wegfall eines Gesellschafters führt mangels abweichender gesellschaftsvertraglicher Regelung zur Auflösung der Gesellschaft *	- Grundsätzlich freie Übertragbarkeit (typisch: Verkauf einer Aktie)
Auflösung	Persönliche und sachliche Gründe	Keine Auflösung aus persönlichen Gründen
Ausschluss	Ausschliessung eines untragbaren Mitgliedes aus wichtigem Grund	Ausschliessung nur bei Nichterfüllung der Liberierungspflicht

* Bei Genossenschaft und Verein ist ein Ein- bzw. Austritt zwar möglich, die Mitgliedschaft wird jedoch nicht übertragen, sondern der neue Gesellschafter erwirbt die Mitgliedschaft originär.

4. Wirtschaftliche und nicht wirtschaftliche Zweckverfolgung

4.1 Begriff

Eine Gesellschaft verfolgt einen wirtschaftlichen Zweck, wenn sie einen *ökonomischen Vorteil zugunsten ihrer Mitglieder* anstrebt. Die Frage nach dem wirtschaftlichen Zweck beantwortet sich somit nach dem Kriterium, ob eine Gesellschaft in erster Linie einen ideellen oder einen geldwerten Nutzen aus ihrer Tätigkeit ziehen will.

Beispiel Die X-AG betreibt eine Fabrik zur Herstellung von Getränken, um diese dann über Grossverteiler zu verkaufen. Der Gewinn wird als Dividende an die Aktionäre ausgeschüttet. Der Zweck dieser AG ist eindeutig wirtschaftlicher Natur. Vom Gewinn profitieren ausschliesslich die Gesellschafter.

Anders verhält es sich hingegen, wenn die X-AG den Gewinn nicht an die Aktionäre ausschüttet, sondern vielmehr dazu benutzt, ein Entwicklungsprojekt in der Dritten Welt zu unterstützen. Hier dient der Gewinn der Befriedigung von Bedürfnissen Dritter; es handelt sich somit um einen ideellen Zweck.

4.2 Zulässigkeit

Die Verfolgung eines wirtschaftlichen Zwecks ist für alle Gesellschaftsformen des Obligationenrechts möglich. Typischerweise tätigen die Handelsgesellschaften (KollG, KommG, AG, KommAG, GmbH und Genossenschaften) ihre Geschäfte regelmässig mit der Absicht, einen Gewinn für ihre Mitglieder zu erzielen. Ausschliesslich einem wirtschaftlichen Zweck dienen die Gesellschaften des KAG (SICAV [KAG 36], SICAF [KAG 110] und KGK [KAG 98]).

Demgegenüber ist die Verfolgung eines wirtschaftlichen Zwecks für den Verein nicht erlaubt (ZGB 60 Abs. 1). Diese Gesellschaftsform wurde ausschliesslich für ideelle Zwecke zur Verfügung gestellt. Dies schliesst jedoch die Führung eines kaufmännischen Unternehmens nicht zwangsläufig aus: Solange mittels des kaufmännischen Unternehmens ein nicht wirtschaftliches Ziel angestrebt wird, kann ein solches ohne Weiteres betrieben werden; der Verein muss dann allerdings im Handelsregister eingetragen werden.

In der Praxis werden teilweise auch Vereine mit wirtschaftlichen Zwecken geduldet, obwohl diese Praxis eigentlich gesetzeswidrig ist. Voraussetzung dafür ist, dass der Verein kein nach kaufmännischer Art geführtes Gewerbe betreibt.

Rechtsprechung BGE 90 II 333 in: Pra 54 (1965) Nr. 65, E. 7: Die Rechtssicherheit und die Geschlossenheit der Rechtsordnung gebieten daher die Wiederherstellung der früheren Rechtsprechung, welche das gesetzliche Kriterium des Zweckes durch dasjenige der angewendeten Mittel ersetzt hat. Demnach verfolgt ein Verein einen wirtschaftlichen Zweck, der ihm die Erlangung der Rechtspersönlichkeit verwehrt, nur dann, wenn er selbst ein kaufmännisches Gewerbe betreibt.

5. Das kaufmännische Unternehmen

5.1 Vorbemerkung

Zur besseren Verständlichkeit der nachfolgenden Ausführungen ist es wichtig, dass die beiden Begriffe Gesellschaft und Unternehmen – obwohl im Volksmund häufig als Synonyme verwendet – klar auseinandergehalten werden.

Begriff	Gesellschaft	Unternehmen/Gewerbe
Organisation	▪ Zusammenschluss von Personen auf gleicher Stufe (Gesellschafter) ▪ Gemeinsamer Einsatz von Mitteln	Personen und Mittel werden von einer leitenden Instanz in einer hierarchisch gegliederten Struktur eingesetzt
Ausrichtung/Ziel	▪ Zusammenschluss zum Betrieb eines Unternehmens ▪ Unternehmensträger	Wertschöpfung: Erbringung einer wirtschaftlichen Leistung (z.B. Produktion)

Die Gesellschaft stellt die Form oder Struktur dar, mittels derer ein Unternehmen betrieben wird. In diesem Sinne bildet die Gesellschaft die Basis für eine Unternehmenstätigkeit.

5.2 Begriff

Zur Verwirklichung des Zwecks der Gesellschaft kann diese ein nach kaufmännischer Art geführtes Gewerbe (ein sog. kaufmännisches Unternehmen) betreiben. Eine genauere Umschreibung des Begriffes «Gewerbe» liefert die Handelsregisterverordnung (HRegV). Gemäss HRegV 2 lit. b ist als Gewerbe in diesem Sinne jede *selbstständige*, auf *dauernden Erwerb* gerichtete, *wirtschaftliche Tätigkeit* zu betrachten. Nicht erforderlich ist für ein kaufmännisches Unternehmen ein Gewinnstreben.

5.3 Bedeutung

a) Handelsregistereintrag

Wesentliche Folge der Führung eines kaufmännischen Gewerbes ist die Pflicht (und das Recht) zur Eintragung in das Handelsregister (OR 934).

Dies ist insbesondere für die Handelsgesellschaften ohne Rechtspersönlichkeit (KollG und KommG) von Bedeutung: Führt eine solche Gesellschaft ein kaufmännisches Gewerbe, so hat die Gesellschaft zwar die Pflicht zum Handelsregistereintrag, sie entsteht aber bereits ohne Eintrag im Handelsregister. Für die nichtkaufmännische KollG und KommG entwarf der Gesetzgeber eine andere Regelung. Zur Entstehung wird nach OR 553 zwingend der Eintrag in das Handelsregister verlangt; der Eintrag hat m.a.W. *konstitutive* Wirkung; die Gesellschaft entsteht somit erst mit dem Eintrag im Handelsregister (vgl. auch HRegV 41 Abs. 3).

Für ein Einzelunternehmen gilt, dass es im Handelsregister nur eingetragen wird, wenn es ein nach kaufmännischer Art geführtes Gewerbe betreibt (und dabei einen Mindestumsatz von CHF 100'000.– erzielt; vgl. dazu unten S. 42).

Demgegenüber sind die Körperschaften des OR (AG, KommAG, GmbH und Genossenschaft) generell in das Handelsregister einzutragen, da dies unabhängig von ihrem Gewerbe konstitutiv für ihre Entstehung ist (ZGB 52 Abs. 1).

Rechtsprechung BGE 80 I 383: Eintragungspflichtig ist gemäss [a]HRegV 52 u.a., wer ein nach kaufmännischer Art geführtes Gewerbe betreibt, wobei als Gewerbe eine selbstständige, auf dauernden Erwerb gerichtete wirtschaftliche Tätigkeit gilt. Dass diese einen Gewinn anstrebe oder tatsächlich ergebe, ist nach der Rechtsprechung kein unerlässliches Merkmal des Gewerbebegriffes. In Hinsicht auf die Eintragungsbedürftigkeit genügt die Ausübung einer organisierten, auf Dauer angelegten und die Wirtschaft beschlagenden Betätigung, die einen bestimmten Umsatz mit sich bringt und im Weiteren nach Natur und Umfang einen kaufmännischen Betrieb mit geordneter Buchhaltung erfordert […].

b) Buchführungspflicht

Die Führung eines kaufmännischen Unternehmens wird sodann regelmässig die Pflicht zur kaufmännischen Buchführung und Rechnungslegung gemäss OR 957 ff. zur Folge haben (vgl. dazu unten S. 43).

5.4 Eignung der verschiedenen Gesellschaftsformen

Abgesehen von der einfachen Gesellschaft und den Gesellschaften des KAG ist allen Gesellschaftsformen die Zweckverfolgung mittels eines kaufmännischen Unternehmens gestattet.

Da die einfache Gesellschaft nicht im Handelsregister eintragbar ist, kann sie grundsätzlich auch kein nach kaufmännischer Art geführtes Gewerbe betreiben. Tut sie dies dennoch, so wird sie als Kollektivgesellschaft qualifiziert, sofern die Gesellschafter ausschliesslich natürliche Personen sind – in diesem Fall erfüllt sie alle erforderlichen Voraussetzungen für eine Kollektivgesellschaft. Hat die einfache Gesellschaft auch juristische Personen als Gesellschafter, so wird die Führung eines kaufmännischen Unternehmens bei der einfachen Gesellschaft ausnahmsweise toleriert.

Nicht alle Unternehmensformen sind für die Führung eines kaufmännischen Unternehmens gleich geeignet:

	Zweck	Kaufmännisches Unternehmen
Einfache Gesellschaft	Wirtschaftlich oder ideell	Ausnahmsweise zulässig, sofern juristische Personen an der einfachen Gesellschaft beteiligt sind
KollG KommG AG KommAG GmbH	Typischerweise wirtschaftlich (Erzielung von Gewinn)	Typisch
Genossenschaft	Typischerweise wirtschaftlich (Wirtschaftliche Förderung der Interessen der Mitglieder)	Zulässig
Verein	Ausschliesslich ideell; Praxis lässt auch wirtschaftliche Zwecke zu	Zulässig, aber atypisch
Gesellschaften des KAG	Ausschliesslich wirtschaftlich	Unzulässig

E. Das Handelsregister

1. Funktion und Wirkungen

1.1 Gesetzliche Grundlagen

Auf Gesetzesstufe ist das Handelsregister in OR 927–943 geregelt. Von grosser Bedeutung ist zudem die Handelsregisterverordnung (HRegV), die auf den 1.1.2008 total revidiert wurde.

1.2 Funktion

Das Handelsregister dient der Durchsetzung von Vertrauensschutz und Rechtssicherheit im kaufmännischen Verkehr.

Das Handelsregister ist öffentlich (OR 930). Die Eintragungen im Handelsregister werden in der Regel durch Veröffentlichung im Schweizerischen Handelsamtsblatt (SHAB) bekannt gemacht (OR 931). Dies ist notwendige Voraussetzung für die zentrale Funktion des Handelsregisters – die *Publizitätsfunktion*.

Der Eintrag soll es dem Dritten ermöglichen, Einblick in die für ihn relevanten rechtlichen und tatsächlichen Verhältnisse eines Unternehmens zu gewinnen (vgl. HRegV 11). Dieser kann dem Handelsregister zum Beispiel entnehmen, wie die Gesellschaft bezüglich Haftung und Vertretung organisiert ist oder wo das Unternehmen seinen Sitz hat. Die wichtigsten Informationen des Handelsregisters sind im zentralen Schweizer Firmenregister des eidgenössischen Handelsregisteramtes unter www.zefix.ch abrufbar (vgl. HRegV 13 f.).

Rechtsprechung BGE 75 I 74, E. 1: Der Zweck des Handelsregisters besteht im Wesentlichen darin, im Interesse der Geschäftstreibenden und des Publikums im Allgemeinen die kaufmännischen Betriebe und die auf sie bezüglichen rechtserheblichen Tatsachen kund zu machen.

Dem Handelsregistereintrag kommt neben dem Hauptzweck der Publizität auch ein sog. *Anknüpfungszweck* zu: Jemand, der nicht zur Eintragung verpflichtet ist, lässt sich unter Umständen dennoch eintragen, weil mit dem Eintrag Rechtsfolgen verknüpft sind, die ihm Vorteile bringen.

Vorteile der Eintragung sind insbesondere:

- Die im Handelsregister eingetragene und im Schweizerischen Handelsamtsblatt veröffentlichte Firma steht dem Berechtigten zu ausschliesslichem Gebrauch zu (OR 956). Wer sich also – auch ohne Eintragungspflicht – eintragen lässt, geniesst erhöhten Firmenschutz;
- die im Handelsregister eingetragene Gesellschaft unterliegt der Betreibung auf Konkurs (vgl. SchKG 39);
- der Eintrag bildet eine Voraussetzung für die Zuständigkeit des Handelsgerichtes (vgl. ZPO 6 Abs. 2 lit. c und Abs. 3).

Schliesslich hat das Handelsregister auch die Funktion der *Rechtsdurchsetzung*: Vor dem Eintrag hat der Registerführer zu prüfen, ob die zwingenden gesetzlichen Minimalanforderungen eingehalten sind. Er hat auch dafür zu sorgen, dass die Eintragung nicht gegen zwingendes Recht verstösst (vgl. dazu unten S. 40).

1.3 Publizitätsprinzip

Der Handelsregistereintrag hat in Bezug auf richtige Eintragungen folgende Publizitätswirkungen:

Positiv	Negativ
Die Einwendung, dass jemand eine Dritten gegenüber wirksam gewordene Eintragung nicht gekannt hat, ist ausgeschlossen.	Wurde eine Tatsache, deren Eintragung vorgeschrieben ist, nicht eingetragen, so kann sie einem Dritten nur entgegengehalten werden, wenn bewiesen wird, dass sie diesem bekannt war.
OR 933 Abs. 1	OR 933 Abs. 2

Der richtige und korrekt im Schweizerischen Handelsamtsblatt publizierte Eintrag wirkt somit gegenüber jedermann. Der Dritte darf aber auf die Vollständigkeit der Eintragungen vertrauen. Die Unkenntnis nicht eingetragener Tatsachen gilt damit als entschuldbar.

Rechtsprechung BGE 123 III 220, E. 3a: Die Einwendung, eine Dritten gegenüber wirksam gewordene Eintragung im Handelsregister nicht gekannt zu haben, ist gemäss OR 933 Abs. 1 ausgeschlossen. Dritten gegenüber wird eine Eintragung im Handelsregister mit der Publikation im Schweizerischen Handelsamtsblatt wirksam (OR 932 Abs. 2). Diese positive Publizitätswirkung beschränkt sich indes auf die eingetragenen Tatsachen, erstreckt sich demgemäss nicht auf die Schlüsse, welche daraus gezogen werden können […]. Vom Grundsatz der positiven Publizitätswirkung muss dann abgewichen werden, wenn Treu und Glauben dies gebieten […].

Wie es sich allerdings mit Einträgen verhält, die nicht mit der wirklichen Lage übereinstimmen, ist umstritten. Nach herrschender Meinung gibt es im Schweizerischen Handelsregisterrecht einen Schutz des öffentlichen Glaubens, wie man ihn bei Einträgen im Grundbuch kennt, in dieser allgemeinen Form nicht. Nur wenn dies durch Einzelanordnungen vorgesehen ist, namentlich wenn der Eintragung rechtsbegründende Wirkung zukommt, soll man sich auf deren Inhalt verlassen dürfen.

Rechtsprechung BGE 111 II 480, E. 2a: Der Einwand nimmt auf die Rechtswirkungen der Abberufung im Verhältnis der Gesellschaft zu Dritten (Aussenverhältnis) Bezug. Sie hängen vorliegend vor allem von den Rechtswirkungen des Handelsregistereintrags ab. Die Vorinstanz hielt dazu fest, Dritte könnten sich auf einen Eintrag nur verlassen (sog. öffentlicher Glaube des Handelsregisters), wenn und soweit das durch Einzelanordnung vorgesehen sei; als Beispiel erwähnte sie Eintragungen mit konstitutiver Wirkung. Der Eintrag einer Abberufung falle nicht darunter. Für den Kläger ist der Grundsatz des öffentlichen Glaubens des Handelsregisters nach Lehre und Rechtsprechung anerkannt und vorliegend zu bejahen. In der Lehre ist jedoch umstritten, inwieweit Eintragungen im Handelsregister den öffentlichen Glauben geniessen [...].

1.4 Inhalt der Eintragung

Das Handelsregister bezweckt, für den kaufmännischen Verkehr bedeutsame Informationen über die kaufmännischen Unternehmen für jedermann offenzulegen.

Die im Handelsregister einzutragenden Informationen lassen sich in Individualisierungsmerkmale, Organe und Vertretungsverhältnisse, Haftungsverhältnisse sowie allgemeine Informationen aufteilen:

Individualisierungsmerkmale	Organe und Vertretungsverhältnisse	Haftungsverhältnisse	Allgemeine Informationen
- Firma - Sitz - Adresse - Unternehmens-Identifikationsnummer - Zweigniederlassungen	- Gesellschafter - Organe der Gesellschaft (Verwaltungsrat, Revisionsstelle etc.) - Vertretungsvollmachten (Kollektiv- oder Einzelunterschrift)	- Angaben je nach Gesellschaftsform zu Aktienkapital, Stammanteilen, Kommanditsumme, Nachschusspflichten	- Zweck der Gesellschaft - Anordnungen von Gerichten gegenüber der Gesellschaft (bspw. Eröffnung des Konkurses) - Umwandlungen nach FusG

Nicht im Handelsregister eingetragen sind etwa Angaben über den Vermögensstand, den Geschäftsgang oder die Kreditwürdigkeit.

1.5 Massgeblicher Zeitpunkt

Für die Bestimmung des Zeitpunktes der Eintragung in das Handelsregister ist die Einschreibung der Anmeldung in das *Tagesregister* massgebend (OR 932 Abs. 1). Dies allerdings nur unter Vorbehalt der Genehmigung des Eintrages durch das Eidgenössische Amt für das Handelsregister (EHRA; HRegV 34, vgl. unten S. 40).

Dritten gegenüber wird eine Eintragung im Handelsregister erst am (Werk-)Tag nach der erschienenen Publikation im Handelsamtsblatt wirksam. Dieser Werktag ist auch der massgebende Tag für den Lauf einer Frist, die mit der Veröffentlichung der Eintragung beginnt (OR 932 Abs. 2).

2. Gliederung

Das Handelsregister gliedert sich in folgende Teile:

Gliederung des Handelsregisters	
Tagesregister	- Enthält in chronologischer Reihenfolge die Eintragungen in das Register (HRegV 6 Abs. 2, HRegV 8). - Der Eintrag erfolgt vor Publikation im SHAB.
Hauptregister	- Geordnet nach der Rechtseinheit werden alle rechtswirksamen Einträge in das Hauptregister zusammen aufgeführt (HRegV 6 Abs. 3, HRegV 9). - Der Eintrag erfolgt nach Publikation im SHAB.
Zentralregister	Das Eidgenössische Amt für das Handelsregister (EHRA) führt ein sog. Zentralregister, das alle im Schweizerischen Handelsregister eingetragenen Rechtseinheiten enthält. Es dient der Unterscheidung und dem Auffinden der eingetragenen Rechtseinheiten (vgl. HRegV 13).

Weichen Hauptregister und Tagesregister voneinander ab, ist das Tagesregister massgebend.

3. Führung und Aufsicht

Die Führung des Handelsregisters ist Aufgabe der Kantone. In jedem Kanton wird ein Handelsregister geführt (OR 927 Abs. 1). Die Aufsicht über die Registerführung steht primär einer kantonalen Aufsichtsbehörde zu, in Bern ist dies die Justiz-, Gemeinde- und Kirchendirektion (OrV JGK 1 Abs. 1 lit. o); im Kanton Zürich die Direktion der Justiz und des Innern. Die Oberaufsicht obliegt dem EJPD (HRegV 5).

Das eidgenössische Amt für das Handelsregister (EHRA; Teil des Bundesamtes für Justiz im EJPD) führt ein Zentralregister sämtlicher in den Hauptregistern der Kantone eingetragenen Rechtseinheiten (HRegV 13). Neben der Führung dieses Zentralregisters obliegt dem EHRA unter anderem auch die Prüfung der Rechtmässigkeit und die Genehmigung der kantonalen Eintragungen in das Tagesregister (HRegV 5 Abs. 2).

Verfügungen des kantonalen Handelsregisteramtes können bei einem vom Kanton zu bezeichnenden oberen Gericht als einzige kantonale Beschwerdeinstanz angefochten werden (vgl. HRegV 165). Verfügungen des EHRA (insbesondere die Verweigerung der Genehmigung der Eintragung oder Verfügungen über die Unzulässigkeit von Firmenbezeichnungen) können an das Bundesverwaltungsgericht (VGG 31) weitergezogen werden. In beiden Fällen steht sodann der Weg ans Bundesgericht mit der ordentlichen Beschwerde in Zivilsachen offen (BGG 72 Abs. 2 Ziff. 2).

4. Der Handelsregistereintrag

4.1 Anmeldung und Eintragung in das Handelsregister

Die Anmeldung zur Eintragung in das Handelsregister obliegt bei juristischen Personen dem obersten Leitungs- oder Verwaltungsorgan (OR 931a). Die Anmeldung kann seit der Revision des Handelsregisterrechts auch auf elektronischem Weg eingereicht werden. Sie muss von zwei Mitgliedern des obersten Leitungs- oder Verwaltungsorgans oder von einem Mitglied mit Einzelzeichnungsberechtigung unterzeichnet werden.

Alle Eintragungen in das Handelsregister müssen wahr sein, dürfen zu keinen Täuschungen Anlass geben und keinem öffentlichen Interesse widersprechen (HRegV 26). Nur so kann der Vertrauensschutz Dritter gewährleistet werden.

> Der Handelsregisterführer prüft die formellen Voraussetzungen und verweigert die Eintragung, wenn diese nicht erfüllt sind (OR 940; HRegV 28). Dies ist namentlich dann der Fall, wenn
> - die örtliche Zuständigkeit des Handelsregisteramtes nicht gegeben ist,
> - die betreffende Person nicht zur Anmeldung legitimiert ist oder
> - die erforderlichen Belege fehlen.

Die Prüfungspflicht des Handelsregisterführers im Bereich der materiellen Voraussetzungen beschränkt sich hingegen gemäss ständiger Praxis auf die Prüfung des zwingenden Rechts und auch hier einzig auf offensichtliche oder notorisch bekannte Unwahrheiten (BGE 114 II 70). Der Handelsregisterführer schreitet ein, wenn die Voraussetzungen des Gesetzes und der Verordnung nicht erfüllt sind, die Anmeldung und die Belege nicht den verlangten Inhalt aufweisen oder zwingenden Vorschriften widersprechen.

Wird das Unternehmen eingetragen, erhält es eine sog. Unternehmens-Identifikationsnummer (OR 936a; HRegV 116). Die Unternehmens-Identifikationsnummer identifiziert eine Rechtseinheit dauerhaft und ist unveränderlich. Das Unternehmen behält sie während seiner ganzen «Lebensdauer»; sie bleibt insbesondere auch im Falle einer Firmenänderung, einer Sitzverlegung oder einer Umwandlung nach FusG bestehen und wird erst mit dem Untergang der Gesellschaft gelöscht.

4.2 Mangelhafter Eintrag

Stellt sich nach dem Vollzug einer Eintragung heraus, dass sie den gesetzlichen Anforderungen nicht entspricht, fordert der Registerführer den Anmeldungspflichtigen auf, die erforderliche Änderung oder Löschung anzumelden. Wenn innerhalb der angesetzten Frist weder die Anmeldung erfolgt noch Weigerungsgründe schriftlich geltend gemacht werden, so nimmt der Registerführer die Änderung oder die *Löschung von Amtes wegen* vor (OR 941). Gleichzeitig stellt er dem Richter den Antrag, die erforderlichen Massnahmen zu ergreifen (OR 941a). Gemäss OR 943 werden die Fehlbaren von Amtes wegen gebüsst.

Aus Gründen der Rechtssicherheit wird in vereinzelten Fällen selbst einer auf mangelhafter Grundlage beruhenden Eintragung die gleiche Wirkung zugebilligt, als wenn diese mängelfrei entstanden wäre. So wird die Rechtspersönlichkeit einer AG durch die Eintragung selbst dann erworben, wenn die Voraussetzungen der Eintragung tatsächlich nicht vorhanden waren (OR 643 Abs. 2). Dies ändert jedoch nichts daran, dass die Mängel zu beheben sind. In schwerwiegenden Fällen, namentlich wenn bei der Gründung gesetzliche oder statutarische Vorschriften missachtet und dadurch die Interessen von Gläubigern oder Aktionären in erheblichem Masse gefährdet wurden, kann der Richter die Auflösung der Gesellschaft ex nunc anordnen (OR 643 Abs. 3).

4.3 Einwände Dritter

Wenn ein Dritter schriftlich gegen die Eintragung Einsprache erhebt, nimmt das Handelsregisteramt die Eintragung (in das Tagesregister) vorläufig nicht vor und informiert die betroffene Gesellschaft (sog. Registersperre). Die Aufrechterhaltung der Registersperre bedingt, dass der Einsprecher innert zehn Tagen nachweist, dass er dem Gericht ein Gesuch um Erlass einer vorsorglichen Massnahme gestellt hat und das Gesuch vom Gericht nicht abgelehnt wurde. Das Gericht entscheidet danach im summarischen Verfahren über die Registersperre (HRegV 162 Abs. 1–4).

Wurde die Eintragung ins Tagesregister bereits vorgenommen, sind die Einsprecher direkt an das Gericht zu verweisen (HRegV 162 Abs. 5).

4.4 Änderungen und Löschung

Ist eine Tatsache im Handelsregister eingetragen, so muss auch jede Änderung dieser Tatsache eingetragen werden (OR 937).

Die Eintragung einer Statutenänderung im Handelsregister wirkt nach herrschender Lehre dann konstitutiv, wenn der Eintrag bereits für die Gesellschaft Entstehungserfordernis war.

Rechtsprechung BGE 84 II 34, E. 3: Da die Aktiengesellschaft ohne Eintragung in das Handelsregister Persönlichkeit und folglich einen Sitz gar nicht erlangen kann, und zwar auch nicht im Verhältnis zu den Aktionären [...], ist es folgerichtig, dass sie den eingetragenen Sitz auch den Aktionären gegenüber so lange gelten lassen muss, als sie die Verlegung nicht hat eintragen lassen.

Hört das eingetragene Gewerbe aus irgendeinem Grund auf zu bestehen, etwa durch Auflösung oder Übergang auf eine andere Person, sind die bisherigen Inhaber (oder deren Erben) verpflichtet, den Eintrag aus dem Register löschen zu lassen (OR 938). Ebenso müssen Organe, die aus ihrem Amt ausscheiden, sowie nicht mehr gültige Vertretungsbefugnisse unverzüglich aus dem Handelsregister gelöscht werden (OR 938b).

Wird eine Gesellschaft im Handelsregister nicht gelöscht, obwohl sie ihre Geschäftätigkeit aufgegeben hat und faktisch liquidiert wurde, kann die Gesellschaft nach dreimaligem, ergebnislosem Rechnungsruf vom Handelsregisterführer von Amtes wegen gelöscht werden (OR 938a).

5. Eintragungsbedürftigkeit, -pflicht und -recht

5.1 Eintragungsbedürftigkeit

Hat die Eintragung konstitutive Wirkung, bedeutet dies, dass die Gesellschaft mit dem Handelsregistereintrag überhaupt erst entsteht.

Eintragungsbedürftig sind namentlich die Körperschaften des OR (vgl. ZGB 52 Abs. 1), also die AG, die KommAG, die GmbH sowie die Genossenschaft.

Bei der KollG und der KommG ist zu unterscheiden, ob sie ein nach kaufmännischer Art geführtes Gewerbe betreiben oder nicht. Die nichtkaufmännische KollG bzw. KommG erlangt ihre Rechtspersönlichkeit und somit ihre Existenz erst mit dem Eintrag (OR 553, 595). Sie ist demnach ebenfalls eintragungsbedürftig.

5.2 Eintragungspflicht

OR 934 sieht eine Pflicht zur Eintragung in das Handelsregister dann vor, wenn ein Unternehmen ein nach kaufmännischer Art geführtes Gewerbe betreibt.

Für die kaufmännischen Körperschaften des OR ist diese Pflicht unwesentlich, sind sie doch aufgrund ihrer Entstehungsvoraussetzungen (Eintragungsbedürftigkeit) ohnehin bereits eingetragen.

Wesentlich ist die Pflicht zur Eintragung gemäss OR 934 für die kaufmännische KollG und KommG, die auch ohne Eintragung im Handelsregister entstanden sind. Sie haben die Pflicht, sich eintragen zu lassen (OR 552 Abs. 2, 594 Abs. 3).

Weiter müssen sich Einzelunternehmen, die ein kaufmännisches Gewerbe betreiben, in das Handelsregister eintragen lassen. Von der Eintragungspflicht sind sie allerdings dann befreit, wenn ihr jährlicher Umsatz die Summe von CHF 100'000.– nicht erreicht (HRegV 36).

Eine Pflicht zur Eintragung trifft schliesslich auch einen Verein, sofern er nach kaufmännischer Art geführt wird oder gemäss ZGB 69b revisionspflichtig ist (ZGB 61 Abs. 2).

5.3 Eintragungsrecht

Auch Unternehmen, welche weder eintragungsbedürftig noch zur Eintragung verpflichtet sind, können ein Interesse am Handelsregistereintrag haben (zu den Vorteilen eines Eintrages vgl. oben, S. 38).

Ein Recht zur Eintragung wird deshalb Einzelunternehmen, die zwar ein Gewerbe betreiben, aber einen Jahresumsatz von weniger als CHF 100'000.– erzielen (HRegV 36 Abs. 4), sowie Vereinen, die weder ein kaufmännisches (oder überhaupt kein) Gewerbe betreiben noch gemäss ZGB 69b revisionspflichtig sind (ZGB 61 Abs. 2), zugestanden.

Generell ausgeschlossen ist nach wohl herrschender Lehre die Eintragung einer einfachen Gesellschaft im Handelsregister. Dies schliesst eigentlich auch den Betrieb eines kaufmännischen Unternehmens für diese Gesellschaftsform aus. In der Praxis werden solche atypischen Gebilde indessen geduldet, wenn eine Qualifikation als Kollektivgesellschaft an der Eigenschaft als juristische Person eines Gesellschafters scheitert (vgl. dazu oben S. 37). Anstelle der einfachen Gesellschaft wird dann jeweils der einzelne Gesellschafter persönlich eingetragen.

5.4 Konstitutiver und deklarativer Eintrag

	Eintragungsbedürftigkeit (konstitutiv)	Eintragungspflicht (deklarativ)	Eintragungsrecht
Einzelunternehmen	Nein	Bei Führung eines kaufmännischen Unternehmens, dessen Jahresumsatz grösser als CHF 100'000.– ist (HRegV 36 Abs. 1)	Bei Führung eines kaufmännischen Unternehmens, dessen Jahresumsatz kleiner als CHF 100'000.– ist (HRegV 36 Abs. 4)
Einfache Gesellschaft	Nein	Nein	Nein
KollG	Wenn KollG kein kaufmännisches Gewerbe betreibt (OR 553)	Wenn KollG ein kaufmännisches Gewerbe betreibt (OR 552 Abs. 2)	–
KommG	Wenn KommG kein kaufmännisches Gewerbe betreibt (OR 595)	Wenn KommG ein kaufmännisches Gewerbe betreibt (OR 594 Abs. 3)	–
AG	Ja (HRegV 43 Abs. 1)	–	–
KommAG	Ja (HRegV 66 Abs. 1)	–	–
GmbH	Ja (HRegV 71 Abs. 1)	–	–
Genossenschaft	Ja (HRegV 84 Abs. 1)	–	–
Verein	Nein	Verein, der ein kaufmännisches Gewerbe betreibt oder gemäss ZGB 69b revisionspflichtig ist (ZGB 61 Abs. 2)	Verein ohne kaufmännisches Gewerbe oder Revisionspflicht (ZGB 61)

F. Kaufmännische Buchführung und Rechnungslegung

Übersicht

Geschäftsbericht	OR 958 Abs. 2 und 3: Für jedes Geschäftsjahr innert 6 Monaten nach Ablauf des Geschäftsjahres zu verfassendes Dokument, in dem über den aktuellen Stand des Unternehmens informiert wird. Setzt sich zusammen aus dem Jahresbericht, der Jahresrechnung und allenfalls der Konzernrechnung
Jahresbericht	Berichtet in Worten über das abgelaufene Geschäftsjahr und die momentane Lage des Unternehmens
Jahresrechnung	OR 958 Abs. 2: Massgebendes Dokument der Rechnungslegung, in dem das abgelaufene Geschäftsjahr in Zahlen präsentiert wird. Setzt sich zusammen aus der Erfolgsrechnung, der Bilanz und dem Anhang
Erfolgsrechnung	OR 959b: Der in dem Unternehmen über das gesamte Geschäftsjahr angewachsene Aufwand wird dem Ertrag aus derselben Periode gegenübergestellt. Im Rahmen einer periodischen Betrachtung über das gesamte Geschäftsjahr zeigt sie den Jahresgewinn bzw. den Jahresverlust.
Bilanz	OR 959 f.: Das sich am Bilanzstichtag im Unternehmen befindende Vermögen (Aktiven) wird dem in das Unternehmen eingebrachten Kapital (Passiven) gegenübergestellt. Die Bilanz zeigt als eine Momentaufnahme den aktuellen Vermögensstand am Bilanzstichtag (letzter Tag des Geschäftsjahres).
Anhang	OR 959c: Zwecks Transparenzerhöhung werden im Anhang die in der Erfolgsrechnung und der Bilanz gemachten Angaben erläutert und durch zusätzliche Angaben ergänzt.
Grundsätze der ordnungsmässigen Rechnungslegung	OR 958c Abs. 1: • Klarheit und Verständlichkeit (Ziff. 1) • Vollständigkeit (Ziff. 2) • Verlässlichkeit (Ziff. 3) • Wesentlichkeit (Ziff. 4) • Vorsicht (Ziff. 5) • Stetigkeit (Ziff. 6) • Verrechnungsverbot (Ziff. 7) • Fortführung der Unternehmenstätigkeit (OR 958a Abs. 1)
Pflicht zur Buchführung und Rechnungslegung	• OR 957 Abs. 2: Einzelunternehmen und Personengesellschaften mit weniger als CHF 500'000.– Umsatzerlös im letzten Geschäftsjahr: → vereinfachte Buchführung • OR 957 Abs. 1: Juristische Personen sowie Einzelunternehmen und Personengesellschaften mit mehr als CHF 500'000.– Umsatzerlös im letzten Geschäftsjahr → Pflicht zur kaufmännischen Buchführung und Rechnungslegung • OR 961: Unternehmen, welche gemäss OR 727 von Gesetzes wegen zu einer ordentlichen Revision verpflichtet sind: zusätzliche Anforderungen an die Rechnungslegung • OR 962: Börsenkotierte Gesellschaften, Genossenschaften mit mindestens 2000 Gesellschaftern: zusätzlich Abschluss nach anerkannten Standard zur Rechnungslegung • OR 963: Beherrschendes Unternehmen eines Konzerns: Konzernrechnung • Zusätzliche Anforderungen für betroffene Gesellschaften gemäss Spezialgesetz (BankG, VAG, KAG)

1. Begriff

Die Buchführung stellt die systematische Erfassung aller wirtschaftlich relevanten Geschäftsvorgänge und Sachverhalte eines Unternehmens aufgrund von Belegen dar. Für jeden Beleg wird dabei eine Buchung vorgenommen. Diese dient neben einer Kontrolle über die Einnahmen und Ausgaben auch zur Darstellung der Vermögens-, Finanzierungs- und Ertragslage des Unternehmens. Sie bildet damit die Grundlage der Rechnungslegung.

Mit der Rechnungslegung soll die wirtschaftliche Lage des Unternehmens derart dargestellt werden, dass sich ein Dritter ein zuverlässiges Bild über das Unternehmen machen kann (OR 958 Abs. 1).

Während also mittels Buchführung die einzelnen Geschäftsvorgänge festgehalten werden (z.B. Kauf/Verkauf von Gegenständen gegen Entgelt), schafft die Rechnungslegung einen Überblick über die geschäftliche Situation der Gesellschaft. Ausdruck der Rechnungslegung ist der Geschäftsbericht, welcher für jedes Geschäftsjahr zu erstellen ist. Der Geschäftsbericht enthält – neben dem Jahresbericht und einer allfälligen Konzernrechnung – die Jahresrechnung, welche aus der Bilanz, der Erfolgsrechnung und dem Anhang besteht (OR 958; zu Bilanz, Erfolgsrechnung und Anhang vgl. anschliessend S. 48 ff.).

Die Buchführung und Rechnungslegung dient in erster Linie der Selbstinformation des Unternehmens und dadurch der Förderung und dem Schutz der an einer Gesellschaft beteiligten Personen (Gesellschafter, Management, Arbeitnehmer). Im Aussenverhältnis sollen durch die Buchführung zudem die Gläubiger geschützt werden.

Die kaufmännische Buchführung dient einerseits dem Schutz der Rechte von Gläubigern und der am Unternehmen beteiligten Gesellschafter. Die Buchführung soll einen verlässlichen Überblick über die Vermögenslage des Unternehmens verschaffen. Gestützt auf diese Informationen soll beurteilt werden können, ob Kapital gewinnbringend und sicher investiert werden kann. Gleichzeitig stellt die Buchführung aber auch ein wichtiges Hilfsmittel für das Unternehmen selbst dar, insbesondere zur Ermittlung der eigenen Vermögens- und Ertragslage.

Rechtsprechung BGE 133 III 453, E. 7.2: Einer ordnungsgemässen Rechnungslegung kommt im Rahmen aller aktienrechtlichen Vorschriften eine zentrale Bedeutung zu [...]. Die Buchführung dient in erster Linie der Selbstinformation des Unternehmens und damit der Förderung der Interessen der Betriebsangehörigen. Ebenso beruhen die aktienrechtlichen Bestimmungen über die Rechnungslegung auf dem Gedanken der Kapitalerhaltung und stellen einen zentralen Ansatzpunkt für die Verantwortlichkeit des Verwaltungsrates und der Geschäftsleitung dar. Die Buchführung dient damit einerseits den Kapitaleignern, in deren Auftrag Verwaltung und Geschäftsleitung tätig sind, andererseits den Gläubigern und schliesslich, bei hinreichender wirtschaftlicher Bedeutung, auch einer weiteren Öffentlichkeit zur Information über die Ertragslage der Gesellschaft. Schliesslich erfüllt sie als Informationsgrundlage des Verwaltungsrates auch die Funktion eines Führungsinstruments. Sie bildet eine wichtige Voraussetzung für die Ausübung verschiedener Schutzrechte durch die Gesellschafter [...].

2. Anwendungsbereich

2.1 Pflicht zur kaufmännischen Buchführung und Rechnungslegung

Auf den 1. Januar 2013 trat eine Gesetzesrevision in Kraft, welche das Recht über die kaufmännische Buchführung und das Rechnungslegungsrecht grundlegend neu formierte. Die Revision schafft eine einheitliche Ordnung für alle Gesellschaften und wird deshalb nicht mehr, wie bis anhin, teilweise im Aktienrecht (aOR 662 ff.), sondern gesamtheitlich in OR 957 ff. geregelt. Für die Umstellung auf die neuen Regeln hat der Gesetzgeber den Unternehmen eine Frist eingeräumt; spätestens der Jahresabschluss 2015 muss nach den neuen Regeln erfolgen. Die nachfolgenden Ausführungen behandeln die neue Rechtslage.

Wurde nach der früheren Regelung die Anforderungen an die Buchführung und Rechnungslegung je nach Rechtsform unterschiedlich aufgestellt, so gilt die neue Ordnung der Buchführung und Rechnungslegung nach OR 957 ff. grundsätzlich für alle Unternehmen. Die Anforderungen an die Buchführung und Rechnungslegung werden dafür künftig je nach der wirtschaftlichen Bedeutung des Unternehmens differenziert.

Eine grundsätzliche Unterscheidung erfolgt zwischen denjenigen Unternehmen, welche der kaufmännischen Buchführung und Rechnungslegung unterstehen, und denjenigen, für welche eine einfache Buchhaltung, die lediglich Einnahmen und Ausgaben sowie die Vermögenslage erfasst, ausreicht (OR 957 Abs. 2). Wurde früher die Pflicht zur kaufmännischen Buchführung und Rechnungslegung an die Eintragung im Handelsregister angeknüpft, so sieht das neue Recht in OR 957 für Einzelunternehmen und Personengesellschaften die Abgrenzung bei einem jährlichen Umsatz von CHF 500'000.– vor. Generell der kaufmännischen Buchführung und Rechnungslegung unterliegen die juristischen Personen sowie die Gesellschaften des KAG. Allgemein von der kaufmännischen Buchführung und Rechnungslegung befreit sind die Vereine und Stiftungen, die nicht der Pflicht zur Eintragung in das Handelsregister unterliegen, bzw. Stiftungen, die von der Pflicht zur Bezeichnung einer Revisionsstelle befreit sind (OR 957 Abs. 2). Unklar ist, ob auch die einfache Gesellschaft wie bisher mangels Eintragbarkeit im Handelsregister allgemein von der kaufmännischen Buchführung und Rechnungslegung befreit ist oder ob für sie, gleich wie bei den übrigen Personengesellschaften, der jährliche Umsatz von CHF 500'000.– ausschlaggebend ist. Angesichts der Loskoppelung der Anforderungen für die kaufmännische Buchführung und Rechnungslegung vom Eintrag im Handelsregister ist davon auszugehen, dass die Pflicht zur kaufmännischen Buchführung und Rechnungslegung nun die einfache Gesellschaft gleich wie die übrigen Personengesellschaften trifft.

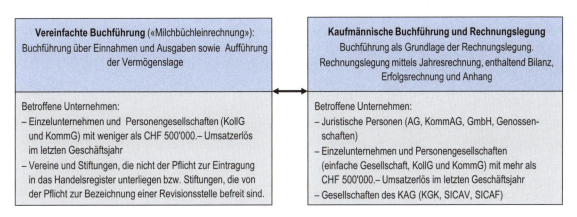

2.2 Zusätzliche Anforderungen an die Rechnungslegung

a) Unternehmen mit ordentlicher Revisionspflicht

Die allgemeinen Regeln zur kaufmännischen Buchführung und Rechnungslegung gemäss OR 957a ff. bilden die Grundlage der Anforderungen für alle Gesellschaften im kaufmännischen Verkehr. Darüber hinaus werden zusätzliche Anforderungen an Gesellschaften gestellt, welche aufgrund ihrer wirtschaftlichen Bedeutung gemäss OR 727 ihre Jahresrechnung durch eine Revisionsstelle ordentlich prüfen lassen müssen (OR 961). Es handelt sich dabei um

- Publikumsgesellschaften (Ziff. 1): Als solche gelten Gesellschaften, die:
  - Beteiligungspapiere an einer Börse kotiert haben, ohne dass von der Börse ein internationaler Rechnungslegungsstandard verlangt wird (lit. a);
  - Anleihensobligationen ausstehend haben (lit. b);
  - mindestens 20% der Aktiven oder des Umsatzes zur Konzernrechnung einer Gesellschaft nach lit. a oder b beitragen.
- Gesellschaften, die zwei der nachstehenden Grössen in zwei aufeinander folgenden Geschäftsjahren überschreiten (Ziff. 2).
  - Bilanzsumme von 20 Millionen Franken (lit. a);
  - Umsatzerlös von 40 Millionen Franken (lit. b);
  - 250 Vollzeitstellen im Jahresdurchschnitt (lit. c).
- Gesellschaften, die zur Erstellung einer Konzernrechnung verpflichtet sind (Ziff. 3).

Erfüllt ein Unternehmen diese Voraussetzungen, so ist es gemäss OR 961 verpflichtet, zusätzliche Angaben im Anhang der Jahresrechnung zu machen (vgl. dazu OR 961a). Sodann ist es zur Erstellung einer Geldflussrechnung sowie eines Lageberichts verantwortlich. Die Geldflussrechnung stellt die Veränderung der flüssigen Mittel aus der Geschäftstätigkeit, der Investitionstätigkeit und der Finanzierungstätigkeit je gesondert dar (OR 961b). Im Lagebericht wird der Geschäftsverlauf und die wirtschaftliche Lage des Unternehmens anhand von sonst in der Jahresrechnung nicht zum Ausdruck kommenden Gesichtspunkten dargestellt (Anzahl Vollzeitstellen, Risikobeurteilung, Forschungs- und Entwicklungstätigkeit etc.; vgl. dazu die Auflistung in OR 961c).

b) Unternehmen gemäss internationalen Rechnungslegungsstandard

Noch einen Schritt weiter gehen die Rechnungslegungsanforderungen für Unternehmen, die aufgrund ihrer Grösse oder Bedeutung verpflichtet sind, zusätzlich zu den Pflichten gemäss OR einen Abschluss nach einem anerkannten Standard zur Rechnungslegung zu erstellen.

Es handelt sich dabei um (OR 962 Abs. 1):

- Gesellschaften, die Beteiligungspapiere an einer Börse kotiert haben; vorausgesetzt, die Börse verlangt diesen Rechnungslegungsstandard (Abs. 1 Ziff. 1);
- Genossenschaften mit mehr als 2000 Genossenschaftern (Abs. 1 Ziff. 2);
- Stiftungen, die von Gesetzes wegen zu einer ordentlichen Revision verpflichtet sind (Abs. 1 Ziff. 3).

Einen Abschluss nach einem internationalen Standard können sodann verlangen (OR 962 Abs. 2:

- Gesellschafter, die mindestens 20% des Grundkapitals vertreten (Ziff. 1);
- 10% der Genossenschafter oder 20% der Vereinsmitglieder (Ziff. 2);
- Gesellschafter oder Mitglieder, die einer persönlichen Haftung oder einer Nachschusspflicht unterliegen (Ziff. 3).

Diese Unternehmen sind verpflichtet zusätzlich zu den Pflichten gemäss OR einen Abschluss nach einem anerkannten Standard zur Rechnungslegung zu erstellen (bspw. IFRS, Swiss GAAP FER). Diese Standards gehen in ihren Anforderungen wesentlich weiter, als es das OR tut.

c) Konzernrechnung

Sodann bestehen zusätzliche Rechnungslegungsvorschriften innerhalb einer Konzernstruktur. So muss neben den Buchführungs- und Rechnungslegungspflichten der einzelnen Konzerngesellschaften der Konzern als Ganzes eine konsolidierte, auf den gesamten Konzern bezogene Jahresrechnung erstellen (OR 963; vgl. dazu unten S. 283).

d) Spezialgesetzliche Grundlagen

Schliesslich können spezialgesetzliche Grundlagen, insbesondere im Finanzmarktrecht, zusätzliche Buchführungs- und Rechnungslegungsvorschriften verankern (bspw. sieht das KAG für die in diesem Gesetz geregelten Gesellschaften [KGK, SICAF und SICAV] zusätzliche Anforderungen vor [vgl. KAG 87 ff.]).

e) Übersicht über die zusätzlichen Anforderungen an die Rechnungslegung

Kaufmännische Buchführung und Rechnungslegung			
Zusätzliche Anforderungen an die Rechnungslegung **für grössere Unternehmen** (zusätzliche Angaben im Jahresbericht; Erstellen einer Geldflussrechnung und eines Lageberichts)	Zusätzlicher Abschluss nach **anerkannten Standard zur Rechnungslegung**	Zusätzliche **Konzernrechnung**	Zusätzliche Anforderungen gemäss **Spezialgesetz**
Betroffene Unternehmen: Unternehmen, welche gemäss OR 727 von Gesetzes wegen zu einer ordentlichen Revision verpflichtet sind	Betroffene Unternehmen: – Börsenkotierte Gesellschaften, sofern die Börse dies verlangt – Genossenschaften mit mindestens 2000 Gesellschaftern – Stiftungen, die von Gesetzes wegen zu einer ordentlichen Revision verpflichtet sind	Betroffene Unternehmen: Beherrschendes Unternehmen eines Konzerns	Betroffene Unternehmen u.a.: – Gesellschaften für kollektive Kapitalanlagen (KGK, SICAV und SICAF) gemäss KAG 87 ff. – Banken und Effektenhändler gemäss BankG 6 ff. und BEHG 16 – Versicherungen gemäss VAG 26

3. Buchführung

Die Buchführung bildet die zahlenmässige, systematische Erfassung aller wirtschaftlich relevanten Geschäftsvorgänge und Sachverhalte eines Unternehmens aufgrund von Belegen. Für jeden Beleg wird dabei eine Buchung vorgenommen.

OR 957a Abs. 2 enthält eine nicht abschliessende Aufzählung von *Grundsätzen ordnungsmässiger Buchführung*. Zu beachten ist:

- Geschäftsvorfälle und Sachverhalte müssen vollständig, wahrheitsgetreu und systematisch erfasst werden (Ziff. 1).
- Alle Buchungsvorgänge müssen mittels eines Beleges nachweisbar sein (Belegprinzip; Ziff. 2).
- Die Buchführung muss für einen fachkundigen Leser mühelos verständlich, lesbar und eindeutig sein (Grundsatz der Klarheit; Ziff. 3).
- Die Buchführung muss der Art (insbesondere der Geschäftsbranche) und der Grösse des Unternehmens angepasst sein (Grundsatz der Zweckmässigkeit; Ziff. 4).
- Die Buchführung muss nachprüfbar sein (Ziff. 5).

Diese Mindestvorgaben müssen von allen Gesellschaften erfüllt werden, auch von denjenigen Instituten, welche nicht der kaufmännischen Buchführung unterstehen und sich auf eine «Milchbüchlein-Rechnung» beschränken dürfen (Angabe von Einnahmen und Ausgaben sowie Vermögenslage).

4. Rechnungslegung

4.1 Aufbau

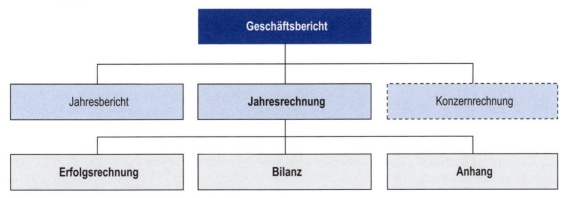

Mit der Rechnungslegung soll die wirtschaftliche Lage des Unternehmens derart dargestellt werden, dass sich ein Dritter ein zuverlässiges Urteil über das Unternehmen bilden kann (OR 958 Abs. 1).

Die Rechnungslegung erfolgt im *Geschäftsbericht*. Dieser richtet sich in erster Linie an die Aktionäre. Er kann aber auch der Gesellschaft selbst zur Standortbestimmung dienen und gibt Dritten, die in Kontakt mit der Gesellschaft sind, nützliche Informationen über deren wirtschaftliche Lage.

Der *Jahresbericht* enthält Informationen über das abgelaufene Geschäftsjahr sowie über die momentane wirtschaftliche und finanzielle Lage der Gesellschaft. Anders als die Jahresrechnung schildert der Jahresbericht die Situation aber in Worten und nicht in Zahlen. Neben der Darstellung des Geschäftsverlaufs sind weitere Inhalte möglich, etwa über die Zukunftsaussichten oder sonstige werbewirksame Informationen.

Massgebendes Dokument der Rechnungslegung ist die *Jahresrechnung*, die sich primär in numerischer Form präsentiert. Erfolgsrechnung und Bilanz dokumentieren das vergangene Geschäftsjahr in Zahlen, der Anhang enthält dazu schriftliche Erläuterungen und Ergänzungen.

Beherrscht die Gesellschaft einen Konzern, so hat sie eine konsolidierte Jahresrechnung – eine *Konzernrechnung* – zu erstellen (OR 963). Ausnahmsweise kann sie von dieser Pflicht befreit werden (OR 963a). Zum Konzern vgl. S. 280.

Rechtsprechung BGE 132 III 71, E. 1.3.2: Mit der Aktienrechtsreform von 1992 wurden Gesellschaften, die eine oder mehrere andere Gesellschaften unter einheitlicher Leitung zusammenfassen (Konzerne), verpflichtet, eine konsolidierte Jahresrechnung (Konzernrechnung) zu erstellen [...]. Die Konzernrechnung gehört zum Geschäftsbericht [...]. Ziel der Konzernrechnung ist, dem Aktionär und allenfalls weiteren Kreisen Transparenz über die ganze unter einheitlicher Leitung zusammengefasste Gruppe von rechtlich selbstständigen Gesellschaften zu verschaffen. Sie wird aufgestellt, wie wenn die Obergesellschaft und die Untergesellschaften nicht nur wirtschaftlich, sondern auch rechtlich eine Einheit, ein einziges Unternehmen bilden würden. Demgemäss werden die Einzelabschlüsse zusammengefügt und alle konzerninternen Vorgänge eliminiert [...]. Die Rechnung ist so aufzustellen, dass die Vermögens- und Ertragslage des Gesamtunternehmens möglichst zuverlässig bewertet werden kann [...].

Nachfolgend werden Inventar, Bilanz, Erfolgsrechnung sowie Anhang kurz dargestellt.

4.2 Inventar

Das Inventar ist ein *Bestandesverzeichnis sämtlicher Vermögensgegenstände*. Das Kriterium zur Aufnahme in dieses Verzeichnis ist die Bilanzierungsfähigkeit der Sache. Die dem Inventar zugrunde liegenden Urkunden und Belege bilden zusammen mit dem Inventar die Bilanzbelege, ohne die eine Bilanz keine Beweiskraft hat. Das Inventar dient somit als Grundlage der Bilanz und Erfolgsrechnung. Werden die einzelnen Posten des Inventars zusammengefasst, entsteht daraus die Bilanz.

Die eigentliche Erfassung der Güterbestände wird Inventur genannt.

4.3 Bilanz

Die Bilanz ist die tabellarische Zusammenfassung des Inventars.

In der Bilanz wird das Vermögen (Aktiven) einer Gesellschaft dem in das Unternehmen gesteckten Kapital (Passiven) gegenübergestellt. Sie zeigt als eine Momentaufnahme den aktuellen Vermögensstand am Bilanzstichtag, dem letzten Tag des Geschäftsjahres (vgl. OR 959 Abs. 1).

Die *Aktiven* geben die Grösse und Art der sich in der Gesellschaft befindlichen Wertgegenstände wieder. Als solche gelten Vermögenswerte, über welche aufgrund vergangener Ereignisse verfügt werden kann, wo ein Mittelzufluss (der Eingang von Vermögenswerten in die Gesellschaft) wahrscheinlich ist und deren Wert verlässlich geschätzt werden kann (OR 959 Abs. 2). Aufgeteilt werden die Aktiven in das Umlaufvermögen und das Anlagevermögen. Im Umlaufvermögen befinden sich kurzzeitige Vermögenswerte, die innerhalb des Geschäftsjahres zu flüssigen Mitteln (Geld) werden oder anderweitig realisiert werden (OR 959 Abs. 3). Im

Anlagevermögen sind alle anderen Wertbestände, die zur langfristigen Haltung, (d.h. über mehr als zwölf Monate hinaus), im Unternehmen bestimmt sind (OR 960d).

Die *Passiven* zeigen die Herkunft der im Unternehmen gebundenen Werte. Sie werden aufgeteilt in das Fremdkapital und das Eigenkapital. Das Fremdkapital zeigt die Vermögenswerte, die von Dritten stammen; m.a.W. die Schulden der Unternehmung. Verbindlichkeiten sind als Fremdkapital in die Bilanz aufzunehmen, wenn sie durch vergangene Ereignisse bewirkt wurden, ein Mittelabfluss (der Weggang von Vermögenswerten aus der Gesellschaft) wahrscheinlich ist und ihre Höhe verlässlich geschätzt werden kann (OR 959 Abs. 5). Das Fremdkapital wird analog zu den Aktiven in kurzfristiges und langfristiges Fremdkapital aufgeteilt. Kurzfristig ist Fremdkapital dann, wenn es innerhalb eines Geschäftsjahres zur Zahlung fällig wird (OR 959 Abs. 6). Das Eigenkapital beinhaltet die durch die Gesellschafter eingebrachten Werte – etwa das Aktien- und Partizipationskapital bei der AG – sowie das durch das Unternehmen selbst erwirtschaftete Vermögen.

OR 959a enthält eine Mindestgliederung der Bilanz (OR 959a):

Aktiven	Passiven
Umlaufvermögen	**Kurzfristiges Fremdkapital**
▪ flüssige Mittel und kurzfristig gehaltene Aktiven mit Börsenkurs	▪ Verbindlichkeiten aus Lieferungen und Leistungen
▪ Forderungen aus Lieferungen und Leistungen	▪ kurzfristige verzinsliche Verbindlichkeiten
▪ übrige kurzfristige Forderungen	▪ übrige kurzfristige Verbindlichkeiten
▪ Vorräte und nicht fakturierte Leistungen	▪ Passive Rechnungsabgrenzen
▪ aktive Rechnungsabgrenzungsposten	**Langfristiges Fremdkapital**
Anlagevermögen	▪ langfristige verzinsliche Verbindlichkeiten
▪ Finanzanlagen	▪ übrige langfristige Verbindlichkeiten
▪ Beteiligungen	▪ Rückstellungen sowie vom Gesetz vorgesehene ähnliche Positionen
▪ Sachanlagen	
▪ immaterielle Werte	**Eigenkapital**
▪ nicht einbezahltes Grund-, Gesellschafter- oder Stiftungskapital	▪ Grund-, Gesellschafter- oder Stiftungskapital
	▪ gesetzliche Kapitalreserve
	▪ gesetzliche Gewinnreserve
	▪ freiwillige Gewinnreserve oder kumulierte Verluste als Minusposten
	▪ eigene Kapitalanteile als Minusposten
Total Aktiven	**Total Passiven**

- *Flüssige Mittel* sind Bargeld, Bankguthaben und andere Geldmittel, die sofort verfügbar sind. *Kurzfristig gehaltene Aktiven mit Börsenkurs* sind Wertschriften, welche weniger als 12 Monate gehalten werden sollen (vgl. OR 960d). Aufgrund ihrer Kotierung an der Börse können sie jederzeit kurzfristig verkauft werden.

- *Forderungen aus Lieferung und Leistungen* sind die aus der betrieblichen Tätigkeit entstehenden Forderungen, primär also Kundenguthaben oder Debitoren.

- *Übrige kurzfristige Forderungen* sind Forderungen aus betriebsfremden und ausserordentlichen Tätigkeiten.

- *Vorräte und nicht fakturierte Leistungen* beinhalten Roh-, Halb- und Fertigfabrikate sowie Hilfsstoffe und Teilleistungen bzw. noch nichtfertig gestellte Arbeiten (vgl. auch OR 960c Abs. 2).

- *Aktive Rechnungsabgrenzungsposten*, auch transitorische Aktiven genannt, bezeichnen Werte für Ausgaben des alten Geschäftsjahres, die jedoch ihren Nutzen erst im neuen Jahr zeitigen, etwa im Voraus bezahlte Versicherungen.

- *Finanzanlagen* sind Investitionen in Wertpapiere, Forderungen, Beteiligungen und ähnliche Finanzanlagen, welche auf Dauer, d.h. auf mindestens 12 Monate ausgerichtet sind

(OR 960d). Wertschriften, die dem Unternehmen als Liquidationsreserve dienen oder innerhalb eines Jahres zum Verkauf vorgesehen sind, werden im Umlaufvermögen ausgewiesen.

- Als *Beteiligungen* gelten Anteile an anderen Unternehmen, welche einen massgeblichen Einfluss an diesem vermitteln. Dies wird vermutungsweise angenommen, wenn die Anteile mindestens 20% der Stimmrechte ausmachen (OR 960d Abs. 3).
- *Sachanlagen* sind körperliche Werte, die für die Herstellung von Gütern, für die Erbringung von Dienstleistungen oder zu Anlagezwecken bestimmt sind (Maschinen, Grundstücke etc.).
- *Immaterielle Werte* umfassen alle Immaterialgüterrechte wie Marken, Patente u.a. Daneben sind je nach Tätigkeitsbereich auch Goodwill, Know-how etc. aufführbar.
- *Verbindlichkeiten aus Lieferungen und Leistungen* sind kurzfristige Verbindlichkeiten, welche die Gesellschaft aus der betrieblichen Tätigkeit schuldet (Zahlungsverpflichtungen, Kreditoren).
- *Kurzfristige Verbindlichkeiten* umfassen die ausserbetrieblichen kurzfristigen (d.h. innerhalb eines Jahres fälligen) Verbindlichkeiten. Diese werden in der Bilanz aufgeteilt in zinsfreie Verbindlichkeiten sowie in Verbindlichkeiten, für welche ein Zins geschuldet ist (Finanzschulden).
- *Passive Rechnungsabgrenzungsposten*, auch transitorische Passiven genannt, sind das Äquivalent zu den aktiven Abgrenzungsposten. Sie umfassen Werte, deren Nutzen sich bereits im abgelaufenen Geschäftsjahr gezeitigt hat, aber erst im neuen Geschäftsjahr bezahlt werden müssen.
- *Langfristige Verbindlichkeiten* umfassen Schulden, deren Fälligkeitsfrist in Abgrenzung zu den kurzfristigen Verbindlichkeiten über ein Jahr dauert (Darlehen, Hypotheken, Obligationenanleihen etc.; vgl. OR 959 Abs. 6.). Darin werden sowohl betriebliche als auch nichtbetriebliche Posten erfasst. Langfristige Verbindlichkeiten werden aufgeteilt in zinsfreie Verbindlichkeiten und solche, für welche ein Zins geschuldet ist (Finanzschulden).
- *Rückstellungen sowie vom Gesetz vorgesehene ähnliche Positionen* sind Wertposten, die zur Deckung von ungewissen Verpflichtungen und drohenden Verlusten gebildet werden.
- *Übriges Fremdkapital* umfasst alle Werte, die nicht unter die vorhergehenden Kategorien des Fremdkapitals subsumiert werden können.
- Grund-, Gesellschafter- oder Stiftungskapital ist das von den Gesellschaftern eingebrachte Eigenkapital (Aktienkapital bei der AG, Stammkapital bei der GmbH etc.).
- Die Positionen g*esetzliche Kapitalreserve* und *gesetzliche Gewinnreserve* umfassen primär die in OR 671 umschriebenen allgemeinen Reserven, weiter die Reserven für eigene Aktien (OR 671a) sowie die Aufwertungsreserven (OR 671b).
- Unter der Position *freiwillige Gewinnreserve oder kumulierte Verluste als Minusposten*, werden je nach finanzieller Situation der Bilanzgewinn oder der Bilanzverlust aufgeführt. *Als* Bilanzverlust gilt der erzielte Verlust innerhalb des Geschäftsjahres sowie des Vorjahres. Der *Bilanzgewinn* beinhaltet einen allenfalls erzielten Gewinn innerhalb des Geschäftsjahres sowie die nicht ausgeschütteten Gewinne des Vorjahres.
- *Eigene Kapitalanteile als Minusposten* enthalten Kapitalanteile, welche die Gesellschaft von sich selber hält (eigene Aktien, Partizipationsscheine etc.).

4.4 Erfolgsrechnung

Die Erfolgsrechnung wird auch Betriebsrechnung genannt. Sie erfasst alle Erträge und Aufwendungen nach Arten und stellt die Ertragslage des Unternehmens während des Geschäftsjahres dar (OR 959b Abs. 1). Im Gegensatz zur Bilanz stellt sie keine Momentaufnahme dar, sondern erfasst das ganze Jahr. Während in der Bilanz der aktuelle Vermögensstand des Unternehmens dargestellt wird, zeigt die Erfolgsrechnung, welche Einnahmen *(Erträge)* das Unternehmen während des Jahres erzielen konnte und welche Kosten *(Aufwand)* verursacht wurden. Aus der Gegenüberstellung von Aufwand und Ertrag lässt sich das *Geschäftsergebnis* der Gesellschaft lesen. Überwiegt der Ertrag den Aufwand, hat das Unternehmen einen Jahresgewinn erzielt; im umgekehrten Fall einen Jahresverlust.

OR 959 unterscheidet zwei Arten von Erfolgsrechnungen:

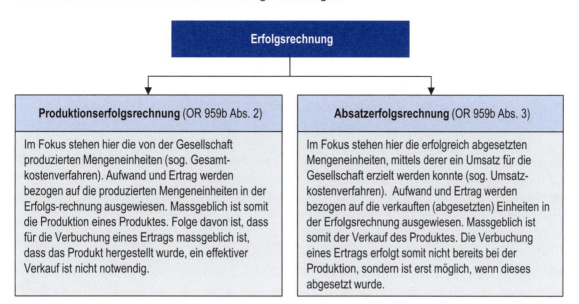

Für die *Produktionserfolgsrechnung* ist gemäss OR 958b Abs. 2 folgende Aufteilung erforderlich:

Aufwand	Ertrag
- Verminderung an unfertigen und fertigen Erzeugnissen sowie an nicht fakturierten Leistungen - Materialaufwand - Personalaufwand - übriger betrieblicher Aufwand - Abschreibungen und Wertberichtigungen auf Positionen des Anlagevermögens - Finanzaufwand - betriebsfremder Aufwand - ausserordentlicher, einmaliger oder periodenfremder Aufwand - direkte Steuern	- Nettoerlös aus Lieferungen und Leistungen - Erhöhung an unfertigen und fertigen Erzeugnissen sowie an nicht fakturierten Leistungen - Finanzertrag - betriebsfremder Ertrag - ausserordentlicher, einmaliger oder periodenfremder Ertrag - Gewinne aus Veräusserung von Anlagevermögen - übriger betrieblicher Ertrag
Ev. Jahresgewinn	Ev. Jahresverlust
Total Aufwand	Total Ertrag

Für die *Absatzerfolgsrechnung* ist gemäss OR 958b Abs. 3 folgende Aufteilung erforderlich:

Aufwand	Ertrag
- Anschaffungs- und Herstellungskosten der verkauften Produkte und Leistungen - Verwaltungsaufwand und Vertriebsaufwand - Finanzaufwand - betriebsfremder Aufwand - ausserordentlicher, einmaliger oder periodenfremder Aufwand - direkte Steuern	- Nettoerlös aus Lieferungen und Leistungen - Finanzertrag - betriebsfremder Ertrag - ausserordentlicher, einmaliger oder periodenfremder Ertrag
Ev. Jahresgewinn	Ev. Jahresverlust
Total Aufwand	Total Ertrag

Die jeweiligen Posten sind nur anzugeben, wenn auch ein entsprechender Aufwand bzw. Ertrag vorliegt.

- *Änderungen im Bestand von unfertigen und fertigen Erzeugnissen sowie an nicht fakturierten Leistungen* bedeuten bei der Produktionserfolgsrechnung angesichts der Massgeblichkeit der Produktion je nachdem, ob sie erhöht oder vermindert wurden, einen Ertrag oder einen Aufwand.
- *Materialaufwand* enthält alle Kosten für den Kauf von Roh-, Hilfs- und Betriebsstoffen.
- *Personalaufwand* enthält alle Kosten für Gehälter und Löhne sowie Lohnnebenkosten (Personalvorsorge, Sozialabgaben) oder Weiterbildungskosten etc.
- *Übriger Aufwand* enthält die restlichen nicht unter die vorhergehenden Kategorien passenden Aufwände aus dem Betrieb.
- *Abschreibungsaufwand und Wertberichtigungen auf Positionen des Anlagevermögens* beinhaltet die Wertverminderung eines Aktivums des Anlagevermögens.
- *Finanzaufwände* umfassen primär Zinsaufwendungen, daneben auch Kursverluste, Kapitalbeschaffungskosten etc.
- *Finanzerträge* bilden insbesondere Zinsen auf Bankguthaben und Darlehen, Erträge aus Wertschriften.
- *Betriebsfremde Aufwände und Erträge* sind solche, die wiederkehrend anfallen, aber nicht betriebstypisch sind.
- *Direkte Steuern* umfasst Gewinn- und Kapitalsteuer.
- *Anschaffungs- und Herstellungskosten der verkauften Produkte und Leistungen* umfassen die Kosten für die Anschaffung und Herstellung der Produkte und Leistungen (Roh-, Hilfs- und Betriebsstoffe).
- *Verwaltungsaufwand und Vertriebsaufwand* enthält alle für die Verwaltung (Unternehmensführung, Rechnungswesen, Miete, Versicherungen etc.) und den Vertrieb (Transport, Provisionen Dritter, Werbung etc.) anfallenden Kosten.
- Ausserordentliche, einmalige oder periodenfremde Aufwände oder Erträge sind Spezialerträge, die nicht typischerweise in der betroffenen Betriebsart anfallen und nicht wiederkehrend sind.
- *Nettoerlöse auf Lieferung und Leistungen* umfassen alle aus der eigentlichen Tätigkeit des Unternehmens stammenden Erträge aus hergestellten Produkten oder erbrachten Leistungen.
- *Jahresgewinn bzw. Jahresverlust*: Abhängig vom Geschäftsverlauf ist in der Erfolgsrechnung ein Jahresgewinn oder ein Jahresverlust auszuweisen.

Da die Absatzerfolgsrechnung anders als die Produktionserfolgsrechnung keine Aussagen zum Personalaufwand sowie zu den Abschreibungen und Wertberichtigungen auf Positionen des Anlagevermögens enthält, sind die entsprechenden Angaben im Anhang auszuweisen (OR 959b Abs. 4).

Beispiel
Bei einem Unternehmen in der Stahlindustrie sind Aufwand und Ertrag aus der Produktion von Stahl betrieblicher Natur. Ergeben sich Gewinne und Verluste aus zwecks Kapitalanlage gekauften Aktien, so sind diese als betriebsfremd aufzuführen. Der Verkauf bzw. Kauf dieser Aktien ist als ausserordentlicher Aufwand bzw. Ertrag aufzuführen.

4.5 Anhang

Der dritte und oft vernachlässigte Teil der Jahresrechnung ist der Anhang. Er soll die Transparenz im Unternehmen erhöhen, indem die in der Erfolgsrechnung und der Bilanz gemachten Angaben erläutert und ergänzt werden.

Die Erstellung eines Anhangs ist zwingend für alle Unternehmen, welche der kaufmännischen Buchführung und Rechnungslegung unterstehen. Eine Ausnahme gilt für Personengesellschaften sowie Einzelunternehmen; sofern diese nicht den Vorschriften für grössere Unternehmen gemäss OR 961 unterstehen. Diesen ist es freigestellt, ob sie einen Anhang erstellen wollen (OR 959c Abs. 3).

Der Anhang muss gemäss OR 959c Abs. 1 folgende Angaben enthalten:
- Angaben über die in der Jahresrechnung angewandten Grundsätze der Rechnungslegung, soweit diese nicht bereits von Gesetzes wegen vorgeschrieben sind (Ziff. 1);
- Angaben, Aufschlüsselungen und Erläuterungen zu Positionen der Bilanz und der Erfolgsrechnung (Ziff. 2);
- den Gesamtbetrag der aufgelösten Wiederbeschaffungsreserven und der darüber hinausgehenden stillen Reserven, soweit dieser den Gesamtbetrag der neugebildeten derartigen Reserven übersteigt, sodass dadurch das erwirtschaftete Ergebnis wesentlich günstiger dargestellt wird (Ziff. 3);
- weitere vom Gesetz verlangte Angaben.

Weitere Angaben müssen im Anhang aufgeführt werden, sofern diese nicht bereits in der Bilanz oder der Erfolgsrechnung aufgeführt sind (OR 959c Abs. 2):
- Firma bzw. Name sowie Rechtsform und Sitz des Unternehmens (Ziff. 1);
- eine Erklärung darüber, ob die Anzahl Vollzeitstellen im Jahresdurchschnitt nicht über 10, über 50 bzw. über 250 liegt (Ziff. 2);
- Firma, Rechtsform und Sitz der Unternehmen, an denen direkte oder wesentliche indirekte Beteiligungen bestehen, unter Angabe des Kapital- und des Stimmenanteils (Ziff. 3);
- Anzahl eigener Anteile; also solcher, die das Unternehmen selbst und die Unternehmen, an denen es beteiligt ist, halten (Ziff. 4);
- Erwerb und Veräusserung eigener Anteile und die Bedingungen, zu denen sie erworben oder veräussert wurden (Ziff. 5);
- der Restbetrag der Verbindlichkeiten aus kaufvertragsähnlichen Leasinggeschäften und anderen Leasingverpflichtungen, sofern diese nicht innert zwölf Monaten ab Bilanzstichtag auslaufen oder gekündigt werden können (Ziff. 6);
- Verbindlichkeiten gegenüber Vorsorgeeinrichtungen (Ziff. 7);
- der Gesamtbetrag der für Verbindlichkeiten Dritter bestellten Sicherheiten (Ziff. 8);
- je der Gesamtbetrag der zur Sicherung eigener Verbindlichkeiten verwendeten Aktiven sowie der Aktiven unter Eigentumsvorbehalt (Ziff. 9);
- rechtliche oder tatsächliche Verpflichtungen, bei denen ein Mittelabfluss entweder als unwahrscheinlich erscheint oder in der Höhe nicht verlässlich geschätzt werden kann (Eventualverbindlichkeit; Ziff. 10);
- Anzahl und Wert von Beteiligungsrechten oder Optionen auf solche Rechte für alle Leitungs- und Verwaltungsorgane sowie für die Mitarbeitenden (Ziff. 11);
- Erläuterungen zu ausserordentlichen, einmaligen oder periodenfremden Positionen der Erfolgsrechnung (Ziff. 12);
- wesentliche Ereignisse nach dem Bilanzstichtag (Ziff. 13);
- bei einem vorzeitigen Rücktritt der Revisionsstelle: die Gründe, die dazu geführt haben (Ziff. 14);
- sofern Anleihensobligationen ausstehend sind, müssen Angaben zu deren Beträgen, Zinssätzen, Fälligkeiten und zu den weiteren Konditionen gemacht werden (OR 959c Abs. 4).

Für die an der Börse kotierten Aktiengesellschaften sieht OR 663b^{bis} und 663c sodann zusätzliche Angabepflichten im Anhang vor.

4.6 Grundsätze der Rechnungslegung

Wie bei der Buchführung haben sich auch bei der Rechnungslegung allgemeine Grundsätze herausgebildet, deren Einhaltung zu berücksichtigen ist.

OR *958c Abs. 1* enthält eine nicht abschliessende Aufzählung von Grundsätzen, nach der die ordnungsmässige Rechnungslegung zu erfolgen hat:
- *Klarheit und Verständlichkeit* (Ziff. 1): Die Rechnungslegung muss übersichtlich und logisch gegliedert sein. Auf die Verwendung von unklaren Begriffen ist zu verzichten. Die Rech-

nungslegung muss für einen fachkundigen Leser mühelos verständlich, lesbar und eindeutig sein.

- *Vollständigkeit* (Ziff. 2): In der Rechnungslegung muss alles enthalten sein, damit die Vermögens- und Ertragslage der Gesellschaft möglichst zuverlässig beurteilt werden kann. Es darf nichts Wesentliches weggelassen oder unterdrückt werden.
- *Verlässlichkeit* (Ziff. 3): Die in der Rechnungslegung vermittelten Informationen dürfen keine wesentlichen Fehler enthalten und dürfen nicht verzerrt sein. Die Adressaten der Jahresrechnung müssen sich auf diese verlassen können. Darin enthalten ist auch das Prinzip der Wahrheit und Willkürfreiheit – die Angaben in der Jahresrechnung müssen materiell (in der Sache) richtig, vollständig und willkürfrei sein.
- *Wesentlichkeit* (Ziff. 4): Die Rechnungslegung soll nur das Wesentliche erfassen und nicht die relevanten Fakten mit allerlei Unbedeutendem zugedeckt werden.
- *Vorsicht* (Ziff. 5): Die Rechnungslegung soll kein zu optimistisches Bild der wirtschaftlichen Lage der Gesellschaft vermitteln. In der Bilanz sind die Aktiven eher zu niedrig, die Passiven eher zu hoch einzuschätzen. So sind Aktiven höchstens zu den Anschaffungs- und Herstellungskosten oder zu dem im Zeitpunkt der Bilanzerrichtung geltenden Marktwert, sofern dieser tiefer ist, zu bewerten. Gewinne dürfen zudem bei der Rechnungslegung nur berücksichtigt werden, wenn sie im Zeitpunkt der Buchung bereits realisiert sind, wenn also bereits ein Rechtsanspruch darauf besteht. Verluste müssen hingegen schon dann verbucht werden, wenn sie für das Unternehmen erkennbar sind (Prinzip der *Imparität* in der Behandlung von Gewinnen einerseits und Verlusten andererseits). Für die Erfolgsrechnung ist Aufwand bereits zu berücksichtigen, wenn dieser absehbar ist, Ertrag jedoch erst, wenn er realisiert wurde.
- *Stetigkeit* (Ziff. 6): Das Unternehmen hat seine einmal gewählte Darstellungsform der Jahresrechnung grundsätzlich beizubehalten. Damit soll ein Vergleich zu früheren Jahren erleichtert werden. Wird davon abgewichen, ist ein entsprechender Hinweis notwendig.
- *Verrechnungsverbot* (Ziff. 7): Aufwand und Ertrag (Erfolgsrechnung) sowie Aktiven und Passiven (Bilanz) dürfen nicht miteinander verrechnet werden.
- *Fortführung der Unternehmenstätigkeit* (OR 958a Abs. 1): Bei der Bewertung soll von der Fortführung der Gesellschaft ausgegangen werden (Prinzip des *going concern*). Die einzelnen Angaben sind immer zum Fortführungswert einzusetzen, also dem Wert, der bei Weiterbestehen des Unternehmens anzunehmen ist. Dies im Gegensatz zum Liquidationswert, der bei einem Verkauf realisiert werden könnte (Veräusserungswert). Letzteres ist zu berücksichtigen, wenn innerhalb von 12 Monaten ab Bilanzstichtag die Einstellung der Tätigkeit beabsichtigt ist.

Beispiele

Das Prinzip der Vollständigkeit verlangt, dass alle Einnahmen einer Gesellschaft in der Buchhaltung ausgewiesen werden. Zum Schutz der Gesellschaft müssen aber etwa Beteiligungen nicht offengelegt werden, die im Zusammenhang mit einer Firmenübernahme gekauft wurden.

Das Prinzip der Klarheit verbietet es, in der Erfolgsrechnung den Personalaufwand innerhalb des Kontos Sachaufwand zu verbuchen.

Dem Unternehmen ist es erlaubt, Anlagen, die einer gewissen Wertverminderung unterliegen (etwa durch Gebrauch oder Alterung), jedes Jahr um einen gewissen Betrag abzuschreiben. Diese Abschreibungen werden als solche verbucht und erscheinen daher in der Erfolgsrechnung. Durch die Unterbewertung von Aktiven bzw. die Überbewertung von Passiven kann ein Unternehmen *stille Reserven* schaffen. Diese entsprechen der Differenz zwischen dem wirklichen Wert eines Geschäftsvermögens und dem bilanzierten Wert (Buchwert). Sie werden deshalb als stille Reserven bezeichnet, weil sie weder im Inventar noch in der Bilanz erscheinen.

Dies im Unterschied zu den *offenen Reserven*: Dabei handelt es sich im Wesentlichen um die vom Unternehmen selbst erwirtschafteten Werte des Eigenkapitals. Sie werden in der Bilanz ausgewiesen und ihre Bildung ist zum Teil gesetzlich vorgeschrieben (OR 671 ff., 801 und 860 ff.). Sie dienen Gläubigern als zusätzliche Sicherheit für ihre Forderungen. Offene Reserven können auch freiwillig angelegt werden, einerseits, um damit die Attraktivität der Gesellschaft gegenüber Gläubigern zu erhöhen, und andererseits, um der Gesellschaft zu zusätzlichem Eigenkapital zu verhelfen (OR 672 ff., 801, 860 Abs. 2 und 862 f.).

4.7 Bewertungsregeln

In der Bilanz wird der Wert der vom Unternehmen gehaltenen Aktiven und Passiven angegeben. Dieser Wert ist bei einzelnen Positionen offensichtlich (bspw. der Kassenbestand). Andere Werte sind weniger klar (bspw. ein vor mehreren Jahren gekauftes Auto oder ein Immaterialgüterrecht). Für derartige vom Unternehmen zu bewertenden Aktiven und Passiven hat der Gesetzgeber in OR 960 ff. eine Reihe von konkreten Anweisungen aufgestellt, die bei der Bewertung zu berücksichtigen sind. Sie dienen in erster Linie der Transparenz und folgen dem Vorsichtsprinzip (vgl. OR 960).

- *Aktiven* dürfen höchstens zu den Anschaffungs- oder den Herstellungskosten bewertet werden, unter Abzug der notwendigen Abschreibungen (OR 960a).
- Eine *Aufwertung von Grundstücken und Beteiligungen* über die Anschaffungs- oder Herstellungskosten ist im Falle eines Kapitalverlustes erlaubt (OR 670). Vgl. hierzu die Ausführungen beim Bilanzverlust, S. 147.
- *Vorräte* sind maximal zu den Anschaffungs- oder Herstellungskosten zu bewerten. Ist der mutmassliche Verkaufserlös abzüglich der noch anfallenden Kosten (Lagerung, Versandkosten etc.) tiefer, so ist dieser Wert massgeblich (OR 960c).
- Aktiven mit einem *Börsenkurs* oder einem anderen *beobachtbaren Marktpreis* dürfen in Abweichung zum oben genannten Anschaffungsprinzip (OR 960a) zum Kurs am Bilanzstichtag bewertet werden; selbst wenn dieser höher ist (OR 960b).
- *Abschreibungen, Wertberichtigungen und Rückstellungen* werden in OR 960a Abs. 3 und 960e erfasst. Allen dreien ist gemeinsam, dass sie betriebswirtschaftlich notwendige Korrekturen von Bilanzposten bewirken:
  - *Abschreibungen* berücksichtigen die laufende Wertverminderung durch nutzungs- und altersbedingten Wertverlust und betreffen grundsätzlich das Anlagevermögen. Maschinen, Autos etc. nutzen sich mit der Zeit ab und verlieren an Wert, durch Abschreibungen wird ihr Wert in der Bilanz deshalb periodisch nach unten korrigiert. Zweck ist es, die Posten des Anlagevermögens auf ihren wirklichen Wert herabzustufen. Durch die Abschreibung müssen die Anschaffungskosten (der Aufwand) nicht auf einmal in der Erfolgsrechnung verbucht werden, sondern können auf die Dauer der Nutzung der Anlage verteilt werden.
  - Mit *Wertberichtigungen* sind anderweitige Wertverluste zu berücksichtigen. Sie betreffen in der Regel das Umlaufvermögen. So können etwa Vorräte infolge eines Verfallsdatums an Wert verlieren, Debitoren können nicht alle eingefordert werden (Delkredere) etc.
  - *Rückstellungen* werden gebildet, um ungewisse Verpflichtungen und drohende Verluste aus noch nicht abgeschlossenen Geschäften zu decken. Anders als Abschreibungen und Wertberichtigungen werden Rückstellungen nicht vom bestehenden Vermögen abgezogen, sondern als eigenes Schuldenkonto beim Fremdkapital auf der Passivseite bilanziert.

G. Die Firma

1. Begriff

Als Firma gilt der im Rechtsverkehr gewählte und im Handelsregister eingetragene *Name eines Unternehmensträgers*. Unternehmensträger kann dabei eine Einzelperson oder auch eine Gesellschaft sein.

Auch wenn der Begriff umgangssprachlich oft so verwendet wird, ist die Firma nicht das Synonym von Unternehmen. Die Firma sorgt für die Individualisierbarkeit der Gesellschaften.

Firmenfähig sind Einzelunternehmen, die Kollektiv- und Kommanditgesellschaft, die AG, die KommAG, die GmbH, die Genossenschaft sowie die Gesellschaftsformen des KAG. Keine Firma steht hingegen der einfachen Gesellschaft zu. Auch Verein und Stiftung haben keine

Firma, sondern wie natürliche Personen einen Namen. Sie geniessen für die von ihnen gewählte Bezeichnung daher keinen Firmen-, sondern Namensschutz.

Gemäss OR 954a Abs. 1 besteht für Gesellschaften des OR eine *Firmengebrauchspflicht*. In der Korrespondenz, auf Bestellscheinen und Rechnungen sowie auf Bekanntmachungen – kurz, wann immer die Gesellschaft seriös im Geschäftsleben auftritt – hat sie die im Handelsregister eingetragene Firma vollständig und unverändert anzugeben. Davon unberührt bleibt das Recht, neben der Firmenbezeichnung weiterhin Logos, Enseignes und ähnliche Angaben zu verwenden (vgl. OR 954a Abs. 2).

Jeder Unternehmensträger darf für sein Unternehmen nur eine einzige Firma führen (Grundsatz der *Firmeneinheit*). Dies gilt selbst dann, wenn der Unternehmensträger noch eine Zweigniederlassung führt. Erlaubt ist jedoch, durch einen Firmenzusatz auf die Zweigniederlassung hinzuweisen.

Firmen sind grundsätzlich *unübertragbar*. Bei der Übernahme eines Einzelunternehmens, einer Kollektiv- oder einer Kommanditgesellschaft darf zur Vermeidung von Täuschungen die Firma nur weitergeführt werden, wenn durch einen Zusatz auf das Nachfolgeverhältnis hingewiesen wird und der neue Inhaber genannt wird (z.B. Meier & Co, Inhaber Fritz Müller). Wird eine Firma von einer Kapitalgesellschaft übernommen, so reicht es, wenn ein entsprechender Hinweis auf die Gesellschaftsform in die Firma aufgenommen wird (z.B. Meier & Co AG).

Während die Firma einen bestimmten Unternehmensträger individualisiert, dient die *Marke* als Kennzeichen eines bestimmten Produktes oder einer bestimmten Dienstleistung. Obwohl es vorkommen kann, dass Marke und Firma gleich lauten, sind sie klar auseinanderzuhalten: Firmenbildung wie auch Firmenschutz unterliegen anderen Grundsätzen, als dies für das Markenrecht der Fall ist. Für Letztere gilt das Markenschutzgesetz (MSchG).

Von der Firma abzugrenzen ist die sog. *Enseigne*. Dabei handelt es sich um eine besondere Bezeichnung des Geschäftslokals (z.B. *Wirtshaus zum goldenen Schlüssel*). Für die Enseigne kommen die Bestimmungen über den Firmenschutz nur dann zur Anwendung, wenn diese als Zusatz in die Firma aufgenommen wird. Der Eintragung in das Handelsregister sind sie seit der Revision der HRegV nicht mehr fähig; bereits eingetragene Enseigne wurden auf den 1. Januar 2010 von Amtes wegen gelöscht (vgl. HRegV 177).

2. Bestandteile einer Firma

Eine Firma besteht in der Regel aus einem kennzeichnenden Hauptelement (Firmenkern) sowie bestimmten informativen Zusätzen.

Bestandteile einer Firma		
Personenfirma	Hauptelement bilden ein oder mehrere Familiennamen.	*Loeb AG*
Sachfirma	In der Firma wird auf den Gegenstand des Unternehmens hingewiesen.	*Zürich Versicherungen*
Fantasiefirma	Die Firma vermittelt keine inhaltlichen Angaben über das Unternehmen oder dessen Träger.	*Novartis*
Gemischte Firma	Kombination von Personen-, Sach- oder Fantasienamen	*Möbel Pfister*

Reine Sachfirmen sind unzulässig. So würde die Eintragung einer Firma namens *Möbel* vom Handelsregisterführer verweigert. Das Eidgenössische Handelsregisteramt liess in der Vergangenheit zum Teil Sachbezeichnung für den Erstbenützer zu, solange die Firma als solche erkennbar blieb (also etwa *Möbel AG*). Jeder spätere Benützer war jedoch gezwungen, seiner Firma einen Zusatz beizufügen. Diese Praxis hat das Bundesgericht verworfen.

Rechtsprechung BGE 101 Ib 361, E. 5d: Nach OR 944 Abs. 1 darf jede Firma Angaben über die Natur des Unternehmens enthalten. In diesem Sinne gilt auch der Hinweis auf die Tätigkeit eines Geschäftes, und als solcher wird die Bezeichnung «Inkasso» in der Öffentlichkeit allgemein, nicht nur von den Fachleuten des Rechnungswesens verstanden, wie die Beschwerdeführer einwenden. Sachangaben sind aber nur «neben dem vom Gesetze vorgeschriebenen wesentlichen Inhalt» der Firma zugelassen. Diese Fassung deckt

> Firmen nicht, in denen die Sachangabe nicht bloss Bestandteil, sondern einziger Inhalt ist. [...] Aufgabe der Firma ist es, ein Unternehmen zu kennzeichnen und von anderen zu unterscheiden [...]. OR 951 Abs. 2, wonach sich die Firma einer Aktiengesellschaft von jeder in der Schweiz bereits eingetragenen Firma deutlich unterscheiden müsse, schafft ein entsprechendes Vorrecht, bestimmt aber nicht, dass Sachbegriffe ohne Kennzeichnungskraft zuzulassen seien, wenn nicht schon ein gleicher Eintrag besteht. Der Sinn eines solchen Firmenrechts ist nicht einzusehen.

Dies ändert jedoch nichts daran, dass Firmen, die früher eingetragen wurden und den neuen Grundsätzen nicht entsprechen, nach wie vor geschützt werden (BGE 101 Ib 361). Ohne Weiteres zulässig ist im Übrigen die Kombination verschiedener Sachbezeichnungen.

Dem Firmeninhaber steht es frei, seine Firma mit Zusätzen zu spezifizieren (z.B. IBM Schweiz; Apotheke Hans Erni; Müller und Söhne). Gewisse andere Zusätze sind obligatorisch, sie werden vom Gesetz aus Gründen der Transparenz vorgeschrieben.

	Firmenkern	Notwendiger Zusatz
Einzelunternehmen	<ul><li>Familienname des Geschäftsinhabers (OR 945 Abs. 1)</li><li>Zusätze sind erlaubt, dürfen aber kein Gesellschaftsverhältnis andeuten (OR 945 Abs. 3).</li></ul>	Kein Zusatz nötig *(Heinz Müller; Heinz Müller, Partyservice)*
KollG	<ul><li>Sämtliche Familiennamen (OR 947 Abs. 1)</li><li>Familienname wenigstens eines Gesellschafters (OR 947 Abs. 1)</li></ul>	<ul><li>Kein Zusatz nötig *(Müller, Meier und Schultze)*</li><li>Zusatz, der auf das Gesellschaftsverhältnis hindeutet *(Müller & Co; Meier & Cie)*</li></ul>
KommG	<ul><li>Familienname wenigstens eines Komplementärs (OR 947 Abs. 3)</li><li>Firma darf keine Namen von Kommanditären enthalten (OR 947 Abs. 4)</li></ul>	Zusatz, der auf das Gesellschaftsverhältnis hindeutet *(Weber & Co)*
GmbH	Frei (OR 950)	Hinweis auf die Rechtsform *(Panzerknacker GmbH)*
AG	Frei (OR 950)	Hinweis auf die Rechtsform *(Müller AG; Müller Aktiengesellschaft)*
Genossenschaften	Frei (OR 950)	Hinweis auf die Rechtsform *(Meyer Genossenschaft)*

Bei Eintritt eines Auflösungsgrundes ist der bisherigen Firma einer AG, GmbH oder Genossenschaft der Vermerk «in Liquidation» beizufügen. Bei der Kollektiv- und Kommanditgesellschaft ist ein entsprechender Zusatz nicht obligatorisch.

Zweigniederlassungen schweizerischer Unternehmen müssen die gleiche Firma wie die Hauptniederlassung führen, sie dürfen optional einen Zusatz verwenden, um auf die Zweigniederlassung hinzuweisen (OR 952 Abs. 1). Zweigniederlassungen ausländischer Unternehmen müssen zusätzlich zum ausländischen Firmennamen den Ort der Hauptniederlassung, den Ort der Zweigniederlassung sowie die ausdrückliche Bezeichnung als Zweigniederlassung in der Firma führen (bspw. «Müller Bank AG, München, Zweigniederlassung Basel»).

Der Firmenkern kann in jeder beliebigen Sprache gebildet werden, unabhängig davon, ob diese Sprache hierzulande gebräuchlich ist. Für die notwendigen Zusätze ist eine Landessprache erforderlich.

3. Unzulässige Firmen

Verschiedene Sondergesetze enthalten Bestimmungen, die den Gebrauch gewisser Firmenbestandteile per se verbieten (u.a. Wappenschutzgesetz [SR 232.21], Bundesgesetz betreffend den Schutz des Zeichens und des Namens des Roten Kreuzes [SR 232.22], Bankengesetz [SR 952.0]]). Solche Firmen dürfen grundsätzlich nicht im Handelsregister eingetragen werden.

Damit jedes Unternehmen hinreichend individualisiert werden kann, darf jede Firma nur einmal vorkommen. Das Gesetz verbietet somit die Eintragung gleichlautender Firmen. Identität zwischen zwei Firmen liegt vor, wenn diese aus der gleichen Buchstabenfolge gebildet werden oder übersetzt gleich lauten.

Ob hingegen die Eintragung einer Firma zu einer Verwechslungsgefahr mit einer anderen Firma führen könnte oder eine ältere Firma in sonstiger Weise beeinträchtigen könnte, prüft der Handelsregisterführer nicht. Die Beurteilung derartiger Streitigkeiten ist Sache des Zivilrichters.

4. Schutz öffentlicher Interessen

OR 944 Abs. 1 setzt für die Firma voraus, dass deren Inhalt der Wahrheit entspricht, keine Täuschungen verursacht und keinem öffentlichen Interesse zuwiderläuft.

Oberster Grundsatz der Firmenbildung ist der *Schutz des öffentlichen Interesses*. Die Firma soll insbesondere nicht gegen das religiöse, sittliche oder nationale Empfinden verstossen (BGE 101 Ib 361).

Rechtsprechung BGE 113 II 179, E. 1 f.: Die Treuhand AG Bern TAK-Immobilien verlegte ihren Sitz von Bern nach Wabern, Gemeinde Köniz. [...] Nach Art. 944 OR sind nur Firmen zulässig, deren Inhalt der Wahrheit entspricht, keine Täuschungen verursachen kann und keinem öffentlichen Interesse zuwiderläuft (Abs. 1). Damit übereinstimmend verlangt Art. [26] HRegV für alle Eintragungen im Handelsregister, dass sie wahr sein müssen, keine Täuschungen veranlassen und keinem öffentlichen Interesse widersprechen dürfen. Ob eine Firma täuschend wirkt, ist nach dem Eindruck zu entscheiden, den sie beim Durchschnittsleser hervorruft (BGE 100 Ib 243 E. 4). [...] Durch die Sitzverlegung nach Wabern in die Gemeinde Köniz wird [...] die Bezeichnung «Bern» unwahr. Sie ist zudem täuschend; dass der Durchschnittsleser nach der Darstellung der Beschwerdeführerin in der falschen Vorstellung befangen sei, Wabern gehöre zur Gemeinde Bern, ändert daran nichts.

Wichtigste Konkretisierung dieses Grundsatzes ist das *Täuschungsverbot*. Die Firma darf beim durchschnittlichen Kunden keine Erwartungen wecken, denen der Unternehmensträger nicht genügen kann. Dabei spielt es keine Rolle, ob die Täuschungsgefahr von der Firma als Ganzes oder nur durch einen einzelnen Bestandteil der Firma herbeigeführt wird. Auch das Weglassen relevanter Tatsachen kann unter Umständen täuschend sein (BGE 117 II 192).

Ob die Täuschung beabsichtigt ist oder nicht, ist irrelevant. Entscheidend ist einzig, ob ein unbefangener Dritter bei Anwendung der üblichen Sorgfalt einer Täuschung unterliegt (BGE 123 III 220). So wurde etwa der Ausdruck «Grand Casino» in der Firmenbezeichnung einer AG als unzulässig deklariert, da die Gesellschaft einzig über eine Spielbanken-Konzession B (Kursäle), nicht aber eine Konzession A (Grand Casinos) verfügte (BGE 132 III 532).

Hauptanwendungsfall des Täuschungsverbotes ist das Wahrheitsgebot.

Rechtsprechung BGE 117 II 192, E. 3a: Ausfluss des firmenrechtlichen Täuschungsverbots sind die Gebote der Firmenwahrheit und der Firmenklarheit; danach darf die Firma einerseits den tatsächlichen Gegebenheiten nicht widersprechen, hat ihnen andererseits aber auch möglichst deutlich Ausdruck zu geben [...].
Das Wahrheitsgebot verbietet dabei grundsätzlich, eine tatsächlich nicht ausgeübte Tätigkeit in der Firma vorzugeben. Lediglich bei neueröffneten Unternehmen lässt die Rechtsprechung genügen, dass die angegebene Tätigkeit ernsthaft beabsichtigt ist [...].

5. Firmenschutz

Die Firma eines im Handelsregister eingetragenen Einzelunternehmens darf von keinem anderen Geschäftsinhaber am selben Ort verwendet werden (OR 946). Dies gilt selbst dann, wenn der andere den gleichen Vor- und Familiennamen hat, mit dem die ältere Firma gebildet worden ist. In solchen Fällen muss der neue Geschäftsinhaber seinem Firmennamen einen Zusatz beifügen, mit welchem seine Firma deutlich von der älteren Firma unterschieden wird.

Die im Handelsregister eingetragene und im Schweizerischen Handelsamtsblatt veröffentlichte Firma steht dem Berechtigten zum ausschliesslichen Gebrauch zu (OR 956 Abs. 1). Wer durch den unbefugten Gebrauch einer Firma beeinträchtigt wird, kann auf Unterlassung, Beseitigung und Schadenersatz klagen (OR 956 Abs. 2).

Im Firmenrecht gilt grundsätzlich das Prinzip der Alterspriorität. Massgebend ist der Zeitpunkt der Eintragung im Handelsregister.

Anders als im Markenrecht unterliegt der Sperrbereich der Firma keiner branchenmässigen Einschränkung. Erfasst wird andererseits nicht jede Verwendung des Kennzeichens, sondern nur der firmen- oder namensmässige Gebrauch des Zeichens.

Der örtliche Schutzbereich ist je nach Gesellschaftsform unterschiedlich:

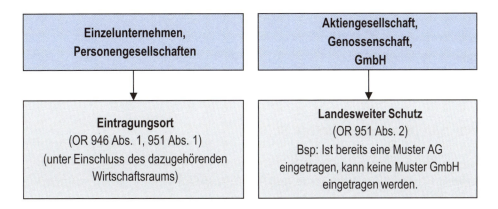

Die jüngere Firma muss sich von der prioritätsälteren Firma im massgeblichen Schutzbereich deutlich unterscheiden (OR 951 Abs. 2). Ob eine Verwechslungsgefahr zwischen zwei Firmen vorliegt, beurteilt der Richter nach seinem Ermessen. Massgebend für die Beurteilung ist der Gesamteindruck des Zeichens. Ebenfalls zu beachten ist der jeweilige Kundenkreis der beiden Unternehmen. Je näher sich die beiden Unternehmen sind, sowohl in örtlicher als auch in sachlicher Hinsicht, desto schneller wird eine Verwechselbarkeit zu bejahen sein.

Rechtsprechung BGE 122 III 369, E. 1: Die Firma einer Aktiengesellschaft muss sich von jeder in der Schweiz bereits eingetragenen Firma deutlich unterscheiden (Art. 951 Abs. 2 OR), ansonsten der Inhaber der älteren Firma wegen Verwechslungsgefahr auf Unterlassung des Gebrauchs der jüngeren Firma klagen kann (Art. 956 Abs. 2 OR). Da Aktiengesellschaften ihre Firma frei wählen können, stellt die Rechtsprechung an deren Unterscheidungskraft im Allgemeinen strenge Anforderungen. Ob zwei Firmen sich hinreichend deutlich unterscheiden, ist aufgrund des Gesamteindrucks zu prüfen, den sie beim Publikum hinterlassen. Die Firmen müssen nicht nur bei gleichzeitigem, aufmerksamem Vergleich unterscheidbar sein, sondern auch in der Erinnerung auseinandergehalten werden können. Im Gedächtnis bleiben namentlich Firmenbestandteile haften, die durch ihren Klang oder ihren Sinn hervorstechen; solchen Bestandteilen kommt daher für die Beurteilung des Gesamteindrucks einer Firma erhöhte Bedeutung zu [...].

Einfacher ist die Frage der Verwechselbarkeit bei reinen Personenfirmen. Hier besteht nur bei Identität der Firmen eine Verwechslungsgefahr. Diese Gefahr kann der jüngere Firmeninhaber mittels eines unterscheidungskräftigen Zusatzes umgehen.

Die Verwechselbarkeit einer Firma mit einer prioritätsälteren Firma verhindert nicht deren Eintragung im Handelsregister. Nicht eintragungsfähig und verboten sind nur identische Firmen. Der ältere Firmeninhaber kann sich jedoch gegen die Beeinträchtigung mittels Klage beim Zivilrichter zur Wehr setzen. Allerdings ist zu beachten, dass der Anspruch auf Ausschliesslichkeit verwirkt werden kann, wenn der prioritätsältere Firmeninhaber den Gebrauch seiner Firma durch einen Dritten während längerer Zeit unangefochten zulässt (ZGB 2 Abs. 2).

Rechtsprechung BGE 123 III 220, E. 4b: Mit ihrem Vorgehen hat die Klägerin die akute Gefahr geschaffen, dass sie von Personen, welche bereits mit der ursprünglichen S.F.M. Services Financiers & Management SA zu tun hatten, mit dieser verwechselt wird. Beeinträchtigt wurden damit die Interessen eines breiten Personenkreises. [...] Damit hat die Firmenwahl der Klägerin gegen das in OR 944 Abs. 1 verankerte

Täuschungsverbot verstossen. Dass die Firma trotz der Verwechslungsgefahr offenbar ohne Beanstandung eingetragen wurde, durfte die Klägerin nicht als Zusicherung der Rechtmässigkeit auffassen [...].

6. Schutzbehelfe nach UWG

Gemäss UWG 2 gilt als unlauter und widerrechtlich jedes täuschende oder in anderer Weise gegen Treu und Glauben verstossende Verhalten oder Geschäftsgebaren, welches das Verhältnis zwischen Anbietern und Abnehmern beeinflusst.

Unlauter handelt nach UWG 3 Abs. 1 lit. b insbesondere, wer über seine Firma unrichtige oder irreführende Angaben macht. Darunter fällt auch der Gebrauch einer verwechselbaren Firma.

Der wettbewerbsrechtliche Schutz kann unter Umständen auch in den Fällen gewährt werden, in welchen eine Firma nach Firmenrecht zulässig ist. Anders als im Firmenrecht bestimmt sich die Frage der Priorität unter den Parteien nicht nach dem Handelsregistereintrag, sondern nach dem effektiven Gebrauch der Firma. So können also Klagen nach UWG auch von gewissen nicht im Handelsregister eingetragenen Unternehmern angestrengt werden.

7. Persönlichkeitsrechtlicher Schutz

Der namensrechtliche Schutz nach ZGB 29 ergänzt subsidiär den firmenrechtlichen. Vereine und Stiftungen können ihren Namen ausschliesslich mittels Namensrecht schützen, da ihnen das Firmenrecht nicht zur Verfügung steht.

Das Namensrecht kann insbesondere dann von Bedeutung sein, wenn sich der Inhaber einer Firma gegen einen nicht firmenmässigen Gebrauch einer Bezeichnung zur Wehr setzen will.

H. Die Vertretung von Gesellschaften

1. Begriff

In der Rechtswissenschaft versteht man unter Vertretung das rechtsgeschäftliche Handeln einer Person (Vertreter) für eine andere Person (Vertretener), welche die rechtlichen Folgen dieses Handelns treffen. Die Vertretung kann vom Vertretenen gewollt sein (gewillkürte Vertretung) oder vom Gesetzgeber angeordnet sein (gesetzliche Vertretung).

Im Zusammenhang mit dem Gesellschaftsrecht betrifft die Vertretung im untechnischen Sinne das Aussenverhältnis der Gesellschaft und betrifft allgemein das Handeln für die Gesellschaft gegenüber Dritten. Die Gesellschaft tritt nach aussen auf, geht Rechte und Pflichten gegenüber Dritten ein. Das Gegenstück hierzu ist die Geschäftsführung im engeren Sinne, welche das Innenverhältnis der Gesellschaft regelt. Zu Letzterem gehört bspw. die Ernennung eines neuen Finanzchefs oder der Beschluss, dass die Gesellschaft eine neue Software kaufen will. Der effektive Kauf der neuen Software von einem Dritten betrifft dann das Aussenverhältnis und somit die Vertretung. Das OR trennt bei den Personengesellschaften konsequent zwischen Innen- und Aussenverhältnis (vgl. bspw. OR 557 ff. und 562 ff. bei der KollG).

2. Vertretungsbefugnis und Vertretungsmacht

Bei der Vertretung ist zu trennen zwischen der Vertretungsbefugnis und der Vertretungsvollmacht. Die *Vertretungsbefugnis* legt den Umfang fest, zu welchem der Vertreter zur Vertretung durch den Vertretenen ermächtigt wurde. Sie betrifft somit einzig das Innenverhältnis zwischen Vertreter und Vertretenem. Die *Vertretungsvollmacht* bestimmt demgegenüber, welche Handlungen der Vertreter gegen aussen rechtswirksam für den Vertretenen vornehmen kann. Die Handlungsvollmacht umfasst somit alle Handlungen des Vertreters, welche sich der Vertretene sich mit der Folge anrechnen lassen muss, dass die Rechtswirkungen bei ihm eintreten.

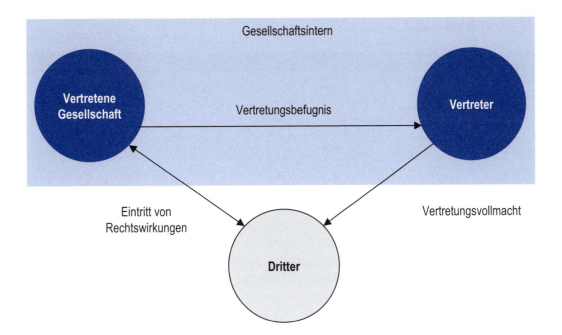

Vertretungsbefugnis und Vertretungsvollmacht müssen nicht deckungsgleich sein. Der Vertretene muss sich unter Umständen zum Schutze des gutgläubigen Dritten auch Rechtswirkungen anrechnen lassen, zu welchen er den Vertreter gar nicht befugt hat.

Beispiel Innerhalb einer Kollektivgesellschaft wird die Vertretungsbefugnis der Gesellschafter derart eingeschränkt, dass die Gesellschafter anstatt alleine jeweils nur zu zweit die Gesellschaft vertreten können (Kollektivunterschrift zu zweien). Vertritt ein Gesellschafter die Gesellschaft nun trotzdem alleine, so wird gegenüber einem gutgläubigen Dritten trotzdem die Gesellschaft verpflichtet, da der Dritte auf die alleinige Vertretungsvollmacht des Gesellschafters vertrauen konnte. Die Vertretungsvollmacht ist hier grösser als die Vertretungsbefugnis (die restlichen Gesellschafter können für einen allfälligen Schaden der Gesellschaft dann gegen den fehlbaren Gesellschafter Regress nehmen). Lassen die Gesellschafter hingegen die Einschränkung der Vertretungsbefugnis im Handelsregister eintragen, so kann sich der Dritte nicht mehr auf seinen guten Glauben berufen, da er den Eintrag hätte kennen müssen. Diesfalls kann der Gesellschafter die Gesellschaft nicht mehr alleine verpflichten – die Vertretungsbefugnis und die Vertretungsvollmacht sind hier in diesem Punkt identisch.

3. Vertretungsarten

Gesellschaften können vertreten werden durch	
Organe (ZGB 55)	▪ Organe sind Teil der juristischen Person. Als solche treten sie streng genommen nicht als Vertretung der Gesellschaft auf, sondern als Gesellschaft selber. Zum Organbegriff vgl. die Ausführungen im anschliessenden Kapitel.
Gesellschafter (OR 543 f.; 563 ff.; 603)	▪ Die Gesellschafter von Personengesellschaften sind vermutungsweise berechtigt, für die Gesellschaft gegen aussen zu handeln. Da Personengesellschaften jedoch keine juristischen Personen sind, wird nicht die Gesellschaft an sich, sondern die Gesamtheit der Gesellschafter vertreten (vgl. dazu unten S. 78). ▪ Kollektivgesellschafter und Komplementäre sind vermutungsweise zur Vornahme aller Rechtshandlungen berechtigt, welche der Zweck der Gesellschaft mit sich bringen kann (vgl. OR 564 Abs. 1 und 598 Abs. 2) ▪ Bei der einfachen Gesellschaft erfolgt die Vertretung der Gesellschaft durch die Gesellschafter nach den Regeln der bürgerliche Stellvertretung von OR 32 ff. (vgl. OR 543 Abs. 2).

Kaufmännische Vertretung (OR 458 ff.)	▪ Die kaufmännische Vertretung regeln allgemein die Vertretungsvollmachten von Arbeitnehmern im kaufmännischen Verkehr. Zum Zwecke der Transparenz für Dritte und damit der Verkehrssicherheit wurden die Vertretungsbefugnis und die Vertretungsmacht bei der kaufmännischen Vertretung im Gesetz verankert. Dabei wird unterschieden zwischen der
	    ▪ Prokura (OR 458) und der
	    ▪ Handlungsvollmacht im engeren Sinne (OR 462).
	Während die Prokura eine umfangreiche Vertretungsvollmacht vorsieht (grds. alle Handlungen, welche sich mit dem Zweck der Gesellschaft vereinbaren lassen [vgl. OR 459 Abs. 1]), bleibt die Handlungsvollmacht im engeren Sinne grds. auf spezifische Geschäfte limitiert (alle Handlungen, die der Betrieb der Gesellschaft gewöhnlich mit sich bringt [vgl. OR 462 Abs. 1]).

Bürgerliche Stellvertretung (OR 32 ff.)	▪ Der Vertreter wird nach den allgemeinen Regeln der Stellvertretung nach OR 32 ff. zur Vertretung berechtigt.

4. Zum Organbegriff

Die juristische Person haftet in vollem Umfang für widerrechtliche Schädigungen, die durch ihre Organe Dritten zugefügt werden (BGE 105 II 289; vgl. OR 41 ff., 97). Die Stellung der Organe unterscheidet sich grundsätzlich von derjenigen eines Stellvertreters. Die Organe einer Gesellschaft sind *Teile der juristischen Person* und nicht blosse Bevollmächtigte.

Eine nähere Umschreibung des Organbegriffes liefert ZGB 55:

[1] Die Organe sind berufen, dem Willen der juristischen Person Ausdruck zu geben.

[2] Sie verpflichten die juristische Person sowohl durch den Abschluss von Rechtsgeschäften als durch ihr sonstiges Verhalten.

[3] Für ihr Verschulden sind die handelnden Personen ausserdem persönlich verantwortlich.

Das Handeln der Organe verpflichtet und berechtigt somit grundsätzlich die juristische Person.

Rechtsprechung BGE 115 Ib 274, E. 10c: Die X AG als juristische Person muss sich das Handeln ihrer Organe als eigenes anrechnen lassen, selbst wenn dieses unrechtmässig, ohne oder gegen den Willen der übrigen Organe oder der Aktionäre geschieht [...].

Die Zurechnung zur juristischen Person erfolgt jedoch nach herrschender Lehre nur dann, wenn das Organ in seiner Eigenschaft als solches und *nicht als Privatperson* tätig geworden ist. Dies ist aber bereits der Fall, wenn die Handlung bei objektiver Würdigung in den Rahmen der jeweiligen Organbefugnisse fällt. Die Vertretungsmacht der Organe umfasst nämlich gemäss Praxis *alle Rechtshandlungen, die sich mit dem Gesellschaftszweck irgendwie in Zusammenhang bringen lassen* (vgl. BGE 111 II 284; BGE 96 II 439).

Rechtsprechung BGE 111 II 284, E. 3b: (...) Aux termes de l'Art. 718 al. 1 CO, les personnes autorisées à représenter la société ont le droit de faire au nom de celle-ci tous les actes que peut impliquer le but social. Selon la jurisprudence, approuvée par la doctrine, le but social embrasse l'ensemble des actes juridiques qui, du point de vue objectif, peuvent, ne fût-ce que de façon indirecte, contribuer à atteindre le but social, c'est-à-dire tous ceux que ce but n'exclut pas nettement; il n'est pas nécessaire qu'ils rentrent dans l'activité habituelle de l'entreprise [...].

Als Organ gilt, wer effektiv und in entscheidender Weise an der Bildung des Verbandswillens teilhat, indem er in einem wesentlichen Aufgabenbereich der juristischen Person selbstständige Entscheidungsautonomie besitzt. Erforderliche ist eine dauerhafte Tätigkeit, nicht eine lediglich in einem Einzelfall. Ob sich seine Stellung hingegen aus der autonomen Satzung (Statuten) – *formelle Organstellung* – oder lediglich aus der tatsächlichen Organisationsstruktur – *faktische Organstellung* – ergibt, ist belanglos.

Rechtsprechung BGE 128 III 29, E. 3a: Als mit der Verwaltung oder Geschäftsführung betraut [...] gelten nicht nur Entscheidungsorgane, die ausdrücklich als solche ernannt worden sind [..., sondern auch] Personen, die tatsächlich Organen vorbehaltene Entscheide treffen oder die eigentliche Geschäftsführung besorgen und so die Willensbildung der Gesellschaft massgebend mitbestimmen [...].

Beispiele Typische formelle Organe sind:
- Mitglieder des Verwaltungsrates einer AG;
- geschäftsführende Gesellschafter einer GmbH;
- die Verwaltung der Genossenschaft;
- Direktoren und Geschäftsleitungsmitglieder.

Eine faktische Organstellung wurde in der Praxis etwa bejaht für:
- Verbandssekretär einer Genossenschaft;
- Sekretär einer AG;
- Direktor einer Bank, Vizedirektor einer Bank;
- Zeitungsredaktoren;
- Organe der Muttergesellschaft in Bezug auf ihre Tochtergesellschaft, dies allerdings nur, wenn sich im konkreten Fall Zuständigkeiten bilden, die Organe der Muttergesellschaft also konkret Einfluss auf die Tochtergesellschaft nehmen können.

Wer für die juristische Person lediglich als Vertreter oder Hilfsperson tätig ist, wird nicht als Organ betrachtet.

Rechtsprechung BGE 128 III 29, E. 3a: Für die Organverantwortlichkeit ist zudem erforderlich, dass die nach der internen Organisation tatsächlich mit der Leitung der Gesellschaft befasste Person in eigener Entscheidbefugnis die sich daraus ergebenden Pflichten zu erfüllen hat, sie also selbstständig und eigenverantwortlich handelt.

Als Rechtsverhältnis zwischen Organ und juristischer Person wird in der Lehre und Rechtsprechung ein Vertrag (Auftrag, Arbeitsvertrag) angenommen. Die gegenseitigen Rechte und Pflichten ergeben sich jedoch nicht nur aus dem Auftrags- oder Arbeitsvertragsrecht, sondern auch aus dem objektiven Recht der jeweiligen juristischen Person und den individuellen Statuten.

Zur Haftung der juristischen Person für das Handeln ihrer Organe kann unter Umständen eine persönliche, ausserrechtsgeschäftliche Haftung der Organe selbst hinzukommen, namentlich dann, wenn das Organ den Schaden seinem eigenen Verschulden zuzuschreiben hat (ZGB 55 Abs. 3). Die juristische Person und das Organ haften somit bei Verschulden Dritten gegenüber solidarisch. Wird in diesen Fällen die juristische Person belangt, kann sie auf ihre Organe Regress nehmen.

Besonderer Teil

1. Teil Die einfache Gesellschaft

Übersicht

Gesetzliche Regelung	OR 530–551
Entstehung	OR 530 Abs. 1: Zusammenschluss von zwei oder mehreren Personen zur Erreichung eines gemeinsamen Zweckes mit gemeinsamen Mitteln
Mitglieder	Natürliche und juristische Personen sowie Gesellschaften ohne eigene Rechtspersönlichkeit
Rechtspersönlichkeit	Nein
Handlungs-, Prozess- und Betreibungsfähigkeit	Nein
Firma	Nein
Handelsregistereintrag	Nein
Gesellschaftsvermögen	OR 544: Nein, im Zweifel Gesamthandsverhältnis
Gesellschaftsbeschlüsse	OR 534: Im Zweifel Einstimmigkeitsprinzip; Rechtshandlungen, die über den gewöhnlichen Betrieb hinausgehen
Geschäftsführung	OR 535: Befugnis jedes einzelnen Gesellschafters zur Besorgung der gewöhnlichen Geschäfte
Leistungspflichten	<ul><li>OR 531: Beitragspflicht jedes Gesellschafters in gleichem Umfang</li><li>OR 532: Gewinnteilung</li><li>OR 536: Konkurrenzverbot</li><li>OR 538: Sorgfaltspflicht</li></ul>
Gewinn- und Verlustbeteiligung	OR 533: Jeder Gesellschafter hat gleichen Anteil an Gewinn und Verlust
Vertretung der Gesellschaft nach aussen	<ul><li>OR 543 Abs. 2: Vertretung durch den einzelnen Gesellschafter nach Stellvertretungsrecht (OR 32 ff.)</li><li>OR 543 Abs. 3: Vermutung der Vertretungsbefugnis für die Geschäftsführer</li></ul>
Haftung	<ul><li>Persönlich, solidarisch und unbeschränkt</li><li>Mangels Organen keine Organhaftung</li></ul>
Auflösungsgründe	OR 545: <ul><li>Zweckerreichung (Ziff. 1)</li><li>Tod eines Gesellschafters (Ziff. 2)</li><li>Konkurs oder Beistandschaft eines Gesellschafters (Ziff. 3)</li><li>Gegenseitige Übereinkunft (Ziff. 4)</li><li>Zeitablauf (Ziff. 5)</li><li>Kündigung (Ziff. 6)</li><li>Richterliches Urteil aus wichtigem Grund (Ziff. 7)</li></ul>

A. Begriff und Wesen der einfachen Gesellschaft

1. Definition

Schliessen sich zwei oder mehrere Personen zur Erreichung eines gemeinsamen Zweckes mit gemeinsamen Kräften und Mitteln zusammen, liegt eine Gesellschaft im Sinne des Gesetzes vor (OR 530 Abs. 1). Diese Gesellschaft ist eine einfache Gesellschaft, wenn nicht die Voraussetzungen einer anderen Gesellschaftsform vorliegen (OR 530 Abs. 2).

a) Zwei oder mehrere Personen

Zur Gründung einer einfachen Gesellschaft genügen zwei Gesellschafter. Diese können natürliche oder juristische Personen, aber auch Gesellschaften ohne eigene Rechtspersönlichkeit (z.B. wiederum eine einfache Gesellschaft) oder blosse Gesamthandschaften ohne gesellschaftliche Struktur (z.B. Erbengemeinschaften) sein.

b) Gesellschaftsvertrag

Die vertragsmässige Bindung der Gesellschafter nennt sich Gesellschaftsvertrag. Er ist an keine besondere Form gebunden. Für seine Entstehung genügt sogar konkludentes Verhalten.

> Der Gesellschaftsvertrag muss grundsätzlich folgende *Elemente* umfassen:
> - den Zweck der einfachen Gesellschaft;
> - die Benennung der Mitglieder;
> - die Absicht der Mitglieder, einen Beitrag zur Erreichung des Gesellschaftszweckes zu leisten. Inhalt oder Umfang dieses Beitrages ist jedoch nicht wesentlicher Vertragsinhalt.

Alles Weitere bedarf nicht zwingend einer Regelung, da das Gesetz darüber bereits Bestimmungen enthält.

c) Gemeinsamer Zweck

Basis einer einfachen Gesellschaft ist die Einigung über den Zweck der Gesellschaft. Jedes Mitglied trägt seinen Teil zur Erreichung dieses Zwecks bei und ordnet sich diesem Zweck unter.

Die einfache Gesellschaft kann jeden rechtlich erlaubten wirtschaftlichen oder nicht wirtschaftlichen Zweck verfolgen. Es ist der einfachen Gesellschaft jedoch untersagt, ein nach kaufmännischer Art geführtes Gewerbe zu betreiben. Durch den Betrieb eines nach kaufmännischer Art geführten Gewerbes wird die einfache Gesellschaft – sofern sie sich aus natürlichen Personen zusammensetzt – zur KollG. Sind in einem solchen Fall an der einfachen Gesellschaft auch juristische Personen beteiligt, so wird das Gebilde nach bundesgerichtlicher Rechtsprechung (BGE 84 II 381; 79 I 181) als einfache Gesellschaft geduldet.

d) Der gemeinsame Einsatz von Mitteln

Jeder Gesellschafter hat einen gewissen Beitrag zu leisten. In der Wahl dieses Beitrages sind die Gesellschafter jedoch frei. OR 531 sieht als Mittel etwa Geld, Sachen, Forderungen oder Arbeit vor. Möglich wäre aber auch ein Beitrag in Form von Immaterialgüterrechten (z.B. Lizenzen), Gebrauchsüberlassungen, eines Pfandes oder einer Bürgschaft.

Das Gesetz sieht dispositiv vor, dass jeder Gesellschafter einen Beitrag in gleichem Umfang zur Erreichung des Zweckes leisten soll.

Rechtsprechung BGE 108 II 204, E. 4a: Von der Verfolgung eines gemeinsamen Zweckes mit gemeinsamen Kräften und Mitteln kann nur dort gesprochen werden, wo ein Wille besteht, die eigene Rechtsstellung einem gemeinsamen Zweck unterzuordnen, um auf diese Weise einen Beitrag an die Gemeinschaft zu leisten.

e) Keine andere Gesellschaftsform

Die einfache Gesellschaft kommt als subsidiäre Form nur dann zur Anwendung, wenn keine zusätzlichen qualifizierenden Elemente bestehen, welche auf eine andere Gesellschaftsform hindeuten.

In der Gründungsphase einer Gesellschaft gelten die Regeln der einfachen Gesellschaft für alle Gesellschaftsformen. Das Recht der einfachen Gesellschaft kommt weiter bei der Gründung sämtlicher Körperschaften des ZGB zur Anwendung (so etwa gemäss ZGB 62 für den Verein). Dies gilt, soweit das Gesetz nichts anderes statuiert.

2. Wichtigste Elemente der einfachen Gesellschaft

Die einfache Gesellschaft wird in OR 530–551 geregelt.

- Die meisten Bestimmungen sind dispositiver Natur. Im Gesellschaftsvertrag können insbesondere im Hinblick auf das Innenverhältnis abweichende Regelungen getroffen werden.
- Die einfache Gesellschaft hat keine eigene Firma und auch keinen eigenen Sitz.
- Die einfache Gesellschaft führt grundsätzlich kein kaufmännisch geführtes Gewerbe und ist nicht im Handelsregister eintragbar.
- Die einfache Gesellschaft hat keine eigene Rechtspersönlichkeit, sie handelt durch ihre Gesellschafter. Diese handeln nicht als Organe, sondern gestützt auf Stellvertretungsrecht (OR 32 ff.).
- Die einfache Gesellschaft ist nicht aktivlegitimiert. Klagen der Gesellschaft erfolgen vermutungsgemäss von allen Gesellschaftern gemeinsam.
- Die einfache Gesellschaft ist nicht passivlegitimiert. Klagen sind somit immer gegen die Gesellschafter gerichtet, welche im Innenverhältnis untereinander Regress nehmen können.
- Die Gesellschaft hat für sich kein Vermögen, dieses steht den einzelnen Gesellschaftern zu gesamter Hand zu.
- Die einfache Gesellschaft kann nicht direkt haftbar gemacht werden. Die Gesellschafter haften primär, unbeschränkt und solidarisch.
- Mitglieder einer einfachen Gesellschaft können sowohl natürliche als auch juristische Personen (sowie Gesellschaften ohne eigene Rechtspersönlichkeit oder blosse Gesamthandschaften ohne gesellschaftliche Struktur) sein.
- Gewinn- und Verlustanteile werden vermutungsweise gleichmässig unter den Gesellschaftern verteilt (OR 533 Abs. 1).
- Die Mitgliedschaft ist unübertragbar und unvererblich. Beim Tod oder Austritt eines Gesellschafters wird die Gesellschaft aufgelöst (OR 545 Abs. 1 Ziff. 2; dispositiv).
- Neue Mitglieder können nur mit Einverständnis aller Gesellschafter aufgenommen werden (OR 542; dispositiv).
- Beschlüsse werden einstimmig gefällt. Vertraglich kann auch vereinbart werden, dass Beschlüsse nach Stimmenmehrheit gefällt werden. Diesfalls gilt die Mehrheit nach der Personenzahl (OR 534).

Die einfache Gesellschaft hat einen vielseitigen Anwendungsbereich und tritt unter einer Vielzahl von Bezeichnungen auf. Die folgenden Aufzählungen lassen eine einfache Gesellschaft vermuten. Da die einfache Gesellschaft jedoch nur dann infrage kommt, wenn nicht die Voraussetzungen einer anderen im Gesetz geordneten Gesellschaftsform vorliegen, sollte immer im Einzelfall überprüft werden, ob nicht das Recht einer anderen Gesellschaftsform Anwendung findet.

Beispiele Erscheinungsformen einfacher Gesellschaften:
- Bürogemeinschaft von Rechtsanwälten
- Zusammenschluss mehrerer Personen mit dem Zweck, auf Gemeindeebene eine Initiative herauszuarbeiten (Initiativkomitee)
- Aktionäre einer AG im Rahmen eines Aktionärbindungsvertrages
- Kreditkonsortien
- Baukonsortium
- Jagdgesellschaften
- Joint Ventures
- Gemeinsamer Kauf eines Autos durch zwei Freunde, die miteinander eine Ferienreise unternehmen wollen
- Konkubinat (umstritten, ob es als einfache Gesellschaft gilt oder ob nur die Regeln der einfachen Gesellschaft analog angewendet werden)

3. Abgrenzungen

3.1 Nichtgesellschaften

Die Abgrenzung von Gesellschaften und Nichtgesellschaften kann grosse Mühe bereiten. (Eine ausführliche Auseinandersetzung befindet sich im Allgemeinen Teil, S. 29). Gegenüber normalen zweiseitigen Verträgen unterscheidet sich die einfache Gesellschaft durch den *Willen zur gemeinsamen Zweckverfolgung*. Jeder Gesellschafter ist bereit, einen Beitrag primär zum Erreichen des gemeinschaftlichen Zweckes zu leisten und seine eigenen Interessen zurückzustellen. Der einzelne Gesellschafter ordnet sich dem gemeinsamen Zweck unter.

Grundsätzliches Abgrenzungskriterium ist der Wille der Parteien, sich zu vereinigen. Bei zweiseitigen Verträgen stehen, selbst wenn beide Parteien die gleichen Interessen verfolgen, doch primär die eigenen im Vordergrund. Der eigene Beitrag wird in Erwartung einer Gegenleistung erbracht.

Besondere Schwierigkeiten bereitet die Abgrenzung der einfachen Gesellschaft zum partiarischen Darlehen. Vgl. dazu die Abgrenzung bei der stillen Gesellschaft, S. 82.

Rechtsprechung BGer v. 16. April 2007, 4C.30/2007, E. 4.1: Die einfache Gesellschaft ist die vertragsmässige Verbindung von zwei oder mehreren Personen zur Erreichung eines gemeinsamen Zwecks mit gemeinsamen Kräften oder Mitteln (Art. 530 OR). Schliessen sich nur zwei Personen zusammen oder werden die Rechte und Pflichten der Beteiligten ungleich geregelt, so nähert sich die einfache Gesellschaft dem zweiseitigen Vertrag. Bei der Gesellschaft werden durch den Zusammenschluss jedoch gemeinsame Interessen gefördert; jeder Gesellschafter hat durch seine Leistungen, deren Inhalt sehr verschieden sein kann und nicht zum Vornherein bestimmt sein muss, etwas zum gemeinsamen Zweck beizutragen; Dienstleistungen erfolgen dabei im Interesse aller. Die synallagmatischen oder zweiseitigen Verträge, zu denen auch die Auftragsverhältnisse gehören, sind hingegen durch den Interessengegensatz zwischen den Vertragsparteien sowie durch die Bestimmtheit ihres Gegenstandes charakterisiert; durch den Austausch von Gütern oder Dienstleistungen werden entgegengesetzte Interessen befriedigt. Auftrag und einfache Gesellschaft voneinander abzugrenzen, kann namentlich dann schwierig sein, wenn sowohl der Auftraggeber wie der Beauftragte an der Ausführung des Auftrags interessiert sind. Diesfalls ist nach der Lehre, welcher sich das Bundesgericht angeschlossen hat, ein Auftrag anzunehmen, wenn ihr Interesse am Geschäft nicht gleicher Art ist. Dass beim Auftrag ein Gewinnanteil ausbedungen wird, macht das Vertragsverhältnis zwar zu einem gesellschaftsähnlichen, aber nicht zu einer einfachen Gesellschaft [...].

3.2 Andere Gesellschaftsformen

Da die einfache Gesellschaft eine *Subsidiärform* darstellt, liegen die anderen Gesellschaften immer dann vor, wenn deren Voraussetzungen erfüllt sind.

In Bezug auf die Kapitalgesellschaften entstehen keine Abgrenzungsschwierigkeiten. Es gilt einzig zu beachten, dass in der Gründungsphase jeder Gesellschaft die Bestimmungen der einfachen Gesellschaft zur Anwendung kommen. Das Recht der einfachen Gesellschaft kommt bei Kapitalgesellschaften zudem stets dann zur Anwendung, wenn spezialgesetzliche Regelungen fehlen.

Die übrigen Personengesellschaften (Kollektiv- und Kommanditgesellschaft) unterscheiden sich von der einfachen Gesellschaft im Wesentlichen dadurch, dass sie zur Führung eines kaufmännischen Gewerbes ausgerichtet sind und im Handelsregister eintragungsfähig sind. Die Kollektivgesellschaft darf im Übrigen nur aus natürlichen Personen bestehen.

Sind an einer Personengesellschaft, die ein nach kaufmännischer Art geführtes Gewerbe führt, ausschliesslich natürliche Personen beteiligt, so wird die Gesellschaft von Gesetzes wegen als Kollektivgesellschaft angesehen – dies selbst dann, wenn die Gesellschafter eine einfache Gesellschaft gründen wollten (vgl. BGer v. 4. April 2011, 4A.21/2011, E. 3.3.1).

Primäre Abgrenzungskriterien	
Nichtkaufmännische KollG und KommG	Eintrag im Handelsregister; Auftreten unter einer Firma
Kaufmännische KollG und KommG	Betrieb eines kaufmännischen Gewerbes; Auftreten unter einer Firma
AG, KommAG, GmbH und Genossenschaft	Eintrag im Handelsregister
Verein	Schriftliche Statuten, denen der Wille zur Vereinsbildung entnommen werden kann
Stille Gesellschaft	Der stille Gesellschafter tritt nach aussen nicht in Erscheinung.

B. Die Entstehung der einfachen Gesellschaft

Zur Entstehung der einfachen Gesellschaft genügt die Einigung zweier oder mehrerer Personen, die Erreichung eines bestimmten Zweckes mit gemeinsamen Mitteln fördern zu wollen.

Folgende Punkte sind *konstitutiv* für eine einfache Gesellschaft:
- zwei oder mehrere Personen;
- die Einigung in einem Gesellschaftsvertrag;
- der gemeinsame Einsatz von Mitteln;
- die gemeinsame Zweckverfolgung.

Der Gesellschaftsvertrag ist an keine besondere Form gebunden. Die Gesellschafter können eine einfache Gesellschaft auch unbewusst, durch konkludentes Verhalten, entstehen lassen. Verpflichten sich die Gesellschafter jedoch zu Leistungen, die nur in bestimmter Form rechtsgültig erbracht werden können, sind diese Formvorschriften zu beachten.

Beispiel Kaufen die Bewohner eines Mehrfamilienhauses eine Antennenanlage, damit alle eine grössere Anzahl Sendekanäle empfangen können, entsteht ohne Weiteres eine einfache Gesellschaft.

Soll hingegen ein Grundstück in eine einfache Gesellschaft eingebracht werden, so sind die förmlichen Voraussetzungen zur Übertragung eines Grundstückes zu beachten (öffentliche Beurkundung, ZGB 657 Abs. 1). Wird im Gesellschaftsvertrag eine Abfindungsklausel im Todesfall vereinbart, so ist diese u.U. als letztwillige Verfügung zu betrachten und benötigt als Form die entsprechenden erbrechtlichen Voraussetzungen (ZGB 498 ff.).

C. Das Innenverhältnis

Die Vorschriften zum Innenverhältnis der einfachen Gesellschaft zeichnen sich durch ihren *dispositiven* Charakter aus. Die meisten Regeln sind durch den Gesellschaftsvertrag abänderbar.

Zwingend anwendbare Gesetzesartikel sind:
- OR 531 Abs. 1: Allgemeine Beitragspflicht der Gesellschafter;
- OR 532: Verpflichtung zur Teilung des Gewinnes mit den anderen Gesellschaftern;
- OR 533 Abs. 2: Abmachungen über Gewinn- oder Verlustanteile gelten immer auch für das Äquivalent (Ausnahme nach Abs. 3);
- OR 539 Abs. 2: Entzug der Befugnis zur Geschäftsführung aus wichtigen Gründen;
- OR 541: Recht der nicht geschäftsführenden Gesellschafter zur Einsichtnahme in die Geschäftsunterlagen.

Rechte der Gesellschafter	Pflichten der Gesellschafter
- Geschäftsführung - Mitbestimmung - Auslagenersatz - Gewinnbeteiligung - Einsicht in Geschäftsangelegenheiten	- Beitragsleistung - Gewinnbeteiligung - Verlustbeteiligung - Konkurrenzverbot - Sorgfaltspflicht

1. Beitragspflicht der Gesellschafter

1.1 Beitragspflicht

OR 531 Abs. 1 bestimmt, dass jeder Gesellschafter *zwingend* einen Beitrag zu leisten hat.

Nach dem Gesetz ist die Beitragspflicht für alle gleich, und zwar in Art und Umfang, wie es der vereinbarte Zweck erfordert (OR 531 Abs. 2). Diese Vorschrift ist dispositiv und wird im Gesellschaftsvertrag meist anders geregelt. Es dürfen somit vertraglich auch stark ungleich bemessene Beiträge vereinbart werden (vgl. BGer v. 11. März 2011, 4A.509/2011, E. 5.5.1).

Ist eine Beitragspflicht ausstehend, so können die anderen Gesellschafter gemeinsam mit der sog. Gesellschafts- oder Gesamtklage oder alleine mit der actio pro socio (Klage für den Gesellschafter) den Beitrag einfordern. Wichtig ist bei der Letzteren, dass der klagende Gesellschafter die Leistung nur an die Gesellschaft verlangen kann.

Beispiel Nach der Gründung einer einfachen Gesellschaft haben drei Gesellschafter ihre Beitragspflicht erfüllt, zwei sind noch ausstehend. Einer der drei Gesellschafter wird ungeduldig und verlangt mittels der actio pro socio von einem der säumigen Gesellschafter die Einbringung des abgemachten Beitrags in die Gesellschaft. Der so belangte Gesellschafter verweigert dies mit dem Hinweis, dass auch ein anderer Gesellschafter noch nicht erfüllt hat (OR 82). Die Einrede ist nicht erfolgreich, da die Leistung nicht gegenüber einem Gesellschafter zu erbringen ist, sondern in Hinblick auf einen gemeinsamen Zweck an das Gesellschaftsvermögen. (Eine Ausnahme gilt nur bei Zweimanngesellschaften. Deren synallagmatischer Charakter würde es unfair erscheinen lassen, wenn ein Gesellschafter gezwungen wird zu leisten, während der andere [klagende] Gesellschafter selbst noch nicht erfüllt hat.)

1.2 Art der Beiträge

Ein Beitrag kann alles sein, was *geeignet* ist, *den Gesellschaftszweck* auf irgendeine Art *zu fördern*. OR 531 Abs. 1 enthält eine Aufzählung (Geld, Sachen, Forderungen und Arbeit), die jedoch nicht abschliessend ist.

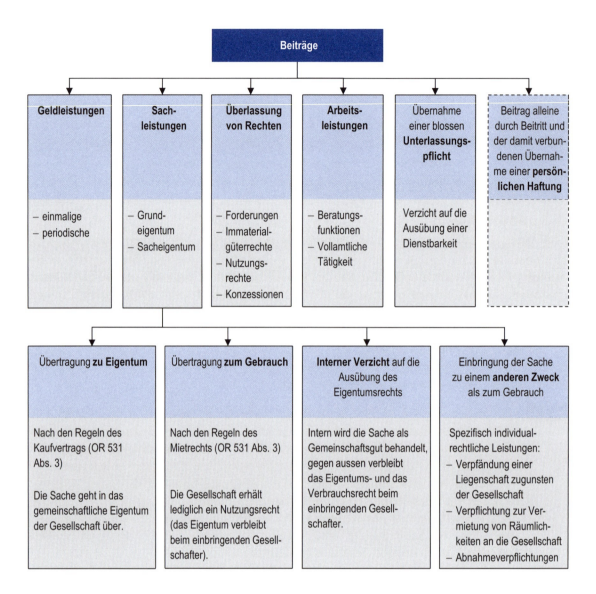

Es ist umstritten, ob der Beitritt zur Gesellschaft für sich als Beitrag genügen kann. Befürwortend wird argumentiert, dass die mit dem Beitritt verbundene Mitübernahme der Haftung die Kreditwürdigkeit der Gesellschaft erhöht, was einen Beitrag darstellt. Ablehnend kann festgehalten werden, dass die Mitübernahme der Haftung ein grundsätzliches Element der einfachen Gesellschaft darstellt. Wird dieser als Beitrag betrachtet, würde dies zu einer Negierung der Beitragspflicht führen. Sofern es sich bei dem betroffenen Gesellschafter um eine besonders vermögende Person handelt und somit die Kreditwürdigkeit der Gesellschaft durch diesen Gesellschafter markant verbessert wird, dürfte ausnahmsweise bereits im Beitritt dieses Gesellschafters zur einfachen Gesellschaft eine Beitragsleistung erkannt werden.

2. Gesellschaftsbeschlüsse und Geschäftsführung

2.1 Geschäftsführung

Zur Geschäftsführung gehören diejenigen Handlungen, welche durch den geschäftsführungsbefugten Gesellschafter auch einzeln gültig vorgenommen werden können. Hierzu gehören alle Geschäfte, die nicht über den gewöhnlichen Betrieb hinausgehen.

Im Rahmen der Geschäftsführung werden mit anderen Worten Handlungen des *alltäglichen Geschäftes* erledigt. Was alles unter diesen Begriff fällt, lässt sich nur bezogen auf die einzelne Gesellschaft und deren Gesellschaftszweck sagen.

Grundsätzlich steht gemäss OR 535 Abs. 1 allen Gesellschaftern das Recht zur alleinigen Geschäftsführung zu, d.h., jeder Gesellschafter ist befugt, alleine Entscheidungen als Geschäftsführer zu treffen. Der Gesetzgeber erlaubt aber anderweitige Regelungen durch die Gesellschafter. So kann die Geschäftsführungsbefugnis an Dritte weitergegeben oder auf einzelne Gesellschafter beschränkt werden.

a) Vetorecht

Jeder zur Geschäftsführung berechtigte Gesellschafter besitzt gegenüber Handlungen der anderen Geschäftsführer ein Vetorecht (OR 535 Abs. 2). Folge des Vetos ist, dass die fragliche Handlung nicht mehr ausgeführt werden darf. Ein Vetorecht besteht aber nur so lange, als die betreffende Handlung noch nicht vollendet ist. Von der Geschäftsführung ausgeschlossene Gesellschafter besitzen kein Vetorecht.

b) Entzug der Geschäftführungsbefugnis

Ist einem Gesellschafter die Befugnis zur Geschäftsführung im Gesellschaftsvertrag zugesprochen worden, so kann ihm diese nach OR 539 Abs. 1 nur entzogen werden, wenn wichtige Gründe vorliegen.

OR 539 Abs. 3 nennt beispielhaft zwei Gründe, die zum Entzug führen können:
- wenn sich der Geschäftsführer einer groben Pflichtverletzung schuldig gemacht hat;
- wenn der Geschäftsführer die Fähigkeit zu einer guten Geschäftsführung verloren hat.

Ein Entzug ist in diesen Fällen selbst dann möglich, wenn der Gesellschaftsvertrag etwas anderes bestimmt.

Nach der überwiegenden Lehrmeinung ist entgegen dem Wortlaut von OR 539 der Entzug auch möglich, wenn die Befugnis zur Geschäftsführung einem Gesellschafter kraft Gesetz (OR 535 Abs. 1) zuerkannt worden ist.

Bei Dritten und per Beschluss zur Geschäftsführung berechtigten Gesellschaftern ist ein Entzug ohne Weiteres möglich (selbst wenn der Dritte per Gesellschaftsvertrag ermächtigt wurde).

c) Vermutung der Vertretungsbefugnis

Wird einem Gesellschafter die Geschäftsführungsbefugnis überlassen, so gilt die gesetzliche Vermutung, dass er ermächtigt ist, die Gesellschaft Dritten gegenüber zu vertreten (OR 543 Abs. 3). Damit sollen Dritte in deren Vertrauen darauf geschützt werden, dass ein Gesellschafter, dem die Geschäftsführung überlassen ist, auch mit der entsprechenden Vertretungsmacht ausgestattet ist.

d) Anspruch auf Vergütung von Auslagen

Die Geschäftsführer haben einen Anspruch auf Vergütung ihrer durch die Geschäftsführung entstandenen Auslagen (OR 537).

e) Beziehung zu den nichtgeschäftsführenden Gesellschaftern

OR 540 hält in allgemeiner Weise fest, dass das Verhältnis zwischen den geschäftsführenden und den nicht geschäftsführenden Gesellschaftern sich – vorbehaltlich gesetzlicher Spezialbestimmungen und aufgestellter Regeln im Gesellschaftsvertrag – nach Auftragsrecht (OR 394 ff.) richtet. Wichtigste Spezialbestimmung ist OR 538, der die Anforderungen an die Sorgfaltspflicht verringert.

Überschreitet ein Gesellschafter seine Befugnisse, so richtet sich das Verhältnis gegenüber den anderen Gesellschaftern nach dem Recht der Geschäftsführung ohne Auftrag (OR 419 ff.). Dies kann sich ergeben, wenn ein nicht zur Geschäftsführung befugter Gesellschafter Geschäftsangelegenheiten erledigt oder ein zur Geschäftsführung befugter Gesellschafter seine Kompetenzen überschreitet.

Den von der Geschäftsführung ausgeschlossenen Gesellschaftern wurde ein *Kontrollrecht* eingeräumt. Nach OR 541 hat jeder von ihnen ein unentziehbares und unverzichtbares Recht, sich persönlich vom Gang der Geschäftsangelegenheiten zu unterrichten, namentlich durch Einsichtnahme in die Geschäftsbücher sowie durch ein Auskunftsrecht gegenüber den Geschäftsführern.

Beispiel

A hat für seine Geschäftsführungstätigkeiten überaus grosse Ausgaben getätigt, die er nun ersetzt haben will. Sein Anspruch richtet sich gegen die Gesellschafter insgesamt, d.h., er ist aus dem Gesellschaftsvermögen zu entschädigen. Reicht dies nicht, so kann er gegen die Gesellschafter persönlich vorgehen. Diese haften mit ihrem Privatvermögen nicht solidarisch für den gesamten Anspruch, sondern nach Massgabe des Innenverhältnisses jeweils nur für ihren Anteil. A wird in diesem Fall gegen jeden Gesellschafter einzeln vorgehen müssen.

Ein Geschäftsführer überschreitet seine Befugnisse, indem er
- Entscheidungen trifft, für die ein Gesellschaftsbeschluss vorgesehen ist;
- sich über im Gesellschaftsvertrag aufgestellte Einschränkungen seiner Geschäftsführungstätigkeit hinwegsetzt (z.B. Mitsignierungspflicht eines zweiten Geschäftsführers);
- trotz eines bestehenden Vetos das Geschäft weiterverfolgt.

2.2 Gesellschaftsbeschlüsse

Gesellschaftsbeschlüsse sind wichtige Beschlüsse, die über den gewöhnlichen Betrieb der gemeinschaftlichen Geschäfte hinausgehen.

Beschlüsse, welche die Grundlagen der Gesellschaft berühren, die Auswirkungen *über den gewöhnlichen Betrieb der gemeinschaftlichen Geschäfte* hinaus haben, sind zu wichtig, als dass sie von einem Geschäftsführer alleine entschieden werden dürfen. In solchen Fällen ist ein Gesellschaftsbeschluss vorgesehen, der durch alle Gesellschafter gemeinsam vorgenommen wird.

Eine *gemeinsame Beschlussfassung* ist in folgenden Fällen vorgesehen:
- Bestellung eines Generalbevollmächtigten (OR 535 Abs. 3);
- Übertragung der Geschäftsführung auf einzelne Gesellschafter oder Dritte (OR 535 Abs. 1);
- Rechtshandlungen, die über den gewöhnlichen Betrieb der gemeinschaftlichen Geschäfte hinausgehen (OR 535 Abs. 3);
- Auflösung der Gesellschaft (OR 545 Abs. 1 Ziff. 4).

OR 534 Abs. 1 verlangt für Gesellschaftsbeschlüsse die Einstimmigkeit. Nach OR 534 Abs. 2 kann im Gesellschaftsvertrag auch das Mehrheitsprinzip vereinbart werden. Ausnahme sind Änderungen im Gesellschaftsvertrag, die zwingend einstimmig sein müssen. Bei allen anderen Gesellschaftsbeschlüssen genügt das Mehrheitsprinzip, und zwar nicht nur nach Köpfen (die Regelung von OR 534 Abs. 2 ist dispositiv), sondern auch etwa nach dem Umfang der Beiträge. Das Mehrheitsprinzip ist zwingendes Recht. Eine weitergehende Einschränkung der Mitbestimmungsrechte einzelner Gesellschafter würde der Natur der einfachen Gesellschaft widersprechen.

Geschäftsführung	Gesellschaftsbeschlüsse
Ausübung durch den einzelnen Geschäftsführer	Ausübung durch alle Gesellschafter gemeinsam
Normale Handlungen, die nicht über den gewöhnlichen Betrieb der gemeinsamen Geschäfte hinausgehen	Wichtige Beschlüsse, die über den gewöhnlichen Betrieb der gemeinsamen Geschäfte hinausgehen

Typische Handlungen im Rahmen der Geschäftsführung sind:
- Rechtsgeschäftliche Handlungen (Abschluss von Verträgen)
- Tatsächliche Handlungen
  - Leitung des Unternehmens
  - Verwaltungsarbeit
  - Aufsicht von Mitarbeitern etc.
	Eine gemeinsame Beschlussfassung ist in folgenden Fällen vorgesehen:
	- Bestellung eines Generalbevollmächtigten (OR 535 Abs. 3)
	- Übertragung der Geschäftsführung auf einzelne Gesellschafter oder Dritte (OR 535 Abs. 1)
	- Auflösung einer Gesellschaft (OR 545 Abs. 1 Ziff. 4)
	- Alle weiteren Rechtshandlungen, die über den gewöhnlichen Betrieb der gemeinschaftlichen Geschäfte hinausgehen (OR 535 Abs. 3). Dazu gehören u.a.
	  - der vollständige Ausschluss der Vertretungsbefugnis
	  - die Beschränkung auf eine Kollektivvollmacht
	  - Änderungen im Gesellschaftsvertrag
	  - Organisation der Geschäftsführung
	  - Vertretung und Kontrolle
	  - Grundlegende Festsetzung der Gewinn- und Verlustbeteiligung
	  - Wechsel im Gesellschafterbestand
	  - Handlungen, für die der Gesellschaftsvertrag einen Gesellschaftsbeschluss vorsieht

Rechtsprechung BGer v. 15. August 2007, 4C.217/2006, E. 5.2: Die Geschäftsführung steht allen Gesellschaftern zu, soweit sie nicht durch Vertrag oder Beschluss einem oder mehreren Gesellschaftern oder Dritten ausschliesslich übertragen ist (OR 535 Abs. 1). Als Geschäftsführung ist jede auf die Förderung des Gesellschaftszwecks gerichtete Tätigkeit zu verstehen, somit auch das rechtsgeschäftliche Handeln für die Gesellschaft nach aussen. Die Befugnis zur Geschäftsführung des einzelnen Gesellschafters aber besteht nur für Rechtsgeschäfte, die im Rahmen der ordentlichen Geschäftsführung erfolgen, nicht hingegen für ausserordentliche Geschäfte. Für Tätigkeiten, die über den gewöhnlichen Betrieb der gemeinschaftlichen Geschäfte hinausgehen, ist die Einwilligung sämtlicher Gesellschafter erforderlich (OR 535 Abs. 3). Was als gewöhnliches, von der Vermutung von OR 543 Abs. 3 gedecktes und was als aussergewöhnliches Rechtsgeschäft zu gelten hat, bestimmt sich nach den Umständen im Einzelfall. Als Kriterien sind dabei namentlich Art und Ausmass des Rechtsgeschäfts massgebend. Der Art nach aussergewöhnlich ist ein Rechtsgeschäft etwa, wenn dadurch der normale Gesellschaftszweck überschritten wird, dem Ausmass nach aussergewöhnlich ist es, wenn es zu den der Gesellschaft zur Verfügung stehenden Mitteln in einem Missverhältnis steht.

3. Gewinn- und Verlustbeteiligung

Nach dem Gesetz hat jeder Gesellschafter – ohne Rücksicht auf Art und Grösse seines Beitrages – den *gleichen Anteil* an Gewinn und Verlust.

Meist wird aber vertraglich eine andere Regelung getroffen.

Das Gesetz macht hierfür zwei Vorgaben:
- Besteht eine Abmachung nur für die Verteilung von Gewinn bzw. Verlust, so gilt nach OR 533 Abs. 2 die Abmachung immer auch für das Äquivalent.
- Die Abrede, ein Gesellschafter solle zwar am Gewinn, nicht aber am Verlust beteiligt werden, ist verboten. Eine Ausnahme hierzu gilt für den Fall, dass ein Gesellschafter als Beitrag Arbeit geleistet hat – hier kann nach OR 533 Abs. 3 die Verlustbeteiligung ausgeschlossen werden.

Ansonsten sind die Gesellschafter frei, die Gewinn- und Verlustbeteiligung nach ihrem Ermessen festzulegen.

4. Buchführung und Rechnungslegung

Zur kaufmännischen Buchführung und Rechnungslegung gemäss den obligationenrechtlichen Grundsätzen von OR 957 ff. ist eine einfache Gesellschaft nach OR 957 verpflichtet, wenn sie im letzten Geschäftsjahr einen Umsatzerlös von mindestens CHF 500'000.– erzielt hat. Personengesellschaften, welche diese Schwelle nicht erreichen, haben über die Einnahmen und Ausgaben Buch zu führen («Milchbüchlein-Rechnung»), wobei die Grundsätze ordnungsmässiger Buchführung auch hier sinngemäss gelten (OR 957 Abs. 2 und 3). Zur Buchführung und Rechnungslegung vgl. S. 43.

5. Verantwortlichkeit gegenüber den anderen Gesellschaftern

OR 538 Abs. 1 statuiert eine umfassende Treue- und Sorgfaltspflicht. Diese manifestiert sich im positiven Sinne in der Pflicht zur Gewinnteilung von OR 532 und negativ im (dispositiven) Konkurrenzverbot von OR 536.

5.1 Haftung gegenüber den anderen Gesellschaftern

OR 538 begründet eine Haftung eines Gesellschafters gegenüber den Mitgesellschaftern. Jeder Gesellschafter haftet gegenüber den übrigen Gesellschaftern für den durch sein Verschulden entstandenen Schaden. Er ist verpflichtet, für die Gesellschaft den Fleiss und die Sorgfalt anzuwenden, die er in seinen eigenen Angelegenheiten anzuwenden pflegt (diligentia quam in suis). Seine Sorgfaltspflicht wird also nicht wie bei schuldrechtlichen Verträgen nach objektiven Kriterien (die nach objektiven Massstäben übliche und angemessene Sorgfalt), sondern subjektiv beurteilt. Dies bedeutet, dass subjektive Entschuldigungsgründe wie etwa Zeitmangel, Unkenntnis oder Unerfahrenheit mitbeachtet werden (die einfache Gesellschaft ist die einzige Gesellschaftsform, die eine solche konkrete, subjektive Sorgfaltspflicht vorschreibt). Dies geht zwar nicht so weit, dass sich ein Gesellschafter mit Verweis auf seine Liederlichkeit von der Haftung befreien kann. Aber um ein Verschulden auszulösen, müssen schon gewichtige Gründe vorliegen.

Der strengere Massstab nach dem Auftragsrecht gilt für diejenigen Gesellschafter, die für ihre Tätigkeit als Geschäftsführer eine Vergütung beziehen (OR 538 Abs. 3 verweist auf die Regeln des Auftrags, der gemäss OR 398 auf das Arbeitsrecht weiterverweist. Wertungsmassstab der Sorgfalts- und Treuepflicht bildet hier letztendlich OR 321a).

5.2 Konkurrenzverbot

Das Konkurrenzverbot geht sehr weit. Es umfasst nicht nur Tätigkeiten, die in direktem Wettbewerb zu der Gesellschaft stehen, sondern alle Handlungen, die eine Verwirklichung des Gesellschaftszweckes verunmöglichen oder erschweren. Dies verbietet dem Gesellschafter alle Tätigkeiten, welche den *Zweck der Gesellschaft beeinträchtigen könnten*. Im Unterschied zur noch weiter gehenden Regelung der KollG ist folglich zu prüfen, ob die Gesellschaft durch die neue Tätigkeit geschädigt werden könnte.

Rechtsprechung BGer v. 20. März 2012, 4A.619/2011, E. 3.6: Die einfache Gesellschaft ist eine vertragsmässige Verbindung von zwei oder mehreren Personen zur Erreichung eines gemeinsamen Zweckes mit gemeinsamen Kräften oder Mitteln (Art. 530 Abs. 1 OR). Wesentlich ist dabei, dass die Gesellschafter das künftige Verhalten auf die Verfolgung des vereinbarten Zwecks ausrichten und die Verwirklichung der zum gemeinsamen Zweck verschmolzenen Interessen aller Gesellschafter fördern […]. Dazu hat jeder Gesellschafter einen Beitrag zu leisten (Art. 531 OR). Gleichzeitig darf kein Gesellschafter zu seinem besonderen Vorteil Geschäfte betreiben, durch die der Zweck der Gesellschaft vereitelt oder beeinträchtigt würde (Art. 536 OR). Daraus ergibt sich als zentraler Grundsatz des Gesellschaftsrechts eine besondere Treuepflicht der Gesellschafter […]. Aus der Zweckförderungs- und Treupflicht folgt, dass die Gesellschafter im Konflikt zwischen ihren persönlichen Interessen und den Interessen der Gesellschaft denjenigen der Gesellschaft den Vorzug zu geben haben, sofern der Konflikt in den Bereich der Zweckverfolgung fällt [...].

6. Gesellschafterwechsel

6.1 Eintritt

Der Eintritt eines neuen Gesellschafters benötigt, sofern nichts anderes im Gesellschaftsvertrag vermerkt wurde, die Zustimmung aller Gesellschafter (OR 542 Abs. 1). Im Gesellschaftsvertrag können etwa Mehrheitsbeschlüsse oder die generelle Zulassung von Erben ausgeschiedener Gesellschafter festgelegt werden.

Der neu Beitretende haftet nur für Verbindlichkeiten, die nach seinem Beitritt begründet worden sind.

6.2 Ausscheiden

Das Ausscheiden eines Gesellschafters ist grundsätzlich nicht möglich. Fällt ein Gesellschafter aus, sei es von Todes wegen oder durch Austritt, so führt dies zur Auflösung der Gesellschaft (vgl. OR 545 Abs. 1 Ziff. 2 und 6). Im Gesellschaftsvertrag kann aber vorgesehen werden, dass die Gesellschaft trotz Ausscheiden eines Mitglieds weitergeführt werden soll. Die Vereinbarung zur Weiterführung kann im Voraus, entgegen dem Wortlaut des Gesetzes aber auch erst nach Eintritt des Auflösungsgrundes abgemacht werden.

Rechtsprechung BGE 116 II 49, E. 4b: Das Ausscheiden eines Beteiligten hat grundsätzlich die Auflösung der einfachen Gesellschaft zur Folge (OR 545 Abs. 1 Ziff. 2 und 6). Es kann aber vertraglich vorgesehen werden, dass die Gesellschaft unter den verbleibenden Gesellschaftern weitergeführt wird [...]. Die Gesellschafter können sich sogar auf eine solche Weiterführung einigen, nachdem ein Beteiligter ausgetreten und die Gesellschaft infolgedessen bereits aufgelöst ist, solange die Liquidation noch nicht abgeschlossen ist.

Beim Ausscheiden eines Gesellschafters gibt es zwei Möglichkeiten, wie die Gesellschaft weitergeführt wird:

- Wurde eine *Fortsetzungsklausel* vereinbart, so führen die verbleibenden Gesellschafter die Gesellschaft alleine weiter. Obwohl nur bei der Kollektivgesellschaft gesetzlich geregelt (OR 576), sind Fortsetzungsklauseln auch bei der einfachen Gesellschaft zulässig. Die Mitgliedschaft des ausscheidenden Gesellschafters erlischt, sein Anteil wächst den verbleibenden Gesellschaftern ohne besondere Übertragungshandlungen zu. Diese schulden ihm – mangels anderer Abmachung – eine Abfindung, die dem Wert seiner Beteiligung zur Zeit des Ausscheidens unter Berücksichtigung der Fortsetzung der Gesellschaft entspricht. Für Schulden, die während seiner Mitgliedschaft entstanden sind, haftet er weiterhin wie ein Gesellschafter.
- Bei einer *Nachfolgeklausel* (OR 545 Abs. 1 Ziff. 2) wird die Mitgliedschaft des ausscheidenden Gesellschafters an seinen Nachfolger übertragen. Gesellschaftsintern tritt ein Nachfolger in die Rechte und Pflichten des Vorgängers ein, ohne dass besondere Übertragungshandlungen nötig wären. Der Nachfolger übernimmt nach OR 181 anders als der originär Eintretende auch die Haftung für Schulden, die vor seinem Beitritt entstanden sind. Der austretende Gesellschafter haftet noch während dreier Jahre solidarisch für im Zeitpunkt des Ausscheidens bestehende Schulden. Die Verjährungsfrist beginnt grundsätzlich im Zeitpunkt des Ausscheidens zu laufen, für später fällig werdende Forderungen ist der Zeitpunkt ihrer Fälligkeit massgebend.

1. Teil: Die einfache Gesellschaft

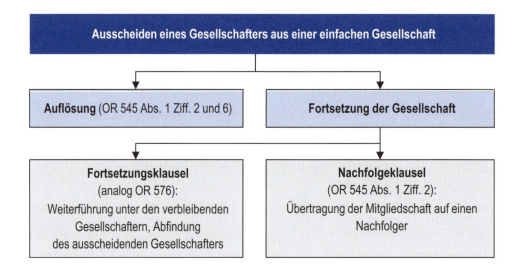

6.3 Ausschluss

Der Ausschluss eines Gesellschafters ist nur möglich, wenn dies im Gesellschaftsvertrag vorgesehen ist. Ansonsten ist dies selbst bei wichtigen Gründen nicht erlaubt. Einzige verbleibende Möglichkeit ist hier die Auflösung der Gesellschaft. Ist ein Ausschluss möglich, so haftet der Ausgeschlossene analog dem Austretenden weiterhin für alle Schulden, die während seiner Mitgliedschaft entstanden sind.

D. Das Aussenverhältnis

1. Vertretung

Das Auftreten der einfachen Gesellschaft nach aussen vollzieht sich über die *Stellvertretung*. Dabei gilt gemäss OR 543 Abs. 2 das allgemeine Stellvertretungsrecht von OR 32 ff. Der Stellvertreter berechtigt und verpflichtet mit seinen Handlungen die Gesellschafter gesamthaft. Eine organschaftliche Vertretung i.S.v. ZGB 55 kennt die einfache Gesellschaft nicht. Träger von Rechten und Pflichten ist nicht die Gesellschaft, sondern sind die Gesellschafter.

Im Interesse der Verkehrssicherheit stellt OR 543 Abs. 3 für die zur Geschäftsführung ermächtigten Gesellschafter die Vermutung auf, dass sie auch zur Vertretung der einfachen Gesellschaft gegen aussen befugt sind. Diese Vermutung gilt absolut gegenüber einem gutgläubigen Dritten; gegenüber einem bösgläubigen ist sie mit dem Nachweis, dass die Vollmacht gefehlt hat, widerlegbar.

Überschreitet ein Gesellschafter seine Vertretungsvollmacht, so verpflichtet er nur sich selbst. Die restlichen Gesellschafter sind nur gebunden, wenn sie nachträglich das Geschäft genehmigen.

Eine vertraglich eingeräumte Vertretungsbefugnis kann von allen Gesellschaftern gemeinsam wieder entzogen werden. Umstritten ist, ob aus wichtigen Gründen ein einzelner Gesellschafter den Entzug beschliessen kann. Die dispositive gesetzliche Vertretungsbefugnis (OR 543 Abs. 3 i.V.m. 535 Abs. 1) erlischt mit dem Entzug der Geschäftsführungsbefugnis.

Rechtsprechung   BGer v. 11. August 2010, 4A.275/2010, E. 4.2: Nach Art. 544 Abs. 1 OR gehören Sachen, dingliche Rechte oder Forderungen, die an die einfache Gesellschaft übertragen oder für sie erworben sind, den Gesellschaftern nach Massgabe des Gesellschaftsvertrags gemeinschaftlich. Sofern vertraglich nichts anderes bestimmt ist, sind daher die Gesellschafter am Gesellschaftsvermögen zu gesamter Hand berechtigt mit der Wirkung, dass sie nur gemeinsam, gegebenenfalls durch Stellvertreter, darüber verfügen können [...]. Zum Gesellschaftsvermögen gehören insbesondere auch Schadenersatzforderungen, welche der einfachen Gesellschaft gegenüber Dritten zustehen. Entsprechende Ansprüche können – unter Vorbehalt abweichender Regelungen – nur von allen Gesellschaftern gemeinsam als notwendige «aktive» Streitgenossenschaft geltend gemacht werden [...].

2. Haftung

Die einfache Gesellschaft zeichnet sich durch ihre sehr weitgehenden Haftungsfolgen für die Gesellschafter aus.

Für die Schulden der Gesellschaft haftet jeder Gesellschafter:

- *persönlich:* Die Gesellschafter haften mit ihrem gesamten Privatvermögen.
- *primär* und *ausschliesslich:* Da die einfache Gesellschaft als einzige Gesellschaftsform selbst über kein Vermögen verfügt, haften die Gesellschafter immer sofort und als Einzige mit ihrem Privatvermögen.
- *unbeschränkt:* Jeder einzelner Gesellschafter haftet unbeschränkt mit seinem Vermögen für die gesamte Schuld.
- *solidarisch:* Ein Gläubiger kann zur Erfüllung seiner Forderung gegenüber der Gesellschaft jeden einzelnen Gesellschafter auf die Gesamtschuld belangen, bis der geschuldete Betrag gedeckt ist. Hat ein Gesellschafter so aufgrund der internen Regelung über Gewinn und Verlust zu viel geleistet, kann er auf die restlichen Mitgesellschafter Regress nehmen.

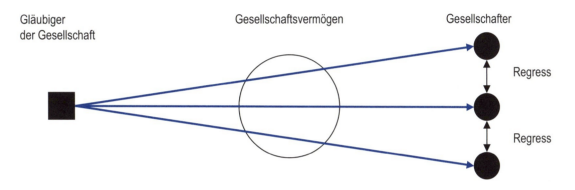

Direkter Durchgriff auf das Vermögen der Gesellschafter:
Persönliche, primäre, unbeschränkte und solidarische Haftung der Gesellschafter

Beispiel Gläubiger A besitzt eine Forderung über CHF 900.– gegenüber einer einfachen Gesellschaft, bestehend aus den Gesellschaftern B, C und D. Da kein Geschäftsvermögen vorliegt, kann A nun gegen den aussichtsreichsten Gesellschafter vorgehen und CHF 900.– aus dessen Privatvermögen verlangen. Hat nun beispielsweise B die CHF 900.– bezahlt, ist die Forderung von A befriedigt, C und D schulden ihm nichts mehr. Andernfalls könnte A auch noch gegen C und D vorgehen. B wiederum kann nun von C und D anteilsmässig verlangen, dass sie die CHF 900.– mittragen. Mangels Abmachung trägt in der einfachen Gesellschaft jeder Gesellschafter den gleichen Anteil am Verlust. B kann von C und D je CHF 300.– verlangen.

Ist ein Gesellschafter gegenüber Dritten in eigenem Namen aufgetreten oder war er zur Stellvertretung nicht befugt, so haftet dieser allein. Nach den Regeln der allgemeinen Stellvertretung kann sich eine Gesellschaft aber nicht auf das Fehlen einer Vollmacht berufen, wenn der Dritte gutgläubig aus dem Verhalten der Gesellschaft auf eine Vollmacht schliessen durfte.

Die Gesellschafter haften nach den Regeln der Stellvertretung nur für rechtsgeschäftliches Handeln. Eine Deliktshaftung für die Mitgesellschafter gibt es im Gegensatz zu den restlichen Gesellschaftsformen nicht.

E. Die Beendigung der einfachen Gesellschaft

Die Beendigung der einfachen Gesellschaft ist in OR 545 ff. geregelt. Sie vollzieht sich in zwei Schritten. Als Erstes muss sie aufgelöst werden, anschliessend ist sie zu liquidieren.

1. Auflösung

Eine einfache Gesellschaft wird aufgelöst, wenn ein Auflösungsgrund eintritt. Der Begriff «Auflösung» ist aber missverständlich. Denn wird eine einfache Gesellschaft aufgelöst, so ist die Gesellschaft damit noch keinesfalls beendet. Abgeschlossen ist lediglich die bisherige Zweckverfolgung. Die Gesellschaft besteht weiterhin, hat als Zweck nun aber denjenigen der Liquidation, d.h. der Aufteilung des Nettovermögens bzw. des Verlusts auf die einzelnen Gesellschafter. Erst dann hört die Gesellschaft auf zu existieren. Die Auflösung an sich ist vorerst bloss eine Änderung des Gesellschaftszweckes.

Das Gesetz sieht in OR 545 Abs. 1 sieben *Auflösungsgründe* vor:

- Der Zweck, zu dem die Gesellschaft errichtet wurde, ist erreicht oder unmöglich geworden (Ziff. 1);
- ein Gesellschafter stirbt, ohne dass ein Fortbestehen der Gesellschaft im Voraus vereinbart wurde (Ziff. 2);
- der Liquidationsanteil eines Gesellschafters gelangt zur Zwangsvollstreckung oder ein Gesellschafter fällt in Konkurs oder wird gemäss ZGB 390 ff. verbeiständet (Ziff. 3);
- gegenseitige Übereinkunft (Ziff. 4);
- eine einfache Gesellschaft wurde auf eine bestimmte Dauer eingegangen und diese Zeit ist abgelaufen (Ziff. 5);
- Kündigung durch einen Gesellschafter, falls dies im Gesellschaftsvertrag vorgesehen oder wenn die Gesellschaft auf unbestimmte Dauer bzw. auf Lebenszeit eines Gesellschafters eingegangen worden ist (Ziff. 6);
- Auflösung aus einem wichtigen Grund durch ein Urteil des Richters (Ziff. 7).

Beispiele Die Voraussetzungen der Zweckunmöglichkeit nach OR 545 Abs. 1 Ziff. 1 können erfüllt sein, wenn:
- Ehegatten eine Liegenschaft zu gesamter Hand als einfache Gesellschaft als Familienwohnung besitzen und sie sich scheiden lassen;
- für die Erreichung des Gesellschaftszweckes unentbehrliche Gegenstände verloren gehen;
- das gesamte Gesellschaftsvermögen verloren geht.

Häufigster Auflösungsgrund ist die Kündigung durch einen Gesellschafter (OR 545 Abs. 1 Ziff. 6). Sofern keine anderen vertraglichen Abmachungen bestehen, sieht OR 546 Abs. 1 bei Gesellschaften mit einer unbestimmten Dauer eine Kündigungsfrist von sechs Monaten vor.

Die Auflösung aus wichtigem Grund nach OR 545 Abs. 1 Ziff. 7 ist zwingender Natur; sie ist immer anrufbar ohne Kündigungsfrist, selbst wenn eine bestimmte Vertragsdauer vorgesehen ist. Die Auflösung aus wichtigem Grund ist nicht zu verwechseln mit einer ausserordentlichen fristlosen Kündigung gestützt auf ZGB 27 Abs. 2 (Schutz der Persönlichkeitsrechte, Schutz vor übermässiger Bindung). Diese Möglichkeit besteht auch bei der einfachen Gesellschaft. Die Gesellschaft wird dabei bereits mit dem Zugang der Kündigungserklärung aufgelöst, der Gang vor den Richter ist nicht mehr erforderlich. Dementsprechend sind aber noch wichtigere Gründe erforderlich, die eine ausserordentliche Kündigung rechtfertigen.

Beispiele Wichtige Gründe nach OR 545 Abs. 1 Ziff. 7 können sein:
- unwahre Angaben über den Stand des Geschäfts;
- erhebliche Privatschulden eines Gesellschafters;
- dauernde Unrentabilität;
- wenn dem Gesellschafter ganz allgemein die Fortsetzung der Gesellschaft nicht mehr zugemutet werden darf.

Die Voraussetzungen der ausserordentlichen Kündigung nach ZGB 27 Abs. 2 sind etwa erfüllt, wenn:
- die Gesellschaft die gemeinsame Durchführung einer Straftat bezweckt.

2. Liquidation

2.1 Allgemeines

Mit der Liquidation wird das Gesellschaftsvermögen bzw. der Verlust auf die einzelnen Gesellschafter aufgeteilt. Die Gesellschaft bleibt mit diesem Zweck so lange bestehen, bis dieser Vorgang abgeschlossen ist (sog. Liquidationsgesellschaft). Erst dann hört die einfache Gesellschaft auf zu existieren.

2.2 Vorgehen

Durchgeführt wird die Liquidation grundsätzlich durch alle Gesellschafter gemeinsam, inklusive der nicht zur Geschäftsführung Berechtigten. Meist wird die Liquidation im gegenseitigen Einvernehmen durch einen Liquidationsvertrag geregelt. Die Gesellschafter sind dabei frei, einen anderen Ablauf der Liquidation festzulegen; die vom Gesetz aufgestellten Regeln sind dispositiver Natur. Mit der Ausführung können auch Dritte betraut werden. Dies geschieht meistens, wenn es unter den Gesellschaftern zu Unstimmigkeiten kommt.

Die *ordentliche Liquidation* nach OR 548 ff. kann in mehrere Schritte unterteilt werden:

1. *Sacheinlagen*, die von den Gesellschaftern der einfachen Gesellschaft nur *zum Gebrauch* überlassen wurden (vgl. dazu oben, S. 72), sind auszusondern. Sie standen nie im Eigentum der Gesellschaft und sind deshalb auch nicht Bestandteil des zu liquidierenden Gesellschaftsvermögens. Bei ihnen hört einfach die Pflicht zur Überlassung an die Gesellschaft auf und sie fallen unmittelbar wieder an den einbringenden Gesellschafter zurück. Dies ist ein erheblicher Vorteil gegenüber der Einbringung zu Eigentum. Deren Sacheinlage kann nur im Wert als obligationsrechtliche Forderung nach Schritt 4 zurückverlangt werden.
2. Die Beziehung der Gesellschaft zu *Dritten* wird abgeschlossen. Bestehende Rechtsverhältnisse sind aufzulösen, Forderungen sind einzutreiben, Schulden zu begleichen. Reicht das Gesellschaftsvermögen nicht zur Begleichung aller Schulden aus, so haben die Gesellschafter den Verlust nach dem Verteilungsschlüssel von OR 533 zu tragen.
3. Jeder Gesellschafter kann Ersatz für allfällige *Auslagen und Verwendungen* verlangen.
4. Die Einlagen der Gesellschafter sind zurückzuerstatten. *Sacheinlagen zu Eigentum* erhalten die einbringenden Gesellschafter nach OR 548 Abs. 1 nicht mehr zurück. Nach Abs. 2 entsteht dafür ein obligatorischer Anspruch entsprechend dem Wert der Sache. Ein Anspruch auf die dingliche Sache besteht nur bei entsprechender Vereinbarung. Reicht das Gesellschaftsvermögen nicht aus, um alle Einlagen zu entschädigen, so haben die Gesellschafter den Verlust in Anwendung des Verteilungsschlüssels von OR 533 nach OR 549 Abs. 2 anteilsmässig zu tragen.
5. Verbleibt nach all diesen Abzügen ein *Überschuss*, so ist dieser gemäss OR 549 Abs. 1 nach dem Verteilschlüssel von OR 533 unter den Gesellschaftern aufzuteilen.

Ohne Liquidation kann eine Auflösung erfolgen, wenn ein Gesellschafter oder ein Dritter das Geschäft (nicht aber die Gesellschaft) mit allen Aktiven und Passiven nach OR 181 übernimmt und die restlichen Gesellschafter entschädigt. Das FusG gelangt nicht zur Anwendung, da die einfache Gesellschaft kein übertragender Rechtsträger im Sinne der Vermögensübertragung nach FusG 69 ist.

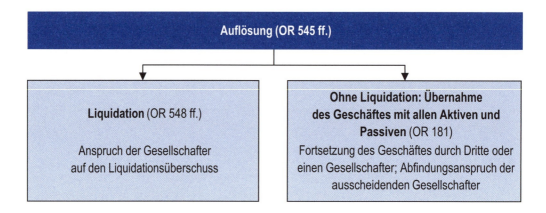

F. Exkurs: Die stille Gesellschaft

1. Charakteristika

Der stille Gesellschafter beteiligt sich mit einer Einlage an der geschäftlichen Tätigkeit des Hauptgesellschafters und erhält dafür einen Anteil am Gewinn. Die stille Gesellschaft ist eine reine *Innengesellschaft*; nach aussen tritt nur der Hauptgesellschafter auf, der alleine aus der Geschäftstätigkeit berechtigt und verpflichtet ist.

Die *Besonderheiten* der stillen Gesellschaft sind:
- Die stille Gesellschaft ist eine reine Innengesellschaft; der Hauptgesellschafter vertritt die Gesellschaft alleine gegen aussen. Der stille Gesellschafter bleibt gegenüber aussen unsichtbar;
- da der Hauptgesellschafter in der Regel als Einzelkaufmann auftritt, kann oder muss er sich in das Handelsregister eintragen lassen (HRegV 36; vgl. dazu oben S. 42);
- der Hauptgesellschafter ist Alleineigentümer des Gesellschaftsvermögens, an den Einlagen der Gesellschafter entsteht kein Vermögen zur gesamten Hand;
- der Hauptgesellschafter verfügt allein im eigenen Namen über die Vermögenswerte der Gesellschaft und nicht als Vertreter der anderen;
- der stille Gesellschafter verfügt im Innenverhältnis über Mitwirkungsrechte. Wie weit diese gehen bzw. beschränkt werden dürfen, ist umstritten. Unbestritten ist, dass sie nicht völlig beschränkt werden dürfen, da sonst ein Darlehensverhältnis vorliegt. In der Regel wird der stille Gesellschafter intern über erhöhte Mitwirkungsrechte verfügen.
- die Haftung des stillen Gesellschafters ist beschränkt; nach aussen haftet allein der Hauptgesellschafter, der stille Gesellschafter ist nur mit seiner Einlage, die sich bereits im Vermögen des Hauptgesellschafters befindet, verpflichtet.

Beispiel Tritt ein stiller Gesellschafter gegen aussen als Gesellschafter auf, so wird aus der stillen Gesellschaft eine normale einfache Gesellschaft. Damit haftet der stille Gesellschafter wie ein normaler Gesellschafter nach OR 543 Abs. 2.

2. Gesetzliche Einordnung und Abgrenzung

Die stille Gesellschaft ist im Gesetz nicht geregelt. Deren Qualifikation bereitet denn auch Schwierigkeiten. Sie weist Ähnlichkeiten zu drei Rechtsformen auf:

a) Zum Darlehen

Der stille Gesellschafter hat eine ähnliche Rechtsstellung wie der Darleiher. Deshalb entstehen grosse Abgrenzungsschwierigkeiten, insbes. zum partiarischen Darlehen.

Kriterium	Stille Gesellschaft	Partiarisches Darlehen
Wesen	Der stille Gesellschafter beteiligt sich an einer einfachen Gesellschaft, tritt aber gegen aussen nicht auf.	Dem Darlehensnehmer wird Kapital zur Verfügung gestellt (Darlehen), wobei das Entgelt (Verzinsung) vom wirtschaftlichen Erfolg des Unternehmens abhängig ist.
Einfluss auf den Geschäftsbetrieb	Der stille Gesellschafter hat ein grundsätzliches Recht auf Einflussnahme auf den Geschäftsbetrieb und die Geschäftsführung (Letzteres kann aber auch ausgeschlossen werden).	Der Darlehensgeber hat keine Verpflichtung oder Berechtigung zur aktiven Einflussnahme auf den Geschäftsbetrieb und die Geschäftsführung.
Kontrollrechte	Der stille Gesellschafter verfügt über weitgehende Kontrollrechte nach Gesellschaftsrecht (vgl. OR 541).	Der Darlehensgeber verfügt über weniger weitgehende Kontrollrechte gemäss OR 322a Abs. 2 (er soll damit nur die Richtigkeit der Berechnung seiner Vergütung überprüfen können).
Gewinn	Der stille Gesellschafter ist zwingend am Gewinn beteiligt.	Der Darlehensgeber ist zwingend am Gewinn beteiligt.
Verlust	Der stille Gesellschafter ist am Verlust beteiligt (dispositiv).	Der Darlehensgeber ist am Verlust nicht beteiligt (dispositiv).
Zweck	Es besteht ein gemeinsamer Zweck zwischen dem stillen und dem normalen Gesellschafter, das Streben nach einem gesellschaftlichen Vertragsziel. Es besteht der Wille, seine eigene Rechtsstellung einem gemeinsamen Zweck unterzuordnen, um so einen Beitrag zu leisten.	Es fehlt an einem gemeinsamen Zweck. Obwohl auch der Darlehensgeber ein wirtschaftliches Interesse am guten Gang des Unternehmens hat, besteht keine gemeinsame Zweckverfolgung. An dessen Stelle bestehen gegenläufige Interessen (Kreditaufnahme und -gewährung).

Rechtsprechung BGer v. 11. März 2011, 4A.509/2010, E. 5.2: Für eine finanzielle Beteiligung an einer geschäftlichen Tätigkeit [...] bieten sich rechtlich verschiedene Wege an. Denkbar ist zunächst die Form des (gewöhnlichen) Darlehens [...]. Durch den Darlehensvertrag verpflichtet sich der Darleiher zur Übertragung des Eigentums an einer Summe Geldes oder an andern vertretbaren Sachen, der Borger dagegen zur Rückerstattung von Sachen der nämlichen Art in gleicher Menge und Güte (Art. 312 OR). Eine besondere Art von Darlehen, ein sogenanntes partiarisches Darlehen, liegt vor, wenn der Darleiher sich nicht oder nicht nur Zins versprechen lässt oder verspricht, sondern ausschliesslich oder zusätzlich eine Beteiligung am Gewinn oder am Verlust [...]. Bedingt sich ein Geldgeber überdies Mitsprache- oder gar Mitwirkungsrechte bei der Geschäftstätigkeit aus, die über eine gewöhnliche Kontrolle hinausgehen, wie sie beim Darlehen üblich ist, liegt ein starkes Indiz für eine einfache Gesellschaft vor, gegebenenfalls in der Form einer stillen Gesellschaft, die nach aussen gar nicht als Gesellschaft in Erscheinung tritt [...]. Ob eine Gesellschaft vorliegt, ist nach den gesamten Umständen des konkreten Falles zu beurteilen [...].

b) Zur Kommanditgesellschaft

Die Stellung des Kommanditärs und des stillen Gesellschafters sind insofern ähnlich, als beide im Innern über Rechte und Pflichten verfügen, gegen aussen aber nicht als Geschäftsführer mit Vertretungsvollmacht tätig werden. Der entscheidende Unterschied liegt darin, dass der Kommanditär auch gegen aussen seine Beteiligung kundtut. Die KommG tritt zudem im Aussenverhältnis unter einer eigenen Firma auf.

c) Zur einfachen Gesellschaft

Es ist heute allgemein anerkannt, dass die stille Gesellschaft eine einfache Gesellschaft besonderer Art darstellt.

Die für die einfache Gesellschaft geltenden Regelungen im Gesetz sind grundsätzlich auch auf die stille Gesellschaft anwendbar.

Aus dem Naturell der stillen Gesellschaft ergeben sich aber *Abweichungen*:

- Bei der Gewinn- und Verlustbeteiligung wird z.T. eine analoge Anwendung des Rechts der Kommanditgesellschaft bevorzugt, um der unterschiedlichen Stellung von Haupt- und stillem Gesellschafter gerecht zu werden;
- ein Entzug der Geschäftsführungsbefugnis des Hauptgesellschafters nach OR 539 Abs. 2 ist nicht möglich. An dessen Stelle tritt die richterliche Auflösung;
- da der Hauptgesellschafter alleiniger Eigentümer des Gesellschaftsvermögens ist, entsteht bei der Auflösung der einfachen Gesellschaft kein Vermögen zur gesamten Hand, sondern ein Abrechnungsverhältnis. Der stille Gesellschafter hat nur obligatorische Ansprüche gegen den Hauptgesellschafter.

Abgrenzungskriterium zwischen der einfachen Gesellschaft und der stillen Gesellschaft ist, ob der stille Gesellschafter nach aussen in Erscheinung tritt. Eine stille Gesellschaft wird ausserdem oft ein kaufmännisch geführtes (Einzel-)Unternehmen betreiben und im Handelsregister eingetragen sein. Voraussetzung ist dies aber nicht und somit nur eine Hilfe, aber kein gültiges Abgrenzungskriterium.

G. Übungen zum 1. Teil

Lösungen S. 317

Übung 1

Prüfen Sie in den folgenden Fällen, ob eine einfache Gesellschaft besteht.

Gründung einer Aktiengesellschaft

Anton, Brigitte und Christian gründen eine AG. Zu diesem Zwecke haben sie das nötige Geld aufgebracht, die Statuten festgelegt, eine konstituierende Generalversammlung durchgeführt und die Organe bestellt.

Kino Paradiso

Anton und Brigitte haben sich zusammengeschlossen, um gemeinsam einen Kinobetrieb zu betreiben. Anton liefert das benötigte Geld, Brigitte will den Betrieb im täglichen Geschäft leiten. Nach zähen Verhandlungen einigen sie sich auf den Namen Paradiso für das Kino. Um diesen Namen geläufig zu machen, wollen sie gegen aussen immer als Kino Paradiso auftreten. Auf einen Eintrag im Handelsregister verzichten die beiden aus ideellen Gründen. Das Kinogeschäft floriert, Anton und Brigitte spielen sogar mit dem Gedanken, das letztes Jahr eingenommene Geld von CHF 550'000.– in die Erneuerung des Kinos zu investieren und zusätzliches Personal anzustellen.

Übung 2

Konkubinat

Teil 1

Annette und Bruno sind schon seit vier Jahren ein Paar. Um sich noch näher sein zu können, beschliessen die beiden, in eine gemeinsame Wohnung zu ziehen. Anette, die bereits alleine gewohnt hat, bringt ihre gesamte Einrichtung in die gemeinsame Wohnung. Bruno ist im Gegenzug bereit, einen etwas grösseren Anteil am Mietzins und den Grossteil der künftig anfallenden Haushaltsarbeiten zu übernehmen.

Besteht eine einfache Gesellschaft?

Teil 2

Um unnötige Streitereien bei einem allfälligen (jedoch von beiden für unwahrscheinlich gehaltenen) Ende der Beziehung zu vermeiden, beschliessen Annette und Bruno, keine gemeinsame

Kasse zu führen, sondern die Lebenskosten in der Wohnung strikt hälftig aufzuteilen und voneinander getrennt zu bezahlen. Sogar den Mietvertrag schliessen die beiden je für sich mit dem Vermieter ab.

Ändert sich etwas?

Übung 3

Musikunterricht

Anton unterrichtet Musikschüler. Unter den Schülern sticht Violinistin Brigitte als einmaliges Talent heraus. Anton beschliesst, Brigitte besonders zu fördern. Schon bald treten erste Erfolge ein. Nachdem Brigitte volljährig geworden ist, will sie eine Violinistenkarriere anstreben. Anton ist begeistert und schliesst mit Brigitte einen Management-Vertrag ab. Im Vertrag wird festgehalten, dass das gemeinsame Ziel eine erfolgreiche Karriere von Brigitte sei. Zu diesem Zweck übernehme Anton die Vermarktung sowie das Vorbereiten von öffentlichen Darbietungen von Brigitte. Als Entschädigung erhalte er jeweils einen Teil des an Brigitte ausgerichteten Honorars. Schon bald ist Brigitte eine erfolgreiche Violinenspielerin und kann sich vor Angeboten kaum retten. Sie möchte daraufhin zwecks besserer Berufsaussichten das Management wechseln. Als Anton davon erfährt, weigert er sich, den Vertrag aufzulösen. Er macht geltend, dass auf das Verhältnis zwischen ihnen das Recht der einfachen Gesellschaft anwendbar ist. Beide haben das gemeinsame Interesse geteilt, dass Brigitte Karriere mache.

Handelt es sich in casu um eine einfache Gesellschaft?

Übung 4

Beschwerdeführung

Annette, Bruno und Christian haben für die Organisation einer Demonstration das «Bündnis für eine lebendige Gemeinde» als einfache Gesellschaft gegründet. Nachdem der zuständige Gemeinderat die Bewilligung hierfür verweigert hat, lehnte das nächstinstanzliche Verwaltungsgericht die dagegen erhobene Beschwerde ab. Annette reicht nach Absprache mit Bruno und Christian gegen diesen Entscheid für das «Bündnis für eine lebendige Gemeinde» Beschwerde beim Bundesgericht ein.

Tritt das Bundesgericht auf die Beschwerde ein?

Variante: Die Beschwerde wird durch Annette ohne Wissen von Bruno und Christian im Namen des Bündnisses erhoben. Ändert sich etwas?

Übung 5

Geschäftsführung

Annette, Bruno und Christian haben eine einfache Gesellschaft gegründet. Annette hat als blosser Geldgeber kein grosses Interesse an der Geschäftsführung. Es wird deshalb im Gesellschaftsvertrag beschlossen, dass Bruno, Christian und dessen Sohn David die Geschäftsführung der Gesellschaft übernehmen werden. Schon nach kurzer Zeit haben Annette und Bruno den Eindruck, dass Christian und David die Gesellschaft schlecht bewirtschaften und sie in den Ruin treiben.

Was können Annette und Bruno jeweils tun?

Übung 6

Konkurrenzverbot

Anton, Bruno und Christian gründen eine einfache Gesellschaft mit dem Zweck, bei Dorfchilbenen Ausdruckstänze aufzuführen. Dies klappt anfangs recht gut, bald aber wird es offensichtlich, dass Bruno der Begabteste ist. Er wird deshalb von einem Fan angefragt, ob er nicht für einmal alleine ohne Anton und Christian auftreten könne. Bruno macht das gerne, da er sich so noch einen finanziellen Zustupf erarbeiten kann. Anton und Christian sind gar nicht begeistert und möchten dies Bruno verbieten oder wenigstens auch finanziell davon profitieren. Was können sie tun?

Übung 7

Wechsel im Gesellschafterbestand

Anton, Bruno und Christian betreiben zusammen eine Anwaltskanzlei in Form einer einfachen Gesellschaft.

Im mündlich abgeschlossenen Gesellschaftsvertrag wird vereinbart, dass im Falle des Ausscheidens eines Mitgliedes die Gesellschaft unter den Verbliebenen weitergeführt werden soll. Anton stirbt unerwartet, einziger Erbe ist der aufstrebende Anwalt David. David ist der Meinung, dass die Weiterführung der Gesellschaft nur möglich sei, wenn er als Erbe von Anton der Gesellschaft beitritt. Anderenfalls sei die Gesellschaft aufzulösen. Die Abmachungen zwischen den Gesellschaftern seien ohnehin nur mündlich erfolgt und damit ungültig.

Stimmen die Aussagen von David?

Übung 8

Beiträge

Teil 1

Architekt Heinz und der in Arosa wohnhafte Peter kommen überein, ein Mehrfamilienhaus in Arosa zu bauen. Darin sollen nach Fertigstellung beide Parteien eine Wohnung beziehen. Das vorgesehene Grundstück kann jedoch nur von Peter gekauft werden, da der bisherige Eigentümer nur an Ortsansässige verkaufen will. In der Folge schliesst Peter alleine den Kaufvertrag ab und lässt sich als Alleineigentümer in das Grundbuch eintragen. Intern zahlt aber Heinz die Hälfte des Kaufpreises. Heinz erarbeitet daraufhin das Bauprojekt für das Mehrfamilienhaus.

Welche Art von Beiträgen haben die beiden Gesellschafter geleistet?

Teil 2

Die Gesellschaft wird aufgrund von Meinungsverschiedenheiten zwischen Heinz und Peter aufgelöst. Heinz möchte das Grundstück gerne für sich beanspruchen.

Kann er das?

Übung 9

Vertretung

Anton ist nicht geschäftsführungsbefugter Gesellschafter einer einfachen Gesellschaft mit dem Zweck des Erstellens eines Mehrfamilienhauses. Als er den Holzverkäufer Hans kennen lernt, wittert er das grosse Geschäft für die einfache Gesellschaft. Um die Chance zu packen, gibt er sich zu Unrecht als Geschäftsführer aus und kauft eine riesige Menge Holz zu einem günstigen Preis. Als die anderen beiden Gesellschafter von der Transaktion erfahren, sind sie entsetzt, wollten sie doch ein modernes Metallhaus errichten. Hans ist dies egal, er besteht auf Übernahme des Geschäftes durch die einfache Gesellschaft. Zu Recht?

Übung 10

Kündigung

Rentner Anton hat mit Bruno eine Wettgemeinschaft in Form einer einfachen Gesellschaft gegründet. Schon nach wenigen Monaten ist er aber unzufrieden. Der ganze organisatorische Aufwand wird ihm zu lästig. Am liebsten möchte er sofort aus der Gesellschaft austreten. Allerdings weiss er, dass im Gesellschaftsvertrag festgehalten wurde, dass die Gesellschaft auf Lebenszeit unkündbar sei.

Kann er trotzdem kündigen?

Übung 11

Liquidation

Teil 1

Eine Jagdgemeinschaft in Form einer einfachen Gesellschaft befindet sich in Liquidation. Gesellschafter Anton möchte noch ein letztes Mal eine gemeinsame Jagd mit anschliessendem gesellschaftlichem Anlass in der Jagdhütte veranstalten.

Darf er das?

Teil 2

Bei der Durchführung der Liquidation besteht unter den Gesellschaftern Uneinigkeit bei der Aufteilung des Gesellschaftsvermögens. Was ist zu tun?

Teil 3

Bruno, der die Jagdhütte an die Jagdgemeinschaft vermietet hat, kommt nach einer einjährigen Ferienreise in die Schweiz zurück und erfährt, dass die einfache Gesellschaft aufgelöst und liquidiert wurde. Kann er die noch ausstehenden Mietzinse einfordern?

2. Teil Die Kollektivgesellschaft (KollG)

Übersicht

Gesetzliche Regelung	OR 552–593
Entstehung	- OR 552: Einigung von zwei oder mehreren natürlichen Personen, mit gemeinsamen Mitteln unter einer Firma einen gemeinsamen Zweck zu verfolgen - OR 553: Bei der nichtkaufmännischen KollG ist zusätzlich ein Handelsregistereintrag erforderlich.
Mitglieder	Natürliche Personen
Rechtspersönlichkeit	Nein
Handlungs-, Prozess- und Betreibungsfähigkeit	Ja
Firma	Ja
Handelsregister	- OR 552 Abs. 2: Pflicht der kaufmännischen KollG zur Eintragung - OR 553: Eintrag konstitutiv für die Entstehung der nichtkaufmännischen KollG
Gesellschaftsvermögen	Ja
Gesellschaftsbeschlüsse	OR 557 Abs. 2 i.V.m. 534: Im Zweifel Einstimmigkeitsprinzip; Rechtshandlungen, die über den gewöhnlichen Betrieb hinausgehen
Geschäftsführung	OR 557 Abs. 2 i.V.m. 535: Befugnis jedes einzelnen Gesellschafters zur Besorgung der gewöhnlichen Geschäfte
Leistungspflichten	- OR 557 Abs. 2 i.V.m. 531: Beitragspflicht jedes Gesellschafters in gleichem Umfang - OR 557 Abs. 2 i.V.m. 532: Gewinnteilung - OR 557 Abs. 2 i.V.m. 538: Sorgfaltspflicht - OR 561 OR: Konkurrenzverbot i.V.m. OR 536
Gewinn- und Verlustbeteiligung	- OR 557 Abs. 2 i.V.m. 533: Jeder Gesellschafter hat gleichen Anteil an Gewinn und Verlust - OR 558 f.: Bilanzierungspflicht, Anspruch auf Gewinne, Zinse und Honorar - OR 560: Auszahlung eines Gewinnanteils nur bei Überschuss
Vertretung der Gesellschaft nach aussen	- OR 563: Vermutung zur Einzelvertretungsbefugnis der Gesellschafter - OR 564: Umfang – was der Zweck der Gesellschaft mit sich bringen kann - OR 565: Entziehung der Vertretungsbefugnis aus wichtigem Grund durch alle Gesellschafter
Haftung	OR 568: Primärhaftung durch Gesellschaftsvermögen; Subsidiärhaftung der Gesellschafter mit Privatvermögen Haftung für: - Rechtsgeschäfte - Schaden aus unerlaubter Handlung der Geschäftsführer

Auflösungsgründe	- OR 574 Abs. 1 i.V.m. 545:
	  · Zweckerreichung (Ziff. 1)
	  · Tod eines Gesellschafters (Ziff. 2)
	  · Konkurs oder Beistandschaft eines Gesellschafters (Ziff. 3)
	  · Gegenseitige Übereinkunft (Ziff. 4)
	  · Zeitablauf (Ziff. 5)
	  · Kündigung (Ziff. 6)
	  · Richterliches Urteil aus wichtigem Grund (Ziff. 7)
	- OR 574 Abs. 1: Konkurs
	- OR 575: Antrag von Gläubigern eines Gesellschafters

A. Begriff und Wesen der Kollektivgesellschaft

1. Definition

Die Kollektivgesellschaft ist eine aus zwei oder mehreren natürlichen Personen bestehende nach aussen hin verselbstständigte Personengesellschaft, bei der die Gesellschafter neben dem Gesellschaftsvermögen subsidiär, unbeschränkt und solidarisch haften.

a) Zwei oder mehrere natürliche Personen

Zur Gründung einer KollG genügen zwei Gesellschafter. Einschränkend legt der Gesetzgeber in OR 552 Abs. 1 fest, dass nur natürliche Personen Gesellschafter sein können. Bei allen anderen Gesellschaftsformen können sich auch juristische Personen beteiligen.

b) Gesellschaftsvertrag

Die KollG bedarf entsprechend der einfachen Gesellschaft als Grundlage zwingend eines Gesellschaftsvertrages. Die vertragsmässige Bindung der Gesellschafter ist an keine Form gebunden.

Der Mindestinhalt des Gesellschaftsvertrags einer KollG umfasst die Einigung über folgende *Elemente*:
- den Zweck der KollG;
- die Benennung der Mitglieder;
- die Absicht der Gesellschafter, einen Beitrag zur Erreichung des Gesellschaftszweckes zu leisten (Bindungswille);
- das Auftreten unter einer gemeinsamen Firma.

Rechtsprechung BGE 100 Ib 246, E. 4 in: Pra 1975, Nr. 53: […], eine Kollektivgesellschaft (beruht), selbst wenn sie stillschweigend durch schlüssiges Verhalten, ohne jede Schriftform, begründet werden kann, notwendigerweise auf einem Vertrag zwischen den Gesellschaftern, d.h. auf einer gegenseitigen und übereinstimmenden Willensäusserung.

c) Gemeinsamer Zweck

Basis der KollG ist analog zur einfachen Gesellschaft die Einigung der Gesellschafter zur Verfolgung eines gemeinsamen Zweckes. Der Zweck kann sowohl wirtschaftlicher wie auch nicht wirtschaftlicher Natur sein und sollte auf eine gewisse Dauer angelegt sein. Die Verbindung lediglich zu einer einzelnen Geschäftsangelegenheit reicht zumeist nicht aus – für solche Zwecke eignet sich die einfache Gesellschaft. An die Zeitdauer werden jedoch sehr geringe Anforderungen gestellt, wenige Monate können bereits ausreichend sein.

d) Personengesellschaft

Die KollG gilt in der Schweiz nicht als juristische Person, ihre Rechtspersönlichkeit wird nach herrschender Lehre verneint. Sie wird als Gemeinschaft zur gesamten Hand beurteilt. Obwohl die Gesellschaft gegen aussen selbstständig auftritt, sind es im eigentlichen Sinn die Gesellschafter in ihrer Gesamtheit, welche die Träger von Rechten und Pflichten sind, und nicht die Gesellschaft als solche.

e) Nach aussen hin verselbstständigt

Die KollG weist vor allem im Aussenverhältnis Züge einer juristischen Person auf. Sie
- führt eine eigene Firma (OR 562);
- ist handlungs-, prozess- und betreibungsfähig (Art 562 OR);
- verfügt über ein vom Vermögen der Gesellschafter getrenntes Sondervermögen und haftet nach OR 567 Abs. 3 auch für Schäden aus unerlaubter Handlung, die die Gesellschafter in Ausübung ihrer geschäftlichen Tätigkeit für die Gesellschaft begehen.

f) Haftung für Gesellschaftsschulden

Für Gesellschaftsschulden haftet primär das Gesellschaftsvermögen. Subsidiär haften die Gesellschafter persönlich, unbeschränkt und solidarisch mit ihrem Privatvermögen.

2. Wichtigste Elemente der Kollektivgesellschaft

Die KollG ist in OR 552–593 geregelt.

- Als Gesellschafter einer Kollektivgesellschaft sind nur natürliche Personen erlaubt.
- Die KollG ist nicht rechtsfähig.
- Die KollG ist handlungsfähig.
- Die KollG ist eine Personengesellschaft, keine juristische Person. Sie weist aber im Aussenverhältnis verschiedene Bezüge zu juristischen Personen auf.
- Die KollG ist zwingend eine Gesamthandsgemeinschaft.
- Die KollG kann sowohl wirtschaftliche wie auch nicht wirtschaftliche Zwecke verfolgen. Primär wurde sie vom Gesetzgeber für wirtschaftliche Ziele konzipiert, was denn auch die Regel bildet.
- Die KollG kann zur Erreichung ihrer Ziele ein nach kaufmännischer Art geführtes Gewerbe betreiben. Dies ist aber nicht zwingend.
- Der Eintrag im Handelsregister ist für die nach kaufmännischer Art geführte KollG Pflicht (OR 552 Abs. 2). Der Eintrag hat aber nur deklaratorischen Charakter. Führt die KollG kein nach kaufmännischer Art geführtes Gewerbe, so entsteht sie erst mit der Eintragung, der Eintrag hat somit konstitutiven Charakter (OR 553).
- Die Gesellschaft verfügt über ein eigenes, vom Vermögen der Gesellschafter getrenntes Sondervermögen.
- Die KollG haftet primär mit ihrem Gesellschaftsvermögen.
- Die Gesellschafter haften subsidiär mit ihrem Privatvermögen, und zwar unbeschränkt und solidarisch (OR 568 Abs. 1).
- Die KollG haftet sowohl für Rechtsgeschäfte von vertretungsbefugten Gesellschaftern als auch für den Schaden aus unerlaubter Handlung (Deliktshaftung), die ein Gesellschafter in Ausübung seiner geschäftlichen Verrichtungen begeht (OR 568 Abs. 3).
- Die KollG tritt nach aussen unter eigener Firma auf.
- Die Gesellschafter handeln nicht als Organe, sondern als Vertreter. Durch die stark verselbstständigte Rechtsstellung der KollG kommt den Vertretern aber eine den körperschaftlichen Organen sehr ähnliche Stellung zu.
- Für die KollG gilt subsidiär das Recht der einfachen Gesellschaft.

3. Abgrenzungen

3.1 Abgrenzung zur einfachen Gesellschaft

Die Unterscheidung zwischen einer einfachen Gesellschaft und einer KollG kann Schwierigkeiten bereiten.

Abgrenzungsmerkmale:

Kaufmännische Kollektivgesellschaft	Nichtkaufmännische Kollektivgesellschaft
Auftreten unter einer gemeinsamen Firma	Auftreten unter einer gemeinsamen Firma
Nur natürliche Personen als Gesellschafter	Nur natürliche Personen als Gesellschafter
Betrieb eines nach kaufmännischer Art geführten Gewerbes	Eintrag in das Handelsregister (solange dieser nicht erfolgt ist, liegt eine einfache Gesellschaft vor)

Vergleich:

Einfache Gesellschaft	Kollektivgesellschaft
Personenbezogen (Gesamthandsgemeinschaft oder Miteigentum möglich)	Personenbezogen (Gesamthandsgemeinschaft)
Natürliche und juristische Personen	Natürliche Personen
Grundsätzlich kein kaufmännisches Unternehmen	I.d.R. kaufmännisches Unternehmen
Nicht handlungs- und prozessfähig	Handlungs- und prozessfähig
Keine Firma	Firma
Kein Handelsregistereintrag	Handelsregistereintrag
Primäre Haftung der Gesellschafter	Primäre Haftung des Gesellschaftsvermögens, subsidiäre Haftung der Gesellschafter

3.2 Abgrenzung zur Kommanditgesellschaft

Abgrenzungsmerkmal zwischen der KollG und der KommG ist die Haftung der Gesellschafter. Bei der KollG haften alle in unbeschränkter Höhe mit ihrem Privatvermögen. Bei der KommG gibt es neben unbeschränkt haftenden Gesellschaftern mindestens einen Gesellschafter, der nur bis zu einem bestimmten Betrag haftet, der sog. Kommanditsumme. Sobald ein Gesellschafter nur beschränkt haftet, liegt keine KollG, sondern eine KommG vor (sofern deren restliche Voraussetzungen auch erfüllt sind).

3.3 Abgrenzung zu den Nichtgesellschaften

Bei der Abgrenzung zu Nichtgesellschaften kann auf das für die einfache Gesellschaft Gesagte verwiesen werden, vgl. oben, S. 69. Hinzu kommt, dass die KollG unter einer eigenen Firma auftritt.

Beispiel Mieten mehrere Anwälte zusammen einen Bürokomplex, trennen aber ihre geschäftlichen Aktivitäten voneinander, besteht eine einfache Gesellschaft bezüglich der Miete der Büroräumlichkeiten. Treten die Anwälte aber gemeinsam auf, z.B. mit einem einheitlichen Briefkopf oder einer Visitenkarte, und beschäftigen sie gemeinsam mehrere Sekretärinnen, so entspricht die Gesellschaft eher einer kaufmännischen KollG.

B. Die Entstehung der Kollektivgesellschaft

1. Allgemeines

Zur Entstehung einer KollG genügt es, wenn zwei oder mehrere natürliche Personen sich darüber einigen, mit gemeinsamen Mitteln unter einer Firma einen gemeinsamen Zweck zu verfolgen.

Folgende Punkte sind *konstitutiv* für eine KollG:
- zwei oder mehrere natürliche Personen;
- die Einigung in einem Gesellschaftsvertrag;
- der gemeinsame Einsatz von Mitteln;
- die gemeinsame Zweckverfolgung;
- das Auftreten unter einer gemeinsamen Firma;
- bei der nichtkaufmännischen KollG wird zusätzlich der Eintrag in das Handelsregister verlangt.

Die Einigung der Gesellschafter erfolgt durch die Errichtung eines *Gesellschaftsvertrages*. Dieser ist an keine Form gebunden. Verpflichten sich die Gesellschafter jedoch zu Leistungen, die nur in einer bestimmten Form erbracht werden können, sind diese Formvorschriften zu beachten. Eine KollG kann auch unbewusst, durch konkludentes Verhalten, entstehen. Sind die Begriffsmerkmale erfüllt, besteht von Gesetzes wegen eine KollG.

Rechtsprechung Landwirt S, Weinhändler B und Amtsschreiber A vereinbarten die Errichtung einer Gesellschaft mit dem Zweck des Ankaufes einer Landparzelle und deren Ausbeutung von Torf. Sie bezeichneten die Unternehmung als einfache Gesellschaft i.S.v. OR 530 ff. und legten ihr den Namen «Gesellschaft für Torfausbeutung Willisau» bei. Das Bundesgericht kam zum Schluss, dass es sich in casu nicht um eine einfache Gesellschaft, sondern um eine KollG handelt, da deren Erfordernisse erfüllt waren:

BGE 73 I 311, E. 2: Die [...] Gesellschaft für Torfausbeutung Willisau war eine Kollektivgesellschaft. Denn die Gesellschafter hatten sich zum Betriebe eines nach kaufmännischer Art geführten Gewerbes und ohne ihre Haftung gegenüber den Gesellschaftsgläubigern zu beschränken, unter gemeinsamer Firma zusammengeschlossen. Sie haben damit eine Vereinigung geschaffen, die alle Erfordernisse einer Kollektivgesellschaft (OR 552 Abs. 1) erfüllt.

2. Handelsregister

Für die *kaufmännische KollG* ist der Eintrag in das Handelsregister zu dessen Entstehung nicht nötig. Der Eintrag ist zwar Pflicht nach OR 552 Abs. 2, erfolgt aber rein *deklaratorisch*. Entstanden ist die Gesellschaft bereits mit dem Abschluss des Gesellschaftsvertrages.

Für die *nichtkaufmännische KollG* entwarf der Gesetzgeber eine andere Regelung. Zur Entstehung wird nach OR 553 zwingend ein Eintrag in das Handelsregister verlangt; der Eintrag hat m.a.W. *konstitutive* Wirkung; die Gesellschaft entsteht somit erst mit dem Eintrag im Handelsregister (vgl. auch HRegV 41 Abs. 3). Der Eintrag erfolgt aber anders als bei der kaufmännischen KollG nicht aufgrund einer gesetzlichen Pflicht, sondern aufgrund einer Obliegenheit; wollen die Gesellschafter eine nichtkaufmännische KollG entstehen lassen, so müssen sie die Gesellschaft im Handelsregister eintragen. Solange die Gesellschaft nicht eingetragen ist, wird sie als einfache Gesellschaft betrachtet.

OR 554 bestimmt, dass die KollG am Ort ihres Sitzes in das Handelsregister einzutragen ist. HRegV 41 Abs. 1 enthält eine Liste der einzutragenden Angaben:
- die Firma und die Identifikationsnummer (lit. a);
- der Sitz und das Rechtsdomizil (lit. b);
- die Rechtsform (lit. c);
- der Zeitpunkt des Beginns der Gesellschaft (lit. d);
- den Zweck (lit. e);
- die Gesellschafter (lit. f);
- die zur Vertretung berechtigten Personen (lit. g).

Zusätzlich sind im Handelsregister noch die Adresse und der Zweck der Gesellschaft einzutragen.

Folgen des Eintrags im Handelsregister:
- die Entstehung der nichtkaufmännischen KollG;
- es gelten die positiven und negativen Publizitätswirkungen des Handelsregisters (OR 933 Abs. 1 und 2; vgl. die Ausführungen im Allgemeinen Teil, S. 38);
- die Firma der KollG wird geschützt (die Firma darf von keinem anderen Geschäftsinhaber an demselben Ort verwendet werden, vgl. OR 951 Abs. 1 i.V.m. 946 Abs. 1);
- die KollG ist im Rahmen von OR 957 zur *Buchführung und Rechnungslegung* verpflichtet; vgl. dazu die Ausführungen im Allgemeinen Teil, S. 43;
- die KollG wie auch die einzelnen Gesellschafter unterliegen der Konkurs- und Wechselbetreibung (SchKG 39 Abs. 1 Ziff. 2 und 6);
- Gerichtsstand (ZPO 10 Abs. 1 lit. b) und Betreibungsort (SchKG 46 Abs. 2) befinden sich am eingetragenen Sitz der Gesellschaft.

C. Das Innenverhältnis

OR 557 Abs. 1 hebt den dispositiven Charakter des Innenverhältnisses hervor, indem er für das Rechtsverhältnis unter den Gesellschaftern primär auf die Abmachungen im Gesellschaftsvertrag verweist. Nur wenn keine Vereinbarungen getroffen wurden, kommen die gesetzlichen Bestimmungen zur Anwendung, wobei zuerst die speziellen Regeln zur KollG (OR 557 ff.) und subsidiär die Regeln der einfachen Gesellschaft zu berücksichtigen sind (OR 531 ff.). Vorbehalten sind die zwingend anwendbaren Gesetzesartikel.

Rechtsprechung BGE 77 II 48, E. 2b: Da eine vertragliche Vereinbarung fehlt, kommen nach OR 557 für das Verhältnis der Gesellschafter unter sich, also auch für die Gewinn- und Verlustbeteiligung, die Vorschriften über die einfache Gesellschaft zur Anwendung, «mit den Abweichungen, die sich aus den nachfolgenden Bestimmungen ergeben».

1. Beitragspflicht der Gesellschafter

Die Beitragspflicht richtet sich nach dem Recht der einfachen Gesellschaft (OR 557 Abs. 1 i.V.m. 531). Das Recht der KollG kennt keine besonderen Bestimmungen. Vgl. die Ausführungen bei der einfachen Gesellschaft, S. 71.

2. Gesellschafterbeschlüsse und Geschäftsführung

Es gilt das Recht der einfachen Gesellschaft (OR 557 Abs. 2 i.V.m. 534, 535 und 539). Vergleiche die Ausführungen bei der einfachen Gesellschaft, S. 72.

3. Gesellschaftsvermögen und Gesellschaftsschulden

3.1 Gesellschaftsvermögen

Das Gesellschaftsvermögen ist vom Privatvermögen der Gesellschafter verselbstständigt. Es steht den Gesellschaftern *zu gesamter Hand* zu, d.h. allen Gesellschaftern gemeinsam. Anders als beim Miteigentum können die Gesellschafter nicht über ihren Anteil verfügen. Hierzu bedarf es der Zustimmung aller Gesellschafter. Das gesamthandschaftliche Verhältnis ist für die KollG zwingend. Vereinbaren die Gesellschafter ausdrücklich Miteigentum, so steht ihnen dafür die Form der einfachen Gesellschaft offen.

3.2 Gesellschaftsschulden

Gesellschaftsschulden sind primär aus dem Gesellschaftsvermögen zu begleichen (OR 570 Abs. 1). Erst wenn dieses zur Befriedigung der Gläubiger nicht mehr ausreicht oder die KollG sich in Auflösung befindet, kann auf das Privatvermögen der Gesellschafter zurückgegriffen werden (OR 568 Abs. 3).

4. Gewinn- und Verlustbeteiligung

Es gelten grundsätzlich die gleichen Regeln wie bei der einfachen Gesellschaft. Jeder Gesellschafter hat nach dem Gesetz – ohne Rücksicht auf Art und Grösse seines Beitrages – den gleichen Anteil am Gewinn oder Verlust (OR 533 Abs. 1).

Eine andere vertragliche Regelung ist in Anwendung der Regeln der einfachen Gesellschaft unter gewissen Vorgaben möglich:
- Eine Abmachung über die Verteilung von Gewinn oder Verlust bezieht sich nach OR 533 Abs. 2 immer auch auf das Äquivalent;
- die Abrede, dass ein Gesellschafter zwar am Gewinn, nicht aber am Verlust beteiligt wird, ist gestattet, wenn der Gesellschafter als Beitrag Arbeit geleistet hat (OR 533 Abs. 3).

Für die KollG hat der Gesetzgeber in OR 558–560 noch ergänzende Regeln aufgestellt, die das unternehmensbezogene Klima der KollG verdeutlichen:

- OR 558 Abs. 2 bestimmt, dass mangels anderer Abrede jeder Kollektivgesellschafter Anspruch auf Verzinsung seines Kapitalanteils zu 4% hat;
- ein Honorar für die Tätigkeit eines Gesellschafters erhält dieser nur, wenn es vertraglich vereinbart wurde;
- für die Auszahlung eines Gewinnanteils muss zwingend Überschuss bestehen (OR 560 Abs. 1). Wurden die Kapitalanteile der Gesellschafter durch Verluste in der Vergangenheit gemindert, so darf ein aktuell erzielter Gewinn nur in dem Masse ausbezahlt werden, als er die Deckung des Verlustes übersteigt.

Beispiel A und B haben in eine KollG je 1 Million Franken investiert. Bedingt durch Anfangsschwierigkeiten wurde während zwei Jahren nur ein Verlust erzielt, sodass ihr Kapitalanteil auf je CHF ½ Mio. gesunken ist. Wird nun im dritten Jahr ein Gewinn von CHF 100'000.– erzielt, so darf dieser nach OR 560 Abs. 1 nicht ausbezahlt werden. Erst wenn durch die erzielten Gewinne der Kapitalanteil wieder je CHF 1 Mio. erreicht, können darüber hinausgehende Gewinne ausbezahlt werden.

5. Buchführung und Rechnungslegung

Die KollG ist gemäss OR 957 Abs. 1 zur kaufmännischen Buchführung und Rechnungslegung verpflichtet, sofern sie im letzten Geschäftsjahr einen Umsatzerlös von mindestens CHF 500'000.– erzielt hat. Erreicht die KollG diese Limite nicht, so genügt es, wenn sie im Sinne einer «Milchbüchleinrechnung» über Einnahmen und Ausgaben sowie über die Vermögenslage Buch führt (OR 957 Abs. 2). Es gelten die allgemeinen Grundsätze der ordnungsgemässen Buchführung und Rechnungslegung, das Prinzip der Wahrheit und Klarheit sowie der Grundsatz der vorsichtigen Bewertung. Vgl. im Übrigen zur Buchführung und Rechnungslegung die Ausführungen im Allgemeinen Teil, S. 43.

6. Verantwortlichkeit gegenüber den anderen Gesellschaftern

Für die KollG gilt die umfassende Treue- und Sorgfaltspflicht der einfachen Gesellschaft, wie sie in OR 538 statuiert ist.

6.1 Haftung gegenüber den anderen Gesellschaftern

Für die Haftung eines Gesellschafters gegenüber den Mitgesellschaftern ist auf das unter der einfachen Gesellschaft zu OR 538 Aufgeführte zu verweisen, S. 76.

6.2 Konkurrenzverbot

Bezüglich des Konkurrenzverbotes hat der Gesetzgeber eine besonders strenge Regelung für die KollG aufgestellt.

Nach OR 561 darf ein Gesellschafter ohne die Zustimmung der übrigen Gesellschafter im Geschäftszweig der KollG

- nicht auf eigene oder fremde Rechnung tätig werden;
- sich nicht als unbeschränkt haftender Gesellschafter, als Kommanditär oder als Gesellschafter einer GmbH an einem Konkurrenzunternehmen beteiligen.

Diese Tätigkeiten sind per se nicht erlaubt, unabhängig davon, ob damit die KollG überhaupt geschädigt werden kann. Das Konkurrenzverbot der KollG geht damit weiter als dasjenige der einfachen Gesellschaft.

Scheiden Gesellschafter aus der KollG aus, so endet, vorbehaltlich vertraglicher Abmachungen, das Konkurrenzverbot.

Befindet sich die Gesellschaft in Liquidation, so wird das Konkurrenzverbot auf jene Handlungen beschränkt, die eine erfolgreiche Liquidation beeinträchtigen könnten.

7. Gesellschafterwechsel

7.1 Eintritt

Der Eintritt eines neuen Gesellschafters benötigt, sofern nichts anderes im Gesellschaftsvertrag vermerkt wurde, die Zustimmung aller Gesellschafter. Es gilt dazu aufgrund der Verweisung in OR 557 Abs. 2 das Recht der einfachen Gesellschaft gemäss OR 542.

Anders als bei der einfachen Gesellschaft haftet ein neu eintretender Gesellschafter nach OR 569 Abs. 1 für alle Verbindlichkeiten der Gesellschaft, insbesondere auch für diejenigen, die schon *vor seinem Eintritt* bestanden.

Der neue Gesellschafter ist im Handelsregister einzutragen.

7.2 Ausscheiden

Entsprechend der einfachen Gesellschaft ist das Ausscheiden eines Gesellschafters grundsätzlich nicht möglich. Folge des Ausscheidens, sei es durch Tod oder Austritt, ist die Auflösung der Gesellschaft (OR 574 Abs. 1 i.V.m. 545 Abs. 1 Ziff. 2 und 6).

OR 576 setzt hier aber eine wichtige Ausnahme fest; die Gesellschafter können eine *Fortsetzungsklausel* vereinbaren. Die Gesellschaft wird unter den verbleibenden Gesellschaftern fortgeführt. Entgegen dem Wortlaut von OR 576 können die Verbleibenden auch nach Eintritt des Auflösungsgrundes eine Fortsetzung vereinbaren. Der ausscheidende Gesellschafter oder bei Todesfall dessen Erben haben aber einen Anspruch auf Abfindung. Die Höhe der Abfindung bemisst sich hier nicht nach dem Liquidationswert seines Anteils, sondern nach dem Fortführungswert – dem Wert, den seine Beteiligung zur Zeit des Ausscheidens unter Berücksichtigung der Fortsetzung der Gesellschaft aufweist. Der ausscheidende Gesellschafter haftet nach OR 591 Abs. 1 noch während fünf Jahren für alle im Zeitpunkt des Austritts bestehenden Verpflichtungen. Die Verjährungsfrist beginnt grundsätzlich im Zeitpunkt des Ausscheidens zu laufen, für später fällig werdende Forderungen ist der Zeitpunkt ihrer Fälligkeit massgebend.

In Anwendung des Rechts der einfachen Gesellschaft (OR 574 Abs. 1 i.V.m. 545 Abs. 1 Ziff. 2) kann auch eine *Nachfolgeklausel* vereinbart werden. Damit wird die Mitgliedschaft des ausscheidenden Gesellschafters auf seinen Nachfolger übertragen (vgl. dazu die Ausführungen bei der einfachen Gesellschaft, S. 77). Der ausscheidende Gesellschafter haftet noch während drei Jahren solidarisch für diejenigen Schulden, die bereits zum Zeitpunkt seines Ausscheidens bestanden (OR 181 Abs. 2). Der Nachfolger haftet als neu eintretender Gesellschafter für alle Verbindlichkeiten der Gesellschaft (OR 569 Abs. 1).

Alle personellen Änderungen sind im Handelsregister einzutragen (OR 581).

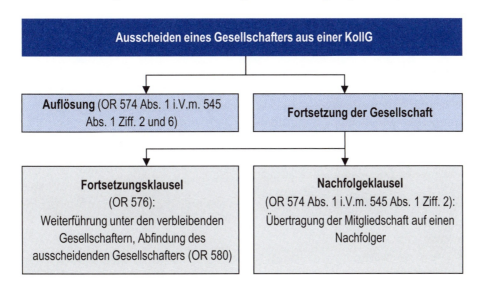

7.3 Ausschluss

Der *Ausschluss eines Gesellschafters* ist in den folgenden Situationen möglich:

- Gemäss OR 577 kann ein Richter auf Antrag der übrigen Gesellschafter aus wichtigen Gründen einen Gesellschafter ausschliessen. Die Gründe müssen in seiner Person liegen. Ein wichtiger Grund liegt vor, wenn ein Verbleib für die anderen Gesellschafter nicht mehr zumutbar ist;
- gemäss OR 578 kann ein Gesellschafter durch die übrigen Gesellschafter ausgeschlossen werden, wenn er in Konkurs fällt oder wenn sein Liquidationsanteil gepfändet wird (vgl. dazu unten, S. 100).
- ein Ausschluss ist zudem möglich, wenn dies im Gesellschaftsvertrag vorgesehen ist.

Da jeder Kollektivgesellschafter im Handelsregister eingetragen ist, muss auch sein Ausschluss eingetragen werden (OR 581).

Der ausgeschlossene Gesellschafter hat einen Anspruch auf eine Abfindung in der Höhe des Fortführungswertes (vgl. dazu oben, S. 95).

Der Ausgeschlossene haftet nach OR 591 Abs. 1 noch während fünf Jahren für alle im Zeitpunkt seines Ausschlusses bestehenden Verpflichtungen.

D. Das Aussenverhältnis

1. Nach aussen verselbstständigte Gesamthandgemeinschaft

Obwohl die KollG nach herrschender Lehre keine eigene Rechtspersönlichkeit hat, ist sie im Aussenverhältnis weitgehend verselbstständigt und tritt in gewisser Hinsicht wie eine juristische Person auf.

Die KollG
- führt eine eigene Firma;
- ist handlungs-, partei- und prozessfähig;
- ist betreibungsfähig;
- verfügt über ein vom Vermögen der Gesellschafter getrenntes Sondervermögen und haftet nach OR 567 Abs. 3 auch für Schäden aus unerlaubter Handlung, die ein Gesellschafter in Ausübung seiner geschäftlichen Tätigkeit für die Gesellschaft begeht. Dies entspricht der Organhaftung einer juristischen Person.

2. Firma und Sitz

2.1 Firma

Ein wesentliches Element der KollG ist das Auftreten unter einem eigenen Namen – der Firma. Die eingegangenen Verpflichtungen entstehen damit direkt im Namen der Gesellschaft. Die Firma enthält nach OR 947 Abs. 1 entweder die Familiennamen aller Gesellschafter oder mindestens einen Familiennamen und einen Zusatz, der auf das Gesellschaftsverhältnis hinweist. Die Verwendung des Begriffs Kollektivgesellschaft ist nicht erforderlich.

Beispiele

Die beiden Brüder Hans und Jakob Meier gründen eine KollG. Ihre Firma könnte folgendermassen aussehen:
- Meier und Co.
- Meier und Partner
- Gebrüder Meier
- Meier und Meier

Beispiele Ein Auftreten unter einer gemeinsamen Firma ist bereits anzunehmen, wenn:
- ein Firmenstempel existiert;
- Briefpapier mit dem Firmenlogo besteht;
- ein Arbeitsvertrag unter einer gemeinsamen Firma abgeschlossen wurde.

2.2 Sitz

Die KollG verfügt über einen eigenen Sitz. Der Sitz kann im Gegensatz zu den Körperschaften jedoch nicht frei gewählt werden, sondern befindet sich am tatsächlichen Mittelpunkt der gesellschaftlichen Aktivitäten.

Der *Sitz der KollG* ist in mehrfacher Hinsicht von Bedeutung:
- Am Sitz ist die KollG in das Handelsregister einzutragen (OR 554);
- am Sitz befindet sich der allgemeine Gerichtsstand für Klagen gegen die Gesellschaft (ZPO 10 Abs. 1 lit. b);
- am Sitz befindet sich der allgemeine Betreibungsort gegen die Gesellschaft (SchKG 46 Abs. 2).

3. Vertretung

Bei allen Verselbstständigungstendenzen der KollG im Aussenverhältnis darf nicht vergessen werden, dass diese keine juristische Person ist und deshalb nicht vertreten werden kann. Vertreten werden die Gesellschafter in ihrer Gesamtheit. Da der KollG keine Rechtspersönlichkeit zukommt, handelt sie nicht durch Organe, sondern durch Stellvertreter. Durch die stark verselbstständigte Rechtsstellung der KollG kommt den Vertretern aber eine den körperschaftlichen Organen sehr nahe kommende Stellung zu. Dies zeigt sich vor allem im Bestehen einer Deliktshaftung (OR 567 Abs. 3), welche die KollG bezüglich der geschäftlichen Verrichtungen ihrer Gesellschafter hat.

a) Vertretung durch die Gesellschafter

OR 563 bestimmt, dass jeder Gesellschafter vermutungsweise allein zur Vertretung befugt ist. Die Befugnis bezieht sich nach OR 564 auf *alle Rechtshandlungen, die der Gesellschaftszweck mit sich bringen kann*. Hierzu gehört gemäss bundesgerichtlicher Rechtsprechung alles, was nach objektiver Betrachtungsweise durch den Zweck nicht geradezu ausgeschlossen ist.

Rechtsprechung BGE 111 II 284 E. 3b: [...] les personnes autorisées à représenter la société ont le droit de faire au nom de celle-ci tous les actes que peut impliquer le but social. Selon la jurisprudence, approuvée par la doctrine, le but social embrasse l'ensemble des actes juridiques qui, du point de vue objectif, peuvent, ne fût-ce que de façon indirecte, contribuer à atteindre le but social, c'est-à-dire tous ceux que ce but n'exclut pas nettement [...].

Eine Beschränkung der Vertretungsmacht kann im Handelsregister eingetragen werden. Wird dies getan, so gilt sie von Gesetzes wegen als bekannt (OR 933 Abs. 2) und der Schutz des guten Glaubens Dritter ist ausgeschlossen (OR 563).

Der Gesetzgeber erlaubt aber nur zwei Arten von *eintragbaren Beschränkungen* (OR 555):
- den vollständigen Ausschluss der Vertretungsbefugnis und
- die Beschränkung auf eine Kollektivvollmacht (d.h., die Vertretung ist nur zusammen mit einem anderen Gesellschafter oder einem Dritten erlaubt).

Andere Einschränkungen, etwa die Vertretungsbeschränkung auf eine Region oder das Verbot zum Abschluss von Bürgschaftsverträgen, können ebenfalls vereinbart werden. Sie sind aber nicht im Handelsregister eintragungsfähig und entfalten deshalb gegenüber einem gutgläubigen Dritten keine Wirkung. Dritte müssen in diesen Fällen vorgängig über die Beschränkung informiert werden, damit sie ihnen gegenüber verbindlich sind.

Aus wichtigen Gründen kann einem Gesellschafter die Vertretungsbefugnis entzogen werden (OR 565 Abs. 1). Dazu ist jedoch der Beschluss aller Gesellschafter, inkl. des Betroffenen, nötig, damit die Löschung der Vertretungsbefugnis im Handelsregister angeordnet werden kann. Ausnahme ist der Entzug durch richterlichen Entscheid nach OR 565 Abs. 2, für den der Antrag eines Gesellschafters ausreicht. Bei der KollG darf sowohl die vertraglich eingeräumte Vertretungsbefugnis als auch die nach der dispositiv vorgesehenen gesetzlichen Ordnung eingeräumte Vertretungsbefugnis entzogen werden (OR 565 Abs. 1).

b) Vertretung durch Dritte

Nach OR 566 kann die KollG Vertreter mit eingeschränkter Vertretungsmacht (Prokura, OR 458 ff.; Handlungsbevollmächtigte, OR 462) bestellen. Für die Bestellung ist die Zustimmung aller vertretungsbefugten Gesellschafter notwendig, der Widerruf kann hingegen durch jeden einzelnen veranlasst werden.

4. Haftung

a) Primäre Haftung des Gesellschaftsvermögens

Primäres Haftungssubstrat bei der KollG ist das Gesellschaftsvermögen, subsidiär haften die Gesellschafter mit ihrem Privatvermögen.

b) Subsidiäre Haftung des Gesellschafters

Ein Gesellschafter haftet subsidiär mit seinem Privatvermögen nach OR 568 Abs. 3, wenn die Gesellschaft erfolglos betrieben wurde – wenn also das Gesellschaftsvermögen zur Deckung der Gesellschaftsschulden nicht ausreicht.

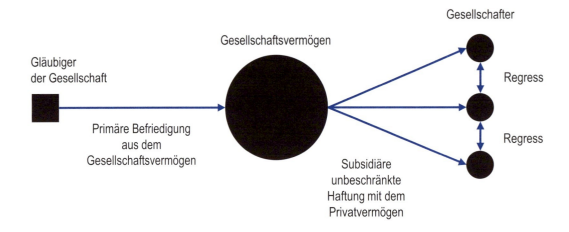

Ausnahmsweise haften die Gesellschafter mit ihrem Privatvermögen *neben* dem Gesellschaftsvermögen, wenn sich die Gesellschaft in Auflösung befindet.

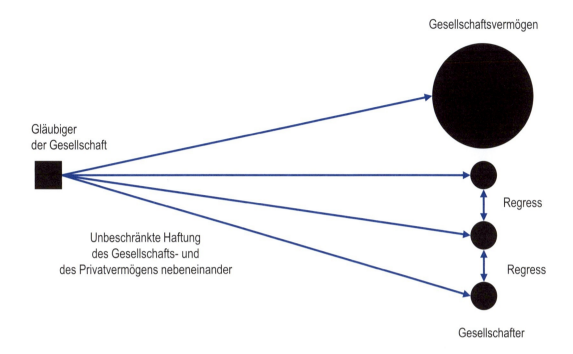

Wird das Privatvermögen der Gesellschafter in Anspruch genommen, so haften sie unbeschränkt und solidarisch (OR 568 Abs. 1). Zur unbeschränkten und solidarischen Haftung vgl. die Ausführungen bei der einfachen Gesellschaft, S. 79.

Neu eintretende Gesellschafter haften – anders als bei der einfachen Gesellschaft – auch für Schulden, die schon vor ihrem Eintritt bestanden (OR 569).

Ausscheidende und ausgeschlossene Gesellschafter haften nach OR 591 Abs. 1 noch während fünf Jahren für alle im Zeitpunkt ihres Austritts bzw. Ausschlusses bestehenden Verpflichtungen.

Rechtsprechung   BGE 134 II 643, E. 5.2.1: La société en nom collectif répond prioritairement de ses engagements envers les tiers sur la fortune sociale, composée des apports des associés, sous forme de biens mobiliers ou immobiliers, de créances et droits de propriété intellectuelle détenus en commun par les associés (cf. art. 531 al. 1 CO par renvoi de l'art. 557 al. 2 CO), auxquels s'ajoutent les bénéfices, intérêts et honoraires non perçus par l'associé (art. 559 al. 3 CO). Il s'agit là d'un patrimoine réservé en priorité au règlement des dettes sociales. C'est ainsi la société qui est elle-même la débitrice principale des créanciers sociaux, lesquels, par rapport aux créanciers personnels des associés, ont un privilège sur l'actif social (art. 570 al. 1 CO). Chaque associé assume envers les créanciers de la société en nom collectif une responsabilité personnelle, qui est tout à la fois illimitée (art. 552 al. 1 CO), solidaire (art. 568 al. 1 CO) et subsidiaire (art. 568 al. 3 CO). Les diverses facettes de cette responsabilité ont un caractère impératif, toute convention contraire entre associés ne déployant aucun effet externe (art. 568 al. 2 et 569 al. 2 CO). [...] La responsabilité personnelle des associés pour les dettes sociales est subsidiaire, puisque la société répond directement de ses dettes sur les biens sociaux (art. 562 CO), ce qui signifie que les créanciers doivent s'en prendre en premier à la société, avant de pouvoir agir contre les associés. Le législateur n'a toutefois pas voulu que les créanciers sociaux attendent la clôture de la faillite de la société pour rechercher les associés, lorsque les hypothèses prévues par l'art. 568 al. 3 CO sont réalisées, à savoir en particulier si la société a été l'objet de poursuites infructueuses ou si elle a été dissoute, par exemple à la suite d'un jugement de faillite.

c) Haftung der KollG für unerlaubte Handlungen

Gemäss OR 567 Abs. 3 haftet die KollG nicht nur für Rechtsgeschäfte von vertretungsbefugten Gesellschaftern, sondern auch für Schäden aus unerlaubter Handlung *(Deliktshaftung)*, die ein Gesellschafter in Ausübung seiner geschäftlichen Verrichtungen begeht. Ist die unerlaubte Handlung bei oder durch den Abschluss von Rechtsgeschäften begangen worden, so ist eine

Vertretungsbefugnis des Gesellschafters zur Haftung notwendig, da er nur so in Ausübung seiner geschäftlichen Verrichtungen handelte. Die Haftung nach OR 567 Abs. 3 deckt sich mit der Organhaftung für juristische Personen nach ZGB 55 Abs. 2. Neben der Gesellschaft mit ihrem Gesellschaftsvermögen haftet auch der Gesellschafter, der die unerlaubte Handlung begangen hat, mit seinem Privatvermögen und schliesslich, subsidiär, die restlichen Gesellschafter (OR 568 Abs. 3).

5. Konkurs

Die eingetragene KollG untersteht der Konkursbetreibung (SchKG 39 Abs. 1 Ziff. 6).

Beim Konkurs ist zu unterscheiden zwischen dem Konkurs der Gesellschaft und dem Konkurs eines Gesellschafters. Der Konkurs der Gesellschaft zieht nicht automatisch den Konkurs der Gesellschafter mit sich, ebenso wenig hat der Konkurs eines Gesellschafters den Konkurs der KollG zur Folge (OR 571 Abs. 1 und 2). Beides sind selbstständige, voneinander getrennte Verfahren.

a) Konkurs der Gesellschaft (OR 570)

Im Konkurs der Gesellschaft haben nur die Gesellschaftsgläubiger einen Anspruch auf Befriedigung aus der Konkursmasse. OR 570 Abs. 1 schliesst die Privatgläubiger der einzelnen Gesellschafter explizit aus. Haben die Gesellschafter noch Ansprüche auf verfallene Zinsen oder auf Honorare und Auslagen, so nehmen sie als Gläubiger am Konkurs der Gesellschaft teil (OR 570 Abs. 2). Keine Gläubigerstellung erhalten sie für ihre Kapitalbeiträge und für laufende Zinsen (OR 570 Abs. 2).

Rechtsprechung BGE 134 III 634, E. 5.2.2: La faillite de la société en nom collectif provoque ipso facto sa dissolution (art. 574 al. 1 CO). Elle rend exigibles les dettes sociales (art. 208 al. 1 LP) et les transforme en dettes d'argent (art. 211 al. 1 LP). [...] La faillite de la société, en tant que survenance d'une cause de dissolution, permet aux créanciers sociaux, en vertu de l'art. 568 al. 3 CO, d'agir directement contre les associés, et cela sans attendre le résultat de la liquidation [...].

b) Konkurs von Gesellschaftern

Die Privatgläubiger werden nur aus dem Privatvermögen des Gesellschafters befriedigt, nicht jedoch aus dem Gesellschaftsvermögen (OR 572 Abs. 1). In die Privatkonkursmasse fallen aber Ansprüche des Gesellschafters auf Zins, Honorar und Gewinn gegenüber der Gesellschaft sowie der Liquidationsanteil, der dem in Konkurs stehenden Gesellschafter aus dem Gesellschaftsverhältnis zusteht.

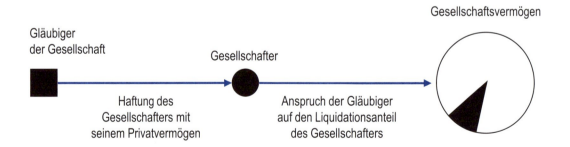

Wird über einen Gesellschafter der Konkurs eröffnet, werden alle seine Verbindlichkeiten fällig. Die Gesellschaftsgläubiger können daher ihre Verbindlichkeiten gegen die Gesellschaft in vollem Umfang geltend machen. Der Konkursmasse des Gesellschafters stehen lediglich Regressrechte gegen die Gesellschaft zu, nicht aber gegen die übrigen Gesellschafter.

Rechtsprechung Entscheid des Obergerichts des Kantons Zürich vom 20. Juli 2006, in: ZR 2007, 210, E. 9: Kollektivgesellschafter haften solidarisch und mit ihrem ganzen Vermögen für die Verbindlichkeiten der Gesellschaft (OR 569 Abs. 1), wobei die Gesellschaftsgläubiger das Privatvermögen der Gesellschafter erst nach Durchführung des Konkurses über die Kollektivgesellschaft in Anspruch nehmen können (OR 568

Abs. 3). Die Privatgläubiger eines Gesellschafters können hingegen nie auf das Gesellschaftsvermögen als solches greifen, sondern sind auf das private Vermögen des ihnen haftenden Gesellschafters, wozu der Liquidationsanteil aus dem Gesellschaftsverhältnis gehört, beschränkt (OR 572).

E. Die Beendigung der Kollektivgesellschaft

Die Beendigung der KollG ist in OR 574 ff. geregelt. Sie vollzieht sich in zwei Schritten. Als Erstes muss sie aufgelöst werden, anschliessend ist sie zu liquidieren.

1. Auflösung

Wird die KollG aufgelöst, so besteht sie trotz missverständlichem Begriff weiterhin, hat nun aber als einzigen Zweck die Durchführung der Liquidation. Erst nach Ende der Liquidation hört die KollG auf zu existieren. Die Auflösung bewirkt vorderhand bloss eine Änderung des Gesellschaftszweckes.

Die KollG wird aufgelöst, wenn ein Auflösungsgrund eintritt.

Ein *Auflösungsgrund* liegt vor,
- wenn die Gesellschaft in Konkurs fällt (OR 574 Abs. 1);
- wenn der Zweck, zu welchem sie abgeschlossen wurde, erreicht wurde oder dessen Erreichung unmöglich geworden ist (OR 574 Abs. 1 i.V.m. 545 Abs. 1 Ziff. 1);
- wenn ein Gesellschafter stirbt und für diesen Fall nicht vereinbart worden ist, dass die Gesellschaft mit den Erben fortbestehen soll (OR 574 Abs. 1 i.V.m. 545 Abs. 1 Ziff. 2);
- wenn ein Gesellschafter in Konkurs fällt oder gemäss ZGB 390 ff. verbeiständigt wird (OR 574 Abs. 1 i.V.m. 545 Abs. 1 Ziff. 3);
- bei gegenseitiger Übereinkunft (OR 574 Abs. 1 i.V.m. 545 Abs. 1 Ziff. 4 OR);
- bei Ablauf einer bestimmten Laufzeit der Gesellschaft (OR 574 Abs. 1 i.V.m. 545 Abs. 1 Ziff. 5);
- bei Kündigung durch einen Gesellschafter (sofern im Gesellschaftsvertrag vorgesehen; OR 574 Abs. 1 i.V.m. 545 Abs. 1 Ziff. 6);
- bei richterlichem Urteil im Falle der Auflösung aus wichtigem Grund (OR 574 Abs. 1 i.V.m. 545 Abs. 1 Ziff. 7).

Überdies können die Privatgläubiger eines Gesellschafters unter Einhaltung einer sechsmonatigen Frist die Auflösung der Gesellschaft verlangen, wenn der Gesellschafter in Konkurs geraten ist oder wenn der Gesellschaftsanteil verpfändet wurde (OR 575 Abs. 1 und 2). Die übrigen Gesellschafter können die Auflösung abwenden, wenn sie den zahlungsunfähigen Gesellschafter ausschliessen und ihm seinen Liquidationsanteil auszahlen (OR 578) oder indem sie die Konkursmasse des Gesellschafters oder die pfändenden Gläubiger mit dem Liquidationsanteil des konkursiten Gesellschafters abfinden (OR 575 Abs. 3).

Die Auflösung ist durch die Gesellschafter im Handelsregister einzutragen (OR 574 Abs. 2). Im Konkursfall teilt der Konkursrichter dem Handelsregisterführer von Amtes wegen die Konkurseröffnung mit.

2. Liquidation

2.1 Allgemeines

Mit der Liquidation wird das Gesellschaftsvermögen bzw. der Verlust auf die einzelnen Gesellschafter aufgeteilt. Die Gesellschaft bleibt mit diesem Zweck so lange bestehen, bis dieser Vorgang abgeschlossen ist (sog. Liquidationsgesellschaft). Erst dann hört die KollG auf zu existieren.

2.2 Vorgehen

Durchgeführt wird die Liquidation grundsätzlich durch die bisher vertretungsberechtigten Gesellschafter (OR 583 Abs. 1). Die Gesellschafter können aber auch anderweitige Regelungen treffen.

Die *ordentliche Liquidation* der KollG kann nach OR 585 ff. in mehrere Schritte unterteilt werden:

1. Als erste Handlung müssen die Liquidatoren nach OR 587 Abs. 1 bei Beginn der Liquidation eine Bilanz erstellen.
2. Die Beziehung zu Dritten wird abgeschlossen (OR 585 Abs. 1). Die laufenden Geschäfte sind zu beenden, ausstehende Forderungen sind einzutreiben, Schulden zu begleichen. Falls nötig, wird das Vermögen der Gesellschaft zur Begleichung der Schulden versilbert.
3. Verbleibt ein Überschuss, so sind zunächst die Einlagen der Gesellschafter zurückzuerstatten, gefolgt von den Zinsen für die Einlagen während der Liquidationszeit (OR 588 Abs. 1). Der Rest ist nach den Vorschriften über die Gewinnbeteiligung gemäss OR 557 Abs. 2 i.V.m. 533 unter den Gesellschaftern aufzuteilen. Den Gesellschaftern steht kein Anspruch auf Realteilung oder Zuweisung einzelner Gegenstände zu, es sei denn, alle Gesellschafter können sich auf eine Teilung einigen.

Nach Beendigung der Liquidation ist die Firma im Handelsregister zu löschen (OR 589). Die Bücher der aufgelösten Gesellschaft müssen nach OR 590 Abs. 1 während zehn Jahren nach der Löschung der Firma im Handelsregister von den Gesellschaftern aufbewahrt werden.

Wie bei der einfachen Gesellschaft besteht auch bei der KollG als Alternative zur Aufteilung des Gesellschaftsvermögens auf alle Gesellschafter die Möglichkeit, dass ein Gesellschafter oder ein Dritter das Geschäft mit allen Aktiven und Passiven übernimmt und die restlichen Gesellschafter entschädigt. Hierbei gelangt bei der im Handelsregister eingetragenen KollG FusG 69 ff., andernfalls OR 181 zur Anwendung. Scheiden alle Gesellschafter bis auf einen aus (und insbesondere, wenn bei einer Zweipersonen-KollG ein Gesellschafter wegfällt), erleichtert das OR die Auflösung, indem der verbleibende Gesellschafter das Geschäft gemäss OR 579 nicht neu erwirbt, sondern dieses ohne Weiteres durch Anwachsung in sein Vermögen übergeht. Da hierzu keine Vermögensübertragung notwendig ist, müssen auch die entsprechenden Formvorschriften nicht eingehalten werden.

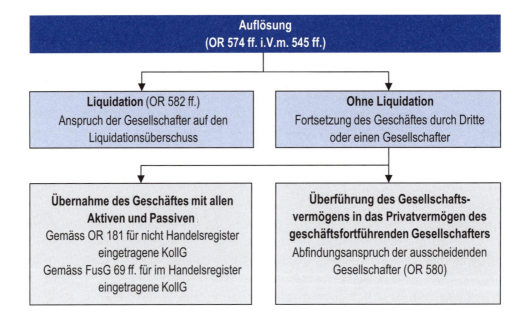

F. Übung zum 2. Teil

Lösungen S. 321

Übung 12

Pastaland

Die Brüder Meier führen einen kleinen italienischen Spezialitätenladen namens Pastaland Meier und Co. Als Gesellschaftsform haben sie sich auf eine kaufmännische KollG geeinigt. Das Ehepaar Müller, deren GmbH die Ladenlokalität an die Herren Meier vermietet, ist von dem Laden begeistert und unterbreitet den Meiers folgendes Angebot: Die GmbH wird als neuer Gesellschafter in die KollG aufgenommen. Als Beitrag wird in Zukunft keine Miete mehr geschuldet. Die Meiers sind begeistert und willigen ein. Durften die Meiers die GmbH aufnehmen?

Übung 13

Hoteleröffnung

Anton, Bruno und Christian wollen ein Hotel eröffnen. Zu diesem Zweck gründen sie eine KollG. Da die drei so beschäftigt sind, Material zu kaufen und Personal anzuwerben, vergessen sie, die KollG im Handelsregister einzutragen. Hat dies Konsequenzen?

Übung 14

Gewinn

Die KollG König & Partner besteht nun seit drei Jahren. Nach harzigem Beginn mit grossen Verlusten wurde dieses Jahr zum ersten Mal ein kleiner Gewinn erzielt. Gesellschafter König macht bei einem gemeinsamen Mittagessen Folgendes geltend: Da die Gesellschaft einen Gewinn erzielt habe, habe er endlich ein Anrecht auf Entgelt für die Tätigkeiten, die er seit Gründung für die KollG geleistet habe. Weiter verlangt er, da es mit der KollG ja jetzt aufwärts gehe, die Auszahlung der Gewinnanteile an die Gesellschafter. Sind Königs Forderungen berechtigt?

Übung 15

Konkurrenzverbot

Anton, Bruno und Christian führen einen Bäckereibetrieb in Form einer KollG. Christian – nicht geschäftsführender Gesellschafter der KollG – beteiligt sich ohne Wissen der restlichen Gesellschafter bei einer anderen Bäckerei im Dorf als stiller Gesellschafter.
Darf er dies tun?

Übung 16

Betreibung

Eine nicht im Handelsregister eingetragene nichtkaufmännische KollG soll auf Konkurs betrieben werden.
Ist das möglich?

Übung 17

Vertretung/Haftung

Für die in Form einer KollG errichtete Garage Zeller & Co. wurde nach OR 566 der Prokurist Paul bestellt. Als dieser einer Kundin einen Wagen vorführte, verursachte er einen Unfall mit leichten Verletzungsfolgen für die Kundin.
Haftet die KollG für den Unfall?

Übung 18

Haftung

Innerhalb einer KollG gab es heftige Turbulenzen. Gesellschafter Anton trat nach einem Streit mit den beiden anderen Gesellschaftern Bruno und Christian aus der Gesellschaft aus. Bruno und Christian wollen die KollG am liebsten zu dritt weiterführen. Nach kurzer Suche ist David bereit, der Gesellschaft neu beizutreten. Als Bedingung hat er aber mit Bruno und Christian abgemacht, dass er keine bereits vor seinem Beitritt bestehenden Schulden übernehme. Zwei Monate später klagt der ausgetretene Anton gegen die KollG auf Auszahlung einer vereinbarten Abfindung und, nachdem das Gesellschaftsvermögen ausgeschöpft wurde, David auf Bezahlung des noch ausstehenden Betrages.

Muss David bezahlen?

Übung 19

Haftung

Bei der nach kaufmännischer Art geführten KollG Garage Zeller & Co. Haben es die beiden Gesellschafter Anton und Bruno versäumt, diese im Handelsregister eintragen zu lassen. Gläubiger Christina macht eine Forderung gegenüber der KollG geltend. Da die Gesellschaft die Zahlung verweigert, beschliesst er, mittels Betreibung das Geld einzufordern.

Kann und falls ja, gegen wen muss Christian die Betreibung einleiten?

Übung 20

Ausschluss

In der KollG Pastaland Meier und Co. der Gebrüder Meier herrscht eine Unordnung. Beide Brüder geben sich gegenseitig die Schuld an der schlechten finanziellen Lage der KollG. Der ältere Bruder Anton hat von der Sache genug und will den jüngeren Bruder Bruno durch den Richter von der Gesellschaft ausschliessen lassen. Ist das möglich?

Übung 21

Auflösung

Eine KollG befindet sich in Auflösung. Die Auflösung wurde i.S.v. OR 574 im Handelsregisteramt eingetragen. Hans war bis vor zwei Wochen bei der KollG angestellt, bevor er fristlos entlassen wurde. Die Auflösung nimmt er nun mit Genugtuung zur Kenntnis. Er will aber noch einen Prozess gegen die Gesellschaft anstreben und nach OR 337c Ersatz wegen einer ungerechtfertigten Entlassung verlangen.

Kann er das tun?

3. Teil Die Kommanditgesellschaft (KommG)

Übersicht

Gesetzliche Regelung	OR 594–619
Entstehung	- OR 594: Einigung von zwei oder mehreren Personen (mind. ein Komplementär und ein Kommanditär, wobei Ersterer eine natürliche Person sein muss), mit gemeinsamen Mitteln unter einer Firma einen gemeinsamen Zweck zu verfolgen - OR 595: Bei der nichtkaufmännischen KommG ist zusätzlich ein Handelsregistereintrag erforderlich.
Mitglieder	- Komplementäre: Natürliche Personen - Kommanditäre: Natürliche und juristische Personen sowie Gesellschaften ohne Rechtspersönlichkeit
Rechtspersönlichkeit	Nein
Handlungs-, Prozess- und Betreibungsfähigkeit	Ja
Firma	Ja
Handelsregister	- OR 594 Abs. 3: Pflicht der kaufmännischen KommG zur Eintragung - OR 595: Eintrag konstitutiv für die Entstehung der nichtkaufmännischen KommG
Gesellschaftsvermögen	Ja
Gesellschaftsbeschlüsse	OR 598 Abs. 2 i.V.m. 557 Abs. 2 und 534: Im Zweifel Einstimmigkeitsprinzip; Rechtshandlungen, die über den gewöhnlichen Betrieb hinausgehen
Geschäftsführung	OR 599 f.: Befugnis jedes einzelnen Komplementärs zur Besorgung der gewöhnlichen Geschäfte, Ausschluss der Kommanditäre
Leistungspflichten	- OR 598 Abs. 2 i.V.m. 557 Abs. 2 und 531: Beitragspflicht jedes Gesellschafters, erleichtert für Kommanditäre - OR 598 Abs. 2 i.V.m. 557 Abs. 2 und 532: Gewinnteilung - OR 598 Abs. 2 i.V.m. 557 Abs. 2 und 538: Sorgfaltspflicht - OR 598 Abs. 2 i.V.m. 561: Konkurrenzverbot
Gewinn- und Verlustbeteiligung	- OR 601 Abs. 1: Beschränkung der Verlustbeteiligung des Kommanditärs auf die Kommanditeinlage - OR 601 Abs. 2: Mangels Abmachung freies Ermessen des Richters über Gewinn- und Verlustbeteiligung
Vertretung der Gesellschaft nach aussen	- OR 603: Befugnis jedes einzelnen Komplementärs zur Vertretung, Ausschluss der Kommanditäre - OR 603 i.V.m. 564: Umfang der Vertretung des Komplementärs – was der Zweck der Gesellschaft mit sich bringen kann - OR 603 i.V.m. 565: Entziehung der Vertretungsbefugnis des Komplementärs aus wichtigem Grund durch alle Gesellschafter
Haftung	- OR 604: Primärhaftung durch Gesellschaftsvermögen - OR 604: Subsidiärhaftung der Gesellschafter mit Privatvermögen - OR 608: Beschränkung der Haftung des Kommanditärs auf die Kommanditsumme - OR 605 ff.: Fälle der unbeschränkten Haftung des Kommanditärs

Auflösungsgründe	- OR 619 Abs. 1 i.V.m. 574 Abs. 1 und 545:
	  · Zweckerreichung (Ziff. 1)
	  · Tod eines Gesellschafters (Ziff. 2)
	  · Konkurs oder Beistandschaft eines Gesellschafters (Ziff. 3)
	  · Gegenseitige Übereinkunft (Ziff. 4)
	  · Zeitablauf (Ziff. 5)
	  · Kündigung (Ziff. 6)
	  · Richterliches Urteil aus wichtigem Grund (Ziff. 7)
	- OR 619 Abs. 1 i.V.m. 574 Abs. 1: Konkurs
	- OR 619 Abs. 1 i.V.m. 575: Antrag von Gläubigern eines Gesellschafters

A. Begriff und Wesen der Kommanditgesellschaft

1. Definition

Die Kommanditgesellschaft ist eine aus zwei oder mehreren Personen bestehende, nach aussen hin verselbstständigte Personengesellschaft, deren Gesellschafter neben dem Gesellschaftsvermögen in der Weise subsidiär und solidarisch haften, dass wenigstens ein Komplementär als zwingend natürliche Person unbeschränkt und wenigstens ein Kommanditär bis zu einem bestimmten Betrag haftet.

a) Zwei Kategorien von Gesellschaftern

Das Hauptcharakteristikum der KommG liegt darin, dass sie aus zwei verschiedenen Gruppen von Gesellschaftern besteht:

- *Komplementäre* haften mit ihrem Privatvermögen in unbeschränkter Höhe. Ein Komplementär muss zwingend eine natürliche Person sein. Haftet eine juristische Person unbeschränkt, so liegt eine einfache Gesellschaft vor.
- *Kommanditäre* haften nur beschränkt, d.h. bis zu einer festgelegten Summe. Als Kommanditär sind neben natürlichen auch juristische Personen oder auch Gesellschaften ohne Rechtspersönlichkeit (z.B. eine KollG oder eine andere KommG) zugelassen.

b) Gesellschaftsvertrag

Die KommG bedarf analog der KollG als Grundlage zwingend eines Gesellschaftsvertrages. Die vertragsmässige Bindung der Gesellschafter ist an keine Form gebunden, sie kann auch stillschweigend erfolgen.

Der *Mindestinhalt* des Gesellschaftsvertrags umfasst die Einigung über folgende Elemente:

- den Zweck der KommG;
- die Benennung der Mitglieder;
- die Absicht der Gesellschafter, einen Beitrag zur Erreichung des Gesellschaftszweckes zu leisten (Bindungswille);
- die auf eine bestimmte Kommanditsumme beschränkte Haftung des Kommanditärs;
- das Auftreten unter einer gemeinsamen Firma.

c) Gemeinsamer Zweck

Basis der KommG ist die Einigung der Gesellschafter zur Verfolgung eines gemeinsamen Zweckes. Der Zweck kann sowohl wirtschaftlicher wie auch nicht wirtschaftlicher Natur sein und sollte auf eine gewisse Dauer angelegt sein. Die Verbindung zu einer einzelnen Geschäftsangelegenheit reicht zumeist nicht aus – für solche Zwecke eignet sich die einfache Gesellschaft. An die Zeitdauer werden jedoch sehr geringe Anforderungen gestellt, wenige Monate können bereits ausreichend sein.

d) Personengesellschaft

Die KommG gilt in der Schweiz nicht als juristische Person, die Rechtspersönlichkeit wird nach herrschender Lehre verneint. Eine KommG gilt als Gemeinschaft zu gesamter Hand. Obwohl die Gesellschaft gegen aussen selbstständig auftritt, so sind es im Eigentlichen die Gesellschafter in ihrer Gesamtheit (inkl. der Kommanditäre), welche die Träger von Rechten und Pflichten sind, und nicht die Gesellschaft als solche. Eine Einschränkung als personenbezogene Gesellschaft erfährt die KommG in Bezug auf die Kommanditäre; diese sind grundsätzlich nur mit einer Kapitaleinlage an der Gesellschaft beteiligt.

e) Nach aussen hin verselbstständigt

Die KommG weist wie die KollG Züge einer juristischen Person auf. Sie
- führt eine eigene Firma (OR 602);
- ist handlungs-, prozess- und betreibungsfähig (OR 602);
- verfügt über ein eigenes, vom Privatvermögen der Gesellschafter getrenntes Sondervermögen.

f) Haftung für Gesellschaftsschulden

Für Gesellschaftsschulden haftet primär das Gesellschaftsvermögen.

Für die subsidiäre Haftung der Gesellschafter gilt es zu unterscheiden:
- Komplementäre haften analog zu den Kollektivgesellschaftern subsidiär persönlich, unbeschränkt und solidarisch mit ihrem Privatvermögen;
- Kommanditäre haften solidarisch und summenmässig beschränkt, maximal bis zum Betrag ihrer im Handelsregister kundgegebenen Haftungslimite, der sog. Kommanditsumme.

2. Wichtigste Elemente der Kommanditgesellschaft

Die KommG ist in OR 594–619 geregelt.
- Die KommG ist eine Sonderform der KollG, die durch die Funktion der Kommanditäre ergänzt wurde.
- Als Komplementäre sind nur natürliche Personen erlaubt.
- Als Kommanditäre sind neben natürlichen auch juristische Personen und Gesellschaften ohne Rechtspersönlichkeit erlaubt.
- Die KommG ist nicht rechtsfähig.
- Die KommG ist handlungsfähig.
- Die KommG ist eine Personengesellschaft, keine juristische Person. Im Aussenverhältnis weist sie jedoch Bezüge zu einer juristischen Person auf.
- Die KommG ist zwingend eine Gesamthandsgemeinschaft.
- Die KommG kann sowohl wirtschaftliche wie auch nicht wirtschaftliche Zwecke verfolgen. Primär wurde sie vom Gesetzgeber für wirtschaftliche Ziele konzipiert, was auch die Regel bildet.
- Die KommG kann zur Erreichung ihrer wirtschaftlichen wie auch nicht wirtschaftlichen Ziele ein nach kaufmännischer Art geführtes Gewerbe betreiben. Dies ist jedoch nicht zwingend.
- Der Eintrag im Handelsregister ist für die nach kaufmännischer Art geführte KommG Pflicht (OR 594 Abs. 3). Der Eintrag hat aber nur deklaratorische Wirkung. Führt sie jedoch kein nach kaufmännischer Art geführtes Gewerbe, so entsteht sie erst mit der Eintragung, der Eintrag hat somit konstitutiven Charakter (OR 553).
- Die Gesellschaft verfügt über ein eigenes, vom Vermögen der Gesellschafter getrenntes Sondervermögen.
- Die KommG haftet primär mit ihrem Gesellschaftsvermögen.
- Die Komplementäre haften subsidiär mit ihrem Privatvermögen, und zwar unbeschränkt und solidarisch (OR 604).

- Die Kommanditäre haften subsidiär und solidarisch mit ihrem Privatvermögen bis zu einem bestimmten Betrag, der Kommanditsumme (OR 608).
- Die KommG haftet sowohl für Rechtsgeschäfte von vertretungsbefugten Gesellschaftern als auch für den Schaden aus unerlaubter Handlung (Deliktshaftung), den ein Gesellschafter in Ausübung seiner geschäftlichen Verrichtungen begeht.
- Die KommG tritt nach aussen unter einer eigenen Firma auf.
- Die Gesellschafter handeln nicht als Organe, sondern als Vertreter. Durch die stark verselbstständigte Rechtsstellung der KommG kommt den Vertretern aber eine den körperschaftlichen Organen sehr ähnliche Stellung zu.
- Für die KommG gilt subsidiär das Recht der KollG und der einfachen Gesellschaft.

3. Abgrenzungen

3.1 Abgrenzung zur Kollektivgesellschaft

Hauptabgrenzungsmerkmal ist die Unterscheidung zwischen unbeschränkt haftenden (Komplementäre) und beschränkt haftenden (Kommanditäre) Gesellschaftern. Haften alle Gesellschafter unbeschränkt, liegt eine KollG vor. Haftet hingegen ein Gesellschafter nur beschränkt, so besteht – sofern die übrigen Voraussetzungen erfüllt sind – eine KommG. Weiter sind in einer KommG auch juristische Personen und Gesellschaften ohne Rechtspersönlichkeit als Kommanditäre erlaubt.

3.2 Abgrenzung zur einfachen Gesellschaft

Die Abgrenzung zwischen der KommG und der einfachen Gesellschaft folgt demselben Muster wie die Abgrenzung der einfachen Gesellschaft zur KollG.

Abgrenzungsmerkmale:

Kaufmännische Kommanditgesellschaft	Nichtkaufmännische Kommanditgesellschaft
Auftreten unter einer gemeinsamen Firma	Auftreten unter einer gemeinsamen Firma
Nur natürliche Personen als Komplementäre	Nur natürliche Personen als Komplementäre
Betrieb eines nach kaufmännischer Art geführten Gewerbes	Eintrag in das Handelsregister (solange dieser nicht erfolgt ist, liegt eine einfache Gesellschaft vor)

3.3 Abgrenzung zur stillen Gesellschaft

In wirtschaftlicher Hinsicht sind sich die KommG und die stille Gesellschaft ähnlich (zur stillen Gesellschaft siehe S. 82). In beiden Fällen besteht die Gesellschaft aus zwei verschiedenen Gesellschafterkategorien, wobei eine vor allem als Geldgeber fungiert. Das primäre Unterscheidungsmerkmal liegt darin, dass der stille Gesellschafter gegen aussen nicht in Erscheinung tritt. Die stille Gesellschaft ist eine reine Innengesellschaft, gegen aussen tritt nur der Hauptgesellschafter (als Einzelunternehmung) auf. Demgegenüber ist der Kommanditär Teil der nach aussen auftretenden Gesellschaft, er wird mit seiner Kommanditsumme im Handelsregister aufgeführt. Anders als der stille Gesellschafter hat der Kommanditär somit keine Anonymität. Als weiteres Abgrenzungsmerkmal fliesst die Einlage des stillen Gesellschafters dem Privatvermögen des Hauptgesellschafters zu, die Einlage des Kommanditärs wird dem Gesellschaftsvermögen zugerechnet.

B. Die Entstehung der Kommanditgesellschaft

1. Allgemeines

Die Entstehung der KommG ist grundsätzlich identisch wie diejenige der Kollektivgesellschaft.

Zur Entstehung genügt es, wenn zwei oder mehrere Personen (mind. ein Komplementär und ein Kommanditär, wobei Ersterer eine natürliche Person sein muss) sich einigen, mit gemeinsamen Mitteln unter einer Firma einen gemeinsamen Zweck zu verfolgen.

Folgende Punkte sind *konstitutiv*:
- mindestens ein Komplementär als Gesellschafter – dieser muss eine natürliche Person sein;
- mindestens ein Kommanditär als Gesellschafter;
- die Einigung in einem Gesellschaftsvertrag;
- der gemeinsame Einsatz von Mitteln;
- die gemeinsame Zweckverfolgung;
- die auf eine bestimmte Kommanditsumme beschränkte Haftung des Kommanditärs;
- das Auftreten unter einer gemeinsamen Firma;
- bei der nichtkaufmännischen KommG zusätzlich der Eintrag in das Handelsregister.

Im Unterschied zur KollG muss nur der Komplementär eine natürliche Person sein.

Die Einigung geschieht durch den Abschluss eines *Gesellschaftsvertrages*. Dieser ist an keine Form gebunden. Verpflichten sich die Gesellschafter jedoch zu Leistungen, die nur in einer bestimmten Form erbracht werden können, sind diese Formvorschriften zu beachten. Eine KommG kann auch unbewusst, durch konkludentes Verhalten, entstehen. Sind die Begriffsmerkmale erfüllt, besteht von Gesetzes wegen eine KommG.

Zu beachten ist, dass im *Aussenverhältnis* eine KommG erst mit Bekanntgabe der Haftungsbeschränkung des Kommanditärs entsteht. Diese erfolgt in der Regel durch Eintragung der Kommanditsumme im Handelsregister. Solange dies nicht geschehen ist, haftet der Kommanditär unbeschränkt wie ein Komplementär, sofern er nicht beweist, dass dem Dritten die Beschränkung seiner Haftung bekannt war (OR 606). Ohne einen beschränkt haftenden Gesellschafter besteht nach aussen keine KommG, sondern eine KollG oder eine einfache Gesellschaft, je nachdem, ob der betroffene Gesellschafter eine natürliche oder eine juristische Person ist.

2. Handelsregister

Die Regeln bezüglich des Handelsregistereintrags der KommG lehnen sich stark an diejenigen der KollG an.

Für die *kaufmännische KommG* ist der Eintrag im Handelsregister keine Voraussetzung für deren Entstehung. Der Eintrag ist zwar Pflicht nach OR 594 Abs. 3, hat aber rein *deklaratorische Wirkung*. Entstanden ist die Gesellschaft bereits mit dem Abschluss des Gesellschaftsvertrages.

Für die *nichtkaufmännische KommG* wird jedoch für die Entstehung zwingend der Eintrag im Handelsregister verlangt; der Eintrag hat m.a.W. konstitutive Wirkung (OR 595 und HRegV 41 Abs. 3). Solange die Gesellschaft nicht eingetragen ist, gilt sie als einfache Gesellschaft.

Rechtsprechung BGE 79 I 57, E. 1b: Nach OR 934 ist eintragspflichtig, wer ein Handels-, Fabrikations- oder ein nach kaufmännischer Art geführtes Gewerbe betreibt, eintragungsfähig, wer unter einer Firma ein Geschäft betreibt, das nicht eintragspflichtig ist. Entsprechend unterscheidet das Gesetz die kaufmännische, der Eintragungspflicht unterstehende Kommanditgesellschaft (OR 594) und die eintragungsfähige nicht kaufmännische Kommanditgesellschaft (OR 595). Die Kommanditgesellschaft, welche kein nach kaufmännischer Art geführtes Gewerbe betreibt, entsteht erst mit dem Eintrag [...]. Lässt sich die Gesellschaft eintragen, so untersteht sie den Vorschriften über die Kommanditgesellschaft, wenn nicht, ist sie eine einfache Gesellschaft.

OR 596 Abs. 1 bestimmt, dass die KommG am Ort ihres Sitzes im Handelsregister einzutragen ist. In HRegV 41 Abs. 2 werden die einzutragenden Angaben aufgelistet:
- die Firma und die Identifikationsnummer (lit. a);
- der Sitz und das Rechtsdomizil (lit. b);
- die Rechtsform (lit. c);
- der Zeitpunkt des Beginns der Gesellschaft (lit. d);
- den Zweck (lit. e);
- die unbeschränkt haftenden Gesellschafter (Komplementäre; lit. f);
- die beschränkt haftenden Gesellschafter (Kommanditäre) unter Hinweis auf den jeweiligen Betrag ihrer Kommanditsumme (lit. g);
- falls die Kommanditsumme ganz oder teilweise in Form einer Sacheinlage geleistet wird: deren Gegenstand und Wert (lit. h);
- die zur Vertretung berechtigten Personen (lit. i).

Folgen des Eintrags in das Handelsregister:
- Die Entstehung der nichtkaufmännischen KommG (OR 595);
- es gelten die positiven und negativen Publizitätswirkungen des Handelsregisters (OR 933 Abs. 1 und 2) für die KommG;
- die Firma der KommG wird geschützt (die Firma darf von keinem anderen Geschäftsinhaber an demselben Ort verwendet werden, vgl. OR 951 Abs. 1 i.V.m. 946 Abs. 1);
- der Beginn der Haftungsbeschränkung des Kommanditärs;
- die kaufmännische KommG ist nach OR 957 ff. zur *Buchführung und Rechnungslegung* verpflichtet; vgl. dazu die Ausführungen im Allgemeinen Teil, S. 43;
- der Gerichtsstand (ZPO 10 Abs. 1 lit. b) und der Betreibungsort (SchKG 46 Abs. 2) befinden sich am eingetragenen Sitz der Gesellschaft;
- die KommG sowie die Komplementäre unterstehen der Konkurs- und Wechselbetreibung (SchKG 39 Abs. 1 Ziff. 3 und 7), *nicht aber die Kommanditäre*.

C. Das Innenverhältnis

OR 598 Abs. 1 hebt den dispositiven Charakter des Innenverhältnisses hervor, indem vorbehaltlich zwingender gesetzlicher Normen primär auf die Abmachungen im Gesellschaftsvertrag verwiesen wird. Nur wenn sich im Gesellschaftsvertrag keine Vereinbarung findet, kommen die gesetzlichen Vorgaben zur KommG (OR 598 ff.) oder subsidiär die Regeln der KollG und der einfachen Gesellschaft zur Anwendung.

1. Zwei Arten von Gesellschaftern

Der Gesetzgeber geht bei der KommG von einer klaren Rollenverteilung der beiden Gesellschaftergruppen aus. Der Komplementär steht dabei in einer viel engeren Beziehung zur Gesellschaft. Ihm ist es zugedacht, die Gesellschaft zu führen, sich mit seiner Arbeitskraft für die Gesellschaft einzusetzen. Der Kommanditär verkörpert die Funktion des Geldgebers. Er beteiligt sich finanziell an der Gesellschaft, ohne sich stark zu involvieren. Diese Grundkonzeption darf im Gesellschaftsvertrag abgeändert werden.

Die wichtigsten *Unterscheidungsmerkmale* zwischen dem Komplementär und dem Kommanditär:

Unterscheidungsmerkmal	Komplementär	Kommanditär
Person	Nur natürliche Person	Natürliche und juristische Personen, Handelsgesellschaften ohne Rechtspersönlichkeit
Einfluss	Umfassend	Gering
Einsatz	Persönlich (Arbeitsaufwand etc.)	Kapitalbeteiligung

Unterscheidungsmerkmal	Komplementär	Kommanditär
Name in Firma	Gestattet (OR 947 Abs. 3)	Verboten (OR 947 Abs. 4)
Beitragspflicht	Übernahme der Haftung nicht ausreichend als Beitragspflicht	Übernahme der Haftung ausreichend als Beitragspflicht
Geschäftsführung	Ja (OR 599)	Nein (OR 600 Abs. 1)
Vertretung der Gesellschaft	Als Gesellschafter	Als Dritter
Haftung	Unbeschränkt	Beschränkt
Unterliegt der Konkurs- und Wechselbetreibung	Ja (SchKG 39 Abs. 1 Ziff. 3)	Nein
Tod oder Beistandschaft als Auflösungsgrund der Gesellschaft	Ja	Nein (OR 619 Abs. 2)

Hingegen gilt *Gleichstellung* zwischen Komplementär und Kommanditär:

Gleichstellung Komplementär / Kommanditär
- Gesellschaftsbeschlüsse
- Beteiligung am Gesellschaftsvermögen zur gesamten Hand
- Unterstellung unter das Konkurrenzverbot

Die Stellung des Komplementärs entspricht derjenigen des Kollektivgesellschafters. Das an dortiger Stelle Ausgeführte gilt auch für den Komplementär. Für den Kommanditär stellt das Recht der KommG mehrere Spezialnormen auf. Vorbehältlich dieser Bestimmungen ist das Recht der KollG auch für den Kommanditär massgebend.

2. Beitragspflicht der Gesellschafter

Für Komplementäre gelten die Regeln der einfachen Gesellschaft (siehe oben, S. 71).

Für Kommanditäre gilt bezüglich der Beitragspflicht grundsätzlich ebenfalls die Regelung der einfachen Gesellschaft. Für den Kommanditär genügt jedoch die Übernahme eines beschränkten Haftungsbetrages (der Kommanditsumme) zum Erwerb des Gesellschafterstatus. Ein eigentlicher Beitrag an die Gesellschaft ist nicht zwingend erforderlich. Zumeist wird der Kommanditär aber ebenfalls einen Beitrag in Form einer Einlage, der Kommanditeinlage, leisten. In der Art des Beitrages ist der Kommanditär gleich dem Komplementär frei; wird er aber nicht in bar geleistet, so muss die Sacheinlage oder die Arbeitsleistung mit einer Bewertung im Handelsregister vermerkt werden (OR 596 Abs. 3).

Die *Kommanditeinlage* ist von der *Kommanditsumme zu unterscheiden*. Der vom Kommanditär zu leistende Beitrag an die Gesellschaft wird Kommanditeinlage genannt. Die Kommanditeinlage betrifft ausschliesslich das Innenverhältnis der Gesellschaft und ist nur von den restlichen Gesellschaftern mittels der actio pro socio (vgl. oben, S. 71) einklagbar. Die Kommanditsumme hingegen legt die Haftungsobergrenze des Kommanditärs im Aussenverhältnis gegenüber den Gläubigern der Gesellschaft fest. Die Kommanditsumme und die Kommanditeinlage müssen in ihrer Höhe nicht übereinstimmen. Die bereits geleistete Kommanditeinlage wird dem Kommanditär im Falle der Haftung an seine Kommanditsumme angerechnet (OR 610 Abs. 2). Das Gesetz unterscheidet unglücklicherweise nicht zwischen den zwei Begriffen. In den Artikeln 596 Abs. 3, 601 Abs. 1 und Abs. 3, 616 Abs. 2 des OR sollte der Begriff «Kommanditeinlage» verwendet werden.

Fehlt jedoch eine ausdrückliche Vereinbarung über die Höhe der Kommanditeinlage, wird vermutet, dass diese der Kommanditsumme entspricht.

3. Gesellschafterbeschlüsse und Geschäftsführung

3.1 Geschäftsführung

Abgesehen von den nachfolgenden Spezialvorschriften – bedingt durch die Einführung des Kommanditärs – gilt für die Geschäftsführung infolge der Verweisungskaskade (OR 598 Abs. 2 und 557 Abs. 2) das Recht der einfachen Gesellschaft (vgl. dazu oben, S. 72).

a) Komplementär

OR 599 bestimmt, dass *die Geschäftsführung ausschliesslich durch die Komplementäre* erfolgt. Die Vorschrift ist dispositiver Natur. Wird ein Komplementär von der Geschäftsführung ausgeschlossen, so steht ihm ein Einsichtsrecht in die Geschäftsangelegenheiten nach OR 541 (und nicht nach OR 600 Abs. 3) zu.

b) Kommanditär

OR 600 Abs. 1 stellt noch einmal klar, dass *Kommanditäre zur Geschäftsführung weder berechtigt noch verpflichtet* sind. Die Vorschrift ist dispositiver Natur. Vertraglich können auch dem Kommanditär Geschäftsführungsrechte und -pflichten übertragen werden. Im Aussenverhältnis darf ein Kommanditär aber nur als Prokurist oder als Bevollmächtigter auftreten; handelt er als Gesellschafter, so trifft ihn gleich dem Komplementär eine unbeschränkte Haftung (OR 605).

Weiter verweigert OR 600 Abs. 2 dem Kommanditär ein Vetorecht gegenüber Handlungen, die im Rahmen der Geschäftsführung erfolgt sind. Erst wenn die Handlung eines Geschäftsführers über den gewöhnlichen Geschäftsbetrieb hinausgeht, steht dem Kommanditär ein Einspracherecht zu. Für solche Handlungen ist aber vorbehaltlich einer vertraglichen Abänderung ohnehin ein Gesellschafterbeschluss mit Zustimmung aller Gesellschafter nötig.

Als Gegenrecht für die Beschränkung der Teilnahme an der Geschäftsführung erhält der Kommanditär ein – eher beschränktes – Kontrollrecht. Nach OR 600 Abs. 3 kann er eine Abschrift der Erfolgsrechnung und der Bilanz verlangen. Um deren Richtigkeit zu überprüfen, hat er ein Einsichtsrecht in die Bücher und Papiere der Gesellschaft. Dabei darf er auch einen unbeteiligten Sachverständigen beiziehen. Das Einsichtsrecht ist sehr beschränkt, es geht weniger weit als dasjenige von OR 541 und unterbietet sogar die Möglichkeiten des Aktionärs (OR 696 ff.). Bei einer grösseren Beteiligung des Kommanditärs wird das dispositive Einsichtsrecht von OR 600 Abs. 3 vertraglich meist stark ausgebaut. Eine Reduzierung ist höchstens insofern erlaubt, als die Überprüfung der Jahresrechnung statt durch den Gesellschafter nur durch einen unbeteiligten Dritten auf Kosten der Gesellschaft erfolgt.

Das Recht auf Entzug der Geschäftsführungsbefugnis aus wichtigen Gründen nach OR 598 Abs. 2 i.V.m. 557 Abs. 2 und 539 steht auch dem Kommanditär offen.

3.2 Gesellschaftsbeschlüsse

Es gilt das Recht der einfachen Gesellschaft (OR 598 Abs. 2 i.V.m. 557 Abs. 2 und 534 OR). Vergleiche dazu die Ausführungen bei der einfachen Gesellschaft, S. 74.

Für Gesellschafterbeschlüsse verfügt der Kommanditär als vollwertiger Gesellschafter über die gleichen Rechte wie der Komplementär. Der Gesellschaftsvertrag kann aber eine andere Regelung vorsehen.

4. Gesellschaftsvermögen und Gesellschaftsschulden

4.1 Gesellschaftsvermögen

Wie die KollG verfügt auch die KommG über ein vom Privatvermögen der Gesellschafter verselbstständigtes Gesellschaftsvermögen. Es steht allen Gesellschaftern, auch den Kommanditären, zur gesamten Hand zu. Miteigentum ist bei der KommG ausgeschlossen. Wird es trotzdem vereinbart, so besteht keine KommG, sondern eine einfache Gesellschaft.

4.2 Gesellschaftsschulden

Gesellschaftsschulden sind primär aus dem Gesellschaftsvermögen zu begleichen (OR 616 Abs. 1). Erst wenn dieses zur Befriedigung der Gesellschafter nicht mehr ausreicht oder die

KommG sich in Auflösung befindet, kann auf das Privatvermögen der Gesellschafter gegriffen werden. Kommanditäre haften nur bis zur Höhe der Kommanditsumme.

5. Gewinn- und Verlustbeteiligung

OR 601 stellt mit Rücksicht auf die besondere Position des Kommanditärs folgende Regeln auf:
- Der Kommanditär nimmt nach OR 601 Abs. 1 höchstens bis zum Betrag seiner Kommanditeinlage am Verlust teil.
- Fehlt es an einer Regelung im Gesellschaftsvertrag, so hat der Richter gemäss OR 601 Abs. 2 über die Gewinn- und Verlustbeteiligung der Kommanditäre unter Berücksichtigung von OR 601 Abs. 1 nach freiem Ermessen zu entscheiden.

Da eine richterliche Festlegung der Gewinn- und Verlustbeteiligung der Kommanditäre auch Auswirkungen auf die Komplementäre hat, wird der Richter faktisch über die Gewinn- und Verlustbeteiligung aller Gesellschafter entscheiden. Zumeist wird die Gewinn- und Verlustbeteiligung aber ohnehin im Gesellschaftsvertrag geregelt. Die dispositive Gesetzesnorm von OR 533 Abs. 1, die den gleichen Anteil an Gewinn und Verlust für alle Gesellschafter festlegt, ist für die KommG nicht anwendbar. Enthält der Gesellschaftsvertrag keine Regelung, hat der Richter eine den Verhältnissen der infrage stehenden KommG angepasste Lösung zu finden.

Der Kommanditär kann seine Gewinne, Zinsen und Honorare nach OR 601 Abs. 3 erst aus dem Gesellschaftsvermögen einziehen, wenn seine Kommanditeinlage im vollen Betrag vorhanden ist; also der Betrag voll einbezahlt und nicht durch vorhergehende Verluste vermindert wurde. Ein Kommanditär erhält folglich erst etwas, wenn die Gesellschaft über die Beitragsleistung hinaus Vermögen erwirtschaftet hat. Mit dieser Regelung ist er gegenüber dem Komplementär stark eingeschränkt, dieser kann gemäss OR 558 ff. Zinsen und Honorare ungeachtet eines Verlustes einziehen.

6. Buchführung und Rechnungslegung

Die KommG ist gemäss OR 957 Abs. 1 zur kaufmännischen Buchführung und Rechnungslegung verpflichtet, sofern sie im letzten Geschäftsjahr einen Umsatzerlös von mindestens CHF 500'000.– erzielt hat. Erreicht die KommG diese Limite nicht, so genügt es, wenn sie im Sinne einer «Milchbüchleinrechnung» über Einnahmen und Ausgaben sowie über die Vermögenslage Buch führt (OR 957 Abs. 2). Es gelten die allgemeinen Grundsätze der ordnungsgemässen Buchführung und Rechnungslegung, das Prinzip der Wahrheit und Klarheit sowie der Grundsatz der vorsichtigen Bewertung. Vgl. im Übrigen zur Buchführung und Rechnungslegung die Ausführungen im Allgemeinen Teil, S. 43).

7. Verantwortlichkeit gegenüber den anderen Gesellschaftern

Sowohl für die Komplementäre wie auch für die Kommanditäre gilt die umfassende Treue- und Sorgfaltspflicht der KollG bzw. der einfachen Gesellschaft. Es kann auf die dortigen Ausführungen verwiesen werden, S. 76 und 94. Den Kommanditär trifft trotz seiner beschränkten Beteiligung an der Gesellschaft eine ebenso weitgehende Treuepflicht wie den Komplementär. Anwendung auf die KommG findet auch das strenge Konkurrenzverbot von OR 561 sowie das Konkurrenzverbot der einfachen Gesellschaft (OR 536). Als Konzession an die i.d.R. geringere Einbindung des Kommanditärs wird auf ihn tendenziell ein milderer Massstab angewendet als auf den Komplementär.

8. Gesellschafterwechsel

8.1 Eintritt

Der Eintritt eines neuen Gesellschafters benötigt, sofern nichts anderes im Gesellschaftsvertrag vermerkt wurde, die Zustimmung aller Gesellschafter. Es gilt das Recht der einfachen Gesellschaft (OR 598 Abs. 2 i.V.m. 557 Abs. 2 und 542).

Ein neu eintretender Kommanditär haftet für alle Verbindlichkeiten der Gesellschaft, insbesondere auch für diejenigen, die schon *vor seinem Eintritt* bestanden (OR 612). Für den Komplementär ergibt sich dieselbe Verpflichtung aus OR 569 Abs. 1. Der neue Gesellschafter ist im Handelsregister einzutragen.

8.2 Ausscheiden

Das Ausscheiden eines Gesellschafters ist grundsätzlich nicht möglich. Folge des Ausscheidens ist die Auflösung der Gesellschaft (OR 619 Abs. 1 i.V.m. 574 Abs. 1 und 545). Komplementäre und Kommanditäre sind diesbezüglich grundsätzlich gleichgestellt.

Der Tod oder die Beistandschaft eines Kommanditärs stellt demgegenüber – wenn vertraglich nichts anderes vereinbart worden ist – anders als beim Komplementär keinen Auflösungsgrund dar (OR 619 Abs. 2). Die Gesellschaft wird mit den Erben des Kommanditärs weitergeführt.

Wie bei der KollG können die Gesellschafter eine *Fortsetzungsklausel* vereinbaren (OR 619 Abs. 1 i.V.m. 576). Die Gesellschaft wird unter den verbleibenden Gesellschaftern fortgeführt. Entgegen dem Wortlaut von OR 576 können die Verbleibenden auch nach Eintritt des Auflösungsgrundes eine Fortsetzung vereinbaren. Der Ausscheidende oder in einem Todesfall dessen Erben haben aber einen Anspruch auf Abfindung. Die Höhe der Abfindung bemisst sich hier nicht nach dem Liquidationswert seines Anteils, sondern nach dem Fortführungswert – dem Wert, den seine Beteiligung zur Zeit des Ausscheidens unter Berücksichtigung der Fortsetzung der Gesellschaft aufweist. Der ausscheidende Gesellschafter haftet nach OR 619 Abs. 1 i.V.m. 591 Abs. 1 noch während fünf Jahren für alle im Zeitpunkt seines Austritts bestehenden Verpflichtungen.

In Anwendung des Rechts der einfachen Gesellschaft (OR 619 Abs. 1 i.V.m. 574 Abs. 1 und 545 Abs. 1 Ziff. 2) kann auch eine *Nachfolgeklausel* vereinbart werden. Damit wird die Mitgliedschaft des ausscheidenden Gesellschafters auf seinen Nachfolger übertragen (vgl. dazu oben, S. 77). Der ausscheidende Gesellschafter haftet in Anwendung der Regelung zur einfachen Gesellschaft noch während drei Jahren solidarisch für die im Zeitpunkt seines Ausscheidens bestehenden Schulden (OR 181 Abs. 2). Der Nachfolger haftet als neu eintretender Gesellschafter für alle Verbindlichkeiten der Gesellschaft.

Alle personellen Änderungen sind im Handelsregister einzutragen (OR 619 Abs. 1 i.V.m. 581).

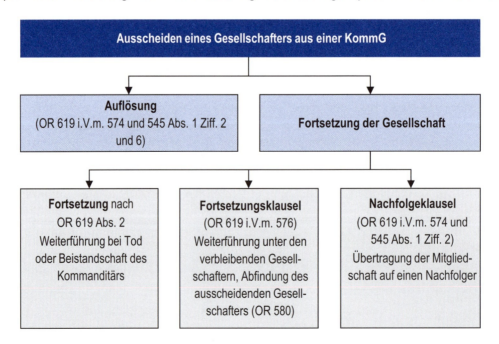

Rechtsprechung BGE 95 II 547, E. 2: Tritt einer Kollektivgesellschaft ein nur beschränkt haftender Gesellschafter bei, so wird sie damit zur Kommanditgesellschaft. Das ist aus OR 612 ersichtlich, der die Haftungsverhältnisse beim Beitritt eines Kommanditärs zu einer bestehenden Kollektiv- oder Kommanditgesellschaft regelt, die Zulässigkeit einer solchen Umwandlung also stillschweigend voraussetzt. [...] Tritt bei einer mindestens aus zwei Komplementären und einem Kommanditär bestehenden Kommanditgesellschaft der Kommanditär aus, so besteht die Gesellschaft als Kollektivgesellschaft weiter. Solche Umwandlungen können schon im ursprünglichen Gesellschaftsvertrag vorgesehen werden, sind aber auch ohne ausdrückliche vertragliche Bestimmung ohne Weiteres zulässig [...].

8.3 Ausschluss

Für den Ausschluss gelten die Regeln der KollG.

Der *Ausschluss eines Gesellschafters* ist in den folgenden Situationen möglich:
- Gemäss OR 619 Abs. 1 i.V.m. 577 kann ein Richter einen Gesellschafter auf Antrag der übrigen Gesellschafter aus wichtigen Gründen ausschliessen. Die Gründe müssen in seiner Person liegen. Ein wichtiger Grund liegt vor, wenn ein Verbleib für die anderen Gesellschafter nicht mehr zumutbar ist (vgl. dazu BGer v. 13. November 2006, 4C.249/2006, E.3);
- Gemäss OR 619 Abs. 1 i.V.m. 578 kann ein Gesellschafter durch die übrigen Gesellschafter ausgeschlossen werden, wenn er in Konkurs fällt oder sein Liquidationsanteil gepfändet wird (vgl. dazu unten, S. 119);
- Ein Ausschluss ist zudem möglich, wenn dies im Gesellschaftsvertrag vorgesehen ist.

Da jeder Gesellschafter im Handelsregister eingetragen ist, muss auch sein Ausschluss eingetragen werden (OR 619 Abs. 1 i.V.m. 581). Der ausgeschlossene Gesellschafter hat einen Anspruch auf Abfindung in der Höhe des Fortführungswertes.

Trotz Ausschluss haftet der Gesellschafter noch während fünf Jahren für alle im Zeitpunkt des Ausschlusses bestehenden Verpflichtungen mit (OR 619 Abs. 1 i.V.m. 591 Abs. 1).

D. Das Aussenverhältnis

1. Nach aussen verselbstständigte Gesamthandsgemeinschaft

Obwohl die KommG nach herrschender Lehre keine eigene Rechtspersönlichkeit hat, ist sie im Aussenverhältnis weitgehend verselbstständigt und tritt in gewisser Hinsicht wie eine juristische Person auf. Sie
- führt eine eigene Firma;
- ist handlungs-, partei- und prozessfähig;
- ist betreibungsfähig;
- verfügt über ein vom Vermögen der Gesellschafter getrenntes Sondervermögen;
- haftet entsprechend der Organhaftung einer juristischen Person auch für Schäden aus unerlaubter Handlung, die ein Gesellschafter in Ausübung seiner geschäftlichen Tätigkeit für die Gesellschaft begeht (OR 603 i.V.m. 567 Abs. 3).

Rechtsprechung BGE 99 III 1, E. 2: Die Kommanditgesellschaft hat keine eigene Rechtspersönlichkeit [...]. Träger der Rechte und Pflichten der Gesellschaft sind einzig die Gesellschafter [...]. Diese sind zu gesamter Hand am Gesellschaftsvermögen berechtigt [...] und haften persönlich für die Schulden der Gesellschaft, der Komplementär mit seinem gesamten Vermögen, der Kommanditär bis zur Höhe der Kommanditsumme (OR 594 Abs. 1 und 608 Abs. 1). Die Kommanditgesellschaft kann indessen nach OR 602 unter ihrer Firma Rechte erwerben und Verbindlichkeiten eingehen, vor Gericht klagen und verklagt werden.
Sie kann daher auf diese Weise selbstständig im Rechtsverkehr auftreten. Insofern ist sie rechts- und parteifähig wie eine juristische Person.

2. Firma und Sitz

2.1 Firma

Ein wesentliches Element der KommG ist das Auftreten unter eigener Firma. Die eingegangenen Verpflichtungen entstehen damit direkt im Namen der Gesellschaft. Die Firma enthält nach OR 947 Abs. 3 entweder die Familiennamen aller unbeschränkt haftenden Gesellschafter – also der Komplementäre – oder mindestens den Familiennamen eines Komplementärs und einen Zusatz, der auf das Gesellschaftsverhältnis hinweist. OR 947 Abs. 4 verbietet das Erscheinen eines Kommanditärs mit seinem Familiennamen in der Firma. Ist sein Name trotzdem aufgeführt, haftet er wie ein Komplementär in unbeschränkter Höhe (OR 607). Die Verwendung des Begriffs Kommanditgesellschaft ist nicht erforderlich.

Beispiele

Die beiden Brüder Hans und Jakob Meier gründen eine KommG. Hans ist Komplementär, Jakob Kommanditär. Ihre Firma könnte folgendermassen aussehen:
- Hans Meier und Co.

Nicht erlaubt wären folgende Bezeichnungen:
- Jakob Meier und Co.
- Gebrüder Meier
- Meier und Meier

2.2 Sitz

Die KommG verfügt über einen eigenen Sitz. Der Sitz befindet sich am tatsächlichen Mittelpunkt der gesellschaftlichen Aktivitäten.

Der *Sitz der KommG* ist in mehrfacher Hinsicht von Bedeutung:
- Am Sitz ist die KommG in das Handelsregister einzutragen (OR 596 Abs. 1);
- am Sitz befindet sich der allgemeine Gerichtsstand für Klagen gegen die Gesellschaft (ZPO 10 Abs. 1 lit. b);
- am Sitz befindet sich der allgemeine Betreibungsort gegen die Gesellschaft (SchKG 46 Abs. 2).

3. Vertretung

Wie bei der KollG darf auch bei der KommG trotz allen Verselbstständigungstendenzen im Aussenverhältnis nicht vergessen werden, dass es sich nicht um eine juristische Person handelt und sie deshalb nicht als solche vertreten werden kann. Vertreten werden die Gesellschafter in ihrer Gesamtheit (Gesamthandschaft). Da der KommG keine Rechtspersönlichkeit zukommt, handelt sie zudem nicht durch Organe, sondern durch Stellvertreter. Den Vertretern kommt jedoch im Aussenverhältnis eine den körperschaftlichen Organen sehr ähnliche Stellung zu. Dies zeigt sich vor allem in der Deliktshaftung, welche die Gesellschaft hinsichtlich der geschäftlichen Verrichtungen ihrer Vertreter hat.

3.1 Vertretung durch die Komplementäre

OR 603 legt klar fest, dass nur der Komplementär zur Vertretung der Gesellschaft berechtigt ist.

Im Übrigen gelten die für die KollG massgeblichen Vorschriften (OR 603 i.V.m. 563 ff.):
- Die Vertretungsbefugnis umfasst alle Rechtshandlungen, welche der Gesellschaftszweck bei objektiver Betrachtung mit sich bringen kann (OR 603 i.V.m. 564). Darunter fällt nach bundesgerichtlicher Rechtsprechung alles, was objektiv betrachtet durch den Zweck nicht geradezu ausgeschlossen ist (BGE 111 II 284).
- Eine Beschränkung der Vertretungsmacht kann im Handelsregister eingetragen werden. Wird dies getan, so gilt sie von Gesetzes wegen als bekannt (OR 933 Abs. 2) und der Schutz des guten Glaubens Dritter ist ausgeschlossen (OR 603 i.V.m. 563). Der Gesetzgeber erlaubt aber nur zwei Arten von eintragbaren Beschränkungen (OR 603 i.V.m. 555):
  - der vollständige Ausschluss der Vertretungsbefugnis und
  - die Beschränkung auf eine Kollektivvollmacht.

- Andere Einschränkungen, etwa die Beschränkung der Vertretungsbefugnis auf eine bestimmte Region oder das Verbot zum Abschluss von Bürgschaftsverträgen, können ebenfalls vereinbart werden. Sie sind aber nicht im Handelsregister eintragungsfähig und haben deshalb gegenüber einem gutgläubigen Dritten keine Wirkung. Dritte müssen in diesen Fällen vorgängig über die Beschränkung informiert werden, damit sie ihnen gegenüber verbindlich ist.
- Aus wichtigen Gründen kann einem Gesellschafter die Vertretungsbefugnis entzogen werden (OR 603 i.V.m. 565). Damit die Löschung der Vertretungsbefugnis im Handelsregister angeordnet werden kann, ist jedoch der Beschluss aller Gesellschafter, inkl. des Betroffenen, nötig. Ausnahme ist der Entzug durch richterlichen Entscheid nach OR 603 i.V.m. 565 Abs. 2, für den der Antrag eines Gesellschafters ausreicht. Bei der KommG darf sowohl die vertraglich eingeräumte Vertretungsbefugnis als auch die nach der dispositiven gesetzlichen Ordnung eingeräumte Vertretungsbefugnis entzogen werden (OR 603 i.V.m. 565 Abs. 1).

3.2 Vertretung durch Kommanditäre

Obwohl im Innenverhältnis ein Kommanditär zum Geschäftsführer ernannt werden darf, ist er im Aussenverhältnis zum Schutze Dritter *nicht als Gesellschafter zur Vertretung befugt* (OR 603). Er kann aber nach Massgabe von OR 566 im Rahmen einer Prokura (OR 458 ff.) oder Handlungsvollmacht (OR 462 ff.) Vertretungsaufgaben erfüllen. Er handelt dabei jedoch nicht in seiner Funktion als Gesellschafter, sondern vertritt die Gesellschaft wie ein bevollmächtigter Dritter. Schliesst ein Kommanditär für die Gesellschaft Geschäfte ab, ohne ausdrücklich darauf hinzuweisen, dass er nur als Prokurist oder als Bevollmächtigter handelt, haftet er aus diesen Geschäften gutgläubigen Dritten gegenüber wie ein Komplementär unbeschränkt (OR 605).

3.3 Vertretung durch Dritte

Nach OR 566 kann die KommG Vertreter mit eingeschränkter Vertretungsmacht (Prokura, OR 458 ff.; Handlungsbevollmächtigte, OR 462) bestellen. Wie auch bei der KollG ist für die Bestellung eines Vertreters die Zustimmung aller vertretungsbefugter Gesellschafter notwendig (OR 603 i.V.m. 566); der Widerruf der Vollmacht kann hingegen von jedem vertretungsbefugten Gesellschafter selbstständig bewirkt werden.

4. Haftung

4.1 Allgemeines

Primäres Haftungssubstrat bei der KommG ist das Gesellschaftsvermögen, subsidiär haften die Gesellschafter mit ihrem Privatvermögen. Bei der Haftung zeigt sich der wichtigste Unterschied zwischen Komplementär und Kommanditär.

Ein Gesellschafter haftet mit seinem Privatvermögen, wenn die Gesellschaft erfolglos betrieben wurde, wenn also das Gesellschaftsvermögen zur Deckung der Gesellschaftsschulden nicht mehr ausreicht. Durch die solidarische Haftung steht dem belangten Gesellschafter aber ein Regressrecht gegen die restlichen Gesellschafter, insbesondere auch gegen die Kommanditäre, zu.

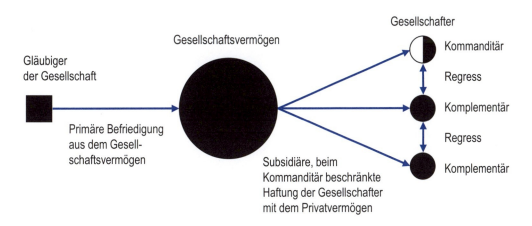

Befindet sich die Gesellschaft in Auflösung, so haftet ausnahmsweise der Gesellschafter mit seinem Privatvermögen *neben* dem Gesellschaftsvermögen. Auch hier steht dem belangten Gesellschafter ein Regressrecht gegenüber den restlichen Gesellschaftern zu.

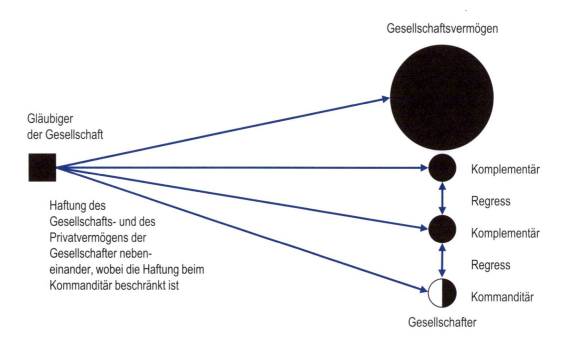

4.2 Komplementäre

Die Haftung des Komplementärs entspricht derjenigen des Kollektivgesellschafters. Wird ein Komplementär in Anspruch genommen, so haftet er persönlich, unbeschränkt und solidarisch (OR 604, 568 Abs. 1 und Abs. 3). Zur persönlichen, unbeschränkten und solidarischen Haftung siehe oben, S. 79.

4.3 Kommanditäre

Die Haftung der Kommanditäre beschränkt sich auf die im Handelsregister oder sonst wie nach aussen kundgegebene Haftungslimite, die *Kommanditsumme* (OR 608 Abs. 1). Bis zu dieser Höhe haftet der Kommanditär subsidiär persönlich und solidarisch mit den restlichen Gesellschaftern. Der Kommanditär bietet mit der Kommanditsumme die Gewähr, dass ein entsprechender Wert in die Gesellschaft einbezahlt wurde oder wird. Die Kommanditsumme ist von der Kommanditeinlage zu unterscheiden (vgl. dazu oben, S. 111). Was der Kommanditär bereits als Einlage in die Gesellschaft eingebracht hat, kann er der Kommanditsumme anrechnen lassen (OR 610 Abs. 2).

Die Haftung des Kommanditärs wird in den folgenden vom Gesetz aufgeführten Fällen derjenigen der Komplementäre gleichgestellt:

- Der Kommanditär haftet *unbeschränkt*, wenn er im Namen der Gesellschaft ein Geschäft abschliesst, ohne klar zum Ausdruck zu bringen, dass er als Prokurist oder Bevollmächtigter auftritt (OR 605).
- Der Kommanditär haftet *unbeschränkt* für alle Verbindlichkeiten, welche die Gesellschaft eingegangen ist, bevor die Haftungsbeschränkung im Handelsregister eingetragen worden ist (OR 606), da diese für den Dritten ohne Registereintrag nicht erkennbar ist. Der Kommanditär kann die unbeschränkte Haftung verhindern, wenn er Dritte jeweils von der Beschränkung der Haftung in Kenntnis setzt.
- Erscheint der Name des Kommanditärs in der Firma der Gesellschaft, so haftet er *unbeschränkt* (OR 607). Auch hier kann der Kommanditär die unbeschränkte Haftung verhindern, wenn er Dritte jeweils von der Beschränkung der Haftung in Kenntnis setzt.
- Wird eine höhere Kommanditsumme kundgegeben als die im Handelsregister eingetragene Kommanditsumme, bewirkt dies die Erhöhung der Haftung des Kommanditärs (OR 608

Abs. 2). Dabei spielt es keine Rolle, ob die Kundgabe vom Kommanditär selbst oder von der Gesellschaft mit seiner ausdrücklichen oder stillschweigenden Zustimmung ausgegangen ist.

- Soll die Kommanditsumme herabgesetzt werden, braucht dies neben der Zustimmung aller Gesellschafter die Veröffentlichung im Handelsregister, damit die Herabsetzung gegenüber Dritten verbindlich ist (OR 609 Abs. 1). Für Verbindlichkeiten, die vor dem Handelsregistereintrag entstanden sind, haftet der Kommanditär weiter mit der alten Summe.

4.4 Eintretende und austretende Gesellschafter

Neu eintretende Gesellschafter haften auch für Schulden, die schon vor ihrem Eintritt bestanden (OR 612 für Kommanditäre, OR 612 Abs. 1 i.V.m. 569 für Komplementäre).

Ausscheidende und ausgeschlossene Gesellschafter haften nach OR 619 Abs. 1 i.V.m. 591 Abs. 1 noch während fünf Jahren für alle im Zeitpunkt ihres Austritts bzw. Ausschlusses bestehenden Verpflichtungen.

4.5 Deliktshaftung

In Anwendung des Rechts der KollG haftet die KommG nach OR 603 i.V.m. 567 Abs. 3 nicht nur für Rechtsgeschäfte von vertretungsbefugten Gesellschaftern, sondern auch für Schäden aus unerlaubter Handlung (Deliktshaftung), die ein Gesellschafter in Ausübung seiner geschäftlichen Verrichtungen bewirkt. Ist die unerlaubte Handlung bei oder durch den Abschluss von Rechtsgeschäften begangen worden, so ist eine Vertretungsbefugnis des Gesellschafters zur Haftung notwendig, da er nur so in Ausübung seiner geschäftlichen Verrichtungen handelte.

Die Haftung nach OR 567 Abs. 3 deckt sich mit der Organhaftung für juristische Personen nach ZGB 55 Abs. 2. Sie gilt jedoch *nur für Komplementäre*. Da ein Kommanditär nach dispositivem Gesetz nicht zur Geschäftsführung berechtigt ist, kann er auch nicht in seiner Eigenschaft als Gesellschafter unerlaubte Handlungen in Ausübung geschäftlicher Verrichtungen vornehmen. Vertritt der Kommanditär die Gesellschaft als Prokurist oder Bevollmächtigter, kommt die Geschäftsherrenhaftung nach OR 55 zur Anwendung. Selbst wenn ein Kommanditär durch Anwendung von OR 605 ff. ausnahmsweise der unbeschränkten Haftung unterliegt, wechselt er seine Rechtsstellung als Kommanditär nicht, weshalb auch keine Haftung der Gesellschaft für dessen unerlaubte Handlungen entsteht. Neben der Gesellschaft mit ihrem Gesellschaftsvermögen haftet auch der Gesellschafter, der die unerlaubte Handlung begangen hat, mit seinem Privatvermögen und schliesslich subsidiär die übrigen Gesellschafter (OR 568 Abs. 3).

5. Konkurs

Die KommG untersteht der Konkursbetreibung (SchKG 39 Abs. 1 Ziff. 7).

Beim Konkurs ist zu unterscheiden zwischen dem Konkurs der Gesellschaft und dem Konkurs eines Gesellschafters. Der Konkurs der Gesellschaft zieht nicht automatisch den Konkurs der Gesellschafter mit sich, ebenso wenig hat der Konkurs eines Gesellschafters den Konkurs der KommG zur Folge (OR 615 Abs. 1 und Abs. 2). Beides sind selbstständige, voneinander getrennte Verfahren.

5.1 Konkurs der Kommanditgesellschaft

Im Konkurs der Gesellschaft haben nur die Gesellschaftsgläubiger einen Anspruch auf Befriedigung aus dem Gesellschaftsvermögen. OR 616 Abs. 1 schliesst die Privatgläubiger der einzelnen Gesellschafter explizit aus. Haben die Gesellschafter noch Ansprüche auf verfallene Zinsen oder auf Honorare und Auslagen, so nehmen sie am Konkurs der Gesellschaft teil. Keine Gläubigerstellung erhalten sie für ihre Kapitalbeiträge und für laufende Zinsen (OR 570 Abs. 2). Ebenfalls keinen Anspruch hat der Kommanditär für Beiträge, die er als Anrechnung an die Kommanditeinlage eingebracht hat (OR 616 Abs. 2).

5.2 Konkurs von Gesellschaftern

Die Privatgläubiger werden nur aus dem Privatvermögen des Gesellschafters befriedigt, nicht jedoch aus dem Gesellschaftsvermögen. In die Privatkonkursmasse fallen aber Ansprüche des

Gesellschafters auf Zins, Honorar und Gewinn gegenüber der Gesellschaft sowie der Liquidationsanteil, der dem in Konkurs stehenden Gesellschafter aus dem Gesellschaftsverhältnis zusteht.

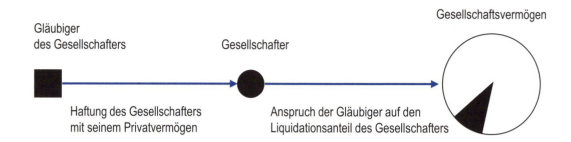

Zu beachten ist, dass der Kommanditär im Unterschied zum Komplementär rein aus seiner gesellschaftsrechtlichen Position nicht der Konkursbetreibung unterliegt (SchKG 39 Abs. 1 Ziff. 3).

E. Die Beendigung der Kommanditgesellschaft

Hinsichtlich der Auflösung und Liquidation der Gesellschaft verweist das Gesetz auf die Bestimmungen der KollG bzw. der einfachen Gesellschaft (OR 619 Abs. 1 i.V.m. 574 Abs. 1). Die Beendigung der KommG verläuft somit grundsätzlich gleich wie diejenige der KollG, mit dem Unterschied, dass Tod oder Beistandschaft des Kommanditärs nicht die Auflösung der Gesellschaft zur Folge haben (OR 619 Abs. 2).

Die Beendigung vollzieht sich in zwei Schritten. Als Erstes muss die KommG aufgelöst werden, anschliessend ist sie zu liquidieren.

1. Auflösung

Die Auflösung der KommG bewirkt in erster Linie eine Änderung des Gesellschaftszwecks; solange noch gemeinsame Aktiven und Passiven vorhanden sind, besteht die KommG weiter mit dem einzigen Zweck, Vermögen und Schulden unter den Gesellschaftern aufzuteilen. Die KommG wird somit zur Liquidationsgesellschaft.

Die KommG wird aufgelöst, wenn ein Auflösungsgrund eintritt.

Ein *Auflösungsgrund* liegt vor,
- wenn die Gesellschaft in Konkurs fällt (OR 619 Abs. 1 i.V.m. 574 Abs. 1);
- wenn der Zweck, zu welchem sie abgeschlossen wurde, erreicht wurde oder dessen Erreichung unmöglich geworden ist (OR 619 Abs. 1 i.V.m. 574 Abs. 1 und 545 Abs. 1 Ziff. 1);
- wenn ein Komplementär stirbt und für diesen Fall nicht vereinbart worden ist, dass die Gesellschaft mit den Erben fortbestehen soll (OR 619 Abs. 1 i.V.m. 574 Abs. 1 und 545 Abs. 1 Ziff. 2);
- wenn ein Gesellschafter in Konkurs fällt oder gemäss ZGB 390 ff. verbeiständigt wird (OR 619 Abs. 1 i.V.m. 574 Abs. 1 und 545 Abs. 1 Ziff. 3);
- bei gegenseitiger Übereinkunft (OR 619 Abs. 1 i.V.m. 574 Abs. 1 und 545 Abs. 1 Ziff. 4);
- bei Ablauf einer bestimmten Laufzeit der Gesellschaft (OR 619 Abs. 1 i.V.m. 574 Abs. 1 und 545 Abs. 1 Ziff. 5);
- bei Kündigung durch einen Gesellschafter (sofern im Gesellschaftsvertrag vorgesehen) (OR 619 Abs. 1 i.V.m. 574 Abs. 1 und 545 Abs. 1 Ziff. 6);
- bei richterlichem Urteil im Falle der Auflösung aus wichtigem Grund (OR 619 Abs. 1 i.V.m. 574 Abs. 1 und 545 Abs. 1 Ziff. 7).

Kein Auflösungsgrund ist hingegen der Tod oder die Beistandschaft eines Kommanditärs (OR 619 Abs. 2).

Weiter können die Privatgläubiger eines Gesellschafters unter Einhaltung einer sechsmonatigen Frist die Auflösung der Gesellschaft verlangen, wenn der Gesellschafter in Konkurs geraten ist oder wenn der Gesellschaftsanteil verpfändet wurde (OR 619 Abs. 1 i.V.m. 575 Abs. 1 und 2). Dies gilt nach OR 619 Abs. 2 explizit auch für den Kommanditär. Die übrigen Gesellschafter können die Auflösung abwenden, wenn sie den zahlungsunfähigen Gesellschafter ausschliessen und ihm seinen Liquidationsanteil auszahlen (OR 619 Abs. 1 i.V.m. 578), oder indem sie die Konkursmasse des Gesellschafters oder die pfändenden Gläubiger mit dem Liquidationsanteil abfinden (OR 619 Abs. 1 i.V.m. 575 Abs. 3).

Die Auflösung ist durch die Gesellschafter im Handelsregister eintragen zu lassen (OR 619 Abs. 1 i.V.m. 574 Abs. 2). Nicht notwendig ist dies im Konkurs, da hier der Konkursrichter dem Handelsregisterführer von Amtes wegen die Konkurseröffnung mitteilt.

2. Liquidation

2.1 Allgemeines

Mit der Liquidation wird das Gesellschaftsvermögen bzw. der Verlust auf die einzelnen Gesellschafter aufgeteilt. Die Gesellschaft bleibt mit diesem Zweck so lange bestehen, bis der Vorgang abgeschlossen ist (sog. Liquidationsgesellschaft). Erst dann hört die KommG auf zu existieren.

2.2 Vorgehen

Durchgeführt wird die Liquidation grundsätzlich durch die bisher vertretungsberechtigten Gesellschafter (OR 619 Abs. 1 i.V.m. 583 Abs. 1). Die Gesellschafter können aber auch anderweitige Regelungen treffen.

> Die *ordentliche Liquidation* der KommG kann nach OR 619 Abs. 1 i.V.m. 585 ff. in mehrere Schritte unterteilt werden:
>
> 1. Bei Beginn der Liquidation muss durch die Liquidatoren eine Bilanz erstellt werden (OR 619 Abs. 1 i.V.m. 587 Abs. 1).
> 2. Die Beziehung zu Dritten wird abgeschlossen (OR 619 Abs. 1 i.V.m. 585 Abs. 1). Die laufenden Geschäfte sind zu beenden, ausstehende Forderungen einzutreiben, Schulden zu begleichen. Falls nötig, wird das Vermögen der Gesellschaft zur Begleichung der Schulden versilbert.
> 3. Verbleibt ein Überschuss, so sind zunächst die Einlagen der Gesellschafter zurückzuerstatten, gefolgt von den Zinsen für die Einlagen während der Liquidationszeit (OR 619 Abs. 1 i.V.m. 588 Abs. 1). Der Rest ist nach den Vorschriften über die Gewinnbeteiligung gemäss OR 598 Abs. 2 i.V.m. 557 Abs. 2 und 533 unter den Gesellschaftern aufzuteilen. Den Gesellschaftern steht kein Anspruch auf Realteilung oder Zuweisung einzelner Gegenstände zu, es sei denn, alle Gesellschafter können sich auf eine Teilung einigen.

Nach Beendigung der Liquidation ist die Firma im Handelsregister zu löschen (OR 619 Abs. 1 i.V.m. 589). Die Bücher der aufgelösten Gesellschaft müssen nach OR 619 Abs. 1 i.V.m. 590 Abs. 1 während zehn Jahren nach der Löschung der Firma im Handelsregister von den Gesellschaftern aufbewahrt werden.

Wie bei der KollG besteht auch bei der KommG als Alternative zur Aufteilung des Gesellschaftsvermögens auf alle Gesellschafter die Möglichkeit, dass ein Gesellschafter oder ein Dritter das Geschäft mit allen Aktiven und Passiven übernimmt und die restlichen Gesellschafter entschädigt. Dies erfolgt bei der im Handelsregister eingetragenen KommG nach FusG 69 ff., andernfalls nach OR 181. Analog zur KollG kann die Übernahme des Gesellschaftsvermögens ohne Weiteres durch Anwachsen erfolgen, wenn lediglich ein Gesellschafter die Geschäfte weiterführen wird (OR 619 i.V.m. 579; vgl. dazu oben S. 102).

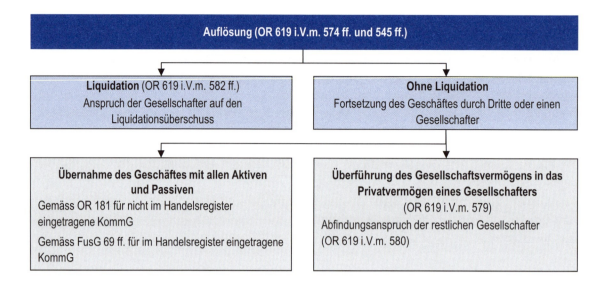

F. Übungen zum 3. Teil

Lösungen S. 324

Übung 22

Beistandschaft

Der einzige Kommanditär einer KommG wird aufgrund seiner psychischen Verfassung unter umfassende Beistandschaft gestellt. Hat dies für das Bestehen der KommG Konsequenzen?

Übung 23

Geldmangel

Anton und Bruno wollen gemeinsam ein Tanzlokal eröffnen. Da es ihnen an Geld mangelt, fragen sie bei Christian an, ob er sich nicht an dem Projekt beteiligen will. Dieser ist mässig begeistert, lässt sich aber überreden, rund CHF 50'000.– zu investieren. Als Gesellschaftsform wird eine KommG vereinbart. Damit das Tanzlokal gegenüber Lieferanten etwas solventer aussieht, willigt Christian ein, im Handelsregister eine Kommanditsumme von CHF 100'000.– einzutragen. Als das Geschäft nicht gut läuft, verlangen Anton und Bruno, dass Christian noch mehr Geld in das Lokal investiert. Sie machen geltend, dass Christian ja mit der Kommanditsumme von CHF 100'000.– bereits eingewilligt hat, noch CHF 50'000.– zusätzlich zu investieren.
Stimmt das?

Übung 24

Trunkenheit

Eine KommG besteht aus dem Komplementär Anton und dem Kommanditär Bruno. Anton ist als Einziger zur Vertretung der Gesellschaft befugt. Bedingt durch seine Alkoholsucht verpasst Anton des Öftern wichtige Geschäftstermine, mit schweren finanziellen Nachteilen für die Gesellschaft. Bruno will dem nicht länger tatenlos zusehen und will Anton die Vertretungsbefugnis entziehen. Kann er dies tun?

Übung 25

Optimistische Einschätzung

Hans verkaufte der KommG Zeller & Co. (Jahresumsatz CHF 400'000.–) mehrere Grundstücke. Um sich über die Solvenz der Zeller & Co. ein Bild machen zu können, erhielt er von dieser einen Auszug aus der Buchführung. Kurz nach Vertragsabschluss merkt er in einer eingehenderen Prüfung der Buchführung, dass die Sachwerte der Zeller & Co. viel zu optimistisch eingeschätzt wurden. Hans will deshalb mit Verweis auf die fehlerhafte Buchführung den Vertragsabschluss rückgängig machen. Hans macht geltend, dass die Buchführung weder dem Prinzip der Wahrheit und Klarheit noch dem Grundsatz der vorsichtigen Bewertung entspreche. Zu Recht?

Übung 26

Konditorei

Anton, Bruno und Christian führen eine Konditorei in Form einer KommG. Der Kommanditär Christian tritt ohne Wissen der restlichen Gesellschafter einem Dorfverein bei. Der Verein führt zwecks Füllung der Vereinskasse einen Tearoom, wo Christian ein kleines Konditoreiangebot erstellen soll. Darf er dies tun?

Übung 27

Jakob & Söhne

Hans Meier gründet mit seinen beiden Söhnen Jakob und Theo eine KommG. Hans beteiligt sich als Komplementär, die Söhne als Kommanditäre. Als Firma haben sie sich den Namen «Hans Meier & Söhne, Kommanditgesellschaft» ausgedacht. Ist die Firma zulässig?

Variante: Ist die Firma «Hans Meier & Söhne, Kommanditäre» zulässig?

Übung 28

Gebrüder Meier

Die drei Brüder Hans, Jakob und Markus Meier haben eine KommG gegründet. Obwohl Markus als Kommanditär mit einer Kommanditsumme im Handelsregister eingetragen ist, übernimmt er wie die anderen beiden Brüder die Geschäftsführung und vertritt die KommG mit Wissen der beiden anderen Brüder regelmässig als Gesellschafter. Hat dies Folgen für ihn und die Gesellschaft?

Übung 29

Haftung

Kommanditär Anton verfügt über eine Vertretungsvollmacht für seine KommG. Um sich etwas wichtiger zu machen, vertritt er die Gesellschaft in der Praxis jeweils, ohne Dritte explizit auf die Vollmacht aufmerksam zu machen, unterschreibt aber immer mit dem Zusatz i.V. (in Vertretung). Im Rahmen dieser Vertretung begeht er eine unerlaubte Handlung. Wie beurteilt sich die Haftung der Gesellschaft und des Kommanditärs?

Variante: Ändert sich etwas, wenn er einmal das Kürzel vergessen hat?

Übung 30

Der Wert eines Autos

Kommanditär Anton hat als Kommanditeinlage ein Auto in das Gesellschaftsvermögen eingebracht. Das Auto hat einen objektiv geschätzten Verkehrswert von CHF 20'000.–. Damit die Gesellschaft etwas kreditwürdiger aussieht, beschliessen sie, den Wert des Autos gemäss OR 596 Abs. 3 mit einem Wert von CHF 30'000.– anzugeben. Dadurch ist der Kommanditär auch bereit, eine Kommanditsumme von CHF 30'000.– im Handelsregister eintragen zu lassen.

Gläubiger Hans verlangt nach Auflösung der Gesellschaft vom Kommanditär CHF 10'000.–, da das Auto nur einen effektiven Wert von CHF 20'000.– gehabt hatte.

Gläubiger Otto verlangt sogar CHF 20'000.–, da das Auto mittlerweile nur noch einen Wert von CHF 10'000.– habe.

Übung 31

Tod

Der Kommanditär einer KommG stirbt. Eine vertragliche Regelung wurde nicht getroffen. Was ist die Rechtsfolge für die KommG?

4. Teil   Die Aktiengesellschaft (AG)

Übersicht

Gesetzliche Regelung	OR 620–763
Definition	OR 620 Abs. 1: Körperschaftliche Gesellschaft mit eigener Firma, deren zum Voraus bestimmtes Kapital (Aktienkapital) in Teilsummen (Aktien) zerlegt ist und für deren Verbindlichkeiten nur das Gesellschaftsvermögen haftet
Gründung	- OR 625 ff.: Mindestens ein Aktionär; Gründungsstatuten; Zeichnung und Liberierung der Aktien; Organbestellung; formeller Errichtungsakt - OR 643: Erwerb der Rechtspersönlichkeit mit der Eintragung in das Handelsregister
Mitglieder	Natürliche und juristische Personen sowie Handelsgesellschaften ohne Rechtspersönlichkeit
Rechtspersönlichkeit	Ja
Handlungs-, Prozess- und Betreibungsfähigkeit	Ja
Firma	Ja
Handelsregister	- OR 640: Die Gesellschaft ist an ihrem Sitz im Handelsregister einzutragen. - OR 643 Abs. 1: Der Eintrag ist konstitutiv.
Gesellschaftsvermögen	- OR 621 i.V.m. 632 Abs. 2: Minimum CHF 100'000.–, wobei mindestens 50% liberiert werden müssen - OR 632 Abs. 1, 683 Abs. 1, 693 Abs. 2: Aktien müssen mindestens zu 20% liberiert werden. Inhaber- und Stimmrechtsaktien sogar zu 100%
Aktie	Jeder Gesellschafter ist mit einer Aktie am Aktienkapital beteiligt. OR 622 Abs. 4: Nennwert einer Aktie beträgt mindestens 1 Rappen.
Organe der AG	- OR 698 ff.: Generalversammlung - OR 707 ff.: Verwaltungsrat - OR 727 ff.: Revisionsstelle
Geschäftsführung	- OR 716 Abs. 2 u. 716b Abs. 3: Vermutungsweise alle Verwaltungsräte gemeinsam - OR 716b: Übertragung der Geschäftsführung an einzelne Verwaltungsräte oder Dritte nach Massgabe der Statuten
Vertretung	- OR 718 Abs. 1: Vermutungsweise jeder Verwaltungsrat einzeln - OR 718 Abs. 2: Übertragung der Vertretung an einzelne Verwaltungsräte oder Direktoren - OR 721: Ernennung von Prokuristen und Handlungsbevollmächtigten
Ein- und Austritt	- Originärer Erwerb der Aktionärsstellung durch Zeichnung und Liberierung der Aktien - Derivativer Erwerb der Aktionärsstellung und Austritt durch Übertragung der Aktien
Ausschluss	OR 681 Abs. 2: Ausnahmsweise Kaduzierung
Pflichten der Aktionäre	OR 680 Abs. 1: Einzige Pflicht des Aktionärs ist die Liberierungspflicht
Haftung	- OR 620 Abs. 2: Haftung des Gesellschaftsvermögen, Ausschluss der persönlichen Haftung der Aktionäre - OR 722: Haftung der AG für rechtsgeschäftliche und für unerlaubte Handlungen, die eine zur Geschäftsführung oder Vertretung befugte Person in Ausübung ihrer geschäftlichen Verrichtungen begeht

Verantwortlichkeit	- OR 752: Haftung für den Emissionsprospekt
- OR 753: Gründungshaftung
- OR 754: Haftung der Mitglieder des Verwaltungsrates sowie aller mit der Geschäftsführung oder der Liquidation beauftragten Personen für den Schaden, der durch die vorsätzliche oder fahrlässige Verletzung ihrer Pflichten verursacht wurde
- OR 755: Haftung der Revisionsstelle
Auflösungsgründe	OR 736:
- nach Massgabe der Statuten (Ziff. 1)
- Beschluss der Generalversammlung (Ziff. 2)
- Konkurs der Gesellschaft (Ziff. 3)
- Auflösungsklage (Ziff. 4)
- in den übrigen gesetzlich vorgesehenen Fällen (Ziff. 5)

A. Begriff und Wesen der Aktiengesellschaft

1. Definition

Die Aktiengesellschaft ist eine körperschaftliche Gesellschaft mit eigener Firma, deren zum Voraus bestimmtes Kapital (Aktienkapital) in Teilsummen (Aktien) zerlegt ist und für deren Verbindlichkeiten nur das Gesellschaftsvermögen haftet.

a) Gründergesellschafter

Zur Gründung einer AG reicht seit dem 1.1.2008 ein Gesellschafter (OR 625). Als Gründergesellschafter sind neben natürlichen und juristischen Personen auch Handelsgesellschaften ohne Rechtspersönlichkeit (Kollektiv- und Kommanditgesellschaften) zulässig.

Nachdem die Aktien gültig gezeichnet und liberiert wurden, setzen die Gründer die Statuten auf, bestellen die Organe und erklären durch Unterzeichnung der öffentlichen Gründungsurkunde den gemeinsamen Willen, eine AG errichten zu wollen (OR 629). Die Rechtspersönlichkeit erlangt die AG mit dem Eintrag in das Handelsregister (OR 643 Abs. 1).

b) Körperschaft

Die AG hat als Körperschaft eine eigene Rechtspersönlichkeit, sie nimmt somit Rechte und Pflichten unter einer eigenen Firma wahr. Sie ist sowohl gegen aussen als auch im Innenverhältnis verselbstständigt.

c) Aktienkapital und Aktien

Die AG verfügt über ein Aktienkapital, das in Teilsummen (Aktien) aufgeteilt ist. Wesentliches Merkmal der Aktien ist ihre Eigenschaft als Wertpapier und die daraus resultierende Handelbarkeit.

Die AG wird als kapitalbezogene Rechtsform bezeichnet; im Vordergrund steht nicht die Person des Gesellschafters, sondern sein Kapitaleinsatz.

d) Haftung für Gesellschaftsschulden

Für Schulden der Gesellschaft haftet ausschliesslich das Gesellschaftsvermögen. Das finanzielle Risiko eines Aktionärs ist damit auf seine Kapitaleinlage begrenzt, eine persönliche Haftung besteht nicht (OR 620 Abs. 2).

e) Firma

Eine AG kann ihre Firma nach den obligationenrechtlichen Vorschriften über das Firmenrecht frei wählen. Möglich ist somit die Bildung einer Personen-, Sach- oder Fantasiefirma. Der Firma ist jedoch in jedem Fall die Bezeichnung AG – ausgeschrieben oder nicht – beizufügen (OR 950).

2. Wichtigste Elemente der Aktiengesellschaft

Die AG ist in OR 620–763 geregelt.

- Die AG ist eine juristische Person.
- Die AG ist rechtsfähig.
- Die AG ist handlungs-, prozess- und betreibungsfähig.
- Die Gesellschafter einer AG werden als Aktionäre bezeichnet.
- Als Aktionäre sind natürliche und juristische Personen sowie Handelsgesellschaften ohne Rechtspersönlichkeit (Kollektiv- und Kommanditgesellschaften) zugelassen.
- Die AG verfügt über ein eigenes, vom Vermögen der Gesellschafter getrenntes Sondervermögen.
- Das Minimalkapital einer AG beträgt CHF 100'000.– (OR 621). Dieses muss zur Hälfte einbezahlt worden sein (OR 632 Abs. 2).
- Aktien müssen mindestens zu 20% liberiert werden; Inhaber- und Stimmrechtsaktien sogar zu 100% (OR 632 Abs. 1, 683 Abs. 1, 693 Abs. 2).
- Einzige Pflicht der Aktionäre ist die Liberierung der Aktien (OR 680 Abs. 1).
- Die AG haftet ausschliesslich mit ihrem Gesellschaftsvermögen. Eine Haftung der Aktionäre für Verbindlichkeiten der AG ist ausgeschlossen.
- Die AG kann sowohl wirtschaftliche wie auch nicht wirtschaftliche Zwecke verfolgen (OR 620 Abs. 3).
- Die AG ist in der Regel (aber nicht zwingend) gewinnstrebig. Ihr Gewinn wird als Dividende an die Aktionäre ausgeschüttet.
- Die AG betreibt zur Erreichung ihrer wirtschaftlichen wie auch nichtwirtschaftlichen Ziele regelmässig (aber nicht zwingend) ein nach kaufmännischer Art geführtes Gewerbe.
- Die Gesellschaft handelt primär durch ihre Organe, aber auch durch Vertreter.
- Die AG haftet für den Schaden aus unerlaubter Handlung, den eine zur Geschäftsführung oder zur Vertretung befugte Person in Ausübung ihrer geschäftlichen Verrichtungen bewirkt (Organhaftung; OR 722).
- Die AG tritt nach aussen unter einer eigenen Firma auf (OR 620 Abs. 1).
- Der Sitz einer AG kann innerhalb der Schweiz frei bestimmt werden.

B. Die Entstehung der Aktiengesellschaft

Übersicht

Mitgliederzahl	OR 625: Einer oder mehrere Aktionäre
Errichtungsphase	Formeller Errichtungsakt: • OR 629 Abs. 1: Die Gesellschaft wird errichtet, indem die Gründer in öffentlicher Urkunde erklären, eine AG zu gründen, darin die Statuten festlegen und die Organe bestellen • OR 629 Abs. 2: Zeichnung und Liberierung der Aktien
Entstehungsphase	• OR 640: Eintrag im Handelsregister • OR 643 Abs. 1: Erlangung der Rechtspersönlichkeit mit der Eintragung im Handelsregister
Mindestkapital	• OR 621 i.V.m. 632 Abs. 2: Minimum CHF 100'000.–, wobei mind. 50% liberiert werden müssen • OR 632 Abs. 1, 683 Abs. 1, 693 Abs. 2: Aktien müssen allgemein mindestens zu 20% liberiert werden, Inhaber- und Stimmrechtsaktien sogar zu 100%.
Qualifizierte Gründung	• OR 628 Abs. 1: Sacheinlage • OR 628 Abs. 2: Sachübernahme • OR 628 Abs. 3: Gründervorteile • OR 635 Ziff. 2: Verrechnung
Inhalt der Statuten	• OR 626: Absolut notwendiger Statuteninhalt • OR 627: Bedingt notwendiger Statuteninhalt • Fakultativer Inhalt der Statuten
Statutenänderung	• OR 698 Abs. 2 Ziff. 1: Kompetenz der Generalversammlung • OR 703 f.: Abstimmung mit dem absoluten Mehr, bei wichtigen Geschäften mit der Doppelhürde • OR 647: Öffentliche Beurkundung und Eintragung im Handelsregister
Rechtliche Lage der Gründergesellschaft	OR 530: Einfache Gesellschaft, sofern mehr als ein Gründergesellschafter beteiligt ist
Abschluss von Rechtsgeschäften vor Gründung der AG	• OR 32 ff.: Handeln im eigenen Namen oder im Namen der Gründergesellschaft: persönliche Verpflichtung der Handelnden, Übernahme des Rechtsgeschäfts durch die AG nur mit Zustimmung des Vertragspartners nach den Regeln der indirekten Stellvertretung • OR 645: Handeln im Namen der zukünftigen AG: persönliche Verpflichtung der Handelnden, Übernahme des Rechtsgeschäfts durch die AG ohne Zustimmung des Vertragspartners

1. Die Gründung der Aktiengesellschaft

1.1 Allgemeines

Die AG als juristische Person bedarf zu ihrer Entstehung eines *formellen Gründungsaktes*. Anders als bei den Personengesellschaften genügt die formlose Einigung der Gesellschafter nicht mehr. Zur Gründung einer AG ist die Einhaltung einer gesetzlichen Prozedur notwendig, mittels derer eine dem Willen der Gründerpersonen entsprechende, nach aussen gültige Rechtsperson entsteht.

Der Gründungsakt kann in zwei Phasen aufgeteilt werden: die Errichtung und die Entstehung.

1.2 Errichtungsphase

In der Errichtungsphase werden alle für das Bestehen einer AG notwendigen Vorkehrungen getroffen.

a) Anzahl Mitglieder

Das Erfordernis einer Personenmehrheit bei der Gründung einer AG wurde mit der Revision des Rechts der GmbH aufgegeben. Gemäss OR 625 kann somit seit dem 1.1.2008 auch nur ein Gesellschafter eine AG gründen. Ob es sich hierbei um eine natürliche oder juristische Person oder um eine Handelsgesellschaft ohne Rechtspersönlichkeit handelt, spielt keine Rolle.

b) Die Gründungsstatuten

Mit den Statuten wird der AG eine individuelle, ihr angepasste Ordnung gegeben. Sie bilden die eigentliche Verfassung der Gesellschaft. Ihre Festlegung ist Grundvoraussetzung zur Gründung einer AG. Die Festlegung der Statuten ist Sache der Gründer, im Errichtungsakt werden sie formell beurkundet. Für weitere Ausführungen zu den Statuten siehe unten, S. 133.

c) Die Zeichnung der Aktien

Zur Gründung müssen sämtliche Aktien gültig gezeichnet worden sein (OR 629 Abs. 2 Ziff. 1). Als Minimalkapital der AG legt OR 621 die Summe von CHF 100'000.– fest. Mit der Zeichnung *erklärt* der künftige Aktionär schriftlich, dass er eine bestimmte Anzahl von Aktien übernehmen und eine dem Ausgabebetrag bzw. dem Emissionspreis entsprechende Einlage an die AG leisten wird (OR 630 Ziff. 2). Der Ausgabebetrag muss mindestens dem Nennwert der Aktien entsprechen (OR 624). Ist der Ausgabebetrag für eine Aktie höher als deren Nennwert, so wird die Zahlung eines Aufpreises, des sog. Agio, verlangt.

d) Die Liberierung

Mit der Liberierung *leistet* der künftige Aktionär seine durch die Zeichnung versprochene Einlage. Die Liberierung erfolgt grundsätzlich in Schweizer Franken, zulässig ist aber auch eine Fremdwährung, sofern diese frei konvertierbar ist. Bei der Errichtung der Gesellschaft muss die Einlage für mindestens 20% des Nennwerts jeder Aktie geleistet sein (OR 632 Abs. 1). Gesamthaft muss mindestens die Hälfte des Minimalkapitals, also CHF 50'000.–, einbezahlt werden (OR 632 Abs. 2). Inhaberaktien (OR 683 Abs. 1) und Stimmrechtsaktien (OR 693 Abs. 2) dürfen erst nach vollständiger Liberierung ausgegeben werden. Die Leistung von Bareinlagen vollzieht sich durch die Einzahlung des Betrages an ein zu diesem Zweck errichtetes Konto bei einer Bank (OR 633 Abs. 1). Die Bank gibt den Betrag der AG erst nach vollzogener Gründung frei (OR 633 Abs. 2).

e) Die Organbestellung

Als weitere Gründungsvoraussetzung müssen die Organe bestellt sein. Die Generalversammlung setzt sich automatisch aus allen Aktionären zusammen. Die beiden anderen Organe (Verwaltungsrat und Revisionsstelle) werden im Rahmen des Errichtungsaktes (vgl. anschliessend) erstmals bestellt (OR 629 Abs. 1).

f) Der Errichtungsakt

Mit dem Errichtungsakt dokumentieren die Gründer anlässlich einer Versammlung ihren Willen zur Gründung einer AG. Die Gründer erklären darin, eine Aktiengesellschaft zu gründen, legen die Statuten fest und bestellen die Organe (vgl. OR 629).

Der Errichtungsakt ist öffentlich zu beurkunden. Die *Urkunde* muss folgende Angaben enthalten (HRegV 44):

- die Personenangaben zu den Gründerinnen und Gründern sowie gegebenenfalls zu deren Vertreterinnen und Vertretern (lit. a);
- die Erklärung der Gründerinnen und Gründer, eine Aktiengesellschaft zu gründen (lit. b);
- die Bestätigung der Gründerinnen und Gründer, dass die Statuten festgelegt sind (lit. c);
- die Erklärung jeder Gründerin und jedes Gründers über die Zeichnung der Aktien unter Angabe von Anzahl, Nennwert, Art, Kategorie und Ausgabebetrag sowie die bedingungslose Verpflichtung, eine dem Ausgabebetrag entsprechende Einlage zu leisten (lit. d);
- die Tatsache, dass die Mitglieder des Verwaltungsrates gewählt wurden und die entsprechenden Personenangaben (lit. e);

- die Tatsache, dass die Revisionsstelle gewählt wurde, beziehungsweise den Verzicht auf eine Revision (lit. f);
- die Feststellung der Gründerinnen und Gründer, dass:
    1. sämtliche Aktien gültig gezeichnet sind,
    2. die versprochenen Einlagen dem gesamten Ausgabebetrag entsprechen,
    3. die gesetzlichen und statutarischen Anforderungen an die Leistung der Einlagen erfüllt sind (lit. g);
- die Nennung aller Belege sowie die Bestätigung der Urkundsperson, dass die Belege ihr und den Gründerinnen und Gründern vorgelegen haben (lit. h); Als Belege sind gemäss OR 631 Abs. 2 die Statuten (Ziff. 1), der Gründungsbericht (Ziff. 2), die Prüfungsbestätigung (Ziff. 3), die Bestätigung über die Hinterlegung von Einlagen in Geld (Ziff. 4), die Sacheinlageverträge (Ziff. 5) sowie bereits vorliegende Sachübernahmeverträge (Ziff. 6) vorzuweisen;
- die Unterschriften der Gründerinnen und Gründer (lit. i).

1.3 Entstehungsphase

Wenn die vorhergehenden Voraussetzungen erfüllt sind, ist die AG zwar errichtet, aber noch nicht entstanden. Die AG entsteht erst mit Eintrag im Handelsregister (OR 643 Abs. 1). In diesem Zeitpunkt erlangt sie ihre Rechtspersönlichkeit. Zum Eintrag in das Handelsregister vgl. unten S. 135.

1.4 Übersicht über die Voraussetzungen zur Gründung einer Aktiengesellschaft

1. Phase: Errichtung
- Mindestens ein Aktionär/Gründer
- Gründungsstatuten
- Zeichnung der Aktien
- Leistung der Einlagen
- Organbestellung
- Errichtungsakt

→ AG ist errichtet

2. Phase: Entstehung
- Anmeldung zum Eintrag in das Handelsregister
- Eintrag in das Handelsregister

→ AG ist entstanden

2. Die qualifizierte Gründung der Aktiengesellschaft

2.1 Allgemeines

Bei der qualifizierten Gründung wird die Entstehung der AG von zusätzlichen Bedingungen abhängig gemacht, welche dem Schutz Dritter dienen sollen. Dies betrifft primär diejenigen Konstellationen, bei welchen die Liberierung nicht ausschliesslich in bar erfolgt: Werden anstelle von Bargeld Vermögenswerte in die AG eingebracht, besteht die Gefahr, dass diese überbewertet sind und damit für das ausgegebene Aktienkapital kein angemessener Wert in die AG einbezahlt wird. Die entsprechenden Vorschriften dienen somit in erster Linie der Gewährleistung des Haftungssubstrats.

Neben der Sacheinlage- und Sachübernahmegründung gelten die Vorschriften betreffend die qualifizierte Gründung auch für die Einführung sogenannter Gründervorteile (OR 628 Abs. 3) und bei der Verrechnung (zu den vier Arten vgl. die anschliessenden Ausführungen).

Als wichtigste Vorschrift muss bei der qualifizierten Gründung zusätzlich in einem schriftlichen Gründungsbericht Rechenschaft über die Einlagen abgelegt werden, der anschliessend von einem zugelassenen Revisor überprüft wird (OR 635a). Weiter müssen die Statuten Aufschluss über die besonderen Umstände der Gründung geben.

Rechtsprechung BGE 132 III 668 E. 3.2.1: Dem Schutz vor Emissionsschwindel dienen unter anderem die Bestimmungen über die Sacheinlagen und -übernahmen (OR 634 und 635) und über die Mindestleistung für die Barliberierung bei der Gründung [...]. So muss bei der Barliberierung gemäss OR 633 der zu leistende Ausgabebetrag (das heisst Nennwert und Agio) zur ausschliesslichen Verfügung der Gesellschaft stehen, was durch Kapitaleinzahlungsbestätigungen der Depositenstelle zu belegen ist [...]. Sacheinlagen gelten nur dann als Deckung, wenn die Gesellschaft sofort nach der Eintragung im Handelsregister darüber als Eigentümerin verfügen kann (OR 634 Ziff. 2 [...]) und wenn sie entsprechend werthaltig sind (OR 652e Ziff. 1).

2.2 Sacheinlage

Anstelle einer Bareinzahlung kommt der Aktionär seiner Liberierungspflicht durch die Einlage eines Vermögenswertes in Form einer Sache nach. Als Sacheinlage kann jeder Vermögenswert dienen, sofern er *bilanzierungsfähig* und im *Konkurs verwertbar* ist. Typische Sacheinlagen sind Eigentumsrechte an Mobilien und Immobilien, Forderungen und Immaterialgüterrechte. Keine Sacheinlage stellen hingegen Arbeitskraft, Knowhow oder Erfahrung dar. Selbst wenn der Aktionär essenzielle Arbeit für die AG leisten wird, ist die Arbeitskraft nicht bilanzierungsfähig.

Eine Sacheinlage muss immer zu Eigentum erfolgen.

Bei Sacheinlagen besteht ein grosses Missbrauchspotenzial, insbesondere wenn die Sacheinlage zu wertvoll eingeschätzt wird und dadurch das Grundkapital der AG geschmälert wird.

Beispiel Die Z AG soll mit einem Aktienkapital von CHF 100'000.– gegründet werden. A bringt als Sacheinlage sein Privatauto in die AG ein. Obwohl das Auto nach einem Unfall nur noch einen Wert von CHF 10'000.– hat, wird es mit CHF 15'000.– eingeschätzt und im entsprechenden Betrag Aktien an A ausgegeben. Als Folge besitzt die AG offiziell zwar ein Grundkapital von CHF 100'000.–, effektiv stehen der AG jedoch nur CHF 95'000.– zur Verfügung.

Aus diesem Grund hat der Gesetzgeber mehrere *Sicherheitsvorkehrungen* getroffen:

- Eine Sacheinlage kann nur bei Vorliegen eines entsprechenden schriftlichen oder öffentlich beurkundeten (notwendig bei Grundstücken) Sacheinlagevertrags geleistet werden (OR 634 Abs. 1);
- die Gründer haben in einem schriftlichen Gründungsbericht Art und Zustand der Sacheinlage sowie die Angemessenheit der Bewertung festzuhalten (OR 635 Ziff. 1);
- der Gründungsbericht wird sodann von einem zugelassenen Revisor überprüft (OR 635a);
- die Sacheinlage muss in den Statuten angegeben werden (OR 628 Abs. 1);
- die Sacheinlage muss schliesslich auch im Handelsregister eingetragen werden (OR 634 Ziff. 2 und HRegV 45 Abs. 2).

2.3 Sachübernahme

Bei der Sachübernahme beabsichtigt oder vereinbart die AG im Gründungsstadium den Erwerb von Vermögenswerten von einem Aktionär oder einer dieser nahestehenden Person gegen Entgelt (OR 628 Abs. 2). Anders als bei der Sacheinlage werden keine Aktien als Gegenleistung ausgegeben. Bei der Sachübernahme wird zuerst Geld in die AG eingeschossen, aber nur in der Absicht, damit wieder bestimmte Sachwerte von aussen zu erwerben.

Eine Sachübernahme liegt nur bei grösseren Geschäften vor, bei Verträgen zur Deckung der laufenden Bedürfnisse ist keine qualifizierte Gründung vonnöten. Laut Rechtsprechung des Bundesgerichts fällt ein Vertrag insbesondere dann nicht unter den Begriff der Sachübernahme, wenn er im Rahmen der üblichen Geschäftstätigkeit abgeschlossen wird (BGE 128 III 178).

Rechtsprechung BGE 128 III 178 E. 4a: Aux termes de l'Art. 628 al. 2 CO, si la société reprend des biens ou envisage la reprise de biens d'un actionnaire ou d'un tiers, les statuts doivent indiquer l'objet de la reprise, le nom de l'aliénateur et la contre-prestation de la société. Ne constituent pas une reprise de biens au sens de l'Art. 628 al. 2 CO les opérations courantes, faisant partie de la marche normale, de la (future) société [...].

> BGE 83 II 284, E. 3c: Dabei versteht sich von selbst, dass nicht jede geringfügige Anschaffung von Möbeln, Bureaumaterial und dergl. für die künftige AG eine Sachübernahme im Sinne des Gesetzes darstellt. Es muss sich um Geschäfte von grösserer wirtschaftlicher Bedeutung handeln, durch welche das Grundkapital der AG geschwächt wird und die deswegen geeignet sind, auf den Kaufentschluss späterer Aktienerwerber oder die Kreditgewährung allfälliger Gläubiger einen Einfluss auszuüben [...].

Wie bei der Sacheinlage müssen die Vermögenswerte auch bei der Sachübernahme bilanzierungsfähig sein. Auch sind die gleichen Sicherheitsvorkehren zu treffen.

2.4 Ein Unternehmen als Sacheinlage bzw. -übernahme

Eine Sacheinlage oder eine Sachübernahme betrifft oft das Einbringen einer ganzen Unternehmung. Die Vermögensübertragung von im Handelsregister eingetragenen Gesellschaften und Einzelunternehmen richtet sich nach den in FusG 69 ff. aufgeführten Regeln, andernfalls erfolgt die Übertragung nach OR 181. Dabei werden die Aktiven und die Passiven gesamthaft in die neuzugründende AG eingebracht, die Differenz der beiden Posten gilt als die wertmässige Einlage bzw. Übernahme. Eine Übertragung von Schulden ist generell nur möglich, wenn sie in einem wirtschaftlichen Zusammenhang zu den Aktiven stehen. Für die übernommenen Passiven haftet neben der AG der bisherige Schuldner solidarisch noch während drei (FusG 75) bzw. zwei Jahren (OR 181).

2.5 Gründervorteile

Obwohl in der AG das Prinzip der Gleichbehandlung aller Aktionäre gilt (vgl. OR 706 Abs. 2 Ziff. 3 und 717 Abs. 2), können bei der Gründung einzelnen Mitgliedern gewisse Vorteile eingeräumt werden. Man spricht hierbei auch von sogenannten Gründervorteilen, wobei die Bezeichnung insofern irreführend ist, als dass auch Dritten Vorteile gewährt werden können. Anders als bei den Stimmrechts- und Vorzugsaktien sind die Vorteile nicht aktien-, sondern personenbezogen. Die begünstigten Personen müssen in den Statuten mit ihrem Namen und dem Inhalt und Wert des Vorteils bezeichnet werden (OR 628 Abs. 3). Zudem hat der Gründungsbericht Rechenschaft über die Begründung und Angemessenheit der Vorteile abzulegen. Dieser Bericht unterliegt der Prüfung eines zugelassenen Revisors (OR 635 Ziff. 3 und 635a).

Beispiele Mögliche Gründervorteile:
- Privilegien bei der Gewinnausschüttung
- das Recht, der AG bestimmte Produkte zu liefern
- Angestelltenverhältnis in der AG
- das Recht auf Benutzung der Anlagen der AG
- Verpflichtungen der AG gegenüber Dritten

2.6 Verrechnung

Die qualifizierte Gründung ist ebenfalls notwendig bei der Liberierung durch Verrechnung. Auch in diesem Zusammenhang erfolgt die Liberierung nicht in bar; der Gründer verrechnet die Forderung der AG auf Liberierung der gezeichneten Aktien mit einer Forderung, die er gegen die Gesellschaft hat. Die Verrechnung muss nicht in die Statuten aufgenommen werden, hingegen wird verlangt, dass im Gründungsbericht über den Bestand und die Verrechenbarkeit der Schuld Rechenschaft abgelegt wird, was wiederum durch einen zugelassenen Revisor überprüft wird (OR 635 Ziff. 2 und 635a). Bringt ein Gründer eine Forderung gegen Dritte in die Gesellschaft ein, liegt keine Verrechnungsliberierung, sondern eine Sacheinlage vor.

2.7 Übersicht über die zusätzlichen Vorschriften bei der qualifizierten Gründung

	Sacheinlage	Sachübernahme	Gründervorteile	Verrechnung
Schriftlich oder öffentlich beurkundeter Vertrag	Ja	Ja (sofern der Vertrag bereits abgeschlossen wurde)	Nein	Nein
Eintragung in die Statuten	Ja	Ja	Ja	Nein
Rechenschaftsablegung im Gründungsbericht und Überprüfung durch einen Revisor	Ja	Ja	Ja	Ja
Handelsregistereintrag	Ja	Ja	Ja	Nein

3. Zu den Statuten

3.1 Allgemeines

Eine AG braucht eine individuelle und den konkreten Umständen angepasste Ordnung. Die Statuten legen die Basis der AG fest, damit diese dauerhaft und von ihren Mitgliedern unabhängig bestehen kann. Die Statuten werden deshalb häufig auch als eigentliche Verfassung der AG bezeichnet. Was nicht in den Statuten reglementiert werden muss, kann – je nach Bedeutung für die Gesellschaft – entweder als fakultative Statutenbestimmung aufgenommen oder im Rahmen von internen Gesellschaftsbeschlüssen geregelt werden.

Analog den Willenserklärungen bei Schuldverträgen sind die Statuten im Innenverhältnis nach dem Vertrauensprinzip auszulegen. Nach aussen rechtfertigt sich hingegen eine objektive Auslegung nach Treu und Glauben.

OR 626 enthält eine Auflistung aller zwingend in den Statuten zu regelnden Punkte. Fehlt einer von ihnen, wird der Handelsregisterführer die Eintragung der AG verweigern (absolut notwendiger Statuteninhalt). OR 627 listet weitere Punkte auf, die nicht zwingend geregelt werden müssen. Soll aber von der gesetzlichen Regelung abgewichen werden, so ist dies nur durch eine entsprechende Aufnahme in die Statuten möglich (bedingt notwendiger Statuteninhalt). Daneben steht es der AG frei, auch weitere Punkte, die für sie von Bedeutung sind, in den Statuten zu verankern (fakultativer Statuteninhalt).

3.2 Absolut notwendiger Inhalt der Statuten

OR 626 enthält eine Aufzählung von Punkten, die zwingend in den Statuten geregelt werden müssen. Man spricht vom absolut notwendigen Statuteninhalt. Fehlt einer von ihnen, wird der Handelsregisterführer die Eintragung der AG verweigern.

Gemäss *OR 626* müssen die Statuten Bestimmungen enthalten über
- die Firma und den Sitz der Gesellschaft (Ziff. 1);
- den Zweck der Gesellschaft (Ziff. 2);
- die Höhe des Aktienkapitals und den Betrag der darauf geleisteten Einlagen (Ziff. 3);
- die Anzahl, Nennwert und Art der Aktien (Ziff. 4);
- die Einberufung der Generalversammlung und das Stimmrecht der Aktionäre (Ziff. 5);
- die Organe für die Verwaltung und die Revision (Ziff. 6);
- die Form der von der Gesellschaft ausgehenden Bekanntmachungen (Ziff. 7).

Bei börsenkotierten AG werden mit Inkrafttreten der Verordnung gegen die Abzockerei (voraussichtlich am 1. Januar 2014) sodann zusätzliche Anforderungen bezüglich der Tätigkeit des Verwaltungsrates, der Geschäftsleitung und deren Arbeitsverträge an den Statuteninhalt aufgestellt (vgl. dazu unten S. 228).

3.3 Bedingt notwendiger Inhalt der Statuten

OR 627 enthält eine Aufzählung von Punkten, die, falls von der gesetzlichen Regelung abgewichen werden soll, zwingend in die Statuten aufgenommen werden müssen. Man spricht vom bedingt notwendigen Statuteninhalt. Ein blosser Gesellschaftsbeschluss ist nicht erlaubt. Unterbleibt eine entsprechende Regelung, so gelten die allgemeinen gesetzlichen Vorschriften.

Gemäss *OR 627* bedürfen zu ihrer Verbindlichkeit der Aufnahme in die Statuten:

- die Änderung der Statuten, soweit sie von den gesetzlichen Bestimmungen abweichen (Ziff. 1);
- die Ausrichtung von Tantiemen (Ziff. 2);
- die Zusicherung von Bauzinsen (Ziff. 3);
- die Begrenzung der Dauer der Gesellschaft (Ziff. 4);
- Konventionalstrafen bei nicht rechtzeitiger Leistung der Einlage (Ziff. 5);
- die genehmigte oder bedingte Kapitalerhöhung (Ziff. 6);
- die Zulassung der Umwandlung von Namen- in Inhaberaktien oder umgekehrt (Ziff. 7);
- die Beschränkung der Übertragbarkeit (Vinkulierung) von Namenaktien (Ziff. 8);
- die Vorrechte einzelner Kategorien von Aktien, über Partizipationsscheine, Genussscheine und über die Gewährung besonderer Vorteile (Ziff. 9);
- die Beschränkung des Stimmrechts und des Rechts der Aktionäre, sich vertreten zu lassen (Ziff. 10);
- die im Gesetz nicht vorgesehenen Fälle, in denen die Generalversammlung nur mit qualifizierter Mehrheit Beschluss fassen kann (Ziff. 11);
- die Ermächtigung zur Übertragung der Geschäftsführung auf einzelne Mitglieder des Verwaltungsrates oder Dritte (Ziff. 12);
- die Organisation und die Aufgaben der Revisionsstelle, sofern dabei über die gesetzlichen Vorschriften hinausgegangen wird (Ziff. 13);
- die Möglichkeit, in bestimmter Form ausgegebene Aktien in eine andere Form umzuwandeln, sowie eine Verteilung der dabei entstehenden Kosten, soweit sie von der Regelung des Bucheffektengesetzes (BEG) abweicht (Ziff. 14).

Auch *ausserhalb von OR 627* finden sich Vorschriften, die eine Eintragung in die Statuten für die Gültigkeit voraussetzen:

- Sacheinlagen und -übernahmen sowie besondere Gründervorteile (OR 628);
- der Schutz der Wandel- und Optionsberechtigten (OR 653d);
- die Vertretung der Partizipanten im Verwaltungsrat (OR 656e);
- die Bildung von über die gesetzlich vorgeschriebene Höhe hinausgehenden Reserven (OR 672);
- die Vertretung von Aktionärskategorien und -gruppen im Verwaltungsrat sowie besondere Bestimmungen zum Schutz von Minderheiten oder einzelner Gruppen von Aktionären (OR 709).

Bei börsenkotierten AG werden mit Inkrafttreten der Verordnung gegen die Abzockerei (voraussichtlich am 1. Januar 2014) sodann zusätzliche Anforderungen unter anderem bezüglich der Vergütung des Verwaltungsrates und der Geschäftsleitung an den Statuteninhalt aufgestellt (vgl. dazu unten S. 228).

3.4 Fakultativer Inhalt der Statuten

Als fakultativen Inhalt der Statuten bezeichnet man Bestimmungen, die in die Statuten aufgenommen wurden, ohne dass dies gesetzlich verlangt würde. Darunter fallen einerseits Bestimmungen, die auch in Form eines Reglements oder eines anderen Gesellschaftsbeschlusses hätten aufgestellt werden können, und andererseits solche, die überflüssig sind, weil sie nur die gesetzlich aufgestellte Ordnung wiederholen. Mit der Aufnahme derartiger Bestimmungen in die Statuten zeigt die Gesellschaft, dass sie auf diese Punkte besonderen Wert legt.

3.5 Statutenänderungen

Eine Änderung der Statuten (OR 647) kann jederzeit durch die *Generalversammlung* vorgenommen werden (OR 698 Abs. 2 Ziff. 1). Eine Delegation dieser Befugnis wird ausdrücklich verboten.

OR 703 verlangt für eine Statutenänderung grundsätzlich das absolute Mehr der vertretenen Stimmen. OR 704 Abs. 1 sieht für eine Reihe von besonders wichtigen Änderungen die Doppelhürde vor, d.h., ein Beschluss bedarf der Zustimmung von mindestens zwei Dritteln der vertretenen Stimmen und der absoluten Mehrheit des vertretenen Kapitals. Für Statutenänderungen dürfen auch höhere Quoren beschlossen werden; ein solcher Beschluss muss selber mit diesem Quorum gefasst und in die Statuten aufgenommen werden (OR 704 Abs. 2).

Bei der Aufliberierung (OR 634a Abs. 1) und der Kapitalerhöhung (OR 652g) ist ausnahmsweise der Verwaltungsrat zur Statutenänderung befugt. Die Änderung ist aber lediglich eine Vollzugsanpassung eines von der Generalversammlung früher gefassten Beschlusses.

Eine Statutenänderung muss immer öffentlich beurkundet und in das Handelsregister eingetragen werden (OR 647).

3.6 Andere interne Gesellschaftsbeschlüsse

Für andere interne Gesellschaftsbeschlüsse, wie etwa Weisungen, bestehen keine Vorschriften. Es steht einer AG grundsätzlich frei, zu bestimmen, von wem und in welcher Form sie erlassen werden. Das Gesetz kennt eine Ausnahme in OR 716b, in dem der Verwaltungsrat zum Erlass eines Organisationsreglements ermächtigt wird.

4. Handelsregister

4.1 Eintrag in das Handelsregister

Die Eintragung in das Handelsregister ist eine zwingende Voraussetzung zur Entstehung einer AG. Die Anmeldung erfolgt am Sitz der Gesellschaft (OR 640). Mit der Eintragung erlangt die Gesellschaft ihre Rechtspersönlichkeit (OR 643 Abs. 1), sie hat m.a.W. konstitutive Wirkung für die AG. Zum Schutze Dritter ist die Gründung selbst dann wirksam, wenn die Voraussetzungen zur Eintragung eigentlich gar nicht vorhanden gewesen wären (OR 643 Abs. 2). Die AG erwirbt somit selbst dann ihre Rechtspersönlichkeit, wenn ihr Zweck rechts- oder sittenwidrig ist. Die Rechts- und Sittenwidrigkeit hat jedoch die Auflösung der AG zur Folge, sobald dieser Mangel entdeckt wird. Wurden andere gesetzliche oder statutarische Regeln missachtet, so können Gläubiger und Aktionäre innert drei Monaten nach Publikation der Eintragung beim Richter die Auflösung verlangen, sofern durch die Mängel ihre Interessen in erheblichem Masse gefährdet oder verletzt sind (OR 643 Abs. 3 und 4).

Solange die Gesellschaft nicht eingetragen ist, gilt sie – sofern nicht ausnahmsweise eine andere Gesellschaftsform vorliegt – als einfache Gesellschaft.

Die Gründung der AG wird gegenüber Dritten am ersten Arbeitstag nach der Veröffentlichung im SHAB wirksam (OR 932 Abs. 2).

4.2 Inhalt des Eintrags

Im Handelsregister sind gemäss *HRegV 45* einzutragen:

- die Tatsache, dass es sich um die Gründung einer neuen Aktiengesellschaft handelt (lit. a);
- die Firma und die Identifikationsnummer (lit. b);
- den Sitz und das Rechtsdomizil (lit. c);
- die Rechtsform (lit. d);
- das Datum der Statuten (lit. e);
- im Falle einer Beschränkung die Dauer der Gesellschaft (lit. f);
- den Zweck (lit. g)

- die Höhe des Aktienkapitals und der darauf geleisteten Einlagen sowie Anzahl, Nennwert und Art der Aktien (lit. h);
- gegebenenfalls die Stimmrechtsaktien (lit. i);
- falls ein Partizipationskapital ausgegeben wird: dessen Höhe und die darauf geleisteten Einlagen sowie Anzahl, Nennwert und Art der Partizipationsscheine (lit. j);
- im Fall von Vorzugsaktien oder Vorzugspartizipationsscheinen: die damit verbundenen Vorrechte (lit. k);
- bei einer Beschränkung der Übertragbarkeit der Aktien oder der Partizipationsscheine: ein Verweis auf die nähere Umschreibung in den Statuten (lit. l);
- falls Genussscheine ausgegeben werden: deren Anzahl und die damit verbundenen Rechte (lit. m);
- die Mitglieder des Verwaltungsrates (lit. n):
- die zur Vertretung berechtigten Personen (lit. o);
- falls die Gesellschaft keine ordentliche oder eingeschränkte Revision durchführt: ein Hinweis darauf sowie das Datum der Erklärung des Verwaltungsrates gemäss HRegV 62 (lit. p);
- falls die Gesellschaft eine ordentliche oder eingeschränkte Revision durchführt: die Revisionsstelle (lit. q);
- das gesetzliche Publikationsorgan sowie gegebenenfalls weitere Publikationsorgane (lit. r);
- die in den Statuten vorgesehene Form der Mitteilungen des Verwaltungsrates an die Aktionärinnen und Aktionäre (lit. s);
- besondere Angaben bezüglich Sacheinlagen gemäss HRegV 45 Abs. 2 und 3.

4.3 Folgen des Eintrags im Handelsregister

Der *Zeitpunkt des Handelsregistereintrages* ist für die AG in mehrfacher Hinsicht von Bedeutung:

- Die AG erhält ihre Rechtspersönlichkeit (OR 643 Abs. 1);
- es gelten die positiven und negativen Publizitätswirkungen des Handelsregisters für die AG (OR 933 Abs. 1 und 2);
- der Firmenname der AG wird schweizweit geschützt (OR 951 Abs. 2);
- die geleisteten Einlagen werden von der Bank zugunsten der AG freigegeben (OR 633 Abs. 2);
- Beginn der dreimonatigen Frist zur Übernahme der durch die Gründer vor der Entstehung der AG eingegangenen Pflichten (OR 645 Abs. 2);
- Gerichtsstand (ZPO 10 Abs. 1 lit. b) und Betreibungsort (SchKG 46 Abs. 2) befinden sich am eingetragenen Sitz der Gesellschaft;
- die AG untersteht der Konkurs- und Wechselbetreibung (SchKG 39 Abs. 1 Ziff. 8).

5. Firma und Sitz

5.1 Firma

Die AG kann unter Wahrung der allgemeinen Grundsätze der Firmenbildung ihre Firma frei wählen (OR 950). Zu diesen Grundsätzen gehört die Firmenwahrheit, das Täuschungs- und Reklameverbot sowie das Verbot der Verletzung öffentlicher Interessen (OR 944). Innerhalb dieser Schranken darf in die Firma der AG ein Personenname, eine Sach- oder auch eine Fantasiebezeichnung aufgenommen werden. In allen Fällen muss der Firma die Bezeichnung als Aktiengesellschaft – ausgeschrieben oder abgekürzt – beigefügt werden.

Wird eine AG aufgelöst und tritt deshalb in Liquidation, so muss der Firma der Zusatz «in Liquidation» beigefügt werden (OR 739 Abs. 1).

Beispiele
- Aktiengesellschaft Drogerie Müller
- Drogerie Müller AG
- Kräuterhaus AG in Liquidation

5.2 Sitz

Der Sitz der Gesellschaft kann innerhalb der Schweiz ohne Einschränkung frei gewählt werden. In der Regel wird auf die tatsächlichen Verhältnisse abgestellt. Ob der in den Statuten angegebene Sitz (OR 626 Ziff. 1) auch mit dem Mittelpunkt der geschäftlichen Beziehungen der AG übereinstimmt, spielt grundsätzlich keine Rolle. Vorbehalten bleiben jene Konstellationen, in denen die Abweichung von statutarischem und tatsächlichem Sitz rechtsmissbräuchlich ist. Eine AG kann nur einen statutarischen Sitz haben.

Die Gesellschaft ist an ihrem Sitz ins Handelsregister einzutragen (OR 640). Der Sitz begründet zudem den allgemeinen Gerichtsstand für Klagen gegen die Gesellschaft (ZPO 10 Abs. 1 lit. b) und für Verantwortlichkeitsklagen (ZPO 40). Er ist zudem der Betreibungsort der Gesellschaft (SchKG 46 Abs. 2).

Zweigniederlassungen sind dort im Handelsregister einzutragen, wo sie sich befinden (OR 641). Für Klagen aus dem Betrieb der Niederlassung begründet der Ort der Niederlassung einen alternativen Gerichtsstand neben demjenigen am Hauptsitz der Gesellschaft (ZPO 12).

6. Die rechtliche Lage vor Entstehung der Aktiengesellschaft

6.1 Gründergesellschaft

Beabsichtigen mehrere Personen eine AG zu gründen, so bilden sie bis zum Entstehen oder Scheitern der AG eine Gründergesellschaft. Sofern nicht ausnahmsweise eine andere Gesellschaftsform zutrifft, wird sie allgemein als einfache Gesellschaft i.S.v. OR 530 betrachtet, deren Zweck die Gründung der AG ist. Wird die AG hingegen durch eine Einzelperson gegründet, mangelt es an einer für die einfache Gesellschaft zwingend vorausgesetzten Gesellschaftermehrheit. Eine einfache Gesellschaft ist deshalb zu verneinen. Der Gründer verpflichtet für sein Handeln einzig sich selber.

6.2 Abschluss von Rechtsgeschäften vor der Gründung der AG

Die an der Gründung mitwirkenden Personen werden i.d.R. bereits vor deren Entstehung Rechtsgeschäfte für die AG abschliessen. Welche Rechtsfolgen derartige Geschäfte haben, hängt im Wesentlichen davon ab, ob der agierende Gesellschafter bereits im Namen der zukünftigen AG oder noch in eigenem Namen bzw. im Namen der Gründergesellschaft handelt.

a) Handeln im eigenen Namen oder im Namen der einfachen Gesellschaft

Handelt ein Gründergesellschafter im eigenen Namen, so verpflichtet und berechtigt er damit nur sich selber. Bei Vorliegen einer Gründergesellschaft kann der Handelnde im Innenverhältnis der einfachen Gesellschaft aber nach OR 537 auf die restlichen Gründergesellschafter zurückgreifen. Handelt ein Gründergesellschafter im Namen der Gründergesellschaft, so haften die restlichen Gesellschafter ebenfalls primär, solidarisch und unbeschränkt, sofern die Voraussetzungen zur Vertretung der Gesellschaft erfüllt sind (OR 543 i.V.m. 32 ff.). Sollen nach dem Entstehen der AG die betroffenen Rechtsgeschäfte von dieser übernommen werden, so vollzieht sich die Übernahme nach den Regeln der indirekten Stellvertretung (OR 32 Abs. 3). Forderungen werden nach OR 164 ff. zediert, Schulden nach OR 175 ff. übernommen. Die Schuldübernahme ist nur *mit Zustimmung des Vertragspartners* bzw. Gläubigers möglich.

b) Handeln im Namen der zukünftigen Gesellschaft

Handelt ein Gründergesellschafter im Namen der zukünftigen AG, so legt OR 645 besondere Vorschriften fest.

Nach OR 645 Abs. 1 treten die Rechtswirkungen auch in diesem Fall zunächst nur bei den Handelnden ein. Diese haften primär, solidarisch und unbeschränkt für die eingegangenen Verpflichtungen.

Wurde das Rechtsgeschäft jedoch ausdrücklich unter dem Hinweis auf die bevorstehende Gründung der AG eingegangen, so kann die Übernahme des Rechtsgeschäftes durch die AG nach OR 645 Abs. 2 *ohne Zustimmung des Vertragspartners* erfolgen. Durch die Übernahme werden die Handelnden von ihrer Verpflichtung befreit. Als Frist bestimmt das Gesetz einen Zeitraum von drei Monaten seit Eintragung im Handelsregister. Nach Ablauf der drei Monate kann das Rechtsgeschäft von der AG nur noch mit Zustimmung des Vertragspartners übernommen werden.

Die Übernahme dieser Geschäfte durch die AG kann auch konkludent erfolgen.

Rechtsprechung BGE 76 II 164, E. 1: [...] ist Handelnder im Sinne des [...] Art. 645 Abs. 1 OR nicht nur, wer für die zu gründende Gesellschaft in deren Namen nach aussen auftritt, sondern auch, wer zwar äusserlich nicht hervortritt, tatsächlich aber den Abschluss des Geschäftes im Namen der Gesellschaft veranlasst hat. [...] Die Handelnden nach Art. 645 Abs. 1 OR brauchen jedoch nicht auch Gründer der Gesellschaft zu sein.

BGE 130 III 633, E. 2.2.2.2.1: [...] les actes faits au nom de la société anonyme avant que celle-ci n'ait acquis la personnalité par son inscription au registre du commerce (cf. Art. 643 al. 1 CO) entraînent la responsabilité personnelle et solidaire de leurs auteurs (Art. 645 al. 1 CO). Pour qu'ils engagent la future société, à l'exclusion de ceux-ci, il faut que les obligations aient été expressément contractées au nom de la société et qu'elles aient été assumées par cette dernière dans les trois mois à dater de son inscription (Art. 645 al. 2 CO[...]).

c) Handeln im Namen der AG

Handelt ein Gründer im Namen der AG, ohne darauf aufmerksam zu machen, dass die Gründung noch bevorsteht, so v*erpflichtet* und berechtigt er damit *nur sich selbst*. Der Sachverhalt wird gleich behandelt, als wenn der Gründer im eigenen Namen gehandelt hätte. Er kann im Innenverhältnis der einfachen Gesellschaft nach OR 537 Rückgriff auf die restlichen Gründergesellschafter nehmen. Die AG kann das Rechtsgeschäft mit Zustimmung des Vertragspartners mittels Zession und Schuldübernahme übernehmen.

d) Grafische Übersicht über die Rechtshandlungen vor Entstehung der AG

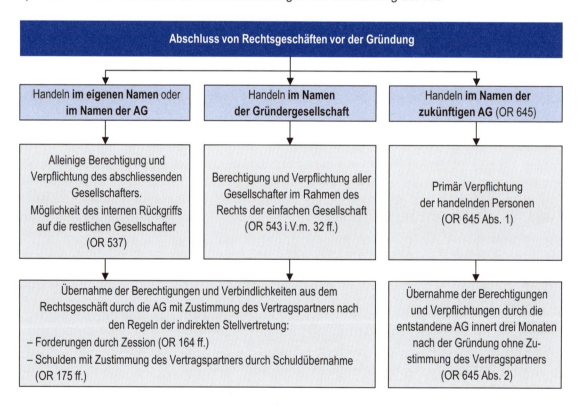

Kommt die Gründung der AG nicht zustande oder verweigert die AG die Übernahme des Rechtsgeschäfts, so bleiben die Handelnden selbst weiter verpflichtet. Es empfiehlt sich daher, bei Vertragsabschluss das Rechtsgeschäft von den suspensiven Bedingungen abhängig zu machen, dass erstens die AG entsteht und diese zweitens das Geschäft übernimmt. Ansonsten haften die Handelnden dem Vertragspartner für das Erfüllungsinteresse. Allenfalls können sie nach den allgemeinen Irrtumsregeln von OR 23 ff. unter einer Haftung nach OR 26 vom Vertrag zurücktreten.

7. Übungen zur Entstehung der Aktiengesellschaft

Lösungen S. 327

Übung 32

Freizeitpark

Die Gemeinde Lyss gründet mit der Fun GmbH und der KollG Zeller & Co. eine AG zur Errichtung und Unterhaltung eines Freizeitparks in der Gemeinde. Das Aktienkapital wird auf CHF 100'000.– festgesetzt. Es wird beschlossen, der Gemeinde Stimmrechtsaktien auszugeben, wertmässig wird die Stammaktie zu CHF 1'000.–, die Stimmrechtsaktie zu CHF 500.– ausgegeben. Die Gemeinde Lyss erhält 100 Stimmrechtsaktien, die sie zu 50% liberiert, die Fun GmbH und die Zeller & Co. erhalten je 25 Namenaktien, die sie zu 20% liberieren.

Leidet die AG an einem Mangel?

Übung 33

Immobilienhandel

Anton, Barbara und Christian wollen eine AG gründen. Die AG soll dabei primär im Immobilienhandel tätig werden, insbesondere beim Kauf von Liegenschaften und – nach erfolgter Renovation – deren Wiederverkauf. Liegt in den folgenden Fällen ein Sachverhalt vor, der eine qualifizierte Gründung rechtfertigt?

a) Als Teil seiner Liberierung bringt Christian verschiedene Geräte zur Renovierung von Häusern im Wert von CHF 5'000.– in die Gesellschaft ein.

b) Im Namen der künftigen AG werden Anton für den Betrieb notwendige Computer zum Preis von CHF 3'000.– abgekauft.

c) Barbara bringt ihre grossen Kenntnisse als Bewerterin von Grundstücken in die AG. Dafür erhält sie Aktien im Wert von CHF 10'000.–.

d) Anton vereinbart mit Hans den Kauf eines Grundstücks im Wert von CHF 100'000.– zugunsten der künftigen AG. Der Vollzug soll unverzüglich mit dem Entstehen der AG vonstattengehen. Das Grundstück stellt das erste zu renovierende Projekt der AG dar.

e) Anton vereinbart mit dem Mitgründer Christian den Kauf eines Grundstücks im Wert von CHF 100'000.– zugunsten der künftigen AG. Der Vollzug soll unverzüglich mit dem Entstehen der AG vonstattengehen. Das Grundstück stellt das erste zu renovierende Projekt der AG dar.

f) Die Gründer beabsichtigen, an einer in einem Monat stattfindenden Versteigerung ein paar günstige Grundstücke für die künftige AG erwerben zu können.

g) Die Gründer kaufen eine Reihe von Firmenautos für die Mitarbeiter der zukünftigen AG. Christian, nebenberuflich als Autohändler tätig, verkauft die Autos zum Vorzugspreis von CHF 150'000.–. Geliefert werden sollen die Autos bei erfolgter Gründung.

h) Anton erhält Stimmrechtsaktien.

Übung 34

Sacheinlage

Eine AG wurde in qualifizierter Form mit einer Sacheinlage gegründet. Einzige Einlage ist ein Fabrikgelände, welches mit Aktien im Wert von CHF 200'000.– abgegolten wurde. Das Gelände hat aber nur einen Wert von CHF 100'000.–. Die Revisionsstelle bemerkt die Überbewertung ebenso wenig wie der Handelsregisterführer. Die Gesellschaft wird im Handelsregister eingetragen. Ist damit die AG entstanden?

Übung 35

Kauf einer AG

Anton, Bruno und Christian möchten auf die mühselige und kostenintensive Gründung einer AG verzichten. Sie kaufen deshalb eine wirtschaftlich vollständig liquidierte, rechtlich aber noch nicht aufgelöste AG. Danach richten sie die AG durch eine Statutenänderung ihren Wünschen gemäss ein.

Ist dies zulässig?

Übung 36

Scheiternde Gesellschaft

Anton, Bruno und Christian wollen zum Zwecke der Betreibung eines Zoos eine AG gründen. Anton hat mit Wissen der restlichen Gesellschafter eine stattliche Anzahl Zebras im Namen der zukünftigen AG erworben. Vor Erfüllung des Vertrages scheitert die Gründung der AG aber an der mangelnden Liberierung. Der Verkäufer der Zebras verlangt von den Gründern die Erfüllung des Vertrages. Zu Recht?

Übung 37

Weigerung der Übernahme

Ein Vertreter der Gründergesellschaft hat mit Hans einen Vertrag zugunsten der zukünftigen AG abgeschlossen. Um sich abzusichern, wurde die Bedingung eingefügt, dass der Vertrag nur erfüllt wird, wenn die AG auch tatsächlich entsteht. Nach Entstehen weigert sich aber die AG, den Vertrag zu übernehmen. Sowohl die Gründergesellschafter als auch Hans wollen das nicht hinnehmen und verlangen die Übernahme.

Können sie dies erzwingen?

C. Aktienkapital und Aktien

Übersicht

Aktienkapital	OR 621 i.V.m. 632 Abs. 2: Minimum CHF 100'000.–, wovon mind. CHF 50'000.– liberiert werden müssen; ausschliessliches Haftungssubstrat für die Gläubiger der Gesellschaft
Schutz des Aktienkapitals	<ul><li>OR 624: Verbot der Aktienausgabe unter dem Nennwert</li><li>OR 632 Abs. 1, 653a Abs. 2, 683 Abs. 1, 693 Abs. 2: Liberierungspflicht</li><li>OR 659 ff.: Beschränkung des Erwerbs eigener Aktien</li><li>OR 671 ff.: Bildung von Reserven</li><li>OR 675 ff.: Ausschüttungsverbot</li><li>OR 680 Abs. 2: Verbot der Einlagenrückgewähr</li><li>OR 725 f.: Massnahmen bei einem Bilanzverlust</li><li>OR 732 ff.: Schutzbestimmungen bei der Herabsetzung des Aktienkapitals</li></ul>
Kapitalverlust	OR 725 Abs. 1: Die Aktiven decken neben dem Fremdkapital nicht mehr die Hälfte des Aktienkapitals und der gesetzlichen Reserven.
Überschuldung	OR 725 Abs. 2: Die Aktiven decken das Fremdkapital nicht mehr zu 100%.
Aktie	<ul><li>Nennwert: Der Betrag, auf den die Aktie lautet</li><li>Emissionswert: Der Betrag, den die AG für die Ausgabe der Aktie verlangt</li><li>Substanzwert: Wert einer Aktie nach dem Nettovermögen der Gesellschaft</li><li>Innerer Wert: Wert einer Aktie nach dem Nettovermögen unter Berücksichtigung ihrer Ertragskraft und der Entwicklungs- und Gewinnaussichten</li></ul>
Arten von Aktien	<ul><li>OR 622: Inhaberaktien</li><li>OR 622: Namenaktien</li><li>OR 654: Vorzugsaktien</li><li>OR 693: Stimmrechtsaktien</li></ul>
Partizipationsschein	OR 656a ff.: Der Partizipant verfügt über dieselben Vermögensrechte wie der Aktionär, nicht aber über das Stimmrecht und die damit zusammenhängenden Mitwirkungsrechte.
Vinkulierung von Aktien	Beschränkung der Übertragbarkeit von Namenaktien<ul><li>OR 685: Gesetzliche Vinkulierung</li><li>OR 685a ff.: Statutarische Vinkulierung</li></ul>
Statutarische Vinkulierung von börsenkotierten Namenaktien	<ul><li>Keine Verwehrung des Übergangs von Aktien möglich</li><li>Entzug des Stimmrechts möglich:<ul><li>OR 685d Abs. 1: mittels einer prozentmässigen Beschränkung</li><li>OR 685d Abs. 2: bei falscher oder fehlender Auskunft über die Eigentumsverhältnisse</li><li>OR 4 SchlBest zum 26. Titel</li></ul></li></ul>
Statutarische Vinkulierung von nicht börsenkotierten Namenaktien	Vollständige Verwehrung des Übergangs von Aktien möglich:<ul><li>OR 685b Abs. 1 und 2: aus wichtigem Grund</li><li>OR 685b Abs. 1: durch Übernahme der Aktien gegen Entgelt</li><li>OR 685b Abs. 3: bei falscher oder fehlender Auskunft über die Eigentumsverhältnisse</li></ul>
Erhöhung des Aktienkapitals	<ul><li>OR 650: Ordentliche Kapitalerhöhung</li><li>OR 651: Genehmigte Kapitalerhöhung</li><li>OR 653: Bedingte Kapitalerhöhung</li></ul>
Herabsetzung des Aktienkapitals	<ul><li>OR 732 ff.: Konstitutive Kapitalherabsetzung</li><li>OR 735: Deklaratorische Kapitalherabsetzung</li></ul>

1. Aktienkapital

1.1 Allgemeines

Im Zentrum einer AG steht das Aktienkapital. Dieses ist in Teilsummen, sogenannte Aktien, zerlegt (OR 620). OR 621 setzt als Mindesthöhe für das Aktienkapital CHF 100'000.– fest. Tatsächlich einzuzahlen sind aber nur CHF 50'000.– (OR 632). Wird nicht voll liberiert, so besteht der Restbetrag als Forderung der AG gegenüber den jeweiligen Aktionären.

Hauptfunktion des Aktienkapitals ist die *Bereitstellung einer Haftungsbasis* für Gläubiger. Da bei einer AG die Gesellschafter (Aktionäre) keiner persönlichen Haftung unterliegen, ist es an der Gesellschaft, eine genügende Grundlage bereitzustellen. Damit das Aktienkapital diese Funktion übernehmen kann, bestehen zahlreiche Schutzvorschriften, die das Aktienkapital schützen; vgl. dazu gleich anschliessend. Das Aktienkapital garantiert ein bestimmtes vorhandenes Kapital und unterstützt dadurch die Kreditfähigkeit der Gesellschaft.

Die Höhe des Aktienkapitals ist aber nicht identisch mit der Höhe des Haftungssubstrats einer AG. Das Aktienkapital bezeichnet nur die Mindesthöhe der durch die Aktionäre in die AG eingebrachten Vermögenswerte. Diese Werte können durch die wirtschaftliche Tätigkeit mittels zurückbehaltener Gewinne vergrössert oder durch Verluste vermindert werden. Das Haftungssubstrat einer AG unterliegt folglich ständigen Schwankungen. Das Aktienkapital ist hingegen eine fixe Grösse, Veränderungen unterliegen strengen gesetzlichen Vorschriften (vgl. OR 650 ff. und 732 ff.; siehe dazu unten, S. 159 und 165).

1.2 Begriff

Überblick über die bilanzrechtliche Einteilung des Aktienkapitals:

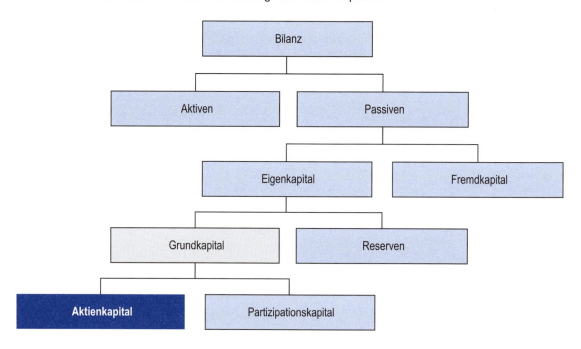

Der Gesetzgeber verwendet die Bezeichnung Aktienkapital meistens in einem weiteren Sinn, indem er darunter das Grundkapital, also sowohl das eigentliche Aktienkapital als auch das Partizipationskapital, subsumiert. Dies führt mitunter zu Missverständnissen. Um Unterschiede zu den gesetzlichen Regeln zu vermeiden, wird in den nachfolgenden Ausführungen ebenfalls vom Aktienkapital in diesem erweiterten Sinne gesprochen.

2. Schutz des Aktienkapitals

2.1 Allgemeines

Da bei einer AG die Aktionäre nicht persönlich haften, muss die Gesellschaft selbst über ein genügendes Haftungssubstrat verfügen. Dieses Haftungssubstrat bildet in der AG grundsätzlich das Aktienkapital. Der Gesetzgeber hat durch verschiedene Vorschriften das Aktienkapital und damit das Vermögen der AG geschützt. Ein Gläubiger soll damit nach Möglichkeit versichert sein, dass das einbezahlte Aktienkapital als Haftungssubstrat nicht verloren geht. Die AG darf in der Höhe des Aktienkapitals ihr Vermögen nicht freiwillig vermindern. Hingegen ist eine Verminderung des Vermögens einer AG durch erwirtschaftete Verluste hinzunehmen.

2.2 Verbot der Aktienausgabe unter dem Nennwert

OR 624 verbietet allgemein die Ausgabe von Aktien unter ihrem Nennwert.

2.3 Liberierungspflicht

Jede Aktie muss nach OR 632 Abs. 1 zu mindestens 20% liberiert werden (vgl. die anschliessende Tabelle), insgesamt müssen mind. CHF 50'000.– in eine AG eingebracht werden. Wurden nicht alle Aktien vollständig liberiert, so muss im Falle eines Konkurses der Restbetrag von den betroffenen Aktionären nachbezahlt werden. Auch kann der Verwaltungsrat bei einer Nichtbezahlung des Restbetrages trotz entsprechender Aufforderung den Aktionär seiner Rechte aus der Aktie verlustig erklären (sog. Kaduzierung, OR 681 f.). Erfolgt die Liberierung nicht in bar, bestehen besondere Schutzmassnahmen, die gewährleisten sollen, dass für das ausgegebene Aktienkapital auch ein entsprechender Vermögenswert in die Gesellschaft eingeflossen ist; vgl. hierzu die Ausführungen zur qualifizierten Gründung, S. 130.

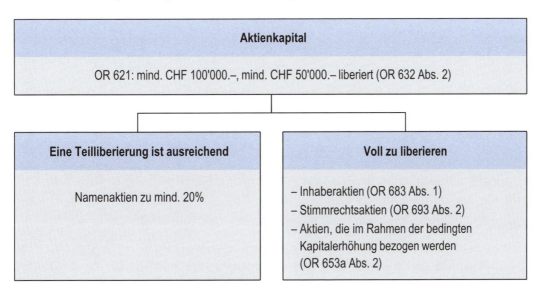

2.4 Verbot der Einlagenrückgewähr

OR 680 Abs. 2 verbietet die Rückgabe der getätigten Einlage an den Aktionär. Dieses Verbot gilt für Rückzahlungen aus dem Aktienkapital und den gesetzlichen Reserven. Beschliesst die AG eine Auszahlung aus den freien Reserven, ist ihr dies gestattet. Eine Rückerstattung der Einlage ist ausnahmsweise zulässig bei der Beendigung der Gesellschaft im Liquidationsverfahren sowie bei der Kapitalherabsetzung.

Zu beachten ist aber, dass ein Aktionär auch als Dritter unabhängig von seiner Aktionärsstellung in Vertragsbeziehungen zu der AG stehen kann. Eine so erlangte Forderung des Aktionärs ist ohne Weiteres durch die AG zu honorieren.

Rechtsprechung BGE 109 II 28, E. 2: Nach OR 680 Abs. 2 ist die Rückzahlung von Aktienkapital […] unzulässig, und ein gleichwohl ausbezahlter Betrag muss zurückerstattet werden […]; die Einlagepflicht lebt in einem solchen Fall wieder auf […]. Eine unzulässige Rückerstattung liegt auch dann vor, wenn ein Aktionär für die Liberierung der von ihm gezeichneten Aktien ein kurzfristiges Darlehen aufnimmt und ihm die Gesellschaft den Betrag wieder zur Verfügung stellt, damit er jenes Darlehen zurückzahlen kann […].

2.5 Ausschüttungsverbot

Dividenden, Tantiemen oder sonstige Boni dürfen nicht aus den Mitteln des Aktienkapitals und der gesetzlichen Reserven ausbezahlt werden. Substrat für solche Ausschüttungen bilden der

Bilanzgewinn und freie Reserven (OR 675 Abs. 2). Es muss sich also um Mittel handeln, die die Gesellschaft effektiv erwirtschaftet hat.

Ebenfalls dürfen keine Zinse für das Aktienkapital bezahlt werden (OR 675 Abs. 1). Ausnahmsweise dürfen im Anfangsstadium der Gesellschaft Bauzinse bezahlt werden (OR 676).

Sollten doch unerlaubte Leistungen ausbezahlt worden sein, so ist das Rechtsgeschäft nichtig und die Leistungen sind durch die Aktionäre nach OR 678 f. zurückzuerstatten.

2.6 Beschränkung des Erwerbs eigener Aktien

Der Wert einer Aktie ergibt sich dadurch, dass der Aktionär dafür Geld in die AG einbringt. Durch den Kauf von eigenen Aktien wird dieser Wert wieder aus der AG hinausgetragen. Mit dem Kauf ihrer eigenen Aktien erwirbt die AG keinen echten Gegenwert, da die gekauften Aktien ja ihr eigenes Vermögen verkörpern. Dadurch schwächt die AG ihre Vermögenslage. Der Erwerb eigener Aktien wird deshalb durch OR 659 ff. stark eingeschränkt.

Folgende *Voraussetzungen* müssen für den Erwerb eigener Aktien erfüllt sein:

- Die Gesellschaft darf zum Kauf nur frei verwendbares Eigenkapital verwenden. Das Geld muss also aus einem Bilanzgewinn oder aus freien Reserven stammen. Nicht verwendbar sind das Aktienkapital sowie die gesetzlichen oder statutarisch gebundenen Reserven (OR 659 Abs. 1);
- die Aktien im Besitz der Gesellschaft dürfen 10% des Nennwerts des Aktienkapitals nicht übersteigen (OR 659 Abs. 1). Beim Erwerb von vinkulierten Namenaktien dürfen ausnahmsweise bis zu 20% erworben werden. Die über 10% des Aktienkapitals hinaus erworbenen eigenen Aktien sind jedoch innert zwei Jahren zu veräussern oder durch Kapitalherabsetzung zu vernichten. Zur Erinnerung sei erwähnt, dass auch hier das Partizipationskapital zum Aktienkapital zu zählen ist (OR 656b Abs. 3);
- als Sicherung verlangt OR 659a Abs. 2, dass die Gesellschaft Reserven in der Höhe des Kaufpreises bildet. Die Verminderung des Wertes der eigenen Aktien wird dadurch für die Gläubiger kompensiert;
- Geschäfte mit eigenen Aktien sind im Bilanzanhang offenzulegen (OR 959b Abs. 2 Ziff. 4 und 5).

Das Stimmrecht und die damit verbundenen Rechte an den Aktien ruhen, solange sich diese im Besitz der AG befinden (OR 659a Abs. 1). Die Vermögensrechte bleiben aber aktiv. So bleibt ein Anrecht auf die Dividende bestehen, wenn auch eine Ausbezahlung der Dividende an sich selber, weil sinnlos, unterbleiben kann.

Beim Kauf eigener Aktien ist der Gleichbehandlungsgrundsatz der Aktionäre zu beachten. Ein Kaufangebot muss allen Aktionären zum gleichen Preis vorgelegt werden. Eine Einschränkung auf einzelne Aktionäre muss sachlich begründet sein und darf nicht diskriminieren. Der Gleichbehandlungsgrundsatz gilt auch bei einem Wiederverkauf der Aktien.

Ist eine Gesellschaft an Tochtergesellschaften mehrheitlich beteiligt, so gelten für den Erwerb ihrer Aktien durch die Tochtergesellschaften die gleichen Einschränkungen und Folgen wie für den Erwerb eigener Aktien (OR 659b).

Das Erwerbsverbot von OR 659 führt bei einer Zuwiderhandlung zum Schutze des Vertragspartners nicht zur Nichtigkeit oder Anfechtbarkeit des Erwerbsgeschäfts. Den Aktionären steht aber eine Verantwortlichkeitsklage gegen den Verwaltungsrat zu (OR 754). Da hierfür aber ein Schaden nachzuweisen ist, spielt diese Klage praktisch keine Rolle. Zur Nichtigkeit führt der Erwerb eigener Aktien nur, wenn gleichzeitig gegen das Verbot der Einlagenrückgewähr verstossen wird (OR 680 Abs. 2).

Zu beachten ist, dass der Erwerb eigener Aktien keine Kapitalherabsetzung bedeutet. Die Anzahl der Aktien und das Aktienkapital bleiben gleich gross, die AG besitzt nun aber einen Teil der Titel.

2.7 Kapitalherabsetzung

Bei der Kapitalherabsetzung wird ein Teil der Aktien von der Gesellschaft zurückgenommen und vernichtet oder der Nennwert der Aktien herabgesetzt. Zum Schutze des Kapitals und der Gläubiger sind hierfür besonders strenge Schutzvorrichtungen zu beachten (OR 732); vgl. hierzu die nachfolgenden Ausführungen, S. 165.

2.8 Bildung von Reserven

Der Schutz des Aktienkapitals soll weiter durch die Bildung von Reserven erweitert werden. Der Gesetzgeber zwingt die AG, einen Teil des Jahresgewinnes einer allgemeinen Reserve zuzuteilen (OR 671). Neben weiteren gesetzlich vorgeschriebenen Reserven (OR 671a f.) steht es der AG frei, zusätzliche Reserven zu bilden (OR 672 ff.). Zu den Reserven vgl. unten S. 208.

3. Bilanzverlust

3.1 Bilanzverlust

Die bisher aufgezählten Schutzbestimmungen können nicht gewährleisten, dass das Aktienkapital auch immer vollständig vorhanden ist. Eine AG wird ihr Aktienkapital nicht in einem Tresor beiseitelegen. Sie wird vielmehr die Gelder investieren. Dabei können Produktionsmaschinen an Wert verlieren oder durch missglückte Geschäftstransaktionen Verluste entstehen. Dies kann einen sog. *Bilanzverlust* zur Folge haben.

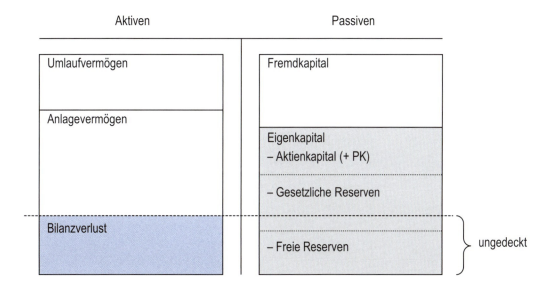

Vermögen die Aktiven in der Bilanz nicht mehr alle Passiven zu decken, liegt ein Bilanzverlust vor. Das in die Gesellschaft eingebrachte Geld und die zurückbehaltenen Gewinne sind nicht mehr in vollem Umfang erhalten. Solange die Aktiven der Gesellschaft das Fremdkapital noch voll decken und nur das Eigenkapital keine vollständige Deckung mehr erfährt, spricht man von einer *Unterbilanz*.

Für die qualifizierten Formen der Unterbilanz, des Kapitalverlusts oder der Überschuldung sieht das Gesetz in OR 725 und 725a bestimmte Massnahmen zum Schutz des Vermögens der AG vor, vgl. anschliessend.

3.2 Kapitalverlust

a) Begriff

Ein Kapitalverlust ist gegeben, wenn *die Aktiven neben dem Fremdkapital nicht mehr die Hälfte des Aktienkapitals* (inkl. Partizipationskapital) *und der gesetzlichen Reserven decken* (OR 725 Abs. 1). Es handelt sich um eine qualifizierte Form eines Bilanzverlustes. Ist dies der Fall, so muss der Verwaltungsrat unverzüglich eine Generalversammlung einberufen und Sanierungsmassnahmen beantragen.

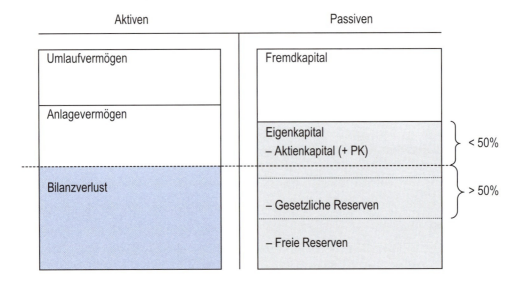

b) Überblick über die Sanierungsmassnahmen

Mittels Sanierungsmassnahmen soll die betroffene Gesellschaft aus der finanziellen Krisensituation wieder herausgeführt werden. Bei einem Kapitalverlust sind verschiedene Sanierungsmassnahmen möglich:

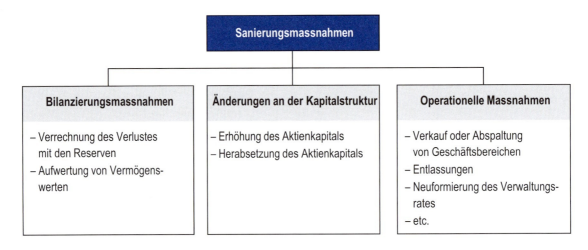

c) Verrechnung des Verlustes mit den Reserven

Sofern dies nicht bereits geschehen ist, werden zur Abwendung eines Kapitalverlustes in der Regel als Erstes die bestehenden Reserven mit dem Verlust verrechnet. Zur Verfügung steht neben den freien Reserven auch ein Teil der gesetzlichen Reserven: OR 671 Abs. 3 erlaubt es der AG, die allgemeinen Reserven als Teil der gesetzlichen Reserven zur Deckung des Verlustes zu verwenden. Die freien Reserven verringern zwar den Bilanzverlust, haben aber auf den Kapitalverlust keinen Einfluss, da dessen Berechnung unabhängig von den freien Reserven erfolgt. Werden hingegen gesetzliche Reserven verwendet, hat dies direkte Auswirkungen auf den Kapitalverlust; dieser kann dadurch unter Umständen abgewendet werden.

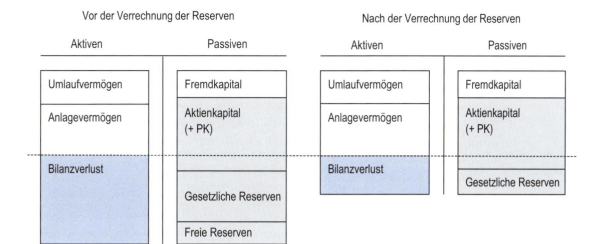

d) Aufwertung von Grundstücken oder Beteiligungen

Normalerweise darf das Anlagevermögen höchstens zu den Anschaffungs- oder den Herstellungskosten bewertet werden, unter Abzug der notwendigen Abschreibungen (OR 960a). OR 670 erlaubt nun dem Unternehmen im Falle eines Kapitalverlustes Grundstücke und Beteiligungen zu ihrem wirklichen (höheren) Wert zu bewerten; m.a.W. werden stille Reserven aufgelöst.

Der wirkliche Wert kann insbesondere bei Grundstücken, die vor vielen Jahren gekauft wurden, ein Vielfaches des Anschaffungswertes betragen. Solche Aufwertungen bedürfen der Prüfung durch die Revisionsstelle (OR 670 Abs. 2), der Betrag der Aufwertung muss anschliessend gesondert in der Bilanz als Aufwertungsreserve ausgewiesen werden (OR 670 Abs. 1) und im Bilanzanhang näher erläutert werden (OR 663b Ziff. 9).

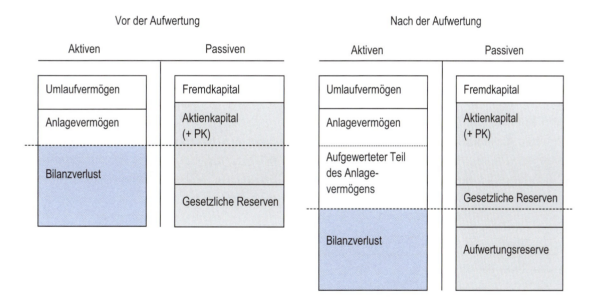

In der Bilanz zeigt sich die Aufwertung durch ein grösseres Anlagevermögen auf der Aktivseite und durch die Bildung einer Aufwertungsreserve als Teil der gesetzlichen Reserve auf der passiven Seite. Durch die Aufwertung wird die Bilanzsumme zunehmen, der Bilanzverlust bleibt gleich. Hingegen verändert sich das Verhältnis des Kapitalverlustes zum Aktienkapital und den Reserven mit der Folge, dass – eine genügend grosse Veränderung vorausgesetzt – kein Kapitalverlust mehr vorliegt.

e) Kapitalerhöhungen

Auch eine Kapitalerhöhung kann der Sanierung dienen, indem neue Vermögenswerte in die Gesellschaft eingebracht werden.

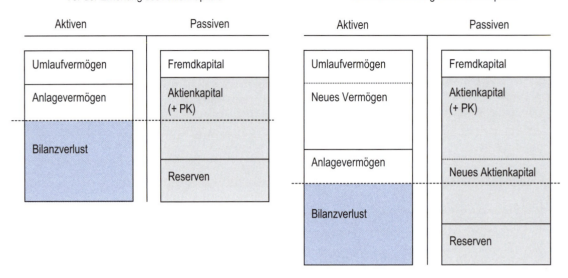

Bei der Ausgabe von neuen Aktien gegen Entgelt fliesst neues Vermögen in die AG. Dies zeigt sich in der Bilanz auf der Aktivseite durch ein vergrössertes Umlaufvermögen im Ausmass der neuen Einlagen und auf der Passivseite durch ein vergrössertes Aktienkapital. Durch die Einbringung von neuen Vermögenswerten bei einer Kapitalerhöhung wird sich die Bilanzsumme vergrössern, der Bilanzverlust bleibt gleich. Dadurch aber, dass mehr Aktienkapital vorhanden ist, wird sich auch das Verhältnis zum Bilanzverlust ändern, sodass ein Kapitalverlust u.U. vermieden werden kann.

f) Herabsetzung des Aktienkapitals

Als weitere Sanierungsmöglichkeit bietet sich eine Herabsetzung des Aktienkapitals an.

Der Gesetzgeber sieht zur Beseitigung einer Unterbilanz nach OR 735 ein vereinfachtes Verfahren vor. Eine Unterbilanz i.S.v. OR 735 liegt bereits vor, wenn die Aktiven das Aktienkapital nicht mehr vollständig decken. Eine Herabsetzung nach OR 735 ist also bereits vor Bestehen eines Kapitalverlustes möglich. Das Aktienkapital wird herabgesetzt, indem ein Teil der Aktien ohne entsprechende Gegenleistung durch die AG zurückgenommen und anschliessend vernichtet oder der Nennwert der Aktien herabgesetzt wird. Die Aktionäre verzichten also auf einen Teil ihrer Beteiligung an der Gesellschaft. Es fliesst kein Geld an die Aktionäre zurück.

Wird das Aktienkapital zum Zwecke der Sanierung auf null herabgesetzt und anschliessend wieder erhöht, so gehen die bisherigen Mitgliedschaftsrechte der Aktionäre mit der Herabsetzung unter. Die ursprünglich ausgegebenen Aktien müssen vernichtet werden (OR 732a Abs. 1)

Insgesamt wird die Bilanzsumme abnehmen. In dem Masse, in dem sich das Aktienkapital auf der Passivseite verkleinert, verringert sich auf der Aktivseite der Bilanzverlust. Durch die Herabsetzung des Aktienkapitals verändert sich das Verhältnis des Bilanzverlustes zum Aktienkapital und den gesetzlichen Reserven mit der Folge, dass – eine genügend grosse Veränderung vorausgesetzt – kein Kapitalverlust mehr vorliegt.

3.3 Überschuldung

Von einer Überschuldung spricht man, wenn *die Aktiven neben dem Fremdkapital das Aktienkapital (inkl. Partizipationskapital) und die Reserven nicht mehr decken*. Die Schulden der AG (Fremdkapital) sind grösser als die der Gesellschaft gehörenden Vermögenswerte (Aktiven). M.a.W. ist hier auch das Fremdkapital nicht mehr voll gedeckt. Die Gesellschaft kann ihre Schulden (Fremdkapital) nicht mehr aus ihrem Vermögen (Aktiven) bezahlen.

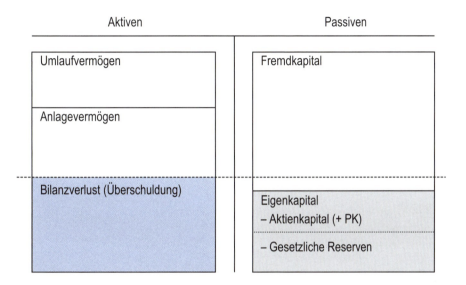

Besteht begründete Besorgnis für eine Überschuldung, so hat der Verwaltungsrat eine Zwischenbilanz zu erstellen und diese dem zugelassenen Revisor zur Prüfung vorzulegen.

Die Zwischenbilanz wird dabei mittels *zweier Bewertungsmethoden* erstellt:

- Zuerst wird, wie im Bilanzrecht üblich, der *Fortführungswert* der AG ermittelt. Die einzelnen Unternehmensbestandteile (Vorräte, Liegenschaften, Maschinen etc.) werden zu dem Wert angegeben, den sie im Unternehmen bei einer Fortführung der AG haben. M.a.W. wird ihr Wertschöpfungspotenzial innerhalb des Unternehmens angegeben.
- Als zweite Bewertungsmethode wird eine Bilanz zu *Veräusserungswerten* erstellt. Hier werden die einzelnen Unternehmensbestandteile zu dem Wert angegeben, den sie bei einer Veräusserung an Dritte im Falle der Liquidation mutmasslich erzielen werden.

Ergibt die Prüfung der Revisionsstelle, dass die Forderungen der Gesellschaftsgläubiger *weder zu Fortführungs- noch zu Veräusserungswerten* gedeckt sind, so hat der Verwaltungsrat den Richter zu benachrichtigen, sofern nicht Gesellschaftsgläubiger (in der Regel sind dies Gläubiger, die neben der Forderung auch Aktionäre der Gesellschaft sind) im Ausmasse dieser Unterdeckung im Rang hinter alle anderen Gesellschaftsgläubiger zurücktreten (OR 725 Abs. 2). Dies bedeutet, dass im Falle der Liquidation der Gesellschaft diese Gesellschaftsgläubiger erst berücksichtigt werden, wenn alle anderen Gläubiger befriedigt worden sind. Bei der Beurteilung der Vermögenslage der Gesellschaft müssen dafür diese Forderungen nicht zu den Schulden hinzugezählt werden, womit eine Überschuldung und damit der Konkurs u.U. abgewendet werden kann. Gelingt dies nicht, so ist der Richter zu benachrichtigen. Der Richter kann bei Aussicht auf eine Sanierung der Gesellschaft einen Konkursaufschub gewähren und allenfalls richterliche Massnahmen treffen (OR 725a).

Der Richter wird einen Konkursaufschub nur gewähren, wenn voraussichtlich durch die Sanierung die Gläubiger der Gesellschaft besser gestellt werden (d.h. mehr Geld bekommen) als ohne Sanierung. Ansonsten eröffnet er den Konkurs über die Gesellschaft.

Schema über das Vorgehen bei einer Überschuldung

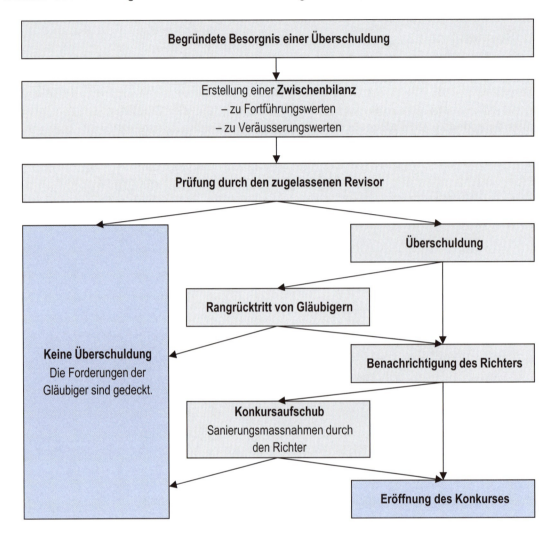

4. Aktien

4.1 Die Aktie als Beteiligungspapier an der Gesellschaft

In einer AG verkörpert die Aktie die Mitgliedschaft eines Gesellschafters.

Die Legaldefinition der AG bestimmt, dass ihr Kapital in Aktien zerlegt wird (OR 620 Abs. 1). *Der Betrag, auf den die Aktie lautet, wird als* Nennwert *bezeichnet*. Der Nennwert entspricht dem Anteil der Aktie am Aktienkapital. Die AG ist bei der Festlegung des Nennwerts frei. OR 622 Abs. 4 bestimmt, dass dieser mindestens 1 Rappen betragen muss. Wenn alle Aktien gleicher Art sind, lässt sich der Nennwert einer Aktie berechnen, indem das Aktienkapital durch die Gesamtzahl der Aktien geteilt wird. Es steht einer AG indessen offen, Aktien mit unterschiedlichen Nennwerten auszugeben.

Vom Nennwert zu unterscheiden sind folgende Begriffe:

a) Ausgabebetrag

Als *Ausgabebetrag* (oder Emissionswert) wird derjenige *Betrag* bezeichnet, den die AG *für die Ausgabe der Aktie* verlangt. Der Ausgabebetrag muss mindestens gleich hoch sein wie der Nennwert der Aktie (OR 624 Abs. 1). Ist er höher, so erhält die AG mehr Geld, als zur Liberierung des Aktienkapitals nötig wäre. Dieser Mehrbetrag wird als Agio bezeichnet und gehört zu den allgemeinen Reserven der AG (OR 671 Abs. 2 Ziff. 1).

b) Substanzwert

Der *Substanzwert* ist das *Nettovermögen einer AG geteilt durch die Anzahl der Aktien*. Der Substanzwert einer Aktie bestimmt sich nach dem effektiv vorhandenen Vermögen einer AG, nicht nach dem Aktienkapital. Das Nettovermögen besteht aus sämtlichen Vermögenswerten (Aktiven) der AG abzüglich aller Schulden (Fremdkapital).

c) Innerer Wert

Der *innere* (oder auch wirtschaftliche oder wirkliche) *Wert* einer Aktie geht vom *Substanzwert* aus und berücksichtigt daneben noch die *Ertragskraft der Aktie*. Schüttet eine AG jährlich hohe Dividenden pro Aktie aus, so wird der innere Wert höher sein als der Substanzwert. Der innere Wert widerspiegelt gewissermassen die Entwicklungs- und Gewinnaussichten der Aktie und damit der Gesellschaft. Bei börsenkotierten Aktien entspricht er dem Börsenkurs. Ein Käufer einer Aktie wird sich also primär nach diesem Wert richten.

Beispiel
Wurden bei einem Aktienkapital von CHF 100'000.– 10'000 gleiche Aktien ausgegeben, so hat jede Aktie einen Nennwert von CHF 10.–. Hat die AG ein Nettovermögen von CHF 150'000.–, so hat die Aktie einen Substanzwert von CHF 15.–. Stehen die Zukunftsaussichten der AG sehr gut, könnte der innere Wert auch das Zehnfache betragen.

Neben der Bedeutung als Kapitalanteil steht die Aktie auch als Inbegriff aller Rechte und Pflichten eines Gesellschafters in der AG. Letztlich ist es auch die Bezeichnung einer Urkunde, in der die Rechte des Aktionärs verbrieft sind. Die Aktie stellt ein Wertpapier dar.

4.2 Arten von Aktien

a) Inhaberaktien

Inhaberaktien sind Inhaberpapiere (OR 621 i.V.m. 978 ff.). Die Inhaberaktie enthält keinen Namen, sondern nennt den *Inhaber als Berechtigten*. Eine Übertragung erfolgt nach sachenrechtlichen Grundsätzen durch blosse Besitzesübergabe. Inhaberaktien sind anonym, die AG hat keinen Anspruch auf Kenntnis der Besitzer der Inhaberaktien. Inhaberaktien dürfen erst nach der vollständigen Liberierung ausgegeben werden (OR 683 Abs. 1). Wer im Besitz der Aktie ist, muss von der AG als Berechtigter für alle Aktionärsrechte angesehen werden.

Rechtsprechung
BGer v. 9. August 2004, 4C.229/2004, E. 2.2: Auf den Inhaber lautende Aktien dürfen erst nach der Einzahlung des vollen Nennwerts ausgegeben werden (OR 683 Abs. 1). Vor der Volleinzahlung ausgegebene Aktien sind nichtig (OR 683 Abs. 2). Damit können teilliberierte Inhaberaktien nicht übertragen werden. Dieses Verbot bezweckt nach der Rechtsprechung des Bundesgerichts, einen Übergang der Liberierungspflicht des Zeichners auf zahlungsunfähige Dritte zu verhindern. Dieser Zweck verbiete der Gesellschaft auch, die Übertragung der Liberierungsverpflichtung des Zeichners auf einen Dritten im Sinne einer Schuldübernahme zu genehmigen [...].

b) Namenaktien

Namenaktien lauten auf den *Namen des Aktionärs*. Sie gehören zu den Ordrepapieren (OR 1145 ff.) und nicht etwa zu den Namenpapieren. Berechtigter ist derjenige, auf dessen Namen die Aktie lautet.

Die Übergabe von Namenaktien erfolgt in zwei Schritten: Neben der *Übergabe des Titels* ist noch ein *Indossament* vorausgesetzt, d.h. eine Übertragungserklärung auf der Aktie (OR 684 Abs. 2). Der Käufer einer Namenaktie (Indossatar) muss sich gegenüber der Gesellschaft durch Vorweisung der Aktie als Aktionär ausweisen, was zur Eintragung in das Aktienbuch führt. Der Eintrag hat lediglich deklaratorischen Charakter, der Erwerber verfügt bereits vorher durch den rechtsgültigen Erwerb der Namenaktie über alle Aktionärsrechte. Vorbehalten bleibt eine gesetzliche (OR 685) oder statutarische (OR 685a ff.) Beschränkung der Übertragbarkeit von Namenaktien (Vinkulierung); vgl. dazu die anschliessenden Ausführungen, S. 154. Namenaktien müssen mit mindestens 20% des Nennwerts liberiert werden (OR 632).

Das *Aktienbuch* hat eine AG speziell für die ausgegebenen Namenaktien zu führen (OR 686 Abs. 1). Es dient der Legitimation der Aktionäre. Wer im Aktienbuch eingetragen ist, gilt als

Eigentümer oder Nutzniesser von Namenaktien und damit als Aktionär der Gesellschaft (OR 686 Abs. 4). Der Eigentümer einer Namenaktie kann als vollwertiger Aktionär oder als Aktionär ohne Stimmrecht eingetragen sein, vgl. dazu die Ausführungen zur Vinkulierung, unten S. 154. Die Eintragung bewirkt aber nicht den Rechtsübergang bei einer Namenaktie, er ist lediglich deklaratorischer Natur. I.d.R. gibt sich der Erwerber einer Namenaktie durch das Gesuch um Eintragung in das Aktienbuch aber als Aktionär gegenüber der AG zu erkennen. Zwingend zur Ausübung der Aktionärsrechte ist die Eintragung aber nicht.

Rechtsprechung BGer v. 9. August 2004, 4C.229/2004, E. 3.3: Das Gesetz verbietet die Ausgabe teilliberierter Inhaberaktien (OR 683 Abs. 1), nicht jedoch die Ausgabe teilliberierter Namenaktien. Bei Letzteren ist auf jedem Titel der auf den Nennwert einbezahlte Betrag anzugeben (OR 687 Abs. 4). Werden nicht voll einbezahlte Namenaktien übertragen, so ist ihr Erwerber der Gesellschaft gegenüber zur Einzahlung verpflichtet, sobald er im Aktienbuch eingetragen ist (OR 687 Abs. 1). Gleichzeitig wird der Veräusserer durch die Eintragung des Erwerbs der Aktie im Aktienbuch von der Einzahlungspflicht befreit, wenn er nicht Zeichner ist (OR 687 Abs. 3). Ist er Zeichner, so kann er gemäss OR 687 Abs. 2 für den nicht einbezahlten Betrag belangt werden, wenn die Gesellschaft binnen zwei Jahren seit ihrer Eintragung in das Handelsregister in Konkurs gerät und sein Rechtsnachfolger seines Rechtes aus der Aktie verlustig erklärt worden ist. OR 687 Abs. 2 regelt damit die Einzahlungspflicht des Zeichners, nachdem er seine teilliberierten Namenaktien rechtswirksam an einen Dritten veräussert hatte. Dass das Gesetz keine entsprechende Regelung für den Verkauf teilliberierter Inhaberaktien enthält, erklärt sich damit, dass solche Aktien nicht ausgegeben und damit auch nicht verkauft werden dürfen [...].

c) Stimmrechtsaktien

Grundsätzlich üben die Aktionäre ihr Stimmrecht in der Generalversammlung proportional zum Nennwert ihrer Aktien aus. Eine AG kann Aktien mit unterschiedlichem Nennwert herausgeben. Als *Stimmrechtsaktie* wird eine *Aktie mit einem geringeren Nennwert* als die regulären Aktien (sog. Stammaktien) bezeichnet. Aufgrund des geringeren Nennwerts ergibt sich deshalb eine entsprechend kleinere Einzahlungspflicht, wodurch ein Aktionär mit gleichem Kapitaleinsatz mehr Aktien und damit mehr Stimmrechte einkaufen kann. Wenn nun das Stimmrecht in den Statuten so verändert wird, dass jede Aktie unabhängig ihres Nennwertes eine Stimme besitzt, so ist im Ergebnis die Stimmrechtsaktie privilegiert (OR 693 Abs. 1).

Beispiel Eine AG hat ein Aktienkapital von CHF 1 Mio. Davon sind 200 Aktien à CHF 1'000.– (Stimmrechtsaktien) und 80 Aktien à CHF 10'000.– ausgegeben worden. Obwohl die Stimmrechtsaktionäre nur 1/5 des Aktienkapitals ausmachen, so verfügen sie doch bei Abstimmungen über ein klares Übergewicht, wenn pro Aktie eine Stimme abgegeben werden darf.

Unzulässig ist die Schaffung von Aktien mit unterschiedlicher Stimmkraft bei gleichem Nennwert.

Voraussetzungen zur Schaffung von Stimmrechtsaktien:
- Die Stimmrechtsaktien müssen auf einer Statutenbestimmung basieren (OR 691 Abs. 1);
- Stimmrechtsaktien müssen zwingend Namenaktien sein und voll liberiert werden (OR 693 Abs. 2);
- der Nennwert der Stimmrechtsaktien darf den zehnten Teil des Nennwerts der Stammaktien nicht unterbieten (OR 693 Abs. 2). Besitzt eine Stammaktie einen Nennwert von CHF 1'000.–, ist eine Stimmrechtsaktie bis minimal CHF 100.– zulässig.

In den folgenden Fällen richtet sich die Stimmkraft *immer nach dem Nennwert der Aktien* (OR 693 Abs. 3):
- Wahl der Revisionsstelle (Ziff. 1);
- Ernennung des Sachverständigen zur Prüfung der Geschäftsführung (Ziff. 2);
- Beschlussfassung über die Einleitung einer Sonderprüfung (Ziff. 3);
- Beschlussfassung über die Anhebung einer Verantwortlichkeitsklage (Ziff. 4).

d) Vorzugsaktien

Die Vermögensrechte eines Aktionärs werden nach OR 661 grundsätzlich im Verhältnis der tatsächlich erfolgten Liberierung ausgerichtet. Durch Vorzugsaktien kann dies abgeändert werden. Vorzugsaktien gewähren ihrem Besitzer *vermögensmässige Vorteile* gegenüber den Stammaktienbesitzern. Zu ihrer Gültigkeit müssen sie in den Statuten verankert werden (OR 654 Abs. 1). Abgesehen von ihren vermögensrechtlichen Vorteilen sind sie den Stammaktien gleichgestellt (OR 656 Abs. 1).

Mögliche Vorteile sind (OR 656 Abs. 2):

- höhere Dividenden;
- Ausrichtung von Mindestdividenden, bevor an die Stammaktionäre ausgeschüttet wird;
- Vorrecht auf den Liquidationsanteil;
- Bezugsrechte bei Kapitalerhöhungen.

5. Partizipations- und Genussschein

5.1 Partizipationsschein (PS)

a) Partizipationskapital

Eine AG kann neben dem Aktienkapital über ein Partizipationskapital verfügen (OR 656a). Hierfür bedarf es einer statutarischen Grundlage (OR 656a Abs. 1). Es gelten grundsätzlich dieselben Bestimmungen wie für das Aktienkapital (OR 656a Abs. 2). Das Partizipationskapital wird in Teilsummen, die Partizipationsscheine, zerteilt. Das Partizipationskapital kennt keinen Mindestwert, als Höchstwert darf es das Doppelte des Aktienkapitals nicht übersteigen (OR 656b Abs. 1).

Das Partizipationskapital ist grundsätzlich getrennt vom Aktienkapital zu führen. OR 656a Abs. 2 bestimmt aber in allgemeiner Weise, dass bei der Verwendung des Begriffs des Aktienkapitals auch jeweils das PS-Kapital zu addieren ist. Zur Verdeutlichung listet OR 656b Abs. 3 nicht abschliessende Sachverhalte auf, in welchen das PS-Kapital hinzuzuzählen ist.

Das Partizipationskapital ist namentlich in folgenden Fällen zum Aktienkapital zu addieren:

- Erwerb eigener Aktien (OR 659 ff.);
- Allgemeine Reserve (OR 671);
- Einleitung einer Sonderprüfung (OR 697b);
- Berechnung des Kapitalverlustes (OR 725).

b) Partizipationsschein (PS)

Der PS ist im Wesentlichen eine stimmrechtslose *Aktie*. Der Partizipant verfügt grundsätzlich über dieselben Vermögensrechte wie der Aktionär (OR 656f), nicht aber über das Stimmrecht und die damit zusammenhängenden Mitwirkungsrechte (OR 656c). Für die PS gelten grundsätzlich dieselben Bestimmungen wie für die Aktie, sofern nicht eine Sonderbestimmung aufgestellt wurde (OR 656a Abs. 2).

Der PS hat einen Nennwert (mind. 1 Rappen, OR 622 Abs. 4) und wird gegen Einlage (mind. 20% liberiert, OR 632 Abs. 1) ausgegeben (OR 656a).

Die Bedeutung der PS ist seit der Reglementierung in OR 656a ff. stark gesunken.

Die *Rechtsstellung der Partizipanten*
- Kein Stimmrecht (OR 656c).
- Keine mit dem Stimmrecht zusammenhängende Rechte, namentlich (OR 656c Abs. 2):
  - kein Recht auf Einberufung der Generalversammlung;
  - kein Teilnahmerecht an der Generalversammlung;
  - kein Recht auf Auskunft;
  - kein Recht auf Einsicht und kein Antragsrecht.

- Die mit dem Stimmrecht zusammenhängenden Rechte können den Partizipanten statutarisch eingeräumt werden.
- Gewähren die Statuten den Partizipanten diese Rechte nicht, haben diese das Recht, ein schriftliches Begehren um Auskunft oder Einsicht oder um Einleitung einer Sonderprüfung zuhanden der Generalversammlung zu stellen (OR 656c Abs. 3).
- Beschränkte Informationsrechte: Partizipanten sind über die Einberufung einer Generalversammlung und die Anträge des Verwaltungsrates zu informieren (OR 656d Abs. 1). Die Beschlüsse der Generalversammlung sind zur Einsicht für die Partizipanten aufzulegen (OR 656d Abs. 2).
- Partizipanten haben das Recht auf Anfechtung von Generalversammlungsbeschlüssen (OR 706) und auf die Einreichung einer Verantwortlichkeitsklage (OR 753 ff.).
- Partizipanten haben das Recht, die Auflösung der Gesellschaft aus wichtigem Grund (OR 736 Ziff. 4) zu verlangen.
- Partizipanten stellen keinen Vertreter im Verwaltungsrat, es sei denn, die Statuten sehen dies vor (OR 656e).
- Partizipanten dürfen vermögensrechtlich nicht schlechter gestellt werden als Aktionäre (OR 656f Abs. 1). Gibt es mehrere Kategorien von Aktien, so müssen sie zumindest der Kategorie gleichgestellt werden, die am wenigsten bevorzugt ist (OR 656f Abs. 2).
- Sollen Vorrechte oder statutarisch eingeräumte Mitwirkungsrechte beschränkt oder aufgehoben werden, ist hierfür die Zustimmung der Mehrheit aller betroffenen Partizipanten erforderlich (durchgeführt durch eine speziell einberufene Partizipantenversammlung), es sei denn, die Statuten bestimmen etwas anderes (OR 656f Abs. 4).
- Bei Kapitalerhöhungen berechtigt OR 656g die Partizipanten zum Bezug von neuem Gesellschaftskapital und schützt ihre Position gegenüber Aktionären.

5.2 Genussschein

OR 657 ermöglicht es der AG, sogenannte Genussscheine auszugeben. Der Empfänger eines Genussscheins erhält ein vermögenswertes Recht, jedoch keine Mitgliedschaftsrechte. Zu diesen Vermögensrechten zählen namentlich das Recht auf Anteil am Reingewinn, am Liquidationsergebnis oder auf den Bezug von Aktien (OR 657 Abs. 2). Als möglichen Empfänger sieht OR 657 Abs. 1 Aktionäre, Arbeitnehmer oder frühere Anteilseigner vor.

Ein Genussschein ist weder eine Aktienart noch ein Partizipationsschein. Er hat keine Finanzierungsfunktion. Er repräsentiert weder einen Anteil am Gesellschaftskapital, noch hat er einen Nennwert und wird auch nicht gegen eine Einlage ausgegeben. Genussscheine werden ausgestellt, um besondere Verdienste zu honorieren, oder sehr häufig auch, um Aktionären im Rahmen von Sanierungsmassnahmen eine gewisse Abfindung für die zu tragenden Kapitalverluste zu geben.

Die Ausgabe von Genussscheinen bedarf einer statutarischen Grundlage (OR 657 Abs. 1).

6. Die Vinkulierung von Aktien

6.1 Allgemeines

Unter der Vinkulierung von Aktien versteht man die Beschränkung ihrer Übertragbarkeit. Die Anerkennung des Aktionärs durch die AG wird gewissen Beschränkungen unterworfen; m.a.W. wird der Rechtsanspruch des Erwerbers auf Anerkennung als Aktionär in bestimmten Fällen eingeschränkt. Die Beschränkung kann einerseits gesetzlich vorgeschrieben (OR 685) oder statutarisch vereinbart werden (OR 685a ff.).

Die Vinkulierung von Aktien ist eher die Ausnahme und nur möglich bei Namenaktien. Inhaberaktien sind nicht vinkulierbar. Bei börsenkotierten Aktien wird die Vinkulierung eingeschränkt, damit der Handel der Aktien nicht übermässig erschwert wird. Ohne Vinkulierung hat eine AG keine Möglichkeit, sich der Übertragung ihrer Aktien zu widersetzen, ein Erwerber ist ohne Weiteres als Aktionär zu akzeptieren.

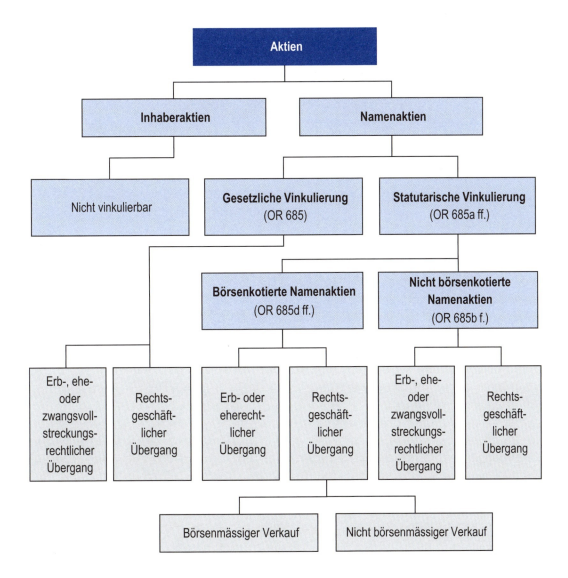

6.2 Gesetzliche Vinkulierung

Nach OR 685 dürfen *nicht voll liberierte Namenaktien* nur mit Zustimmung der Gesellschaft übertragen werden; m.a.W. darf die AG bei nicht voll liberierten Namenaktien die Übertragbarkeit verweigern.

> Die Möglichkeit der Verweigerung wird aber eingeschränkt:
> - Generell keiner Zustimmung bedarf der Übergang von Aktien durch Erbgang, Erbteilung, eheliches Güterrecht oder Zwangsvollstreckung (OR 685 Abs. 1). Die Möglichkeit der Verweigerung wird dadurch auf die rechtsgeschäftliche Übertragung beschränkt.
> - Eine Verweigerung ist weiter nur möglich, wenn die Zahlungsfähigkeit des Erwerbers zweifelhaft erscheint und er von der Gesellschaft geforderte Sicherheitsleistungen nicht erbracht hat (OR 685 Abs. 2).

6.3 Statutarische Vinkulierung

Statutarische Vinkulierungen für Namenaktien bedürfen zu ihrer Gültigkeit eines entsprechenden Eintrags in den Statuten. Der Gesetzgeber unterscheidet bei der statutarischen Vinkulierung zwischen börsenkotierten und nicht börsenkotierten Namenaktien.

a) Börsenkotierte Namenaktien

Börsenkotiert sind Aktien, die regelmässig an der Börse gehandelt werden. Da solche Aktien möglichst reibungslos gehandelt werden sollen, wird deren Vinkulierung stark eingeschränkt. So kann die AG gegen den Kauf der Aktien nichts unternehmen. Eine *Beschränkung ist nur bezüglich des Stimmrechts* und der damit verbundenen Rechte möglich. Der Kauf und der Eintritt in die Vermögensrechte eines Aktionärs können bei börsenkotierten Namenaktien nicht beschränkt werden. Bei börsenkotierten Aktien gehen mit Ausnahme des Stimmrechts und der damit verbundenen Rechte alle Rechte selbst dann auf den Erwerber der Namenaktie über, wenn die AG ihre Zustimmung verweigert.

Folgende *Vinkulierungsmöglichkeiten* bestehen bei börsenkotierten Namenaktien:

- Die Statuten können eine *prozentmässige Beschränkung* des Erwerbs ihrer Aktien vorsehen (OR 685d Abs. 1). Die AG kann damit zwar entgegen dem Wortlaut nicht den Kauf von über die Beschränkung hinausgehenden Aktien verhindern, diese sind auf dem Markt frei erwerbbar. Sie kann aber den Erwerb des entsprechenden Stimmrechts verhindern. Wird z.B. eine Prozenthürde von 5% festgelegt, kann ein Aktionär zwar mehr als 5% aller Aktien kaufen, er wird aber mit nur für 5% der Aktien als Aktionär mit Stimmrecht im Aktienbuch eingetragen. Bei den darüber hinausgehenden Aktien ruhen die Stimmrechte (nicht aber die Vermögensrechte), der Erwerber wird für diese Aktien als Aktionär ohne Stimmrecht in das Aktienbuch eingetragen. Damit sollen feindliche Übernahmen des Unternehmens erschwert werden.
- Die AG kann den Eintrag als vollwertigen Aktionär in das Aktienbuch weiter verweigern, wenn der Erwerber auf Verlangen der AG *keine oder eine falsche Auskunft über die Eigentumsverhältnisse* an den erworbenen Aktien gibt (OR 685d Abs. 2). Man spricht von einer Treuhanderklärung. Damit soll verhindert werden, dass die prozentmässige Beschränkung des Erwerbs von Aktien mit Stimmrecht umgangen wird. Wer gegen diese Beschränkung verstösst, wird nur als stimmrechtsloser Aktionär in das Aktienbuch eingetragen, die Vermögensrechte bleiben davon unberührt.
- Die AG kann die Eintragung in das Aktienbuch schliesslich verweigern, sofern deren Aufnahme *gegen ein Bundesgesetz verstösst*, das den Kreis der Aktionäre beschränkt (z.B. OR 4 SchlBest. zum 26. Titel des). Seit dem Wegfall der Beschränkung des Erwerbs von Beteiligungen an Immobiliengesellschaften durch Ausländer hat diese Bestimmung praktisch nur noch in spezifischen Branchen eine Bedeutung (vgl. etwa für Banken Art. 3 Abs. 2 lit. c[bis] Bankengesetz).

Die AG muss das Gesuch des Erwerbes von Aktien um Anerkennung innert 20 Tagen ablehnen, ansonsten gilt er als stimmberechtigter Aktionär (OR 685g).

Generell *keine Beschränkungsmöglichkeit* besteht bei einer Übertragung infolge *Erbgang, Erbteilung oder ehelichem Güterrecht* (OR 685d Abs. 3). Im Gegensatz zur gesetzlichen Vinkulierung wird in OR 685d Abs. 3 die Übertragung durch Zwangsvollstreckung nicht von der Vinkulierung ausgenommen. Ob es sich hier um ein Versehen handelt, ist unklar.

Bezüglich des *Rechtsübergangs* der Namenaktien ist zwischen dem börsenmässigen und dem nicht börsenmässigen Erwerb zu unterscheiden:

- Kauft der Erwerber die Aktie an der Börse, so meldet die Veräusserbank der Gesellschaft den Verkauf, die daraufhin den Veräusserer als Aktionär in ihrem Aktienbuch streicht. Die Rechte des Veräusserers als Aktionär sind damit untergegangen (OR 685e). Die Identität des Käufers wird nicht gemeldet.

Das Eigentum und alle Rechte gehen mit der Übertragung der Aktien auf den Erwerber über. Das Stimmrecht und die damit verbundenen Rechte ruhen jedoch bis zur Anerkennung als Aktionär durch die Gesellschaft. Hierzu muss der Erwerber bei der AG den Kauf melden und um Anerkennung als Aktionär ersuchen. Solange der Aktionär nicht anerkannt ist, gelten die entsprechenden Aktien bei einer Generalversammlung als nicht vertreten (OR 685f Abs. 3). Alle übrigen Rechte, das Eigentum und damit die Verfügungsrechte sowie die Vermögensrechte über die Aktie übt der Erwerber sofort aus (OR 685f Abs. 2). Wird der Erwerber aufgrund der Vinkulierung nicht anerkannt, so bleibt er Eigentümer der Aktie und wird als Aktionär ohne Stimmrecht, aber mit allen Vermögensrechten, in das Aktienbuch eingetragen.

Während des Zeitraumes, in dem der Veräusserer von Aktien im Aktienbuch gestrichen wurde und der Käufer sich noch nicht gemeldet hat, weiss die Gesellschaft nicht, wem die Aktien gehören. Oft wird auch generell auf ein Eintragungsgesuch verzichtet und die Aktie auf den Bezug der Dividende beschränkt. Namenaktien ohne einen gemeldeten Aktionär werden Dispo-Aktien genannt.

- Werden die Aktien ausserhalb der Börse übertragen, so behält der Veräusserer das Eigentum und alle Aktionärsrechte bei sich, bis der Erwerber bei der Gesellschaft sein Gesuch um Anerkennung als Aktionär einreicht (OR 685f Abs. 1 OR). Zu diesem Zeitpunkt gehen das Eigentum und die Vermögensrechte auf den Erwerber über. Die Stimmrechte ruhen auch in diesem Fall bis zur Anerkennung des Aktionärs (OR 685f Abs. 2).

Daraus ergeben sich folgende verschiedene Aktionärstypen, mit denen sich eine AG befassen muss:
- im Aktienbuch eingetragene Aktionäre mit Stimmrecht;
- im Aktienbuch eingetragene Aktionäre ohne Stimmrecht;
- Aktionäre, die Aktien erworben haben, sich aber nicht bei der AG gemeldet haben, sog. Dispoaktionäre;
- Aktionäre, die im Aktienbuch eingetragen sind, die aber ihre Aktien ausserbörslich veräussert haben, ohne dass der Erwerber dies der AG gemeldet hat.

b) Nicht börsenkotierte Namenaktien

Bei nicht börsenkotierten Namenaktien sind die Vinkulierungsmöglichkeiten erheblich grösser. Im Unterschied zu den börsenkotierten Namenaktien kann eine AG bei einer rechtsgeschäftlichen Übertragung von nicht börsenkotierten Namenaktien nicht nur das Stimmrecht, sondern die *Übertragung generell* verhindern. Der Erwerber erhält weder das Eigentum noch die Aktionärsrechte.

Folgende *Vinkulierungsmöglichkeiten* sind bei nicht börsenkotierten Namenaktien erlaubt:
- Die AG kann die Übertragung von Namenaktien verweigern, wenn sie hierfür *einen in den Statuten genannten, wichtigen Grund* hat (OR 685b Abs. 1). Als wichtige Gründe werden namentlich zwei Sachverhalte aufgeführt (OR 685b Abs. 2):
  - Eine Beschränkung kann erstens im Zusammenhang mit der wirtschaftlichen Selbstständigkeit vereinbart werden. Eine Zulassung kann damit etwa verweigert werden, wenn hinter dem Kauf ein Konkurrent steht oder wenn generell ein konkreter Verdacht besteht, dass der Aktienkauf im Zusammenhang mit einer Übernahme des Unternehmens oder einem Kontrollwechsel steht. Auch ist diesbezüglich eine prozentmässige Beschränkung des Erwerbs nach dem Vorbild der börsenkotierten Namenaktien möglich.
  - Zweitens ist eine Beschränkung erlaubt, wenn der Aktionärskreis im Hinblick auf den Gesellschaftszweck eingegrenzt wurde. So kann eine politisch motivierte Zeitung nur Mitglieder einer bestimmten Partei zulassen oder eine AG nur Aktionäre einer bestimmten Berufsgruppe, sofern ihr Gesellschaftszweck eine professionelle Dienstleistung zugunsten dieser Berufsgruppe erbringt.

  Die wichtigen Gründe müssen jeweils explizit in den Statuten aufgeführt werden.

- Die AG kann die Übertragung auch ohne Angabe eines Grundes verweigern, wenn sie dem Veräusserer (und nicht dem Erwerber) anbietet, die Aktien auf eigene Rechnung, auf Rechnung anderer Aktionäre oder auf Rechnung von Dritten *zum wirklichen Wert* im Zeitpunkt des Gesuches zu *übernehmen* (OR 685b Abs. 1; zum Begriff des wirklichen Werts vgl. oben, S. 151). Lehnt der Veräusserer das Angebot ab, so ist die Übertragung nicht zustande gekommen und der Veräusserer bleibt Aktionär. Akzeptiert er das Angebot der AG, so gehen die Aktien an die AG; der Erwerber der Aktien erhält in keinem Fall Eigentum oder Aktionärsrechte an der Aktie.

- Wie bei den börsenkotierten Aktien kann die AG den Eintrag in das Aktienbuch verweigern, wenn der Erwerber auf ihr Verlangen *keine oder eine falsche Auskunft über die Eigentumsverhältnisse* an den erworbenen Aktien gibt (OR 685b Abs. 3).

Sind die Aktien durch *Erbgang, Erbteilung, eheliches Güterrecht oder durch Zwangsvollstreckung* erworben worden, so kann die Gesellschaft das Gesuch um Anerkennung nur ablehnen, wenn sie dem Erwerber die *Übernahme der Aktien zum wirklichen Wert anbietet* (OR 685b Abs. 4). Ein anderer Verweigerungsgrund besteht hier nicht.

Die AG muss das Ersuchen um Eintragung in das Aktienbuch innert drei Monaten ablehnen, ansonsten gilt die Zustimmung als erteilt (OR 685c Abs. 3).

> Bezüglich des *Rechtsübergangs* ist zwischen dem rechtsgeschäftlichen und dem erb-, ehe- oder zwangsvollstreckungsrechtlichen Erwerb der Aktien zu unterscheiden:
> - Bei einer rechtsgeschäftlichen Übertragung von vinkulierten, nicht börsenkotierten Aktien gehen sowohl das Eigentum als auch die Aktionärsrechte erst mit der Zustimmung durch die Gesellschaft auf den Erwerber über (OR 685c Abs. 1). Der Veräusserer behält bis zu diesem Zeitpunkt alle Rechte bei sich. Verweigert die Gesellschaft die Eintragung, so bleibt der Veräusserer Eigentümer der Aktien. Die Grundlage des Kaufvertrages fällt damit dahin. Der Verkäufer kann seine vertragliche Pflicht – die Übertragung der Aktie – nicht erfüllen. In der Praxis empfiehlt es sich, beim Verkauf einer solchen Aktie den Vertrag unter der Bedingung der Zustimmung durch die Gesellschaft abzuschliessen.
> - Beim Erwerb der Aktien durch Erbgang, Erbteilung, eheliches Güterrecht oder Zwangsvollstreckung gehen das Eigentum und die Vermögensrechte sofort, die Mitwirkungsrechte erst mit der Zustimmung der Gesellschaft auf den Erwerber über (OR 685c Abs. 2).

6.4 Übersicht über die Vinkulierung und deren Folgen

Ablehnungsgründe	Übertragung	Folgen der Ablehnung
1. Keine Vinkulierung		
Keine	- Übertragung des Eigentums und aller Aktionärsrechte bei Übergabe - Anspruch auf Eintragung in das Aktienbuch mit deklaratorischem Charakter	Keine Ablehnung möglich, Erwerber wird Aktionär
2. Gesetzliche Vinkulierung		
a) Rechtsgeschäftlicher Übergang nicht voll liberierter Namenaktien		
Zweifelhafte Zahlungsfähigkeit des Erwerbers und keine Sicherheit	Keine Übertragung des Eigentums und der Aktionärsrechte	- Veräusserer bleibt Aktionär - Erwerber wird nicht Aktionär
b) Erb-, ehe- oder zwangsvollstreckungsrechtlicher Übergang		
Keine	- Übertragung des Eigentums und aller Aktionärsrechte bei Übergang - Anspruch auf Eintragung in das Aktienbuch mit deklaratorischem Charakter	Keine Ablehnung möglich, Erwerber wird Aktionär
3. Statutarische Vinkulierung		
a) Nicht börsenkotierte Namenaktien; rechtsgeschäftlicher Übergang		
- Wichtiger Grund - Übernahme der Aktien zum wirklichen Wert - Verweigerung der Auskunft über das Eigentum der Aktien	Bis zur Zustimmung oder zur Übernahme der Aktie durch die AG verbleiben das Eigentum und alle Aktionärsrechte beim Veräusserer (Frist drei Monate)	- Erwerber wird nicht Aktionär - AG übernimmt Aktien vom Veräusserer gegen Entgelt oder der Veräusserer bleibt Aktionär

Ablehnungsgründe	Übertragung	Folgen der Ablehnung
b) Nicht börsenkotierte Namenaktien; erb-, ehe- oder zwangsvollstreckungsrechtlicher Übergang		
Übernahme der Aktien zum wirklichen Wert	▪ Eigentum und Vermögensrechte gehen sofort auf den Erwerber über. ▪ Die Mitwirkungsrechte gehen erst mit der Zustimmung durch die AG über (Frist drei Monate)	▪ Erwerber wird nicht Aktionär. ▪ AG übernimmt Aktien gegen Entgelt.
c) Börsenkotierte Namenaktien; rechtsgeschäftlicher Übergang; börsenmässiger Verkauf		
▪ Prozentmässige Begrenzung des Erwerbs ▪ Verweigerung der Auskunft über das Eigentum der Aktien ▪ Art. 4 SchlBest.	▪ Alle Rechte gehen mit der Übertragung auf den Erwerber über ▪ Die Mitwirkungsrechte ruhen bis zur Zustimmung durch die AG (Frist 20 Tage)	Erwerber wird Aktionär ohne Stimmrecht.
d) Börsenkotierte Namenaktien; rechtsgeschäftlicher Übergang; Verkauf ausserhalb der Börse		
▪ Prozentmässige Begrenzung des Erwerbs ▪ Weigerung der Auskunft über das Eigentum der Aktien ▪ Art. 4 SchlBest.	▪ Das Eigentum und die Aktionärsrechte gehen mit der Anmeldung bei der AG auf den Erwerber über. ▪ Die Mitwirkungsrechte ruhen bis zur Zustimmung durch die AG (Frist 20 Tage).	Erwerber wird Aktionär ohne Stimmrecht.
e) Börsenkotierte Namenaktien; erb- oder eherechtlicher Übergang		
Keine	▪ Übertragung des Eigentums und aller Aktionärsrechte bei Übergabe ▪ Anspruch auf Eintragung in das Aktienbuch mit deklaratorischem Charakter	Keine Ablehnung möglich, Erwerber wird Aktionär.

7. Erhöhung des Aktienkapitals

7.1 Allgemeines

Eine AG verfügt grundsätzlich über ein in bestimmter Höhe festgesetztes, nicht variables Aktienkapital. Will eine AG die Höhe des Aktienkapitals verändern, so ist dafür ein streng reglementiertes, formelles Verfahren notwendig.

Bei einer Kapitalerhöhung gibt die Gesellschaft neue Aktien aus und vergrössert damit ihr Aktienkapital. Der Gesetzgeber hat die Erhöhung des Aktienkapitals in OR 650 ff. geregelt. Das Vorgehen ähnelt in vielen Punkten der Gründung einer AG, insbesondere bei der Liberierung und Leistung der Einlagen.

Gründe für eine Kapitalerhöhung können sein:
- die Zuführung neuer Eigenmittel;
- die verbilligte Abgabe von Aktien an die bisherigen Aktionäre als Geste der Dankbarkeit;
- die Bereitstellung von eigenen Aktien für besondere Zwecke, etwa für ein Tauschangebot an die Aktionäre eines fremden Unternehmens, an dem man sich beteiligen will;
- die Möglichkeit zum Bezug von Aktien für Mitarbeiter als Teil ihrer Vergütung;
- die Aufbesserung der Finanzlage.

Das Aktienrecht kennt drei Arten der Kapitalerhöhung:

Die Bestimmungen zur Erhöhung des Aktienkapitals finden im Übrigen auch bei der Erhöhung oder Schaffung von Partizipationskapital Anwendung (OR 656a Abs. 2).

7.2 Ordentliche Kapitalerhöhung

OR 650 regelt das Verfahren für die ordentliche Kapitalerhöhung.

Zur *Beschlussfassung* über die Erhöhung des Aktienkapitals ist die *Generalversammlung* zuständig. Die *Ausführung* obliegt dem *Verwaltungsrat*. Der Beschluss ist öffentlich zu beurkunden.

> Folgende Angaben müssen im *Kapitalerhöhungsbeschluss* enthalten sein (OR 650 Abs. 2):
> - der gesamte Nennbetrag, um den das Aktienkapital erhöht werden soll, und der Betrag der darauf zu leistenden Einlagen;
> - die Anzahl, Nennwert und Art der Aktien sowie Vorrechte einzelner Kategorien;
> - der Ausgabebetrag oder die Ermächtigung an den Verwaltungsrat, diesen festzusetzen, sowie der Beginn der Dividendenberechtigung;
> - die Art der Einlagen, bei Sacheinlagen deren Gegenstand und Bewertung sowie der Name des Sacheinlegers und die ihm zukommenden Aktien;
> - bei Sachübernahmen der Gegenstand, der Name des Veräusserers und die Gegenleistung der Gesellschaft;
> - der Inhalt und der Wert von besonderen Vorteilen sowie die Namen der begünstigten Personen; eine Beschränkung der Übertragbarkeit neuer Namenaktien;
> - eine Einschränkung oder Aufhebung des Bezugsrechtes und die Zuweisung nicht ausgeübter oder entzogener Bezugsrechte;
> - die Voraussetzungen für die Ausübung vertraglich erworbener Bezugsrechte.

Hat die Generalversammlung (GV) den Beschluss zur ordentlichen Kapitalerhöhung gefällt, so muss dieser innert drei Monaten durch den Verwaltungsrat ausgeführt werden. Ansonsten fällt er dahin (OR 650 Abs. 3).

Die GV wird meistens den Emissionspreis der neuen Aktien nicht selbst festlegen, sondern hierzu den Verwaltungsrat ermächtigen (OR 650 Abs. 2 Ziff. 3). Damit kann dieser bis zur Ausführung der Kapitalerhöhung auf mögliche Schwankungen am Finanzmarkt reagieren und den Preis optimal festlegen.

7.3 Genehmigte Kapitalerhöhung

Nach OR 651 Abs. 1 kann die Generalversammlung den Verwaltungsrat *ermächtigen*, jederzeit eine Kapitalerhöhung vorzunehmen. Man spricht von einer genehmigten Kapitalerhöhung.

Rechtsprechung BGE 121 III 219, E. 1b: Im Gegensatz zur ordentlichen Kapitalerhöhung autorisiert [bei der genehmigten Kapitalerhöhung] die Generalversammlung bloss eine eventuelle Erhöhung des Aktienkapitals, beschliesst deren Möglichkeit und ermächtigt den Verwaltungsrat, den Entscheid über die Durchführung, den Zeitpunkt und die Bedingung der Ausgabe neuer Aktien innerhalb des gesetzten Rahmens nach seinem Ermessen zu fällen.

Anders als bei der ordentlichen Kapitalerhöhung führt der Verwaltungsrat nicht einfach nur den Beschluss der GV aus; er selbst entscheidet, ob überhaupt erhöht werden soll.

An die genehmigte Kapitalerhöhung sind folgende *Voraussetzungen* geknüpft:

- Die Ermächtigung durch die GV muss in den Statuten verankert werden (OR 651 Abs. 1);
- die GV gibt im Statuteneintrag den Betrag an, um den der Verwaltungsrat das Aktienkapital erhöhen darf. Die Erhöhung darf aber die Hälfte des bestehenden Aktienkapitals nicht übersteigen (OR 651 Abs. 3);
- mit Ausnahme der in OR 651 Abs. 3 genannten Punkte (Ausgabebetrag, Art der Einlagen, Sachübernahmen und Beginn der Dividendenberechtigung) müssen in dem Statuteneintrag zur Kapitalerhöhung dieselben detaillierten Informationen enthalten sein, wie sie das Gesetz in OR 650 Abs. 2 für die ordentliche Kapitalerhöhung vorsieht;
- die Ermächtigung zur Kapitalerhöhung durch den Verwaltungsrat gilt während maximal zwei Jahren.

7.4 Gemeinsame Bestimmungen

OR 652 ff. enthält Vorschriften, die sowohl für die ordentliche als auch für die genehmigte Kapitalerhöhung gelten:

- Für die Zeichnung der Aktien gelten dieselben Bestimmungen wie bei der Gründung der AG; OR 652 Abs. 1 i.V.m. 630; vgl. dazu oben, S. 129.
- Auch die Liberierung orientiert sich an den entsprechenden Gründungsvorschriften; OR 652c i.V.m. 632 ff.; vgl. dazu oben, S. 129. Dies beinhaltet auch die besonderen Vorschriften bei einer Sacheinlage oder -übernahme.
- Werden die Aktien öffentlich zur Zeichnung angeboten, so hat die Gesellschaft einen Emissionsprospekt zu verfassen (OR 652a). Darin müssen alle Informationen über die AG und die Kapitalerhöhung enthalten sein, damit sich ein potenzieller Käufer ein Bild über die AG verschaffen kann. U.a. verlangt OR 652a einen Handelsregisterauszug, Informationen über das Aktienkapital und den Statuteninhalt über die Kapitalerhöhung.
- Jeder Aktionär hat im Verhältnis seines bisherigen Anteils Anrecht auf den Bezug von neuen Aktien (OR 652b). Eine Wegbedingung dieses Bezugsrechts ist nur aus wichtigen Gründen erlaubt. Als wichtige Gründe nennt OR 652b in nicht abschliessender Weise die Übernahme eines anderen Unternehmens oder die Beteiligung von Mitarbeitern. Dem Entzug muss die Generalversammlung mit dem qualifizierten Mehr zustimmen (OR 704 Abs. 1 Ziff. 6); vgl. dazu unten, S. 177.
- Es dürfen einzelne Aktionäre nicht in unsachlicher Weise begünstigt oder benachteiligt werden (Gleichbehandlungsgrundsatz). Auch statutarische Vinkulierungsgründe hindern den Bezug neuer Aktien nicht (OR 652b Abs. 3).
- Eine Delegation des Beschlusses über einen Entzug der Bezugsrechte an den Verwaltungsrat ist bei der ordentlichen Kapitalerhöhung ausgeschlossen (OR 650 Abs. 2 Ziff. 8). Auch bei der genehmigten Kapitalerhöhung ist eine solche Delegation bedenklich, aber nach bundesgerichtlicher Rechtsprechung aus praktischen Überlegungen möglich.
- Die Kapitalerhöhung darf auch durch eine Umwandlung von frei verfügbarem Eigenkapital erfolgen (OR 652d). Die AG finanziert die Kapitalerhöhung selbst, indem sie die Aktien mit Mitteln aus den frei verfügbaren Reserven und dem Bilanzgewinn zur Liberierung verwendet. Anschliessend gibt sie die Aktien den Aktionären – im Verhältnis ihres bisherigen Anteils – gratis ab. Der Ausdruck Gratisaktien ist etwas täuschend, denn durch die Ausgabe neuer Aktien bleiben die Mittel in der AG und müssen nicht als Dividende ausgeschüttet werden. Die Aktionäre erhalten also gratis neue Aktien, verzichten dafür aber auf eine Dividende. Für die AG hat dies den Vorteil, dass sie die Mittel weiter verwenden kann.
- Der Verwaltungsrat hat über die Kapitalerhöhung schriftlich einen Rechenschaftsbericht zu erstellen (OR 652e).
- Der Rechenschaftsbericht des Verwaltungsrates muss in den folgenden Fällen durch einen zugelassenen Revisor geprüft und bestätigt werden (OR 652f Abs. 1):
  - Liberierung mittels einer Sacheinlage;
  - Liberierung mittels einer Sachübernahme;
  - Liberierung durch Verrechnung;

- Erhöhung des Aktienkapitals unter Verwendung von Eigenkapital;
- Beschränkung des Bezugsrechts von Aktionären.

Man spricht bei den oben genannten Sachverhalten von einer qualifizierten Kapitalerhöhung.

Liegt keine qualifizierte Kapitalerhöhung vor, kann die Prüfung durch den zugelassenen Revisor unterbleiben (OR 652f Abs. 2).

Nach vollzogener Kapitalerhöhung, dem Verfassen des Rechenschaftsberichts und allenfalls dessen Bestätigung durch den zugelassenen Revisor ändert der Verwaltungsrat die Statuten. Hier ist ausnahmsweise der Verwaltungsrat zur Änderung der Statuten befugt und nicht die GV. Letztlich trägt er noch die Änderung im Handelsregister ein (OR 652g f.). Erst nach dem vollzogenen Handelsregistereintrag dürfen die neuen Aktien ausgegeben werden. Wurden Aktien bereits vorher in Umlauf gebracht, so gelten sie als nichtig (OR 652h Abs. 3).

Übersicht über die ordentliche und die genehmigte Kapitalerhöhung

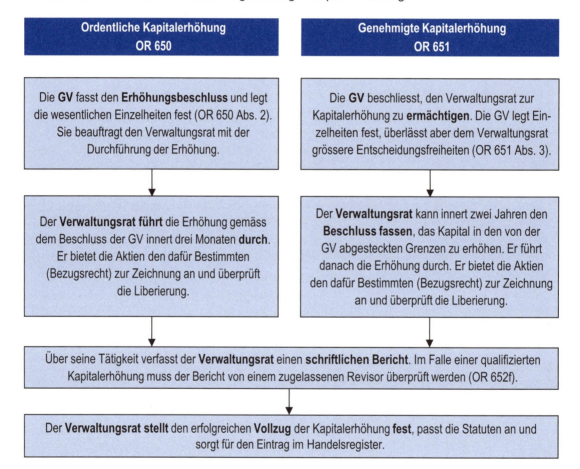

7.5 Bedingte Kapitalerhöhung

Eine Kapitalerhöhung kann auch derart gestaltet werden, dass die AG Optionen ausgibt, mittels derer neue Aktien bezogen werden können. Man spricht von einer bedingten Kapitalerhöhung (OR 653). Bedingt ist die Kapitalerhöhung deshalb, weil die Erhöhung des Aktienkapitals tatsächlich nur erfolgt, wenn die Optionen auch wahrgenommen werden.

Es wird zwischen den folgenden Rechten unterschieden:
- *Wandelanleihen* sind wertpapiermässig verbriefte Darlehensforderungen (OR 1156 ff.), welche dem Darlehensgeber das Recht (bzw. die Option) einräumen, die Forderung unter gewissen Bedingungen (typischerweise am Ende ihrer Laufzeit) in Aktien der Gesellschaft umzuwandeln. Anstelle der Forderung aus dem Darlehen gegen die Gesellschaft kann der Darlehensgeber Aktien der Gesellschaft erwerben.

- *Optionsanleihen* sind wertpapiermässig verbriefte Darlehensforderungen (OR 1156 ff.), welche dem Darlehensgeber das Recht einräumen, unter gewissen Bedingungen (typischerweise am Ende ihrer Laufzeit) eine Aktie der Gesellschaft zu einem bestimmten Preis zu erwerben. Zusätzlich zur Forderung aus dem Darlehen gegen die Gesellschaft kann der Darlehensgeber Aktien der Gesellschaft gegen Entgelt erwerben.
- *Optionen für Mitarbeiteraktien* erlauben den Arbeitnehmern den Bezug von Aktien ihrer Unternehmung (zumeist) zum günstigeren Preis als auf dem Markt. Optionen für Mitarbeiteraktien werden häufig als Teil des Gehalts vereinbart.

Speziell bei dieser Art der Kapitalerhöhung ist, dass die AG nicht weiss, um wie viel das Kapital erhöht wird, da dies davon abhängt, wie viele der Optionen wahrgenommen werden. Das Kapital wird somit nicht auf einen Schlag erhöht, sondern jedes Mal, wenn jemand eine Option wahrnimmt. Man spricht von einer «tropfenweisen» Erhöhung des Aktienkapitals.

Es gelten folgende Bestimmungen:
- Insgesamt darf das Aktienkapital um höchstens die Hälfte des bisherigen Kapitals erhöht werden (OR 653a Abs. 1). Richtwert ist dabei die Vermutung, dass alle Optionen wahrgenommen werden.
- Die Aktien müssen voll liberiert werden (OR 653a Abs. 2).
- In den Statuten muss die bedingte Kapitalerhöhung detailliert vermerkt werden (zum Inhalt vgl. OR 653b).
- Bei einer bedingten Kapitalerhöhung ist der Ausschluss des Bezugsrechts der Aktionäre zwingend notwendig, da die neuen Aktien für die Anleihensgläubiger oder für die Mitarbeiter bestimmt sind. Um diesen Entzug etwas abzudämpfen, haben die Aktionäre entsprechend ihrer bisherigen Beteiligung aber ein *Vorwegzeichnungsrecht* auf die Wandel- und Optionsanleihen (OR 653c Abs. 1). Damit soll sichergestellt werden, dass ein Aktionär seine prozentuale Beteiligung an der Gesellschaft beibehalten kann. Ein Entzug dieses Vorwegzeichnungsrechts ist nur aufgrund wichtiger Gründe möglich (OR 653c Abs. 2). Auch hier gilt der Gleichbehandlungsgrundsatz; es dürfen nicht einzelne Aktionäre in unsachlicher Weise begünstigt oder benachteiligt werden (OR 653c Abs. 3). Bei Mitarbeiteraktien muss begriffsnotwendig das Vorwegzeichnungsrecht entzogen werden.
- Allfällige Vinkulierungsvorschriften können die Ausübung des Optionsrechts verhindern, wenn diese in den Statuten und im Emissionsprospekt der Anleihen aufgeführt sind (OR 653d Abs. 1).

Die Ausübung der Wandel- oder Optionsrechte erfolgt durch schriftliche Erklärung. Die Aktionärsrechte entstehen, sobald der Ausübende seine Einlage geleistet hat (OR 653e).

Die bedingte Kapitalerhöhung wird gemäss OR 653f jährlich durch einen zugelassenen Revisionsexperten geprüft. Daraufhin passt der Verwaltungsrat die Statuten entsprechend der erfolgten Kapitalerhöhung an (OR 653g) und meldet die Änderung dem Handelsregisterführer (OR 653h).

7.6 Festübernahme

Da sich das Verfahren einer Kapitalerhöhung bei einer Gesellschaft mit vielen Aktionären als äusserst schwierig gestaltet, wird es oft dadurch vereinfacht, dass ein Aktionär oder ein Dritter (i.d.R. Banken) die gesamte Kapitalerhöhung treuhänderisch erwirbt und anschliessend die Aktien den bezugsberechtigten Aktionären zum Erwerb anbietet. Werden nicht alle Aktien bezogen, so verbleiben die Restaktien beim Festübernehmer. Diese Vorgehensweise entspricht zwar nicht der Vorstellung des Gesetzes, ist aber bei grossen Gesellschaften in der Praxis die Regel. Dabei müssen alle formellen Aspekte der Kapitalerhöhung eingehalten werden. Auch das Bezugsrecht der Aktionäre bleibt bestehen, dieses gilt nun aber als schuldrechtlicher Anspruch gegenüber dem Festübernehmer und nicht mehr gegenüber der Gesellschaft.

7.7 Auswirkung auf die Bilanz

Die Auswirkungen einer Erhöhung des Aktienkapitals auf die Bilanz divergieren, je nachdem, ob die Erhöhung mit der Einbringung neuer Vermögenswerte in die AG verbunden ist oder ob lediglich bereits bestehendes Kapital umgewandelt wird:

a) Erhöhung des Aktienkapitals durch Einbringung neuer Vermögenswerte

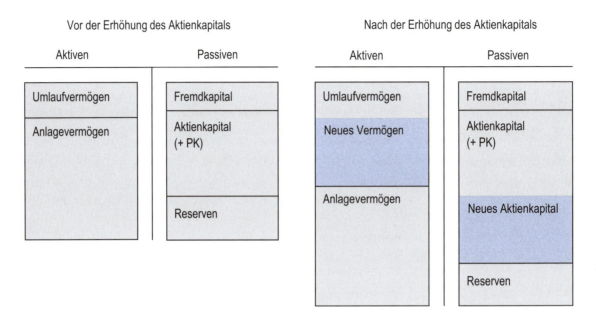

Eine Erhöhung des Aktienkapitals geschieht typischerweise durch das Einbringen neuer Vermögenswerte und der damit verbundenen Ausgabe neuer Aktien.

Dies geschieht in folgenden Fällen:
- Bei der ordentlichen oder genehmigten Kapitalerhöhung. Mit Ausnahme der Ausgabe von Gratisaktien (vgl. dazu unten, S. 165) werden neue Aktien gegen Leistung einer Einlage ausgegeben.
- Bei der Ausübung der Option bei Optionsanleihen im Rahmen der bedingten Kapitalerhöhung. Hier macht ein Darlehensgläubiger vom Recht Gebrauch, zu gewissen Bedingungen neue Aktien zu kaufen. Als Gegenleistung liberiert er diese Aktien und bringt dadurch neues Vermögen in die Gesellschaft. Das Darlehen bleibt aber bestehen. Das Fremdkapital bleibt folglich unverändert.
- Beim Erwerb von Mitarbeiteraktien im Rahmen der bedingten Kapitalerhöhung. Hier machen Mitarbeiter vom Recht Gebrauch, gegen Leistung einer Einlage zu bestimmten, i.d.R. vorteilhaften Konditionen Aktien zu beziehen.

Dem neuen Aktienkapital auf der Passivseite entspricht das neue Vermögen auf der Aktivseite. Die Bilanzsumme wird bei diesen Kapitalerhöhungen vergrössert.

b) Erhöhung des Aktienkapitals durch Umwandlung von bestehendem Kapital

Vor der Erhöhung des Aktienkapitals		Nach der Erhöhung des Aktienkapitals	
Aktiven	Passiven	Aktiven	Passiven
Umlaufvermögen	Fremdkapital	Umlaufvermögen	Fremdkapital
Anlagevermögen	Aktienkapital (+ PK)	Anlagevermögen	Aktienkapital (+ PK)
	Bilanzgewinn		Neues Aktienkapital aus Fremdkapital, freien Reserven und Bilanzgewinn
	Freie Reserven		
	Gesetzliche Reserven		Gesetzliche Reserven

Eine Erhöhung von Aktienkapital kann auch durch die Umwandlung von bestehendem Kapital in Aktienkapital erfolgen.

Dies geschieht in folgenden Fällen:

- Bei der Ausübung des Wandelrechts im Falle der bedingten Kapitalerhöhung. Hier wandelt der Gläubiger sein Darlehen, das er der Gesellschaft gewährt hat, in Aktien an der Gesellschaft um. In der Bilanz nimmt das Fremdkapital im Umfang des Darlehens ab und das Aktienkapital entsprechend zu.
- Bei der Ausgabe von Gratisaktien durch die Gesellschaft. Hier wird frei verfügbares Eigenkapital in Aktienkapital umgewandelt. In der Bilanz werden die freien Reserven und der Bilanzgewinn in der Höhe des Nennwerts der Gratisaktien abnehmen und das Aktienkapital entsprechend zunehmen.

In beiden Fällen erfolgt die Erhöhung des Aktienkapitals durch eine Verschiebung von Kapital auf der Passivseite der Bilanz. Das Vermögen auf der Aktivseite ist davon nicht betroffen; die Bilanzsumme bleibt gleich.

8. Herabsetzung des Aktienkapitals

8.1 Allgemeines

Mit einer Kapitalherabsetzung wird das in den Statuten und dem Handelsregister eingetragene Aktienkapital reduziert. Das Aktienkapital ist in seiner Höhe grundsätzlich fix und nicht veränderbar. Eine Verminderung des Aktienkapitals und ein damit verbundener Substanzverlust der Gesellschaft ist nur in einem erschwerten formellen Verfahren möglich (OR 732 ff.).

8.2 Arten der Kapitalherabsetzung

Man unterscheidet folgende zwei Arten:

- *Konstitutive Kapitalherabsetzung* (Abbau von Kapitalüberschuss)

    Unter einer konstitutiven Kapitalherabsetzung versteht man den Abbau von Aktienkapital bei einem entsprechenden Entgelt an die Aktionäre für die Rückgabe der zu vernichtenden Aktien.

    Verfügt die Gesellschaft über zu viel Kapital (sog. Überkapitalisierung), so kann ihr daran gelegen sein, dieses zu «verschlanken». Die AG wird in diesem Fall die Aktionäre «auskaufen», d.h., sie wird den Aktionären ein Entgelt für die zurückgenommenen Aktien anbieten und diese anschliessend vernichten. Durch ein kleineres Aktienkapital vergrössert sich einerseits die Rendite auf den verbliebenen Aktien und andererseits werden die Kennzahlen der Gesellschaft verbessert. Dadurch macht sich eine AG gegen aussen attraktiver, was sich positiv auf einen allfälligen Börsenkurs auswirken wird. OR 732 ff. befasst sich primär mit dieser Variante. Da bei der konstitutiven Kapitalherabsetzung Vermögen aus einer Gesellschaft hinausfliesst, sind die Gläubiger entsprechend zu schützen.

- *Deklaratorische Kapitalherabsetzung* (Abbau als Sanierungsmassnahme)

    Unter einer deklaratorischen Kapitalherabsetzung versteht man den Abbau von Aktienkapital ohne Entgelt an die Aktionäre für die Rückgabe der zu vernichtenden Aktien. Weist die AG einen Bilanzverlust aus, so lässt sich mittels einer Kapitalherabsetzung bzw. Kapitalvernichtung der Verlust einer AG verringern; vgl. zum Bilanzverlust oben, S. 165. Das Aktienkapital wird herabgesetzt, indem das Aktienkapital ohne entsprechende Gegenleistung an die betroffenen Aktionäre verkleinert wird. OR 735 enthält für diese Variante verfahrensvereinfachende Sonderbestimmungen, da kein Geld aus der Gesellschaft hinausfliesst und der Schutz der Gläubiger damit entfällt.

Keine Kapitalherabsetzung ist die Reduzierung des Aktienkapitals bei gleichzeitiger Neueinbringung von Aktienkapital in mindestens demselben Ausmasse (OR 732 Abs. 1). Diesfalls finden die Regeln von OR 732 ff. keine Anwendung.

Die Umwandlung von bestimmten Aktien in eine andere Aktienkategorie stellt ebenfalls keine Kapitalerhöhung oder -herabsetzung dar, sofern die Summe des Aktienkapitals gleich bleibt. Dies gilt auch für die Umwandlung von Partizipationskapital in Aktienkapital und umgekehrt.

8.3 Formen der Kapitalherabsetzung

Eine AG hat zwei Möglichkeiten zur Herabsetzung des Aktienkapitals:

- *Herabsetzung des Nennwerts der Aktien*

    Da eine AG das Aktienkapital in der Bilanz nicht nach dem wirklichen Wert, sondern nach dem Nennwert der Aktien aufführt, kann durch die Herabsetzung des Nennwerts das Aktienkapital verkleinert werden. OR 622 Abs. 4 bestimmt als untersten Nennwert den Betrag von einem Rappen. Bei der Herabsetzung zum Zwecke der Sanierung darf der Nennwert ausnahmsweise (OR 732a) sogar auf null zurückgesetzt werden; vorausgesetzt aber, dass anschliessend eine Wiedererhöhung auf das Mindestaktienkapital erfolgt (vgl. dazu anschliessend).

- *Reduktion der Anzahl der Aktien*

    Bei einer Reduktion wird die AG den Aktionären anbieten, ihre eigenen Aktien zu übernehmen und anschliessend zu vernichten. Im Normalfall wird die AG die Aktien gegen Entgelt den Aktionären abkaufen; im Sanierungsfall werden die Aktionäre die Aktien ohne Gegenwert der AG übertragen. Die Aktionäre sind aber nicht verpflichtet, ihre Aktien zu verkaufen (OR 680 Abs. 1). Keine Anwendung findet hier die Beschränkung des Erwerbs der eigenen Aktien (OR 659 ff.), die gekauften Aktien müssen aber innert angemessener Frist vernichtet werden.

In beiden Fällen ist das Prinzip der Gleichbehandlung der Aktionäre zu beachten. Die Reduktion des Nennwerts oder das Angebot zur Übernahme der Aktien betrifft grundsätzlich alle Aktionäre. Eine Ungleichbehandlung ist nur aus wichtigen Gründen zulässig.

Grenze der Herabsetzung ist aber das in OR 621 festgesetzte Mindestaktienkapital von CHF 100'000.–. Der Nennwert des gesamten Aktienkapitals darf diesen Betrag grundsätzlich nicht unterschreiten. Ausnahmsweise darf das Aktienkapital unter diesen Betrag herabgesetzt werden, wenn gleichzeitig neues, voll einzuzahlendes Aktienkapital in die AG eingeschossen wird, sodass das Mindestaktienkapital von CHF 100'000.– gewährleistet bleibt (OR 732 Abs. 5).

Einen Spezialfall sieht OR 732a vor. Wird zwecks einer Sanierung der Gesellschaft das Aktienkapital auf null herabgesetzt (und dann anschliessend wieder erhöht), so gehen mit dem Wegfall ihrer materiellen Beteiligung an der Gesellschaft auch Mitgliedschaftsrechte der Aktionäre unter. Die Aktionäre verlieren damit ihre Gesellschafterstellung und die damit verbundenen Rechte, insbesondere ihr Stimmrecht. Die ausgegebenen Aktien werden eingezogen und vernichtet. Bei der anschliessenden Wiedererhöhung des Aktienkapitals steht den bisherigen Aktionären ein unentziehbares Bezugsrecht zu (OR 732a Abs. 2).

8.4 Verfahren zur Kapitalherabsetzung

Das Hauptaugenmerk des Gesetzgebers bei der Kapitalherabsetzung liegt auf dem Schutz der Gläubiger. Es soll sichergestellt werden, dass die Gesellschaft auch nach der Kapitalherabsetzung über genügend Haftungssubstrat verfügt.

Der Gesetzgeber hat folgendes Verfahren festgelegt:

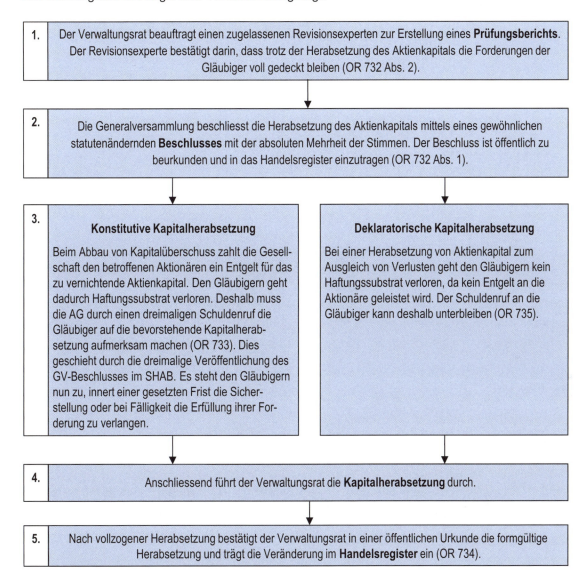

9. Übungen zum Aktienkapital und zu den Aktien der Aktiengesellschaft

Lösungen S. 329

Übung 38

Aktienkauf

Die Zeus AG hat 1'000 Inhaberaktien à CHF 1'000.– Nennwert ausgegeben. Nach gutem Geschäftsgang beschliesst sie, einen Teil ihrer Aktien selbst mit Mitteln aus dem Bilanzgewinn aufzukaufen. Sie kauft 100 Aktien zum Kurswert von insgesamt 1,5 Mio. Franken. Gleichzeitig bildet sie eine spezielle Reserve in der Höhe von CHF 100'000.–. Im Weiteren gewährt sie einem Treuhandbüro ein Darlehen und beauftragt es, mit dem Geld nochmals 200 Aktien zum selben Preis zu kaufen. Den Preis von 3 Mio. Franken bezahlt sie diesmal aus freien Reserven. Durfte die Zeus AG diese Aktienverschiebungen vornehmen?

Übung 39

Schenkung

Die Zeus AG besitzt eigene Aktien in der Höhe von 10%. Nun hat der verstorbene Aktionär Anton in seinem Testament seine nicht vinkulierten Namenaktien der Zeus AG vermacht.
Darf die Zeus AG die Aktien annehmen?

Übung 40

Erwerb eigener Aktien

Die Zeus AG erhöht das bestehende Aktienkapital von CHF 100'000.– auf das Doppelte. Zu diesem Zweck gibt sie 100 Aktien à CHF 1'000.– aus, wobei sie mit freien Reserven selbst 10 ihrer Aktien zeichnet und liberiert. Bisher verfügte sie über keine eigenen Aktien.
Durfte die Zeus AG die Aktien kaufen?

Übung 41

Liberierungsangst

Anton hat seine vor vier Jahren bei der Gründung gezeichneten Inhaberaktien der Zeus AG an Bruno verkauft. Die Aktien waren jeweils nur zu 50% liberiert worden. Anton hat nun nach erfolgter Transaktion Angst, dass die Zeus AG die ausstehende Liberierung noch von ihm einfordern könnte, zumal Bruno bisher nicht bei der Zeus AG um Anerkennung als Aktionär ersucht hat.
Besteht für Anton die Gefahr einer Nachliberierungspflicht?
Variante: Bei den zu 50% liberierten Aktien handelt es sich um nicht vinkulierte Namenaktien.

Übung 42

Unerwünschter Aktionär

Anton hat durch eine Erbschaft 10'000 vinkulierte Namenaktien der an der Börse kotierten Zeus AG erhalten. Der Verwaltungsrat der Zeus AG ist darüber bestürzt, würde Anton doch jetzt über rund 20% aller Aktien und damit auch über 20% aller Stimmen an der in einer Woche stattfindenden Generalversammlung verfügen. Da trifft es sich gut, dass man die statutarischen Vinkulierungsmöglichkeiten voll ausgeschöpft und insbesondere eine Begrenzung des Aktienerwerbs bei 5% angesetzt hat. Kann die Zeus AG Anton als Aktionär ablehnen oder doch zumindest dessen Teilnahme an der GV verhindern?
Variante: Anton hat die Namenaktien nicht durch Erbgang, sondern bei einem Besuch seinem Onkel abgekauft. Am nächsten Tag ersucht er die Zeus AG um Eintragung in das Aktienbuch.

Übung 43

Nachbarn

Astrid hat nach dem Tod ihres Nachbarn aus dessen Nachlass 100 Namenaktien der Zeller AG geerbt. Die Zeller AG, deren Aktien sich bisher nur im Familienbesitz befanden, ist wenig begeistert und möchte Astrid am liebsten gleich wieder loswerden. Zur Freude des Verwaltungsrates enthalten die Statuten der Zeller AG in Art. 9 folgende Bestimmung: «Zweck der Gesellschaft ist die Bereitstellung von Immobilien für die Angehörigen der Familie Zeller. Als Aktionäre der Gesellschaft werden nur Angehörige der Familie Zeller anerkannt.» Astrid ist hingegen überzeugt, durch ihre Teilnahme am Geschäftsleben der Zeller AG für positive Schlagzeilen sorgen zu können und pocht auf ihre Aktionärsrechte.

Kann die Zeller AG Astrid die Rechte an den Aktien verweigern?

Variante: Astrid hat die Namenaktien ihrem Nachbarn abgekauft.

Übung 44

Imbiss

Anton hat seine börsenkotierten Namenaktien der Zeus AG ausserhalb der Börse an den Bruno verkauft. Da dort jeweils ein üppiger Imbiss serviert wird, will Anton dennoch an der zwei Tage nach dem Verkauf der Aktien stattfindenden Generalversammlung der Zeus AG teilnehmen und dort auch noch ein letztes Mal mitabstimmen. Der neue Besitzer Bruno, der davon nichts weiss, weilt zu diesem Zeitpunkt in den Ferien. Den Kauf hat er der Zeus AG noch nicht gemeldet.

Darf Anton an der GV teilnehmen und abstimmen?

Übung 45

Mitsprache

Die Nachbarn Anton und Bruno arbeiten beide bei der Zeus AG. An der in 10 Tagen stattfindenden Generalversammlung soll über verschiedene Sanierungsmassnahmen der AG entschieden werden, u.a. stehen auch Entlassungen zur Diskussion. Anton und Bruno wollen auch an der GV mitreden können. Zu diesem Zweck beschliessen sie, je eine Aktie zu kaufen. Anton hat eine Option zum Bezug einer Aktie als Mitarbeiter, die er nun ausübt und noch am selben Tag die volle Einlage leistet. Bruno konnte an der Börse eine vinkulierte Namenaktie kaufen. Im Gegensatz zu Anton meldet Bruno den Erwerb der Aktie unmittelbar nach Kauf bei der AG.

Dürfen Anton und Bruno bei der kommenden Generalversammlung teilnehmen und abstimmen?

Übung 46

Genussscheine

Die Zeus AG befindet sich in einer prekären Finanzsituation, soeben wurde ein Kapitalverlust festgestellt. Grösstes Problem sind die in grossen Mengen ausgegebenen Genussscheine, die einen Anspruch auf einen Teil des Bilanzgewinnes verleihen. Aus diesem Grund möchte die Gesellschaft die vielen Genussscheine, die sie in den Jahren zuvor freigiebig verteilt hat, zurücknehmen und vernichten.

Finden hierzu die Vorschriften zur Kapitalherabsetzung nach OR 732 ff. Anwendung?

Übung 47

Verlust

Die wirtschaftliche Lage der Zeus AG ist bitter. Soeben hat eine interne Berechnung ergeben, dass infolge der schlechten Wirtschaftslage ein massiver Verlust eingetreten ist. Die Bilanz präsentiert sich folgendermassen (in tausend Franken):

Aktiven		Passiven	
Umlaufvermögen:		Fremdkapital:	
· Kasse/Bank	100	· Kreditoren	900
· Debitoren	800	· Darlehen	2 000
· Lager	1 000	· Hypotheken	4 000
Anlagevermögen:		Eigenkapital:	
· Maschinen	3 000	· Aktienkapital	3 000
· Immobilien	1 000	· Gesetzliche Reserven	1 000
Bilanzverlust	5 000		
Total	**10 900**		**10 900**

Um gegen den Verlust etwas zu unternehmen, beschliesst die GV, das gesamte Aktienkapital von CHF 3'000'000.– abzuschreiben und gleichzeitig das Aktienkapital wieder auf CHF 1'000'000.– durch Ausgabe von neuen Aktien gegen Bareinlage zu erhöhen. Auf die Erstellung eines Prüfungsberichts und den dreimaligen Schuldenruf verzichtet die Gesellschaft.

Durfte das Kapital abgeschrieben und erneuert werden?

Variante: Die Bilanz präsentiert sich folgendermassen (in tausend Franken):

Aktiven		Passiven	
Umlaufvermögen:		Fremdkapital:	
· Kasse/Bank	100	· Kreditoren	900
· Debitoren	800	· Darlehen	2'000
· Lager	2'000	· Hypotheken	4'000
Anlagevermögen:		Eigenkapital:	
· Maschinen	3'500	· Aktienkapital	3'000
· Immobilien	1'000	· Gesetzliche Reserven	1'000
Bilanzverlust	3'500		
Total	**10'900**		**10'900**

Übung 48

Sanierungsmassnahmen

Die Bilanz der Zeus AG sieht folgendermassen aus (in tausend Franken):

Aktiven		Passiven	
Umlaufvermögen:		Fremdkapital:	
· Kasse/Bank	100	· Kreditoren	800
· Debitoren	800	· Darlehen	2'000
· Lager	1'000	· Hypotheken	4'000
Anlagevermögen:		Eigenkapital:	
· Maschinen	2'000	· Aktienkapital	4'000
· Immobilien	5'000	· Partizipationskapital	1'000
· Beteiligungen	1'000	· Gesetzliche Reserven	1'000
Bilanzverlust	2'900		
Total	**12'800**		**12'800**

Der Verwaltungsrat ist ob des Verlustes bestürzt und möchte Sanierungsmassnahmen ergreifen. Zur Diskussion stehen folgende Massnahmen:
    a) Auflösung der allgemeinen Reserve (CHF 500'000.–)
    b) Aufwertung von Grundstücken (CHF 1'000'000.–)
    c) Eine Kapitalerhöhung (CHF 2'000'000.–)
    d) Eine Kapitalherabsetzung im Verfahren nach OR 735; das Aktienkapital soll um eine Mio. CHF reduziert werden, das PS-Kapital um CHF 500'000.–

Zu überprüfen ist die Gesetzmässigkeit der vorgeschlagenen Massnahmen und im Einzelnen deren Auswirkungen auf die Bilanz.

D. Organisation der Aktiengesellschaft

Übersicht

Organe der AG	• OR 698 ff.: Generalversammlung: Willensbildende Funktion • OR 707 ff.: Verwaltungsrat: Ausführende Funktion • OR 727 ff.: Revisionsstelle: Kontrollfunktion
Unübertragbare Befugnisse der Generalversammlung	OR 698 Abs. 2: • Statutenänderung (Ziff. 1) • Wahl des Verwaltungsrates und der Revisionsstelle (Ziff. 2) • Genehmigung des Lageberichts, der Konzernrechnung, der Jahresrechnung sowie die Beschlussfassung über die Verwendung des Bilanzgewinnes (Ziff. 3 und 4) • Entlastung der Mitglieder des Verwaltungsrates (Ziff. 5) • Weitere durch Gesetz oder Statuten der GV vorbehaltene Gegenstände (Ziff. 6)
Einberufungs- und Traktandierungsrecht für die Generalversammlung	• OR 699 Abs. 1: Verwaltungsrat • OR 699 Abs. 1: Revisionsstelle (sofern der Verwaltungsrat untätig bleibt) • OR 699 Abs. 3: Aktionäre, die 10% des Aktienkapitals auf sich vereinigen • OR 699 Abs. 3: Aktionäre, mit Aktien im Nennwert von über einer Million (besitzen nur das Traktandierungsrecht, nicht aber das Einberufungsrecht) • OR 699 Abs. 1: Liquidatoren, Anleihensgläubiger (Spezialfall)
Vertretung des Aktionärs an der Generalversammlung	• OR 689b: Dritte • OR 689c: Organvertreter • OR 689c: Unabhängiger Stimmrechtsvertreter • OR 689d: Depotvertreter
Beschlussfassung an der Generalversammlung	• OR 703: Grundsätzlich: Absolutes Mehr der vertretenen Aktienstimmen • OR 704: Spezialfall: Erhöhtes Quorum; mindestens zwei Drittel der anwesenden Stimmen sowie die absolute Mehrheit der vertretenen Aktiennennwerte
Mangelhafte Generalversammlungsbeschlüsse	• OR 706 f.: Anfechtungsklage • OR 706b: Nichtigkeitsklage
Aufgaben des Verwaltungsrates	• OR 716 Abs. 1: Subsidiäre Generalkompetenz • OR 716a Abs. 1: Unübertragbare und unentziehbare Aufgaben
Geschäftsführung und Vertretung durch den Verwaltungsrat	• OR 716 Abs. 2 und 716b Abs. 3: Ausübung der Geschäftsführung durch den Verwaltungsrat als Ganzes • OR 718 Abs. 1: Vertretung der Gesellschaft durch den Verwaltungsrat vermutungsweise durch jedes einzelne Verwaltungsratsmitglied
Pflichten des Verwaltungsrates	OR 717: Sorgfaltspflicht, Treuepflicht, Gleichbehandlungspflicht der Aktionäre, Pflicht zur persönlichen Erfüllung der Aufgaben
Mangelhafte Verwaltungsratsbeschlüsse	OR 714 i.V.m. 706b: Nichtigkeitsklage
Haftung für Handlungen des Verwaltungsrates	• OR 754: Verantwortlichkeitsklage: Persönliche Haftung des Verwaltungsrates für den Schaden, den er durch vorsätzliche oder fahrlässige Verletzung seiner Pflichten verursacht hat • OR 722: Organhaftung: Haftung der AG für rechtsgeschäftliche und für unerlaubte Handlungen, die der Verwaltungsrat in Ausübung seiner geschäftlichen Verrichtungen begeht
Revisionsstelle	• OR 727 und 728 ff.: Ordentliche Revision • OR 727a und 729 ff.: Eingeschränkte Revision

Aufgaben der Revisionsstelle	- OR 728a Abs. 1 Ziff. 1 und 729a Abs. 1 Ziff. 1: Prüfung der Jahresrechnung (Erfolgsrechnung, Bilanz und Anhang) - OR 728a Abs. 1 Ziff. 2 und 729a Abs. 1 Ziff. 2: Prüfung des Antrages auf Verwendung des Bilanzgewinnes - OR 728a Abs. 1 Ziff. 3: Überprüfung des internen Kontrollsystems (nur bei der ordentlichen Revision) - Verschiedene ereignisspezifische Prüfungsaufgaben (vgl. etwa OR 652f, 725 Abs. 2)
Haftung der Revisionsstelle	- OR 755: Revisionshaftung - RAG 39 f.: Strafrechtliche Sanktionierung

1. Allgemeines

1.1 Organbegriff

Die AG handelt als Körperschaft durch ihre Organe. Diese sind vom Stellvertreter zu unterscheiden. Die Organe vertreten nicht die Gesellschaft, sie sind ein *Teil der juristischen Person*. Sie tragen den Willen der juristischen Person nach aussen und verpflichten die Gesellschaft nach OR 722 nicht nur durch rechtsgeschäftliches, sondern auch durch deliktisches Verhalten. Zum Begriff des Organs vgl. die Ausführungen im Allgemeinen Teil, S. 62.

Eine AG kann daneben auch über Stellvertreter verfügen; diese werden durch die Organe ernannt.

Rechtsprechung Zur Abgrenzung zwischen einem Stellvertreter und einem Organ hat das Bundesgericht in BGE 61 II 343 E. 2 Folgendes festgehalten: «[...] il faut distinguer entre les actes des simples agents et ceux des personnes qui tiennent les leviers de commande de l'entreprise.»

Das Bundesgericht subsumiert unter den Organbegriff jede Person, die tatsächlich und auf entscheidende Weise an der Willensbildung teilnimmt.

1.2 Organe der Aktiengesellschaft

Das Gesetz sieht für die AG drei Organe vor:

Generalversammlung (GV)	Verwaltungsrat (VR)	Revisionsstelle (RS)
Willensbildende Funktion - Festlegung der Statuten - Wahl der anderen Organe	Ausführende Funktion - Besorgung der Geschäftsführung - Vertretung der Gesellschaft nach aussen	Kontrollfunktion
OR 698 ff.	OR 707 ff.	OR 727 ff.

OR 698 Abs. 1 bezeichnet die Generalversammlung (GV) als oberstes Organ einer AG, was primär mit deren Funktion als basisgebendes Organ zu tun hat. Die GV legt die Statuten (die Verfassung einer AG) fest und wählt die beiden anderen Organe. Der Begriff ist aber insofern missverständlich, als die GV nicht über den anderen beiden gesetzlichen Organen steht; diese sind in den ihnen zugedachten Zuständigkeitsgebieten ebenfalls oberstes Organ. Hierarchisch gesehen liegen alle drei Organe auf gleicher Stufe.

Die AG darf weitere Organe errichten, zu beachten ist aber, dass gewisse Kompetenzen nicht übertragbar sind (vgl. OR 698 Abs. 2, 716a Abs. 1). Mögliche weitere Organe können beispielsweise Direktoren, Prokuristen oder Beiräte als Beratungs- und Führungsgremien sein.

1.3 Mängel in der Organisation der Aktiengesellschaft

Für den Fall, dass die Organisation der Gesellschaft einen Mangel aufweist – sei dies, weil eines der Organe fehlt oder nicht richtig zusammengesetzt ist –, kann ein Aktionär, ein Gläubiger oder auch der Handelsregisterführer das Gericht ersuchen, die erforderlichen Massnahmen zur Behebung dieses Zustandes zu treffen (OR 731b).

Als *Mangel* im Sinne von OR 731b sind insbesondere folgende Tatbestände zu subsumieren:
- die Handlungsunfähigkeit eines Gesellschaftsorgans;
- das Fehlen eines Verwaltungsrates (OR 707);
- das Fehlen eines Präsidenten eines Verwaltungsrates (OR 712);
- das Fehlen einer Revisionsstelle (OR 727);
- das Verletzen der Anforderungen an die Befähigung und die Unabhängigkeit der Revisionsstelle (OR 727a ff.);
- die Verletzung des Wohnsitzerfordernisses für die Vertretung der Gesellschaft (OR 718 Abs. 4).

Für die Anrufung des Richters ist ein Aktionär, ein Gläubiger oder auch der Handelsregisterführer berechtigt. Es liegt dann in der Folge am Gericht, diejenigen Massnahmen zu treffen, die den Umständen zur Durchsetzung der zwingenden gesetzlichen Vorgaben geeignet erscheinen.

OR 731b Abs. 1 nennt beispielhaft drei *Massnahmen*, die der Richter treffen kann. Der Richter kann:
- der Gesellschaft unter Androhung ihrer Auflösung eine Frist ansetzen, binnen derer der rechtmässige Zustand wieder herzustellen ist (Ziff. 1);
- das fehlende Organ oder einen Sachwalter ernennen (Ziff. 2);
- die Gesellschaft auflösen und ihre Liquidation nach den Vorschriften über den Konkurs anordnen (Ziff. 3).

2. Die Generalversammlung

2.1 Allgemeines

Die Generalversammlung (GV) ist die *Versammlung der Aktionäre*. Ihr kommen die basisgebenden Aufgaben zu. Sie beschliesst über die Statuten und bestellt den Verwaltungsrat und die Revisionsstelle.

Eine GV tritt nicht gegen aussen auf, sie kann die Gesellschaft weder vertraglich noch deliktisch verpflichten.

Eine GV darf nicht durch eine schriftliche Stimmabgabe per Post oder eine Delegiertenversammlung ersetzt werden.

Man unterscheidet drei Arten von Generalversammlungen:

Ordentliche Generalversammlung	Ausserordentliche Generalversammlung	Universalversammlung
Eine ordentliche GV wird alljährlich innerhalb von sechs Monaten nach Abschluss des Geschäftsjahres abgehalten (OR 699 Abs. 2). In ihr werden die jährlich erforderlichen Beschlüsse (Genehmigung der Jahresrechnung, Verwendung des Bilanzgewinns, Erteilung der Décharge etc.) gefasst.	Eine ausserordentliche GV kann jederzeit abgehalten werden (OR 699 Abs. 2). Darin kommen zumeist spezielle, dringende Anliegen zu Sprache (Sanierungsmassnahmen bei einem Kapitalverlust, Übernahmeangebote etc.).	Sind alle Aktien vertreten, so darf bei Zustimmung aller eine GV auch ohne die für die Einberufung und Traktandierung vorgesehenen Formvorschriften abgehalten werden. Man spricht von einer Universalversammlung. Einer AG mit kleinem Aktionärskreis wird damit eine spontane, unkomplizierte GV ermöglicht. Die für die Durchführung vorausgesetzten Formalitäten (Protokoll etc.) sind aber auch hier zu beachten.
OR 699	OR 699	OR 701

2.2 Befugnisse der Generalversammlung

Der Gesetzgeber nennt die GV das oberste Organ einer AG (OR 698 Abs. 1).

Der Gesetzgeber weist der GV in OR 698 Abs. 2 die wichtigsten *Kompetenzen unübertragbar* zu:
- die Festsetzung und Änderung der Statuten (Ziff. 1);
- die Wahl der Mitglieder des Verwaltungsrates und der Revisionsstelle (Ziff. 2);
- die Genehmigung des Lageberichts und allenfalls der Konzernrechnung (Ziff. 3);
- die Genehmigung der Jahresrechnung sowie die Beschlussfassung über die Verwendung des Bilanzgewinnes, insbesondere die Festsetzung der Dividende und der Tantieme (Ziff. 4);
- die Entlastung (Décharge) der Mitglieder des Verwaltungsrates (Ziff. 5);
- die Beschlussfassung über die Gegenstände, die der Generalversammlung durch das Gesetz oder die Statuten vorbehalten sind (Ziff. 6).

Da die GV sowohl die Kompetenz zur Festsetzung der Statuten (Ziff. 1) als auch zur Beschlussfassung der in den Statuten geregelten Gegenstände (Ziff. 6) besitzt, kann sie sich so die Entscheidung über weitere Gegenstände aneignen, die eigentlich kraft der subsidiären Generalkompetenz dem Verwaltungsrat zukommen würden (OR 716 Abs. 1). Grenze hiervon bilden die dem Verwaltungsrat zwingend zugeordneten Befugnisse gemäss OR 716a.

Zur Prüfung, ob eine bestimmte Aufgabe der GV zukommt, kann folgende Fragestellung helfen:

1. Gehört die infrage stehende Aufgabe in den zwingenden Kompetenzbereich der Generalversammlung (OR 698 Abs. 2 Ziff. 1–5)?
2. Wird die Aufgabe kraft Gesetz dem Kompetenzbereich der Generalversammlung zugewiesen (OR 698 Abs. 2 Ziff. 6)?
3. Ist die Aufgabe durch die Statuten der Generalversammlung zugewiesen worden (OR 698 Abs. 2 Ziff. 6)? Vorbehalten bleiben hier die unübertragbaren Aufgaben des Verwaltungsrates von OR 716a.

Ergibt sich keine positive Antwort, so fällt die infrage stehende Aufgabe kraft dessen Subsidiärkompetenz dem Verwaltungsrat zu (OR 716 Abs. 1).

Bei börsenkotierten AG werden mit deren Inkrafttreten voraussichtlich am 1. Januar 2014 sodann die Bestimmungen der Verordnung gegen die Abzockerei gelten. Diese sieht zusätzliche unübertragbare Befugnisse der Generalversammlung vor. So soll die Generalversammlung insbesondere für die Wahl des Verwaltungsratspräsidenten und den unabhängigen Stimmrechtsvertreter zuständig sein. Sodann hat sie unter anderem den Gesamtbetrag an Vergütungen zu genehmigen, welche an den Verwaltungsrat oder die Geschäftsleitung fliessen (vgl. dazu unten, S. 228).

2.3 Einberufung und Traktandierung

Die ordentliche Generalversammlung wird grundsätzlich vom Verwaltungsrat einberufen; kann oder will er dies nicht tun, wird die Einberufung durch die Revisionsstelle vorgenommen (OR 699 Abs. 1). In Sonderfällen steht das Einberufungsrecht auch Liquidatoren oder Anleihensgläubigern zu.

Der Gesetzgeber billigt Aktionären, die mindestens 10% des Aktienkapitals vertreten, das Recht zu, die Abhaltung einer ausserordentlichen GV zu verlangen (OR 699 Abs. 3). Dieses Recht beinhaltet auch die Traktandierung der GV. Entspricht der Verwaltungsrat dem Verlangen nicht, so kann der Richter auf Antrag die Einberufung anordnen (OR 699 Abs. 4).

Aktionäre, die über Aktien im Nennwert von mehr als einer Million Franken verfügen, können für eine stattfindende GV die Traktandierung von Verhandlungsgegenständen verlangen (OR 699 Abs. 3).

Die ordentliche GV findet jährlich innerhalb von sechs Monaten nach Ablauf des Geschäftsjahres statt. Eine ausserordentliche GV kann jederzeit abgehalten werden (OR 699 Abs. 2).

	Verwaltungsrat (Normalfall)	Aktionäre mit 10% des Aktienkapitals	Aktionäre mit Aktien im Nennwert von über einer Million Franken	Revisionsstelle (anstelle des Verwaltungsrates)	Liquidatoren, Anleihensgläubiger (Spezialfall)
Einberufung	Ja	Ja	Nein	Ja	Ja
Traktandierung	Ja	Ja	Ja	Ja	Ja

Für die Einberufung gelten folgende *Formvorschriften*:

- Die GV ist spätestens 20 Tage vor dem Versammlungstag einzuberufen (OR 700 Abs. 1).
- Der Einberufung ist gemäss OR 700 Abs. 2 eine Traktandenliste beizulegen: Darin sind aufzuführen:
  - die Verhandlungsgegenstände;
  - die Anträge des Verwaltungsrates und der Aktionäre, welche die Durchführung einer GV oder die Traktandierung eines Verhandlungsgegenstandes verlangt haben.
- Spätestens 20 Tage vor der ordentlichen GV sind der Geschäftsbericht und der Revisionsbericht den Aktionären am Gesellschaftssitz zur Einsicht aufzulegen (OR 696 Abs. 1). In der Praxis werden die Unterlagen den Aktionären meistens zugeschickt.
- Die Partizipanten sind über die Einberufung der GV sowie über die Traktanden und Anträge zu informieren (OR 656d Abs. 1).

Leidet die Einberufung unter einem Formmangel, so hat dies die Anfechtbarkeit der an der GV gemachten Beschlüsse zur Folge (OR 706). Die Nichtigkeit der GV-Beschlüsse ist ausnahmsweise dann anzunehmen, wenn einer entscheidenden Anzahl von Aktionären das Recht zur Mitwirkung an den Beschlüssen verwehrt oder beschränkt wurde.

Die Formalitäten für die Einladung gelten nicht bei einer Universalversammlung (OR 701).

2.4 Durchführung der Generalversammlung

a) Berechtigung zur Teilnahme

Die Aktionäre müssen sich für die Teilnahme ausweisen können. Inhaberaktionäre weisen sich durch den Besitz der Aktie aus; i.d.R. stellt die Bank hierfür eine Depotbestätigung aus. Namenaktionäre weisen sich grundsätzlich durch den Eintrag im Aktienbuch aus. Fehlt der Eintrag, kann sich ein Namenaktionär auf andere Weise über seine Berechtigung ausweisen (etwa über ein Indossament auf der Aktie).

Ein Aktionär ist aber keinesfalls verpflichtet, an einer GV teilzunehmen oder sich vertreten zu lassen.

Seit dem 1. Januar 2008 kann ein Verwaltungsrat gewählt werden, auch ohne dass dieser Aktionär der AG sein muss (vgl. dazu unten S. 182). Damit dieser trotzdem an der Generalversammlung teilnehmen kann, statuiert OR 702a allgemein das Recht der Verwaltungsräte zur Teilnahme an der Generalversammlung und zur Antragsstellung.

b) Leitung der GV

Obwohl nicht explizit geregelt, ist es allgemein anerkannt, dass die Leitung der GV dem Verwaltungsrat zukommt. Dieser trifft auch die für die Feststellung der Stimmrechte erforderlichen Anordnungen (OR 702 Abs. 1).

c) Meinungsäusserungsrecht

Jeder Aktionär hat unabhängig von der Höhe seiner Beteiligung das Recht, sich zu den traktandierten Verhandlungsgegenständen zu äussern. Bei grösseren Versammlungen darf aus zeitlichen Gründen eine Redezeitbeschränkung eingeführt werden.

d) Antragsrecht

Jeder Aktionär hat das Recht, im Rahmen der angekündigten Traktanden Anträge zu stellen. Anträge zu nicht traktandierten Verhandlungsgegenständen sind grundsätzlich unzulässig. Ausnahme hiervon ist der Antrag auf Einberufung einer ausserordentlichen Generalversammlung, auf Durchführung einer Sonderprüfung, auf Wahl einer Revisionsstelle infolge eines Begehrens eines Aktionärs (OR 700 Abs. 3) und auf Traktandierung eines Verhandlungsgegenstandes an der nächsten Generalversammlung.

e) Auskunftspflicht des Verwaltungsrates

Den Verwaltungsrat trifft an einer GV eine Auskunftspflicht gegenüber seinen Aktionären betreffend die Angelegenheiten der Gesellschaft (OR 697 Abs. 1). Die Antwort darf nur verweigert werden, wenn durch sie Geschäftsgeheimnisse oder andere schutzwürdige Interessen der Gesellschaft gefährdet werden (OR 697 Abs. 2). Wird die Auskunft ungerechtfertigterweise verweigert, so kann das Gericht diese auf Antrag anordnen (OR 697 Abs. 4).

f) Protokollführung

Der Verwaltungsrat ist zur Protokollführung verpflichtet (OR 702 Abs. 2).

Im *Protokoll* ist festzuhalten
- Anzahl, Art, Nennwert und Kategorie der Aktien der anwesenden Aktionäre und Vertreter;
- Beschlüsse und Wahlergebnisse;
- Begehren um Auskunft und darauf gegebene Antworten;
- von Aktionären zu Protokoll gegebene Erklärungen.

Die Aktionäre sind berechtigt, das Protokoll einzusehen (OR 702 Abs. 3).

2.5 Vertretung des Aktionärs

Kann oder will ein Aktionär nicht an einer Generalversammlung erscheinen, so hat er die Möglichkeit, an seiner Stelle eine Vertretung zu schicken. Grundsätzlich kann er sich durch einen *beliebigen Dritten* vertreten lassen. Die Statuten können die Vertretung allerdings auf andere Aktionäre beschränken. Der Verwaltungsrat kann aber auch einen Organvertreter und einen unabhängigen Stimmrechtsvertreter aufstellen, der auf Wunsch die Vertretung übernimmt. Hat der Aktionär seine Aktien in einem Bankdepot hinterlegt, kann die Bank einen Vertreter aufstellen.

Vertretung durch Dritte	Organvertreter	Unabhängiger Stimmrechtsvertreter	Depotvertreter
Ein Aktionär kann sich an der GV durch eine beliebige dritte Person vertreten lassen. Das Verhältnis zwischen Aktionär und Vertreter richtet sich nach Auftragsrecht (OR 394 ff.).	Der Verwaltungsrat kann den Aktionären einen Organvertreter bereitstellen, der die Vertretung der Aktionäre übernimmt.	Hat die AG einen Organvertreter, muss sie zugleich auch einen unabhängigen Stimmrechtsvertreter bereitstellen.	Die Stimmrechte von Aktien, die sich in einem Bankdepot befinden, können durch einen Vertreter der jeweiligen Bank ausgeübt werden.
Der Vertreter ist an die Weisungen des Aktionärs gebunden.	Der Organvertreter nimmt keine Weisungen des Aktionärs entgegen, er stimmt an der GV immer im Sinne des Verwaltungsrates.	Der unabhängige Stimmrechtsvertreter stimmt nach den Weisungen der vertretenen Aktionäre.	Der Depotvertreter muss beim Hinterleger vorher um Weisung für die Stimmabgabe ersuchen. Erhält er keine Weisungen, so hat der Depotvertreter im Sinne des Verwaltungsrates zu stimmen.
OR 689b	OR 689c	OR 689c	OR 689d

Bei börsenkotierten AG ist zu beachten, dass mit Inkrafttreten der Verordnung gegen die Abzockerei (voraussichtlich am 1. Januar 2014) die Organ- sowie die Depotvertretung nicht mehr zulässig sind. Im Gegenzug wird die Position des unabhängigen Stimmrechtsvertreters aufgewertet. Vgl. dazu die Ausführungen unten S. 228.

a) Bekanntgabe der Vertretungsverhältnisse

Depotvertreter, Organvertreter sowie der unabhängige Stimmrechtsvertreter müssen der Gesellschaft Anzahl, Art, Nennwert und Kategorie der vertretenen Aktien bekannt geben (OR 689e Abs. 1). Bei Missachtung dieser Norm sind die Beschlüsse der GV anfechtbar.

Der Vorsitzende der GV teilt die Angaben gesamthaft für jede Vertretungsart der GV mit. Unterlässt er dies, obschon ein Aktionär dies verlangt hat, können die Beschlüsse der GV angefochten werden (OR 689e Abs. 2).

2.6 Beschlussfassung und Wahlen

a) Allgemeine Beschlüsse und Wahlen (OR 703)

Die GV fasst ihre Beschlüsse und vollzieht ihre Wahlen grundsätzlich mit der *absoluten Mehrheit der vertretenen Aktienstimmen* (OR 703). Ein erhöhtes Quorum ist notwendig, sofern das Gesetz (OR 704 Abs. 1) oder die Statuten ein solches vorsehen.

Für eine Abstimmung sind nur die bei der GV anwesenden Stimmen relevant, selbst bei minimaler Beteiligung an einer GV ist diese beschlussfähig. Ein Präsenzquorum kann statutarisch vereinbart werden, birgt aber das Risiko, dass sich eine Gesellschaft in eine Beschlussunfähigkeit hineinmanövriert.

Zu beachten ist, dass die Mehrheit der vertretenen Stimmen ausschlaggebend ist, nicht die der abgegebenen Stimmen. Dies hat zur Folge, dass einer Stimmenthaltung die gleiche Bedeutung zukommt wie einer «Nein-Stimme».

Bei Stimmengleichheit darf dem Präsidenten des Verwaltungsrates durch die Statuten der Stichentscheid zugesprochen werden. Fehlt ein entsprechender Statuteneintrag, so mangelt es in Fällen der Stimmengleichheit am absoluten Mehr und der Antrag gilt als abgelehnt.

Die Aktionäre haben gegenüber der Gesellschaft keine Treuepflichten. Jeder Aktionär darf seinen eigenen Interessen entsprechend abstimmen.

b) Wichtige Beschlüsse (OR 704)

In OR 704 Abs. 1 sieht der Gesetzgeber eine Reihe von wichtigen Beschlüssen vor, zu deren Annahme es *mindestens zwei Drittel der vertretenen Stimmen sowie der absoluten Mehrheit der vertretenen Aktiennennwerte* bedarf. Man spricht von der sogenannten Doppelhürde. Der Miteinbezug der Nennwerte geschieht zur Korrektur einer allfälligen Übermacht von Stimmrechtsaktien.

Eine statutarische Erhöhung der Quoren ist möglich, nicht aber eine Verringerung. Um ein erhöhtes Quorum einzuführen, ist jedoch ebenso wie für dessen Auflösung bereits das vorgesehene höhere Quorum notwendig (OR 704 Abs. 2).

Als wichtige Beschlüsse gelten nach *OR 704 Abs. 1*
- die Änderung des Gesellschaftszweckes (Ziff. 1);
- die Einführung (nicht aber die Abschaffung) von Stimmrechtsaktien (Ziff. 2);
- die Einführung (nicht aber die Lockerung) von Vinkulierungen (Ziff. 3);
- eine genehmigte oder eine bedingte Kapitalerhöhung oder die Schaffung von Vorratskapital gemäss Bankengesetz (Ziff. 4);
- die Kapitalerhöhung aus Eigenkapital, gegen Sacheinlage oder zwecks Sachübernahme sowie die Gewährung von besonderen Vorteilen (Ziff. 5);
- die Einschränkung oder Aufhebung des Bezugsrechts (Ziff. 6);
- die Verlegung des Sitzes der Gesellschaft (Ziff. 7);
- die Auflösung der Gesellschaft (Ziff. 8).

Für alle anderen Beschlüsse reicht nach OR 703 das absolute Mehr der vertretenen Stimmen.

2.7 Mangelhafte Generalversammlungsbeschlüsse

Für Beschlüsse der GV, die gegen das Gesetz oder die Statuten verstossen, sieht der Gesetzgeber zwei Hilfsmittel vor:

Für kleine Mängel, welche mit der Qualität der Beschlüsse nicht direkt im Zusammenhang stehen, sind die beiden Hilfsmittel zu drastisch. Reine Ordnungswidrigkeiten können allenfalls eine Verantwortlichkeitsklage der betroffenen Organe auslösen.

Beispiel Wird bei dem auf einem Expertenbericht beruhenden Beschluss der Name des Experten falsch ausgeschrieben, führt dies nicht zum Hinfallen eines Beschlusses. Allenfalls kann dies zur Verantwortlichkeit der betroffenen Organe nach OR 754 führen. Führt die Falschbezeichnung aber dazu, dass der Bericht von den Aktionären einem anderen Experten zugeordnet wird, so kann dies einen Anfechtungsgrund darstellen.

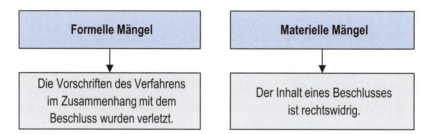

2.8 Anfechtungsklage

Die Anfechtbarkeit eines Beschlusses bedeutet, dass ein Beschluss zwar gültig ist, aber auf Klage hin vom Richter aufgehoben werden kann.

a) Legitimation

Zur Anfechtungsklage gegen die Gesellschaft sind *legitimiert* (OR 706):

- der Verwaltungsrat;
- Aktionäre (unabhängig davon, ob sie vom Beschluss betroffen sind oder von der Anzahl der von ihnen gehaltenen Aktien);
- Partizipanten (aufgrund der Gleichstellung von OR 656a Abs. 2).

Nicht aktivlegitimiert sind die Gläubiger und die Revisionsstelle.

Passivlegitimiert ist die Gesellschaft. Ist der Verwaltungsrat Kläger, so bestellt der Richter nach OR 706a Abs. 2 einen Vertreter für die Gesellschaft. Der Grund liegt darin, dass der Verwaltungsrat hier sonst auf beiden Seiten die Interessen vertreten müsste, ist er doch nach OR 718 Abs. 1 zur Vertretung der Gesellschaft befugt.

Beispiel Eine Person, die eine einzige Aktie nur zum Zweck der Anfechtung eines GV-Beschlusses erworben hat, ist zur Klage legitimiert; vgl. BGE 117 II 290.

b) Anfechtungsinteresse

Vom Kläger wird weiter ein gewisses Anfechtungsinteresse verlangt. An dieses werden aber keine hohen Anforderungen gestellt. So reicht es bereits, wenn die Gesellschaftsinteressen gewahrt werden sollen.

c) Frist

Die Frist zur Anfechtungsklage beträgt *zwei Monate seit der GV* (OR 706a Abs. 1). Als Verwirkungsfrist kann sie weder unterbrochen noch richterlich erstreckt werden. Selbst ein Beschluss, der in gröbster Weise gegen die Statuten verstösst, kann nach der kurzen Frist von zwei Monaten nicht mehr angefochten werden.

d) Anfechtungsgründe

Als anfechtbar bezeichnet der Gesetzgeber in allgemeiner Weise *Beschlüsse der GV, die gegen Gesetz oder Statuten verstossen* (OR 706 Abs. 1). Zusätzlich ist eine Anfechtbarkeit auch bei einem Verstoss gegen allgemeine Rechtsnormen und ungeschriebene aktienrechtliche Grundsätze gegeben.

Anfechtbar sind gemäss *OR 706 Abs. 2* insbesondere die folgenden Beschlüsse:
- Beschlüsse, die unter Verletzung von Gesetz und Statuten Rechte von Aktionären entziehen oder beschränken (Ziff. 1);
- Beschlüsse, die in unsachlicher Weise Rechte von Aktionären entziehen oder beschränken (Ziff. 2);
- Beschlüsse, die eine durch den Gesellschaftszweck nicht gerechtfertigte Ungleichbehandlung oder Benachteiligung der Aktionäre bewirken (Ziff. 3);
- Beschlüsse, welche die Gewinnstrebigkeit der Gesellschaft ohne Zustimmung sämtlicher Aktionäre aufheben (Ziff. 4).

Diese Aufzählung ist jedoch nicht abschliessend.

Häufige Anfechtungsgründe von Beschlüssen sind *Verfahrensfehler*:
- *Die Teilnahme Unbefugter* an der GV (OR 691):

    Wirken Personen an einem Beschluss der GV mit, die zur Teilnahme gar nicht befugt sind, so kann jeder Aktionär einen so entstandenen Beschluss anfechten. OR 691 Abs. 3 ist diesbezüglich ein Unterfall der allgemeinen Anfechtungsklage von OR 706 f. Nicht erforderlich ist, dass an der GV selbst schon dagegen protestiert wurde.

- Die *Nichtzulassung von befugten Personen* an der GV (OR 706 Abs. 2 Ziff. 1):

    Wird eine zur Teilnahme an der GV befugte Person nicht zugelassen oder ihr das Stimmrecht zu Unrecht verweigert, so kann ebenfalls jeder Aktionär einen so entstandenen Beschluss anfechten.

- Unterlassen der Bekanntgabe der Stimmrechts- und Depotvertreter (OR 689e):

    Unterlässt der Vorsitzende trotz Aufforderung eines Aktionärs die Bekanntgabe der Angaben über die Stimmrechts- und Depotvertreter, so kann jeder Aktionär die Beschlüsse der GV anfechten.

Grundsätzlich gelten für alle Anfechtungsklagen aufgrund von Verfahrensfehlern, dass ein Beschluss nur dann aufzuheben ist, wenn der Fehler für die Beschlussfassung relevant war (*Kausalitätserfordernis*). Ob die Kausalität im Einzelfall jedoch gegeben ist, dürfte in der Praxis oftmals nur mit Mühe zu beweisen sein.

Beispiel Hat sich der Stimmenzähler bei der Wahl des Verwaltungsrates um einige Stimmen verzählt, so ist das Kausalitätserfordernis nur erfüllt, wenn diese Stimmen relevant für das Ergebnis sind. Wurde etwa ein Verwaltungsrat mit erdrückender Mehrheit gewählt, sind einige wenige falsch gezählte Stimmen unbedeutend für das Wahlergebnis.

Keinen Anfechtungsgrund stellt die Unangemessenheit oder die fehlende Zweckmässigkeit eines GV-Beschlusses dar.

e) Folgen der Anfechtungsklage

Ist die Klage erfolgreich, so wird der angefochtene Beschluss aufgehoben. Die Aufhebung des Beschlusses wirkt ex tunc, der Beschluss ist aber bis zur Gutheissung der Klage wirksam. Nicht möglich ist eine Korrektur, denn das Urteil ist ausschliesslich kassatorisch. Soll der Beschluss abgeändert oder ersetzt werden, so ist hierfür ein neuer Beschluss an der nächsten GV erforderlich. Die Auflösung des Beschlusses wirkt nach OR 706 Abs. 5 nicht nur gegenüber den Klägern, sondern gegenüber allen Aktionären.

Vor Inkrafttreten der neuen ZPO enthielt OR 706 Abs. 3 eine Norm, wonach bei einer Abweisung der Anfechtungsklage das Gericht befugt war, die Kosten nach seinem Ermessen auf die Gesellschaft und den Kläger verteilen. Damit sollte verhindert werden, dass ein Kläger durch die erwarteten Kosten eingeschüchtert wird und aus Furcht vor einer allfälligen Niederlage auf die Klage verzichtet. Diese Ermessensgrundlage findet sich nun in der neuen ZPO in allgemeiner Form in ZPO 107. Es ist anzunehmen, dass die bisherige Praxis damit ungeändert fortgeführt wird. Die Gesellschaft muss demnach Prozesskosten u.U. selbst dann bezahlen, wenn der Kläger unterliegt.

2.9 Nichtigkeit

Die Nichtigkeit eines Beschlusses bedeutet, dass ein Beschluss *von Anfang an ungültig* war. Eine Klage auf Aufhebung erübrigt sich damit. Mittels einer Feststellungsklage wird aber die bereits bestehende Nichtigkeit vom Richter bestätigt.

a) Legitimation

Berechtigt zur Nichtigkeitsklage ist jeder, der ein *schützenswertes Interesse* geltend machen kann. Anders als die Anfechtungsklage steht damit die Nichtigkeitsklage nicht nur dem Verwaltungsrat oder den Aktionären offen, auch die Revisionsstelle und sogar Gläubiger oder potenzielle Anleger können u.U. ein schützenswertes Interesse an der Feststellung der Nichtigkeit eines Beschlusses haben.

b) Frist

Die Nichtigkeitsklage ist anders als die Anfechtungsklage *nicht befristet*. Je länger ein Beschluss her ist, desto schwerer wird es einem Kläger aber fallen, sein Rechtsschutzinteresse darzutun. Das Zuwarten der Klageanhebung ist jedoch nicht bereits als solches als rechtsmissbräuchlich anzusehen.

c) Nichtigkeitsgründe

Eine Nichtigkeitsklage steht nur in besonders strengen Fällen offen, wenn in generell-abstrakter Weise gegen die *fundamentalen Prinzipien* einer AG verstossen wird. Dies ist insbesondere dann der Fall, wenn in die Kernrechte eines Aktionärs eingegriffen wird. Die Nichtigkeit eines Beschlusses wird nur mit Zurückhaltung angenommen. Wo eine Anfechtungsklage möglich ist, ist diese vorgängig zu ergreifen.

> Gemäss *OR 706b* sind insbesondere die folgenden Beschlüsse der GV nichtig:
> - Beschlüsse, die das Recht auf Teilnahme an der Generalversammlung, das Mindeststimmrecht, die Klagerechte oder andere vom Gesetz gewährte Rechte des Aktionärs entziehen oder beschränken (Ziff. 1);
> - Beschlüsse, die Kontrollrechte von Aktionären über das gesetzlich zulässige Mass hinaus beschränken (Ziff. 2);
> - Beschlüsse, die die Grundstrukturen der Aktiengesellschaft missachten oder die Bestimmungen zum Kapitalschutz verletzen (Ziff. 3).

Beispiele Ein Verstoss gegen Ziff. 1 liegt vor, wenn das Recht zur Teilnahme an der GV nur Aktionären mit Namenaktien, nicht aber solchen mit Inhaberaktien zusteht.

Ein Verstoss gegen Ziff. 2 liegt vor, wenn der Antrag zur Sonderprüfung nur Aktionären offen steht, die über mehr als 10% des Nennwerts des Aktienkapitals verfügen.

Ein Verstoss gegen Ziff. 3 liegt vor, wenn die briefliche Stimmabgabe beschlossen wird oder wenn Zinsen auf dem Aktienkapital ausgegeben werden.

Rechtsprechung BGer v. 24. Juni 2008, 4A.197/2008, E. 2.1: Die Gründe der Nichtigkeit von Beschlüssen der Generalversammlung einer Aktiengesellschaft sind in Art. 706b OR nicht abschliessend [...]. Neben den ausdrücklich aufgeführten schweren Mängeln können insbesondere offensichtliche formelle Mängel in der Beschlussfassung zur Nichtigkeit führen [...]. Unbestritten ist, dass dazu eigentliche Schein- oder Nichtbeschlüsse gehören, die von Personen ausgehen, denen jede Zuständigkeit fehlt. Ob darüber hinaus Nichtigkeitsgründe bestehen, ist in der Lehre umstritten. Teilweise werden Beschlüsse als nichtig erachtet, die von einer ganz offensichtlich beschlussunfähigen Generalversammlung oder auch von einer Universalversammlung gefasst werden, an der eindeutig einer der Aktionäre nicht anwesend oder vertreten war [...]. Unbestritten ist, dass es eines schwerwiegenden und offensichtlichen formellen Mangels bedarf, damit der Beschluss nicht nur anfechtbar, sondern geradezu nichtig ist.

Zur Nichtigkeit eines Beschlusses können auch grundlegende Formmängel führen, welche die ganze Generalversammlung nichtig machen. Zu denken ist hierbei etwa die Durchführung einer Universalversammlung, bei der nicht alle Aktionäre anwesend sind, oder ein protokollierter Beschluss, welcher gar nicht zur Abstimmung gelangte.

2.10 Abgrenzung der Anfechtungsklage zur Nichtigkeitsklage

	Anfechtungsklage (OR 706 f.)	Nichtigkeitsklage (OR 706b)
Anwendungsbereich	Primäres Rechtsmittel gegen mangelhafte GV-Beschlüsse	Subsidiäres Rechtsmittel gegen mangelhafte GV- und Verwaltungsratsbeschlüsse; wird äusserst zurückhaltend angewendet.
Legitimation	Verwaltungsrat, Aktionär und Partizipanten	Jeder, der ein schützenswertes Interesse geltend machen kann
Frist	Zwei Monate ab der GV	Unbefristet (Schranke ZGB 2)
Anfechtungsgründe	Beschlüsse der GV, die gegen Gesetz oder Statuten oder gegen allgemeine Rechtsnormen und ungeschriebene aktienrechtliche Grundsätze verstossen	Beschlüsse der GV oder des Verwaltungsrates, die gegen Fundamentalprinzipien einer AG verstossen
Folgen der Anfechtung	Der Beschluss wird ex tunc aufgehoben.	Der Beschluss ist von Anfang an unwirksam.

3. Der Verwaltungsrat

3.1 Funktion

Trotz täuschendem Wortlaut von OR 698 Abs. 1 ist der Verwaltungsrat der Generalversammlung hierarchisch gleichgestellt. Gemäss OR 716 Abs. 1 gilt eine *Kompetenzvermutung* zugunsten des Verwaltungsrates. Der Verwaltungsrat ist für alle Belange zuständig, sofern nicht das Gesetz oder die Statuten eine Angelegenheit der Generalversammlung zuteilen.

Dem Verwaltungsrat kommt nach dem Willen des Gesetzgebers dispositiv die *geschäftsführende Funktion* (OR 716 Abs. 2) und die *Vertretung der Gesellschaft* nach aussen (OR 718 Abs. 1) zu. In der Praxis wird der Verwaltungsrat – zumindest bei grösseren Gesellschaften – einen Grossteil dieser Aufgaben an Dritte delegieren und eher für die Organisation und Aufsicht der Unternehmung sorgen als für die effektive Geschäftsführung.

3.2 Wahl, Abberufung und Rücktritt

Eine Mindestanzahl an Verwaltungsräten ist nicht vorgeschrieben. Gemäss OR 707 Abs. 1 reicht eine Person aus.

Zuständiges Organ für Wahl und Abberufung der Mitglieder des Verwaltungsrates ist zwingend die Generalversammlung (OR 698 Abs. 2 Ziff. 2 und 705).

Die Mitglieder des Verwaltungsrates sind im Handelsregister einzutragen (HRegV 45 Abs. 1 lit. n).

a) Wahl

Voraussetzungen für die Wahl eines Verwaltungsrates	
Natürliche Personen	Juristische Personen sind nicht wählbar. Ist an der Gesellschaft eine juristische Person beteiligt, so hat diese einen Vertreter zu bestimmen, der als natürliche Person in den Verwaltungsrat gewählt werden kann (OR 707 Abs. 3).
Vertretungsbefugnis der Mitglieder des Verwaltungsrates	Mindestens ein Mitglied des Verwaltungsrates muss zur Vertretung befugt sein (OR 718 Abs. 3).
Vertretungsbefugte Person mit Wohnsitz in der Schweiz	Ein Wohnsitz in der Schweiz ist nicht erforderlich für die Wahl in den Verwaltungsrat. Zu beachten ist aber, dass mindestens eine vertretungsbefugte Person (egal ob Verwaltungsrat oder nicht) ihren Wohnsitz in der Schweiz haben muss (OR 718 Abs. 4).
Vertreter für Aktionärsgruppen	Bei Bestehen unterschiedlicher Aktionärskategorien hinsichtlich des Stimmrechts (Stimmrechtsaktien) oder der vermögensrechtlichen Ansprüche (Vorzugsaktien) muss jede Aktionärsgruppe mindestens einen Vertreter im Verwaltungsrat stellen können (OR 709 Abs. 1). Dieser Anspruch ist zwingender Natur und muss in den Statuten verankert sein. Nach OR 709 Abs. 2 kann in den Statuten weiteren Aktionärsgruppen (Inhaber- und Namenaktionäre, Minderheitsaktionären etc.) ein Verwaltungsratssitz zugesichert werden; im Gegensatz zu Abs. 1 ist dies aber nicht zwingend.
Amtsdauer	Ein Verwaltungsrat wird gemäss OR 710 Abs. 1 auf drei Jahre gewählt. Die Statuten können jedoch eine andere Amtsdauer vorsehen, sofern sechs Jahre nicht überschritten werden. In der Praxis wird die Amtsdauer in den Statuten meist auf ein Jahr beschränkt. Die Amtsdauer ist aber nur von untergeordneter Bedeutung, da eine Wiederwahl durch die Generalversammlung unbeschränkt möglich ist (OR 710 Abs. 2).

Seit dem 1.1.2008 wurden verschiedene Erfordernisse für die Wahl des Verwaltungsrates aufgehoben. So ist es neu unerheblich, ob die Mitglieder des Verwaltungsrates zur Mehrheit das Schweizer Bürgerrecht besitzen oder in der Schweiz wohnhaft sind. Auch muss ein Verwaltungsrat nicht mehr Aktionär der Gesellschaft sein.

Bei börsenkotierten AG gelten mit Inkrafttreten der Verordnung gegen die Abzockerei (voraussichtlich ab 1. Januar 2014) Sondervorschriften für die Wahl und Amtsdauer des Verwaltungsrates sowie des Verwaltungsratspräsidenten. So ist geplant, dass jedes Mitglied des Verwaltungsrates einzeln jeweils für ein Jahr (bis zur nächsten Generalversammlung) durch die Generalversammlung gewählt wird. Auch die Wahl des Verwaltungsrates soll bei diesen Gesellschaften durch die Generalversammlung und für ein Jahr erfolgen (vgl. dazu unten S. 228).

b) Abberufung

OR 705 Abs. 1 berechtigt die Generalversammlung, die Mitglieder des Verwaltungsrates jederzeit und ohne Angabe von Gründen abzuberufen. Diese Vorschrift ist zwingender Natur. Die GV beschliesst über die Abberufung mit dem einfachen Mehr, sofern kein erhöhtes Quorum in den Statuten vorgesehen ist. OR 705 Abs. 2 behält Entschädigungsansprüche des abberufenen Verwaltungsrates vor.

Ein typisches Verwaltungsratsmandat ist meist als *Auftragsverhältnis* zu qualifizieren. In diesem Falle ist eine Beendigung durch die AG als Auftraggeber jederzeit möglich (OR 404 Abs. 1). Erfolgt die Beendigung aber zur Unzeit, so hat die Gesellschaft Schadenersatz zu leisten. Eine Beendigung zur Unzeit liegt vor, wenn die beendigungswillige Partei ohne Grund, d.h. in einem ungünstigen Moment ohne sachliche Rechtfertigung, der anderen Partei besondere Nachteile verursacht.

Wird hingegen das Verwaltungsratsmandat als *Arbeitsverhältnis* betrachtet, stellt die Abberufung eine fristlose Kündigung dar. Entsprechend muss ein wichtiger Grund vorliegen (vgl. OR 337). Kann die AG keinen solchen geltend machen, so muss dem Verwaltungsrat als Arbeitnehmer ersetzt werden, was er verdient hätte, wenn das Arbeitsverhältnis unter Einhaltung der Kündigungsfrist oder durch Ablauf der bestimmten Vertragszeit beendet worden wäre.

Bei börsenkotierten AG soll mit Inkrafttreten der Verordnung gegen die Abzockerei (voraussichtlich am 1. Januar 2014) sodann eine Sondervorschrift gelten, wonach die Generalversammlung auch für die Abberufung des Verwaltungsratspräsidenten zuständig ist (vgl. dazu unten S. 228).

c) Rücktritt

Dem Abberufungsrecht der GV gegenüber steht dem Verwaltungsrat auch jederzeit ein Rücktrittsrecht zu. Der Rücktritt richtet sich ebenfalls je nach Mandat nach dem Auftrags- oder dem Arbeitsrecht.

3.3 Organisation und Beschlussfassung

Die Regelung der Organisation der AG und damit auch des Verwaltungsrates ist eine unübertragbare und unentziehbare Aufgabe des Verwaltungsrates (OR 716a Abs. 1 Ziff. 2). Diese Aufgabe erfüllt er durch den Erlass eines Organisationsreglements. Der Verwaltungsrat nimmt seine Aufgaben primär in Verwaltungsratssitzungen wahr. Hier werden die Geschäfte im Plenum diskutiert und Beschlüsse gefasst. Die Organisation und der genaue Ablauf obliegen dem Verwaltungsrat.

a) Einberufung

Die Einberufung einer Verwaltungsratssitzung erfolgt durch den Präsidenten. Jedes einzelne Mitglied des Verwaltungsrates hat nach OR 715 unter Angabe von Gründen das Recht, vom Präsidenten zu verlangen, dass unverzüglich eine Sitzung einberufen wird. Kommt der Präsident dem nicht nach, kann dies mittels einer Leistungsklage auf Einberufung einer Verwaltungsratssitzung gegen die AG durchgesetzt werden.

Die Einberufung ist an keine besondere Form gebunden.

b) Beschlussfassung

Die Beschlüsse werden mit der Mehrheit der abgegebenen Stimmen (relatives Mehr) gefasst (OR 713 Abs. 1). Es wird also weder auf die Gesamtzahl noch auf die Anzahl der anwesenden Verwaltungsräte abgestellt, sondern nur auf die zum beschliessenden Antrag abgegebenen Ja/Nein-Stimmen; Stimmenthaltungen werden somit (anders als bei der GV) nicht berücksichtigt. Bei Stimmgleichheit hat der Präsident den Stichentscheid, es sei denn, die Statuten sehen eine andere Regelung vor (OR 713 Abs. 1).

Sofern kein Verwaltungsrat dagegen opponiert, kann über einen schriftlich gestellten Antrag auch schriftlich, im sog. Zirkulationsverfahren, abgestimmt werden (OR 713 Abs. 2). Für eine einberufene Verwaltungsratssitzung ist jedoch weder die Vertretung noch eine schriftliche Stimmabgabe möglich.

c) Mangelhafte Verwaltungsratsbeschlüsse

Eine Anfechtungsklage, wie sie OR 706 f. für GV-Beschlüsse vorsieht, ist gemäss Rechtsprechung und herrschender Lehre bei Verwaltungsratsbeschlüssen ausgeschlossen. Eine Ausnahme hierzu besteht einzig im Bereich des Fusionsgesetzes: Das FusG erlaubt die Anfechtung eines Beschlusses über die Fusion, Umwandlung und Spaltung gemäss FusG 106 auch dann, wenn der Beschluss vom Verwaltungsrat stammt.

Generell offen steht aber die *Nichtigkeitsklage*. Für die Beschlüsse des Verwaltungsrates gelten sinngemäss die gleichen Nichtigkeitsgründe wie für die Beschlüsse der Generalversammlung (OR 714 i.V.m. 706b; vgl. hierzu oben, S. 180). Entsprechend eingeschränkt sind zum Schutze der Unabhängigkeit und Handlungsfreiheit des Verwaltungsrates die Möglichkeiten, gegen einen Entscheid des Verwaltungsrates vorzugehen.

Beispiele   Nicht zur Nichtigkeit der betroffenen Beschlüsse führt (BGE 133 III 77):
- das Fehlen eines formellen Protokolls;
- der Verzicht auf das Abhalten einer formellen Sitzung eines aus einem Mitglied bestehenden Verwaltungsrates.

d) Recht auf Auskunft und Einsicht

Jedes Mitglied des Verwaltungsrates hat das Recht auf Auskunft und Einsicht in alle Angelegenheiten der Gesellschaft (OR 715a Abs. 1). Im Rahmen einer Verwaltungsratssitzung sind alle Verwaltungsräte sowie die mit der Geschäftsführung betrauten Personen zu einer umfassenden Auskunft verpflichtet (OR 715a Abs. 2). Ausserhalb einer Sitzung kann ein Verwaltungsrat von den Geschäftsführern allgemeine Auskünfte über den Geschäftsgang und, mit Einwilligung des Präsidenten, über spezifische Geschäfte verlangen (OR 715a Abs. 3). Weist der Präsident das Ersuchen ab, entscheidet darüber der Verwaltungsrat (OR 715a Abs. 5). Daneben steht den Verwaltungsräten auch ein Einsichtsrecht in Bücher und Akten zu, sofern es ihre Aufgabe erfordert (OR 715a Abs. 4).

3.4 Aufgaben des Verwaltungsrates

a) Allgemein

Der Gesetzgeber sieht dispositiv für den Verwaltungsrat in OR 716 Abs. 1 eine subsidiäre Generalkompetenz vor, d.h., der Verwaltungsrat ist für alle Aufgaben zuständig, die nicht durch Gesetz oder die Statuten einem anderen Organ zugewiesen wurden.

b) Unübertragbare Aufgaben

Daneben überträgt OR 716a Abs. 1 eine Reihe von Aufgaben in unübertragbarer und unentziehbarer Weise dem Verwaltungsrat. Diese Aufgaben dürfen deshalb weder weiter delegiert noch von der Generalversammlung entzogen werden. Ein anders lautender Statuteneintrag ist nichtig (OR 706b Ziff. 3). Gemäss OR 716a Abs. 2 darf die Vorbereitung, Ausführung und Überwachung der zwingenden Aufgaben an einzelne Mitglieder des Verwaltungsrates übertragen werden; die Entscheidkompetenz verbleibt aber immer beim Verwaltungsrat.

Unübertragbare und unentziehbare Aufgaben gemäss OR 716a Abs. 1 sind

- die *Oberleitung* der Gesellschaft und die Erteilung der nötigen *Weisungen* (Ziff. 1);
- die Festlegung der *Organisation* der Gesellschaft (Ziff. 2);
- die Ausgestaltung des *Rechnungswesens*, der *Finanzkontrolle* und der *Finanzplanung* (Ziff. 3);
- die *Ernennung* und *Abberufung* der mit der Geschäftsführung und der Vertretung beauftragten Personen (Ziff. 4);
- die *Oberaufsicht* über die mit der Geschäftsführung beauftragten Personen (Ziff. 5);
- die Erstellung des Geschäftsberichts, die Vorbereitung der Generalversammlung sowie die Ausführung ihrer Beschlüsse (Ziff. 6);
- die *Benachrichtigung des Richters* im Falle einer Überschuldung (Ziff. 7).

Weiter muss mindestens ein Verwaltungsrat zur Vertretung befugt sein (OR 718 Abs. 3). Im Rahmen einer Umstrukturierung nach dem FusG treffen den Verwaltungsrat zudem verschieden Informationspflichten (FusG 14 Abs. 1, 39 Abs. 1 und 61 Abs. 1). Ferner ist der Verwaltungsrat verpflichtet, im Falle eines öffentlichen Kaufangebots nach dem BEHG (vgl. dazu S. 200) einen Bericht zuhanden der Aktionäre zu erstellen, in dem er zum Angebot Stellung nimmt (BEHG 29 Abs. 1).

Umstritten ist, ob diese Aufzählung abschliessend ist oder ob noch weitere Aufgaben des Verwaltungsrates unübertragbar und unentziehbar sind – namentlich die Einberufung nachträglicher Leistungen auf nicht voll liberierte Aktien (OR 634a Abs. 1) oder die Entscheide im Rahmen von Kapitalerhöhungen (OR 651 ff.).

3.5 Abgrenzung der Aufgaben der Generalversammlung zum Verwaltungsrat

Ist unklar, ob eine Aufgabe der Generalversammlung oder dem Verwaltungsrat zukommt, empfiehlt sich folgendes Vorgehen:

1. Fällt die infrage stehende Aufgabe in den zwingenden Kompetenzbereich
   - der Generalversammlung (OR 698 Abs. 2 Ziff. 1–5)?
   - des Verwaltungsrates (OR 716a Abs. 1)?

   Falls nein ↓

2. Fällt die infrage stehende Aufgabe kraft gesetzlicher Verweisung in den Kompetenzbereich der Generalversammlung (OR 698 Abs. 2 Ziff. 6)?

   Falls nein ↓

3. Fällt die infrage stehende Aufgabe durch Zuweisung in den Statuten in den Kompetenzbereich der Generalversammlung (OR 698 Abs. 2 Ziff. 6)?

   Falls nein ↓

4. Die infrage stehende Aufgabe fällt dem Verwaltungsrat kraft seiner Subsidiärkompetenz zu (OR 716 Abs. 1).

3.6 Geschäftsführung und Vertretung

a) Geschäftsführung

Die Geschäftsführung obliegt grundsätzlich dem *Verwaltungsrat als Ganzes* (OR 716 Abs. 2 und 716b Abs. 3). Es steht ihm aber frei, die Leitung an einzelne Mitglieder des Verwaltungsrates (Delegierte) oder an Dritte (Direktoren) zu delegieren, sofern er hierzu in den Statuten ermächtigt wurde (OR 716b Abs. 1). Ist dies der Fall, so verpflichtet das Gesetz in OR 716b Abs. 2 den Verwaltungsrat zum Erlass eines Organisationsreglements.

Unter dem Begriff der Geschäftsführung nach OR 716 Abs. 2 ist die interne Leitung der Gesellschaft zu verstehen (als Gegensatz zur Vertretung gegen aussen). Sie beinhaltet sämtliche Elemente, die im Innenverhältnis der Gesellschaft wirken, wie etwa die Organisation von Produktion und Vertrieb, die Finanzplanung, die Führung der Geschäftsbücher, die Leitung des Personals oder die Festlegung der Ziele für Forschung und Entwicklung (vgl. BGer v. 27. Oktober 2009, 4A.248/2009, E. 6.3.2).

b) Vertretung

Die Vertretung, also die Repräsentation der Gesellschaft gegen aussen, obliegt grundsätzlich dem Verwaltungsrat (OR 718 Abs. 1). Anders als bei der Geschäftsführung ist aber *jedes einzelne Verwaltungsratsmitglied* vermutungsweise alleine zur Vertretung befugt. Diese dispositive Regelung kann durch die Statuten oder das Organisationsreglement anders geregelt werden. In der Praxis wird meist die Vertretungsbefugnis im Verwaltungsrat auf wenige Mitglieder (Delegierte) beschränkt und Dritte (Direktoren) werden zur Vertretung berechtigt. Doch muss immer mindestens ein Mitglied des Verwaltungsrates zur Vertretung befugt sein (OR 718 Abs. 3).

Die Übertragung der Vertretungsbefugnis basiert auf einem Verwaltungsratsbeschluss (OR 718 Abs. 2 und 721). Die Vertreter sind anschliessend im Handelsregister einzutragen (HRegV 45 Abs. 1 lit. o).

Die Vertreter unterzeichnen mit ihrem Namen, wobei der Unterschrift des Vertreters die Firma voranzustellen ist (OR 719).

Die *Vertretungsmacht* umschliesst gemäss OR 718a Abs. 1 alle Rechtshandlungen, die der Zweck der Gesellschaft mit sich bringen kann. Dies ist sehr weit auszulegen.

Rechtsprechung BGE 116 II 320 E. 3a: Unter Rechtshandlungen, die der Gesellschaftszweck mit sich bringen kann, sind nicht bloss solche zu verstehen, die der Gesellschaft nützlich sind oder in ihrem Betrieb gewöhnlich vorkommen; erfasst sind vielmehr ebenfalls ungewöhnliche Geschäfte, sofern sie auch nur möglicherweise im Gesellschaftszweck begründet sind, d.h. durch diesen zumindest nicht geradezu ausgeschlossen werden [...].

Beispiele Nicht von der Vertretungsmacht abgedeckt sind etwa:
- eine grosse Schenkung, welche die wirtschaftliche Kraft der AG übersteigt;
- i.d.R. die Einleitung und Durchführung der Liquidation einer AG;
- die Veräusserung des gesamten Unternehmens.

Eine Beschränkung der Vertretungsmacht hat grundsätzlich gegenüber Dritten keine Wirkung.

Als Ausnahmen gestattet der Gesetzgeber zwei Beschränkungsmöglichkeiten, die zu ihrer Gültigkeit im Handelsregister eingetragen werden müssen (OR 718a Abs. 2):
- die ausschliessliche Vertretung der Hauptniederlassung oder einer Zweigniederlassung;
- die gemeinsame Vertretung (Kollektivunterschrift).

Alle anderen Beschränkungen sind gegenüber gutgläubigen Dritten unwirksam.

Die gemachten Ausführungen zur Vertretungsmacht gelten nur für Vertreter i.S.v. OR 718 (Delegierte, Direktoren), nicht jedoch für Prokuristen und andere Bevollmächtigte i.S.v. OR 721. Diese Vertreter werden gemäss OR 721 ebenfalls vom Verwaltungsrat ernannt, ihre Vertretungsmacht richtet sich aber nach den einschlägigen Normen im Gesetz (OR 458 ff. für den Prokuristen; OR 462 für den Handlungsbevollmächtigten).

Weiter kann sich eine AG auch durch einen Handelsreisenden (OR 347 ff.) oder einen gewöhnlichen Stellvertreter nach OR 32 ff. vertreten lassen.

Überblick über die Vertretungsmöglichkeiten einer AG:

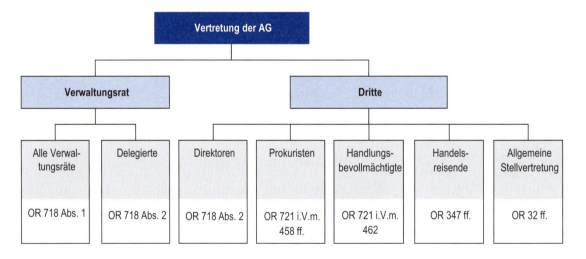

3.7 Pflichten des Verwaltungsrates

OR 717 nennt drei Pflichten, die ein Verwaltungsrat zu erfüllen hat:

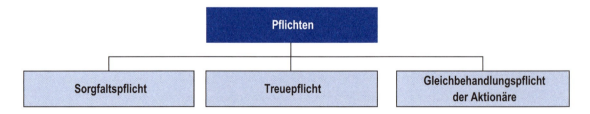

Ein Verstoss gegen eine dieser Pflichten stellt eine Grundlage für eine Verantwortlichkeitsklage gemäss OR 754 dar (vgl. dazu unten, S. 219).

a) Sorgfaltspflicht

Die Sorgfaltspflicht lässt sich auf vier Bereiche verteilen:

Das effektive Mass an Sorgfalt ist im Einzelfall objektiv zu bestimmen: Wie hätte sich ein gewissenhaftes und vernünftiges Verwaltungsratsmitglied in der bestimmten Situation verhalten? Die persönlichen Eigenschaften des betroffenen Verwaltungsrates sind nicht zu berücksichtigen. Subjektive Entschuldigungsgründe wie etwa mangelnde Kenntnis oder Zeitmangel sind folglich belanglos.

Beispiele

Verletzung der Sorgfaltspflicht:
- Vernachlässigung von Buchführungspflichten;
- Zahlungen innerhalb eines Konzerns ohne kommerziellen Grund, d.h. ohne adäquate Gegenleistung;
- Abschluss von komplizierten Projekten ohne Beizug von Spezialisten.

Rechtsprechung

BGer v. 12. Februar 2007, 4C.358/2005, E. 5.2.1: Der Verwaltungsrat führt die Geschäfte der Gesellschaft, soweit er die Geschäftsführung nicht übertragen hat (OR 716 Abs. 2). Die Mitglieder des Verwaltungsrats müssen ihre Aufgaben mit aller Sorgfalt erfüllen (OR 717 Abs. 1). Für die Sorgfalt, welche der Verwaltungsrat bei der Führung der Geschäfte der Gesellschaft aufzuwenden hat, gilt ein objektiver Massstab. Die Verwaltungsräte sind nicht nur zur Vorsicht verpflichtet, die sie in eigenen Geschäften anzuwenden pflegen [...]. Das Mitglied des Verwaltungsrats, das die Erfüllung einer Aufgabe befugterweise einem anderen Organ überträgt (vgl. OR 716b Abs. 1), haftet für den von diesem verursachten Schaden, sofern er nicht nachweist, dass er bei der Auswahl, Unterrichtung und Überwachung die nach den Umständen gebotene Sorgfalt angewendet hat (OR 754 Abs. 2 [...]). Es gehört zu den unübertragbaren und unentziehbaren Aufgaben des Verwaltungsrats, die Oberaufsicht über die mit der Geschäftsführung betrauten Personen wahrzunehmen, namentlich im Hinblick auf die Befolgung der Gesetze, Statuten und Weisungen (OR 716a Abs. 1 Ziff. 5). Der nicht geschäftsführende Verwaltungsrat ist zwar nicht verpflichtet, jedes einzelne Geschäft der mit der Geschäftsführung und Vertretung Beauftragten zu überwachen, sondern darf sich auf die Überprüfung der Tätigkeit der Geschäftsleitung und des Geschäftsganges beschränken. Dazu gehört, dass er sich laufend über den Geschäftsgang informiert, Rapporte verlangt, sie sorgfältig studiert, nötigenfalls ergänzende Auskünfte einzieht und Irrtümer abzuklären versucht. Ergibt sich aus diesen Informationen der Verdacht falscher oder unsorgfältiger Ausübung der delegierten Geschäftsführungs- und Vertretungsbefugnisse, ist der Verwaltungsrat verpflichtet, sogleich die erforderlichen Abklärungen zu treffen, nötigenfalls durch Beizug von Sachverständigen [...].

b) Treuepflicht

Ein Verwaltungsrat hat eine umfassende Treuepflicht gegenüber seiner Gesellschaft; er darf nichts tun, was gegen die Gesellschaftsinteressen verstösst. Unter Gesellschaftsinteresse ist primär das Aktionärsinteresse, sekundär auch das Interesse der Mitarbeiter zu verstehen.

Wenn ein direkter Interessenkonflikt zwischen dem Verwaltungsratsmitglied und der Gesellschaft in einer bestimmten Sache besteht, so muss das Mitglied die Interessen der Gesellschaft voranstellen oder in den Ausstand treten. Umstritten ist, ob bei Bestehen eines generellen Interessenkonflikts (z.B. weil das Mitglied Vertreter eines Konkurrenzunternehmens ist), überhaupt das Verwaltungsratsmandat angenommen werden darf. Dies ist wohl zu verneinen, da dies gegen die Sorgfaltspflicht in der Annahme des Mandats verstösst.

Wurde ein Verwaltungsrat als Vertreter einer bestimmten Aktionärsgruppe gewählt, so hat er im Verwaltungsrat immer im Interesse der Gesellschaft und nicht im Interesse dieser Aktionärsgruppe zu handeln.

Beispiele

Ein Mehrheitsaktionär als Verwaltungsratsmitglied hat das Gesellschaftsinteresse vor die Partikularinteressen des Mehrheitsaktionärs zu stellen. So muss er auch im Interesse von Minderheitsaktionären handeln.

Ein von der Konzernmutter delegierter Verwaltungsrat muss aufgrund von OR 717 die Interessen der Gesellschaft auch gegenüber der Konzernmutter wahren, selbst wenn es zu deren Nachteil ist.

Ein Verwaltungsrat, der ein Gerichtsverfahren einzig aus Eigeninteresse verfolgt, handelt missbräuchlich und verstösst gegen die Treuepflicht.

Ein *Konkurrenzverbot* der Verwaltungsräte ist im Aktienrecht nirgends explizit vorgesehen, es wird jedoch allgemein bejaht. Der Umfang des Konkurrenzverbots richtet sich nach den konkreten Umständen und wird bei vollamtlich tätigen Verwaltungsratsmitgliedern sicher weiter gehen als bei weniger stark involvierten Mitgliedern.

Bestandteil der Treuepflicht ist weiter eine Geheimhaltungs- und Schweigepflicht der Verwaltungsratsmitglieder.

c) Gleichbehandlungspflicht der Aktionäre

Die Verwaltungsratsmitglieder haben die Aktionäre unter gleichen Voraussetzungen gleich zu behandeln (OR 717 Abs. 2). Vom Prinzip, Gleiches gleich und Ungleiches ungleich zu behandeln, darf nur abgewichen werden, wenn sachliche Gründe dies rechtfertigen.

3.8 Entschädigung

Obwohl im Aktienrecht nicht ausdrücklich vorgesehen, haben die Verwaltungsratsmitglieder Anrecht auf eine finanzielle Entschädigung für ihre Tätigkeit.

Man unterscheidet zwei Arten:
- *Honorar:* Das Entgelt der Verwaltungsräte wird meist als Honorar entrichtet. Dieses kann eine vertraglich oder statutarisch festgelegte Summe sein oder auch vom Verwaltungsrat jeweils selbst festgesetzt werden. Je nach Beanspruchung und Grösse des Unternehmens variiert die Entschädigung stark.
- *Tantieme:* Darunter ist eine erfolgsabhängige Zahlung an die Verwaltungsräte zu verstehen, die nur erfüllt wird, wenn ein Bilanzgewinn vorliegt (OR 677). Die Ausschüttung von Tantiemen bedarf einer statutarischen Grundlage. Aus steuertechnischen Gründen haben Tantiemen nur eine geringe Bedeutung in der Praxis.

3.9 Haftung

OR 722 verankert im Recht der AG das Prinzip der Haftung juristischer Personen nicht nur für *Rechtsgeschäfte*, sondern auch für *unerlaubte Handlungen*, die eine zur Geschäftsführung oder zur Vertretung befugte Person in Ausübung ihrer geschäftlichen Verrichtungen begeht. OR 722 stellt einen Anwendungsfall der allgemeinen Organhaftung gemäss ZGB 55 Abs. 2 dar. Haftungsvoraussetzung ist eine unerlaubte Handlung des schädigenden Organs i.S.v. OR 41, wonach ein Schaden, die Widerrechtlichkeit, ein adäquater Kausalzusammenhang zwischen dem schadensbegründenden Ereignis und dem Schaden sowie das persönliche Verschulden des Organs nachzuweisen sind.

Organe i.S.v. OR 722 sind die Verwaltungsratsmitglieder und die Direktoren, an welche die Geschäftsführung delegiert wurde oder die gemäss OR 718 zur Vertretung befugt sind. Die gemäss OR 721 zur Vertretung befugten Prokuristen und Bevollmächtigten verfügen nur über Organstellung, wenn ihnen Organqualität zukommt; zum Begriff des Organs vgl. die Ausführungen im Allgemeinen Teil, S. 62.

Rechtsprechung BGE 105 II 289, E. 5b: [OR 722 lässt] die Aktiengesellschaft [...] für den Schaden aus unerlaubter Handlung haften, welche eine zur Geschäftsführung oder zur Vertretung befugte Person in Ausübung ihrer geschäftlichen Verrichtungen begeht. Nach Lehre und Rechtsprechung ist hier wie bei ZGB 55 Abs. 2 erforderlich und genügend, dass die Handlung im allgemeinen Rahmen der Organkompetenz liegt, mit dieser in funktionellem Zusammenhang steht.

Die Schadensverursachung muss in Ausübung geschäftlicher Verrichtungen erfolgen. Dies ist nicht der Fall, wenn sie «privat» oder nur bei Gelegenheit geschah.

Beispiele Eine Haftung nach OR 722 ergab sich in der Praxis unter anderem in den folgenden Fällen:
- Verkehrs- oder Bauunfälle;
- falsche Kreditauskünfte;
- falsche Arbeitszeugnisse;
- Ersatz für vollmachtloses Handeln.

Gemäss StGB 102 kann das Unternehmen auch strafrechtlich zur Verantwortung gezogen werden (vgl. dazu die Ausführungen im Allgemeinen Teil, S. 33).

4. Die Revisionsstelle

Die Neugestaltung des Rechts der GmbH nahm der Gesetzgeber zum Anlass, auch das Revisionsrecht umfassend neu zu gestalten. Obwohl weiterhin innerhalb des Aktienrechts geregelt, gelangen die Normen rechtsformübergreifend zur Anwendung. Demzufolge gelten die Normen von OR 727 ff. einheitlich für die AG, die KommAG (OR 764 Abs. 2), die GmbH (OR 818 Abs. 1), die Genossenschaft (OR 906 Abs. 1), den Verein (ZGB 69b Abs. 3) und die Stiftungen (ZGB 83b Abs. 3). Die Regeln der einzelnen Gesellschaften verweisen, abgesehen von einigen Ausnahmen, auf das Recht der Revisionsstelle gemäss OR 727 ff., womit die Ordnung der Revisionspflicht weitgehend harmonisiert wurde. Keine Anwendung findet OR 727 ff. für das Einzelunternehmen, die einfache Gesellschaft sowie für die KollG und die KommG, da für diese auf die Einführung einer Revisionsstelle verzichtet wurde. Diesen Gesellschaften bleibt es aber unbenommen auf fakultativer Ebene ebenfalls eine Revisionsstelle einzusetzen.

Das 2008 in Kraft getretene Revisionsaufsichtsgesetz regelt sodann die Zulassung und die Beaufsichtigung von Personen, die Revisionsdienstleistungen erbringen (RAG 1 Abs. 1). Wer eine Revisionsdienstleistung erbringen will, muss gemäss RAG 3 Abs. 2 eine Zulassung beantragen. Die Aufsicht wird durch die Revisionsaufsichtsbehörde, eine unabhängige öffentlich-rechtliche Anstalt mit eigener Rechtspersönlichkeit, durchgeführt.

4.1 Funktion

Die Revisionsstelle übernimmt die *Kontrollfunktion* in der AG. Sie ist theoretisch den anderen Organen gleichgestellt, faktisch verfügt sie aber aufgrund ihres beschränkten Tätigkeitsbereiches und aufgrund ihrer Abhängigkeit von den beiden anderen Organen nicht über die gleiche Macht. Damit die Neutralität bei ihren Bewertungen gewährleistet bleibt, ist sie vom Rest der Gesellschaft abgekoppelt und handelt im eigenen Namen.

Die Selbstständigkeit ist ein wesentliches Kennzeichen der Revisionsstelle.

4.2 Ordentliche und eingeschränkte Revision

Kriterium für die Anwendung von OR 727 ff. ist nicht mehr das Vorliegen einer bestimmten Gesellschaftsform, sondern deren wirtschaftlichen Bedeutung. Dabei sieht das neue Recht eine grundsätzliche Zweiteilung des Umfanges der Revisionspflichten in eine ordentliche und eine eingeschränkte Revision vor. Zudem erlaubt er kleinen Gesellschaften, auf die Revision ganz zu verzichten.

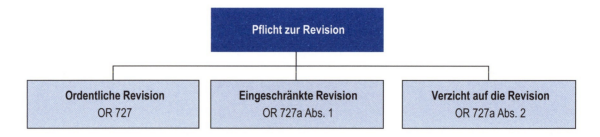

Die *ordentliche Revision* richtet sich an grosse Unternehmen und sieht für diese verschärfte Anforderungen an die Revision vor. Demgegenüber ist die eingeschränkte Revision für kleine Unternehmen gedacht mit einem entsprechend tieferen Revisionsaufwand.

Einer *ordentlichen Revision* unterstehen gemäss OR 727 Abs. 1:
- Publikumsgesellschaften (Ziff. 1): Als solche gelten Gesellschaften, die:
  - Beteiligungspapiere an einer Börse kotiert haben (lit. a);
  - Anleihensobligationen ausstehend haben (lit. b);
  - mindestens 20% der Aktiven oder des Umsatzes zur Konzernrechnung einer Gesellschaft nach lit. a oder b beitragen.
- Gesellschaften, die zwei der nachstehenden Grössen in zwei aufeinander folgenden Geschäftsjahren überschreiten (Ziff. 2).
  - Bilanzsumme von 20 Millionen Franken (lit. a);
  - Umsatzerlös von 40 Millionen Franken (lit. b);
  - 250 Vollzeitstellen im Jahresdurchschnitt (lit. c).
- Gesellschaften, die zur Erstellung einer Konzernrechnung verpflichtet sind (Ziff. 3).

Eine **ordentliche Revision** wird ferner vorgenommen, wenn (OR 727 Abs. 2 und 3):
- Aktionäre, die zusammen mindestens 10% des Aktienkapitals vertreten, dies verlangen;
- die Generalversammlung dies beschliesst;
- die Statuten dies vorsehen.

Sind diese Voraussetzungen nicht gegeben, so untersteht die Gesellschaft einer *eingeschränkten Revision* (OR 727a Abs. 1). Kleingesellschaften (Gesellschaften, die nicht mehr als zehn Vollzeitstellen im Jahresdurchschnitt haben) können von einer Revision vollständig absehen (sog. opting-out), wenn sämtliche Aktionäre einem Verzicht zustimmen (OR 727a Abs. 2).

Zum Umfang der Revisionspflichten nach der ordentlichen und der eingeschränkten Revision vgl. unten S. 193.

4.3 Wahl, Abberufung und Rücktritt

Als Revisionsstelle können eine oder mehrere natürliche oder juristische Personen oder Personengesellschaften gewählt werden (OR 730 Abs. 2). Erforderlich ist, dass mindestens ein Mitglied der Revisionsstelle seinen Wohnsitz oder Sitz (bzw. eingetragene Zweigniederlassung) in der Schweiz hat (OR 730 Abs. 4).

Zuständiges Organ für Wahl und Abberufung der Revisionsstelle ist zwingend die Generalversammlung (OR 730 Abs. 1 und 730a Abs. 4 i.V.m. 698 Abs. 2 Ziff. 2 und 705). Ausnahmsweise kann sie durch den Richter i.S.v. OR 731b eingesetzt werden (vgl. dazu oben S. 172).

Die Revisionsstelle ist im Handelsregister einzutragen (HRegV 45 Abs. 1 lit. q).

a) Die Wahl der Revisionsstelle

Folgende Voraussetzungen sind bei der Wahl der Revisionsstelle zu berücksichtigen:

- *natürliche und juristische Personen sowie Personengesellschaften* (OR 730 Abs. 2);
- *Wohnsitz, Sitz oder Zweigniederlassung in der Schweiz* (OR 730 Abs. 4);
- *Amtsdauer* (OR 730a); ein Revisor kann auf maximal drei Jahre gewählt werden. In der Praxis wird die Amtsdauer in den Statuten meist auf ein Jahr festgelegt. Bei der ordentlichen Revision darf die Person, welche die Revision leitet, das Mandat höchstens während sieben Jahren ausführen. Sie darf das Mandat erst wieder nach einer Pause von drei Jahren übernehmen. Bei der eingeschränkten Revision ist eine Wiederwahl durch die Generalversammlung unbeschränkt möglich;
- *Befähigung* (OR 727b und 727c); bezüglich der Anforderung an die Befähigung des Revisors wird unterschieden zwischen dem zugelassenen Revisor, dem zugelassenen Revisionsexperten und dem staatlich beaufsichtigten Revisionsunternehmen; vgl. dazu die nachfolgende Tabelle.

Rechtsprechung BGE 123 III 31 E. 1a: Mit der Unabhängigkeit unvereinbar sind [...] neben formellen vertraglichen Bindungen auch Geschäftsbeziehungen, die zwar keine rechtliche, wohl aber eine wirtschaftliche Verflechtung mit der zu prüfenden Gesellschaft erzeugen, sodass bei der Revisionsstelle die Prüfungsaufgabe in Konflikt mit eigenen Interessen geraten kann [...].

b) Überblick über die Befähigung der Revisionsstelle

Das OR sieht neu je nach wirtschaftlicher Bedeutung des Unternehmens unterschiedliche Anforderungen an die Revisionsstelle vor.

Staatlich beaufsichtigtes Revisionsunternehmen	Zugelassener Revisionsexperte	Zugelassener Revisor
Publikumsgesellschaften müssen gemäss OR 727b Abs. 1 ein staatlich beaufsichtigtes Revisionsunternehmen i.S.v. RAG 7 ff. bezeichnen.	Alle Gesellschaften, die nicht als Publikumsgesellschaften gelten, aber dennoch zu einer ordentlichen Revision verpflichtet sind, müssen gemäss OR 727b Abs. 2 einen zugelassenen Revisionsexperten i.S.v. RAG 4 und 6 bezeichnen.	Gesellschaften, die zu einer eingeschränkten Revision verpflichtet sind, müssen als Revisionsstelle einen zugelassenen Revisor i.S.v. RAG 5 f. bezeichnen (OR 727c).
OR 727b Abs. 1	OR 727b Abs. 2	OR 727c

Die Anforderungen an das staatlich beaufsichtigte Revisionsunternehmen, den zugelassenen Revisionsexperten und den zugelassenen Revisor sind im RAG ausführlich aufgeführt. Die Anforderungen an die Ausbildung und die verlangte Fachpraxis variieren, je nachdem, um welche Art von Revisor es sich handelt.

c) Abberufung

OR 705 Abs. 1 und 730a Abs. 4 berechtigen die Generalversammlung, die Revisionsstelle jederzeit und ohne Angabe von Gründen abzuberufen. Diese Vorschriften sind zwingender Natur. Die GV beschliesst über die Abberufung mit dem einfachen Mehr, sofern sie in den Statuten kein erhöhtes Quorum vorgesehen hat. Neben der GV kann gemäss OR 731b auch ein Aktionär oder ein Gläubiger mittels Klage gegen die Gesellschaft die Abberufung eines Revisors verlangen, wenn dieser die Voraussetzungen für sein Amt nicht erfüllt (vgl. dazu oben S. 172).

OR 705 Abs. 2 behält Entschädigungsansprüche der abberufenen Revisoren vor. Das Rechtsverhältnis zwischen der AG und der Revisionsstelle hat auftragsrechtlichen Charakter. Die Entschädigung richtet sich daher nach Auftragsrecht (OR 404 Abs. 2).

d) Rücktritt

Im Gegenzug zum Abberufungsrecht der GV steht dem Revisor jederzeit ein Rücktrittsrecht zu (OR 730a Abs. 3). Der Rücktritt sowie allenfalls bestehende Entschädigungsansprüche richten sich ebenfalls nach dem Auftragsrecht (OR 404). Als einzige Verpflichtung verlangt OR 730a Abs. 3, dass der Revisor die Gründe zum Rücktritt dem Verwaltungsrat mitteilt, welcher diese seinerseits an der nächsten Generalversammlung mitteilen muss. Tritt eine Revisionsstelle vorzeitig zurück, so legt der Verwaltungsrat die Gründe zudem im Anhang zur Jahresrechnung offen (OR 959c Abs. 2 Ziff. 14).

4.4 Anforderungen an die Unabhängigkeit der Revisionsstelle

Von zentraler Bedeutung ist es für eine Revisionsstelle, dass sie ihre Arbeit unabhängig durchführt und sich ihr Prüfungsurteil objektiv bildet. Die Unabhängigkeit darf daher weder tatsächlich noch dem Anschein nach beeinträchtigt sein (OR 728 und 729).

> Für die ordentliche Revision sieht OR 728 Abs. 2 beispielhaft eine Reihe von Sachverhalten vor, die mit der Unabhängigkeit nicht vereinbar sind:
> - die Mitgliedschaft im Verwaltungsrat, eine andere Entscheidfunktion innerhalb der Gesellschaft oder ein arbeitsrechtliches Verhältnis zu ihr (Ziff. 1);
> - eine Beteiligung am Aktienkapital oder eine wesentliche Forderung oder Schuld gegenüber der Gesellschaft (Ziff. 2);
> - eine enge Beziehung des leitenden Prüfers zu einem Mitglied des Verwaltungsrates, einem anderen Entscheidträger oder einem bedeutenden Aktionär der Gesellschaft (Ziff. 3);
> - das Mitwirken bei der Buchführung oder das Erbringen anderweitiger Dienstleistungen, durch die das Risiko entsteht, als Revisionsstelle eigene Arbeiten überprüfen zu müssen (Ziff. 4);
> - die Übernahme eines Auftrages, der zu wirtschaftlicher Abhängigkeit führt (Ziff. 5);
> - der Abschluss eines Vertrags zu nicht marktkonformen Bedingungen oder eines Vertrages, der ein Interesse der Revisionsstelle am Prüfergebnis begründet (Ziff. 6);
> - die Annahme von wertvollen Geschenken oder anderen Vorteilen (Ziff. 7).

Das Unabhängigkeitserfordernis gilt für alle mit der Revision beschäftigten Personen; übernimmt eine Handelsgesellschaft diese Aufgabe, sind hiervon auch alle mit der Durchführung der Revision beauftragten Mitarbeiter miteingeschlossen (OR 728 Abs. 3).

Für die eingeschränkte Revision wurde auf eine Konkretisierung zwar verzichtet, die aufgeführten Beispiele sind aber auch hier zu beachten. In einem Punkt wurde aber die Unabhängigkeit der Revisionsstelle bei der eingeschränkten Revision aufgeweicht: Gemäss OR 729 Abs. 2 kann die Revisionsstelle nebst ihren Kontrollaufgaben bei der Buchführung mitwirken oder andere Dienstleistungen für die zu prüfende Gesellschaft erbringen. Sofern dadurch das Risiko der Überprüfung eigener Arbeiten entsteht, muss mittels geeigneter organisatorischer und personeller Massnahmen eine verlässliche Prüfung sichergestellt werden. Allgemein dürften die Anforderungen an die Unabhängigkeit der Revisionsstelle bei der eingeschränkten Revision etwas schwächer ausfallen als bei der ordentlichen Revision.

Für staatlich beaufsichtigte Revisionsunternehmen sieht das Revisionsaufsichtsgesetz noch weitergehende Unabhängigkeitsvoraussetzungen vor (vgl. RAG 11).

4.5 Aufgaben

a) Aufgaben der Revisionsstelle bei der ordentlichen Prüfung (OR 728a ff.)

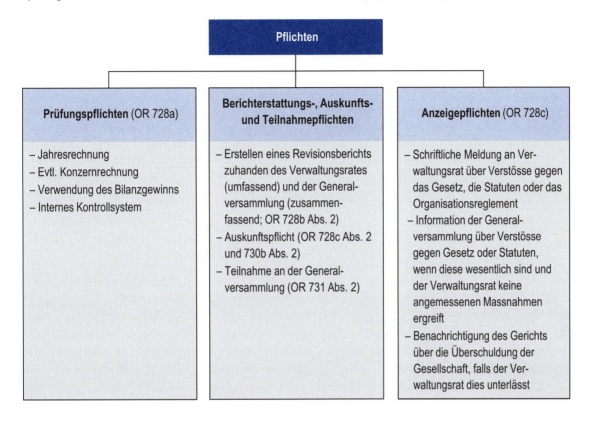

Im Zentrum der Aufgaben der Revisionsstelle stehen die Prüfungspflichten. Die Revisionsstelle untersucht die Jahresrechnung (und sofern vorhanden die Konzernrechnung) sowie den Antrag des Verwaltungsrates an die Generalversammlung über die Verwendung des Bilanzgewinnes auf ihre Konformität mit dem Gesetz und den Statuten. Daneben überprüft sie, ob die Gesellschaft über ein internes Kontrollsystem verfügt (OR 728a Abs. 1). Explizit keinen Prüfungsgegenstand bildet die Geschäftsführung des Verwaltungsrates (OR 728a Abs. 3).

Bei der ordentlichen Revision geht es um die Feststellung der Rechtskonformität. Die Revisionsstelle *prüft aber nur unter dem Aspekt der Rechtmässigkeit*.

Die Revisionsstelle erstattet dem Verwaltungsrat einen umfassenden Bericht mit Feststellungen über die Rechnungslegung, das interne Kontrollsystem sowie die Durchführung und das Ergebnis der Revision (OR 728b Abs. 1). Daneben erstellt die Revisionsstelle zuhanden der Generalversammlung einen zusammenfassenden Bericht über das Ergebnis der Revision (OR 728b Abs. 2). Anlässlich der Generalversammlung hat die Revisionsstelle anwesend zu sein, andernfalls sind die Ergebnisse anfechtbar (OR 731 Abs. 2 Satz 1, und Abs. 3 Satz 2). Eine Ausnahme hiervon gilt nur dann, wenn mittels einstimmigen Beschlusses auf die Anwesenheit der Revisionsstelle verzichtet wurde (OR 731 Abs. 2 Satz 2 OR i.V.m. 706 f.).

Bemerkt die Revisionsstelle bei der Ausübung ihrer Tätigkeit Verstösse gegen Gesetz oder Statuten, so sind diese dem Verwaltungsrat schriftlich mitzuteilen, in wichtigen Fällen oder wenn der Verwaltungsrat aufgrund der schriftlichen Meldung keine angemessenen Massnahmen ergreift, auch der Generalversammlung (OR 728c Abs. 1 und 2). Es ist der Revisionsstelle sogar möglich, zu diesem Zweck eine Generalversammlung einzuberufen (OR 699 Abs. 1), sofern der Verwaltungsrat dazu nicht gewillt ist. Stellt die Revisionsstelle eine offensichtliche Überschuldung fest, so hat sie darüber den Richter zu informieren, sofern dies der Verwaltungsrat nicht selbst erledigt (OR 728c Abs. 3).

Der Revisionsstelle sind Geschäftsführungsaufgaben grundsätzlich verboten (OR 731a Abs. 2). Bei einem Fehl- bzw. ausbleibenden Verhalten des Verwaltungsrates obliegt der Revisionsstelle aber die Einberufung der Generalversammlung (OR 699 Abs. 1) und die Benachrichtigung des Richters bei Überschuldung (OR 728c Abs. 3).

b) Aufgaben der Revisionsstelle bei der eingeschränkten Revision (OR 729a)

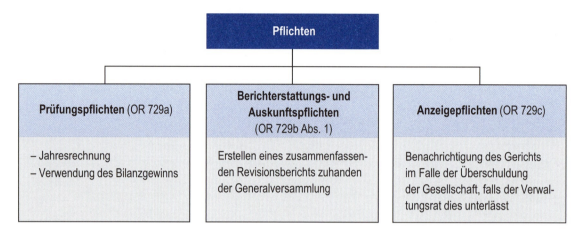

Die Prüfungspflichten bei der eingeschränkten Revision umfassen die Jahresrechnung und der Antrag des Verwaltungsrates an die Generalversammlung auf Verwendung des Bilanzgewinns. Anders als bei der ordentlichen Revision erfolgt die Prüfung weniger tiefgründig. Muss bei der ordentlichen Prüfung bestätigt werden, dass alles rechtskonform ist, reicht es bei der eingeschränkten Revision aus, dass die Revisionsstelle prüft, ob Sachverhalte vorliegen, die nicht rechtskonform sind. Bei der eingeschränkten Revision geht es somit nicht um die positive Beurteilung der Rechtskonformität, sondern lediglich um eine Feststellung darüber, dass die Jahresrechnung oder der Antrag auf Verwendung des Bilanzgewinns nicht den gesetzlichen Vorschriften und den Statuten widersprechen. Die Prüfung beschränkt sich auf Befragungen, analytische Prüfungshandlungen und angemessene Detailprüfung. Es findet also z.B. keine eingehende Prüfung sämtlicher Einzelpositionen und keine physische Bestandesaufnahme statt.

Gleich wie bei der ordentlichen ist auch bei der eingeschränkten Revision die Geschäftsführung des Verwaltungsrats nicht Gegenstand der Prüfung der Revisionsstelle (OR 729a Abs. 3).

Die Berichterstattung beschränkt sich auf die Generalversammlung. Ihr ist schriftlich ein zusammenfassender Bericht über das Ergebnis der Revision zu erstatten (OR 729b Abs. 1). Bei einer offensichtlichen Überschuldung benachrichtigt die Revisionsstelle das Gericht, sofern der Verwaltungsrat die Anzeige unterlässt (OR 729c). Weitere Anzeigepflichten, wie dies OR 728c für die ordentliche Revision anordnet, sind nicht vorgesehen.

c) Gemeinsame Bestimmungen (OR 730 ff.)

Sollen der Revisionsstelle umfassendere Prüfungsaufgaben auferlegt werden, beispielsweise erweiterte materielle Geschäftsführungsprüfungen, so muss dies in den Statuten geregelt sein oder von der GV beschlossen werden (OR 731a Abs. 1). Voraussetzung hierfür ist aber immer die Wahrung der Unabhängigkeit der Revisionsstelle. Daher dürfen ihr auch keine Aufgaben des Verwaltungsrates übertragen werden.

Zur Erfüllung ihrer Aufgabe hat der Verwaltungsrat der Revisionsstelle Zugang zu allen erforderlichen Dokumenten zu gewähren und erteilt die benötigten Auskünfte (OR 730b Abs. 1). Die Revisoren trifft über die erlangten Geschäftsgeheimnisse eine Schweigepflicht (OR 730b Abs. 2).

Um die Jahresrechnung und die Konzernrechnung an der Generalversammlung genehmigen und über die Verwendung des Bilanzgewinns beschliessen zu können, muss der Revisionsbericht vorliegen (OR 731 Abs. 1). Fehlt dieser, sind die im Rahmen dieser Generalversammlung gefassten Beschlüsse nichtig (OR 731 Abs. 3 Satz 1).

d) Sekundärer Aufgabenbereich der Revisionsstelle

Neben den in OR 728a und 729a aufgeführten, jährlich anfallenden Prüfungsaufgaben nimmt die Revisionsstelle noch weitere *ereignisspezifische* Prüfungen vor:

- Prüfung durch einen *zugelassenen Revisor*
  - Prüfung des Gründungsberichts bei der qualifizierten Gründung (OR 635a);
  - Prüfung der ordentlichen und der genehmigten Kapitalerhöhung (OR 652f);
  - Prüfung der Aufwertung von Grundstücken und Beteiligungen (OR 670 Abs. 2);
  - Prüfung der Zwischenbilanz bei Verdacht auf Überschuldung (OR 725 Abs. 2).

- Prüfung durch einen *zugelassenen Revisionsexperten*
  - Prüfung der bedingten Kapitalerhöhung (OR 653f und 653i);
  - Prüfung der Deckung von Forderungen bei der Herabsetzung des Aktienkapitals (OR 732 Abs. 2);
  - Prüfung über die vorzeitige Verteilung des Liquidationsüberschusses (OR 745 Abs. 3);
  - Prüfung der Fusions-, Spaltungs- oder Umwandlungsunterlagen (FusG 15, 40, 62).

4.6 Haftung

Übernimmt ein Revisor trotz ungenügender Befähigung ein Mandat oder mangelt es an seiner Unabhängigkeit, so haftet er nach der Revisionshaftung gemäss OR 755 Abs. 1; vgl. hierzu die Ausführungen bei der Verantwortlichkeit, S. 220. In diesem Fall wird sich auch die Frage nach der Haftung des Verwaltungsrats eine Haftung nach OR 754 stellen, da dieser für die sorgfältige Auswahl der der Generalversammlung zur Wahl vorgelegten Revisionsstelle besorgt ist. Konkret schadensbegründend ist aber erst ein effektiv gemachter Fehler und nicht die Unfähigkeit bzw. die Abhängigkeit an sich.

Neben der obligationenrechtlichen Haftung sieht RAG 39 f. zusätzlich eine strafrechtliche Sanktionierung der Revisionsstelle bei Pflichtverletzungen vor.

5. Übungen zur Organisation der Aktiengesellschaft

Lösungen S. 336

Übung 49

Lausanne

Als Verwaltungsrat der Zeus AG ist Paul mit den Vorbereitungen zur Generalversammlung beschäftigt. Genau 20 Tage vor dem Termin verschickt er die Einladung zur Generalversammlung. Diese soll in diesem Jahr nicht am Gesellschaftssitz in Zug, sondern in Lausanne stattfinden, um damit für einmal den Westschweizer Aktionären entgegenzukommen.

Wurde die GV ordnungsgemäss einberufen?

Übung 50

Brotvorlieben

Die Zeus AG ist ein grösseres Bäckereiunternehmen. Da in letzter Zeit erhebliche Umsatzeinbussen hinzunehmen waren, wurde an der ordentlichen Generalversammlung der Beschluss gefasst, dass die Aktionäre künftig ihr Brot nur noch bei der unternehmenseigenen Bäckerei kaufen dürfen. Aktionär Anton war im Zeitpunkt der GV auf Weltreise und erfuhr nichts von diesem Beschluss. Als er drei Monate nach der GV in die Schweiz zurückkehrt, ist er entsetzt, mag er das Brot einer anderen Bäckerei doch viel lieber. Kann er sich zur Wehr setzen?

Übung 51

Folkloreschifffahrt

Die Ahoi AG betreibt ein grosses Ausflugsschiff auf dem Thunersee, auf dem sie verschiedene Folkloreanlässe durchführt. Die ordentliche Generalversammlung der AG wurde am 20. Juli 2013 zum elften Male durchgeführt und 10 Tage vorher einberufen. Neben Angaben über Zeit und Ort wurde auch folgende Traktandenliste bekannt gegeben:

1. Begrüssung und Wahl der Stimmenzähler
2. Protokoll der 10. Generalversammlung vom 20. Juli 2012
3. Erläuterungen über das Geschäftsjahr 2012 durch den Präsidenten und durch die Revisionsstelle
4. Genehmigung der Jahresrechnung 2012 und Verwendung des Bilanzergebnisses
5. Entlastung der Mitglieder des Verwaltungsrates (Décharge)
6. Wahl des Verwaltungsrates
7. Liquidität der Gesellschaft
8. Varia

a) Bei Traktandum 4 ergreift Aktionär Anton das Wort und möchte vom Verwaltungsratspräsidenten noch ein paar genauere Auskünfte über den Geschäftsgang haben. Mit Verweis auf die fortgeschrittene Zeit geht der Verwaltungsratspräsident nicht auf die Frage ein. Er versucht, den aufgebrachten Anton aber damit zu beruhigen, dass – sofern Zeit übrig bleibt – er die Frage unter Traktandum 8 nochmals stellen könne. Dies konnte er dann tatsächlich noch tun.

b) Nach der Wahl des Verwaltungsrates bei Traktandum 6 meldet sich Anton wieder zu Wort und verlangt im Zusammenhang mit der Wahl des Verwaltungsrates die statutarische Abänderung der Amtsdauer eines Verwaltungsrates von drei auf ein Jahr. Der Verwaltungsratspräsident geht auf den Antrag überhaupt nicht ein und schreitet zum nächsten Traktandum über. Erbost über die Nichtberücksichtigung stellt Anton darauf den Antrag auf Durchführung einer Sonderprüfung, da ihm sein Auskunftsrecht bei Traktandum 4 verwehrt wurde. Der Verwaltungsrat geht auch auf diesen Antrag nicht ein.

c) Bei Traktandum 7 angelangt, erläutert der Verwaltungsrat die schlechte finanzielle Lage der AG. Er beantragt deshalb den Verkauf des Schiffes, um damit den Konkurs abwenden zu können. Anton wehrt sich heftig gegen den «Ausverkauf der AG», unterliegt aber in der Abstimmung.

Anton ist enttäuscht über den Verlauf der GV und zieht sich schmollend in die Berge zurück. Nach einer dreimonatigen Bedenkzeit beschliesst er, sich gegen die Vorkommnisse an der diesjährigen Generalversammlung zu wehren.

Was kann er tun?

Übung 52

Unbeliebte GV

Für die kommende GV der Zeus AG bereiten sich die Aktionäre unterschiedlich vor.

a) Anton ist leider verhindert. Er übergibt die Einladung seinem Nachbarn, damit dieser vom üppigen Buffet an der GV profitieren kann. Wie der Nachbar über die Anträge abstimmt, ist ihm egal.

b) Auch Bruno kann nicht an der GV teilnehmen. Er übergibt die Einladung ebenfalls seinem Nachbarn, gibt diesem jedoch spezifische Weisungen, wie er sich bei den Abstimmungen zu verhalten hat: Er solle alle Anträge des Verwaltungsrates ablehnen. Trotz Zusicherung des Nachbarn, den Weisungen Folge zu leisten, stimmt er allen Anträgen des Verwaltungsrates zu.

c) Christian will nicht extra zur GV anreisen und beauftragt den Organvertreter, gegen alle Anträge des Verwaltungsrates zu stimmen.

Zu beurteilen sind die drei Vertretungen.

Übung 53

Falsches Quorum

Die Zeus AG beschloss eine ordentliche Kapitalerhöhung fälschlicherweise mit dem absoluten Mehr, obwohl nach den Statuten ein qualifiziertes Mehr verlangt gewesen wäre.

Die Aktionäre Anton und Bruno wollen unabhängig voneinander eine Anfechtungsklage einreichen. Aktionär Anton hat an der GV für die Kapitalerhöhung gestimmt. Später hat er seine Meinung aber geändert und will nun per Anfechtungsklage den Beschluss dahinfallen lassen. Aktionär Bruno war an der GV verhindert, da er gerade in den Ferien weilte.

Sind die beiden Aktionäre zur Anfechtungsklage befugt?

Übung 54

Anfechtung

An einer GV der Zeus AG wird mit dem absoluten Mehr Folgendes beschlossen:

Das Aktienkapital wird von 1 Mio. Franken (zerlegt in 100 Namenaktien) auf 10 Millionen Franken (Ausgabe von 900 Namenaktien im gleichen Nennwert) erhöht. Die bisherigen Aktionäre sind im Verhältnis ihrer Anteile bezugsberechtigt. Die Liberierung erfolgt in bar. Mit den 9 Millionen soll der total veraltete Maschinenpark der AG durch neue Maschinen ersetzt und die AG dadurch wieder konkurrenzfähig gemacht werden.

Aktionär Anton, der bisher 10 Aktien hielt, ist verzweifelt, hat er doch kein Geld zum Bezug der neuen Aktien, möchte aber die Stimmbeteiligung behalten. Er beschliesst deshalb eine Woche nach der GV, den Beschluss anzufechten. Folgendes bringt er vor:

1. Die Beschlussfassung kam nach den gesetzlichen Regeln nicht mit dem genügenden Mehr zustande.
2. Die AG verletzt den Grundsatz der Gleichbehandlung der Aktionäre, da nicht alle Aktionäre die Mittel haben, die neuen Aktien zu zeichnen. Aktionären wird auf diese Weise der Bezug der neuen Aktien und damit die Beibehaltung ihrer Stimmenprozente verunmöglicht.
3. Die Erhöhung des Aktienkapitals auf 10 Millionen Franken ist absolut unverhältnismässig. Bereits für einen viel kleineren Betrag könnten die alten Maschinen angemessen überholt werden. Der Neueinkauf von Maschinen ist daher nicht zweckmässig und völlig übertrieben.

Übung 55

Abberufung

Die Zeus AG hat in ihren Statuten die Amtsdauer des Verwaltungsrates auf 5 Jahre festgelegt. Der vor drei Jahren gewählte Verwaltungsrat hat sich aber durch schlechte Entscheide den Missmut der Aktionäre zugezogen; diese möchten ihn deshalb gerne vorzeitig loswerden.

Haben die Aktionäre hierzu die Möglichkeit?

Übung 56

Einsichtsrecht eines Verwaltungsrates.

Die Yankee AG hat ein grösseres Aktienpaket der Zeus AG gekauft. Entsprechend konnte sie an der nächsten Generalversammlung einen von ihr aufgestellten Vertreter in den Verwaltungsrat der Zeus AG entsenden. Der Vertreter verlangt an der nächsten Verwaltungsratssitzung umfassenden Einblick in die Fusionspläne der Zeus AG mit der Xerxes AG. Im Nachhinein stellt sich heraus, dass der Vertreter die Informationen an die Yankee AG weitergeliefert hat, die selbst in Übernahmeverhandlungen mit der Xerxes AG steht.

Zu beurteilen ist das Verhalten des Vertreters.

Übung 57

Arbeitszeugnis

Anton, Verwaltungsrat der Zeus AG, entliess den Angestellten Hans, nachdem dieser mehrfach Geld der AG unterschlagen hatte. Aus Mitleid verfasste er aber trotzdem ein sehr gutes Arbeitszeugnis, ohne auf die Unterschlagung hinzuweisen. Aufgrund dieses Zeugnisses wurde Hans bald darauf ein verantwortungsvoller Posten bei der Yankee AG offeriert. Auch bei der Yankee AG unterschlug Hans Geld. Die Yankee AG verlangt, nachdem sie von Hans nicht den gesamten Schaden gelten machen konnte, Ersatz des verbleibenden Schadens von Anton und der Zeus AG.

Ist die Zeus AG zur Zahlung des Schadenersatzes verpflichtet?

Variante 1: Derselbe Sachverhalt, Anton ist aber kein Verwaltungsrat, sondern ein Prokurist.

Variante 2: Derselbe Sachverhalt, Anton ist aber kein Verwaltungsrat, sondern ein normaler Angestellter der Zeus AG.

Übung 58

Revisionsstelle

Die drei Freunde Anton, Bruno und Christian gründen die Zeus AG mit 100 Aktien zu CHF 1'000.–. Anton und Bruno zeichnen nur eine Aktie, Christian den Rest. Als Verwaltungsrat wählen sie Christian. Als kleine AG sind sie nicht an einer Börse kotiert. Um Geld zu sparen, wählen sie die Mutter von Anton als Revisorin. Diese hatte bis zu ihrer Pensionierung vor drei Jahren als Revisorin für bekannte Unternehmen gearbeitet und ist bis heute als Revisorin gemäss RAG 5 zugelassen.

Durfte die Mutter als Revisorin gewählt werden?

E. Die Rechtsstellung des Aktionärs

Übersicht über die Pflichten und Rechte

Rechte			
Vermögensrechte	**Schutz der Beteiligungsquote**	**Mitwirkungsrechte**	**Schutzrechte**

Recht auf:
• Dividende
• Liquidationserlös
• Bauzins
• Benutzung der gesellschaftlichen Anlagen
	Recht auf:
	• Bezug
	• Vorwegzeichnung
		Recht auf:
		• Mitgliedschaft
		• Teilnahme an der Generalversammlung
		• Vertretung an der Generalversammlung
		• Stimmrecht
		• Einberufung und Traktandierung einer Generalversammlung
		• Bekanntgabe der Traktanden
		• Meinungsäusserungs- und Antragsrecht
			Recht auf:
			• Information und Kontrolle:
			  · Information und Einsicht
			  · Auskunft
			  · Einleitung einer Sonderprüfung
			• Gleichbehandlung
			• Anfechtung von Generalversammlungsbeschlüssen
			• Feststellung von nichtigen Generalversammlungs- und Verwaltungsratsbeschlüssen
			• Vertretung im Verwaltungsrat
			• Einreichung einer Verantwortlichkeitsklage
			• Einreichung einer Klage aufgrund von Organisationsmängeln
			• Einreichung einer Auflösungsklage

Pflichten			
Pflicht zur Liberierung			

1. Erwerb, Verlust und Übertragung der Mitgliedschaft

Die Mitgliedschaft in der AG ist an den Besitz einer Aktie gebunden. Mit ihr erhält der Aktionär die Mitgliedschaft und alle damit verbundenen Rechte.

Eine Aktie kann originär durch Zeichnung und Liberierung von der Gesellschaft oder derivativ durch Übertragung von Dritten erworben werden:

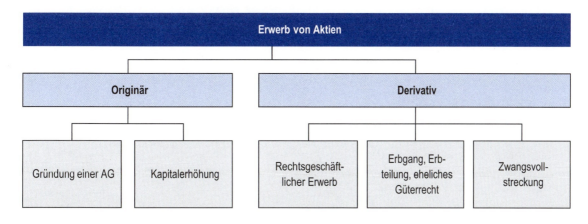

4. Teil: Die Aktiengesellschaft (AG)

Zur Übertragbarkeit von Aktien, insbesondere zur Vinkulierung von Aktien, vgl. die Ausführungen vorne, S. 154.

Ein Kündigungs- oder Austrittsrecht kennt die Aktiengesellschaft nicht. Ein Austritt erfolgt nur über die Übertragung der Aktie an einen Dritten.

Der Ausschluss eines Aktionärs ist grundsätzlich nicht möglich. Einzige Ausnahme ist die Kaduzierung gemäss OR 681 Abs. 2; vgl. dazu die nachfolgenden Bemerkungen. Einen Spezialfall bildet sodann OR 732a: Wird zum Zwecke der Sanierung das Aktienkapital auf null herabgesetzt und anschliessend wieder erhöht, so gehen die bisherigen Mitgliedschaftsrechte mit der Herabsetzung unter. Dafür steht den bisherigen Aktionären bei der Wiedererhöhung des Aktienkapitals ein Bezugsrecht zu (vgl. dazu vorne S. 161). Eine Ausschlussmöglichkeit sieht zudem BEHG 33 vor; wenn im Zuge eines öffentlichen Übernahmeangebots 98% der Stimmrechte erlangt wurden, können die restlichen Beteiligten ausgeschlossen werden. FusG18 Abs. 5 erlaubt es ausserdem, den Aktionären der übernommenen Gesellschaft nur eine Abfindung auszuzahlen, wenn über 90% der stimmberechtigten Aktionäre dieser Gesellschaft einer Abfindung zugestimmt haben; m.a.W. können bis zu 10% der Aktionäre gegen ihren Willen ausgeschlossen werden.

2. Pflichten

2.1 Im Allgemeinen

Einzige Pflicht des Aktionärs ist die Liberierung seiner Aktien (OR 680 Abs. 1). Kommt der Aktionär dieser Pflicht nicht rechtzeitig nach, so hat er Verzugszinsen zu bezahlen (OR 681 Abs. 1). Die Statuten können in einem solchen Fall auch eine Konventionalstrafe vorsehen (OR 681 Abs. 3).

Erfüllt der Aktionär seine Liberierungspflicht trotz Mahnung des Verwaltungsrates nicht, so droht ihm die Kaduzierung (OR 681 Abs. 2); die Aktien und damit die Mitgliedschaft des Aktionärs werden annulliert. Der Verwaltungsrat wird den Aktionär seiner Rechte und allenfalls geleisteter Teilzahlungen für verlustig erklären und neue Aktien herausgeben.

Weitere Pflichten bestehen nicht. Der Aktionär hat insbesondere keine Treuepflichten. Ein anders lautender Statuteneintrag ist nichtig (OR 680 Abs. 1).

2.2 Aufgrund des Börsengesetzes im Besonderen

Eine Ausnahme von der alleinigen Pflicht zur Liberierung der Aktien gilt für Grossaktionäre von an der Börse kotierten Unternehmen.

Gemäss BEHG 20 Abs. 1 muss jeder, der Aktien einer an der Börse kotierten Gesellschaft mit Sitz in der Schweiz im Umfang von 3, 5, 10, 15, 20, 25, 33⅓, 50 oder 66⅔ Prozent der Stimmrechte erreicht, unter- oder überschreitet, dies der Gesellschaft und der Börse melden.

Zudem muss jeder, der über mehr als 33⅓ Prozent der Stimmrechte an einer Gesellschaft verfügt, den restlichen Aktionären ein öffentliches Kaufangebot unterbreiten (BEHG 32). Der Preis des Angebots muss mindestens dem Börsenkurs entsprechen und darf höchstens 25 Prozent unter dem höchsten Preis liegen, den der Anbieter in den zwölf letzten Monaten für Beteiligungspapiere der Zielgesellschaft gezahlt hat. Kein Angebot ist notwendig, wenn die Stimmrechte durch Schenkung, Erbgang, Erbteilung, eheliches Güterrecht oder Zwangsvollstreckung erworben werden oder wenn die Überschreitung im Rahmen einer Sanierung mittels Reduzierung des Aktienkapitals bei gleichzeitiger Neueinbringung von Aktienkapital in mindestens demselben Ausmasse erfolgt (vgl. 732 Abs. 1 OR).

3. Vermögensrechte

3.1 Recht auf Dividende

Das für den Aktionär wohl wichtigste Recht überhaupt ist der *Anspruch*, sich am *Gewinn* der AG zu *beteiligen* (OR 660 Abs. 1). Die Ausschüttung erfolgt grundsätzlich jedes Jahr.

Bis eine Ausschüttung möglich ist, sind mehrere Verfahrensschritte notwendig. Damit überhaupt eine Dividende ausbezahlt wird, muss die AG zuerst einen Gewinn erwirtschaften und diesen nach Abzug der stillen Reserven und allenfalls vorhandener Verluste vom Vorjahr als Bilanzgewinn ausweisen. Die Revisionsstelle bestätigt anschliessend im Rahmen der Überprüfung der AG die Korrektheit des ausgewiesenen Gewinns. Als Letztes muss nun nach Abzug der gesetzlichen und statutarischen Reserven (OR 674) die Generalversammlung die Auszahlung der Dividende an die Aktionäre beschliessen. Erst zu diesem Zeitpunkt kann die Dividende ausgeschüttet werden bzw. hat der Aktionär einen klagbaren Anspruch auf die Dividende. Die Dividenden werden im Verhältnis der auf das Aktienkapital einbezahlten Beträge auf die Aktionäre verteilt (OR 661).

Rechtsprechung BGer v. 7. Mai 2004, 2P.323/2003, E. 4.1: Gemäss OR 660 Abs. 1 hat jeder Aktionär Anspruch auf einen verhältnismässigen Anteil am Bilanzgewinn, soweit dieser nach Gesetz oder Statuten zur Verteilung unter die Aktionäre bestimmt ist. Diese Bestimmung allein bewirkt noch keinen zivilrechtlich durchsetzbaren Anspruch auf Auszahlung einer Dividende. Ein solcher Anspruch entsteht erst, wenn die Generalversammlung durch Gesellschaftsbeschluss auf Antrag des Verwaltungsrates, der mindestens 20 Tage im Voraus bekannt gegeben werden muss (OR 700 Abs. 1 und 2), sich entschliesst, ihren Aktionären aus dem ausgewiesenen Bilanzgewinn des abgeschlossenen Geschäftsjahres oder aus zurückbehaltenen Überschüssen (Reserven) eine Dividende auszuschütten (OR 698 Abs. 2 Ziff. 4 [...]).

3.2 Recht auf den Liquidationsanteil

Verbleibt bei der Auflösung einer AG nach der Tilgung aller Verbindlichkeiten ein Überschuss, so hat jeder Aktionär – sofern in den Statuten nichts anderes vorgesehen ist – Anrecht auf einen Anteil (OR 660 Abs. 2). Die Grösse bestimmt sich nicht nach dem Nennwert der Aktie, sondern nach dem effektiv auf das Aktienkapital einbezahlten Betrag (OR 661).

3.3 Recht auf Bauzins

Gemäss OR 676 können im Gründungsstadium einer AG Zinsen auf das Aktienkapital an die Aktionäre ausbezahlt werden. Hiervon wird jedoch in der Praxis selten Gebrauch gemacht.

3.4 Recht auf Benutzung der gesellschaftlichen Anlagen

Aktionären kann das Recht eingeräumt werden, dass sie die Anlagen der Gesellschaft unentgeltlich benutzen dürfen. Zu denken ist etwa an die Gratisbenutzung von Skiliften oder eines Hallenbades. Erreichen solche geldwerten Leistungen einen erheblichen Umfang, so sind sie als Dividende zu erfassen.

4. Mitwirkungsrechte

4.1 Recht auf Mitgliedschaft

Jeder Aktionär hat ein grundsätzliches, unentziehbares Recht auf Mitgliedschaft in der AG. Einzige Ausschlussmöglichkeit ist die Kaduzierung gemäss OR 681 Abs. 2 (vgl. dazu oben, S. 200). Dieses Recht bleibt so lange bestehen, wie die Gesellschaft existiert.

4.2 Recht auf Teilnahme an der Generalversammlung

Jeder Aktionär hat das Recht, an der Generalversammlung der AG teilzunehmen (OR 689). Wird ihm der Zugang verweigert, kann er die an der Generalversammlung gemachten Beschlüsse anfechten (OR 706 f.). Er wird mit seiner Klage aber nur durchdringen, wenn es der Gesellschaft misslingt zu beweisen, dass der Ausschluss des Aktionärs keinen relevanten Einfluss auf die Beschlussfassung ausgeübt hat (Kausalitätserfordernis); vgl. hierzu die Ausführungen über mangelhafte Generalversammlungsbeschlüsse, S. 178.

Bestandteil des Rechts auf Teilnahme ist das Recht auf Einladung und Bekanntgabe der Traktanden (OR 700).

4.3 Recht auf Vertretung an der Generalversammlung

Anstelle einer persönlichen Teilnahme kann sich der Aktionär auch durch eine Drittperson an der Generalversammlung vertreten lassen (OR 689 Abs. 2); vgl. hierzu die Ausführungen bei der Generalversammlung, S. 176.

4.4 Stimmrecht

Zentrales Mitwirkungsrecht der Aktionäre ist ihr Stimmrecht (OR 692 ff.). An der Generalversammlung können sie im Verhältnis ihrer Aktiennennwerte durch das Abstimmen die Gesellschaft massgeblich beeinflussen. Das Stimmrecht kann beschränkt werden, jeder Aktionär verfügt aber zwingend über mindestens eine Stimme (OR 692 Abs. 2). Möglich ist etwa die Beschränkung der Stimmenzahl von Besitzern mehrerer Aktien (OR 692 Abs. 2) oder die Verminderung des Einflusses einer Aktie durch die Ausgabe von Stimmrechtsaktien (OR 693).

4.5 Meinungsäusserungs- und Antragsrecht

Jedem Aktionär steht an der GV das Recht zu, sich zu den Traktanden zu äussern und Anträge zu stellen (OR 700 Abs. 4). Bei grösseren Versammlungen darf aber aus zeitlichen Gründen eine Redezeitbeschränkung eingeführt werden. Anträge zu nicht traktandierten Verhandlungsgegenständen sind mit Ausnahme des Antrags auf Einberufung einer ausserordentlichen Generalversammlung, auf Durchführung einer Sonderprüfung und auf Wahl einer Revisionsstelle nicht erlaubt (OR 700 Abs. 3).

4.6 Recht auf Einberufung und Traktandierung einer Generalversammlung

Je nach Grösse seines Aktienpaketes hat ein Aktionär das Recht, die Abhaltung und Traktandierung einer ausserordentlichen Generalversammlung oder die Traktandierung eines Verhandlungsgegenstandes an einer vorgesehenen Generalversammlung zu verlangen (OR 699 Abs. 3); vgl. hierzu die Ausführungen bei der Generalversammlung, S. 174.

5. Schutz der Beteiligungsquote

5.1 Bezugsrecht

Jeder Aktionär hat grundsätzlich das Recht, die Quote seiner Beteiligung an der AG beizubehalten. Wenn durch eine Kapitalerhöhung neue Aktien ausgegeben werden, erhält jeder Aktionär die Möglichkeit, entsprechend seiner Beteiligung einen Anteil an den Aktien vorweg zu zeichnen (OR 652b). Man spricht vom Bezugsrecht. Ein Entzug dieses Rechts ist nur aus wichtigen Gründen möglich, etwa wenn es wie bei der Ausgabe von Mitarbeiteraktien sachspezifisch erforderlich ist. Der Entzug erfolgt einzelfallweise und muss von der Generalversammlung mit qualifiziertem Mehr (OR 704 Abs. 1 Ziff. 6) beschlossen werden.

Das Bezugsrecht ist sowohl ein Vermögens- als auch ein Mitwirkungsrecht, es soll einerseits das Kapital, andererseits auch das Stimmrecht des Aktionärs vor einer Verwässerung schützen.

Zum Bezugsrecht vgl. die Ausführungen bei der Kapitalerhöhung, S. 161.

5.2 Vorwegzeichnungsrecht

Bei der Kapitalerhöhung durch Ausgabe von Wandel- und Optionsanleihen wird das Bezugsrecht zwangsläufig entzogen, da die neuen Aktien den Anleihensbesitzern zukommen. Als Ersatz erhalten die Aktionäre entsprechend ihrer bisherigen Beteiligungsquote ein Vorwegzeichnungsrecht auf die Zeichnung der Anleihen (OR 653c). Damit wird es ihnen ermöglicht, ihre Beteiligungsquote an der AG aufrecht zu erhalten. Zum Vorwegzeichnungsrecht vgl. die Ausführungen bei der bedingten Kapitalerhöhung, S. 163.

6. Schutzrechte

6.1 Informations- und Kontrollrechte

Das Aktienrecht nimmt das Recht der Aktionäre auf Information und Kontrolle in drei Stufen wahr:

1. Stufe: Recht auf Information und Einsicht

Jeder Aktionär hat das Recht, 20 Tage vor Abhaltung einer ordentlichen Generalversammlung Einsicht in den Geschäftsbericht (bestehend aus dem Jahresbericht, der Erfolgsrechnung, der Bilanz und dem Bilanzanhang) und den Revisorenbericht zu erhalten und, falls gewünscht, diesen zugeschickt zu bekommen (OR 696 Abs. 1). Die AG muss die Informationen von sich aus bereitstellen. Mit Ermächtigung der Generalversammlung oder des Verwaltungsrates können auch die Geschäftsbücher und Korrespondenzen eingesehen werden (OR 697 Abs. 3).

2. Stufe: Recht auf Auskunft

Jeder Aktionär hat zudem das Recht, an der Generalversammlung vom Verwaltungsrat Auskunft über die Angelegenheiten der Gesellschaft zu verlangen. Weiter kann er von der Revisionsstelle Auskunft über die Durchführung und das Ergebnis der Unternehmensprüfung begehren (OR 697 Abs. 1). Die Auskunft kann verweigert werden, wenn gewichtige Interessen der Gesellschaft an der Wahrung von Geschäftsgeheimnissen oder an anderen schutzwürdigen Interessen vorliegen (OR 697 Abs. 2).

3. Stufe: Recht auf Einleitung einer Sonderprüfung

Als letztes und einflussreichstes Kontrollrecht hat ein Aktionär gemäss OR 697a das Recht, die Einleitung einer Sonderprüfung zu verlangen.

Rechtsprechung BGE 133 III 453 E. 7.2 und 7.5: Ausgangspunkt für die Geltendmachung von Aktionärsrechten, und damit auch grundlegendes Schutzrecht des Aktionärs überhaupt, ist sein Recht auf Information [...]. Damit der Aktionär seine Kapitalanlage beurteilen und richtige Entscheide über seine Investition bzw. Desinvestition, d.h. die Veräusserung seiner Aktien, treffen kann, muss er über die Gesellschaft informiert sein und einen Einblick in deren wirtschaftliche Lage haben. Eine angemessene Information bildet sodann unabdingbare Voraussetzung für die Geltendmachung seiner Mitverwaltungsrechte und besonders des Stimmrechts sowie die Grundlage für eine Kontrolle und eine eventuelle Haftbarmachung der Gesellschaftsorgane. Die Informationsrechte dienen den Individualinteressen der Aktionäre. Sie sind zugleich aber auch Voraussetzung für die Funktionsfähigkeit der Generalversammlung als obersten Organs der Gesellschaft.

Um unterschiedlichen Situationen und Aktionärsbedürfnissen Rechnung zu tragen, sieht das Gesetz ein dreistufiges Informationskonzept vor. Auf der ersten Stufe verlangt OR 696 im Wesentlichen, dass der Geschäftsbericht, der u.a. die Jahresrechnung umfasst, sowie der Revisionsbericht vor der ordentlichen Generalversammlung spontan bekannt gegeben werden. Weiter sieht diese Bestimmung vor, dass der von der Generalversammlung genehmigte Geschäftsbericht und der Revisionsbericht während eines Jahres nach Abhaltung der Versammlung auf Verlangen eines Aktionärs herauszugeben sind. OR 697 gibt dem Aktionär auf zweiter Stufe ein weiter gehendes Auskunfts- und Einsichtsrecht auf dessen Begehren [...]. Auf dritter Stufe wird in den OR 697a–697g mit dem subsidiär geltend zu machenden Institut der Sonderprüfung versucht, den Konflikt zwischen Offenlegungs- und Geheimhaltungsinteressen durch Zwischenschaltung eines Dritten zu überbrücken.

[...] die Sonderprüfung [hat] grundsätzlich nicht zum Ziel, eine umfassende Bilanzprüfung durch eine gesetzmässige Revisionsstelle zu ersetzen, und kommt nur subsidiär als letztes Mittel zur Verbesserung der Informationslage des Aktionärs zum Zuge, wenn das Auskunfts- und Einsichtsrecht keine Hilfe bringt [...]. Solange der primäre – ohne besonderes Verlangen des Aktionärs zu befriedigende – Informationsanspruch der Klägerin nicht erfüllt ist, weil ihr durch eine nicht unabhängige Revisionsstelle geprüfte Jahresrechnungen unterbreitet wurden, muss sie sich nicht auf das Institut der Sonderprüfung verweisen lassen.

Damit ein Recht auf Information und Einsicht besteht, muss damit ein sachdienlicher Zusammenhang mit seiner Stellung als Aktionär und der Wahrung seiner Aktionärsrechte bestehen. So erachtete es das Bundesgericht als rechtsmissbräuchlich und somit nicht zulässig, wenn ein Aktionär versucht, mittels seines Auskunftsrechts Druck auf den Verwaltungsrat auszuüben, um die Absetzung eines Verwaltungsrates zu verhindern (vgl. BGer v. 20. April 2010, 4A.36/2010, E. 3.2).

6.2 Recht auf Einleitung einer Sonderprüfung

Mittels einer Sonderprüfung können Aktionäre von einer unabhängigen Stelle die Geschäftsvorgänge der AG auf Missstände überprüfen lassen.

Rechtsprechung BGE 120 II 393, E. 4: Das Institut der Sonderprüfung hat den Zweck, die Informationsrechte der Aktionäre, namentlich der Minderheitsaktionäre, und damit die Transparenz gesellschaftsrechtlich bedeutsamer Vorgänge zu verbessern.

Jeder Aktionär kann an der Generalversammlung den Antrag stellen, bestimmte Sachverhalte durch eine Sonderprüfung abklären zu lassen (OR 697a Abs. 1).

Voraussetzung hierzu ist, dass ein Aktionär das Recht auf Auskunft bereits erfolglos ausgeübt hat und dies zur Ausübung der Aktionärsrechte erforderlich ist (OR 697a Abs. 1). Nicht notwendig ist hingegen, dass ein dem Verwaltungsrat angehöriger Aktionär vorgängig sein Auskunftsrecht als Verwaltungsrat gemäss OR 715a ausüben muss (vgl. BGE 133 III 133, E. 3).

Der Antrag kann *ohne vorhergehende Traktandierung* gestellt werden (OR 700 Abs. 3). Die Generalversammlung stimmt über den Antrag ab. Bei diesem Beschluss kommt den Stimmrechtsaktien keine erhöhte Stimmkraft zu (OR 693 Abs. 3 Ziff. 3). Vorbehältlich einer entsprechenden Statutenregelung reicht zur Annahme der Sonderprüfung das absolute Mehr.

Hat die Generalversammlung der Sonderprüfung zugestimmt, so beauftragt ein Richter auf Antrag der Gesellschaft oder eines Aktionärs einen Sachverständigen mit der Durchführung (OR 697a Abs. 2 und 697c).

Lehnt die Generalversammlung den Antrag ab, so können Aktionäre, die entweder 10% des Aktienkapitals oder Aktien im Nennwert von CHF 2 Millionen auf sich vereinen, gegen den Willen der Generalversammlung innert drei Monaten beim Richter um Einsetzung eines Sonderprüfers ersuchen (OR 697b Abs. 1). Diesfalls müssen die Gesuchsteller glaubhaft machen – nicht aber beweisen –, dass die Gründer oder die Organe der AG gegen das Gesetz oder die Statuten verstossen und damit die Gesellschaft oder die Aktionäre geschädigt haben (OR 697b Abs. 2).

Rechtsprechung BGE 120 II 393 E. 4c: Es braucht [...] nicht die volle Überzeugung des Gerichts vom Vorhandensein dieser Tatsachen herbeigeführt zu werden, sondern es genügt, wenn eine gewisse Wahrscheinlichkeit dafür spricht, auch wenn das Gericht noch mit der Möglichkeit rechnet, dass sie sich nicht verwirklicht haben könnte. [...] Das Gericht darf weder blosse Behauptungen genügen lassen noch einen stringenten Beweis verlangen. Es hat vielmehr in wertender Abwägung der sich gegenüberstehenden Interessen die von den Gesuchstellern behaupteten Verdachtsmomente auf ihre Wahrscheinlichkeit hin zu prüfen.

Der Sonderprüfer analysiert die Gesellschaft eingehend und verfasst anschliessend einen Bericht über das Ergebnis der Sonderprüfung (OR 697d und 697e).

Die Kosten der Sonderprüfung hat die Gesellschaft selbst zu tragen. Nur wenn besondere Umstände es rechtfertigen, können die Kosten durch den Richter ganz oder teilweise dem Gesuchsteller auferlegt werden.

Beispiel Ein Übertragung der Kosten auf den Gesuchsteller rechtfertigt sich etwa, wenn die Sonderprüfung rein als Schikane gegen den Verwaltungsrat eingesetzt wurde.

Eine Sonderprüfung ist für den Verwaltungsrat etwas höchst Unangenehmes und stellt ein machtvolles Instrument der Aktionäre dar. Obwohl in der Praxis eher selten, hat bereits die Drohung einer möglichen Sonderprüfung die Informationspolitik der Verwaltungsräte erheblich verbessert.

6.3 Gebot der Gleichbehandlung der Aktionäre

Jeder Aktionär ist unter gleichen Voraussetzungen gleich zu behandeln und besitzt dieselben Rechte. Eine Bevorzugung ist nur aufgrund von sachlichen Gründen gerechtfertigt.

Verstösst ein Beschluss der Generalversammlung gegen diesen Grundsatz, so ist er gemäss OR 706 Abs. 2 Ziff. 3 anfechtbar. Auch für die Tätigkeit des Verwaltungsrates und der Geschäftsführung wird das Gebot der Gleichbehandlung der Aktionäre ausdrücklich verankert (OR 717 Abs. 2).

Bei einer AG kann aber nicht von einer absoluten Gleichbehandlung aller Aktionäre gesprochen werden. So werden die Vermögensrechte eines Aktionärs im Verhältnis seiner Kapitalbeteiligung gewichtet. Dies hat zur Folge, dass nicht jeder Aktionär eine gleich hohe Dividende erhält.

Andererseits hat aber jeder Aktionär das Recht, im Verhältnis seiner Kapitalbeteiligung den gleichen Anteil zu erhalten. Man spricht von einer *relativen Gleichbehandlung*. Dies trifft auch auf das wichtigste Mitwirkungsrecht, das Stimmrecht, zu.

Eine *absolute Gleichbehandlung*, die Gleichstellung nach Köpfen, gilt bei den meisten Mitwirkungs- und Schutzrechten – das Stimmrecht als wichtigstes Mitwirkungsrecht ausgenommen. So besitzt jeder Aktionär das Recht auf Teilnahme an der Generalversammlung (OR 689) oder auf Einreichung des Antrages auf eine Sonderprüfung (OR 697a Abs. 1).

Vom Prinzip der Gleichbehandlung darf nur abgewichen werden, wenn sachliche Gründe dies rechtfertigen.

Rechtsprechung BGE 91 II 298, E. 2: Er [der Grundsatz der Gleichbehandlung der Aktionäre] bedeutet vielmehr, dass von der Gleichbehandlung nur insoweit abgewichen werden dürfe, als dies für die Verfolgung des Gesellschaftszweckes im Interesse der Gesamtheit aller Aktionäre unumgänglich notwendig ist. Eine unterschiedliche Behandlung der Aktionäre ist also dort zulässig, wo sie nicht unsachlich, sondern ein angemessenes Mittel zur Erreichung eines gerechtfertigten Zweckes ist […].

Beispiel Kein Verstoss gegen das Gleichbehandlungsgebot ist eine Kapitalerhöhung, bei der einige Aktionäre aufgrund fehlender finanzieller Mittel ihr Bezugsrecht nicht ausüben können und damit die Quote ihrer Kapitalbeteiligung nicht mehr halten können. Ein Verstoss wäre es hingegen, wenn der Verwaltungsrat die neuen Aktien nur den ihm genehmen Aktionären zur Zeichnung offeriert.

Als Ausnahme vom Gleichbehandlungsgebot erlaubt die Einführung von Vorzugsaktien (OR 654, 656) eine Bevorzugung in vermögensrechtlicher Hinsicht, die Einführung von Stimmrechtsaktien (OR 693) eine Bevorzugung in mitwirkungsrechtlicher Hinsicht (vgl. oben, S. 152).

6.4 Recht auf Vertretung im Verwaltungsrat

Bestehen unterschiedliche Aktionärskategorien hinsichtlich des Stimmrechts (Stimmrechtsaktien) oder der vermögensrechtlichen Ansprüche (Vorzugsaktien), muss durch die Statuten jeder Aktionärsgruppe mindestens ein Vertreter im Verwaltungsrat zugesichert werden. Dieser Anspruch ist zwingender Natur und muss in den Statuten verankert sein (OR 709 Abs. 1). Nach OR 709 Abs. 2 kann dieser Anspruch auf weitere Aktionärsgruppen (Inhaber- und Namenaktionäre, Minderheitsaktionäre etc.) ausgedehnt werden; im Gegensatz zu Abs. 1 ist dies aber nicht zwingend.

6.5 Recht auf Anfechtung von Generalversammlungsbeschlüssen

Jeder Aktionär hat das Recht, Beschlüsse der Generalversammlung, die gegen Gesetz oder Statuen verstossen, anzufechten; vgl. hierzu die Ausführungen bei der Generalversammlung, S. 178.

6.6 Recht auf Feststellung von nichtigen Generalversammlungs- und Verwaltungsratsbeschlüssen

Jeder Aktionär hat das Recht, nichtige Beschlüsse der Generalversammlung oder des Verwaltungsrates mittels Feststellungsklage für ungültig erklären zu lassen; vgl. hierzu die Ausführungen bei der Generalversammlung, S. 180.

6.7 Recht auf Einreichung einer Verantwortlichkeitsklage

Jeder Aktionär hat das Recht, die Revisionsstelle, die Mitglieder des Verwaltungsrates sowie alle mit der Geschäftsführung oder der Liquidation beauftragten Personen für denjenigen Schaden haftbar zu machen, den diese durch vorsätzliche oder fahrlässige Verletzung ihrer Pflichten verursacht haben; vgl. hierzu Ausführungen bei der Verantwortlichkeit, S. 219.

6.8 Recht auf Einreichung einer Klage aufgrund von Mängeln in der Organisation der Gesellschaft

Für den Fall, dass die Gesellschaft eines der vorgeschriebenen Organe fehlt oder dieses falsch zusammengesetzt ist, kann ein Aktionär dem Richter beantragen, die erforderlichen Massnahmen zur Behebung dieses Zustandes zu treffen; vgl. dazu die Ausführungen bei der Organisation der AG, S. 172.

6.9 Recht auf Einreichung einer Auflösungsklage

Aktionäre, die zusammen mindestens 10% des Aktienkapitals halten, können beim Richter die Auflösung der Gesellschaft aus wichtigen Gründen verlangen; vgl. hierzu die Ausführungen bei der Auflösung, S. 223.

7. Die Schranken der Kapitalherrschaft/Minderheitenschutz

7.1 Unverzichtbare und unentziehbare Rechte

Das Prinzip der Kapitalherrschaft in der AG hat zur Folge, dass die Aktionärsmehrheit die Geschicke der Gesellschaft bestimmt. Dies gilt aber nicht uneingeschränkt. Zum Schutz der Minderheitsaktionäre gelten bestimmte Rechte als unverzichtbar bzw. unentziehbar.

Unverzichtbare Rechte	Unentziehbare Rechte (wohlerworbene Rechte)

Die folgenden Aktionärsrechte können auch mit Zustimmung der betroffenen Personen nicht entzogen werden:
- Recht auf Teilnahme an der GV und damit verbundene Rechte (OR 689 ff.)
- Informations- und Kontrollrechte (OR 696 ff.)
- Klagerechte:
  · Anfechtung (OR 706 f.)
  · Nichtigkeit (OR 706b und 714)
  · Verantwortlichkeit (OR 753 ff.)
  · Organisationsmängel (OR 731b)
  · Auflösung (OR 736 Ziff. 4)
- Minderheitenrechte
Eine Beschränkung kann zulässig sein, sofern die Kernrechte unangetastet bleiben. Einzelfallweise kann auf die Ausübung verzichtet werden, nicht aber in allgemeiner Weise im Voraus.
	Absolut wohlerworbene Rechte dürfen ohne Zustimmung der betroffenen Person weder entzogen noch beschränkt werden:
	Darunter sind diejenigen Rechte zu subsumieren, bei deren Verletzung als Rechtsfolge die Nichtigkeit eintritt.
	- Aufhebung der Gewinnstrebigkeit der AG, OR 706 Abs. 2 Ziff. 4
	- OR 706b Abs. 1 Ziff. 1 und 2
	→ Folge der Verletzung: Nichtigkeit
	Relativ wohlerworbene Rechte dürfen ohne Zustimmung der betroffenen Person nicht entzogen werden; eine Beschränkung ist erlaubt, sofern sie nicht übermässig ist:
	Darunter sind diejenigen Rechte zu subsumieren, deren Verletzung die Anfechtbarkeit zur Folge hat. OR 706 Abs. 2 Ziff. 1–3
	→ Folge der Verletzung: Anfechtbarkeit

7.2 Erhöhte Beschlussquoren

OR 704 Abs. 1 bestimmt für eine Reihe von fundamentalen Gesellschaftsbeschlüssen ein erhöhtes Beschlussquorum. Erforderlich zur Annahme eines solchen Beschlusses sind mindestens zwei Drittel der vertretenen Stimmen und die absolute Mehrheit der vertretenen Aktiennennwerte.

Vgl. hierzu die Ausführungen bei der Generalversammlung, S. 177.

8. Übungen zur Rechtsstellung der Aktionäre

Lösungen S. 342

Übung 59

Pflichten eines Aktionärs

Anton ist Aktionär bei der im Blumenhandel tätigen Zeus AG. Von seinem Vater erbt er Aktien des Blumenladens Yankee AG. Als der Verwaltungsrat der Zeus AG dies erfährt, ist man entsetzt über den Verrat von Anton gegenüber der Zeus AG. Umgehend wird Anton zur Rede gestellt. In einem Appell an die Treue zur Zeus AG wird Anton auf einen Statuteneintrag verwiesen, der festhält, dass die Aktionäre der Zeus AG eine umfassende Treuepflicht gegenüber der

Zeus AG trifft. Er solle die Aktien der Yankee AG sofort weiterveräussern, allenfalls müsse er mit Konsequenzen rechnen.

Muss Anton die Aktien der Yankee AG verkaufen?

Übung 60

Impulsiver Aktionär

An der ausserordentlichen Generalversammlung der Zeus AG soll über eine Kapitalerhöhung im Hinblick auf eine zukünftige Fusion abgestimmt werden. Aktionär Anton, Mehrheitsaktionär der Zeus AG, verlangt Auskunft über den Stand der laufenden Fusionsverhandlungen und über die Geschäftsstrategie. Zudem fordert er Einsicht in die Geschäftsbücher. Der Verwaltungsrat geht auf beides nicht ein. Impulsiv, wie Anton ist, verlangt er noch am nächsten Tag beim Richter die Auflösung der Gesellschaft.

a) Durfte der Verwaltungsrat die Auskunft verweigern?
b) Durfte der Verwaltungsrat die Einsicht verweigern?
c) Kann Anton die Auflösung der Zeus AG verlangen?

Übung 61

Sonderprüfung

Die Aktionäre Anton, Bruno und Christian ersuchen den Richter trotz Ablehnung an der Generalversammlung um Einleitung einer Sonderprüfung. Die betroffene Zeus AG wehrt sich mit drei Argumenten:

1. An der Generalversammlung wurde der Antrag auf Einleitung einer Sonderprüfung von allen anderen Aktionären abgelehnt. Der jetzige Versuch, auf richterlichem Weg eine Sonderprüfung durchzusetzen, verstösst gegen die Interessen der Gesellschaft und der restlichen Aktionäre.
2. Gemäss dem Protokoll der Generalversammlung hat nur Aktionär David sein Recht auf Auskunft oder Einsicht gemäss OR 697a Abs. 1 ausgeübt. Anton, Bruno und Christian sind somit nicht aktivlegitimiert, die Sonderprüfung zu verlangen, da sie diese Voraussetzung nicht erfüllen.
3. Das Begehren um die Einleitung der Sonderprüfung dient einzig der Schikane des Verwaltungsrates.

Sind die Einwände des Verwaltungsrates berechtigt?

Übung 62

Generalversammlung

An der Generalversammlung der Zeus AG soll unter Traktandum 5 das Bezugsrecht der Aktionäre in Zukunft auf diejenigen Aktionäre beschränkt werden, die aktiv in der Gesellschaft mittätig sind. Aktionär Anton, für welchen dies ein Entzug seines Bezugsrechts bedeuten würde, möchte sich zu Wort melden, wird aber vom Leiter der Generalversammlung ignoriert. Traktandum 5 wird in der Folge angenommen.

Kann sich der Aktionär aufgrund von Aktionärsrechten gegen diesen Beschluss wehren?

F. Reserven

Übersicht

Gesetzliche Reserven	- OR 671: Allgemeine Reserve
	  · aus Jahresgewinn
	  · aus Agio
	  · aus Kaduzierung
	- OR 671a: Reserve für eigene Aktien
	- OR 671b: Aufwertungsreserve

Statutarische Reserven	- OR 672: Allgemeine statutarische Reserven - OR 673: Reserve zu Wohlfahrtszwecken für Mitarbeiter
Beschlussmässige Reserven	- OR 674 Abs. 2 Ziff. 1: Reserve zu Wiederbeschaffungszwecken - OR 674 Abs. 2 Ziff. 2: Reserve zur Unternehmensfortführung - OR 674 Abs. 2 Ziff. 2: Reserve zur Dividendenstabilität - OR 674 Abs. 3: Reserve zu Wohlfahrtszwecken für Mitarbeiter
Stille Reserven	Durch den Verwaltungsrat geschaffene, nicht in der Bilanz aufgeführte Reserven. Stille Reserven werden durch Unterbewertung der Aktiven oder Überbewertung der Passiven geschaffen.

1. Die Reserven

1.1 Überblick über die Reserven

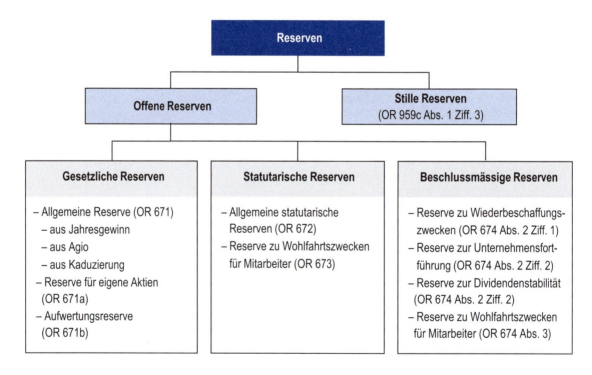

Reserven sind selbst erwirtschaftetes Eigenkapital, das nicht an die Aktionäre als Dividende ausgeschüttet wurde. Sie sollten nicht als Bankkonto verstanden werden, von dem in schwierigen Zeiten Geld abgehoben werden kann. Sie sind vielmehr als Teil des Eigenkapitals einer Gesellschaft in den Aktiven der AG eingebunden.

Dividenden dürfen erst ausgeschüttet werden, wenn die Reserven korrekt vom Bilanzgewinn abgezogen wurden. Das Aktienrecht sieht zwingend die Schaffung von gesetzlichen Reserven vor. Daneben kann durch die Statuten oder durch einen Beschluss der Generalversammlung die Bildung weiterer Reserven errichtet werden. Der Verwaltungsrat hat zudem noch die Möglichkeit, stille Reserven zu bilden.

1.2 Gesetzliche Reserven

a) Allgemeine Reserve (OR 671)

Eine Aktiengesellschaft muss 5% ihres Jahresgewinnes der allgemeinen Reserve zuweisen. Dies hat so lange zu geschehen, bis die allgemeine Reserve 20% des einbezahlten Aktienkapitals ausmacht (OR 671 Abs. 1).

Hat die allgemeine Reserve die gesetzliche Höhe von 20% erreicht, so sind ihr noch zuzuweisen:

- der Mehrerlös, der bei der Ausgabe von Aktien über ihrem Nennwert erzielt wird. Dieser Mehrbetrag wird als Agio bezeichnet und in vollem Umfange den allgemeinen Reserven der AG angerechnet (OR 671 Abs. 2 Ziff. 1);
- bereits erfolgte Teilliberierungen auf durch Kaduzierungsverfahren (OR 681) für ungültig erklärte Aktien (OR 671 Abs. 2 Ziff. 2);
- werden mehr als 5% Dividende ausgeschüttet, so sind auf der darüber hinausgehenden Dividende 10% der allgemeinen Reserve zuzuweisen.

Solange die allgemeine Reserve weniger als die Hälfte des Aktienkapitals ausmacht, darf sie nur für die folgenden Zwecke verwendet werden (OR 671 Abs. 3):

- zur Deckung von Verlusten;
- als Massnahme, um bei schlechtem Geschäftsgang das Unternehmen zu retten;
- als Massnahme, um Arbeitslosigkeit zu verhindern oder zu mildern.

Übersteigt die allgemeine Reserve die Hälfte des Aktienkapitals, so darf der darüber hinausgehende Teil frei verwendet werden.

b) Reserve für eigene Aktien (OR 671a)

Kauft eine AG eigene Aktien auf (vgl. hierzu die Ausführungen über die Beschränkung des Erwerbs eigener Aktien, S. 144), so hat sie im Wert des Anschaffungspreises der Aktien eine Reserve zu bilden (OR 659a Abs. 2). Die Reserve kann wieder aufgelöst werden, wenn die Aktien weiterverkauft oder vernichtet wurden.

c) Aufwertungsreserve (OR 671b)

Wurde im Rahmen von OR 670 eine Aufwertung vorgenommen, so ist der Aufwendungsbetrag gesondert als Aufwertungsreserve auszuweisen (OR 670 Abs. 1). Diese Reserve kann aufgelöst werden, indem das betreffende Grundstück bzw. die betreffende Beteiligung weiterverkauft wird oder indem die Reserve in Aktienkapital umgewandelt wird (OR 671b). Zur Aufwertung vgl. die Ausführungen beim Kapitalverlust, S. 145.

1.3 Statutarische Reserven

a) Allgemeine statutarische Reserven (OR 672)

Durch die Statuten kann die Anforderung an die Grösse der allgemeinen Reserve über das vom Gesetz in OR 671 bestimmte Mass erhöht werden.

So kann vereinbart werden, dass pro Jahr mehr als 5% des Jahresgewinnes in die allgemeine Reserve einbezahlt werden oder dass die allgemeine Reserve mehr als 20% des einbezahlten Aktienkapitals betragen muss (OR 672).

Daneben ist die Bildung von weiteren Reserven möglich. Diese können, müssen aber nicht zweckgebunden sein (OR 672 Abs. 2).

b) Reserve zu Wohlfahrtszwecken für Mitarbeiter (OR 673)

Damit sind spezielle Reserven gemeint, die den Mitarbeitern der Gesellschaft zugutekommen sollen. Zu denken ist etwa an Reserven für eine betriebseigene Pensionskasse oder für die Unterstützung von Arbeitslosen.

1.4 Beschlussmässige Reserven

Neben dem Gesetz und den Statuten kann die Generalversammlung per Beschluss zusätzliche Reserven – sog. beschlussmässige Reserven – anlegen.

Die GV ist aber in ihrer Kompetenz eingeschränkt auf die Bildung der folgenden Reserven:
- Reserve zu Wiederbeschaffungszwecken (OR 674 Abs. 2 Ziff. 1). Zu denken ist hier etwa an den Umstand, dass eine ältere Maschine ersetzt werden muss, die Neubeschaffung aber teurer ist als die bisherige;
- Reserve zur Unternehmensfortführung (OR 674 Abs. 2 Ziff. 2); wenn sie mit Rücksicht auf das langfristige Gedeihen der Unternehmen gerechtfertigt ist;
- Dividendenreserve (OR 674 Abs. 2 Ziff. 2); wenn mit der Reserve eine jährlich gleichmässige Dividende ermöglicht werden soll;
- Reserve zu Wohlfahrtszwecken für Mitarbeiter (OR 674 Abs. 3).

1.5 Stille Reserven

Durch den Verwaltungsrat geschaffene Reserven werden stille Reserven genannt. Der Ausdruck ergibt sich aus dem Umstand, dass sie *in der Bilanz einer AG nicht aufgeführt* werden. Obwohl das OR die stillen Reserven nicht regelt, kommt ihnen in der Geschäftstätigkeit einer AG eine massgebliche Rolle zu.

Stille Reserven werden geschaffen, indem
- die Aktiven in der Bilanz unterbewertet werden; das Vermögen einer AG wird unter seinem effektiven Wert angegeben;
- die Passiven, genauer das Fremdkapital in der Bilanz, überbewertet werden; die Schulden einer AG werden über ihrem effektiven Wert angegeben.

Das Recht der Aktiengesellschaft begünstigt aufgrund seines Prinzips der vorsichtigen Rechnungslegung (OR 958c Abs. 1 Ziff. 5) die Bildung von stillen Reserven. Durch die Vorschrift, die Aktiven der Gesellschaft höchstens zu den Anschaffungs- oder Herstellungskosten in der Bilanz aufzuführen, zwingt es die AG sogar zur Vornahme von stillen Reserven (vgl. OR 960a sowie die Ausführungen dazu oben S. 54).

Beispiel — Wurde ein im Anlagevermögen stehendes Grundstück zum Preise von einer Million Franken gekauft, so bleibt dieser Wert in der Bilanz, selbst wenn sein effektiver Wert nun zehn Millionen Franken beträgt. In diesem Fall besitzt die AG stille Reserven im Wert von neun Millionen Franken.

Die häufigste Art der Bildung von stillen Reserven erfolgt durch überhöhte Abschreibungen, Wertberichtigungen oder Rückstellungen.

Beispiele — Eine Maschine wird infolge höherer Abschreibungen, als es aufgrund ihrer Lebensdauer erforderlich wäre, bereits nach der Hälfte ihrer Lebensdauer im Anlagevermögen der Bilanz mit Wert von einem Franken angegeben.

Bei der Lancierung eines neuen Produktes werden bewusst massiv überhöhte Rückstellungen für allfällige Garantiearbeiten aufgestellt, obwohl hiervon nur ein Bruchteil nötig wäre.

Das Gesetz fördert aus Gründen des Kapitalschutzes eine Unterbewertung und nimmt dafür in Kauf, dass die Bilanz die effektiven Vermögensverhältnisse nicht korrekt wiedergibt. Das Postulat einer transparenten Rechnungslegung sowie des Grundsatzes, dass die Rechnungslegung ein den tatsächlichen Verhältnissen entsprechendes Bild der Vermögens-, Finanz- und Ertragslage wiedergibt («true and fair view»), wird hierdurch untergraben.

Die Bildung bzw. Auflösung von stillen Reserven durch den Verwaltungsrat birgt ein hohes *Missbrauchspotenzial*, da den Aktionären mittels stiller Reserven das effektive Geschäftsergebnis bewusst verschleiert werden kann. Durch die Bildung stiller Reserven kann etwa ein Jahresgewinn und damit eine Dividende verunmöglicht werden. Noch gravierender: Durch die Auflösung von stillen Reserven kann ein viel besseres Geschäftsresultat präsentiert werden, als es eigentlich erwirtschaftet wurde. Ein Aktionär kann sich so kein genaues Bild über die effektive Lage der Gesellschaft mehr machen. Weiter kann er so nicht mehr zuverlässig beurteilen, ob der Verwaltungsrat gut gearbeitet hat, lassen sich doch finanzielle Verluste gezielt vertuschen.

Als Schutz für den Aktionär muss eine Gesellschaft in der Jahresrechnung im Anhang den Gesamtbetrag der aufgelösten Wiederbeschaffungsreserven und der darüber hinausgehenden stillen Reserven offenlegen, soweit dieser den Gesamtbetrag der neugebildeten derartigen Reserven übersteigt und dadurch das erwirtschaftete Ergebnis wesentlich günstiger dargestellt wird, als es effektiv der Fall war (OR 959c Abs. 1 Ziff. 3). Die Beschönigungen von Jahresrechnungen werden so stark eingeschränkt. Bei börsenkotierten Aktiengesellschaften zwingen schliesslich die Kapitalmarktgesetze, von einem allzu grosszügigen Gebrauch von stillen Reserven abzusehen, indem wesentlich weitergehende Transparenzvoraussetzungen aufgestellt wurden.

Stille Reserven werden aufgelöst durch

- marktspezifische Faktoren, etwa durch Kursverluste oder durch reale Wertverluste von unterbewerteten Sachanlagen;
- die Realisierung der stillen Reserve durch den Verwaltungsrat, etwa beim Verkauf unterbewerteter Grundstücke.

2. Übungen zu den Reserven

Lösungen S. 344

Übung 63

Bilanz

Die Bilanz der Zeus AG zeigt folgende unerfreuliche Zahlen (in tausend Franken):

Aktiven		Passiven	
Umlaufvermögen:		Fremdkapital:	
· Kasse/Bank	200	· Kreditoren	1'000
· Debitoren	800	· Darlehen	2'000
· Lager	2'000	· Hypotheken	4'000
Anlagevermögen:		Eigenkapital:	
· Maschinen	2'000	· Aktienkapital	3'000
· Immobilien	3'000	· Gesetzliche Reserven	1'000
Bilanzverlust	3'000		
Total	**11'000**		**11'000**

In der AG werden daraufhin folgende Massnahmen diskutiert:

1. Die Immobilien und die Maschinen werden auf ihren Verkehrswert aufgewertet. Der Verkehrswert der Immobilien beträgt 4'000, derjenige der Maschinen 3'000.
2. Die stillen Reserven (2'000) auf dem Lager werden durch den Verkauf des gesamten Lagers aufgelöst.
3. Die gesetzlichen Reserven, bestehend aus allgemeinen Reserven, werden zur Tilgung des Verlustes genutzt.

Dürfen die Massnahmen vorgenommen werden und, falls ja, wie wirken sie sich auf die Bilanz aus, jeweils ausgehend von der ursprünglichen Bilanz?

Übung 64

Schlechte Wirtschaftslage

Die Zeus AG hat 10% ihrer eigenen, nicht börsenkotierten Aktien (Nennwert insgesamt 5 Millionen Franken) zum Marktpreis von 10 Millionen Franken gekauft.

a) Nach dem Kauf der Aktien legte die Zeus AG Reserven im Wert von 5 Millionen Franken an.
b) Durch einen Wirtschaftscrash senkt sich der Marktwert der gehaltenen eigenen Aktien auf eine Million Franken. Die Zeus AG korrigiert deshalb auch die Höhe der Reserven auf eine Million herunter.
c) Mit viel Glück konnte die Zeus AG die Aktien noch für eine halbe Million verkaufen. Sie löst daraufhin die Reserven ganz auf.

Zu beurteilen sind die Vorgänge a), b) und c).

Übung 65

Grosszügige AG

Der Zeus AG geht es seit Jahren hervorragend. Auch dieses Jahr hat sie wieder einen Jahresgewinn erwirtschaftet. Da die Reserven bereits 70% des Aktienkapitals betragen, beschliesst die Generalversammlung, dass dieses Jahr der Jahresgewinn voll als Dividende ausbezahlt werden soll. Auch der erwirtschaftete Agio (Mehrerlös bei der Ausgabe von Aktien über ihrem Nennwert) soll voll an die Aktionäre weitergegeben werden. Der Reserve soll nichts zukommen.

Zu beurteilen ist die Vorgehensweise der Generalversammlung.

G. Verantwortlichkeit

Übersicht

Gemeinsame Haftungsvoraussetzungen für die Verantwortlichkeitsklagen	Analog OR 41 ff.: • Vermögensschaden • Widerrechtliches und schuldhaftes Verhalten • Adäquater Kausalzusammenhang
Schaden des Aktionärs und des Gläubigers	• Unmittelbarer Schaden: Pflicht bestand direkt gegenüber dem Aktionär bzw. dem Gläubiger. • Mittelbarer Schaden: Pflicht bestand primär gegenüber der Gesellschaft.
Emissionshaftung	OR 752: Haftung für unrichtige, irreführende oder den gesetzlichen Anforderungen nicht entsprechende Angaben im Zusammenhang mit der Ausgabe von Wertpapieren oder deren Verbreitung
Gründungshaftung	OR 753: Haftung für unkorrektes Verhalten: • bei der qualifizierten Gründung oder Kapitalerhöhung (Ziff. 1) • bei der Eintragung der Gesellschaft im Handelsregister (Ziff. 2) • bei der Entgegennahme von Zeichnungen (Ziff. 3)
Haftung für Verwaltung, Geschäftsführung und Liquidation (Verantwortlichkeitsklage)	OR 754: Haftung der Mitglieder des Verwaltungsrates sowie aller mit der Geschäftsführung oder Liquidation beauftragten Personen für den Schaden, den sie durch vorsätzliche oder fahrlässige Verletzung ihrer Pflichten verursachen
Revisionshaftung	• OR 755: Haftung der Revisionsstelle für den Schaden, den sie durch vorsätzliche oder fahrlässige Verletzung ihrer Pflichten verursacht • RAG 39 f.: Strafrechtliche Sanktionierung

Aktivlegitimation	• OR 752: Erwerber der Titel
	• OR 753, 754 und 755:
	  · Gesellschaft
	  · Aktionär
	    · immer bei unmittelbarem Schaden
	    · bei mittelbarem Schaden grundsätzlich nur zugunsten der Gesellschaft
	    · im Konkursfall direkt zu seinen Gunsten, wenn die Konkursverwaltung untätig bleibt
	  · Gläubiger der Gesellschaft
	    · immer bei unmittelbarem Schaden
	    · bei mittelbarem Schaden nur im Konkursfall, wenn die Konkursverwaltung untätig bleibt

Passivlegitimation	• OR 752: Jeder, der einen Emissionsprospekt oder eine ähnliche Mitteilung erstellt oder verbreitet hat • OR 753: Alle an der Gründung oder Kapitalerhöhung beteiligten Personen • OR 754: Alle Organe, die mit der Verwaltung, der Geschäftsführung oder der Liquidation befasst sind • OR 755: Revisionsstelle

1. Allgemeines

1.1 Einteilung

Das Gesetz AG nennt vier Arten von Verantwortlichkeitsklagen:

Die Haftung richtet sich nach *OR 41 ff.* Gefordert ist demnach:

- das Eintreten eines *Vermögensschadens*,
- *widerrechtliches* und
- *schuldhaftes* Handeln der infrage stehenden Person sowie
- ein *adäquater Kausalzusammenhang* zwischen dem Schaden und der widerrechtlichen Handlung.

Eine Handlung ist adäquat, wenn sie nach dem gewöhnlichen Lauf der Dinge und der allgemeinen Erfahrung geeignet ist, einen Erfolg von der Art des Eingetretenen herbeizuführen, sodass der Eintritt dieses Erfolgs durch die fragliche Handlung wesentlich begünstigt erscheint.

1.2 Unmittelbarer und mittelbarer Schaden

Für den Aktionär und den Gesellschaftsgläubiger ist bezüglich ihrer Klagemöglichkeiten von eminenter Bedeutung, ob sie einen unmittelbaren oder bloss einen mittelbaren Schaden erlitten haben. Die Gesellschaft selbst ist immer unmittelbar geschädigt.

a) Mittelbare Schädigung

Bei der Verletzung einer Pflicht, die primär gegenüber der Gesellschaft bestand, ist nur die Gesellschaft unmittelbar durch einen daraus entstehenden Schaden betroffen. Der Aktionär ist durch die Vermögenseinbusse der Gesellschaft mittelbar geschädigt (OR 756 f.), etwa durch den daraus resultierenden Wertverlust seiner Aktien oder durch eine geringere Dividendenausschüttung. Der Schaden des Aktionärs leitet sich aus demjenigen der Gesellschaft ab.

Eine Schädigung des Gläubigers aufgrund eines mittelbaren Schadens kann sich erst ergeben, wenn seine Forderung durch die Schädigung der Gesellschaft nicht mehr gedeckt ist. Dies ist nur dann der Fall, wenn die AG in Konkurs gerät.

b) Unmittelbare Schädigung

Wurde die Verletzung einer Pflicht eingeklagt, die direkt gegenüber dem Aktionär oder dem Gläubiger bestand, so sind diese unmittelbar geschädigt. Der Aktionär oder der Gläubiger sind in diesen Fällen unabhängig von einer Schädigung der Gesellschaft in ihren Vermögensinteressen beeinträchtigt.

Beispiel Der Aktionär ist unmittelbar geschädigt, wenn ihm sein Bezugsrecht vorenthalten oder eine ihm zustehende Dividende zurückbehalten wird. Ein Gläubiger kann unmittelbar geschädigt werden, wenn er einer überschuldeten Gesellschaft, basierend auf einer falschen Bilanz, einen Kredit gewährt.

Rechtsprechung BGE 132 III 564, E. 3.1: L'action dont dispose un créancier social envers les organes d'une société dépend du type de dommage subi. A cet égard, trois situations sont envisageables.

3.1.1 Premièrement, le créancier peut être lésé à titre personnel par le comportement des organes, à l'exclusion de tout dommage causé à la société. Il subit alors un dommage direct [...].

3.1.2 Deuxièmement, le créancier peut encourir une perte, car le comportement d'un administrateur a appauvri la société, de sorte qu'il ne parvient pas à récupérer ou seulement de manière incomplète ses prétentions envers celle-ci. Son dommage n'est alors qu'indirect, car il découle de l'insolvabilité de la société [...]. Dans ce cas très fréquent, les manquements des organes causent en premier lieu un dommage à la société, le créancier n'étant lésé que par ricochet (Reflexschaden). Pour qualifier ce dommage, la pratique utilise indifféremment les termes de dommage ou préjudice réfléchi, indirect ou par ricochet. [...]

Tant que la société demeure solvable, c'est-à-dire qu'elle est en mesure d'honorer ses engagements, le dommage reste dans sa seule sphère, sans toucher les créanciers sociaux, qui pourront obtenir le plein de leurs prétentions. C'est seulement lorsque les manquements des organes entraînent l'insolvabilité de la société, puis sa faillite, que le créancier subit une perte qui constitue un dommage par ricochet [...].

3.1.3 En troisième lieu, il existe encore des situations, plus rares, dans lesquelles on discerne à la fois un dommage direct pour le créancier et un dommage direct pour la société [...]. En d'autres termes, le comportement de l'organe porte directement atteinte au patrimoine de la société et du créancier social, sans que le préjudice causé à ce dernier ne dépende de la faillite de la société.

1.3 Aktivlegitimation

Für die Klagen gemäss *OR 753, 754 und 755* gilt Folgendes:

- Die Gesellschaft ist immer unmittelbar geschädigt und daher klageberechtigt;
- ein Aktionär ist immer klageberechtigt, wenn er unmittelbar geschädigt wurde. Ist er mittelbar geschädigt, kann er ausserhalb eines Konkurses auf Leistung des Ersatzes an die Gesellschaft klagen (OR 756). Im Konkurs hat der Aktionär nur dann ein Klagerecht, wenn die Konkursverwaltung darauf verzichtet; zudem kommt ein allfälliger Erlös mitklagenden Gläubigern vorab zugute (OR 757);
- ein Gläubiger der Gesellschaft ist immer klageberechtigt, wenn er unmittelbar geschädigt wurde. Bei einer mittelbaren Schädigung hat der Gläubiger im Konkurs dann ein Klagerecht, wenn die Konkursverwaltung darauf verzichtet (OR 757). Ausserhalb eines Konkurses kann der Gläubiger gar nicht mittelbar geschädigt sein, da die Gesellschaft seine Forderung noch zahlen kann.

Rechtsprechung BGE 125 III 89, E. 3a: Ein unmittelbarer Gläubigerschaden liegt [...] vor, wenn das Verhalten eines Gesellschaftsorgans gegen aktienrechtliche Bestimmungen verstösst, die ausschliesslich dem Gläubigerschutz dienen [...]. Werden Bestimmungen verletzt, welche sowohl den Interessen der Gesellschaft wie auch dem Schutz der Gläubiger dienen, liegt ein mittelbarer Schaden vor, welcher ausserhalb des Konkurses durch die Gesellschaft, nach Konkurseröffnung jedoch nur durch die Gläubigergesamtheit, allenfalls durch den an ihrer Stelle klagenden Gläubiger [...] geltend zu machen ist.

Übersicht über die Klagemöglichkeiten des Aktionärs und des Gesellschaftsgläubigers

Unmittelbarer Schaden	Mittelbarer Schaden ausserhalb eines Konkurses	Mittelbarer Schaden im Konkurs
Aktionär und Gläubiger: Klage auf Schadenersatz an sich selbst	**Aktionär:** Klage auf Ersatz des Schadens an die Gesellschaft (OR 756 Abs. 1) **Gläubiger:** Keine Klagemöglichkeit, da er noch nicht geschädigt wurde	**Aktionär und Gläubiger:** Klage auf Ersatz des Schadens, sofern die Konkursverwaltung auf die Klage verzichtet. Klagende Gläubiger werden vor den mitklagenden Aktionären befriedigt (OR 757).

Klagt ein Aktionär gegen die Gesellschaft auf mittelbaren Schaden ausserhalb des Konkurses, tut er dies immer auf den Gesamtschaden der begangenen Handlung. Er alleine trägt das Prozessrisiko. Im Falle des Obsiegens erhält die Gesellschaft den Schadenersatz, er profitiert einzig im Rahmen seiner Beteiligung. Um das Prozessrisiko zu vermindern, enthielt OR 756 Abs. 2 vor Inkrafttreten der neuen ZPO eine Norm, wonach bei einer Abweisung der Verantwortlichkeitsklage das Gericht befugt war, die Kosten nach seinem Ermessen auf die Gesellschaft und den Klägern verteilen. Damit sollte verhindert werden, dass ein Kläger durch die erwarteten Kosten eingeschüchtert wird und aus Furcht vor einer allfälligen Niederlage auf die Klage verzichtet. Diese Ermessensgrundlage findet sich nun in der neuen ZPO in allgemeiner Form in ZPO 107. Es ist anzunehmen, dass die bisherige Praxis damit unverändert fortgeführt wird. Die Gesellschaft muss demnach Prozesskosten u.U. bezahlen, wenn der Kläger unterliegt.

Bezüglich der Aktivlegitimation bei der Prospekthaftung ist zu beachten, dass gemäss OR 752 nur der Erwerber des Titels zur Klage legitimiert ist.

Rechtsprechung BGE 132 III 564, E. 3.2: La qualité pour agir du créancier lésé à l'encontre de l'organe de la société varie en fonction des trois situations précitées. Les distinctions qui suivent sont dictées par le respect des règles générales du droit de la responsabilité civile. Parmi celles-ci figure le principe selon lequel seul le lésé direct peut demander réparation de son dommage, celui qui ne subit qu'un dommage par ricochet en raison d'une relation particulière avec le lésé direct ne dispose d'aucune action en réparation contre l'auteur du dommage [...].

3.2.1 Lorsque le comportement d'un organe de la société cause un dommage direct à un créancier, alors que la société ne subit elle-même aucun préjudice, le créancier lésé peut agir à titre individuel et réclamer des dommages-intérêts au [...]. Son action est régie par les règles ordinaires de la responsabilité civile et, à condition qu'elle repose sur un fondement juridique valable, elle n'est soumise à aucune [...]. La réparation de ce dommage peut être invoquée en tout temps par l'intéressé, peu importe que la société ait été mise en faillite ou non [...].

3.2.2 En cas de dommage par ricochet du créancier, la qualité de lésé appartient à la société qui se trouve directement appauvrie par le comportement de l'organe. En vertu des principes généraux de la responsabilité, c'est la société qui est en première ligne légitimée à réclamer des dommages-intérêts à l'organe responsable. Le créancier social ne dispose lui-même d'aucune action individuelle pour obtenir réparation du dommage qu'il a subi par ricochet [...]). Lorsque la société tombe en faillite, la créance que celle-ci pouvait faire valoir contre l'organe responsable est remplacée par une créance de la communauté des créanciers [...], qu'il appartient en priorité à l'administration de la faillite de faire valoir (cf. CO 757 al. 1). Toutefois, si l'administration de la faillite renonce à exercer l'action sociale (CO 757 al. 2), un créancier social peut réclamer la réparation du dommage subi directement par la société [...]. Il exerce alors l'action de la communauté des créanciers, mais le produit éventuel de l'action servira d'abord à couvrir ses propres prétentions telles que colloquées [...]. Il est ainsi légitimé à actionner l'organe responsable pour réclamer la réparation du dommage subi par la société.

1.4 Haftung mehrerer Personen

Sind für einen Schaden mehrere Personen ersatzpflichtig, so haften sie zwar solidarisch, aber nur insoweit, als ihnen der Schaden aufgrund ihres eigenen Verschuldens und der Umstände persönlich zurechenbar ist (OR 759 Abs. 1).

Der Kläger kann mehrere Beteiligte auf den Gesamtschaden einklagen und verlangen, dass der Richter die Ersatzpflicht jedes einzelnen Beklagten festlegt (OR 759 Abs. 2). Dies ist für den Kläger von Vorteil, da vor Klagebeginn häufig noch schwer abzuschätzen ist, wer für welchen Schaden einstehen muss.

Im internen Regressverhältnis bestimmt der Richter unter Würdigung aller Umstände, primär aber aufgrund des Verschuldens, die Grösse der jeweiligen Schadenersatzpflicht (OR 759 Abs. 3).

1.5 Erteilung der Décharge

Durch den Entlastungsbeschluss (Décharge) verzichtet die Gesellschaft auf Schadenersatzansprüche gegen die verantwortlichen Organe (OR 698 Abs. 2 Ziff. 5).

Die Entlastung gilt gemäss OR 758 nur für bekanntgegebene Tatsachen und nur gegenüber der Gesellschaft sowie gegenüber den Aktionären, die dem Beschluss zugestimmt oder die Aktien seither in Kenntnis des Beschlusses erworben haben.

Ansprüche der Gesellschaftsgläubiger generell und der Aktionäre aufgrund unmittelbarer Schädigung sind von der Décharge nicht betroffen.

Das Klagerecht der Aktionäre, die gegen den Déchargebeschluss gestimmt haben oder nicht anwesend waren, erlischt gemäss OR 758 Abs. 2 nach sechs Monaten.

1.6 Verjährung

Der Anspruch auf Schadenersatz erlischt gemäss OR 760 fünf Jahre nach Kenntnisnahme (relative Verjährungsfrist), spätestens jedoch zehn Jahre nach dem Zeitpunkt des schädigenden Verhaltens (absolute Verjährungsfrist).

Das Verjährungsrecht im OR wird derzeit revidiert. Geplant ist eine einheitliche Regelung im allgemeinen Teil des OR mit der Folge, dass OR 760 aufgehoben würde. Der Vorentwurf sah eine relative Verjährungsfrist von drei Jahren ab Kenntnisnahme der Forderung und des Gläubigers sowie eine absolute Verjährungsfrist von zehn Jahren seit Fälligkeit der Forderung vor.

2. Haftung für den Emissionsprospekt

Jeder, der im Zusammenhang mit der Ausgabe von Wertpapieren unrichtige, irreführende oder den gesetzlichen Anforderungen nicht entsprechende Angaben gemacht oder verbreitet hat, haftet für den Schaden, den er vorsätzlich oder fahrlässig den Erwerbern der Wertpapiere zugefügt hat (OR 752).

Die Haftung bezieht sich auf Angaben im Emissionsprospekt oder in anderen vergleichbaren Mitteilungen, die in allgemeiner Weise potenziellen Erwerbern zukommen (Mitteilungen, Zeitungsinserate, elektronische Medien etc.). Ausgeschlossen sind individuelle Hinweise oder Tipps.

Als Wertpapiere im Sinne der Bestimmung von OR 752 gelten nicht nur Aktien oder Partizipationsscheine, sondern auch ausgegebene Obligationen, Wandelanleihen, Optionen etc.

Aktivlegitimiert ist nur der Erwerber der Wertpapiere.

Passivlegitimiert ist jeder, der einen Emissionsprospekt oder eine vergleichbare Mitteilung erstellt oder verbreitet hat. Allerdings muss die Mitwirkung wesentlich sein.

Beispiel Passivlegitimiert sind zum Beispiel die Mitglieder des Verwaltungsrates, Geschäftsführer, beratende Anwälte oder Banken, nicht aber der Postbote oder ein Druckverlag.

Haftungsvoraussetzungen:

- Durch den mangelhaften Prospekt ist ein *Schaden* entstanden. Der Schaden berechnet sich durch einen Vergleich des aktuellen Wertes der Wertpapiere mit demjenigen, den diese voraussichtlich hätten, wenn die Angaben wahr bzw. nicht verschwiegen worden wären.
- Die *Widerrechtlichkeit* liegt in der Mitwirkung an einem Prospekt oder an einer ähnlichen Mitteilung, welche unrichtige, irreführende oder den gesetzlichen Ansprüchen nicht entsprechende Angaben enthält, oder der Verbreitung einer solchen Mitteilung.
- Ein *Kausalzusammenhang* besteht, wenn der Erwerber das Wertpapier aufgrund der Falschinformation zu teuer kauft. Dies ist der Fall, wenn der Erwerber den mangelhaften Prospekt selbst berücksichtigt, oder aber auch, wenn der Markt aufgrund des Prospekts den Marktwert zu hoch bewertet.
- Bezüglich des *Verschuldens* reicht zur Haftung bereits Fahrlässigkeit. Es gilt ein objektiver Verschuldensmassstab: Es stellt sich somit die Frage, ob sich ein sorgfältig Handelnder in derselben Situation gleich verhalten hätte bzw. ob dieser den Schaden hätte voraussehen können.

Rechtsprechung BGE 132 III 715 E. 2: Gemäss OR 752 haftet jeder, der bei der Abgabe oder Verbreitung von unrichtigen, irreführenden oder den gesetzlichen Anforderungen nicht entsprechenden Angaben in Emissionsprospekten oder ähnlichen Mitteilungen im Rahmen der Gründung einer Gesellschaft oder bei der Ausgabe von Aktien, Obligationen oder anderen Titeln absichtlich oder fahrlässig mitgewirkt hat, den Erwerbern der Titel für den dadurch verursachten Schaden.

2.1 Haftungsvoraussetzung der in OR 752 vorgesehenen Prospekthaftung ist unter anderem, dass die Angaben im Prospekt kausal für den Kaufentschluss des Anlegers bzw. den später eingetretenen Schaden war [...]. Dabei ist vorausgesetzt, dass zwischen den Angaben im Emissionsprospekt und dem Schaden sowohl ein natürlicher als auch ein adäquater Kausalzusammenhang besteht [...].

2.2 Die natürliche Kausalität ist gegeben, wenn ein Handeln (z.B. falsche Angaben im Emissionsprospekt) Ursache im Sinn einer conditio sine qua non für den Eintritt eines Schadens ist. Dies ist eine Tatfrage, die nur im Verfahren der staatsrechtlichen Beschwerde überprüft werden kann. Rechtsfrage ist demgegenüber, ob zwischen der Ursache und dem Schadenseintritt ein adäquater Kausalzusammenhang besteht. Dies ist eine Wertungsgesichtspunkten unterliegende Rechtsfrage, die nur im Berufungsverfahren überprüft werden kann [...].

2.3 Nicht nur ein Handeln, sondern auch ein Unterlassen (z.B. Unterdrücken von relevanten Angaben im Emissionsprospekt) kann kausal für die Schädigung eines Anlegers sein. Grundsätzlich unterscheidet die Rechtsprechung auch bei Unterlassungen zwischen natürlichem und adäquatem Kausalzusammenhang. Während bei Handlungen die wertenden Gesichtspunkte erst bei der Beurteilung der Adäquanz zum Tragen kommen, spielen diese Gesichtspunkte bei Unterlassungen in der Regel schon bei der Feststellung des hypothetischen Kausalverlaufs eine Rolle. Es ist daher bei Unterlassungen in der Regel nicht sinnvoll, den festgestellten oder angenommenen hypothetischen Geschehensablauf auch noch auf seine Adäquanz zu prüfen. Die Feststellungen des Sachrichters im Zusammenhang mit Unterlassungen sind daher entsprechend der allgemeinen Regel über die Verbindlichkeit der Feststellungen zum natürlichen Kausalzusammenhang für das Bundesgericht bindend. Nur wenn die hypothetische Kausalität ausschliesslich gestützt auf die allgemeine Lebenserfahrung – und nicht gestützt auf Beweismittel – festgestellt wird, unterliegt sie der Überprüfung im Berufungsverfahren [...].

3. Gründungshaftung

Alle an der Gründung beteiligten Personen haften gemäss OR *753* für den verursachten Schaden, wenn sie

- bei einer qualifizierten Gründung oder einer Kapitalerhöhung vorsätzlich oder fahrlässig unrichtige oder irreführende Angaben machen, verschweigen oder verschleiern (Ziff. 1);
- vorsätzlich oder fahrlässig die Eintragung der Gesellschaft in das Handelsregister aufgrund einer Bescheinigung oder Urkunde veranlassen, die unrichtige Angaben enthält (Ziff. 2);
- vorsätzlich dazu beitragen, dass Zeichnungen zahlungsunfähiger Personen angenommen werden (Ziff. 3).

Die Aufzählung in OR 753 ist abschliessend. Aus Ziffer 1 ergibt sich, dass Kapitalerhöhungen der Gründung bezüglich der Gründerhaftung gleichgestellt werden.

Aktivlegitimiert sind sowohl die Gesellschaft, die Aktionäre als auch die Gesellschaftsgläubiger; vgl. hierzu die oben erwähnten Einzelheiten, S. 215.

Passivlegitimiert sind alle an der Gründung oder Kapitalerhöhung mitwirkenden Personen (Gründer, Verwaltungsratsmitglieder, Depotbank, Notar etc.).

Haftungsvoraussetzungen:

- Der *Schaden* berechnet sich aus der Differenz zwischen dem Vermögensstand der Gesellschaft oder des Klägers, wie er ohne die widerrechtliche Handlung wäre, und dem aktuellen Vermögensstand. Es gilt zu unterscheiden zwischen dem mittelbaren und dem unmittelbaren Schaden; vgl. hierzu die oben erwähnten Einzelheiten, S. 214.
- Es liegt eine in OR 753 Ziff. 1–3 aufgeführte *Widerrechtlichkeit* vor.

- Es besteht ein adäquater *Kausalzusammenhang* zwischen der widerrechtlichen Handlung gemäss OR 753 Ziff. 1–3 und dem Schaden.
- Bezüglich des *Verschuldens* reicht zur Haftung bereits Fahrlässigkeit. Es gilt ein objektiver Verschuldensmassstab: Es stellt sich somit die Frage, ob sich ein sorgfältig Handelnder in derselben Situation gleich verhalten hätte bzw. ob dieser den Schaden hätte voraussehen können.

Beispiele   Gründungshaftung nach OR 753:
- die Überbewertung von Sacheinlagen
- als Barzahlung fingierte Sachübernahme
- fingierte Kapitaleinzahlungen bei der Gründung
- eine fingierte Kapitalerhöhung

4. Haftung für Verwaltung, Geschäftsführung und Liquidation (Verantwortlichkeitsklage)

Die Mitglieder des Verwaltungsrates sowie die mit der Geschäftsführung oder der Liquidation beauftragten Personen haften für den Schaden, den sie durch vorsätzliche oder fahrlässige Verletzung ihrer Pflichten verursachen.

OR 754 ist ein bedeutendes Klageinstrument; wenn allgemein von Verantwortlichkeitsklage gesprochen wird, ist i.d.R. OR 754 gemeint.

Aktivlegitimiert sind die Gesellschaft, die Aktionäre und die Gesellschaftsgläubiger; vgl. hierzu die oben gemachten Einzelheiten, S. 215.

Passivlegitimiert sind alle Organe, die mit der Verwaltung, der Geschäftsführung oder der Liquidation befasst sind. Diese Umschreibung trifft nicht nur auf alle Entscheidorgane zu, die als solche eingesetzt wurden, sondern auch auf alle weiteren Personen, die auf die Willensbildung der juristischen Person kraft ihrer Stellung entscheidenden Einfluss ausüben (sog. faktische Organe). Zum Organbegriff vgl. die Ausführungen im Allgemeinen Teil, S. 62. Die Organeigenschaft und damit eine Haftung gemäss OR 754 ist auch dann anzunehmen, wenn Dritte nach dem Vertrauensgrundsatz auf eine solche Stellung schliessen dürfen, etwa wenn eine Person in einer Organfunktion im Handelsregister eingetragen ist.

Rechtsprechung   BGE 117 II 570 E. 3: Als mit der Verwaltung oder Geschäftsführung betraut im Sinne dieser Bestimmung [OR 754 Abs. 1] gelten nach Lehre und Rechtsprechung nicht nur Entscheidorgane, die ausdrücklich als solche ernannt worden sind, sondern auch Personen, die tatsächlich Organen vorbehaltene Entscheide treffen oder die eigentliche Geschäftsführung besorgen und so die Willensbildung der Gesellschaft massgebend mitbestimmen.[...]

Die aktienrechtliche, organschaftliche Verantwortlichkeit greift [...] nur dann Platz, wenn die Kompetenzen der Beteiligten wesentlich über die Vorbereitung und Grundlagenbeschaffung hinausgehen und sich zu einer massgebenden Mitwirkung bei der Willensbildung verdichten. Richtig ist daher, dass die aktienrechtliche Verantwortlichkeit für die Geschäftsführung grundsätzlich nur die oberste Leitung einer Gesellschaft, die oberste Schicht der Hierarchie trifft [...].

Haftungsvoraussetzungen:

- Der *Schaden* berechnet sich aus der Differenz zwischen dem Vermögensstand der Gesellschaft bzw. des Klägers, wie er ohne die pflichtwidrige Handlung wäre, und dem aktuellen Vermögensstand. Es gilt zu unterscheiden zwischen dem mittelbaren und dem unmittelbaren Schaden (vgl. hierzu die oben erwähnten Einzelheiten, S. 214).
- Die *Widerrechtlichkeit* bzw. *Pflichtverletzung* resultiert aus dem Verstoss gegen aktienrechtliche Verpflichtungen. Die Pflichten ergeben sich aus OR 716 ff. (für die Liquidatoren aus OR 742 ff.) und aus den Statuten. Klagebegründend wirkt insbesondere jeder Verstoss gegen die in OR 716a aufgezählten, unübertragbaren und unentziehbaren Aufgaben des Verwaltungsrates sowie die Verletzung der Treue- und Sorgfaltspflicht, wie sie OR 717 statuiert.

- Es besteht ein adäquater *Kausalzusammenhang* zwischen der Pflichtverletzung und dem Schaden.
- Bezüglich des *Verschuldens* reicht zur Haftung bereits Fahrlässigkeit. Es gilt ein objektiver Verschuldensmassstab: Es stellt sich somit die Frage, ob sich ein sorgfältig Handelnder in derselben Situation gleich verhalten hätte bzw. ob dieser den Schaden hätte voraussehen können.

Beispiele   Pflichtverletzung nach OR 754:
- der Entzug von Vermögenswerten ohne Sicherstellung einer entsprechenden Gegenleistung;
- die Investition von 80% des Gesellschaftsvermögens in eine hochspekulative Anlage;
- die nicht zinstragende Anlage von freien Vermögenswerten der Gesellschaft;
- das Unterlassen einer ordnungsmässigen Buchführung;
- ungenügende Finanzplanung;
- ungetreue Geschäftsbesorgung oder Veruntreuung;
- die Ausübung des Amtes trotz Unerfahrenheit ohne Zuzug von Spezialisten;
- das Untätigbleiben trotz offenkundiger Besorgnis einer Überschuldung;
- Vermögensverschiebungen innerhalb eines Konzerns entgegen den Interessen der Gesellschaft.

Wurde eine Aufgabe befugterweise einem anderen Organ übertragen, so beschränkt sich die Haftung auf die nach den Umständen gebotene *Sorgfalt bei der Auswahl, Unterrichtung und Überwachung* (OR 754 Abs. 2). Eine unbefugte Übertragung ergibt sich für den Verwaltungsrat primär aus OR 716a, in der diejenigen Aufgaben aufgeführt sind, welche vom Verwaltungsrat nicht übertragbar sind (vgl. dazu oben S. 184. Für eine Übertragung von Geschäftsführungsaufgaben sind sodann die Anforderungen von OR 716b zu erfüllen; vgl. dazu oben S. 185.

Rechtsprechung   BGer v. 22. Februar 2008, 4A.501/2007, E. 3.2.2: Damit von einer befugten Delegation gemäss Art. 754 Abs. 2 OR ausgegangen werden kann, ist der Erlass eines Organisationsreglements nach Art. 716b Abs. 1 OR zwingend vorgeschrieben [...]. Von einem «Organisationsreglement» kann nicht gesprochen werden, wenn – wie vorliegend – nicht einmal ein protokollierter Mehrheitsbeschluss des Verwaltungsrats vorliegt, der die nach Art. 716b Abs. 2 OR vorgesehenen Elemente der Organisation der Geschäftsführung regelt [...]. Dem angefochtenen Entscheid lassen sich keine Sachverhaltsfeststellungen für einen Beschluss des Verwaltungsrats entnehmen, der den Mindestanforderungen von Art. 716b Abs. 2 OR genügen würde, indem die Geschäftsführung geordnet, die hierfür erforderlichen Stellen bestimmt, deren Aufgaben umschrieben und gleichzeitig deren Berichterstattung an den Verwaltungsrat geregelt worden wäre.

5. Revisionshaftung

Die mit der Prüfung der Jahres- und Konzernrechnung, der Gründung oder der Kapitalerhöhung bzw. -herabsetzung befasste Revisionsstelle ist für den Schaden verantwortlich, den sie absichtlich oder fahrlässig durch die Verletzung ihrer Pflichten verursacht.

Die Haftung ist nicht von der Wahl der Revisionsstelle durch die Generalversammlung abhängig; auch eine faktische Revisionsstelle unterliegt OR 755.

Die Haftung der Revisionsstelle nach OR 755 verläuft grundsätzlich gleich wie die Haftung nach OR 754 des Verwaltungsrates.

Aktivlegitimiert sind sowohl die Gesellschaft, die Aktionäre als auch die Gesellschaftsgläubiger; vgl. hierzu die oben aufgeführten Einzelheiten, S. 215.

Passivlegitimiert ist die Revisionsstelle.

Haftungsvoraussetzungen:

- Der *Schaden* berechnet sich aus der Differenz zwischen dem Vermögensstand der Gesellschaft oder des Klägers, wie er ohne die widerrechtliche Handlung der Revisionsstelle wäre, und dem aktuellen Vermögensstand. Es gilt zu unterscheiden zwischen dem mittelbaren und dem unmittelbaren Schaden; vgl. hierzu die oben erwähnten Einzelheiten, S. 185.

- Die *Widerrechtlichkeit* bzw. *Pflichtverletzung* resultiert aus dem Verstoss gegen aktienrechtliche Verpflichtungen. Die Pflichten ergeben sich primär aus OR 728a und 729a.
- Es besteht ein adäquater *Kausalzusammenhang* zwischen der Pflichtverletzung und dem Schaden. In der Praxis ist dies fast immer ein Unterlassen (z.B. der Meldepflicht).
- Bezüglich des *Verschuldens* reicht zur Haftung bereits Fahrlässigkeit. Es gilt ein objektiver Verschuldensmassstab: Es stellt sich somit die Frage, ob sich ein sorgfältig Handelnder in derselben Situation gleich verhalten hätte bzw. ob dieser den Schaden hätte voraussehen können.

Beispiele Haftung der Revisionsstelle:
- Übernahme eines Revisionsmandates trotz fehlender Fachkenntnisse
- fehlende Überprüfung, ob die Aktiven einer Gesellschaft tatsächlich vorhanden sind
- Unterlassen der Einberufung einer Generalversammlung im Falle einer Überschuldung, nachdem der Verwaltungsrat untätig blieb

Neben der obligationenrechtlichen Haftung nach OR 755 sieht RAG 39 f. zusätzlich eine strafrechtliche Sanktionierung der Revisionsstelle bei Pflichtverletzungen vor.

6. Übungen zur Verantwortlichkeit in der Aktiengesellschaft

Lösungen S. 346

Übung 66

Klagemöglichkeiten

Nachdem der Verwaltungsratspräsident der Zeus AG an der letzten Generalversammlung in angetrunkenem Zustand für den Abbruch der Versammlung gesorgt hat, will Aktionär Anton sowohl eine Anfechtungsklage gegen die ergangenen Generalversammlungsbeschlüsse als auch eine Verantwortlichkeitsklage gegen den Verwaltungsratspräsidenten einreichen.

Wie stehen die beiden Klagen zueinander?

Übung 67

Organe einer Gesellschaft

Sind die folgenden Personen in einer Klage nach OR 754 passivlegitimiert?

1. Anton ist als Direktor der Zeus AG im Handelsregister eingetragen; in Tat und Wahrheit verrichtet er bei der Zeus AG aber nur den Job eines gewöhnlichen Sekretärs.
2. Bruno ist Verwaltungsrat der Zeus AG, er ist aber weder mit der Geschäftsführung beschäftigt noch in sonstiger Weise in die Gesellschaft integriert.
3. Christian ist Prokurist der Zeus AG und direkt der obersten Geschäftsführung unterstellt.
4. David ist Handlungsbevollmächtigter der Zeus AG. Er übernimmt vereinzelt und in Ausnahmefällen Aufgaben der Geschäftsführung.

Übung 68

Spendierfreudiger Geschäftsführer

Anton, alleiniger Verwaltungsrat der Zeus AG, ist hoffnungslos überlastet. Er überträgt deshalb statutenkonform grössere Teile der Geschäftsführung Bruno, u.a. das Beschaffungswesen. Aber noch immer hat er mit der Gesellschaft viel zu viel zu tun. So merkt er auch nicht, dass Bruno über Monate hinweg Aufträge zu massiv überteuerten Tarifen an eine befreundete AG vergibt, was zu Mehrkosten von zehn Millionen Franken führt.

Aktionär Christian und Gläubiger David wollen sowohl Anton als auch Bruno für den Schaden haftbar machen.

Fall 69

Fahrlässige Finanzplanung

Die alleinige Verwaltungsrätin der Zeus AG, Annette, will sich von einem Teil ihrer umfangreichen Aufgaben trennen und überträgt deshalb informell den gesamten Bereich des Rechnungswesens und der Finanzplanung der Yankee AG.

Nachdem die Zeus AG aufgrund einer fahrlässigen Finanzplanung erhebliche Einbussen zu vergegenwärtigen hatte, will Aktionär Bruno sowohl Annette als auch die Yankee AG mittels der Verantwortlichkeitsklage gemäss OR 754 zur Rechenschaft ziehen.

Übung 70

Revisionsstelle

Die offizielle Revisionsstelle der Zeus AG hat ihr Mandat niedergelegt. Der Verwaltungsrat zögert nicht lange und überredet die Yankee AG, die Aufgaben der Revisionsstelle zu übernehmen. Obwohl das Mandat für die kleine Yankee AG viel zu gross ist, akzeptiert sie die Offerte. Wenn auch nie von der Generalversammlung gewählt, übt die Yankee AG die Aufgaben der Revisionsstelle drei Jahre lang aus. Die Zusammenarbeit endet abrupt, als die Zeus AG in Konkurs fällt. Wie sich nachträglich herausstellt, blieb die Yankee AG trotz offensichtlicher Überschuldung der Zeus AG untätig. Da niemand anderes etwas unternimmt, will Anton, Aktionär der Zeus AG, die Yankee AG und deren involvierte Mitarbeiter für den aus der Untätigkeit entstandenen Schaden verantwortlich machen.

Kann Anton die Yankee AG und die mit der Revision befassten Mitarbeiter der Yankee AG zur Rechenschaft ziehen?

H. Die Beendigung der Aktiengesellschaft

Übersicht

Auflösungsgründe	OR 736: • Statuteneintrag (Ziff. 1) • Beschluss der Generalversammlung (Ziff. 2) • Konkurs der Gesellschaft (Ziff. 3) • Auflösungsklage (Ziff. 4) • Weitere im Gesetz vorgesehene Fälle (Ziff. 5)
Auflösungsklage	OR 736 Ziff. 4: Aktionäre, die zusammen 10% des Aktienkapitals halten, können beim Richter die Auflösung der Gesellschaft aus wichtigen Gründen verlangen
Vorgehen bei der Liquidation	• OR 742 Abs. 1: Erstellen einer Liquidationsbilanz • OR 742 ff.: Beendigung der laufenden Geschäfte • OR 742 Abs. 2: Schuldenruf • OR 743 f.: Verwertung der Aktiven und Bezahlung der Schulden • OR 745: Verteilung des übrig bleibenden Vermögens an die Aktionäre
Beendigung einer AG ohne Liquidation	• OR 751: Die Übertragung des Vermögens einer AG auf eine Körperschaft des öffentlichen Rechts • OR 738 i.V.m. FusG 3: Fusion • OR 738 i.V.m. FusG 29 lit. a: Aufspaltung

1. Auflösung

1.1 Allgemeines

Eine Aktiengesellschaft wird aufgelöst, wenn einer der folgenden Auflösungsgründe gemäss *OR 736* eintritt:

- Nach Massgabe der *Statuten*; i.d.R. aufgrund einer bestimmten Dauer (OR 627 Ziff. 4) oder durch den Wegfall einer Bedingung (Ziff. 1);
- durch einen öffentlich zu beurkundenden *Beschluss der Generalversammlung* mit qualifiziertem Mehr gemäss OR 704 Abs. 1 Ziff. 8 (Ziff. 2);
- durch den *Konkurs* der Gesellschaft; es gelten die Regeln des SchKG (Ziff. 3);
- aufgrund einer *Auflösungsklage*; vgl. die anschliessenden Ausführungen (Ziff. 4);
- durch weitere im Gesetz vorgesehene Fälle (Ziff. 5). Hierunter fällt etwa die Auflösung bei Vorliegen von Gründungsmängeln (OR 643 Abs. 2 und 3) oder eines unsittlichen oder widerrechtlichen Zweckes der Gesellschaft (ZGB 57 Abs. 3)

Der Begriff Auflösung ist missverständlich, denn soll eine AG aufgelöst werden, so ist die Gesellschaft damit noch keinesfalls beendet. Abgeschlossen ist lediglich die bisherige Zweckverfolgung. Die Gesellschaft besteht weiterhin, hat als *Zweck nun aber denjenigen der Liquidation*; die Gesellschaft darf nur noch Handlungen vornehmen, die zur Durchführung der Liquidation erforderlich sind. Erst nach erfolgter Liquidation hört die Gesellschaft auf zu existieren. Die Auflösung an sich ist vorerst bloss eine Änderung des Gesellschaftszweckes.

Ausnahmsweise kann die Auflösung einer AG auch ohne Liquidation erfolgen (vgl. unten, S. 225).

Rechtsprechung BGE 123 III 473, Rubrum: Der Widerruf des Auflösungsbeschlusses durch die Generalversammlung ist so lange zulässig, als noch nicht mit der Verteilung des Gesellschaftsvermögens begonnen worden ist [...].

1.2 Auflösungsklage

Aktionäre, die zusammen mindestens *10% des Aktienkapitals* halten, können beim Richter die Auflösung der Gesellschaft *aus wichtigen Gründen* verlangen (OR 736 Ziff. 4). Zur Auflösungsklage sind auch die Partizipanten berechtigt (OR 656a Abs. 2); das Partizipationskapital ist dem Aktienkapital hinzuzurechnen.

Ein wichtiger Grund liegt vor, wenn die Fortführung der Gesellschaft nicht mehr zugemutet werden kann.

Beispiele
- Trotz guten Geschäftsgängen wird keine entsprechende Dividende ausbezahlt, sondern das Geld missbräuchlich in der Gesellschaft angehäuft;
- die Gewährung von Darlehen zugunsten der Mehrheitsaktionäre, aber zum Schaden der Gesellschaft;
- über Jahre dauernde Verringerung der Dividende bei gleichzeitiger Erhöhung der Saläre und Entschädigungen der im Verwaltungsrat und der Direktion sitzenden Mehrheitsaktionäre;
- anhaltende schwere Missachtung der Kontrollrechte.

Kein wichtiger Grund ist die blosse Befürchtung eines Machtmissbrauchs oder Streitigkeiten der Minderheitsaktionäre mit der Mehrheit.

Rechtsprechung BGE 126 III 266, Rubrum: Der Missbrauch der beherrschenden Stellung durch den Mehrheitsaktionär ist nicht der einzige Grund, welcher die Auflösung einer Aktiengesellschaft gemäss OR 736 Ziff. 4 zu rechtfertigen vermag. Je nach den Umständen kann den Minderheitsaktionären die Aufrechterhaltung einer Gesellschaft, deren andauernd schlechte Geschäftsführung unweigerlich in den Ruin führt, nicht zugemutet werden.

BGE 136 III 278, Rubrum: Umstände wie eine andauernd schlechte Geschäftsführung, die in den Ruin der Gesellschaft führen kann, eine anhaltende Verletzung der Rechte der Minderheitsaktionäre oder eine Blockierung der Organe können zu einer Auflösung aus wichtigen Gründen führen.

Die Auflösungsklage dient dem Schutz der Minderheiten vor schwerem Machtmissbrauch durch die Aktienmehrheit (die Mehrheit der Aktionäre könnte die Auflösung ja auch per Generalversammlungsbeschluss durchsetzen).

Die Auflösungsklage als sehr drastisches Mittel ist grundsätzlich als *Ultima Ratio* zu betrachten. Selbst wenn der Richter die Auflösungsklage als berechtigt anerkennt, so darf er doch auf eine andere sachgemässe und den Beteiligten zumutbare Lösung erkennen, um damit die Auflösung der AG zu umgehen.

Beispiele Weniger eingreifende Massnahmen können sein:
- der Zwang zur Dividendenausschüttung;
- die Aufnahme eines geeigneten oppositionellen Aktionärs in den Verwaltungsrat;
- eine Teilliquidation durch Kapitalherabsetzung;
- die Abfindung der Minderheitsaktionäre durch einen Rückkauf der Aktien (umstritten).

Die Auflösungsklage ist grundsätzlich *subsidiär* zu den restlichen Schutzrechten. Sofern etwa die Einleitung einer Sonderprüfung oder eine Verantwortlichkeitsklage ausreicht, sind diese Mittel zu ergreifen. Sind alle anderen Möglichkeiten aussichtslos oder unzumutbar, kann ohne Weiteres direkt die Auflösungsklage eingereicht werden.

Rechtsprechung Urteil des Kantonsgerichts Graubünden vom 12. November 1990, in: PKG 1990, 12: Ist im Zusammenhang mit einem Kaufrecht an Aktien der für die Preisbestimmung massgebende innere Wert streitig, weil der Aktiengesellschaft angeblich Guthaben nicht gutgeschrieben worden sind, sind nur weniger einschneidende Rechtsbehelfe wie etwa die Anfechtung der Genehmigung der Jahresrechnung, eine Verantwortlichkeitsklage gemäss OR 754 oder auch ein blosser Forderungsprozess zwischen den Vertragsparteien, nicht jedoch die Ultima Ratio der Auflösungsklage gegeben.

2. Liquidation

Das Bestehen eines Auflösungsgrundes bewirkt im Normalfall den Beginn der Liquidation (OR 738). Die durch den Eintritt eines Auflösungsgrundes hervorgerufene Änderung des Gesellschaftszweckes wird dem Handelsregisterführer zur Eintragung angemeldet (OR 737) und zum Schutz der Gläubiger im SHAB publiziert. Die AG bleibt in der Liquidation uneingeschränkt handlungs- und rechtsfähig (ZGB 53 f.). Bestehende Verträge behalten grundsätzlich ihre Gültigkeit. Die Gesellschaft behält ihre juristische Persönlichkeit und führt ihre bisherige Firma – neu allerdings mit dem Zusatz «in Liquidation» – bis zur Löschung der Firma (OR 739 Abs. 1).

Als Liquidator agiert grundsätzlich der Verwaltungsrat; die Statuten, die Generalversammlung oder der Richter können diese Aufgabe aber auch einer Drittperson übertragen (OR 740 Abs. 1). Im Falle eines Konkurses besorgt die Konkursverwaltung die Liquidation (OR 740 Abs. 5), bei einer richterlichen Auflösung werden die Liquidatoren durch den Richter bestimmt (OR 740 Abs. 4). Mindestens ein Liquidator muss in der Schweiz wohnhaft und zur Vertretung berechtigt sein (OR 740 Abs. 3).

Die Durchführung der Liquidation gestaltet sich wie folgt:

1. Die Liquidatoren haben bei Übernahme ihres Amtes eine *Liquidationsbilanz* zu erstellen (OR 742 Abs. 1). Die laufenden Geschäfte werden unter bestmöglicher Vermeidung von Verlusten zu Ende geführt (OR 742 ff.).

2. Die Gläubiger der Gesellschaft werden gemäss OR 742 Abs. 2 aufgefordert, ihre Ansprüche der AG mitzuteilen. Hierzu werden die der Gesellschaft bekannten Gläubiger direkt benachrichtigt, alle anderen werden durch einen dreimaligen öffentlichen Aufruf im SHAB in Kenntnis gesetzt *(Schuldenruf)*.

3. Die Liquidatoren *verwerten* nun die *Aktiven* und *bezahlen* damit die fristgerecht angemeldeten *Schulden*. Haben der Gesellschaft bekannte Gläubiger die Anmeldung ihrer Forderung unterlassen, so ist der Betrag gerichtlich zu hinterlegen (OR 744 Abs. 1).

4. Bleibt nach der Tilgung der Schulden noch Vermögen übrig, so wird dieses an die *Aktionäre verteilt* (OR 745). Die Verteilung darf frühestens ein Jahr nach dem dritten öffentlichen Schuldenruf stattfinden (OR 745 Abs. 2), ausnahmsweise bereits nach drei Monaten, sofern ein besonders befähigter Revisor bestätigt, dass alle Schulden getilgt wurden und nach den Umständen angenommen werden kann, dass keine Drittinteressen gefährdet sind (OR 745 Abs. 3). Verteilt wird grundsätzlich nach Massgabe der einbezahlten Beiträge (OR 661), sofern die Statuten keine Vorzugsrechte (OR 656 Abs. 2) aufführen. Hierbei sind auch die Partizipanten mit einzubeziehen (OR 656f Abs. 1).

5. Nach der durchgeführten Liquidation wird die Firma im *Handelsregister gelöscht* und die Gesellschaft hört auf zu existieren (OR 746). Die Geschäftsbücher sind noch während zehn Jahren aufzubewahren (OR 747).

3. Beendigung ohne Liquidation

Eine Auflösung der Aktiengesellschaft kann ausnahmsweise auch ohne Liquidation beendigt werden.

Möglich ist

- eine *Fusion* mit einer anderen Kapitalgesellschaft, sei es durch die Übernahme (Absorptionsfusion, FusG 3 Abs. 1 lit. a) oder durch die Vereinigung mit einer anderen Gesellschaft (Kombinationsfusion, FusG 3 Abs. 1 lit. b);
- eine *Aufspaltung*, die Teilung der Gesellschaft in zwei rechtlich selbstständige Einheiten (FusG 29 ff.);
- die Übertragung des Vermögens einer AG auf eine *Körperschaft des öffentlichen Rechts* (OR 751).

4. Übungen zur Beendigung der Aktiengesellschaft

Lösungen S. 348

Übung 71

Auflösung

Aktionär Anton hält wie die restlichen vier Aktionäre der Zeus AG 20% der Aktien. Aufgrund persönlicher Schwierigkeiten zwischen den Aktionären Bruno und Caroline, die an Versammlungen der fünf Aktionäre immer gegeneinander stimmen und schon mehrmals für den Abbruch einer Versammlung sorgten, ist dem Aktionär Anton die Freude an der Zeus AG vergangen. Er beantragt beim Richter die Auflösung der Zeus AG.

Kann die Zeus AG aufgelöst werden?

Übung 72

Vermisste Gläubiger

Die Zeus AG befindet sich in Liquidation. In der aufgestellten Bilanz befinden sich zwei klar bestimmte Forderungen von Gläubigern; die erste Forderung kann dem Gläubiger Hans zugeordnet werden, bei der zweiten Forderung ist der Gläubiger unbekannt.

Trotz dreimaligen Schuldenrufs im SHAB und persönlicher Benachrichtigung von Hans wird keine der beiden Forderungen als Anspruch angemeldet. Nach Ablauf eines Jahres wird das verbleibende Vermögen an die Aktionäre verteilt, die beiden Forderungen bleiben unberücksichtigt.

Ist das Vorgehen der Zeus AG korrekt?

Übung 73

Schuldenruf

Die Zeus AG befindet sich in Liquidation. Da alle Gläubiger der Gesellschaft aus den Geschäftsbüchern oder auf anderer Weise bekannt sind, verzichtet sie auf den öffentlichen Schuldenruf und kontaktiert alle Gläubiger persönlich.

Ist das Verhalten der Zeus AG korrekt?

I. Revision des Aktienrechts

Seit dem Jahr 2002 sind umfangreiche Arbeiten für eine Revision des Rechts der AG und der Rechnungslegung im Gange. Die Arbeiten sind weit fortgeschritten. Am 21. Dezember 2007 verabschiedete der Bundesrat seine Botschaft zur Revision des Obligationenrechts (Aktienrecht und Rechnungslegungsrecht). Während das neue Rechnungslegungsrecht auf den 1. Januar 2013 in Kraft gesetzt wurde, lässt die grosse Aktienrechtsrevision weiterhin auf sich warten.

Obwohl die parlamentarischen Beratungen noch nicht abgeschlossen sind, soll hier dennoch auf die wichtigsten geplanten Änderungen des Aktienrechts hingewiesen werden.

Der Entwurf des Bundesrates verfolgt für das Aktienrecht noch drei Hauptziele:
- Verbesserung der Corporate Governance;
- flexiblere Ausgestaltung der Regelung der Kapitalstruktur;
- Anpassung der Ordnung der Generalversammlung an die heutigen Gegebenheiten.

1. Corporate Governance

Den zentralen Aspekt der Revision bildet die Verbesserung der Corporate Governance. Corporate Governance umfasst allgemein die Gesamtheit aller Werte und Grundsätze von Organisation, Verhalten und Transparenz für eine gute und verantwortungsvolle Unternehmensführung. Sie bezweckt ein funktionales Gleichgewicht zwischen den verschiedenen Organen der Gesellschaft (checks and balances), eine ausreichende Transparenz der gesellschaftsinternen Vorgänge und die Sicherung der Rechtsstellung der Aktionäre.

Die Verbesserung der Corporate Governance soll insbesondere durch folgende Änderungen erreicht werden:
- Stärkung der Auskunfts- und Einsichtsrechte der Aktionäre;
- die Senkung der Schwellenwerte für die Ausübung von Aktionärsrechten
    - Recht auf Sonderprüfung (E-OR 697a ff.);
    - Einberufungs- und Traktandierungsrecht (E-OR 699 ff.);
    - Klage auf Auflösung der Gesellschaft (E-OR 736);
- Verbesserung der Klage auf Rückerstattung ungerechtfertigter Leistungen gemäss E-OR 678;
- Kompetenz der Generalversammlung, auf die Entschädigungen der obersten Unternehmensspitze Einfluss zu nehmen (E-OR 627 Ziff. 4);
- Unterstellung von bestimmten Entscheidungen des Verwaltungsrates der Genehmigung der Generalversammlung nach Massgabe der Statuten (E-OR 716b);
- die jährliche Wahl jedes Mitgliedes des Verwaltungsrates einzeln (E-OR 710; dies wird für börsenkotierte Aktien mit der Verordnung gegen die Abzockerei bereits realisiert);
- Abschaffung des Depot- und Organvertretung (OR 689c f. geltende).

2. Kapitalstruktur

Die Regelung der Kapitalstruktur soll flexibler ausgestaltet werden.

Mittels eines sog. Kapitalbandes kann die Generalversammlung den Verwaltungsrat ermächtigen, das Aktienkapital innerhalb einer bestimmten Bandbreite wiederholt herauf- und herabzusetzen (E-OR 653s ff.), ohne dass hierzu die umständlichen Kapitalveränderungsvorschriften des geltenden OR zur Anwendung gelangen würden.

Der geltende Mindestnennwert einer Aktie von einem Rappen wird noch einmal nach unten korrigiert. Neu gilt für Aktien, dass sie einen Nennwert aufweisen müssen, der grösser als null ist (E-OR 622 Abs. 4).

Neben Änderungen bei der Kapitalerhöhung und -herabsetzung werden zudem auch die Bestimmungen zu den Reserven neu geregelt.

3. Generalversammlung

Die Ordnung der Generalversammlung wird an die heutigen Gegebenheiten angepasst.

Eine Generalversammlung kann an mehreren Tagungsorten oder auch im Ausland durchgeführt werden (E-OR 700a f.).

Zudem dürfen die Unternehmen bei der Vorbereitung und Durchführung der Generalversammlung elektronische Hilfsmittel (E-Mail etc.) benutzen (E-OR 700 Abs. 1, 701c). Mit Einverständnis aller Aktionäre kann auf eine herkömmliche Versammlung an einem Tagungsort sogar gänzlich verzichtet werden. Die Generalversammlung wird in diesem Fall ausschliesslich mittels elektronischer Medien (Internet, Intranet) durchgeführt (E-OR 701d).

4. Initiative Minder / Verordnung gegen die Abzockerei

Am 3. März 2013 nahm das Schweizer Volk die die Volksinitiative Minder gegen «Abzockerei» an. Die Initiative will den börsenkotierten Aktiengesellschaften Schranken setzen, damit diese keine überhöhten Vergütungen mehr an ihr oberstes Kader auszahlen können.

Die *Initiative* sieht in erster Linie drei neue Bestimmungen vor:
- Die Vergütungen des Verwaltungsrats und der Geschäftsleitung müssen zwingend durch die Generalversammlung und damit durch die Aktionäre genehmigt werden;
- die Amtsdauer der Verwaltungsratsmitglieder wird auf ein Jahr beschränkt;
- gewisse Arten von Vergütungen wie Abgangsentschädigungen oder Prämien für Firmenkäufe werden verboten.

Der Bundesrat hat für die Umsetzung eine Verordnung gegen die Abzockerei (VgdA) entworfen. Auf einen direkten Eingriff in das OR wurde verzichtet. Der Vorentwurf wurde am 14. Juni 2013 vorgestellt. Das Inkrafttreten der Verordnung und somit die Umsetzung der Volksinitiative ist auf den 1. Januar 2014 vorgesehen.

Der *Vorentwurf* der Verordnung gegen Abzockerei enthält folgende Hauptanliegen:
- Die Generalversammlung erhält die unübertragbaren Befugnisse, jährlich den Präsidenten sowie die Mitglieder des Verwaltungsrats, des Vergütungsausschusses und die unabhängige Stimmrechtsvertretung zu wählen (VgdA 2).
- Der Verwaltungsrat legt die Vergütungen an die Mitglieder des Verwaltungsrats, der Geschäftsleitung und des Beirats fest (vgl. VgdA 14). Über diese erstellt der Verwaltungsrat sodann einen Vergütungsbericht zuhanden der Generalversammlung (VgdA 13 ff.). Die Generalversammlung hat sodann sämtliche Vergütungen an die Mitglieder des Verwaltungsrats, der Geschäftsleitung und des Beirats zu genehmigen (VgdA 18). Die Statuten können unter bestimmten Voraussetzungen einen anderen Genehmigungsmechanismus vorsehen, der aber nicht die jährliche Mitsprache der Generalversammlung beeinträchtigen darf (VgdA 18 Abs. 3).
- Sämtliche Abgangsentschädigungen, im Voraus auszurichtende Vergütungen und Provisionen für die Übernahme oder Übertragung von Unternehmen oder Teilen davon sind untersagt Ebenfalls werden gewisse Arten von Vergütungen wie Abgangsentschädigungen oder Prämien für Firmenkäufe verboten (VgdA 20).
- Das Depot- und Organstimmrecht werden abgeschafft (VgdA 11). Die einzig zulässige Art der institutionellen Stimmrechtsvertretung ist der unabhängige Stimmrechtsvertreter (VgdA 8 f.).
- Die Vorsorgeeinrichtungen müssen ihre Stimmrechte aus börsenkotierten Aktien im Interesse der Versicherten ausüben (VgdA 22).

Wie erwähnt, gelten diese Spezialbestimmungen einzig für börsenkotierte Aktiengesellschaften (VgdA 1). In diesem Anwendungsbereich gehen diese Bestimmungen denjenigen des OR vor.

5. Teil   Die Kommanditaktiengesellschaft (KommAG)

Übersicht

Gesetzliche Regelung	OR 764–771
Definition	OR 764 Abs. 1: Die Kommanditaktiengesellschaft ist eine körperschaftliche Gesellschaft mit eigener Firma, deren zum Voraus bestimmtes Kapital (Aktienkapital) in Teilsummen (Aktien) zerlegt ist und bei der neben dem Gesellschaftsvermögen ein oder mehrere Gesellschafter gleich einem Kollektivgesellschafter unbeschränkt haften.
Rechtspersönlichkeit	Ja
Handlungs-, Prozess- und Betreibungsfähigkeit	Ja
Firma	Ja
Mitglieder	▪ Natürliche Personen als Komplementäre ▪ Natürliche und juristische Personen sowie Handelsgesellschaften ohne Rechtspersönlichkeit als Kommanditäre
Organe der KommAG	▪ OR 764 Abs. 2 i.V.m. 698 ff.: Generalversammlung ▪ OR 765 ff.: Verwaltungsrat (alle Komplementäre) ▪ OR 768 f.: Aufsichtsstelle
Generalversammlung	Im Vergleich zur AG stark eingeschränkte Kompetenzen
Geschäftsführung und Vertretung	OR 765 ff.: Die Komplementäre sind von Gesetzes wegen Mitglieder des Verwaltungsrates und einzeln zur Geschäftsführung und Vertretung berechtigt und verpflichtet (Selbstorganschaft).
Aufsichtsstelle	▪ OR 768 Abs. 1: Kontrolle des Rechnungswesens und des Verwaltungsrates ▪ OR 769: Berechtigung zur Erhebung einer Verantwortlichkeitsklage gegen Mitglieder der Verwaltung
Haftung	▪ OR 764 Abs. 2 i.V.m. 620 Abs. 2: Primäre Haftung des Gesellschaftsvermögens ▪ OR 764 Abs. 1 i.V.m. 568 f.: Subsidiäre, solidarische und unbeschränkte Haftung der Komplementäre. Ausschluss der persönlichen Haftung der Kommanditäre ▪ OR 764 Abs. 2 i.V.m. 722: Haftung der KommAG für rechtsgeschäftliche und für unerlaubte Handlungen, die eine zur Geschäftsführung oder Vertretung befugte Person in Ausübung ihrer geschäftlichen Verrichtungen begeht
Auflösungsgründe	▪ OR 770 Abs. 1: Ausscheiden aller unbeschränkt haftenden Gesellschafter ▪ OR 764 Abs. 2 i.V.m. 736: Auflösungsgründe des Aktienrechts

A. Begriff und Wesen der Kommanditaktiengesellschaft

1. Definition

Die Kommanditaktiengesellschaft ist eine körperschaftliche Gesellschaft mit eigener Firma, deren zum Voraus bestimmtes Kapital (Aktienkapital) in Teilsummen (Aktien) zerlegt ist und bei der neben dem Gesellschaftsvermögen ein oder mehrere Gesellschafter gleich einem Kollektivgesellschafter unbeschränkt haften.

a) Die Spezialform KommAG

Die KommAG wird allgemein als Abart der AG bezeichnet. Sie ist im Gesetz bewusst im Anschluss an die AG geregelt, um so auch ihre Nähe zur AG und nicht etwa zur KommG zu dokumentieren. OR 764 Abs. 2 sieht denn auch subsidiär die Anwendbarkeit der aktienrechtlichen Regeln vor.

b) Mischform

Die KommAG weist durch die unbeschränkt haftenden Gesellschafter Elemente der Personengesellschaften auf. Das Aktienkapital und die Nähe zur AG rücken aber die kapitalistischen Elemente in den Vordergrund. Die grundsätzlich aktienrechtliche Struktur wird durch die unbegrenzt haftenden Gesellschafter um ein personengesellschaftliches Element modifiziert.

c) Zwei Formen von Gesellschaftern

Die KommAG kennt zwei Gruppen von Gesellschaftern:

Die gewöhnlichen Aktionäre – Kommanditäre genannt – haben grundsätzlich die gleiche Stellung in der Gesellschaft wie die Aktionäre einer AG. Eine Einschränkung besteht bei den Mitwirkungsrechten, die zugunsten der Komplementäre stark begrenzt wurden. Bei den Kommanditären steht der Kapitaleinsatz im Vordergrund.

Die unbeschränkt haftenden Gesellschafter – Komplementäre genannt – lassen sich in ihrer Stellung mit derjenigen der Kollektivgesellschafter vergleichen. Die Komplementäre sind von Gesetzes wegen Mitglieder des Verwaltungsrates und somit zur Geschäftsführung und Vertretung berechtigt und verpflichtet (Selbstorganschaft). Bei den Komplementären steht die Person mit ihren Fähigkeiten und nicht ihr Kapitaleinsatz im Vordergrund.

d) Die Organe der KommAG

Die Organisation der Generalversammlung richtet sich grundsätzlich nach den Regeln der AG. Eine starke Einschränkung ist aber bezüglich ihrer Kompetenzen zu verzeichnen. So erfolgt insbesondere die Wahl und Abwahl des Verwaltungsrates nicht durch die GV (OR 765 Abs. 1, 767 Abs. 1) und wichtige Beschlüsse benötigen grundsätzlich die Zustimmung aller Verwaltungsräte (OR 766, 770 Abs. 2).

Der Verwaltungsrat ist weitgehend unabhängig von der Generalversammlung und klar das stärkste Organ der KommAG. Die einzelnen Verwaltungsräte verfügen über ein Vetorecht bei wichtigen Beschlüssen der Generalversammlung. Subsidiär zu den Regeln von OR 765 ff. gilt das Recht der AG aufgrund der Verweisung von OR 764 Abs. 2.

Die Aufsichtsstelle entspricht der Revisionsstelle im Aktienrecht, verfügt aber über weitergehende Kompetenzen. Ihr obliegt die dauernde Überwachung der Gesellschaft (OR 768 Abs. 1). Ausserdem steht ihr das Recht zu, die Mitglieder des Verwaltungsrates mittels Verantwortlichkeitsklage zur Rechenschaft zu ziehen (OR 769). Die erweiterten Befugnisse sind als Balance zu den zusätzlichen Machtbefugnissen des Verwaltungsrates anzusehen.

e) Körperschaft

Die KommAG hat als Körperschaft eine eigene Rechtspersönlichkeit, sie nimmt ihre Rechte und Pflichten selbst wahr und handelt unter einer eigenen Firma. Die KommAG ist sowohl gegen aussen als auch im Innenverhältnis verselbstständigt.

f) Aktienkapital und Aktien

Die KommAG verfügt über ein Aktienkapital, das in kleine Teilsummen, die Aktien, aufgeteilt ist. Wesentliches Merkmal der Aktien ist ihre Eigenschaft als Wertpapier und die daraus resultierende Handelbarkeit. Es gelten vollumfänglich die Regeln der AG.

Sowohl die Kommanditäre als auch die Komplementäre sind nur durch ihre Aktien an der KommAG beteiligt.

g) Haftung für Gesellschaftsschulden

Wichtigste Besonderheit der KommAG im Vergleich zur AG ist die unbeschränkte Haftung eines oder mehrerer Gesellschafter. Das finanzielle Risiko der übrigen Gesellschafter ist auf deren Kapitaleinlage begrenzt, eine persönliche Haftung besteht nicht (OR 620 Abs. 2).

Für die Verbindlichkeiten der Gesellschaft haftet primär das Gesellschaftsvermögen, subsidiär die Komplementäre mit ihrem Privatvermögen, und zwar unbeschränkt und solidarisch.

h) Firma

Die KommAG hat sich bei der Firmenbildung nach den gleichen Regeln zu richten wie die KommG. Die Firma enthält nach OR 947 Abs. 3 entweder die Familiennamen aller unbeschränkt haftenden Gesellschafter – also der Komplementäre – oder mindestens einen Familiennamen und einen Zusatz, der auf das Gesellschaftsverhältnis hinweist. OR 947 Abs. 4 verbietet das Erscheinen eines Kommanditärs mit seinem Familiennamen in der Firma.

2. Wichtigste Elemente der Kommanditaktiengesellschaft

Die KommAG ist in OR 764–771 geregelt.

- Die KommAG ist eine juristische Person.
- Die KommAG ist rechtsfähig.
- Die KommAG ist handlungs-, prozess- und betreibungsfähig.
- Die Gesellschafter einer KommAG werden als Komplementäre und Kommanditäre (Aktionäre) bezeichnet. Als Komplementäre sind nur natürliche Personen zugelassen. Als Kommanditäre sind natürliche und juristische Personen sowie Gesellschaften ohne Rechtspersönlichkeit erlaubt.
- Die KommAG verfügt über ein eigenes, vom Vermögen der Gesellschafter getrenntes Sondervermögen.
- Die Komplementäre haften neben dem Gesellschaftsvermögen mit ihrem Privatvermögen solidarisch und unbeschränkt. Eine Haftung der Kommanditäre für Verbindlichkeiten der KommAG ist ausgeschlossen.
- Die KommAG kann sowohl wirtschaftliche wie auch nicht wirtschaftliche Zwecke verfolgen (OR 764 Abs. 2 i.V.m. 620 Abs. 3).
- Die KommAG dient in der Regel der Erzielung von Gewinn, der dann in Form von Dividenden an die Kommanditäre (Aktionäre) ausgeschüttet wird, vorgeschrieben ist die Gewinnstrebigkeit aber nicht.
- Die KommAG betreibt i.d.R. zur Erreichung ihrer wirtschaftlichen wie auch nichtwirtschaftlichen Ziele ein nach kaufmännischer Art geführtes Gewerbe. Dies ist aber nicht zwingend.
- Die KommAG entsteht erst mit dem Eintrag im Handelsregister. Der Eintrag hat konstitutiven Charakter.
- Die KommAG haftet sowohl für Rechtsgeschäfte als auch für den Schaden aus unerlaubten Handlungen (Deliktshaftung), den eine zur Geschäftsführung oder zur Vertretung befugte Person in Ausübung ihrer geschäftlichen Verrichtungen begeht (OR 764 Abs. 2 i.V.m. 722).
- Die KommAG tritt nach aussen unter einer eigenen Firma auf.
- Der Sitz einer KommAG kann innerhalb der Schweiz frei bestimmt werden.
- Die Gesellschaft handelt primär durch ihre Organe, aber auch durch Vertreter.
- Die Entstehung der KommAG richtet sich nach den Regeln der AG.
- Zusätzlich zu den Auflösungsgründen des Aktienrechts wird eine KommAG aufgelöst, wenn alle unbeschränkt haftenden Gesellschafter aus der KommAG ausscheiden (OR 770 Abs. 1).

6. Teil Die Gesellschaft mit beschränkter Haftung (GmbH)

Übersicht

Gesetzliche Regelung	OR 772–827
Definition	OR 772: Körperschaft mit i.d.R. wirtschaftlicher Zweckverfolgung, an der eine oder mehrere Personen oder Handelsgesellschaften beteiligt sind. Für ihre Verbindlichkeiten haftet grundsätzlich alleine das Stammkapital.
Gründung	OR 777: öffentliche und von allen Gründern unterzeichnete Gründungsurkunde; Festsetzung der Statuten, Bestellung der Organe
Mitglieder	Natürliche und juristische Personen sowie Handelsgesellschaften ohne Rechtspersönlichkeit
Rechtspersönlichkeit	Ja
Handlungs-, Prozess- und Betreibungsfähigkeit	Ja
Firma	Ja
Handelsregister	<ul><li>OR 778 f.: Die Gesellschaft ist an ihrem Sitz ins Handelsregister einzutragen.</li><li>OR 779: Der Eintrag ist konstitutiv.</li></ul>
Gesellschaftsvermögen	OR 773: Das Stammkapital darf nicht weniger als CHF 20'000.– betragen.
Stammanteil	<ul><li>OR 772 Abs. 2: Jeder Gesellschafter ist mit mindestens einem Stammanteil am Stammkapital beteiligt.</li><li>OR 774 Abs. 1: mindestens CHF 100.– oder ein Vielfaches von CHF 100.–</li><li>OR 777c Abs. 1: Die Einlage für den Stammanteil ist vollständig zu leisten.</li></ul>
Organe der GmbH	<ul><li>OR 804 ff.: Gesellschafterversammlung</li><li>OR 809 ff.: Geschäftsführung</li><li>OR 818 ff.: Revisionsstelle</li></ul>
Gesellschaftsbeschlüsse	<ul><li>OR 808: Allgemeine Beschlüsse: absolutes Stimmenmehr</li><li>OR 808b: Wichtige Beschlüsse: zwei Drittel der Stimmen und absolutes Mehr des Stammkapitals</li><li>OR 806 Abs. 1: Stimmrecht bemisst sich nach dem Nennwert der Stammanteile.</li></ul>
Geschäftsführung und Vertretung	<ul><li>OR 809 Abs. 1: Alle Gesellschafter üben die Geschäftsführung gemeinsam aus (dispositiv).</li><li>OR 810 Abs. 1: Zuständigkeit für alle Angelegenheiten, die nicht der Gesellschafterversammlung zugewiesen sind</li><li>OR 812 f.: Treuepflicht, Konkurrenzverbot und Gleichbehandlungsgebot</li><li>OR 814: Jeder Geschäftsführer ist zur Vertretung befugt (dispositiv). Umfang und Beschränkung der Vertretungsbefugnis analog zum Aktienrecht</li><li>OR 815: Jederzeitiges Abberufungsrecht der Geschäftsführer und Vertreter durch die Gesellschafterversammlung</li><li>OR 817: Haftung der Gesellschaft aus unerlaubter Handlung</li></ul>
Pflichten der Gesellschafter	<ul><li>OR 777c i.V.m. 793: Pflicht zur vollständigen Einzahlung der Einlage für seine Stammanteile</li><li>OR 795: Nachschusspflicht (sofern statutarisch vorgesehen)</li><li>OR 796: Nebenleistungspflicht (sofern statutarisch vorgesehen)</li><li>OR 803: Treuepflicht und Konkurrenzverbot</li></ul>
Gewinn- und Verlustbeteiligung	<ul><li>OR 798: Anspruch auf Dividende im Verhältnis zum Nennwert der Stammanteile</li><li>OR 801: Reservebildung analog zur AG</li></ul>

Haftung	• OR 794: Ausschliessliche Haftung des Gesellschaftsvermögens, soweit statutarisch keine Nachschuss- oder Nebenleistungspflichten vorgesehen sind
	• OR 817: Haftung der Gesellschaft für Schäden aus unerlaubter Handlung ihrer Organe
Verantwortlichkeit	OR 827: analog Aktiengesellschaft (OR 753 ff.)
Auflösungsgründe	OR 821:
	• nach Massgabe der Statuten (Abs. 1 Ziff. 1)
	• durch öffentlich beurkundeten Gesellschaftsbeschluss (Abs. 1 Ziff. 2)
	• durch Konkurseröffnung (Abs. 1 Ziff. 3)
	• in den übrigen vom Gesetz vorgesehenen Fällen (Abs. 1 Ziff. 4)
	• durch richterliches Urteil (Abs. 3)
Austritt und Ausschluss	OR 822 ff.: nach statutarischer Vereinbarung oder mit Klage beim Richter aus wichtigen Gründen

A. Begriff und Wesen der Gesellschaft mit beschränkter Haftung

1. Definition

Die Gesellschaft mit beschränkter Haftung (GmbH) ist eine Körperschaft, an der eine oder mehrere Personen oder Handelsgesellschaften beteiligt sind und die in der Regel wirtschaftliche Zwecke verfolgt. Haftungsgrundlage bildet einzig ein zum Voraus bestimmtes Stammkapital, soweit statutarisch keine Nachschuss- und Nebenleistungspflichten vorgesehen sind.

2. Wichtigste Elemente der Gesellschaft mit beschränkter Haftung

a) Körperschaft

Die GmbH ist eine *Körperschaft* und als solche von ihrem jeweiligen Mitgliederbestand unabhängig. Ein Gesellschafterwechsel ist – wenn auch unter erschwerten Voraussetzungen – möglich.

Die GmbH hat zwingend eine bestimmte Organisationsstruktur, bestehend aus der Gesellschafterversammlung, dem Geschäftsführungsorgan und der Revisionsstelle. Die GmbH handelt durch ihre Organe; ihre Gründervereinbarungen werden in abstrakten Statuten festgehalten.

b) Mischform zwischen kapitalbezogenen und personenbezogenen Elementen

Die GmbH vereint kapital- und personenbezogene Elemente in ihrer Gesellschaftsform. Als *kapitalbezogene* Gesellschaft verfügt sie über ein festes Stammkapital, dessen Höhe nur mittels Statutenänderung verändert werden darf (OR 780). *Personenbezogen* ist die GmbH, da es das Gesetz ermöglicht, die Persönlichkeit der Gesellschafter zu berücksichtigen. Es können ihnen nebst der Liberierung ihrer Stammanteile weitere Pflichten auferlegt werden (OR 795 ff.). Auch sieht das Gesetz für die Gesellschafter eine Treue- und Geschäftsführungspflicht vor (OR 803, 809).

c) Eine oder mehrere Personen oder Handelsgesellschaften als Gesellschafter

Seit Inkrafttreten des revidierten GmbH-Rechts am 1. Januar 2008 genügt zur Gründung einer GmbH ein einziger Gesellschafter (OR 775 Abs. 1).

Die Gesellschafter können sowohl natürliche als auch juristische Personen sein. Auch Handelsgesellschaften ohne Rechtspersönlichkeit (Kollektiv-, Kommanditgesellschaften) kommen als Mitglieder infrage. Die Nationalität der Gesellschafter ist irrelevant. So kann eine GmbH vollständig ausländisch beherrscht sein. Einzig hinsichtlich der Geschäftsführung sieht das Gesetz vor, dass mindestens ein Geschäftsführer oder Direktor seinen Wohnsitz in der Schweiz haben muss (OR 814 Abs. 3). Das Gründungsverfahren entspricht demjenigen der AG: Die Gründer setzen die Statuten auf, bestellen die Organe und erklären durch Unterzeichnung der öffentlichen Gründungsurkunde den gemeinsamen Willen, eine GmbH errichten zu wollen (OR 777). Die Rechtspersönlichkeit erlangt die GmbH mit der Eintragung in das Handelsregister (OR 779 Abs. 1).

d) Zweck

Die GmbH ist für wirtschaftliche Zwecke konzipiert und betreibt i.d.R. ein auf gewinnstrebiger Basis geführtes kaufmännisches Unternehmen. Seit Inkrafttreten des revidierten GmbH-Rechts kann nun aber auch eine nicht wirtschaftliche Zielsetzung vereinbart werden.

e) Stammkapital

Die GmbH hat ein Stammkapital, dessen Mindesthöhe CHF 20'000.– betragen muss. Eine Obergrenze besteht nicht mehr (OR 773). Die Höhe des Stammkapitals muss von den Gesellschaftern in den Statuten festgelegt werden (OR 776 Ziff. 3). Das Stammkapital ist vollständig zu liberieren (OR 777c Abs. 1) und dient den Gesellschaftern als minimales Haftungssubstrat. Die Liberierung erfolgt nach den aktienrechtlichen Grundsätzen. Das Stammkapital lässt sich in Stammanteile aufgliedern, welche die Mitgliedschaftsanteile der einzelnen Gesellschafter markieren.

f) Stammanteil

Der Stammanteil (nach alter Terminologie Stammeinlage) ist eine im Voraus zu bestimmende und kundzugebende Teilsumme des Stammkapitals. Der Betrag des Stammanteils der einzelnen Gesellschafter kann verschieden sein, muss aber auf mindestens CHF 100.– lauten (OR 774). Gesellschafter können auch mehrere Stammanteile besitzen (OR 772 Abs. 2).

Der Stammanteil ist eine rein rechnerische Grösse, in deren Höhe jeder Gesellschafter Vermögenswerte in die Gesellschaft einbringen muss. Die Einlage für den Stammanteil kann sowohl durch Geld- als auch durch Sachleistung erbracht werden. Im Innenverhältnis bestimmt die Höhe der Stammanteile des einzelnen Gesellschafters dessen mitgliedschaftliche Stellung.

Der Stammanteil stellt keine Aktie dar, d.h., die Beteiligung an einer GmbH kann nur in einer Beweisurkunde oder einem Namenpapier verbrieft werden (OR 784 Abs. 1).

g) Ausschliessliche Haftung des Gesellschaftsvermögens

Für die Verbindlichkeiten der GmbH haftet ausschliesslich das Gesellschaftsvermögen. Statutarisch kann eine Nachschuss- oder Nebenleistungspflicht der Gesellschafter vorgesehen werden (OR 795 ff.). Da das Haftungssubstrat mit CHF 20'000.– eher niedrig ist, sieht das Gesetz die vollständige Liberierung der Stammanteile vor (OR 777c Abs. 1).

h) Firma

Jede GmbH wird durch eine Firma bezeichnet, die in den Statuten genannt werden muss. Diese Firma kann nach den obligationenrechtlichen Vorschriften über das Firmenrecht frei gewählt werden. Es gelten grundsätzlich die Voraussetzungen der AG. Möglich ist somit die Bildung einer Personen-, Sach- oder Fantasiefirma. Der Firma ist jedoch in jedem Fall die Bezeichnung GmbH – ausgeschrieben oder abgekürzt – beizufügen (OR 950).

i) Eintrag ins Handelsregister

Die GmbH ist ins Handelsregister einzutragen (OR 778). Der Handelsregistereintrag wirkt dabei für die Entstehung der Gesellschaft *konstitutiv*.

B. Die Entstehung der Gesellschaft mit beschränkter Haftung

1. Gründung

Die Gründung (OR 777) der GmbH vollzieht sich, indem der oder die Gründer in einer öffentlichen Urkunde übereinstimmend erklären, eine GmbH errichten zu wollen, darin die Statuten festlegen (OR 776 f.) und die Organe bestellen. Die Gesellschafter zeichnen die Stammanteile im Wert von CHF 100.– oder eines Vielfachen davon und leisten die dem Ausgabebetrag entsprechende Einlage vollständig (OR 777a und 777c).

Zur Gründung einer GmbH ist eine öffentliche Beurkundung vorgeschrieben (OR 777 Abs. 1). Entsteht eine GmbH durch Umwandlung aus einer anderen Gesellschaft, sind die Vorschriften des FusG zu beachten.

Die GmbH ist sodann ins Handelsregister einzutragen (OR 778).

Folgende Punkte werden somit für die Gründung einer GmbH vorausgesetzt:
- Festhalten des übereinstimmenden Willens zur Gründung einer GmbH in einer öffentlichen Urkunde (OR 777);
- Festlegung der Statuten (OR 776 f.);
- Zeichnung der Stammanteile (OR 777 Abs. 2 und 777a);
- Liberierung der Einlagen (OR 777c);
- Bestellung der Organe (OR 777 Abs. 1);
- Eintrag in das Handelsregister (OR 778 ff.).

Für vor dem Erwerb der Persönlichkeit im Namen der Gesellschaft eingegangene Verpflichtungen haften die Handelnden persönlich und solidarisch. Die Gesellschaft hat nach erfolgter Eintragung drei Monate Zeit, die Verpflichtungen zu übernehmen und so die Handelnden von ihrer Haftung zu befreien. Es kann allgemein auf die Ausführungen hierzu beim Aktienrecht verwiesen werden (oben S. 137).

Rechtsprechung Urteil des Obergerichts Zürich vom 9. Juli 2012, RT120061, E. 6: Personen, die vor der Eintragung ins Handelsregister im Namen der Gesellschaft handeln, haften dafür nach Art. 779a Abs. 1 OR persönlich und solidarisch. Das betreffende Geschäft gilt also als perfekt, auch wenn die Gesellschaft nicht zustande kommt oder wenn sie das Geschäft nicht genehmigt [...]. Übernimmt die Gesellschaft innerhalb von drei Monaten nach ihrer Eintragung Verpflichtungen, die ausdrücklich in ihrem Namen eingegangen werden, so werden die Handelnden befreit, und es haftet nur die Gesellschaft (Art. 779a Abs. 2 OR). Diesfalls tritt die Befreiung ohne Mitwirkung von aussen, d.h. automatisch, ein [...]. Keine Übernahme erforderlich wäre einzig für diejenigen Rechtsgeschäfte, welche für die Gründung der Gesellschaft unmittelbar notwendig waren, wie beispielsweise Notariats- und Handelsregistergebühren [...]. Dass es sich vorliegend um eine solche Gründungsverpflichtung handeln würde, macht die nicht hoheitlich tätige Klägerin zu Recht nicht geltend. Die Dreimonatsfrist zur Übernahme berechnet sich ab dem Datum der Eintragung der Gesellschaft in das Handelsregister. Wird die Frist verpasst, kann eine die Handelnden befreiende Schuldübernahme der allgemeinen Regel von Art. 176 Abs. 1 OR folgend nur mit Zustimmung des Gläubigers vorgenommen werden [...].

2. Qualifizierte Gründung

Die Bargründung bildet den Normalfall bei der Gründung einer GmbH.

Wie im Aktienrecht kann auch bei der GmbH auf die Barliberierung zugunsten von Sacheinlagen bzw. Sachübernahmen verzichtet werden. OR 777c Abs. 2 verweist diesbezüglich auf die Vorschriften des Aktienrechts (insb. OR 634; vgl. dazu vorne S. 130). Hierbei ist insbesondere zu beachten, dass im Falle einer Sacheinlage oder -übernahme eine Bewertung des geleisteten Vermögenswertes vorgenommen werden muss (vgl. OR 777c Abs. 2 Ziff. 3).

2.1 Sacheinlagegründung

Eine Sacheinlage ist jeder Gegenstand, der von den Gründungsgesellschaftern als Einlage anstelle von Geld in die Gesellschaft eingebracht wird und der geeignet ist, den Gläubigern als Haftungssubstrat zu dienen. Aus diesem Grund besteht ein dringendes Bedürfnis nach Transparenz: Die Gläubiger müssen dem Handelsregister entnehmen können, welche Einlagen geleistet worden sind.

Bei einer Sacheinlagegründung sind in den Statuten folgen Angaben zu machen (OR 777c Abs. 2 Ziff. 1 i.V.m. 628 Abs. 1):
- der Gegenstand der Sacheinlage;
- die Bewertung der Sacheinlage;
- der Name des Einlegers sowie die ihm zukommenden Stammanteile.

Im Handelsregister sind folgende Angaben offenzulegen (OR 777c Abs. 2 Ziff. 2 i.V.m. 642, HRegV 73 Abs. 2 i.V.m. 45 Abs. 2 und 3):
- der Gegenstand der Sacheinlage;
- die dafür ausgegebenen Stammanteile.

2.2 Sachübernahmegründung

Sachübernahmen sind Vereinbarungen der Gründungsgesellschafter mit Gesellschaftern oder Dritten, wonach diese nach der Gründung gegen Barzahlung bestimmte Vermögensgegenstände der Gesellschaft überlassen. Die Übernahme geschieht meistens gestützt auf einen Übernahmevertrag, welcher bei der Gründung vorliegt und dem Handelsregister zudem als Beleg übermittelt wird. Auch hier spielt Transparenz eine entscheidende Rolle.

Bei der Sachübernahmegründung sind in den Statuten folgende Angaben zu machen (OR 777c Abs. 2 i.V.m. 628 Abs. 2):
- der Gegenstand der Sachübernahme;
- der Name des Veräusserers;
- die Gegenleistung der Gesellschaft.

Im Handelsregister sind folgende Angaben offenzulegen (OR 777c Abs. 2 Ziff. 2 i.V.m. 642, HRegV 73 Abs. 2 i.V.m. 45 Abs. 2 und 3):
- der Gegenstand der Sachübernahme;
- die Gegenleistung der Gesellschaft.

3. Statuten

3.1 Allgemeines

Die Statuten sind die Grundlage der Gesellschaft. Im Rahmen des Gesetzes werden die Rechtsverhältnisse für die Gesellschaft im Inneren und gegen aussen festgesetzt. Das Gesetz unterscheidet zwischen dem absolut notwendigen Statuteninhalt, also denjenigen Bestimmungen, die zwingender Mindestinhalt der Statuten sind (OR 776), und dem bedingt notwendigen Statuteninhalt (OR 776a). Dieser betrifft Regeln, die nur dann festzusetzen sind, wenn von den dispositiven gesetzlichen Normen abgewichen werden soll (bspw. betreffend der Übertragung von Stammanteilen) oder zusätzliche bedeutende Grundsätze festgelegt werden sollen, deren Wichtigkeit die Aufnahme in die Statuten erfordert (bspw. eine Nachschusspflicht der Gesellschafter).

Schliesslich können die Gesellschafter freiwillig auch noch weitere Bereiche in den Statuten regeln. Bei diesem sogenannten fakultativen Statuteninhalt geht es um Regeln, die lediglich Gesetzesregeln wiederholen oder aber auch ausserhalb der Statuten, etwa in einem Gesellschafterbeschluss, rechtskräftig festgehalten werden können.

3.2 Absolut notwendiger Statuteninhalt

Gemäss *OR 776* müssen die Statuten Bestimmungen enthalten über
- die Firma und den Sitz der Gesellschaft (Ziff. 1);
- den Zweck der Gesellschaft (Ziff. 2);
- die Höhe des Stammkapitals sowie die Anzahl und den Nennwert der Stammanteile (Ziff. 3);
- die Form der von der Gesellschaft ausgehenden Bekanntmachungen (Ziff. 4).

Die Firma der Gesellschaft kann nach den obligationenrechtlichen Vorschriften über das Firmenrecht frei gewählt werden. Es gelten grundsätzlich die Voraussetzungen der Aktiengesellschaft. Möglich ist somit die Bildung einer Personen-, Sach- oder Fantasiefirma. Der Firma ist jedoch in jedem Fall die Bezeichnung GmbH – ausgeschrieben oder nicht – beizufügen (OR 950). Die Gesellschaft kann nur einen statuarischen Sitz haben. Dieser bestimmt den Ort der Eintragung der GmbH ins Handelsregister (OR 778 f.). Zu Firma und Sitz der GmbH vgl. unten S. 252.

Als Zweck der Gesellschaft ist in den Statuten eine Umschreibung des vorgesehenen Tätigkeitsbereiches der Gesellschaft aufzunehmen. Obwohl die GmbH für wirtschaftliche Zwecke konzipiert ist, kann seit Inkrafttreten des revidierten GmbH-Rechts (und der damit verbundenen Streichung von OR 772 Abs. 3) auch ein nichtwirtschaftlicher Zweck vereinbart werden.

Für das Stammkapital gilt als Mindesthöhe CHF 20'000.–, der Nennwert der Stammanteile muss CHF 100.– oder ein Vielfaches hiervon betragen (OR 773 f.).

Die Statuten müssen sich notwendigerweise über die Form der Mitteilungen aussprechen. Wie sich aus HRegV 73 Abs. 1 lit. u ergibt, beziehen sich die Bekanntmachungen auf Mitteilungen der Geschäftsführer an die Gesellschafter. Hierunter ist insbesondere die Einberufung einer Gesellschafterversammlung zu verstehen. Möglich sind sämtliche Formen der schriftlichen Mitteilung, sei dies nun mittels Brief oder Veröffentlichung in einem Publikationsorgan. Vorbehalten bleibt die Bestimmung, wonach alle vom Gesetz vorgeschriebenen Bekanntmachungen im Schweizerischen Handelsamtsblatt (SHAB) zu veröffentlichen sind (OR 931 Abs. 2).

3.3 Bedingt notwendiger Statuteninhalt

Gemäss *OR 776a Abs. 1 OR* bedürfen folgende Regelungen zu ihrer Verbindlichkeit der Aufnahme in die Statuten:

- die Begründung und die Ausgestaltung von Nachschuss- und Nebenleistungspflichten (Ziff. 1);
- die Begründung und die Ausgestaltung von Vorhand-, Vorkaufs- oder Kaufsrechten der Gesellschafter oder der Gesellschaft an den Stammanteilen (Ziff. 2);
- Konkurrenzverbote der Gesellschafter (Ziff. 3);
- Konventionalstrafen zur Sicherung der Erfüllung gesetzlicher oder statutarischer Pflichten (Ziff. 4);
- Vorrechte, die mit einzelnen Kategorien von Stammanteilen verbunden sind (Vorzugsstammanteile; Ziff. 5);
- Vetorechte von Gesellschaftern betreffend Beschlüsse der Gesellschafterversammlung (Ziff. 6);
- die Beschränkung des Stimmrechts und des Rechts der Gesellschafter, sich vertreten zu lassen (Ziff. 7);
- Genussscheine (Ziff. 8);
- statutarische Reserven; (Ziff. 9);
- Befugnisse der Gesellschafterversammlung, die dieser über die gesetzlichen Zuständigkeiten hinaus zugewiesen werden (Ziff. 10);
- die Genehmigung bestimmter Entscheide der Geschäftsführer durch die Gesellschafterversammlung (Ziff. 11);
- das Erfordernis der Zustimmung der Gesellschafterversammlung zur Bezeichnung von natürlichen Personen, die für Gesellschafter, die juristische Personen oder Handelsgesellschaften sind, das Recht zur Geschäftsführung ausüben (Ziff. 12);
- die Befugnis der Geschäftsführer, Direktoren, Prokuristen sowie Handlungsbevollmächtigte zu ernennen (Ziff. 13);
- die Ausrichtung von Tantiemen an die Geschäftsführer (Ziff. 14);
- die Zusicherung von Bauzinsen (Ziff. 15);
- die Organisation und die Aufgaben der Revisionsstelle, sofern dabei über die gesetzlichen Vorschriften hinausgegangen wird (Ziff. 16;
- die Gewährung eines statutarischen Austrittsrechts, die Bedingungen für dessen Ausübung und die auszurichtende Abfindung (Ziff. 17);
- besondere Gründe für den Ausschluss von Gesellschaftern aus der Gesellschaft (Ziff. 18);
- andere als die gesetzlichen Auflösungsgründe (Ziff. 19).

Zu ihrer Verbindlichkeit bedürfen gemäss *OR 776a Abs. 2 OR* ebenfalls der Aufnahme in die Statuten von den gesetzlichen Vorschriften abweichende Regelungen:

- der Beschlussfassung über die nachträgliche Schaffung von neuen Vorzugsstammanteilen (Ziff. 1);
- der Übertragung von Stammanteilen (Ziff. 2);
- der Einberufung der Gesellschafterversammlung (Ziff. 3);
- der Bemessung des Stimmrechts der Gesellschafter (Ziff. 4);
- der Beschlussfassung in der Gesellschafterversammlung (Ziff. 5);
- der Beschlussfassung der Geschäftsführer (Ziff. 6);
- der Geschäftsführung und der Vertretung (Ziff. 7);
- zu den Konkurrenzverboten der Geschäftsführer (Ziff. 8).

Vereinbarungen über die aufgelisteten Bereiche, die in einer anderen Form getroffen wurden, sind nichtig. Diese Rechtsfolge trifft selbst dann ein, wenn anderweitige Beschlüsse einstimmig erfolgt sind oder von den Betroffenen genehmigt wurden. Die Festlegung des Statuteninhalts sollte wohlüberlegt sein, da eine Abänderung oder Aufhebung im Nachhinein nur noch mit einer Statutenänderung vorgenommen werden kann. Dafür bedarf es der öffentlichen Beurkundung des entsprechenden Beschlusses der Gesellschafterversammlung sowie der Eintragung in das Handelsregister (OR 780) und der dafür erforderlichen Mehrheiten (je nach Inhalt der Änderung mit der absoluten oder aber einer qualifizierten Mehrheit; vgl. OR 804 Abs. 2 Ziff. 1 i.V.m. 808, 808b und unten S. 243).

3.4 Fakultativer Statuteninhalt

Die Gesellschafter können in den Statuten Fragen regeln, die sie auch auf andere Weise – etwa in einem Reglement oder durch Gesellschaftsbeschluss – hätten als verbindlich erklären können. Mit der Aufnahme derartiger Bestimmungen in die Statuten geben die Gesellschafter zu verstehen, dass ihnen dieser Bereich als besonders wichtig erscheint.

4. Eintrag in das Handelsregister

Die GmbH ist am Ort ihres Sitzes ins Handelsregister einzutragen (OR 778). Der Handelsregistereintrag wirkt dabei für die Entstehung der Gesellschaft *konstitutiv*. Vor der Eintragung besteht eine sogenannte Vorgesellschaft, die rechtlich als atypische einfache Gesellschaft zu qualifizieren ist. Im Innenverhältnis gilt bereits das Recht der GmbH. Die Gesellschaft ist jedoch nach aussen noch nicht rechtsfähig. Wird die GmbH durch eine Einzelperson gegründet, liegt keine einfache Gesellschaft vor, da es an der für die einfache Gesellschaft zwingend vorausgesetzten Personenmehrheit mangelt. Der Gründer verpflichtet bis zur Entstehung der GmbH einzig sich selber.

Der Handelsregisterführer prüft, ob die eingereichten Belege (öffentliche Urkunde über den Errichtungsakt, Statuten usw.; vgl. die Auflistung in HRegV 71 f.) den gesetzlichen Anforderungen entsprechen.

Im Handelsregister sind gemäss *HRegV 73 Abs. 1* einzutragen:

- die Tatsache, dass es sich um die Gründung einer neuen Gesellschaft mit beschränkter Haftung handelt (lit. a);
- die Firma und die Identifikationsnummer (lit. b);
- den Sitz und das Rechtsdomizil (lit. c);
- die Rechtsform (lit. d);
- das Datum der Statuten (lit. e);
- im Falle einer Beschränkung die Dauer der Gesellschaft (lit. f);
- den Zweck (lit. g);
- die Höhe des Stammkapitals (lit. h);

- die Gesellschafterinnen und Gesellschafter unter Angabe der Anzahl und des Nennwerts ihrer Stammanteile (lit. i);
- bei Nachschusspflichten: ein Verweis auf die nähere Umschreibung in den Statuten (lit. j);
- bei statutarischen Nebenleistungspflichten unter Einschluss statutarischer Vorhand-, Vorkaufs- und Kaufsrechte ein Verweis auf die nähere Umschreibung in den Statuten (lit. k);
- gegebenenfalls die Stimmrechtsstammanteile (lit. l);
- im Fall von Vorzugsstammanteilen: die damit verbundenen Vorrechte (lit. m);
- falls die Regelung der Zustimmungserfordernisse für die Übertragung der Stammanteile vom Gesetz abweicht: ein Verweis auf die nähere Umschreibung in den Statuten (lit. n):
- falls Genussscheine ausgegeben werden: deren Anzahl und die damit verbundenen Rechte (lit. o);
- die Geschäftsführerinnen und Geschäftsführer (lit. p);
- die zur Vertretung berechtigten Personen (lit. q);
- falls die Gesellschaft keine ordentliche oder eingeschränkte Revision durchführt: ein Hinweis darauf sowie das Datum der Erklärung der Geschäftsführung gemäss HRegV 62 Abs. 2 (lit. r);
- falls die Gesellschaft eine ordentliche oder eingeschränkte Revision durchführt: die Revisionsstelle (lit. s);
- das gesetzliche Publikationsorgan sowie gegebenenfalls weitere Publikationsorgane (lit. t);
- die in den Statuten vorgesehene Form der Mitteilungen der Geschäftsführerinnen und Geschäftsführer an die Gesellschafterinnen und Gesellschafter (lit. u);
- besondere Angaben bezüglich Sacheinlagen gemäss HRegV 73 Abs. 2 i.V.m. 45 Abs. 2 und 3.

Mit der Eintragung der GmbH wird diese als juristische Person rechts- und handlungsfähig und unterliegt der Konkursbetreibung. Nach herrschender Lehre hat der Eintrag zudem heilende Wirkung, sodass die Existenz der GmbH trotz allfälliger Gründungsmängel gesichert ist. Dies heisst jedoch nicht, dass die Mängel nicht beseitigt werden müssen.

C. Kapital

1. Stammkapital und Stammanteil

Das Stammkapital muss *mindestens CHF 20'000.–* betragen (OR 773). Um das Wachstum von GmbHs nicht unnötig zu erschweren, wurde mit der GmbH-Revision auf eine Obergrenze verzichtet. Das Minimalkapital von CHF 20'000.– darf bei einer Kapitalherabsetzung nicht unterschritten werden (OR 782 Abs. 2). Eine Verletzung dieser zwingenden Regelung führt dazu, dass der Handelsregisterführer die Eintragung im Handelsregister verweigern muss (OR 940).

Gemäss OR 772 Abs. 2 ist jeder Gesellschafter mit mindestens einem sogenannten Stammanteil (nach früherer Terminologie Stammeinlage) am Stammkapital beteiligt. Der Nennwert der Stammanteile ist fix und muss mindestens CHF 100.– oder ein Vielfaches davon betragen (OR 774). Hingegen muss nicht jeder Anteil den gleichen Nennwert aufweisen (vgl. OR 806 Abs. 2).

Das Verhältnis von Stammanteil zu Stammkapital bestimmt den Gesellschaftsanteil und stellt somit die Beteiligungsquote eines jeden Gesellschafters dar:

Grundsätzlich richtet sich die Rechtstellung der Gesellschafter nach dem Nennwert ihrer Stammanteile (oder OR 806 Abs. 1 für das Stimmrecht).

Die *Vermögensrechte* bestimmen sich allgemein nach dem Nennwert der Stammanteile (dem Kapitaleinsatz des Gesellschafters), vgl. beispielsweise OR 798 Abs. 3 für die Dividende. Bei den *Mitwirkungs-, Informations- und Schutzrechten* besitzt grundsätzlich jeder Gesellschafter unabhängig von seiner Beteiligungsquote die gleichen Rechte. Beim Stimmrecht wird hingegen auf den Nennwert der Stammanteile der Gesellschafter abgestellt (OR 806 Abs. 1). Zu den Rechten der Gesellschafter vgl. unten S. 248.

2. Kapitalveränderungen

2.1 Kapitalerhöhung

Die Erhöhung des Stammkapitals einer GmbH ist der Kapitalerhöhung in der AG nachempfunden. Abgesehen von den in OR 781 Abs. 1–4 enthaltenen Spezialregeln gelten kraft Verweis in OR 781 Abs. 5 die Vorschriften des Aktienrechts über die ordentliche Kapitalerhöhung. Anders als bei der AG ist bei der GmbH nur die ordentliche Kapitalerhöhung vorgesehen.

Der Beschluss zur Kapitalerhöhung steht in der Kompetenz der Gesellschafterversammlung. Für die Beschlussfassung ist ein qualifiziertes Mehr erforderlich (OR 781 Abs. 1 i.V.m. 808b Abs. 1 Ziff. 5).

Der öffentlich zu beurkundende Beschluss über die Kapitalerhöhung muss mindestens folgenden *Inhalt* aufweisen (HRegV 75):

- den Nennbetrag oder gegebenenfalls den maximalen Nennbetrag, um den das Stammkapital erhöht werden soll (lit. a);
- die Anzahl oder gegebenenfalls die maximale Anzahl sowie den Nennwert der Stammanteile, die neu ausgegeben werden sollen (lit. b);
- den Ausgabebetrag oder die Ermächtigung der Geschäftsführerinnen und Geschäftsführer, diesen festzusetzen (lit. c);
- den Beginn der Dividendenberechtigung (lit. d);
- die Art der Einlagen (lit. e);
- im Fall von Sacheinlagen: deren Gegenstand und Bewertung, den Namen der Einlegerin oder des Einlegers sowie die ihr oder ihm zukommenden Stammanteile (lit. f);
- im Fall von Sachübernahmen: deren Gegenstand, den Namen des Veräusserers sowie die Gegenleistung der Gesellschaft (lit. g);
- im Fall von besonderen Vorteilen: deren Inhalt und Wert sowie die Namen der begünstigten Personen (lit. h);
- gegebenenfalls die Stimmrechtsstammanteile (lit. i);
- im Fall von Vorzugsstammanteilen: die damit verbundenen Vorrechte (lit. j);
- eine vom Gesetz abweichende Regelung der Zustimmungserfordernisse für die Übertragung der Stammanteile (lit. k);
- mit den neu auszugebenden Stammanteilen verbundene Nachschuss- oder Nebenleistungspflichten unter Einschluss statutarischer Vorhand-, Vorkaufs- oder Kaufsrechte (lit. l);
- die Zuweisung nicht ausgeübter oder entzogener Bezugsrechte und gegebenenfalls die Einschränkung oder Aufhebung des Bezugsrechts (lit. m).

Der Beschluss zur Erhöhung muss öffentlich beurkundet und innerhalb von drei Monaten beim Handelsregister angemeldet werden (OR 781 Abs. 4; vgl. zu den Anforderungen der Eintragung HRegV 74 ff.).

Die Durchführung des Beschlusses obliegt sodann der Geschäftsführung (OR 781 Abs. 2).

Gemäss OR 781 Abs. 3 sind die Bestimmungen über die Gründung anwendbar. Wird das neue Stammkapital durch Sacheinlage oder -übernahme eingebracht, sind die Vorschriften über die qualifizierte Gründung sinngemäss anwendbar (vgl. hierzu oben, S. 235). Die Geschäftsführung muss danach einen Kapitalerhöhungsbericht erstellen und die Kapitalerhöhung durch einen Revisor prüfen lassen.

Durch die Ausgabe neuer Stammanteile können sich an der Erhöhung des Stammkapitals auch neue Gesellschafter beteiligen. Ein Ausschluss oder zumindest eine Einschränkung des Bezugsrechts der bisherigen Gesellschafter ist in Anwendung der aktienrechtlichen Vorschriften nur aus wichtigen Gründen zulässig (OR 781 Abs. 5 Ziff. 2 i.V.m. 652b Abs. 2).

Mit der Erhöhung des Stammkapitals ist eine Statutenänderung verbunden, da die Höhe des Stammkapitals gemäss OR 776 Abs. 1 Ziff. 3 in den Statuten angegeben sein muss.

2.2 Kapitalherabsetzung

Kapitalherabsetzung ist jede Reduktion des in den Statuten und im Handelsregister eingetragenen Stammkapitals. Sie kann zum einen in der Weise erfolgen, dass die Gesellschaft den Mitgliedern einen Teil ihres Vermögens zurückbezahlt oder in die Reserven der Gesellschaft bucht *(konstitutive Kapitalherabsetzung)*. Zum anderen kann die Kapitalherabsetzung auch zum Zwecke der Beseitigung einer Unterbilanz erfolgen, indem das Stammkapital ohne Entgelt an die Gesellschafter herabgesetzt wird *(deklaratorische Kapitalherabsetzung)*.

Das Stammkapital darf nicht unter CHF 20'000.– herabgesetzt werden (OR 782 Abs. 2). Im Fall einer Unterbilanz darf eine Kapitalherabsetzung nur erfolgen, wenn die in den Statuten allenfalls vorgesehenen Nachschüsse voll geleistet werden (vgl. dazu S. 237 und 250). Im Übrigen verweist OR 782 Abs. 4 auf die Bestimmungen von OR 732 ff. über die Herabsetzung des Grundkapitals von Aktiengesellschaften.

Das Verfahren zur Kapitalherabsetzung ist somit grundsätzlich gleich wie bei der AG:

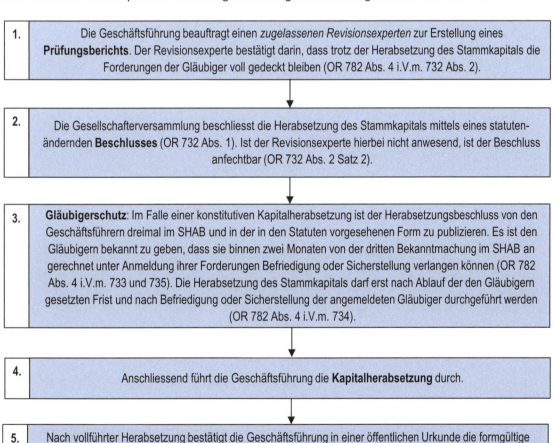

1. Die Geschäftsführung beauftragt einen *zugelassenen Revisionsexperten* zur Erstellung eines **Prüfungsberichts**. Der Revisionsexperte bestätigt darin, dass trotz der Herabsetzung des Stammkapitals die Forderungen der Gläubiger voll gedeckt bleiben (OR 782 Abs. 4 i.V.m. 732 Abs. 2).

2. Die Gesellschafterversammlung beschliesst die Herabsetzung des Stammkapitals mittels eines statutenändernden **Beschlusses** (OR 732 Abs. 1). Ist der Revisionsexperte hierbei nicht anwesend, ist der Beschluss anfechtbar (OR 732 Abs. 2 Satz 2).

3. **Gläubigerschutz**: Im Falle einer konstitutiven Kapitalherabsetzung ist der Herabsetzungsbeschluss von den Geschäftsführern dreimal im SHAB und in der in den Statuten vorgesehenen Form zu publizieren. Es ist den Gläubigern bekannt zu geben, dass sie binnen zwei Monaten von der dritten Bekanntmachung im SHAB an gerechnet unter Anmeldung ihrer Forderungen Befriedigung oder Sicherstellung verlangen können (OR 782 Abs. 4 i.V.m. 733 und 735). Die Herabsetzung des Stammkapitals darf erst nach Ablauf der den Gläubigern gesetzten Frist und nach Befriedigung oder Sicherstellung der angemeldeten Gläubiger durchgeführt werden (OR 782 Abs. 4 i.V.m. 734).

4. Anschliessend führt die Geschäftsführung die **Kapitalherabsetzung** durch.

5. Nach vollführter Herabsetzung bestätigt die Geschäftsführung in einer öffentlichen Urkunde die formgültige Herabsetzung und trägt die Veränderung im **Handelsregister** ein (OR 782 Abs. 4 i.V.m. 734; vgl. auch HRegV 77 ff.). Der Eintrag der Herabsetzung hat konstitutive Wirkung. Die mit der Kapitalherabsetzung verbundenen Rechtswirkungen werden somit erst mit der Eintragung im Handelsregister wirksam.

Die im Handelsregister wirksam eingetragene Kapitalherabsetzung hat zur Folge, dass für alle Forderungen, also selbst für diejenigen, die bereits vor der Kapitalherabsetzung bestanden haben, die neue Haftungsgrenze massgeblich ist.

Zur Kapitalherabsetzung vgl. allgemein die Ausführungen bei der AG, S. 165.

D. Organe

1. Übersicht

Das Gesetz sieht für die GmbH drei Organe vor:

Gesellschafterversammlung	Geschäftsführung	Revisionsstelle
Legislativ- und Wahlorgan; oberstes Organ	Exekutivorgan; grundsätzlich Selbstorganschaft	Kontrollorgan
Ihr sind die wichtigsten Kompetenzen unübertragbar zugeteilt (OR 804 Abs. 2).	Alle Gesellschafter sind grundsätzlich ohne besondere Wahl zur Geschäftsführung berechtigt und verpflichtet.	Je nach Grösse und Tätigkeit der GmbH muss eine ordentliche, andernfalls nur eine eingeschränkte Revision durchgeführt werden.
OR 804 ff.	OR 809 ff.	OR 818

2. Die Gesellschafterversammlung

2.1 Allgemeines

Oberstes Organ der GmbH ist die Gesellschafterversammlung (OR 804 Abs. 1). Die Gesellschafterversammlung übernimmt gleich der Generalversammlung der AG die Funktion des Legislativ- und Wahlorgans.

2.2 Einberufung

Die Gesellschafterversammlung wird grundsätzlich von der Geschäftsführung der GmbH einberufen. Sofern die Geschäftsführer die Einberufung einer Gesellschafterversammlung nicht innerhalb der gesetzlichen Frist veranlassen und dies notwendig erscheint, kann auch die Revisionsstelle die Einberufung vornehmen. Ferner kommt auch den Liquidatoren ein selbstständiges Einberufungsrecht zu (OR 805 Abs. 1).

Eine ordentliche Gesellschafterversammlung hat alljährlich innerhalb von sechs Monaten seit Abschluss des Geschäftsjahres stattzufinden (OR 805 Abs. 2). Ausserordentliche Gesellschafterversammlungen werden durch die Geschäftsführer nach Massgabe der Statuten oder immer dann einberufen, wenn es die Interessen der Gesellschaft erfordern (OR 805 Abs. 2). Anlässlich einer Gesellschafterversammlung können auch die Gesellschafter über die Einberufung einer ausserordentlichen Gesellschafterversammlung beschliessen, wenn sie zusammen mindestens 10% des Stammkapitals vertreten (OR 805 Abs. 5 Ziff. 2 i.V.m. 699 Abs. 3).

Form und Frist der Einberufung richten sich grundsätzlich nach den Statuten. Fehlen entsprechende Bestimmungen, so hat die Einberufung in der für die Bekanntmachung geltenden Form, i.d.R. schriftlich, zu erfolgen. Sie muss spätestens 20 Tage vor der Versammlung unter Angabe der Verhandlungsgegenstände einberufen werden. Die Statuten können diese Frist verlängern oder bis auf zehn Tage verkürzen. Jederzeit möglich ist das Abhalten einer Universalversammlung (OR 805 Abs. 3 und 5 Ziff. 1 i.V.m. 700 f.).

Statutarisch kann vorgesehen werden, dass die Gesellschafterversammlung ganz oder teilweise durch die schriftliche Abstimmung ersetzt wird, sofern nicht ein Gesellschafter die mündliche Beratung verlangt (Zirkularbeschluss; OR 805 Abs. 4).

Im Übrigen gelten kraft Verweis in OR 805 Abs. 5 die Vorschriften des Aktienrechts (vgl. dazu vorne bei der AG S. 173).

2.3 Beschlussfassung

Vorbehaltlich abweichender statutarischer oder gesetzlicher Vorschriften erfolgen die Wahlen und Abstimmungen in der Gesellschafterversammlung mit der *absoluten Mehrheit der vertretenen Stimmen* (OR 808). Diese ist erreicht, wenn mehr als die Hälfte der für die Berechnung massgebenden Stimmen für den Beschluss gestimmt haben.

Die GmbH kennt keine eigentlichen Präsenzquoren. So kann in der Versammlung ein Beschluss selbst dann gefasst werden, wenn nur ein einziger Gesellschafter anwesend ist.

Werden bei einer Abstimmung gleichviel Ja- wie Nein-Stimmen gezählt, kommt es zu einem Stichentscheid des Vorsitzenden (den Vorsitz über die Gesellschafterversammlung hat der Vorsitzende der Geschäftsführung; OR 810 Abs. 3 Ziff. 1). Die Statuten können eine abweichende Regelung vorsehen (OR 808a).

Für wichtige Beschlüsse der Gesellschafterversammlung sieht das Gesetz ein *qualifiziertes Quorum* vor (OR 808b). Diese dienen in erster Linie dem Schutz von Minderheiten. Ein Beschluss kommt nach OR 808b nur zustande, wenn mindestens zwei Drittel der vertretenen Stimmen sowie die absolute Mehrheit des gesamten Stammkapitals zustimmen. Damit einher geht indirekt ein Anwesenheitserfordernis.

Beschluss	Quorum
Alle Gesellschaftsbeschlüsse, es sei denn, Gesetz oder Statuten sehen etwas anderes vor (OR 808)	→ Absolute Mehrheit der vertretenen Stimmen (OR 808)
OR 808b: - Änderung des Gesellschaftszwecks (Ziff. 1); - Einführung von stimmrechtsprivilegierten Stammanteilen (Ziff. 2) - Erschwerung, Ausschluss oder Erleichterung der Übertragbarkeit der Stammanteile (Ziff. 3) - Zustimmung zur Abtretung von Stammanteilen bzw. Anerkennung als stimmberechtigter Gesellschafter (Ziff. 4); - Erhöhung des Stammkapitals (Ziff. 5); - Einschränkung oder Aufhebung des Bezugsrechts (Ziff. 6); - Zustimmung zu Tätigkeiten der Geschäftsführer sowie der Gesellschafter, die gegen die Treuepflicht oder das Konkurrenzverbot verstossen (Ziff. 7); - Antrag an das Gericht, einen Gesellschafter aus wichtigem Grund auszuschliessen (Ziff. 8); - Ausschluss eines Gesellschafters aus in den Statuten vorgesehenen Gründen (Ziff. 9); - Verlegung des Sitzes der Gesellschaft (Ziff. 10); - Auflösung der Gesellschaft (Ziff. 11)	→ Zustimmung von zwei Dritteln der vertretenen Stimmen und der absoluten Mehrheit des gesamten Stammkapitals (OR 808b)
- Verzicht auf die eingeschränkte Revision (opting-out; OR 818 Abs. 1 i.V.m. 727 Abs. 2); - Nachträgliche Einführung des Vetorechts (OR 807 Abs. 2); - Aufhebung der Gewinnstrebigkeit der Gesellschaft (OR 808c i.V.m. 706 Abs. 2 Ziff. 4); - Zustimmung zur Ausübung von Tätigkeiten, die gegen die Treuepflicht oder ein Konkurrenzverbot verstossen (OR 803 Abs. 3)	→ Zustimmung aller Gesellschafter (nicht nur jener, die an der Versammlung teilnehmen!)
Nachträgliche Einführung oder Erweiterung statutarischer Nachschuss- oder Nebenleistungspflichten (OR 797)	→ Zustimmung aller betroffenen Gesellschafter und absolute Mehrheit der vertretenen Stimmen (Statutenänderung: OR 797)

Nach dem Wortlaut des Gesetzes ist das allgemeine gesetzliche Quorum (OR 808) dispositiver Natur. Damit steht es den Gesellschaftern frei, in den Statuten auch vom Gesetz abweichende Präsenz- oder Beschlussquoren einzuführen; auch eine Erleichterung des Quorums ist erlaubt.

Die qualifizierten gesetzlichen Quoren gelten, sofern das Gesetz nicht ausdrücklich abweichende statutarische Regelungen vorbehält, als einseitig zwingend. Dies bedeutet, dass sie statutarisch zwar noch zusätzlich erschwert, nicht aber erleichtert werden können. Um zu verhindern, dass eine Mehrheit eingeführt wird, die sich später nie erreichen lässt, kann die Erschwerung nur mit dem vorgesehenen Mehr eingeführt werden (OR 808b Abs. 2).

2.4 Stimmrecht

Wenn die Statuten keine anderweitigen Regelungen enthalten, bemisst sich das Stimmrecht jedes Gesellschafters proportional zu seiner Beteiligung am Stammkapital (der Nennwert der Stammanteile eines Gesellschafters; OR 806 Abs. 1). Statutarisch kann jedoch auch die Bemessung des Stimmrechts nach der Zahl der Stammanteile oder unabhängig von Anzahl und Wert der Stammanteile das Kopfstimmrecht eingeführt werden (OR 806 Abs. 1 und 2). Nicht erlaubt ist es hingegen, durch die Statuten das Stimmrecht eines Gesellschafters gänzlich zu entziehen; jedem Gesellschafter steht zwingend mindestens eine Stimme zu. OR 806 Abs. 3 schliesst eine allfällig vereinbarte Bemessung des Stimmrechts nach der Zahl der Stammanteile für gewisse Beschlüsse aus:

- die Wahl der Mitglieder der Revisionsstelle (Ziff. 1);
- die Ernennung von Sachverständigen zur Prüfung der Geschäftsführung oder einzelner Teile davon (Ziff. 2);
- die Beschlussfassung über die Anhebung einer Verantwortlichkeitsklage (Ziff. 3).

Die Gesellschafter können im Rahmen der allgemeinen Regeln (insbesondere OR 20 und ZGB 27) auch sogenannte Stimmbindungsverträge abschliessen. Die Verletzung derartiger Vereinbarungen hat jedoch nicht die Nichtigkeit des Beschlusses zur Folge, sondern hat lediglich obligatorische Wirkung, kann also unter Umständen zu Schadenersatzansprüchen der Vertragspartner führen.

Ausgeschlossen ist das Stimmrecht einzig in folgenden Fällen (OR 806a):
- wenn über die Entlastung der Geschäftsführer abgestimmt wird: die an der Geschäftsführung teilnehmenden Personen (Abs. 1);
- wenn über den Erwerb eigener Stammanteile durch die Gesellschaft abgestimmt wird: die Gesellschafter, die Stammanteile abtreten (Abs. 2);
- wenn über die Zustimmung zu Tätigkeiten der Gesellschafter, die gegen die Treuepflicht oder das Konkurrenzverbot verstossen, abgestimmt wird: die betroffenen Personen (Abs. 3).

Wenn der Eigentümer seinen Stammanteil einer anderen Person zur Nutzniessung übertragen hat, ist der Nutzniesser zur Ausübung des Stimmrechts berechtigt. Dieser muss jedoch auf die Interessen des Eigentümers Rücksicht nehmen, ansonsten er dem Eigentümer der Stammanteile ersatzpflichtig wird (OR 806b).

2.5 Vetorecht

Die GmbH kann allen oder einzelnen Gesellschaftern ein Vetorecht gegen sämtliche oder bestimmte Beschlüsse der Gesellschafterversammlung einräumen (OR 807 Abs. 1). Der Entscheidungsprozess kann damit sehr bedürfnisbezogen ausgerichtet werden, birgt aber auch die Gefahr, dass die Gesellschaft blockiert wird. Die vom Vetorecht erfassten Beschlüsse sind in den Statuten klar zu umschreiben.

Aufgrund dessen Tragweite bedarf die nachträgliche Einführung eines Vetorechts der Zustimmung aller Gesellschafter (OR 807 Abs. 2).

2.6 Vertretung

Die Vertretung eines Gesellschafters in der Gesellschafterversammlung ist grundsätzlich zulässig. Die Statuten können jedoch die Vertretung von besonderen Bedingungen abhängig machen oder sogar ausschliessen.

Nehmen nicht rechtsgültig bevollmächtigte Dritte an der Gesellschafterversammlung teil, sind die Beschlüsse insofern anfechtbar, als die Teilnahme für ihr Ergehen kausal war.

2.7 Befugnisse der Gesellschafterversammlung

Der Gesellschafterversammlung stehen gemäss *OR 804 Abs. 2* folgende unübertragbare Befugnisse zu:

- die Änderung der Statuten (Ziff. 1);
- die Bestellung und Abberufung von Geschäftsführern (Ziff. 2);
- die Bestellung und die Abberufung der Mitglieder der Revisionsstelle und des Konzernprüfers (Ziff. 3);
- die Genehmigung des Lageberichts und der Konzernrechnung (Ziff. 4);
- die Genehmigung der Jahresrechnung sowie die Beschlussfassung über die Verwendung des Bilanzgewinnes, insbesondere die Festsetzung der Dividende und der Tantieme (Ziff. 5);
- die Festsetzung und Entschädigung der Geschäftsführer (Ziff. 6);
- die Entlastung der Geschäftsführer (Ziff. 7);
- die Zustimmung zur Abtretung von Stammanteilen beziehungsweise die Anerkennung als stimmberechtigter Gesellschafter (Ziff. 8);
- die Zustimmung zur Bestellung eines Pfandrechts an Stammanteilen, falls die Statuten dies vorsehen (Ziff. 9);
- die Beschlussfassung über die Ausübung statutarischer Vorhand-, Vorkaufs- oder Kaufsrechte (Ziff. 10);
- die Ermächtigung der Geschäftsführer zum Erwerb eigener Stammanteile durch die Gesellschaft oder die Genehmigung eines solchen Erwerbs (Ziff. 11);
- die nähere Regelung von Nebenleistungspflichten in einem Reglement, falls die Statuten auf ein Reglement verweisen (Ziff. 12);
- die Zustimmung zu Tätigkeiten der Geschäftsführer und der Gesellschafter, die gegen die Treuepflicht oder das Konkurrenzverbot verstossen, sofern die Statuten auf das Erfordernis der Zustimmung aller Gesellschafter verzichten (Ziff. 13);
- die Beschlussfassung darüber, ob dem Gericht beantragt werden soll, einen Gesellschafter aus wichtigem Grund auszuschliessen (Ziff. 14);
- der Ausschluss eines Gesellschafters aus in den Statuten vorgesehenen Gründen (Ziff. 15);
- die Auflösung der Gesellschaft (Ziff. 16);
- die Genehmigung von Geschäften der Geschäftsführer, für die die Statuten die Zustimmung der Gesellschafterversammlung fordern (Ziff. 17);
- die Beschlussfassung über die Gegenstände, die das Gesetz oder die Statuten der Gesellschafterversammlung vorbehalten oder die ihr die Geschäftsführer vorlegen (Ziff. 18).

Mangels abweichender Statutenregelung ist die Gesellschafterversammlung sodann zuständig für die Ernennung der Direktoren, Prokuristen und Handlungsbevollmächtigen (OR 804 Abs. 3).

2.8 Anfechtung von Gesellschafterbeschlüssen

Die Anfechtung der Gesellschafterbeschlüsse richtet sich gemäss OR 808c nach den für die AG in OR 706 f. aufgestellten Voraussetzungen. Es kann daher auf die diesbezüglichen Ausführungen verwiesen werden, vgl. S. 178.

Anfechtbar sind nach der nicht abschliessenden Aufzählung gemäss OR 808c i.V.m. 706 insbesondere Beschlüsse, die

- unter Verletzung von Gesetz oder Statuten Rechte von Gesellschaftern entziehen oder beschränken (Ziff. 1);
- in unsachlicher Weise Rechte von Gesellschaftern entziehen oder beschränken (Ziff. 2);
- eine durch den Gesellschaftszweck nicht gerechtfertigte Ungleichbehandlung oder Benachteiligung der Aktionäre bewirken (Ziff. 3);
- die Gewinnstrebigkeit der Gesellschaft ohne Zustimmung sämtlicher Gesellschafter aufheben (Ziff. 4).

Das Anfechtungsrecht ist verwirkt, wenn nicht innerhalb von zwei Monaten seit Abhaltung der Versammlung oder Durchführung der schriftlichen Abstimmung Klage erhoben wird (OR 808c i.V.m. 706a Abs. 1).

2.9 Nichtigkeit von Gesellschafterbeschlüssen

Die Nichtigkeit von Gesellschafterbeschlüssen ist im Verweis in OR 808c auf das Aktienrecht mit enthalten; es gilt somit auch bei der GmbH OR 706b (vgl. dazu S. 180).

Die Nichtigkeit von Gesellschafterbeschlüssen hat zur Folge, dass derartige Beschlüsse *von Anfang an unwirksam* sind. Die Geltendmachung der Nichtigkeit ist zudem an keine besondere Frist gebunden, sondern kann grundsätzlich jederzeit von jedermann, der ein Interesse daran hat, geltend gemacht werden. Da dies zu einer grossen Rechtsunsicherheit führen kann, ist das Vorliegen eines Nichtigkeitsgrundes nur mit Zurückhaltung zu bejahen.

3. Das Geschäftsführungsorgan

3.1 Grundsatz

Den Geschäftsführern einer GmbH kommt in gewisser Hinsicht eine ähnliche Funktion zu wie dem Verwaltungsrat einer AG. Ein gewichtiger Unterschied liegt allerdings darin, dass bei der GmbH die Selbstorganschaft gilt. Sofern nicht etwas anderes bestimmt wird, sind alle Gesellschafter *gemeinsam zur Ausübung der Geschäftsführung berechtigt und verpflichtet* (OR 809 Abs. 1). Die Geschäftsführer müssen also nicht gewählt werden. Statutarisch kann eine abweichende Regelung vorgesehen werden. Anders als ein Verwaltungsrat ist der geschäftsführende Gesellschafter der GmbH nicht berechtigt, sein Amt niederzulegen. Er muss von den übrigen Gesellschaftern aus seiner Geschäftsführungspflicht entlassen werden. Dafür ist ein Beschluss der Gesellschafterversammlung notwendig. Entscheidet diese gegen eine Bewilligung des Rücktritts, bleibt dem Geschäftsführer nichts anderes übrig, als seine Stammanteile zu veräussern (OR 785) oder auf Austritt zu klagen (OR 822).

Geschäftsführer können nur natürliche Personen sein. Ist an einer GmbH eine juristische Person beteiligt, so muss diese eine Person bezeichnen, die die Funktion der Geschäftsführung für sie übernimmt (OR 809 Abs. 2). Die Geschäftsführung ist für alle Angelegenheiten zuständig, die nicht durch Gesetz oder Statuten der Gesellschafterversammlung zugewiesen sind (OR 810 Abs. 1). Wie der Verwaltungsrat der AG hat auch die Geschäftsführung der GmbH unübertragbare und unentziehbare Aufgaben (OR 810 Abs. 2).

Den Geschäftsführern stehen gemäss *OR 810 Abs. 2* folgende unübertragbare und unentziehbare Aufgaben zu:

- die Oberleitung der Gesellschaft und die Erteilung der nötigen Weisungen (Ziff. 1);
- die Festlegung der Organisation im Rahmen von Gesetz und Statuten (Ziff. 2);
- die Ausgestaltung des Rechnungswesens und der Finanzkontrolle sowie der Finanzplanung, sofern diese für die Führung der Gesellschaft notwendig ist (Ziff. 3);
- die Aufsicht über die Personen, denen Teile der Geschäftsführung übertragen sind, namentlich im Hinblick auf die Befolgung der Gesetze, Statuten, Reglemente und Weisungen (Ziff. 4);
- die Erstellung des Geschäftsberichtes (Ziff. 5);

- die Vorbereitung der Gesellschafterversammlung sowie die Ausführungen ihrer Beschlüsse (Ziff. 6);
- die Benachrichtigung des Gerichts im Fall der Überschuldung (Ziff. 7).

Die Entscheide der Geschäftsführung können gemäss OR 811 von der Genehmigung der Gesellschafterversammlung abhängig gemacht werden, wenn dies in den Statuten so vorgesehen ist.

Bei mehreren Geschäftsführern muss der Vorsitz geregelt werden (OR 809 Abs. 3).

Gemäss *OR 810 Abs. 3* hat der Vorsitzende der Geschäftsführer folgende Aufgaben:
- die Einberufung und Leitung der Gesellschafterversammlung (Ziff. 1);
- Bekanntmachungen gegenüber den Gesellschaftern (Ziff. 2);
- die Sicherstellung der erforderlichen Anmeldungen beim Handelsregister (Ziff. 3).

Im internen Verhältnis entscheiden die Geschäftsführer vorbehaltlich anderslautender statutarischer Bestimmungen mit der Mehrheit der abgegebenen Stimmen (OR 809 Abs. 4), und zwar mit je einer Stimme pro Geschäftsführer. Der Vorsitzende hat dabei den Stichentscheid.

3.2 Delegation und Abberufung der Geschäftsführungsbefugnis

Anstelle der gemeinsamen Geschäftsführung kann diese, sofern statutarisch vorgesehen, auch nur einem oder mehreren Gesellschaftern übertragen werden (OR 809 Abs. 1).

Ebenso kann auch eine Delegation an Dritte vorgesehen werden (OR 809 Abs. 1). Dem gewählten Geschäftsführer kommt gleich einem geschäftsführenden Gesellschafter Organstellung zu. Anders als ein Gesellschafter kann er sein Amt jedoch niederlegen, macht sich aber unter Umständen der Gesellschaft gegenüber verantwortlich (je nach Art der Anstellung richtet sich das Rechtsverhältnis zwischen dem Geschäftsführer und der Gesellschaft nach Auftrags- oder Arbeitsrecht). Einem Geschäftsführer, der von der Gesellschafterversammlung gewählt wurde, kann zudem die Geschäftsführung jederzeit wieder entzogen werden, unter Vorbehalt von Entschädigungsansprüchen des Abberufenen (OR 815 Abs. 1 und 5). Bei geschäftsführenden Gesellschaftern hingegen (denen das Vertretungsrecht von Gesetzes wegen zusteht) ist eine Abberufung nur aus wichtigen Gründen durch richterlichen Entscheid möglich (OR 815 Abs. 2).

3.3 Haftung der Gesellschaft und Nichtigkeit von Beschlüssen

Die Gesellschaft haftet für den *Schaden aus unerlaubten Handlungen*, die eine zur Geschäftsführung befugte Person in Ausübung ihrer geschäftlichen Verrichtungen begeht (OR 817). Die Voraussetzungen und Modalitäten dieser Haftung entsprechen der Organhaftung im Aktienrecht von OR 722 (vgl. oben S. 188).

OR 816 zufolge ist für die Nichtigkeit von Beschlüssen, wie auch schon für die Nichtigkeit von Beschlüssen der Gesellschafterversammlung, Aktienrecht anwendbar (OR 714 i.V.m. 706b).

4. Die Revisionsstelle

Für die Revision gilt das rechtsformübergreifend geltende Revisionsrecht der AG (OR 818 Abs. 1 i.V.m. 727 ff.; vgl. dazu vorne S. 189).

Nach diesen Regeln muss sich die GmbH je nach wirtschaftlicher Grösse einer ordentlichen oder einer eingeschränkten Revision unterziehen bzw. kann auf eine Revisionsstelle gänzlich verzichten (vgl. OR 818 i.V.m. 727 f.). OR 818 Abs. 2 sowie 825a sehen sodann Sonderbestimmungen zur GmbH vor (vgl. anschliessend).

Einer *ordentlichen Revision* muss sich die GmbH gemäss OR 818 i.V.m. 727 ff. unterziehen, wenn

- zwei der nachstehenden Grössen in zwei aufeinanderfolgenden Geschäftsjahren überschritten werden:
  a. Bilanzsumme von 20 Millionen Franken,
  b. Umsatzerlös von 40 Millionen Franken,
  c. 250 Vollzeitstellen im Jahresdurchschnitt;
- die Gesellschaft Anleihensobligationen ausstehend hat;
- mindestens 20% der Aktiven oder des Umsatzes zur Konzernrechnung einer Gesellschaft beitragen, die über kotierte Beteiligungspapiere verfügt oder Anleihensobligationen ausstehend hat.

Selbst wenn diese Voraussetzungen nicht gegeben sind, muss eine ordentliche Revision durchgeführt werden, wenn

- die Statuten eine Revision vorsehen;
- die Gesellschafterversammlung eine Revision beschliesst;
- die Gesellschafter, die zusammen mind. 10% des Stammkapitals vertreten, dies verlangen;
- ein Gesellschafter, der einer Nachschusspflicht unterliegt, dies verlangt (OR 818 Abs. 2);
- ein Fall von OR 825a vorliegt: Gesellschafter, die aus der Gesellschaft ausgeschieden sind, können zum Schutz ihrer Ansprüche die Bezeichnung einer Revisionsstelle verlangen, solange ihre Abfindung noch nicht vollständig ausbezahlt ist.

Einer *eingeschränkten Revision* gemäss OR 727a muss sich die GmbH unterziehen, wenn die oben genannten Voraussetzungen nicht zutreffen (was in den meisten Fällen zutreffen wird). Diesfalls steht ihr das Recht zu, mit dem Einverständnis aller Gesellschafter auf eine Revisionsstelle gänzlich zu verzichten, sofern die Gesellschaft nicht mehr als zehn Vollzeitstellen hat (OR 727a Abs. 2).

E. Das Innenverhältnis

1. Allgemeines

Auch im Recht der GmbH gilt der Grundsatz der Gleichbehandlung der Gesellschafter durch die Geschäftsführer (OR 813).

Die Gesellschaft ist verpflichtet, ein *Anteilbuch* zu führen, aus dem die Namen der Gesellschafter, die Anzahl und der Betrag der einzelnen Stammanteile sowie jeder Übergang eines Gesellschaftsanteils und jede sonstige Änderung dieser Tatsachen ersichtlich sein müssen (OR 790). Die Gesellschafter können freiwillig weitergehende Angaben im Anteilsbuch festhalten, z.B. Nachschuss- oder Nebenleistungspflichten.

Zu Beginn jedes Kalenderjahres ist dem Handelsregisteramt eine von den Geschäftsführern unterzeichnete *Liste der Namen der Gesellschafter* mit der Anzahl und dem Nennwert der Stammanteile einzureichen (OR 791).

Das Anteilbuch wie auch die Mitgliederliste der GmbH dienen dem gesellschaftsinternen Gebrauch und sind demzufolge nur den Gesellschaftern, nicht aber der Öffentlichkeit zugänglich (OR 790 Abs. 4). Der Öffentlichkeit zugänglich sind hingegen die dem Handelsregisteramt eingereichten Belege.

2. Rechte des Gesellschafters

Vermögensrechte	Nicht vermögensmässige Rechte	
	Mitwirkungsrechte	Schutz- und Kontrollrechte
• Recht auf Dividende (OR 798) • Recht auf Liquidationsanteil (OR 826) • Bezugsrecht (OR 781 Abs. 5 Ziff. 2) • Recht auf Nichtvermehrung der Leistungen (OR 797) • Recht auf Übertragung der Stammanteile (OR 785) • Recht auf Abfindung bei Austritt (OR 825 f.) • Vorrechte bei Vorzugsstammanteilen (OR 799)	• Teilnahme und Mitwirkungsrechte an GV (OR 808 ff.) • Stimmrecht (OR 806) • Vetorecht (OR 807) • Recht auf Geschäftsführung und Vertretung der Gesellschaft (OR 809 bzw. 814)	• Gleichbehandlungsrecht (OR 813) • Recht auf Einberufung einer GV (OR 805 Abs. 5 Ziff. 2) • Recht auf Anfechtung von GV-Beschlüssen (OR 808c) • Recht auf Feststellung der Nichtigkeitsklage bei GV- und Geschäftsführungsbeschlüssen (OR 808c und 816) • Recht auf Erhebung einer Verantwortlichkeitsklage (OR 827) • Austrittsrecht (OR 822 f.) • Ausschliessungsrecht (OR 823) • Recht auf Auflösung der GmbH aus wichtigem Grund (OR 821 Abs. 3) • Auskunfts- und Einsichtsrecht (OR 802)

Für den Umfang der Vermögensrechte ist allgemein der Nennwert der Stammanteile der Gesellschafter massgeblich. Die Vermögensrechte entsprechen grundsätzlich denjenigen der AG.

Bei den *Mitwirkungs-, Informations- und Schutzrechten* besitzt grundsätzlich jeder Gesellschafter unabhängig von seiner Beteiligungsquote die gleichen Rechte. Eine Ausnahme gilt für das Stimmrecht, das sich grundsätzlich gleich den Vermögensrechten ebenfalls nach dem Nennwert der Stammanteile bemisst (vgl. dazu vorne S. 240).

Die *Mitwirkungsrechte* sind im Wesentlichen die gleichen wie bei der AG (Teilnahme und Mitwirkung an der GV und Stimmrecht). Hinzu kommen bei der GmbH aber das den Personengesellschaften zugrunde liegende Prinzip der Selbstorganschaft, d.h. das Recht auf Geschäftsführung und Vertretung der GmbH (vgl. dazu oben S. 246). Weiter wurde mit dem Vetorecht bei der GmbH ein dem Gesellschaftsrecht bislang unbekanntes Rechtsinstitut eingeführt. Sofern statutarisch vereinbart, gibt dies dem oder den berechtigten Gesellschaftern das Recht, gegen in den Statuten umschriebene Beschlüsse der Gesellschafterversammlung ihr Veto einzulegen. Dieses Instrument ist vor allem für Minderheitsgesellschafter bedeutsam, da sie damit gegen ihren Willen gerichtete Beschlüsse verhindern können.

Auch die *Schutz- und Kontrollrechte* der Gesellschafter entsprechen grundsätzlich denjenigen der AG. Der Gesellschafter hat allgemein Anrecht auf Gleichbehandlung durch die Geschäftsführer. Weiter hat der Gesellschafter das Recht, eine Gesellschafterversammlung einzuberufen, gesetzes- oder statutenwidrige Beschlüsse der Gesellschafterversammlung durch Klage anzufechten bzw. als nichtig erklären zu lassen oder mittels Verantwortlichkeitsklage oder Nichtigkeitsklage gegen Handlungen der Geschäftsführer vorzugehen. Schliesslich hat der Gesellschafter auch die Möglichkeit, die Auflösung der Gesellschaft aus wichtigen Gründen zu verlangen, aus der Gesellschaft auszutreten oder einen anderen Gesellschafter durch den Richter aus der Gesellschaft ausschliessen zu lassen. Beim Auskunfts- und Einsichtsrecht ging der Gesetzgeber weiter als beim Aktionär; so hat der Gesellschafter einer GmbH jederzeit (und nicht nur an den Gesellschafterversammlungen) ein Auskunftsrecht über *alle* Angelegenheiten der Gesellschaft (OR 802). Das Einsichtsrecht variiert je nachdem ob die Gesellschaft eine

Revisionsstelle hat: Ohne Revisionsstelle besteht ein uneingeschränktes Einsichtsrecht; mit Revisionsstelle muss für eine Einsicht ein berechtigtes Interesse glaubhaft gemacht werden.

3. Pflichten des Gesellschafters

Vermögensmässige Pflichten	Nicht vermögensmässige Pflichten
• Pflicht zur vollständigen Liberierung (OR 793)	• Treuepflicht (OR 803)
• Nachschusspflicht (OR 795 ff.)	• Konkurrenzverbot (OR 803)
• Nebenleistungspflicht (OR 796 f.)	• Geschäftsführung (OR 809 Abs. 1)

Während bei der AG dem Gesellschafter mit Ausnahme der Liberierung seiner Aktien allgemein keine Pflichten obliegen, sieht das Gesetz für den Gesellschafter der GmbH weitere vermögensrechtliche und auch nicht vermögensrechtliche Pflichten vor.

Wichtigste *vermögensmässige Pflicht* des Gesellschafters bei der GmbH ist die Verpflichtung zur Liberierung seines Grundkapitalanteils. Wie im Aktienrecht ist auch eine Liberierung durch Sacheinlage möglich. Daneben können weitere vermögensmässige Pflichten statutarisch vereinbart werden. So ist es möglich, dem Gesellschafter Nebenleistungspflichten aufzuerlegen, sofern diese dem Zweck der Gesellschaft oder der Erhaltung ihrer Selbstständigkeit oder Zusammensetzung des Kreises der Gesellschafter dienen (OR 796 Abs. 2). Weiter kann in den Statuten eine Nachschusspflicht vereinbart werden (OR 795). Diese besteht darin, dass die Gesellschafter – vor allem in Zeiten des schlechten Geschäftsganges – verpflichtet werden können, zusätzliche Einlagen zu erbringen. Eine Nachschusspflicht darf das Doppelte des Nennwertes des Stammanteils nicht übersteigen (OR 795 Abs. 2).

Bei den *nicht vermögensmässigen Pflichten* treffen die Gesellschafter gemäss OR 803 eine allgemeine Treuepflicht und ein Konkurrenzverbot. Die Gesellschafter sind dabei zur Bewahrung von Geschäftsgeheimnissen verpflichtet (OR 803 Abs. 1). Ferner müssen sie alles unterlassen, was die Interessen der Gesellschaft beeinträchtigen würde (OR 803 Abs. 2). Schliesslich sind die Gesellschafter im Sinne der Selbstorganschaft zur Geschäftsführung verpflichtet (OR 809 Abs. 1; vgl. dazu oben S. 246).

4. Gesellschafterwechsel

4.1 Aufnahme neuer Mitglieder

Die Gesellschaft kann im Rahmen einer Kapitalerhöhung (OR 781) neue Gesellschafter in die GmbH aufnehmen, ohne dass bisherige Gesellschafter ausscheiden müssen. Es gilt jedoch zu beachten, dass ein öffentliches Angebot zur Zeichnung der Stammanteile nicht zulässig ist (OR 781 Abs. 3).

4.2 Übertragung eines Mitgliedschaftsanteils

Die Übertragung von Gesellschaftsanteilen an der GmbH ist grundsätzlich zulässig, wird jedoch von bestimmten Voraussetzungen abhängig gemacht (OR 785 ff.).

Voraussetzungen der *Abtretung*:

- Schriftform (OR 785 Abs. 1);
- der Abtretungsvertrag muss dieselben Hinweise auf statutarische Rechte und Pflichten enthalten wie die Urkunde über die Zeichnung der Stammanteile (OR 785 Abs. 2);
- Zustimmung der Gesellschafterversammlung (sog. «gesetzliche Vinkulierung»; OR 786 Abs. 1). Die Gesellschafterversammlung kann die Zustimmung ohne Angabe von Gründen verweigern.

Das Gesetz sieht in OR 786 Abs. 2 abweichende Regelungen vor, welche statutarisch vereinbart werden können. Zum einen können die Übertragungsbedingungen gelockert werden (vollständiger Verzicht auf die Zustimmung der Gesellschafterversammlung oder die Verankerung von bestimmten Gründen, welche die Verweigerung der Zustimmung rechtfertigen), zum anderen kann die Übertragung auch generell ausgeschlossen werden.

Der Erwerber hat nach erfolgtem Rechtsübergang (OR 787) Anspruch auf Eintragung seines Gesellschaftsanteiles im Anteilbuch (vgl. OR 790). Der Eintrag hat jedoch rein deklarative Wirkung. Die materiellen Voraussetzungen der Übertragung sind bereits mit der Zustimmung der Gesellschafterversammlung erfüllt.

Erfolgt der Erwerb eines Gesellschaftsanteiles durch Erbgang, Erbteilung, eheliches Güterrecht oder Zwangsvollstreckung, ist die Zustimmung der Gesellschafterversammlung nicht erforderlich. Alle Rechte und Pflichten, die mit dem Stammanteil verbunden sind, gehen ohne Weiteres auf den Erwerber über (OR 788 Abs. 1). Eine Ausnahme gilt für die Ausübung des Stimmrechts und der damit zusammenhängenden Rechte, für die es vorbehaltlich anderslautender statutarischer Bestimmungen (OR 788 Abs. 5) die Anerkennung als stimmberechtigter Gesellschafter durch die Gesellschafterversammlung braucht (OR 788 Abs. 2). Diese kann nur verweigert werden, wenn die Gesellschaft die Übernahme des Anteils zu seinem wirklichen Wert anbietet (OR 788 Abs. 3). Lehnt der Erwerber dieses Angebot innerhalb eines Monats ab, so verbleibt er Gesellschafter der GmbH, verfügt aber über kein Stimmrecht.

4.3 Austritt von Gesellschaftern

Sofern dies in den Statuten nicht vorgesehen ist, hat der Gesellschafter einer GmbH grundsätzlich kein Recht auf freiwilligen Austritt (OR 822 Abs. 2; allenfalls kann er seine Anteile übertragen; vgl. dazu den vorhergehenden Abschnitt).

Ein Gesellschafter kann jedoch aus wichtigem Grund beim Gericht auf Bewilligung des Austritts klagen («Austrittsklage»; OR 822 Abs. 1). Dieses Recht ist zwingend und unentziehbar.

Ein wichtiger Grund liegt dann vor, wenn die wesentlichen Voraussetzungen persönlicher und sachlicher Natur, unter denen der Gesellschaftsvertrag eingegangen wurde, nicht mehr vorhanden sind, sodass die Fortsetzung in der Gesellschaft dem Gesellschafter nicht mehr zugemutet werden kann. Es handelt sich dabei um eine Ermessensfrage. Ob ein wichtiger Grund gegeben ist, muss somit anhand des konkreten Einzelfalls geprüft werden.

Der Austritt aus wichtigen Gründen stellt für den Richter die weniger einschneidende Massnahme dar als die Auflösung der Gesellschaft.

Reicht ein Gesellschafter eine Klage auf Austritt aus wichtigem Grund ein oder macht er ein statutarisches Austrittsrecht geltend, müssen die übrigen Gesellschafter darüber informiert werden (OR 822a Abs. 1). Ihnen steht sodann das Recht auf einen Anschlussaustritt zu: Schliessen sich weitere Gesellschafter innerhalb von drei Monaten dem Austritt an, wird ihnen hinsichtlich der Abfindung Gleichbehandlung mit dem austretenden Gesellschafter zugesichert (OR 822a Abs. 2). Diese Regelung soll verhindern, dass auf die verbleibenden Gesellschafter ein Druck entsteht, ebenfalls und vielleicht überstürzt auszutreten, da ein möglichst rascher Austritt allenfalls eine Privilegierung bezüglich der Auszahlung der Abfindung zur Folge haben könnte.

4.4 Ausschluss von Gesellschaftern

Die Gesellschaft kann aus wichtigen Gründen beim Richter den Ausschluss eines Gesellschafters verlangen («Ausschlussklage»; OR 823 Abs. 1). Der Ausschluss ist dann möglich, wenn die Fortsetzung der Gesellschaft mit dem betreffenden Mitglied den anderen Gesellschaftern *nicht mehr zugemutet* werden kann. Die wichtigen Gründe müssen in erster Linie in der Person oder im Verhalten des Auszuschliessenden liegen, z.B. weil er die Nachschusspflicht verletzt. Ein Verschulden des Gesellschafters ist nicht vorausgesetzt.

Die Gesellschafterversammlung muss den Antrag zum gerichtlichen Ausschluss mit qualifizierter Mehrheit beschliessen (OR 808b Abs. 1 Ziff. 8). Die Klageerhebung erfolgt durch die Geschäftsführer.

Ferner können die Statuten vorsehen, dass die Gesellschafterversammlung beim Vorliegen bestimmter Gründe Gesellschafter aus der Gesellschaft ausschliessen darf (OR 823 Abs. 2). Für diesen Beschluss bedarf es einer qualifizierten Mehrheit der Gesellschafterversammlung (OR 808b Abs. 1 Ziff. 9).

4.5 Abfindung

Der ausgeschlossene oder ausgetretene Gesellschafter hat Anspruch auf eine Abfindung, die dem wirklichen Wert seiner Stammanteile entspricht (OR 825 Abs. 1). Tritt der Gesellschafter aus einem in den Statuten genannten Grund aus, kann in den Statutenbestimmungen auch die Abfindung abweichend geregelt werden (OR 825 Abs. 2).

OR 825a regelt die Modalitäten der Auszahlung der Abfindung ausgeschiedener Gesellschafter.

F. Das Aussenverhältnis

1. Firma und Sitz

1.1 Firma

Die GmbH kann unter Wahrung der allgemeinen Grundsätze der Firmenbildung ihre Firma frei wählen (OR 950). Zu diesen Grundsätzen gehört die Firmenwahrheit, das Täuschungs- und Reklameverbot sowie das Verbot der Verletzung öffentlicher Interessen (OR 944). Innerhalb dieser Schranken darf in die Firma der GmbH ein Personenname, eine Sach- oder auch eine Fantasiebezeichnung aufgenommen werden. In allen Fällen muss der Firma die Bezeichnung als Gesellschaft mit beschränkter Haftung – ausgeschrieben oder abgekürzt – beigefügt werden.

Wird die Firma mit Personennamen gebildet, so kann sowohl der Name eines oder aller Gesellschafter wie auch der Name einer nicht mehr lebenden Person in der Firma enthalten sein, soweit dadurch keine Täuschungen verursacht werden können. Die Firma muss somit nicht zwangsläufig geändert werden, wenn ein Gesellschafter, dessen Name in der Firma der GmbH enthalten ist, aus dieser Gesellschaft ausscheidet.

Wird eine GmbH aufgelöst und tritt deshalb in Liquidation, so muss der Firma der Zusatz «in Liquidation» beigefügt werden (OR 823 i.V.m. 739 Abs. 1).

1.2 Sitz

Der Sitz der Gesellschaft kann innerhalb der Schweiz ohne Einschränkung gewählt werden. In der Regel wird auf die tatsächlichen Verhältnisse abgestellt. Ob der in den Statuten angegebene Sitz (OR 776 Ziff. 1) auch mit dem Mittelpunkt der geschäftlichen Beziehungen der GmbH übereinstimmt, spielt grundsätzlich keine Rolle. Vorbehalten bleiben selbstverständlich jene Konstellationen, in denen die Abweichung von statutarischem und tatsächlichem Sitz rechtsmissbräuchlich erscheint. Eine GmbH kann nur einen statutarischen Sitz haben.

Die Gesellschaft ist an ihrem Sitz ins Handelsregister einzutragen (OR 778). Der Sitz der GmbH begründet zudem den allgemeinen Gerichtsstand für Klagen gegen die Gesellschaft (ZPO 10 Abs. 1 lit. b) und für Verantwortlichkeitsklagen (ZPO 40). Er ist zudem der Betreibungsort der Gesellschaft (SchKG 46 Abs. 2).

Zweigniederlassungen sind dort im Handelsregister einzutragen, wo sie sich befinden (OR 778a). Für Klagen aus dem Betrieb der Niederlassung begründet der Ort der Niederlassung einen alternativen Gerichtsstand neben demjenigen am Hauptsitz der Gesellschaft (ZPO 12).

2. Vertretung

Gemäss OR 814 Abs. 1 ist grundsätzlich jeder Geschäftsführer einzeln zur Vertretung der Gesellschaft (gegenüber Dritten) berechtigt und verpflichtet. Da die Geschäftsführung wiederum (dispositiv) allen Gesellschaftern gemeinsam zukommt, ergeben sich daraus grundsätzlich das Recht und die Pflicht zur Vertretung der Gesellschaft für alle Gesellschafter.

Soll die Vertretung abweichend geregelt werden, etwa indem eine Kollektivunterschrift erforderlich ist oder indem nur bestimmten Geschäftsführern die Vertretung der Gesellschaft zukommen soll, so ist dies in den Statuten zu verankern. Es muss aber mindestens ein Geschäftsführer zur Vertretung befugt bleiben (OR 814 Abs. 2). Weiter ist erforderlich, dass mindestens ein Geschäftsführer (oder aber ein Direktor) Wohnsitz in der Schweiz hat (OR 814 Abs. 3). Die zur Vertretung befugten Personen sind im Handelsregister einzutragen (OR 814 Abs. 6).

Für den Umfang und die Beschränkung der Vertretungsbefugnis der Geschäftsführer verweist OR 814 Abs. 4 auf die Bestimmungen des Aktienrechts. Demnach können die zur Vertretung befugten Personen im Namen der Gesellschaft *alle Rechtshandlungen vornehmen, die der Zweck der Gesellschaft mit sich bringen kann* (OR 718a Abs. 1). Eine Beschränkung der allgemeinen Vertretungsbefugnis hat gegenüber gutgläubigen Dritten nur dann rechtliche Wirkungen, wenn diese im Handelsregister eingetragen wird. Eintragungsfähig ist die Beschränkung der Vertretungsbefugnis auf die Haupt- oder eine Zweigniederlassung oder auf die kollektive Vertretungsbefugnis (OR 718a Abs. 2).

Alle übrigen Begrenzungen der Vollmacht können zwar intern festgelegt werden, wirken jedoch nicht nach aussen, sofern der gute Glaube des Dritten nicht zerstört ist. Mit anderen Worten darf ein Dritter davon ausgehen, dass Vertretungsorgane eine Vertretungsbefugnis im Umfang der objektiven Zweckgrenze haben. Der gute Glaube des Dritten wird vermutet. An dessen Sorgfalt dürfen keine allzu hohen Anforderungen gestellt werden, insbesondere besteht eine Erkundigungspflicht des Dritten bei der Gesellschaft nur, wenn konkrete Indizien für eine mangelnde Vertretungsbefugnis bestehen.

Die Gesellschaft wird daher für die Handlungen eines Gesellschafters, der sich nicht an eine derartige Beschränkung hält, dennoch verpflichtet, hat aber gegenüber dem Gesellschafter unter Umständen ein Ersatzrecht für den ihr entstandenen Schaden.

Rechtsprechung BGE 135 III 509, E. 3.3.1: Die Vorinstanz scheint ihren Nichteintretensentscheid darauf zu stützen, dass die Beschwerdeführerin die Weiterziehung deshalb nicht «im Namen der Gesellschaft» erhoben habe, weil sie das Rechtsmittel insoweit nicht mit der Firma der GmbH und ihrem beigefügten Namen gezeichnet hat (vgl. Art. 814 Abs. 5 OR). Es ist allerdings anerkannt, dass im Fall, in dem die Zeichnung «im Namen der Gesellschaft» fehlt, Art. 32 Abs. 2 OR gilt, wonach die Vertretungswirkung dennoch zustande kommen kann, wenn der Dritte auf ein Vertretungsverhältnis schliessen musste [...].

Ein Entzug des Vertretungsrechts ist grundsätzlich gemäss OR 815 Abs. 2 nur bei Vorliegen wichtiger Gründe auf Antrag durch das Gericht zulässig. Wichtige Gründe in diesem Sinne liegen vor, wenn wesentliche Voraussetzungen für die Überlassung der Vertretungsbefugnis nie vorhanden waren oder weggefallen sind, etwa bei beruflicher Unfähigkeit oder grober Pflichtverletzung wie bei einer fortgesetzten Kompetenzüberschreitung oder der Verletzung der Treuepflicht. Denkbar ist auch, dass statutarisch wichtige Gründe definiert werden.

Wurde die Berechtigung zur Vertretung durch die Wahl zur Geschäftsführung durch die Gesellschafterversammlung erteilt, kann sie auch von dieser wieder entzogen werden (OR 815 Abs. 1).

Einem durch Beschluss der Generalversammlung gewählten Geschäftsführer kann die damit verbundene Vertretungsbefugnis jederzeit durch einen erneuten Beschluss der Gesellschafterversammlung wieder entzogen werden.

3. Haftung

Für Verbindlichkeiten der Gesellschaft haftet ausschliesslich das Gesellschaftsvermögen (OR 794). Statutarisch kann zusätzlich eine Nachschusspflicht vereinbart werden (OR 795 ff.; vgl. dazu vorne S. 250).

Analog zum Aktienrecht sieht das Recht der GmbH zudem eine Haftung aus Verantwortlichkeit für die als Organe der GmbH handelnden Personen vor (OR 827). Die Verpflichtung der Organe, den durch ihr pflichtwidriges Verhalten verursachten Schaden zu decken, richtet sich nach Aktienrecht (OR 752 ff.; vgl. dazu oben S. 213).

Schliesslich haftet die Gesellschaft für den Schaden aus *unerlaubter Handlung*, die eine zur Geschäftsführung und Vertretung befugte Person in Ausübung ihrer geschäftlichen Verrichtungen begeht (OR 817). Analog zu OR 41 ff. werden zur Begründung des Anspruches neben einem Schaden die Widerrechtlichkeit, ein Kausalzusammenhang und das Verschulden des handelnden Organs vorausgesetzt. Die Beweislast trifft den Kläger.

Der Geschädigte hat nur dann einen Anspruch gegen die Gesellschaft, wenn der Schaden durch eine zur Geschäftsführung oder Vertretung befugte Person in Ausübung ihrer geschäftlichen Verrichtungen verursacht wurde. Gemeint sind damit einerseits die geschäftsführenden Gesellschafter, andererseits aber auch alle weiteren Personen, denen Organqualität zukommt, etwa Direktoren und allenfalls auch Prokuristen.

Für Klagen aus unerlaubter Handlung gelten die besonderen Gerichtstände von ZPO 36 ff. Der Kläger hat demnach die Wahl, entweder an seinem Wohnsitz oder Sitz, am Sitz der beklagten Gesellschaft oder deren Zweigniederlassung oder am Handlungs- oder Erfolgsort zu klagen.

4. Konkurs

Die GmbH unterliegt gemäss SchKG 39 Abs. 1 Ziff. 9 der Konkursbetreibung. Laut OR 821 Abs. 1 Ziff. 3 wird die GmbH infolge der Eröffnung eines Konkurses aufgelöst. Die GmbH tritt mit dem Konkurs automatisch ins Liquidationsstadium.

Für die Anzeigepflichten bei Kapitalverlust und Überschuldung der Gesellschaft sowie für die Eröffnung und den Aufschub des Konkurses sind die Vorschriften des Aktienrechts entsprechend anwendbar (OR 820 Abs. 1 i.V.m. 725 f.; vgl. dazu oben S. 145 und 149).

Der Konkurs kann aufgeschoben werden, wenn ausstehende Nachschüsse einbezahlt werden oder Aussicht auf Sanierung besteht (OR 820 Abs. 2).

G. Die Beendigung der Gesellschaft mit beschränkter Haftung

1. Auflösung

Die Gesellschaft mit beschränkter Haftung wird gemäss OR 821 aufgelöst:
- nach Massgabe der Statuten (Ziff. 1);
- durch einen qualifizierten Mehrheitsbeschluss der Gesellschafterversammlung gemäss OR 808b Abs. 1 Ziff. 11 (Ziff. 2); gemäss OR 821 Abs. 2 bedarf der Beschluss der öffentlichen Beurkundung;
- durch die Eröffnung des Konkurses (Ziff. 3);
- in den übrigen vom Gesetz vorgesehenen Fällen (Ziff. 4).

Gemäss OR 821 Abs. 3 kann die GmbH ferner aufgelöst werden, wenn dies ein Gesellschafter beim Gericht aufgrund eines wichtigen Grundes verlangt («Auflösungsklage»). Das Gericht hat aber die Möglichkeit, statt auf Auflösung auf eine andere sachgemässe und den Beteiligten zumutbare Lösung zu erkennen.

Mit der Auflösung tritt die GmbH in das Liquidationsstadium; es gelten die Regeln des Aktienrechts (OR 821a Abs. 1 i.V.m. 738 ff.). Ohne Liquidation ist die Auflösung einer GmbH im Rahmen der im FusG geregelten Umstrukturierungen möglich (vgl. dazu unten S. 296).

2. Liquidation

a) Verfahren der Liquidation

Für die Auflösung der GmbH mit Liquidation gelten allgemein die Bestimmungen des Aktienrechts gemäss OR 739 ff. (OR 826 Abs. 2).

Die Liquidation wird durch die geschäftsführenden Gesellschafter besorgt, sofern in den Statuten nichts Abweichendes geregelt wurde (OR 826 Abs. 2 i.V.m. 740 Abs. 1).

Wie die AG bleibt auch die GmbH in Liquidation uneingeschränkt handlungs- und rechtsfähig. Bestehende Verträge behalten grundsätzlich ihre Gültigkeit. Die Gesellschaft behält ihre juristische Persönlichkeit und führt ihre bisherige Firma, neu mit dem Zusatz «in Liquidation», bis zur Löschung der Firma (OR 826 Abs. 2 i.V.m. 739).

Die Organe behalten ihre Vertretungsbefugnis, soweit eine Vertretung der Gesellschaft durch sie notwendig ist (OR 826 Abs. 2 i.V.m. 739 Abs. 2). Ihre Befugnisse gehen nun aber nur noch so weit, wie Handlungen für die Durchführung der Liquidation erforderlich sind. *Einziger Zweck der GmbH ist fortan die Liquidation.*

Nach der Beendigung der Liquidation wird die Firma zur Löschung im Handelsregister angemeldet. Die GmbH ist damit untergegangen.

Die Geschäftsbücher der GmbH müssen von den Liquidatoren für einen Zeitraum von 10 Jahren an einem sicheren Ort hinterlegt werden. Dies gilt insbesondere auch für das Anteilsbuch nach OR 790.

b) Verteilung der Vermögens

Jeder Gesellschafter hat im Verhältnis zu seinem Stammanteil Anspruch auf einen Anteil am Liquidationsergebnis. Allfällige geleistete und nicht zurückbezahlte Nachschüsse werden zum Anteil hinzugerechnet, sofern die Statuten nicht etwas anderes vorsehen (OR 826 Abs. 1).

H. Übungen zum 6. Teil

Lösungen S. 349

Übung 74

Liberierungspflicht

Karl, Fritz und Heinz gründen gemeinsam die *Scherzkeks GmbH*, um einen Partyservice anbieten zu können. Als Stammkapital wird in den Statuten eine Summe von CHF 100'000.– eingetragen. Die Stammanteile von Fritz und Heinz betragen je CHF 30'000.–, die zwei Stammanteile von Karl betragen je CHF 20'000.–.

Während Fritz seinen Stammanteil sofort vollständig liberiert, leistet Heinz erst eine Anzahlung von 20'000.–. Karl leistet seine Einlage durch Einbringung eines Lieferwagens in die Gesellschaft. Kann die GmbH das Persönlichkeitsrecht erlangen?

Übung 75

Entstehung der Scherzkeks GmbH

Wieder gleiche Situation: Karl, Fritz und Heinz gründen gemeinsam die *Scherzkeks GmbH* mit einem Stammkapital von CHF 100'000.–. Die Stammanteile von Fritz und Heinz betragen je CHF 30'000.–, die zwei Stammanteile von Karl betragen je CHF 20'000.–. Während Fritz seinen Stammanteil sofort vollständig liberiert, leistet Heinz erst eine Anzahlung von CHF 20'000.–. Karl leistet seine Einlage durch Einbringung eines Lieferwagens in die Gesellschaft.

Bei der Handelsregisteranmeldung übersieht der Handelsregisterführer, dass Heinz seinen Stammanteil nicht vollständig liberierte. Er trägt die Scherzkeks GmbH daher in das Handelsregister ein. Ist die GmbH gültig entstanden?

Übung 76

Brand in der Lagerhalle

Die in der Schweiz wohnhaften Carlo und Giuseppe wollen mit ihrem gemeinsamen in Salerno wohnhaften Freund Carmine ein kleines Geschäft für den Import von Früchten und Gemüse aus Italien in Form einer GmbH gründen. Nachdem im März 2000 die notwendigen finanziellen Fragen geklärt, die Firma *Agrumitalia GmbH* beschlossen und die Statuten erfolgreich aufgesetzt worden sind, mietet Carlo im Namen der Agrumitalia GmbH im Juni 2000 von Peter eine Lagerhalle in Bern. Im August 2000 wird die Gesellschaft im Handelsregister in Bern eingetragen. Im September 2000 brennt die Lagerhalle in Bern ab. Peter verlangt von der Agrumitalia GmbH Schadenersatz. Zu Recht?

Übung 77

Geschäftsführerhonorar

Damit die Agrumitalia GmbH ihren Geschäften effizienter nachkommen kann, erteilt sie dem aussenstehenden Gabriele die Geschäftsführungsbefugnis. In einer späteren Gesellschafterversammlung beschlossen die drei Gesellschafter Carlo, Giuseppe und Carmine jedoch, die Gesellschaft in Zukunft doch lieber wieder «unter sich» zu führen, und entziehen dem Gabriele die Geschäftsführungsbefugnis. Die Gesellschafter vergassen aber, diese Änderung im Handelsregister einzutragen. Vier Jahre später stellt Gabriele fest, dass er nach wie vor als Geschäftsführer im Handelsregister eingetragen ist. Er wendet sich daher an die GmbH und verlangt die Zahlung vom Geschäftsführerhonorar für die letzten vier Jahre. Zu Recht?

Übung 78

Erbschaft

Giuseppe stirbt. Da ihm sehr viel an der Agrumitalia GmbH liegt, hat er in seinem Testament festgehalten, dass seine Tochter Anna im Todesfall seinen Gesellschaftsanteil erbt und so seine Stelle in der Gesellschaft weiterführt. In den Statuten der Agrumitalia GmbH wurde jedoch die Erwerbung eines Gesellschaftsanteils infolge Erbgangs von der Zustimmung der anderen Gesellschafter abhängig gemacht. Hat Anna die Mitgliedschaft nun trotzdem erworben?

Übung 79

Aufnahme neuer Mitglieder

Das Unternehmen der Agrumitalia GmbH floriert. Die Gründungsgesellschafter möchten nun gerne neue Mitglieder aufnehmen, um die Chancen des Unternehmens auch für die Zukunft zu stärken. Wie haben sie vorzugehen?

Übung 80

Kapitalherabsetzung

Die Agrumitalia GmbH hat mehrere sehr schlechte Geschäftsjahre hinter sich, die Bilanz weist einen hohen Verlust auf. Als Sanierungsmassnahme und zur Beseitigung der Unterbilanz möchten die Geschäftsführer ihr Stammkapital herabsetzen. Wie ist vorzugehen?

Übung 81

Austritt und Konkurrenzverbot

Michael, Mathias und Christian sind begeisterte Computerfreaks. Sie beschliessen, ihr Hobby zum Beruf zu machen, und gründen zu diesem Zweck die Net Solution GmbH. In den ersten Monaten besteht die Arbeit der drei vor allem darin, für Freunde und Bekannte Netzwerke einzurichten und Internetauftritte zu gestalten. Der gute Ruf und das gute Preisleistungs-Verhältnis der Net Solution GmbH sprechen sich schnell herum und immer öfter werden die drei auch für Unternehmen tätig und in grössere Projekte involviert. Im zweiten Geschäftsjahr kontaktiert die PC Help AG, die ebenfalls Netzwerklösungen für Firmen anbietet, Mathias und bietet ihm eine sehr lukrative Stelle in ihrem Unternehmen an. Mathias ist sehr interessiert und will diese Stelle antreten.

Michael und Christian haben dafür kein Verständnis und teilen Mathias mit, dass sie allenfalls Schadenersatz von diesem verlangen würden, sollte er tatsächlich für die PC Help AG tätig werden. Mathias möchte seine Freunde nicht verärgern und erkundigt sich daher nach seinen Möglichkeiten.

7. Teil Die Genossenschaft

Übersicht

Gesetzliche Regelung	OR 828–926
Definition	OR 828 Abs. 1: Körperschaftlich organisierte Verbindung einer nicht geschlossenen Zahl von Mitgliedern zur Förderung oder Sicherung wirtschaftlicher Interessen ihrer Mitglieder in gemeinsamer Selbsthilfe
Gründung	▪ OR 830: Aufstellung der Statuten, Gründungsversammlung ▪ OR 831 Abs. 1: Mindestens sieben Mitglieder
Mitglieder	Natürliche und juristische Personen sowie Handelsgesellschaften ohne Rechtspersönlichkeit
Rechtspersönlichkeit	Ja
Handlungs-, Prozess- und Betreibungsfähigkeit	Ja
Firma	Ja
Handelsregister	▪ OR 835: Genossenschaft ist an ihrem Sitz ins Handelsregister einzutragen ▪ OR 838 Abs. 1: Handelsregistereintrag wirkt konstitutiv
Gesellschaftsvermögen	▪ OR 828 Abs. 2: Genossenschaften mit einem zum Voraus festgesetzten Grundkapital sind unzulässig ▪ OR 833 Ziff. 1: Die Schaffung eines Genossenschaftskapitals durch Anteilscheine bedarf zu ihrer Verbindlichkeit der Aufnahme in die Statuten.
Anteilscheine	▪ OR 853 Abs. 1: Bestehen Anteilscheine, so hat jeder Genossenschafter mindestens einen solchen zu übernehmen. ▪ OR 853 Abs. 2: Wenn statutarisch vorgesehen, dürfen mehrere Anteilscheine erworben werden.
Organe der Genossenschaft	▪ OR 879 ff.: Generalversammlung ▪ OR 894 ff.: Verwaltung ▪ OR 906 f.: Revisionsstelle
Gesellschaftsbeschlüsse	▪ OR 879: Durch Genossenschafterversammlung; bei Genossenschaften mit mehr als 300 Mitgliedern kann schriftliche Stimmabgabe (Urabstimmung) vorgesehen werden (OR 880) ▪ OR 885: Jeder Genossenschafter hat eine Stimme. ▪ OR 888 Abs. 1: Beschlussfassung grundsätzlich mit absolutem Stimmenmehr (dispositiv) ▪ OR 888 Abs. 2: Qualifizierte Mehrheit für besondere Beschlüsse (dispositiv)
Geschäftsführung und Vertretung	▪ OR 894: Verwaltung – mindestens 3 Personen, Mehrheit Genossenschafter ▪ OR 898: Delegation der Geschäftsführung und Vertretung an Dritte möglich, eine zur Vertretung befugte Person muss ihren Wohnsitz in der Schweiz haben ▪ OR 899 Abs. 1: umfasst alle Rechtshandlungen, die der Zweck der Genossenschaft mit sich bringen kann
Leistungspflichten	▪ OR 866: Treuepflicht ▪ OR 867: Beitrags- und Leistungspflicht gemäss Statuten
Gewinn- und Verlustbeteiligung	▪ OR 859 Abs. 1: Reinertrag fällt ins Genossenschaftsvermögen (dispositiv) ▪ OR 859 Abs. 2: Ist Verteilung an die Genossenschafter vorgesehen, so hat diese nach dem Masse der Benützung der genossenschaftlichen Einrichtungen zu erfolgen (dispositiv). ▪ OR 860: Pflicht zur Bildung eines Reservefonds

Haftung	- OR 868: Grundsätzlich alleinige Haftung des Genossenschaftsvermögens
- OR 869, 870 Abs. 1: Statutarisch kann subsidiäre persönliche Haftung der Genossenschafter vorgesehen werden.
- OR 875: Nachträglich eintretende Genossenschafter haften auch für die vor ihrem Eintritt entstandenen Verbindlichkeiten (sofern statutarisch eine persönliche Haftung vorgesehen ist).
- OR 899 Abs. 3: Organhaftung
Verantwortlichkeit	- OR 916: Allgemeine Haftung aller mit Verwaltung, Geschäftsführung und Revision beauftragten Personen sowie der Liquidatoren gegenüber der Genossenschaft für den Schaden, den sie ihr durch Pflichtverletzungen verursacht haben
- OR 917: Haftung der Mitglieder der Verwaltung und der Liquidatoren gegenüber der Genossenschaft, den einzelnen Genossenschaftern sowie den Gläubigern für den Schaden, den sie durch die Verletzung der für den Fall der Überschuldung aufgestellten Pflichten verursachen
Auflösungsgründe	OR 911:
- nach Massgabe der Statuten (Ziff. 1)
- durch Beschluss der Generalversammlung (Ziff. 2)
- durch Konkurseröffnung (Ziff. 3)
- in den übrigen vom Gesetz vorgesehenen Fällen (Ziff. 4)
Austritt und Ausschluss	- Prinzip der offenen Tür
- OR 842 Abs. 1: Jedem Genossenschafter steht Austritt frei
- OR 846 Abs. 1: Ausschluss gemäss Statuten
- OR 846 Abs. 2: Jederzeit Ausschluss aus wichtigen Gründen
- OR 847 Abs. 1: Mitgliedschaft erlischt mit dem Tod (dispositiv)
- OR 848: Mitgliedschaft erlischt mit Wegfall einer Beamtung oder Anstellung, die mit der Zugehörigkeit zur Genossenschaft verknüpft ist (dispositiv)

A. Begriff und Wesen der Genossenschaft

1. Definition

Die Genossenschaft ist eine als personenbezogene Körperschaft organisierte Verbindung mit einer nicht geschlossenen Zahl von Mitgliedern, die in der Hauptsache die Förderung oder Sicherung bestimmter wirtschaftlicher Interessen ihrer Mitglieder in gemeinsamer Selbsthilfe bezweckt.

2. Wichtigste Elemente der Genossenschaft

a) Körperschaft

Die Genossenschaft ist eine körperschaftlich organisierte juristische Person. Sie ist mit eigener Rechtspersönlichkeit ausgestattet und als selbstständiges Rechtssubjekt von ihrem jeweiligen Mitgliederbestand unabhängig.

Die Genossenschaft ist rechts- und handlungsfähig (ZGB 53). Sie besitzt ein eigenes, von den Mitgliedern losgelöstes Gesellschaftsvermögen. Sie geniesst Persönlichkeitsschutz (ZGB 27 ff.), ist partei-, prozess- und betreibungsfähig.

Die Genossenschaft verfügt über eine bestimmte, gesetzlich vorgeschriebene Organisationsstruktur. Sie handelt notwendig durch ihre Organe. Die Willensbildung erfolgt in der Generalversammlung und unterliegt dem Mehrheitsprinzip.

Die zwischen den Genossenschaftern getroffenen Vereinbarungen werden in öffentlich einsehbaren Statuten festgelegt, welche abstrakt und somit unabhängig von einem Mitgliederwechsel sind.

b) Personenbezogene Organisationsform

Die Personenbezogenheit der Genossenschaft zeigt sich in OR 828, wonach der Zweck der Genossenschaft in gemeinsamer Selbsthilfe erreicht werden soll. Dafür braucht es folglich auch eine Mehrheit von Genossenschaftern, weshalb eine Gründung nur mit einer Mindestanzahl von sieben Mitgliedern ermöglicht wird (OR 831 Abs. 1). Anders als bei der AG und der GmbH ist die Gründung einer Genossenschaft durch eine Person somit nicht möglich.

Aus dem personenbezogenen Charakter folgen für die Genossenschafter ähnlich wie bei der GmbH auch andere als nur finanzielle Pflichten, namentlich eine Treuepflicht.

c) Nicht geschlossene Anzahl der Mitglieder

Wesensmerkmal der Genossenschaft ist das Prinzip der offenen Tür. Dies bedeutet, dass der Mitgliedschaftswechsel durch Ein- und Austritt jederzeit möglich sein muss (OR 828 i.V.m. 839, 842). Daraus folgt auch, dass ein allfälliges Grundkapital der Genossenschaft nicht in einer bestimmten Höhe festgesetzt werden darf. Denn besteht ein Grundkapital, muss jeder Genossenschafter mindestens einen Anteilsschein übernehmen, was die Anzahl der Genossenschafter im Falle eines fixen Grundkapitals automatisch beschränken würde (OR 828 Abs. 2, 853 Abs. 1).

Trotz Verbot einer konstanten Mitgliederzahl hat eine beitrittswillige Person keinen klagbaren Anspruch auf Aufnahme. Ist die Nichtaufnahme allerdings rechtsmissbräuchlich oder verletzt sie das Persönlichkeitsrecht des Beitrittswilligen, wird eine richterlich durchsetzbare Aufnahmepflicht bejaht.

d) Personen oder Handelsgesellschaften

Mitglieder einer Genossenschaft können natürliche und juristische Personen (des Privat- oder öffentlichen Rechts) sein. Personenvereinigungen ohne eigene Rechtspersönlichkeit kommen als Mitglieder grundsätzlich nicht infrage, mit Ausnahme der im Aussenverhältnis verselbstständigten Handelsgesellschaften (Kollektiv- und Kommanditgesellschaft).

e) Förderung oder Sicherung wirtschaftlicher Interessen ihrer Mitglieder

Der Zweck der Genossenschaft liegt in der Förderung und Sicherung bestimmter wirtschaftlicher Interessen ihrer Mitglieder (OR 828 Abs. 1). Nicht wirtschaftliche Ziele sind möglich, sofern diese nicht im Zentrum stehen. Die Handelsregisterverordnung lässt jedoch trotz Widerspruch zu OR 828 auch die Eintragung gemeinnütziger Genossenschaften zu (HRegV 86 lit. b Ziff. 2).

Im Unterschied zu den Handelsgesellschaften muss der wirtschaftliche Zweck der Genossenschaft den Mitgliedern unmittelbar zukommen. Diese erhalten demnach nicht etwa Dividenden wie die Aktionäre, sondern profitieren direkt aus der Zweckverfolgung der Genossenschaft.

Der materielle Vorteil der Genossenschafter besteht im Wesentlichen im Recht der Inanspruchnahme günstiger Leistungen.

Beispiele
- Die Baugenossenschaft bezweckt, ihren Mitgliedern günstige Wohnungen zu verschaffen.
- Die Konsumgenossenschaft bezweckt die Abgabe von verbilligten Produkten an ihre Mitglieder.

Neben der Förderung der Interessen der Mitglieder darf die Genossenschaft auch einen – den Mitgliedern nur mittelbar zukommenden – Überschuss erwirtschaften. Diese Zielsetzung darf aber nur untergeordnete Bedeutung haben.

f) Gemeinsame Selbsthilfe

Zur Zweckerreichung bedarf es des persönlichen Zusammenwirkens der Genossenschafter. Diese sind zu denjenigen Beitragsleistungen verpflichtet, die sich notwendigerweise aus den Statuten als mit der Zweckbestimmung verbunden ergeben. Es ist allerdings auch bei der Genossenschaft möglich, Drittpersonen zu beschäftigen. Der Grundsatz der Selbsthilfe schliesst dies nicht aus.

Notwendig ist ein konkreter Beitrag, welcher einen spezifischen Bezug zum Genossenschaftszweck aufweist. Eine rein finanzielle Beteiligung sollte vorübergehend aber auch möglich sein.

g) Firma

Die Firma ist notwendiger Statuteninhalt der Genossenschaft (OR 832 Ziff. 1).

Unter Berücksichtigung der allgemeinen Firmengrundsätze (Firmenwahrheit und -klarheit, Ausschliesslichkeit) können Genossenschaften ihre Firma frei wählen. Die Rechtsform (Genossenschaft) muss in der Firma jeweils angegeben werden (OR 950).

h) Eintrag im Handelsregister

Die Genossenschaft entsteht durch den Eintrag im Handelsregister. Dieser wirkt für die Entstehung konstitutiv (OR 838 Abs. 1).

i) Kein zum Voraus festgesetztes Grundkapital

Ein Grundkapital ist für die Genossenschaft nicht zwingend erforderlich. Das Gesetz fordert insbesondere auch keine Mindesthöhe. Sofern ein Grundkapital vorhanden ist, muss es in Anteile (Anteilscheine) zerlegt werden. Jeder Genossenschafter ist in diesem Fall verpflichtet, mindestens einen Anteilschein zu zeichnen. Auch hier finden sich jedoch keine Regelungen bezüglich Mindesthöhe des Nennwertes oder Mindestliberierung.

Verfügt die Genossenschaft aber über ein Grundkapital, so darf sie dessen Höhe nicht im Voraus bestimmen. Dies ergibt sich aus dem Prinzip der offenen Tür: Würde nämlich ein bestimmtes Grundkapital fixiert, so wäre dadurch automatisch auch die Anzahl der Mitglieder bestimmt, da jeder Genossenschafter mindestens einen Anteil übernehmen muss (OR 853 Abs. 1).

B. Die Entstehung der Genossenschaft

1. Gründung

Das Gründungsverfahren für die Genossenschaft sieht demjenigen der AG ähnlich. Im Vergleich zu den Regeln der AG ist der Gründungsvorgang aber einfacher gestaltet.

Die Genossenschaft entsteht gemäss OR 830 nach Aufstellung der Statuten und deren Genehmigung in der konstituierenden Versammlung durch die Eintragung im Handelsregister. Bei der Gründung müssen mindestens sieben Gesellschafter anwesend sein (OR 831 Abs. 1). Nach oben ist die Mitgliederzahl unbegrenzt. Dies ergibt sich bereits aus dem Grundsatz der offenen Tür. Eine öffentliche Beurkundung der Beschlüsse der konstituierenden Gesellschafterversammlung ist nicht erforderlich.

Drei Schritte sind somit für die Gründung vorausgesetzt (OR 830):

1.	**Aufstellung der Statuten** (OR 832 f.)
	↓
2.	**Konstituierende Versammlung** (OR 834)
	↓
3.	**Handelsregistereintrag** (OR 835 ff.)

Die konstituierende Versammlung berät und genehmigt die Statuten und bestellt die notwendigen Organe (OR 834).

Im Zeitraum von der Vereinbarung über die Gründung bis zum Eintrag in das Handelsregister besteht die Gesellschaft als sogenannte *Gründungsgesellschaft*. Diese untersteht dem Recht der einfachen Gesellschaft (OR 530 ff.). Es gelten die gleichen Grundsätze wie bei der Aktiengesellschaft (vgl. hierzu die Ausführungen oben S. 137)

Die Genossenschaft entsteht durch den Eintrag im Handelsregister. Dieser wirkt für die Entstehung konstitutiv (OR 838 Abs. 1).

Der Handelsregisterführer prüft, ob die eingereichten Belege (öffentliche Urkunde über den Errichtungsakt, Statuten usw.) den gesetzlichen Anforderungen entsprechen.

Im Handelsregister sind gemäss *HRegV 87* einzutragen:
- die Tatsache, dass es sich um die Gründung einer Genossenschaft handelt (lit. a);
- die Firma und die Identifikationsnummer (lit. b);
- den Sitz und das Rechtsdomizil (lit. c);
- die Rechtsform (lit. d);
- das Datum der Statuten (lit. e);
- im Falle einer Beschränkung die Dauer der Gesellschaft (lit. f);
- den Zweck (lit. g);
- den Nennwert allfälliger Anteilscheine (lit. h);
- im Falle von Beitrags- oder Leistungspflichten der Genossenschafter ein Verweis auf die nähere Umschreibung in den Statuten (lit. i);
- im Falle der persönlichen Haftung oder einer Nachschusspflicht der Genossenschafter ein Verweis auf die nähere Umschreibung in den Statuten (lit. j);
- die Mitglieder der Verwaltung (lit. k);
- die zur Vertretung berechtigten Personen (lit. l);
- falls die Genossenschaft keine ordentliche oder eingeschränkte Revision durchführt, ein Hinweis darauf sowie das Datum der entsprechenden Erklärung der Verwaltung (lit. m);
- falls die Gesellschaft eine ordentliche oder eingeschränkte Revision durchführt, die Revisionsstelle (lit. n):
- das gesetzliche Publikationsorgan sowie gegebenenfalls weitere Publikationsorgane (lit. o);
- die in den Statuten vorgesehene Form der Mitteilung der Verwaltung an die Genossenschafter (lit. p);
- besondere Angaben bezüglich Sacheinlagen gemäss HRegV 45 Abs. 2 und 3.

Sieht die Genossenschaft in ihren Statuten eine persönliche Haftung oder Nachschusspflicht vor, muss ferner ein Verzeichnis der Genossenschafter eingereicht werden. Es wird nicht in das Handelsregister eingetragen, steht aber zur Einsicht offen (OR 837).

Sinkt die Mitgliederzahl unter die Mindestzahl von sieben Genossenschaftern, so kann der Richter angerufen werden (OR 831 Abs. 2). Die automatische Auflösung hat dies aber im Gegensatz zum früheren Recht nicht mehr zur Folge. Solange OR 831 Abs. 2 aber nicht bemüht wird, kann es nach erfolgter Gründung auch Einpersonen-Genossenschaften geben.

Rechtsprechung BGE 138 III 407, E. 2.5.2: [Bei] der Mindestzahl von sieben Genossenschaftern [handelt es sich] nach der gegenwärtigen Gesetzeslage um ein begriffsbestimmendes Element der Genossenschaft [...]. Sinkt die Mitgliederzahl auf unter sieben, liegt damit nicht lediglich eine mangelhafte Organisation der Körperschaft vor, sondern ist der Tatbestand der Genossenschaft als solcher nicht mehr gegeben. Die Körperschaft existiert nur noch formal im Handelsregister, hat aber materiell ihre Existenz verloren und kann auch durch eine richterliche Massnahme nicht wieder hergestellt werden. In der Lehre wird daher zu Recht vertreten, dass für den Fall des Unterschreitens der Mindestzahl von sieben Genossenschaftern von den in Art. 731b Abs. 1 OR beispielhaft aufgeführten Massnahmen nur die in Ziff. 1 und 3 aufgeführten Handlungen, also die Ansetzung einer Frist zur Wiederherstellung des rechtmässigen Zustandes sowie die Auflösung der Gesellschaft, infrage kommen.

2. Qualifizierte Gründung

Im Falle einer *Sacheinlage-* oder *Sachübernahmegründung* haben die Gründer, gestützt auf OR 834 Abs. 2, einen schriftlichen Gründerbericht vorzulegen. Der Inhalt dieses Gründungsberichtes ist gesetzlich nicht vorgeschrieben.

Der Gründungsbericht sollte mindestens die folgenden Informationen enthalten:
- die Art und den Zustand der Vermögenswerte;
- die Angemessenheit der dafür berechneten Wertansätze;

- die von der Genossenschaft zu erbringenden Leistungen (die für die Sacheinlage ausgegebenen Anteilscheine resp. die Gegenleistung für die Sachübernahme).

Der Gründungsbericht ist gemäss OR 834 Abs. 2 von der Gründerversammlung zu beraten. Eine Genehmigung des Gründungsberichtes selbst scheint jedoch entbehrlich, da Sacheinlagen und Sachübernahmen gemäss OR 833 Abs. 2 notwendigerweise in die Statuten aufzunehmen sind (vgl. dazu die anschliessenden Ausführungen). Mit Genehmigung der Statuten wird inzident auch über die Genehmigung der Sacheinlagen bzw. Sachübernahmen entschieden.

3. Statuten

3.1 Allgemeines

Die Statuten stellen gewissermassen die Verfassung der Genossenschaft dar. Sie regeln im Rahmen des Gesetzes in grundsätzlicher Weise die Rechtsverhältnisse für die Gesellschaft im Inneren und gegen aussen. Das Gesetz unterscheidet zwischen dem absolut notwendigen Statuteninhalt, also denjenigen Bestimmungen, die zwingender Mindestinhalt der Statuten sind, und dem bedingt notwendigen Statuteninhalt, der Regeln betrifft, die nur dann festzusetzen sind, wenn von den dispositiven gesetzlichen Normen abgewichen werden soll.

Schliesslich können die Genossenschafter auch noch weitere Bereiche in den Statuten regeln. Bei diesem sog. fakultativen Statuteninhalt geht es um Regeln, die lediglich Gesetzesregeln wiederholen oder aber auch ausserhalb der Statuten, etwa in einem Gesellschafterbeschluss, rechtskräftig festgehalten werden könnten.

3.2 Absolut notwendiger Statuteninhalt

Gemäss *OR 832* müssen die Statuten Bestimmungen enthalten über

- die Firma und den Sitz der Genossenschaft (Ziff. 1);
- den Zweck der Genossenschaft (Ziff. 2);
- eine allfällige Verpflichtung der Genossenschafter zu Geld- oder anderen Leistungen sowie deren Höhe (Ziff. 3);
- die Organe für die Verwaltung und für die Revision und die Art der Ausübung der Vertretung (Ziff. 4);
- die Form der von der Genossenschaft ausgehenden Bekanntmachungen (Ziff. 5).

Der Sitz der Genossenschaft kann unter Vorbehalt des Rechtsmissbrauches innerhalb der Schweiz ohne Beschränkung gewählt werden.

In den Statuten ist als eigentlicher Gesellschaftszweck die besondere Zielsetzung der betreffenden Genossenschaft zu verankern.

Weiter müssen in den Statuten alle Leistungen, welche die Genossenschaft von ihren Mitgliedern verlangt, festgehalten werden. Beschlüsse über Beiträge ohne entsprechende statutarische Grundlage sind nichtig. Pflichten in diesem Sinne können Leistungs-, Unterlassungs- und Duldungspflichten jeder Art sein.

3.3 Bedingt notwendiger Statuteninhalt

Zum bedingt notwendigen Statuteninhalt gehören diejenigen Normen, deren Wirksamkeit von einer Verankerung in den Statuten abhängig ist. Mit anderen Worten müssen diese Regelungen nur dann notwendigerweise in die Statuten aufgenommen werden, wenn die Gesellschaft vom dispositiven Gesetzesrecht abweichen will. Vereinbarungen über diese Bereiche, die in einer anderen Form getroffen wurden, sind nichtig. Diese Rechtsfolge tritt selbst dann ein, wenn sie einstimmig erfolgt sind oder von den Betroffenen genehmigt wurden.

Gemäss *OR 833* bedürfen zu ihrer Verbindlichkeit der Aufnahme in die Statuten:

- Vorschriften über die Schaffung eines Genossenschaftskapitals durch Anteilscheine (Ziff. 1);
- Bestimmungen über Sacheinlagen, deren Gegenstand und deren Anrechnungsbetrag sowie über die Person des einlegenden Genossenschafters (Ziff. 2);
- Bestimmungen über Sachübernahmen, über die hierfür zu leistende Vergütung und über die Person des Eigentümers der zu übernehmenden Vermögenswerte (Ziff. 3);
- von den gesetzlichen Bestimmungen abweichende Vorschriften über den Eintritt in die Genossenschaft und über den Verlust der Mitgliedschaft (Ziff. 4);
- Bestimmungen über die persönliche Haftung und die Nachschusspflicht der Genossenschafter (Ziff. 5);
- von den gesetzlichen Bestimmungen abweichende Vorschriften über die Organisation, die Vertretung, die Abänderung der Statuten und über die Beschlussfassung der Generalversammlung (Ziff. 6);
- Beschränkungen und Erweiterungen in der Ausübung des Stimmrechts (Ziff. 7);
- Bestimmungen über die Berechnung und die Verwendung des Reinertrages und des Liquidationsüberschusses (Ziff. 8).

3.4 Fakultativer Statuteninhalt

Die Genossenschafter können in den Statuten zudem Fragen regeln, die sie auch auf andere Weise – etwa in einem Reglement oder durch Gesellschaftsbeschluss – hätten verbindlich erklären können. Mit der Aufnahme derartiger Bestimmungen in die Statuten geben die Genossenschafter zu verstehen, dass ihnen dieser Bereich besonders wichtig erscheint.

C. Genossenschaftskapital

1. Grundkapital und Anteilscheine

Eine Genossenschaft braucht kein eigenes Vermögen (Grundkapital). Es steht ihr aber frei, ein Grundkapital durch Ausgabe von Genossenschaftsanteilen (Anteilscheine) zu schaffen. Hierfür ist zwingend ein Statuteneintrag notwendig (OR 833 Ziff. 1).

Führt eine Genossenschaft ein Grundkapital ein, so hat jeder Genossenschafter mindestens einen Genossenschaftsanteil zu zeichnen (OR 853 Abs. 1). Diese stellen keine Wertpapiere dar, sondern sind blosse Beweisurkunden (OR 853 Abs. 3). Vorschriften über die Höhe, Nennwert oder über eine bestimmte Liberierungsquote bestehen nicht. Nicht zulässig ist jedoch aufgrund des Prinzips der offenen Tür ein zum Voraus in der Höhe fixiertes Grundkapital (OR 828 Abs. 2).

Wird ein *Genossenschaftskapital* geschaffen, ist eine Reihe von Schutzvorschriften zu beachten:

- Sacheinlagen und Sachübernahmen sind in den Statuten offenzulegen und von der konstituierenden Versammlung besonders zu beraten (OR 833 Ziff. 2 und 3, 834 Abs. 2);
- Bestehen Anteilscheine, so darf die auf sie entfallende Quote des Reinertrages den landesüblichen Zinsfuss für langfristige Darlehen ohne besondere Sicherheiten nicht überschreiten (OR 859 Abs. 3);
- Pflicht zur Bildung und Äufnung eines Reservefonds (OR 860);
- Herabsetzung oder Aufhebung der Anteilscheine können nur auf dem Wege der Statutenrevision vorgenommen werden. Auf die Herabsetzung und Aufhebung finden grundsätzlich die aktienrechtlichen Bestimmungen der Kapitalherabsetzung Anwendung (OR 732 ff., 874 Abs. 1 und 2);
- Anzeigepflicht bei Überschuldung und bei Kapitalverlust (OR 903).

Die rudimentäre Regelung zum Grundkapital deutet an, dass das Genossenschaftskapital der Genossenschaft nicht den gleichen Stellenwert innehat, wie dies beim Aktienkapital der AG der Fall ist.

2. Kapitalveränderungen

Kapitalveränderungen erfolgen durch die Ausgabe und Rücknahme von Anteilscheinen. Das Kapital der Genossenschaft steigt mit jedem Eintritt eines neuen Mitgliedes an und sinkt mit jedem Austritt.

Grundsätzlich besitzt das Grundkapital einer Genossenschaft die gleiche Funktion einer Haftungsbasis für die Gläubiger wie das Aktienkapital. Da jedoch das Genossenschaftskapital keine feste Grösse darstellen darf (OR 828 Abs. 2), vermag es den Gläubigern keine vergleichbare Sicherheit zu bieten. Die Höhe des Genossenschaftskapitals kann insbesondere auch nicht im Handelsregister eingetragen werden.

2.1 Kapitalerhöhung

Die Erhöhung des Grundkapitals kann bei der Genossenschaft auf zwei Arten erfolgen:
- mit jedem Beitritt eines neuen Mitgliedes;
- durch Beschluss der Generalversammlung, dass die bisherigen Anteilscheine durch solche mit einem höheren Nennwert ersetzt werden (gegen Zahlung eines Aufpreises jedes Genossenschafters) oder dass jeder Genossenschafter zusätzliche Anteilscheine übernehmen kann oder muss.

2.2 Kapitalherabsetzung

Die Kapitalherabsetzung oder Aufhebung der Anteilscheine kann nur durch Revision der Statuten vorgenommen werden (OR 874 Abs. 1). Es gelten grundsätzlich die Bestimmungen des Aktienrechts (OR 874 Abs. 2 i.V.m. 732 ff., vgl. hierzu oben, S. 165).

Davon zu unterscheiden ist eine normale, durch den Austritt eines Gesellschafters erfolgende Kapitalverminderung.

D. Organe

1. Übersicht

Das Gesetz schreibt für die Genossenschaft die folgenden drei Organe vor:

Generalversammlung	Verwaltung	Revisionsstelle
Legislativ- und Wahlorgan	Exekutivorgan	Kontrollorgan
OR 879 ff.	OR 894 ff.	OR 906 f.

Die Genossenschaft kann statutarisch weitere Organe einführen, doch dürfen diesen keine Aufgaben übertragen werden, die von Gesetzes wegen zwingend einem der drei obligatorischen Organe zukommen.

Oberstes Organ ist die Generalversammlung (OR 879 Abs. 1). Ihr sind von Gesetzes wegen die grundlegendsten Entscheide vorbehalten und sie ist Wahlorgan der anderen beiden gesetzlich vorgeschriebenen Organe. Das Verhältnis der Organe untereinander ist jedoch vom Paritätsgedanken bestimmt, wonach jedes Organ innerhalb seines eigenen Kompetenzbereichs selbstständig ist. Auch gibt es anders als bei der AG keine Kompetenzvermutung zugunsten der Verwaltung (vgl. OR 716 Abs. 1).

2. Die Generalversammlung

2.1 Allgemeines

Wenn die Statuten nichts anderes bestimmen, übernimmt die Generalversammlung gleich derjenigen der AG die Funktion des Legislativ- und Wahlorgans.

Bei Grossgenossenschaften (mehr als 300 Mitglieder) oder bei Genossenschaftsverbänden können die Statuten bestimmen, dass die Befugnisse der Genossenschaftsversammlung ganz oder zum Teil durch schriftliche Stimmabgabe der Genossenschafter ausgeübt werden (OR 880): Diese sogenannte *Urabstimmung* ersetzt somit die in der Generalversammlung stattfindende Beschlussfassung. Meist erfolgt die schriftliche Stimmabgabe aufgrund eines jedem Genossenschafter zugestellten Antrages. Denkbar ist aber auch etwa die Fassung von Zirkularbeschlüssen.

Statutarisch kann weiter vorgesehen werden, dass die Generalversammlung durch eine Delegiertenversammlung ersetzt wird (OR 892). Möglich und bei grossen Genossenschaften sogar häufig ist auch eine Kombination von Delegiertenversammlung und Urabstimmung.

2.2 Einberufung

Die Generalversammlung wird in der Regel durch die Verwaltung einberufen (OR 881 Abs. 1). Die Einberufung hat in der durch die Statuten vorgesehenen Form, jedoch mindestens fünf Tage vor dem Versammlungstag, zu erfolgen (OR 882 Abs. 1).

Die Generalversammlung muss einberufen werden, wenn wenigstens ein Zehntel der Genossenschafter oder – bei Genossenschaften mit weniger als dreissig Mitgliedern – mindestens drei Genossenschafter dies verlangen (OR 881 Abs. 2).

2.3 Beschlussfassung

Die Beschlussfassung in der Generalversammlung und auch in der Urabstimmung erfolgt grundsätzlich mit der absoluten Mehrheit der abgegebenen Stimmen (OR 888 Abs. 1). Für besonders wichtige Beschlüsse sind qualifizierte Mehrheiten vorgeschrieben:

Beschluss	Quorum
Alle Gesellschaftsbeschlüsse, es sei denn, Gesetz oder Statuten sehen etwas anderes vor	→ OR 888 Abs. 1: Normales Quorum: Absolute Mehrheit der abgegebenen Stimmen
▪ Auflösung der Genossenschaft ▪ Statutenänderungen	→ OR 888 Abs. 2: Qualifiziertes Quorum: Mehrheit von zwei Drittel der abgegebenen Stimmen
▪ Einführung oder Vermehrung der persönlichen Haftung der Genossenschafter ▪ Einführung oder Vermehrung der Nachschusspflicht der Genossenschafter	→ OR 889 Abs. 1: Qualifiziertes Quorum: Zustimmung von drei Viertel aller Genossenschafter

Beschlüsse gemäss OR 889 Abs. 1 sind aufgrund deren möglicher finanziellen Folgen für Genossenschafter, die nicht zugestimmt haben, nicht verbindlich, wenn sie binnen drei Monaten seit der Veröffentlichung des Beschlusses den Austritt erklären (OR 889 Abs. 2).

2.4 Stimmrecht

Jeder Genossenschafter hat in der Generalversammlung oder in der Urabstimmung (vgl. OR 880) *eine Stimme* (OR 885). Diese Bestimmung ist zwingend und darf durch die Statuten nicht abgeändert werden.

Rechtsprechung BGE 128 III 375, E. 3.2: [...] Art. 885 OR [bestimmt], dass jeder Genossenschafter in der Generalversammlung eine Stimme hat (BGE 67 I 262, E. 2 S. 267 f.; BGE 90 II 333, E. 5b). Diese Gleichheit des Stimmrechts ergibt sich aus dem Wesen der Genossenschaft und ist unabdingbar (BGE 69 II 41, E. 3 S. 48 f.). Sie gehört gewissermassen zu ihrem ethischen Grundgehalt, der besagt, dass jeder Genossenschafter gleich viel wiegt [...]Die körperschaftliche Autonomie der Genossenschaft, ihr personenbezogener Charakter sowie ihre Ausrichtung auf die wirtschaftlichen Interessen der Mitglieder verbieten demnach, die statutarische Verleihung des Stimmrechts an Nichtmitglieder als zulässig zu betrachten.

Die Stimmkraft der Genossenschafter bemisst sich somit nicht nach deren Kapitalbeteiligung, sondern beruht auf dem Grundsatz der Gleichbehandlung aller Verbandsmitglieder.

Eine Ausnahme besteht für Genossenschaften, die mehr als 300 Mitglieder zählen oder bei denen die Mehrheit der Mitglieder ihrerseits aus Genossenschaften besteht (OR 892 Abs. 1); sie können statutarisch die Befugnisse der Generalversammlung ganz oder zum Teil einer sogenannten *Delegiertenversammlung* übertragen. In der Delegiertenversammlung hat jedoch jeder Delegierte grundsätzlich gleich viele Mitglieder zu vertreten.

2.5 Vertretung

Die Stellvertretung in der Genossenschaft kann nur durch einen Genossenschafter erfolgen. Grundsätzlich darf kein Bevollmächtigter mehr als einen Genossenschafter vertreten (OR 886 Abs. 1).

Eine statutarische Lockerung ist nur in sehr beschränktem Rahmen zulässig: Bei Genossenschaften mit über 1'000 Mitgliedern können die Statuten vorsehen, dass jeder Genossenschafter mehr als einen, höchstens aber neun andere Genossenschafter vertreten darf (OR 886 Abs. 2). Statutarisch kann im Weiteren auch die Vertretung eines Genossenschafters durch einen Familienangehörigen zugelassen werden (OR 886 Abs. 3).

Zu beachten ist, dass sich die in OR 886 verankerten Grundsätze der Vertretung auf die Ausübung des Stimmrechts beschränken, nicht aber etwa auf die generelle Teilnahme an der Generalversammlung.

2.6 Befugnisse der Genossenschafterversammlung

Der Genossenschafterversammlung stehen gemäss *OR 879 Abs. 2* folgende unübertragbare Befugnisse zu:

- die Festsetzung und Änderung der Statuten (Ziff. 1);
- die Wahl der Verwaltung und der Revisionsstelle (Ziff. 2);
- die Genehmigung des Lageberichts und der Konzernrechnung (Ziff. 3);
- die Entlastung der Verwaltung (Ziff. 4);
- die Beschlussfassung über die Gegenstände, die ihr durch das Gesetz oder die Statuten vorbehalten sind (Ziff. 5).

2.7 Universalversammlung

Wenn sämtliche Genossenschafter anwesend sind, können sie, sofern kein Widerspruch erhoben wird, auch ohne Einhaltung der Vorschriften über die Einberufung Beschlüsse fassen (OR 884).

Voraussetzung für die Universalabstimmung ist somit die Anwesenheit sämtlicher Genossenschafter oder Delegierter in der Delegiertenversammlung. Fehlt ein einziges Mitglied, kann von einer Universalversammlung nicht gesprochen werden und es sind die allgemeinen Voraussetzungen über die Einberufung zu berücksichtigen.

Die Universalversammlung ist im Weiteren nur so lange beschlussfähig, als alle Genossenschafter anwesend sind und kein Widerspruch gegen die Versammlung im Allgemeinen oder gegen einzelne Traktanden erhoben wird.

2.8 Anfechtung von Versammlungsbeschlüssen

Die Verwaltung und jeder Genossenschafter können von der Generalversammlung oder in der Urabstimmung gefasste Beschlüsse, die gegen das Gesetz oder die Statuten verstossen, beim Richter mit Klage gegen die Genossenschaft anfechten (OR 891). Ist die Verwaltung Klägerin, so bestimmt der Richter einen Vertreter für die Genossenschaft.

Das Anfechtungsrecht erlischt, wenn die Klage nicht spätestens zwei Monate nach der Beschlussfassung angehoben wird (OR 891 Abs. 2).

Gegenstand der Anfechtungsklage sind *nur Beschlüsse der Generalversammlung bzw. der Urabstimmung*. Verwaltungsbeschlüsse können analog zum Aktienrecht nicht angefochten werden, sondern müssen mit Klage auf Feststellung der Nichtigkeit aufgehoben werden.

Anfechtungsberechtigt ist neben der Verwaltung jeder Genossenschafter, unabhängig davon, ob er an der betreffenden Generalversammlung teilgenommen hat oder nicht (OR 891 Abs. 1). Vorausgesetzt wird jedoch, dass der Genossenschafter den Beschluss entweder abgelehnt hat, sich seiner Stimme enthalten hat oder bei der Beschlussfassung abwesend war. Hat der Genossenschafter dem Beschluss hingegen zugestimmt, gilt dies als Verzicht auf sein Anfechtungsrecht.

Mit Zustimmung verliert der Genossenschafter somit grundsätzlich die Berechtigung zur Anfechtungsklage. Lag seiner Zustimmung jedoch ein wesentlicher Irrtum, absichtliche Täuschung oder Furchterregung zugrunde (OR 23 ff.), kann sich der Genossenschafter auf diesen Willensmangel berufen. Auch für eine Anfechtung aufgrund eines Willensmangels gilt jedoch die Verwirkungsfrist von zwei Monaten nach OR 891 Abs. 2.

Anfechtbar sind *Beschlüsse, die gegen das Gesetz oder die Statuten verstossen*. Der Kläger muss ein Rechtsschutzinteresse an der Anfechtung haben. Dies kann darin bestehen, dass der angefochtene Beschluss Auswirkungen auf seine Rechte hat. Gleichermassen kann die Anfechtung jedoch auch der Wahrung der Interessen der Genossenschaft dienen.

Beispiele

Die Anfechtung ist zum Beispiel gerechtfertigt, wenn
- die Generalversammlung Anträge unterdrückt, die ihr form- und fristgerecht vorgelegt worden sind;
- ein Beschluss ohne vorgängige Ankündigung gefasst wird;
- eine Abstimmung, obwohl dies statutengemäss verlangt wurde, nicht im geheimen Verfahren durchgeführt wird;
- eine Stellvertretung trotz Vollmacht nicht anerkannt wird.

2.9 Nichtigkeit von Versammlungsbeschlüssen

Die Nichtigkeit eines Beschlusses kann grundsätzlich von jedermann jederzeit geltend gemacht werden, sei dies nun einredeweise oder mittels Feststellungsklage. Die Nichtigkeit muss im Übrigen auch vom Handelsregisterführer von Amtes wegen beachtet werden. Gegenstand einer Klage auf Feststellung der Nichtigkeit sind neben Beschlüssen der Generalversammlung auch solche der Verwaltung.

Formelle Nichtigkeit	Materielle Nichtigkeit
Verletzung zwingender Vorschriften über die Beschlussfassung, so etwa: - Mangelhafte Einberufung der GV - Missachtung des erforderlichen Quorums - Beschlüsse über die Erhebung von Beiträgen ohne vorgängige Aufnahme einer entsprechenden Bestimmung in die Statuten	Beschluss ist wegen seines Inhalts nichtig; insbesondere Verstoss gegen OR 20 und ZGB 27: - Unmöglichkeit - Widerrechtlichkeit - Verstoss gegen die guten Sitten - Verletzung des Persönlichkeitsrechts - (vgl. auch BGE 86 II 78)

Rechtsprechung

BGE 93 II 30, E. 4e in: Pra 1967, 368: Dem Umstand, dass der GV-Beschluss die Beiträge nicht selbst festsetzt, sondern nur versucht hat, sie auf indirektem Wege aufzuerlegen, kommt keine Bedeutung zu. (...) Im Ergebnis handelt es sich gleichwohl um eine Beitragspflicht, die mit verbindlicher Wirkung nur von den Statuten vorgesehen werden konnte. Der GV-Beschluss konnte diesen Beitrag nicht unmittelbar auferlegen und ist deshalb nichtig.

3. Die Verwaltung

3.1 Grundsatz

Gesetzliche Vorgaben (OR 894 ff.):

- mindestens drei Personen (OR 894 Abs. 1);
- Mehrheit sind Genossenschafter (OR 894 Abs. 1);
- nur natürliche Personen (OR 894 Abs. 2);
- Amtsdauer maximal vier Jahre (OR 896 Abs. 1).

Die Verwaltung der Genossenschaft besteht aus *mindestens drei Personen,* von welchen die Mehrheit Genossenschafter sein müssen (OR 894 Abs. 1). Die Verwaltung der Genossenschaft ist somit zwingend eine Kollegialbehörde.

Die Statuten können festlegen, dass eine grössere Anzahl oder sogar alle Mitglieder der Verwaltung Genossenschafter sein müssen.

Die Mitgliedschaft in der Verwaltung ist *natürlichen Personen* vorbehalten. Ist an der Genossenschaft eine juristische Person oder eine Handelsgesellschaft beteiligt, so ist sie als solche nicht als Mitglied der Verwaltung wählbar. An ihrer Stelle können dagegen ihre Vertreter gewählt werden (OR 894 Abs. 2).

Die Mitglieder der Verwaltung können unabhängig von ihrer Nationalität oder ihrem Wohnsitz gewählt werden; die entsprechenden Vorschriften in OR 895 wurden ersatzlos gestrichen. Hingegen ist für die Vertretung der Genossenschaft gleich wie bei der AG erforderlich, dass mindestens eine hierzu ermächtigte Person ihren Wohnsitz in der Schweiz hat (OR 898 Abs. 2).

Anders als im Aktienrecht besteht bei der Genossenschaft *keine Kompetenzvermutung zugunsten der Verwaltung*. Allerdings kann als Richtlinie der Grundsatz gelten, wonach Geschäftsführung und Vertretung generell in der Kompetenz der Verwaltung liegen, während die Zuständigkeit in anderen Bereichen vermutungsweise bei der Generalversammlung liegt.

Die Mitglieder der Verwaltung werden auf höchstens vier Jahre gewählt. Sofern die Statuten nichts anderes vorschreiben, sind sie jedoch nach Ablauf ihrer Amtsdauer erneut wählbar (OR 896 Abs. 1).

3.2 Pflichten der Verwaltung

Die Verwaltung hat die Geschäfte der Genossenschaft mit aller Sorgfalt zu leiten und die genossenschaftliche Aufgabe mit besten Kräften zu fördern (OR 902 Abs. 1).

Die Sorgfaltspflicht der Verwaltung der Genossenschaft entspricht derjenigen des Verwaltungsrates der AG. Speziell ist hingegen die Pflicht der Verwaltung, die genossenschaftliche Aufgabe zu fördern, wogegen die Pflicht des aktienrechtlichen Verwaltungsrates prinzipiell auf Gewinnmaximierung auszurichten ist.

Unübertragbare Pflichten der Verwaltung (OR 902 Abs. 2 und 3):

- Vorbereitung der Geschäfte der Generalversammlung;
- Ausführung der Beschlüsse der Generalversammlung;
- Überwachung der mit der Geschäftsführung und Vertretung Beauftragten im Hinblick auf die Beobachtung der Gesetze, der Statuten und allfälliger Reglemente;
- Protokollführung an der GV und an Sitzungen der Verwaltung;
- Führung des Genossenschafterverzeichnisses;
- Anmeldung von Änderungen im Genossenschafterverzeichnis beim Handelsregisterführer;
- Führung der Geschäftsbücher und der Buchhaltung;
- Vorlage der Jahresrechnung an die Revisionsstelle.

Spezielle Pflichten im Falle eines Kapitalverlust oder einer Überschuldung (OR 903, 904; zum Kapitalverlust und Überschuldung vgl. oben S. 145):

- Aufstellen einer Zwischenbilanz;

- Einberufung einer Generalversammlung im Falle eines Kapitalverlusts (weniger als die Hälfte des Genossenschaftskapitals ist durch die Aktiven nicht mehr gedeckt);
- Benachrichtigung des Richters bei einer Überschuldung (die Forderungen der Genossenschaftsgläubiger sind durch die Aktiven nicht mehr gedeckt);
- im Konkursfall: Pflicht der Verwaltung zur Rückerstattung aller in den letzten drei Jahren vor Konkursausbruch als Gewinnanteile oder unter anderer Bezeichnung gemachten Bezüge (grosser Unterschied zur AG und zur GmbH).

Die Mitglieder der Verwaltung haften der Genossenschaft für den Schaden, den sie durch absichtliche oder fahrlässige Verletzung der ihnen obliegenden Pflichten verursachen (OR 916).

Rechtsprechung BGE 128 III 375, E. 4.2: Die Mitglieder der Verwaltung haften für jedes Verschulden [...]. Fahrlässigkeit ist gegeben, wenn das schädigende Ereignis für den Verantwortlichen vorauszusehen war. Dabei genügt, dass er nach der ihm zuzumutenden Aufmerksamkeit und Überlegung eine konkrete Gefahr der Schädigung hätte erkennen müssen. Ein strenger Massstab ist anzulegen, wenn Mitglieder der Verwaltung nicht im Interesse der Gesellschaft, sondern im eigenen Interesse handeln (BGE 113 II 52 E. 3a, S. 57).

Soweit es um die Missachtung von Pflichten geht, die speziell für den Fall der Überschuldung aufgestellt worden sind (OR 903), steht die Verantwortlichkeitsklage auch den einzelnen Genossenschaftern sowie den Gläubigern der Genossenschaft zu (OR 917).

3.3 Verwaltungsausschuss

Die Statuten können einen Teil der Pflichten und Befugnisse der Verwaltung einem oder mehreren von dieser gewählten Verwaltungsausschüssen übertragen (OR 897). Für alle Mitglieder der Verwaltung bleiben jedoch auch in diesen Fällen Aufsichts- und Kontrollpflichten bestehen. Selbst wenn also einzelne Pflichten an Ausschüsse delegiert werden, sind die Mitglieder der Verwaltung zur Überwachung und Information verpflichtet (OR 902 Abs. 2 Ziff. 2). Damit verbunden ist auch die Pflicht zur Intervention, wenn Missstände erkannt werden.

Voraussetzung der Delegation von Pflichten an einen Verwaltungsausschuss ist eine entsprechende statutarische Grundlage. Nicht vorgeschrieben, aber wünschenswert wäre die Erfassung der mit der Delegation verbundenen Rechte und Pflichten in einem Organisationsreglement.

Die Vorbereitung und Ausführung konkreter Beschlüsse der Verwaltung sollte hingegen auch ohne statutarische Grundlage möglich sein.

3.4 Delegation an Dritte

Die Statuten können die Generalversammlung oder die Verwaltung ermächtigen, die Geschäftsführung und die Vertretung an eine oder mehrere Personen, Geschäftsführer oder Direktoren zu übertragen, die nicht Mitglieder der Genossenschaft zu sein brauchen (OR 898).

Die Delegation setzt eine entsprechende Bestimmung in den Statuten voraus. Neben der Verwaltung ist zur Delegation auch die Generalversammlung berechtigt. Selbst in den Fällen der Delegation an Dritte bleiben jedoch die Kontrollpflichten der Verwaltung bestehen (OR 902 Abs. 2 Ziff. 2).

4. Die Revisionsstelle

Mit der rechtsformübergreifenden Vereinheitlichung der Revisionsfunktion gelten für die Genossenschaft nun gemäss OR 906 Abs. 1 die entsprechenden Vorschriften des Aktienrechts (OR 727 ff.; vgl. dazu oben S. 189).

Sind die Voraussetzungen für eine ordentliche Revision nicht erfüllt, kann sich die Genossenschaft einer eingeschränkten Revision gemäss OR 727a unterziehen (zu dieser Unterscheidung vgl. die Ausführungen bei der AG, S. 189).

Gemäss *OR 906 Abs. 2* können als Sondernorm des Genossenschaftsrechts statt einer eingeschränkten eine ordentliche Revision der Jahresrechnung durch eine Revisionsstelle verlangen:

- 10% der Genossenschafter (Ziff. 1);
- Genossenschafter, die zusammen mindestens 10% des Anteilscheinkapitals vertreten (Ziff. 2);
- Genossenschafter, die einer persönlichen Haftung oder einer Nachschusspflicht unterliegen (Ziff. 3).

Bei Genossenschaften mit persönlicher Haftung oder Nachschusspflichten hat die Revisionsstelle bzw. der zugelassene Revisor zudem zu prüfen, ob das Genossenschaftsverzeichnis korrekt geführt wird (OR 907).

E. Das Innenverhältnis

1. Allgemeines

Die Rechtsstellung des Genossenschafters ist auf die Persönlichkeit des Mitgliedes bezogen und nicht auf seine Kapitalleistung. Grundsätzlich haben alle Genossenschafter die gleichen Rechte und Pflichten (OR 854), soweit sich aus dem Gesetz nicht eine Ausnahme ergibt.

Der Genossenschafter übt seine Rechte durch die Teilnahme an der Generalversammlung oder durch schriftliche Stimmabgabe aus (OR 855).

Wesentlich für die Genossenschaft ist, dass von Gesetzes wegen dem Genossenschafter nur eine einzige Pflicht auferlegt wird, nämlich die *Treuepflicht* (OR 866). Sämtliche weiteren Pflichten, insbesondere jedwelche finanzielle Beteiligungen, müssen statutarisch festgelegt werden.

Aus dem besonderen Zweck der Genossenschaft (Selbsthilfe) ergibt sich, dass die Genossenschaft nicht in erster Linie auf Gewinnerzielung ausgerichtet ist, sondern vielmehr die Mitglieder in ihren wirtschaftlichen (und ev. auch gemeinnützigen, vgl. HRegV 86 lit. b Ziff. 2) Interessen zu fördern oder zu unterstützen hat. Dies hat zur Folge, dass die Vermögensrechte der Genossenschafter primär in der Nutzung der genossenschaftlichen Einrichtungen liegen. Ein Liquidationsüberschuss soll daher grundsätzlich nicht an die Genossenschafter ausgeschüttet, sondern zu genossenschaftlichen Zwecken verwendet werden (OR 859 Abs. 1).

Sollen mittels einer Dividende andere vermögensrechtliche Vorteile an die Mitglieder gelangen, bedarf dies der statutarischen Normierung.

2. Rechte des Genossenschafters

Vermögensrechte	Nicht vermögensmässige Rechte	
	Mitwirkungsrechte	Schutzrechte
- Recht auf Benutzung der genossenschaftlichen Einrichtungen (ergibt sich aus dem Zweck der Gesellschaft) - Lieferungs-, Bezugs- oder Forderungsrechte nach Massgabe der Statuten - Ev. Recht auf Beteiligung am Reinertrag (OR 859 Abs. 2) - Ev. Recht auf Dividende auf Anteilscheinen (OR 859 Abs. 3) - Ev. Recht auf Abfindung bei Ausscheiden (OR 864 f.) - Ev. Recht auf Liquidationsquote (OR 913 Abs. 2 und 3)	- Recht auf Teilnahme an GV (OR 879) - Recht auf Einladung und Bekanntgabe der Traktanden der GV (OR 882, 883 Abs. 1) - Recht auf Beteiligung - Debattier- und Antragsrecht - Stimmrecht (OR 885) - Recht, sich vertreten zu lassen (OR 886)	- Einsichts- und Auskunftsrecht (OR 856 f.) - Recht, GV einberufen zu lassen (OR 881 Abs. 2) - Recht zur Anfechtungsklage (OR 891) - Recht zur Verantwortlichkeitsklage (OR 916 ff.) - Recht auf Austritt (OR 842, 843 Abs. 2)

3. Pflichten des Genossenschafters

Vermögensmässige Pflichten	Nicht vermögensmässige Pflichten
Keine, ausser statutarisch vereinbart: • Pflicht zur Übernahme eines Anteilscheines (OR 853) • Pflicht zur Bezahlung eines Eintrittsgeldes (OR 839 Abs. 2) • Pflicht zur Bezahlung einer Auslösesumme (OR 842 Abs. 2) • periodische Beitragspflicht (OR 867) • persönliche Haftung (OR 869 f.) • Nachschusspflicht (OR 871)	• Treuepflicht (OR 866) • Weitere Pflichten gemäss Statuten (OR 867)

Die Genossenschafter sind verpflichtet, die Interessen der Genossenschaft in guten Treuen zu wahren. Dies ist ein grosser Unterschied zum Aktienrecht, wo die einzige Pflicht des Gesellschafters die Liberierungspflicht ist. Neben den aus den Statuten konkret hervorgehenden Einzelpflichten ist jedoch diese Treuepflicht nur sehr restriktiv auszulegen.

Rechtsprechung BGE 101 II 125, E. 3a: Die Treuepflicht beurteilt sich in erster Linie nach dem von der Genossenschaft angestrebten Zweck und den dafür in den Statuten vorgesehenen Mitteln [...]. Der weitere Statuteninhalt ist für die Bestimmung der Treuepflicht beachtlich, wenn sich aus diesem über die eigentliche Zweckbestimmung und die dafür vorgesehenen Mittel hinaus besondere Pflichten der Genossenschafter ergeben [...]. Die Statuten sind somit einerseits Grundlage und andererseits Schranke der Treuepflicht des Genossenschafters. Aus ihnen müssen alle den Genossenschaftern aus der Mitgliedschaft erwachsenden Verpflichtungen, zu denen nicht nur jene auf Geldleistung gehören, ersichtlich sein [...].

Inhalt und Umfang der Treuepflicht sind somit abhängig von der Art, Struktur und Zweckausrichtung sowie der Ausgestaltung des Mitgliedschaftsverhältnisses der konkret infrage stehenden Genossenschaft.

Bei grossen Genossenschaften bleibt die Treuepflicht allerdings praktisch bedeutungslos (wie etwa bei den Konsumgenossenschaften Coop und Migros). Handelt es sich hingegen nur um kleine Genossenschaften, wie es gerade bei landwirtschaftlichen Genossenschaften oft der Fall ist, so wird man vom Mitglied eine intensivere Treuepflicht erwarten dürfen.

Grundsätzlich kann aus der Treuepflicht der Mitglieder auch eine Pflicht zur Benutzung der genossenschaftlichen Einrichtungen und zur Teilnahme am genossenschaftlichen Rechtsverkehr erblickt werden.

Eine Verletzung der Treuepflicht kann zu Schadenersatzansprüchen gegen das betreffende Mitglied führen. Im extremsten Fall kann sie sogar einen wichtigen Grund darstellen, um einen Genossenschafter auszuschliessen (OR 846).

4. Gesellschafterwechsel

4.1 Grundsatz

- freier Ein- und Austritt
- keine Übertragbarkeit der Mitgliedschaft

4.2 Aufnahme neuer Mitglieder

In eine Genossenschaft können jederzeit neue Mitglieder aufgenommen werden (OR 839 Abs. 1).

Gemäss OR 839 Abs. 2 können die Statuten jedoch unter Wahrung des Grundsatzes der nicht geschlossenen Mitgliederzahl nähere Bestimmungen über den Eintritt treffen. Die Aufnahme kann somit von der Erfüllung statutarischer Eintrittsbedingungen abhängig gemacht werden.

Beispiele Mögliche Eintrittsbedingungen können sein:
- Wohnsitz
- Alter
- Beruf
- Religion
- finanzielle Beiträge

Das Prinzip der offenen Tür verbietet einzig, die Aufnahme durch übermässige Eintrittsvoraussetzungen zu erschweren. Ein klagbarer Anspruch auf Beitritt wird nach bundesgerichtlicher Rechtsprechung hingegen abgelehnt.

Rechtsprechung BGE 98 II 221, E. 5: OR 839 Abs. 2 kann somit nach Wortlaut, Sinn und Entstehungsgeschichte nicht dahin ausgelegt werden, dass einem Anwärter ein klagbares Recht auf Eintritt in eine Genossenschaft zustehe, selbst dann nicht, wenn er die statutarischen Eintrittsvoraussetzungen erfüllt. [...] Jedenfalls sollte eine Pflicht der Genossenschaft zur Aufnahme nur als «ultima ratio» [...] in Betracht fallen.

BGE 118 II 435, E. 3c: OR 839 Abs. 2 verbietet nur die übermässige Erschwerung des Eintritts in eine Genossenschaft. Es darf kein faktischer Numerus clausus eingeführt werden. Wann Eintrittsvoraussetzungen übermässig erschwerend sind, lässt sich nicht allgemein umschreiben. Vielmehr kommt es auf den konkreten Fall an [...].

Zum Beitritt bedarf es einer schriftlichen Erklärung (OR 840 Abs. 1). In der Regel wird zudem ein Aufnahmeentscheid des zuständigen Genossenschaftsorgans vorausgesetzt.

Die Übernahme finanzieller Leistungspflichten bedingt eine qualifizierte Beitrittserklärung. Besteht bei einer Genossenschaft neben der Haftung mit dem Genossenschaftsvermögen eine persönliche Haftung oder eine Nachschusspflicht der einzelnen Genossenschafter, so muss die Beitrittserklärung diese Verpflichtungen ausdrücklich enthalten (OR 840 Abs. 2).

4.3 Übertragung eines Mitgliedschaftsanteils

Der Wechsel der Mitglieder in der Genossenschaft findet grundsätzlich durch Ein- und Austritte statt. Eine *Übertragung der Mitgliedschaft ist grundsätzlich ausgeschlossen*. Ausnahmen bestehen namentlich in jenen Fällen, in denen die Mitgliedschaft vom Eigentum an einem bestimmten Grundstück oder wirtschaftlichen Betrieb abhängig gemacht wird (OR 850 Abs. 1). In diesen Fällen können die Statuten vorschreiben, dass mit der Veräusserung des Grundstückes oder der Übernahme des wirtschaftlichen Betriebes die Mitgliedschaft ohne Weiteres auf den Erwerber übergeht (OR 850 Abs. 2).

Eine weitere Ausnahme sieht das Gesetz in OR 847 Abs. 2 vor; danach können die Statuten bestimmen, dass im Falle des Todes eines Genossenschafters dessen Erben ohne Weiteres seine Mitgliedschaft übernehmen.

Die Abtretung oder Übertragung von Genossenschaftsanteilen bewirkt hingegen keinen Mitgliedschaftswechsel (OR 849 Abs. 1). Solange dieser nicht ausgetreten oder von der Gesellschaft ausgeschlossen worden ist, verbleibt die Mitgliedschaft beim Veräusserer. Nur das Forderungsrecht am Genossenschaftskapital geht auf den Erwerber über. Dieser muss somit formell seinen Beitritt erklären und von der Genossenschaft als neues Mitglied aufgenommen werden.

5. Austritt

5.1 Austrittsrecht

Das Prinzip der offenen Tür gilt auch für den Austritt. Solange die Auflösung der Genossenschaft nicht beschlossen ist, steht somit jedem Genossenschafter der Austritt frei (OR 842 Abs. 1).

Das Austrittsrecht darf im Rahmen der gesetzlichen und statutarischen Schranken jederzeit und voraussetzungslos ausgeübt werden. Der Austritt bedarf insbesondere weder der richterlichen Mitwirkung noch der Genehmigung der Genossenschaft. OR 844 Abs. 1 schreibt einzig vor, dass der Austritt nur auf Schluss des Geschäftsjahres und unter Beobachtung einer einjährigen

Kündigungsfrist stattfinden kann. Diese Bestimmung ist jedoch dispositiver Natur. Statutarisch kann den Genossenschaftern auch eine kürzere Kündigungsfrist und der Austritt während des Geschäftsjahres eingeräumt werden.

5.2 Einschränkungen

Eine Kündigung der Mitgliedschaft ist ausgeschlossen, wenn die Auflösung der Genossenschaft beschlossen ist oder die Gesellschaft aus einem anderen Grund im Sinne von OR 911 aufgelöst wird (OR 842 Abs. 1).

Die Statuten können den Austritt sodann von gewissen Bedingungen abhängig machen. Ein dauerndes Verbot oder eine übermässige Erschwerung des Austrittes durch die Statuten oder durch Vertrag sind aber ungültig (OR 842 Abs. 3).

Eine Kündigungsbeschränkung ist nach herrschender Lehre dann zulässig, wenn sie im Interesse des Genossenschaftszwecks unumgänglich ist und der Zweck durch andere Massnahmen nicht erreichbar ist. Unzulässig sind demgegenüber Kündigungsbeschränkungen, die faktisch einem Austrittsverbot gleichkommen und den Genossenschafter in unzumutbarer Weise in seiner persönlichen Freiheit beschränken.

Beispiele Kündigungsbeschränkungen:
- Festsetzung einer Auslösungssumme
- gleichzeitige Auflösung von Mietverträgen
- Verlust von Rechten an einer Altersrente
- Verfall von Genossenschaftsanteilen

Der Austritt kann durch die Statuten oder durch Vertrag auf höchstens fünf Jahre ausgeschlossen werden (OR 843 Abs. 1). Selbst während dieser Frist wird dem Genossenschafter jedoch ein Austrittsrecht aus wichtigen Gründen gewährt (OR 843 Abs. 2). Dieser Sperrfrist kommt keine Wirkung zu, wenn der Genossenschafter wegen der nachträglichen Einführung oder Erhöhung der persönlichen Haftung oder Nachschusspflicht innert drei Monaten seit der Veröffentlichung den Austritt erklärt (OR 889 Abs. 2). Auch im Falle des Todes eines Genossenschafters ist die Sperrfrist selbstverständlich unbeachtlich.

Die Statuten können vorschreiben, dass der Austretende zur Bezahlung einer angemessenen Auslösungssumme verpflichtet ist, wenn der Genossenschaft durch den Austritt ein erheblicher Schaden erwächst oder deren Fortbestand gefährdet wird (OR 842 Abs. 2).

Es müssen demnach *zwei Voraussetzungen* erfüllt sein, damit eine derartige Auslösungssumme verlangt werden darf:

1. Die Statuten sehen eine *Auslösungssumme* vor:
    - Nicht erforderlich, aber zulässig ist die statutarische Festsetzung der Höhe dieser Auslösungssumme;
    - die Kompetenz zur Festsetzung der Höhe der Auslösungssummen kann sowohl der Verwaltung als auch der Generalversammlung zugewiesen werden.

2. Der Genossenschaft entsteht aus dem Austritt ein *erheblicher Schaden:*
    - Der effektive Schaden stellt die oberste Grenze für die Höhe der Auslösungssumme dar;
    - die Auslösungssumme ist verschuldensunabhängig;
    - sowohl der Schaden als auch der adäquate Kausalzusammenhang zur Kündigung sind jedoch von der Genossenschaft zu beweisen.

Eine in den Statuten festgesetzte Auslösungssumme ist selbst dann geschuldet, wenn die Mitgliedschaft aus wichtigem Grund gekündigt wird.

Unzulässig ist die Auferlegung der Bezahlung einer Auslösungssumme hingegen dann, wenn der Austritt im Zusammenhang mit der Einführung oder Erhöhung der persönlichen Haftung des Genossenschafters erfolgt (OR 889 Abs. 3).

Auslösungssummen, die den Voraussetzungen von OR 842 Abs. 2 nicht entsprechen, sind vom Richter auf das zulässige Mass herabzusetzen.

6. Ausschluss

6.1 Nach Massgabe der Statuten

Die Statuten können die Gründe bestimmen, aus denen ein Genossenschafter ausgeschlossen werden darf (OR 846 Abs. 1). Nicht erlaubt ist der Ausschluss eines Genossenschafters ohne Angabe eines Grundes. Hingegen ist ein Verschulden des auszuschliessenden Genossenschafters nicht erforderlich. Es reicht, wenn die Mitgliedschaft für die Genossenschaft aus objektiven Gründen nicht mehr tragbar ist.

Ein unrechtmässiger Ausschluss eines Genossenschafters kann Schadenersatzklagen gegen die Genossenschaft oder einzelne Mitglieder der Verwaltung auslösen.

Als statutarische Ausschlussgründe kommen nur solche infrage, die einen sachlichen Zusammenhang mit der Zielsetzung der Genossenschaft aufweisen. Durch den Ausschluss soll insbesondere eine Gefährdung des Gesellschaftszwecks verhindert werden.

6.2 Ausschluss aus wichtigen Gründen

Der Ausschluss eines Genossenschafters aus der Genossenschaft ist gemäss OR 846 Abs. 2 jederzeit erlaubt, wenn *wichtige Gründe* vorliegen. Ein solcher ist dann gegeben, wenn der Weiterbestand der Mitgliedschaft für die Genossenschaft untragbar ist. Dies wurde etwa vom Bundesgericht bejaht, wenn der tadellose Ruf der Genossenschaft durch eine strafrechtliche Verurteilung eines Genossenschafters wegen Vermögensdelikten gefährdet wird (vgl. BGer v. 8. November 2010, 4A.359/2010).

Der Beschluss über den Ausschluss aus wichtigen Gründen ist formlos gültig, muss aber begründet werden. Über die Ausschliessung entscheidet grundsätzlich die Generalversammlung. Die Statuten können die Zuständigkeit jedoch auch der Verwaltung übertragen (OR 846 Abs. 3). Wird dies getan, so kann der Ausschliessungsentscheid der Verwaltung vom betroffenen Mitglied mit Rekurs an die Generalversammlung angefochten werden (OR 846 Abs. 3).

Jeder Ausschluss kann auch vor dem ordentlichen Gericht oder einem Schiedsgericht angefochten werden. Für diese Klage gilt allerdings eine Verwirkungsfrist von drei Monaten (OR 846 Abs. 3); die Anfechtung hat nach herrschender Lehre keine aufschiebende Wirkung.

6.3 Haftung des ausgeschiedenen Gesellschafters

Der Ausscheidende haftet für die vor seinem Ausscheiden entstandenen Verpflichtungen grundsätzlich fort. Die Haftung wie auch die Nachschusspflicht erlischt, wenn die Genossenschaft nicht innert eines Jahres oder einer statutarisch festgesetzten längeren Frist seit Eintragung des Ausscheidens im Handelsregister in Konkurs fällt (OR 876 Abs. 1).

Massgebend für den Beginn dieser Weiterhaftungsfrist ist nicht etwa der effektive Zeitpunkt des Ausscheidens, sondern vielmehr dessen Eintragung im Handelsregister. Neben dem tatsächlichen Erlöschen der Mitgliedschaft braucht es somit zusätzlich der Streichung des Ausgeschiedenen aus der Mitgliederliste. Fällt die Genossenschaft innert der gesetzlichen oder statutarischen Frist nach Streichung des Ausgeschiedenen in Konkurs, kann dieser somit für die vor seinem Ausscheiden entstandenen Verpflichtungen belangt werden.

F. Das Aussenverhältnis

1. Firma und Sitz

1.1 Firma

Die Genossenschaft kann unter Wahrung der allgemeinen Grundsätze der Firmenbildung ihre *Firma frei* wählen. Zu diesen Grundsätzen gehört die Firmenwahrheit, das Täuschungs- und Reklameverbot sowie das Verbot der Verletzung öffentlicher Interessen. Innerhalb dieser Schranken darf in die Firma der Genossenschaft ein Personenname, eine Sach- oder auch eine Fantasiebezeichnung aufgenommen werden. Unabhängig davon, ob ein Personenname, eine Sach- oder Fantasiebezeichnung als Firma dient, muss in der Firma die Rechtsform (Genossenschaft) angeführt werden (OR 950).

1.2 Sitz

Der Sitz einer Genossenschaft als Körperschaft kann *innerhalb der Schweiz frei bestimmt* werden. Ob der in den Statuten angegebene Sitz mit den tatsächlichen Verhältnissen übereinstimmt, ist unerheblich. Vorbehalten bleiben die Fälle des Rechtsmissbrauchs, so etwa wenn eine Sitzverlegung nur deshalb erfolgte, um der Belangung durch einen Gläubiger auszuweichen.

Jede Genossenschaft kann nur einen Sitz haben. Am Sitz der Genossenschaft befindet sich der allgemeine Gerichtsstand für Klagen gegen die Gesellschaft (ZPO 10 Abs. 1 lit. b). Auch der Gerichtsstand für Verantwortlichkeitsklagen gegen Mitglieder der Geschäftsleitung liegt gemäss ZPO 40 am Ort ihres Sitzes. Weiter ist der Sitz allgemeiner Betreibungsort (SchKG 46 Abs. 2) und massgeblicher Erfüllungsort für gewisse Verbindlichkeiten (OR 74).

Vom Sitz der Genossenschaft zu unterscheiden ist die Geschäftsniederlassung, d.h. der Ort, an welchem die Genossenschaft effektiv tätig ist. Der Ort der Niederlassung kann – muss aber nicht – mit dem Sitz der Genossenschaft übereinstimmen.

2. Vertretung

Die zur Vertretung befugten Personen sind ermächtigt, im Namen der Genossenschaft alle Rechtshandlungen vorzunehmen, die *der Zweck der Genossenschaft mit sich bringen kann* (OR 899 Abs. 1).

Eine Beschränkung dieser Vertretungsbefugnis hat gegenüber gutgläubigen Dritten nur dann rechtliche Wirkungen, wenn diese im Handelsregister eingetragen wird (OR 899 Abs. 2).

Eintragungsfähig sind die folgenden Konstellationen:
- die Beschränkung der Vertretungsbefugnis auf einen oder mehrere Geschäftsführer;
- die Erteilung einer sog. kollektiven Vertretungsbefugnis;
- die Beschränkung der Vertretungsbefugnis auf die Haupt- oder eine Zweigniederlassung.

Sofern ein entsprechender Eintrag im Handelsregister erfolgt, werden diese Beschränkungen somit auch gegenüber Dritten wirksam.

Alle übrigen Begrenzungen der Vollmacht können zwar intern festgelegt werden, wirken jedoch nicht nach aussen, sofern der gute Glaube des Dritten nicht zerstört ist. Mit anderen Worten darf ein Dritter davon ausgehen, dass Vertretungsorgane Vertretungsbefugnis im Umfang der objektiven Zweckgrenze haben. Der gute Glaube des Dritten wird somit vermutet. An dessen Sorgfalt dürfen keine allzu hohen Anforderungen gestellt werden, insbesondere besteht eine Erkundigungspflicht des Dritten bei der Gesellschaft nur, wenn konkrete Indizien für eine mangelnde Vertretungsbefugnis bestehen.

Die Gesellschaft wird daher für die Handlungen eines Gesellschafters, der sich nicht an eine derartige Beschränkung hält, dennoch verpflichtet, hat aber gegenüber dem Gesellschafter unter Umständen einen Anspruch auf Ersatz des ihr entstandenen Schadens.

Als Sonderfall bedürfen gemäss OR 899a Verträge zwischen der Genossenschaft und derjenigen Person, durch welche die Gesellschaft beim Vertragsschluss vertreten wird, der Schriftform. Diese Regelung gilt ebenso im Recht der AG (OR 718b) und der GmbH (OR 814 Abs. 4) und soll der Rechtsklarheit und damit den Interessen aller Betroffenen dienen. Bei laufenden Geschäften, bei denen die Leistung der Gesellschaft nicht mehr als CHF 1'000.– beträgt, kann auf die Schriftform verzichtet werden.

3. Haftung

Grundsätzlich haftet ausschliesslich das Genossenschaftsvermögen für die Verbindlichkeiten der Genossenschaft (OR 868 Abs. 1). In den Statuten kann jedoch vorgesehen werden, dass die Genossenschafter persönlich unbeschränkt oder bis zu einem bestimmten Betrag haften (OR 869 Abs. 1, 870 Abs. 1). Ist dies der Fall, haftet auch ein nachträglich eintretender Genossenschafter für die vor seinem Eintritt entstandenen Verbindlichkeiten (OR 875).

Die Genossenschaft haftet für den Schaden aus *unerlaubten Handlungen*, die eine zur Geschäftsführung oder Vertretung befugte Person in Ausübung ihrer geschäftlichen Verrichtungen begeht (OR 899 Abs. 3). Analog zu OR 41 ff. werden zur Begründung des Anspruches neben einem Schaden auch die Widerrechtlichkeit, ein Kausalzusammenhang und das Verschulden des handelnden Organs vorausgesetzt. Die Beweislast trifft den Kläger.

Der Geschädigte hat nur dann einen Anspruch gegen die Gesellschaft, wenn der Schaden durch eine zur Geschäftsführung oder Vertretung befugte Person in Ausübung ihrer geschäftlichen Verrichtungen verursacht wurde. Gemeint sind damit einerseits die Geschäftsführer, andererseits aber auch Direktoren und Prokuristen, denen Organqualität zukommt.

Für Klagen aus unerlaubter Handlung gelten die besonderen Gerichtstände von ZPO 36 ff. Der Kläger hat demnach die Wahl, entweder an seinem Wohnsitz oder Sitz, am Sitz der beklagten Genossenschaft oder deren Zweigniederlassung oder am Handlungs- oder Erfolgsort zu klagen.

4. Konkurs

Die Genossenschaft unterliegt gemäss SchKG 39 Abs. 1 Ziff. 10 der Konkursbetreibung. Die Eröffnung des Konkurses bewirkt die Auflösung und Liquidation der Gesellschaft (OR 911 Ziff. 3).

OR 873 Abs. 1 sieht vor, dass im Konkurs einer Genossenschaft mit persönlicher Haftung oder mit Nachschusspflicht der Genossenschafter die Konkursverwaltung gleichzeitig mit der Aufstellung des Kollokationsplanes die auf die einzelnen Genossenschafter entfallenden vorläufigen Haftungsanteile oder Nachschussbeträge festzustellen und einzufordern hat.

Uneinbringliche Beträge sind auf die übrigen Genossenschafter im gleichen Verhältnis zu verteilen, Überschüsse nach endgültiger Feststellung der Verteilungsliste zurückzuerstatten (OR 873 Abs. 2).

Der Konkurs eines Genossenschafters hat hingegen auf die Genossenschaft keine direkte Wirkung. Die Privatgläubiger werden nur aus dem Privatvermögen des Gesellschafters befriedigt, nicht jedoch aus dem Genossenschaftsvermögen.

G. Die Beendigung der Genossenschaft

1. Auflösung

Die Genossenschaft wird gemäss OR 911 in den folgenden Fällen aufgelöst:
- nach Massgabe der Statuten (Ziff. 1);
- durch Beschluss der Generalversammlung (Ziff. 2);
- durch Eröffnung des Konkurses (Ziff. 3);
- in den übrigen vom Gesetz vorgesehenen Fällen (Ziff. 4).

Mit der Auflösung tritt die Genossenschaft in das Liquidationsstadium. Ausser in den Fällen der Auflösung durch Konkurs ist die Auflösung sofort von der Verwaltung zur Eintragung im Handelsregister anzumelden (OR 912).

2. Liquidation

2.1 Grundsatz: Anwendbarkeit des Aktienrechts

Die Liquidation der Genossenschaft erfolgt gemäss OR 913 Abs. 1 grundsätzlich nach den für die AG geltenden Vorschriften (OR 739 ff.). Es kann daher auf die Ausführungen an dieser Stelle verwiesen werden, S. 224.

2.2 Besonderheiten der Genossenschaft

Besonderheiten bestehen für die Genossenschaft vor allem hinsichtlich der Verwendung des Genossenschaftsvermögens.

In einem ersten Schritt sind die Schulden gegenüber Dritten zu tilgen. Nach vollständiger Tilgung der Drittschulden sind die Anteilscheine zurückzubezahlen (OR 913 Abs. 2), sofern bei der Genossenschaft solche bestehen. Verbleibt jetzt noch ein Überschuss, so muss dieser – wenn die Statuten keine Vorschriften bezüglich der Verteilung vorsehen – grundsätzlich zu genossenschaftlichen Zwecken oder zur Förderung gemeinnütziger Bestrebungen verwendet werden (OR 913 Abs. 4).

Die Statuten können jedoch eine Verteilung des Vermögensüberschusses unter den Genossenschaftern vorsehen (OR 913 Abs. 2). Auch der Verteilungsmodus kann statutarisch festgelegt werden. Enthalten die Statuten jedoch keine entsprechenden Bestimmungen, so findet grundsätzlich eine Verteilung nach Köpfen statt (OR 913 Abs. 3).

3. Umstrukturierungen

3.1 FusG

Bezüglich Umstrukturierungen unter Beteiligung einer Genossenschaft gelten die einschlägigen Bestimmungen des FusG (vgl. dazu S. 297).

3.2 Übernahme durch eine öffentlich-rechtliche Körperschaft

Weiterhin im OR geregelt ist indessen die Übernahme des Vermögens der Genossenschaft durch eine öffentlich-rechtliche Körperschaft:

Wird das Vermögen einer Genossenschaft vom Bund, von einem Kanton oder unter Garantie des Kantons von einem Bezirk oder von einer Gemeinde übernommen, so kann mit Zustimmung der Generalversammlung vereinbart werden, dass die Liquidation unterbleiben soll (OR 915 Abs. 1).

Der *Ablauf* gestaltet sich wie folgt:

1. Die Verwaltung der Genossenschaft und die Körperschaft des öffentlichen Rechts schliessen einen **Übernahmevertrag**.

2. **Genehmigung des Übernahmevertrages** durch Beschluss der Generalversammlung der Genossenschaft zur Auflösung ohne Liquidation. Der Beschluss der Generalversammlung ist nach den Vorschriften über die Auflösung zu fassen (grundsätzlich Mehrheit von 2/3 der abgegebenen Stimmen).

3. **Eintragung des Übernahmebeschlusses** im Handelsregister. Übergang des Vermögens mit allen Rechten und Pflichten kraft **Universalsukzession**

4. **Löschung** der übernommenen Genossenschaft im Handelsregister (OR 915 Abs. 2 i.V.m. OR 912)

Anders als bei der Fusion mit einer anderen Genossenschaft wird bei der Übernahme durch eine öffentlich-rechtliche Körperschaft auf einen besonderen Gläubigerschutz verzichtet. Die Löschung der Genossenschaft erfolgt somit im gleichen Zeitpunkt wie die Eintragung der Auflösung im Handelsregister.

H. Besondere Arten von Genossenschaften

Für bestimmte Arten von Genossenschaften sieht das Gesetz Sonderregeln vor. Auf diese wird im Folgenden kurz eingegangen:

Genossenschaftsart	Artikel	Besondere Regeln
Genossenschaftsverband (Genossenschaft, deren Mitglieder ausschliesslich oder mehrheitlich Genossenschaften sind)	• OR 921 • OR 922 • OR 923 • OR 924	• Wenigstens drei Gründungsmitglieder • Oberstes Organ ist die Delegiertenversammlung • Die Verwaltung wird aus Mitgliedern der angeschlossenen Genossenschaften gebildet (dispositiv) • Überwachungsrecht und Anfechtungsrecht der Verwaltung des Verbandes (dispositiv)
Bankgenossenschaften	• OR 861 • OR 920	• Verwendung des Reinertrages • Aktienrechtliche Verantwortlichkeit
Versicherungsgenossenschaften	• OR 841 • OR 893 • OR 896 Abs. 2 • OR 920	• Versicherungsverträge • Übertragung der Befugnisse der GV an die Verwaltung bei Genossenschaften mit mehr als 1'000 Mitgliedern • Amtsdauer der Verwaltung nach Aktienrecht • Aktienrechtliche Verantwortlichkeit
Genossenschaften als Träger einer Vorsorgeeinrichtung	BVG 48 Abs. 2 und 51	Parität in der Verwaltung
Genossenschaften mit Beteiligung von Körperschaften des öffentlichen Rechts	OR 926 Abs. 1	Gemeinwesen kann eigene Vertreter in die Verwaltung und Revisionsstelle entsenden
Genossenschaften des öffentlichen Rechts	OR 829	Unterstehen öffentlichem Recht

I. Übungen zum 7. Teil

Lösungen S. 353

Übung 82

Mitgliedschaft I

Fritz hat von Hans vor einiger Zeit Geld geliehen bekommen. Dieses möchte Hans nun gerne zurückhaben. Fritz ist aber nach wie vor recht knapp bei Kasse. Andererseits besitzt er jedoch einen Anteilschein der Konsumgenossenschaft Sparmarkt. Diesen bietet er Hans zur Bezahlung seiner Schulden an. Hans willigt ein. Allerdings traut er den Geschäftsabläufen der Genossenschaft nicht so ganz. Er verlangt daher von der Revisionsstelle Einblick in die Geschäftsbücher der Genossenschaft. Die Revisionsstelle lehnt diesen Antrag ab. Zu Recht?

Übung 83

Mitgliedschaft II

Hans hat alle Formalitäten hinter sich gebracht und ist nun «offiziell» Mitglied der Konsumgenossenschaft Sparmarkt. Erneut wendet er sich an die Revisionsstelle und möchte nun endlich Einsicht in die Geschäftsbücher haben. Muss die Revisionsstelle seinem Antrag nun Folge geben?

Übung 84

Mitgliedschaft III

Die Wohngenossenschaft «Schöner Wohnen» hat zum Zweck, ihren Mitgliedern günstige Mietwohnungen zu verschaffen. In ihren Statuten hat sie festgehalten, dass die Miete einer genossenschaftlichen Wohnung die Mitgliedschaft einer Person in der Genossenschaft voraussetzt. Nachdem sich in den Mietwohnungen vermehrt Wohngemeinschaften einfanden, stellt die Verwaltung an der Generalversammlung im Frühjahr 2007 den Antrag, dass in Zukunft die Mitgliedschaft auch mehreren Personen pro Wohnung offenstehen solle. Mit Ausnahme von Mitglied Mecker haben alle an der Generalversammlung anwesenden Mitglieder dem Antrag zugestimmt. Mecker befürchtet durch die Aufnahme mehrerer Mitglieder pro Wohnung eine Aushöhlung seines Stimmrechts und des Gleichbehandlungsgebots und will deshalb unmittelbar im Anschluss an die Versammlung den GV-Beschluss anfechten.

Übung 85

Austrittsrecht

Die Siedlungsgenossenschaft Lerchenfeld hat den Zweck, für ihre Mitglieder günstige Eigentumswohnungen zu erstellen. Die Statuten sehen vor, dass mit dem Erwerb einer derartigen Wohnung der Käufer ohne Weiteres zum Genossenschafter wird. Der Käufer bleibt Mitglied, solange er Eigentümer der Wohnung bleibt. Bei einem allfälligen Verkauf hat er dem Käufer die Mitgliedschaft zu überbinden und seine eigene Mitgliedschaft erlischt. Die Ehegatten Imboden gehören zu den Erwerbern einer derartigen Eigentumswohnung. Da sie aber vorhaben, die Wohnung nur als Ferienwohnung zu verwenden, und ins Ausland umziehen möchten, möchten sie gerne aus der Genossenschaft austreten. Darf die Genossenschaft ihnen den Austritt verbieten?

Übung 86

Nachschusspflicht

Die Genossenschaft A wurde 2003 gegründet. Die Statuten wurden in einer Gründungsversammlung vom 1. April 2003 von den 30 Gründungsgenossenschaftern einstimmig angenommen. Gemäss diesen wurde eine persönliche Haftung der Genossenschafter ausgeschlossen. Am 1. August 2003 wurde die Genossenschaft im Handelsregister eingetragen und die Gründung unter Hinweis auf die Haftungsnorm ordnungsgemäss veröffentlicht. Am 1. Januar 2004 wurde an der Generalversammlung von den 20 anwesenden Genossenschaftern einstimmig die Einführung der persönlichen Haftung jedes Genossenschafters bis zum doppelten Wert des Anteilscheins beschlossen. Diese Statutenänderung wurde am 1. Februar 2004 im Handelsregister eingetragen. Die Verwaltung versäumte es jedoch in der Folge, die Beitrittserklärung entsprechend anzupassen, sodass in dieser die persönliche Haftung unerwähnt blieb. 2012 gerät die Genossenschaft in Konkurs. Das Konkursamt stützt sich nun auf die Statuten und fordert von jedem Genossenschafter den Betrag der persönlichen Nachschusspflicht ein. Emil B., welcher der Genossenschaft erst 2007 beigetreten ist, ist empört und macht geltend, er habe von der persönlichen Nachschusspflicht nichts gewusst.

Übung 87

Stimmrecht

Die Landwirte Erika, Karl, Heinz und Peter, der Käser Beat und die Marktfahrer Bruno und Heidi beschliessen die Gründung der Genossenschaft «Emmentaler Obstbäume». An der konstituierenden Generalversammlung auf dem Anwesen von Erika fassen sie die notwendigen Beschlüsse und setzen die Statuten auf. Da die Gründer nicht im gleichen Umfang in der Lage sind, Kapital einzubringen, wird Folgendes vereinbart: Jeder Genossenschafter muss Anteilscheine für mindestens CHF 10'000.– erwerben. Die Abstimmungen und Gewinnverteilung erfolgen im Verhältnis zum gezeichneten Kapital. Ist eine derartige Statutenvereinbarung zulässig?

8. Teil Der Konzern

A. Allgemeines

1. Begriff

Ein Konzern ist die Zusammenfassung mehrerer rechtlich selbstständiger Gesellschaften unter einheitlicher wirtschaftlicher Kontrolle.

Das Obligationenrecht enthält keine eigenständige Regelung des Konzernrechts. Im Gesellschaftsrecht finden sich nur vereinzelt Regeln, die auf Konzerngebilde zugeschnitten sind. Dass Konzerne trotz fehlender einheitlicher Regelung präsent sind, ja bei Publikumsgesellschaften sogar den überwiegenden Teil der Gesellschaften ausmachen, ist eine Realität und widerspiegelt sich nebst den wenigen Grundsätzen im Obligationenrecht auch in vereinzelten Normen des Kartell-, Markenschutz-, Börsen- oder Bankengesetzes.

Wesentliche Normen zum Konzernrecht finden sich bei der kaufmännischen Buchführung und Rechnungslegung nach OR 957 ff. Konzerne sind grundsätzlich zur Erstellung einer Konzernrechnung verpflichtet (vgl. OR 963; Ausnahmen gemäss OR 963a). Die Pflicht zu deren Erstellung wird dabei an gewisse Voraussetzungen geknüpft, wobei als wesentliches Element für die Begründung eines Konzerns die Kontrolle eines Unternehmens über andere Unternehmen darstellt.

Ein *Kontrolle eines Unternehmens* über andere Unternehmen im Sinne eines Konzerns wird gemäss OR 963 Abs. 2 angenommen, wenn es:
- direkt oder indirekt über die Mehrheit der Stimmen im obersten Organ verfügt (Ziff. 1);
- direkt oder indirekt über das Recht verfügt, die Mehrheit der Mitglieder des obersten Leitungs- oder Verwaltungsorgans zu bestellen oder abzuberufen (Ziff. 2);
- aufgrund der Statuten, der Stiftungsurkunde, eines Vertrags oder vergleichbarer Instrumente einen beherrschenden Einfluss ausüben kann (Ziff. 3).

Für eine Kontrolle genügt nach herrschender Meinung eine *lockere, nur den Finanzbereich und die Ernennung der obersten Geschäftsleiter der Tochtergesellschaften umfassende Leitung*. Der beherrschende Einfluss kann schliesslich sowohl unmittelbarer als auch bloss mittelbarer Art (also etwa über die Beteiligung an anderen Gesellschaften) sein.

In Anlehnung an die nun erfolgte Anknüpfung der Kontrolle im Rechnungslegungsrecht stellt sich die Frage, ob bei der Definition des Konzerns statt auf die einheitliche wirtschaftliche Leitung künftig auf die Kontrolle abgestellt werden sollte. Ein Konzern würde sich demnach dahingehend auszeichnen, als dass er mehrere rechtlich selbstständige Gesellschaften unter einer einheitlichen wirtschaftlichen Kontrolle zusammenfasst. Eine faktische Leitung wäre demnach nicht mehr notwendig.

Wesentlicher Faktor bei einem Konzern ist demnach, dass die Entscheidungsfreiheit der Organe abhängiger Gesellschaften faktisch stark eingeschränkt ist. Es werden nicht mehr die Vorteile der eigenen Gesellschaft, sondern vielmehr diejenigen der Gesellschaftsgruppe angestrebt.

Die an der Spitze stehende Gesellschaft wird Mutter- oder Obergesellschaft genannt. Die abhängigen Gesellschaften werden als Tochtergesellschaften bezeichnet. Die Tochtergesellschaften untereinander sind Schwestergesellschaften.

Zwischen den verschiedenen am Konzern beteiligten Unternehmen besteht kein Wettbewerb *(no intra corporate conspiracy)*. Es gibt daher innerhalb des Konzerns keine kartellrechtlichen Einschränkungen. Das Kartellrecht kann jedoch bedeutsam werden, wenn es um die Rolle des Konzerns gegenüber anderen Marktteilnehmern geht.

Vorteile der Gründung eines Konzerns sind unter anderem die Senkung von Kosten, die Optimierung von Produktion, Logistik und Forschung und die bessere Auslastung von Anlagen. Der Konzern bietet auch steuerrechtliche Vorteile (Holdingprivileg; Beteiligungsabzug). Andererseits nimmt mit der Grösse eines Konzerns auch dessen Flexibilität ab; bei veränderter Nachfrage kann er unter Umständen nur mit starker zeitlicher Verspätung reagieren.

Bis heute sind Tochtergesellschaften vorwiegend Aktiengesellschaften. In den nachfolgenden Ausführungen wird auf diese Realität Rücksicht genommen und der Konzern vorwiegend aus aktienrechtlicher Sicht behandelt. Mit dem revidierten GmbH-Recht kann es jedoch durchaus sein, dass Konzerne in Zukunft für ihre Tochtergesellschaften auch die Rechtsform der GmbH wählen werden. Vorteile dieser Ausgestaltung sind die Selbstorganschaft, die es der Muttergesellschaft ermöglicht, unmittelbar auf die Leitung der Konzerntochter Einfluss zu nehmen, oder der Genehmigungsvorbehalt gemäss OR 811, wonach gewisse Entscheide von der Gesellschafterversammlung genehmigt werden müssen. Diese Behelfe würden es der Muttergesellschaft ermöglichen, trotz fehlender gesetzlicher Normen adäquat auf ihre Tochtergesellschaften Einfluss zu nehmen, um das Gesamtinteresse des Konzerns wahren zu können. Für die Muttergesellschaft eignet sich die GmbH weniger bzw. nur für in privater Hand befindliche Konzerne, da ihre Anteile nicht an der Börse kotiert werden können.

Beispiele Konzerne:
- Migros
- Coop
- Nestlé
- Novartis

2. Abgrenzungen

Holding	Eine Holdinggesellschaft hat zum Zweck, Beteiligungen an anderen Gesellschaften auf Dauer zu halten.
	Die Holdinggesellschaft steht oftmals an der Spitze der Konzernstruktur. Solange sie aber ihre Beteiligungen nicht zur Beherrschung der gehaltenen Unternehmen benutzt, bildet sie keinen Konzern; es mangelt an der Konzernleitungsfunktion. Man spricht in diesem Fall auch von einer Anlageholdinggesellschaft.
Akquisition	Kauf einer Beteiligung oder von Aktiven und Passiven einer Gesellschaft
	Erst mit der wirtschaftlichen Integration der akquirierten Gesellschaft kann ein Konzern entstehen.
Fusion	Durch die Fusion geht die rechtliche Selbstständigkeit der verschiedenen Unternehmen unter. Die fusionierenden Gesellschaften verschmelzen zu einer Einheit.
Joint Venture	Zwei oder mehrere Gesellschaften bringen Teile ihrer Unternehmen in ein Gemeinschaftsunternehmen ein.
	Die wirtschaftliche Einheit besteht nur im Joint Venture, die Gesellschaften bleiben ansonsten wirtschaftlich selbstständig.
Zweigniederlassung, Betriebsstätte	Physisch ausgegliederter Teil einer Gesellschaft; keine eigene Rechtspersönlichkeit
	Wirtschaftlich autonom, aber juristisch nicht selbstständig

B. Konzernbildung

1. Entstehungsarten

Endogener Aufbau	Exogener Aufbau
Konzern entsteht aus sich selbst heraus	Aussenstehende Unternehmen werden einem anderen unterstellt und in dieses integriert
Bsp.: Muttergesellschaft gründet eine Tochtergesellschaft	Bsp.: Akquisition, Joint Venture, Konzernvertrag

2. Mögliche Strukturen

a) Stammhauslösung

Ein Unternehmen in der Schweiz betreibt ein Geschäft und gründet bzw. übernimmt Tochtergesellschaften, die es auch leitet. In der Konzernspitze sind das Stammhaus, d.h. die ursprüngliche, den Konzern bildende Gesellschaft, die Konzernleitung und die Holdinggesellschaft vereinigt.

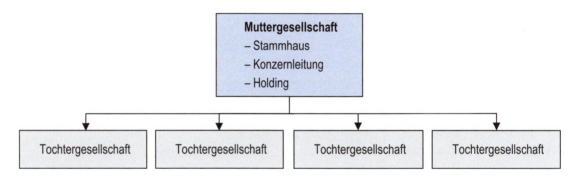

b) Holdinglösung

Das Stammhaus gliedert seine Beteiligungen an den anderen Gesellschaften in eine eigene Gesellschaft aus, welche die Funktion der Muttergesellschaft übernimmt. Die Konzernleitung kann beim Stammhaus verbleiben, in der Regel wird sie aber an die Muttergesellschaft übertragen. Die Holdinglösung bietet gegenüber der Stammhauslösung vor allem steuerrechtliche Vorteile.

c) Managementgesellschaft

Die Konzernleitung befindet sich in einer separaten Gesellschaft, der Managementgesellschaft. Einziger Zweck dieser Gesellschaft ist die Leitung des Konzerns. Entscheidend ist bei dieser Organisationsform nicht, wer an der Spitze des Konzerns steht, sondern wer effektiv die Macht über die anderen Gesellschaften hat. Bei konsequenter Durchführung wirkt zuoberst nur das Personal, das nicht spartenspezifisch organisiert ist. Der Muttergesellschaft verbleibt die reine Holdingfunktion.

d) Divisionale Konzerne

Divisionale Konzerne sind Subkonzerne. Der Konzern wird ohne Rücksicht auf Beteiligungsverhältnisse aufgegliedert in verschiedene Geschäftsbereiche. Die Holdinggesellschaft hat selbst nur noch relativ geringe Entscheidungsfreiheit. Die einzelnen Divisionen sind ausgestaltet wie ein eigener Konzern mit eigener Konzernleitung. Der obersten Konzernleitung verbleiben nur die absolut zentralen Konzernleitungsfunktionen.

3. Mögliche Gesellschaftsformen

	Muttergesellschaft	Tochtergesellschaft
AG	✓	✓
KommAG	✓	
GmbH	✓	✓
Genossenschaft	✓	✓
Verein	✓	
Stiftung	✓	✓
Koll- und KommG	✓	
Natürliche Person	✓	

C. Konsolidierungspflicht und verstärkte Publizität

Wenn die gesetzlichen Voraussetzungen eines Konzerns erfüllt sind, begründet dies für das beherrschende Unternehmen die Konsolidierungspflicht; der Konzern muss demnach eine konsolidierte Jahresrechnung, die sog. Konzernrechnung, erstellen (OR 963).

Voraussetzung hierfür ist die Kontrolle einer rechnungslegungspflichtigen Gesellschaft über eine oder mehrere rechnungslegungspflichtige Unternehmen (zur Kontrolle vgl. oben S. 280).

Die Gesellschaft ist von der Pflicht zur Erstellung einer Konzernrechnung befreit, wenn sie zusammen mit ihren Untergesellschaften zwei der nachstehenden Grössen in zwei aufeinanderfolgenden Geschäftsjahren nicht erreicht (OR 963a Abs. 1):

- Bilanzsumme von 20 Millionen Franken (Ziff. 1);
- Umsatzerlös von 40 Millionen Franken (Ziff. 2);
- 250 Vollzeitstellen im Jahresdurchschnitt (Ziff. 3).

Die Anforderungen entsprechen denjenigen an eine ordentliche Prüfungspflicht durch die Revisionsstelle (vgl. OR 727).

Selbst wenn die vorgenannten Grössen nicht erreicht sind, ist eine Konzernrechnung gemäss OR 963a Abs. 2 dennoch zu erstellen, wenn

- dies für eine möglichst zuverlässige Beurteilung der wirtschaftlichen Lage notwendig ist (Ziff. 1);
- Gesellschafter, die mindestens 20% des Grundkapitals vertreten, oder 10% der Genossenschafter oder 10% der Vereinsmitglieder dies verlangen (Ziff. 2);
- ein Gesellschafter oder ein Vereinsmitglied, der oder das einer persönlichen Haftung oder einer Nachschusspflicht unterliegt, dies verlangt (Ziff. 3);
- die Stiftungsaufsichtsbehörde dies verlangt (Ziff. 4).

Durch die Konsolidierung der Jahresrechnung werden konzerninterne Bilanzposten ausgeglichen und interne Transaktionen eliminiert. Gewinne, die nur durch konzerninterne Transaktionen entstanden sind und die bei einem Verkauf an Dritte vielleicht nicht erzielbar wären, dürfen nicht in der Erfolgsrechnung erscheinen.

Die Konzernrechnung untersteht den Grundsätzen ordnungsmässiger Rechnungslegung (OR 963b Abs. 3). Muss ein Unternehmen seine Rechnungslegung nach einem anerkannten Standard zur Rechnungslegung vornehmen (vgl. dazu oben S. 45), so gilt dieser Standard auch für die Konzernrechnung (OR 963b Abs. 1, 2 und 4).

Die Beteiligungsverhältnisse der Muttergesellschaft sind im Anhang offenzulegen (OR 959c Abs. 2 Ziff. 3). Zum Rechnungslegungsrecht vgl. Allgemein oben S. 43.

D. Aufgaben der Konzernleitung

Der Gesetzgeber spricht sich über die Aufgaben der Konzernleitung nicht aus.

Die folgenden minimalen *Pflichten* sind aber allgemein anerkannt:
- Festlegung der strategischen Zielvorgaben für den gesamten Konzern;
- Festlegung der Konzernstruktur;
- Vorgaben über die personelle Zusammensetzung der Geschäftsleitung in den abhängigen Unternehmen;
- Organisation des Finanz- und Rechnungswesens;
- Aufbau einer Überwachung der abhängigen Unternehmen.

Daneben steht es der Konzernleitung frei, weitere Aufgaben zu übernehmen, etwa zentrale Dienstleistungen (Forschung, EDV, Rechtsabteilung etc.) oder die Ausarbeitung und Koordination detaillierterer Zielvorgaben.

Da das schweizerische Recht nicht einheitlich zum Konzern Stellung nimmt, bestehen mithin schwierig zu handhabende Regelungen. Die dem Verwaltungsrat unübertragbar zukommenden Aufgaben nach OR 716 Abs. 1 verunmöglichen es theoretisch, dass Tochtergesellschaften verbindlich Weisungen von ihrer Konzernleitung entgegennehmen können. In der Lehre ist aber unbestritten, dass dies dennoch möglich sein muss. Konzerne behelfen sich mit entsprechenden Statutenbestimmungen und regeln die einheitliche Leitung in Reglementen.

Uneinheitlich ist die Auffassung darüber, ob die Konzernleitung eine Konzernleitungspflicht hat, d.h. eine einheitliche Leitung durchsetzen muss, oder ob sich ihre Aufgabe darauf beschränken kann, die Aktionärsrechte zu wahren.

Was die Weiterleitung von Wissen und das Zurechnen von Informationen innerhalb des Konzerns betrifft, gilt grundsätzlich das Prinzip von Treu und Glauben. Wissen darf grundsätzlich von der Mutter- zur Tochtergesellschaft weitergegeben werden, da diese die Macht hat, die Informationen vertraulich zu behandeln. Umgekehrt gilt dies nicht, weil eine Tochtergesellschaft nicht im gleichen Ausmass auf die Geschehnisse in der Muttergesellschaft Einfluss nehmen kann.

E. Minderheitenschutz

1. Konzerneintrittsphase

In dieser Phase soll ein bisher wirtschaftlich selbstständiges Unternehmen unter eine einheitliche wirtschaftliche Leitung gestellt werden. Da nun künftig nicht mehr die Interessen der eigenen Gesellschaft, sondern vielmehr die allenfalls davon abweichenden Interessen der Gesellschaftsgruppe angestrebt werden, kann dies die Interessen von Minderheitsgesellschaftern verletzen.

Minderheitsaktionären stehen deshalb gegen die geplante Konzernierung verschiedene Rechtsbehelfe zur Verfügung:

- Die nicht einverstandenen Aktionäre können, sofern sie zusammen mindestens 10% des Aktienkapitals vertreten, die Auflösung aus wichtigem Grund verlangen (OR 736 Abs. 4). Ein wichtiger Grund dürfte bei einer Kontrollübernahme regelmässig gegeben sein. In den meisten Fällen wird der Richter jedoch nicht auf Auflösung, sondern vielmehr als weniger weit gehende Massnahme auf den Auskauf der entsprechenden Aktionäre erkennen (vgl. hierzu die Ausführungen beim Aktienrecht, S. 223);
- Vinkulierung von Namenaktien;
- statutarische Stimmrechtsbeschränkungen;
- Aktionärsbindungsverträge.
- Die Konzernierung stellt zudem eine extreme Form der Zweckänderung dar. Eine Zweckänderung gilt jedoch als wichtiger Beschluss im Sinne von OR 704. Sie verlangt demnach die Zustimmung von mindestens zwei Dritteln der vertretenen Stimmen und die absolute Mehrheit der vertretenen Aktiennennwerte (qualifiziertes Mehr). Wird diese Vorschrift missachtet und gegen den Willen der Aktionäre konzerniert, entsteht bei einem Schaden eine Haftung aus Treuwidrigkeit.
- Austrittsrecht (BEHG).

2. Konzernbetriebsphase

In der Konzernbetriebsphase besteht vor allem die Gefahr, dass das abhängige Unternehmen geschädigt wird – etwa indem der Ertrag oder der Gewinn zugunsten des herrschenden Unternehmens geschmälert wird –, was sich mittelbar auf die Aktionäre der betroffenen Unternehmen auswirkt.

Dem Minderheitsaktionär stehen insbesondere folgende Behelfe zur Verfügung:

- Verbot der verdeckten Gewinnausschüttung: Erbringt ein Konzernunternehmen für ein anderes Leistungen, die nicht angemessen entschädigt werden, steht dieser Gesellschaft gegenüber dem Empfänger ein Anspruch auf Rückerstattung zu (OR 678);
- Gleichbehandlungsgebot;
- GV-Beschlüsse, die eine durch den Gesellschaftszweck nicht gerechtfertigte Ungleichbehandlung oder Benachteiligung der Aktionäre bewirken, sind anfechtbar (OR 706 Abs. 2 Ziff. 3);
- die Mitglieder des Verwaltungsrates haben die Aktionäre unter gleichen Voraussetzungen gleich zu behandeln (OR 717 Abs. 2);
- Gebot der schonenden Rechtsausübung: Stehen mehrere Wege offen, um ein bestimmtes legitimes Ziel zu erreichen, so muss die Gesellschaft denjenigen Weg wählen, der die Aktionärsrechte am wenigsten beeinträchtigt;
- Informations- und Kontrollrechte (OR 696 ff.).

Die Durchsetzung der Rechte des Minderheitsaktionärs erfolgt mittels Anfechtungs-, Nichtigkeits- oder Verantwortlichkeitsklage; vgl. hierzu die Ausführungen zum Aktienrecht, S. 178 und 213.

Rechtsprechung BGE 132 III 72, E. 1: Gemäss OR 697 kann ein Aktionär mit ausdrücklicher Ermächtigung der Generalversammlung oder des Verwaltungsrates Einsicht in die Geschäftsbücher und Korrespondenzen der Gesellschaft nehmen (Abs. 3). Wie das Recht auf Auskunft besteht dieses Einsichtsrecht so weit, als die Einsicht für die Ausübung der Aktionärsrechte erforderlich ist (Abs. 2). Ausserdem sind die Geschäftsgeheimnisse zu wahren (Abs. 3). Wird die Einsicht ungerechtfertigt verweigert, hat der Aktionär die Möglichkeit, den Richter am Sitz der Gesellschaft anzurufen (Abs. 4). [...] Im Konzern bezieht sich das Einsichtsrecht des Aktionärs [...] auf die schriftlichen Unterlagen, die sich bei jener Gesellschaft befinden, an welcher er selbst direkt beteiligt ist. Ist er an der Konzernobergesellschaft beteiligt, können dies auch vorhandene Unterlagen über die Untergesellschaften sein. [...] Wenn die Klägerin über die ihr zur Verfügung stehende Konzernrechnung hinaus Einsicht in die Jahresrechnungen der Beteiligungsgesellschaften und die zugehörigen Revisionsberichte verlangt, muss sie [...] nachweisen, dass diese weitergehenden Informationen für sie erforderlich sind, um ihre Aktionärsrechte in der Beklagten als Konzernobergesellschaft sinnvoll ausüben zu können.

3. Konzernaustrittsphase

Den Minderheitsaktionären stehen insbesondere folgende Behelfe zur Verfügung:
- Auflösungsklage (OR 736 Abs. 4);
- Austrittsrecht (BEHG).

F. Verträge mit Dritten

Will ein Konzern mit Dritten einen Vertrag abschliessen, stellt sich die Frage, welche Gesellschaft des Konzerns Vertragspartei ist. Diese Frage ist grundsätzlich nach dem Vertrauensprinzip zu beantworten. Geht eine Tochtergesellschaft eine vertragliche Bindung ein, so verpflichtet sie dabei grundsätzlich nur sich selber. Ebenso wenig bewirkt ein Vertragsschluss der Muttergesellschaft eine Bindungswirkung für die Tochtergesellschaften, ausser es wurde dies explizit so vereinbart. Die Eigenständigkeit der juristischen Personen ist nach heutigen Stand somit grundsätzlich zu beachten (vgl. dazu die nachfolgenden Ausführungen). Dies schliesst auch die Verrechnung von Forderungen eines Dritten mit dem Guthaben einer anderen Konzerngesellschaft aus.

G. Haftung im Konzern

1. Haftung der Muttergesellschaft

1.1 Respektierung der rechtlichen Selbstständigkeit

Grundsätzlich muss auch im Konzern für Verpflichtungen nur die betroffene Gesellschaft einstehen, unabhängig davon, ob diese Verpflichtungen vertraglich, ausservertraglich oder durch ungerechtfertigte Bereicherung begründet worden sind. Die Muttergesellschaft als Aktionärin der Tochter haftet gemäss OR 620 Abs. 2 für die Verbindlichkeiten der Gesellschaft nicht persönlich.

Dieser Grundsatz verunmöglicht eine praktische Handhabung des Konzerns und widerspricht der Konzernrealität. In der Lehre hat sich daher in Bezug auf Haftungssituationen eine Reihe von Fällen herausgebildet, die zu einer Haftung der Organe der Konzernmuttergesellschaft führen können.

1.2 Die Muttergesellschaft als faktisches Organ

Organ im Sinne der aktienrechtlichen Verantwortlichkeit ist nicht nur, wer formell als solches gewählt wird. Als mit der Verwaltung oder Geschäftsführung betraut gelten auch Personen, die tatsächlich Organen vorbehaltene Entscheide treffen oder die eigentliche Geschäftsführung besorgen und so die Willensbildung der Gesellschaft massgebend mitbestimmen. Organ in diesem Sinne können somit auch Mitglieder des Verwaltungsrates oder der Geschäftsleitung der Muttergesellschaft sein, wenn diese direkt auf die Entscheidungen der Tochtergesellschaft einwirken, etwa durch Weisungen an deren Organe.

Rechtsprechung BGE 128 III 92, E. 3c: Der Exekutivausschuss koordinierte die Geschäftstätigkeiten der F. AG mit denjenigen der E.-Unternehmen und behandelte auch deren Sanierung und die Liquiditätssituation der finanziell angeschlagenen Gesellschaften. Da der Beklagte diesem Ausschuss als beratendes Mitglied angehörte, an dessen Sitzungen stets teilnahm und diesem Ausschuss als einziger Verwaltungsrat der F. AG überdies formell vorgesetzt war, ist der Schluss der Vorinstanz bundesrechtlich nicht zu beanstanden, dass der Beklagte tatsächlich eine organtypische Stellung in der E. AG wahrnahm.

BGE 129 III 29, E. 3c: Die Vorinstanz ist zutreffend davon ausgegangen, dass eine faktische Organstellung nur einer Person zukommt, die in eigener Verantwortung eine dauernde Zuständigkeit für gewisse das Alltagsgeschäft übersteigende und das Geschäftsergebnis beeinflussende Entscheide wahrnimmt. Weder ein Handeln im Einzelfall noch eine bloss hilfsweise Tätigkeit in untergeordneter Stellung vermag hingegen die spezifische Organhaftung zu begründen.

In einem neueren Entscheid (BGE 132 III 523) hat das BGer nun auch die faktische Organstellung von Konzernmuttergesellschaften selbst bejaht. Obwohl juristische Personen nicht als formelle Organe zulässig sind (vgl. OR 707 Abs. 3 OR), wurde die AG (Konzernmutter) in diesem Entscheid als faktisches Organ betrachtet, das sich durch die Verletzung ihrer Verpflichtungen verantwortlich gemacht hatte.

1.3 Haftung aus Durchgriff

Bei einer Haftung aus Durchgriff von der Tochtergesellschaft auf die Muttergesellschaft wird die rechtliche Selbstständigkeit der Tochter ignoriert und direkt gegen das herrschende Unternehmen vorgegangen. Haftungssubstrat bildet in diesem Fall neben dem Vermögen der Tochtergesellschaft auch dasjenige der Muttergesellschaft.

Der Durchgriff wird äusserst *restriktiv bejaht*. Voraussetzung hierfür ist neben der im Konzern typischen wirtschaftlichen Einheit, dass die Berufung auf die rechtliche Selbstständigkeit von Tochter- und Muttergesellschaft rechtsmissbräuchlich erscheint und damit gegen Treu und Glauben (ZGB 2) verstösst.

Beispiele
- Bewusste Unterkapitalisierung; etwa durch die Gründung einer Tochtergesellschaft mit dem Mindestkapital bei gleichzeitiger Übertragung von Aufgaben, die durch das Haftungssubstrat klar nicht gedeckt sind;
- systematische Aushöhlung des abhängigen Unternehmens: Gewinne und Reserven werden der Muttergesellschaft zugeführt, wodurch das Haftungssubstrat der Tochtergesellschaft verschwindet;
- eine Vermischung des Vermögens der Tochter- und Muttergesellschaft in einer Weise, die eine buchhalterische Trennung verunmöglicht.

1.4 Haftung aus erwecktem Konzernvertrauen im Besonderen

Ein Durchgriff auf die Muttergesellschaft ist namentlich dann gerechtfertigt, wenn die Berufung auf die rechtliche Selbstständigkeit der Tochter als *rechtsmissbräuchlich* im Sinne von ZGB 2 Abs. 2 erscheint.

Wichtigster Anwendungsfall hierfür ist die Haftung der Muttergesellschaft aus erwecktem Konzernvertrauen: Wird bei Dritten ein berechtigtes Vertrauen erweckt, dass die Muttergesellschaft hinter einer Gesellschaft stehe, kann dies zu einer Vertrauenshaftung der Mutter führen. Ein blosser Hinweis auf die Zugehörigkeit zu einem bestimmten Konzern – auch wenn dieser nach aussen hin manifestiert wird – begründet jedoch noch keine Haftung des herrschenden Unternehmens für Schäden, die aufgrund rechtsgeschäftlicher Kontakte des abhängigen Unternehmens mit Dritten entstanden sind.

Rechtsprechung BGE 120 II 331, E. 5a: Die Haftung aus erwecktem Konzernvertrauen ist allerdings – wie die Haftung aus culpa in contrahendo – an strenge Voraussetzungen zu knüpfen. Denn wie jedermann in Vertragsverhandlungen seine Interessen grundsätzlich selbst wahrzunehmen hat und sich nicht einfach auf deren Berücksichtigung durch den Verhandlungspartner verlassen darf, hat der Geschäftspartner einer Tochtergesellschaft deren Kreditwürdigkeit grundsätzlich selbst zu beurteilen, kann er somit das Bonitätsrisiko nicht einfach generell auf die Muttergesellschaft abwälzen [...].

Die Haftung entsteht erst, wenn die Muttergesellschaft durch ihr Verhalten bestimmte Erwartungen in ihr Konzernvertrauen und ihre Konzernverantwortung erweckt und dieses Vertrauen später in treuwidriger Weise enttäuscht. Im gleichen Sinne hat die Muttergesellschaft aber unter Umständen auch ein durch die Tochter geschaffenes Konzernvertrauen zu verantworten, wenn sie nichts dagegen unternimmt.

Neben den allgemeinen Haftungsvoraussetzungen (Schaden, Kausalität, Verschulden) muss somit eine besondere rechtliche Konstellation vorliegen:

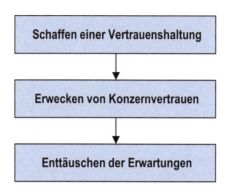

Massgebliche Entscheide des Bundesgerichts zur Frage der Haftung aus Konzernvertrauen sind einerseits der *Swissair-Entscheid* (BGE 120 II 331), in welchem eine Vertrauenshaftung bejaht worden ist, und andererseits *Musikvertrieb AG gegen Motorcolumbus AG* (BGE 124 III 297), in welchem das Bundesgericht eine Haftung aus Konzernvertrauen verneinte.

Rechtsprechung BGE 120 II 331, E. 5b: Die Klägerin durfte einerseits aus der Betonung der Einbindung der IGR in den Swissair-Konzern und insbesondere aus der Aussage, die Swissair stehe hinter der IGR, nach Treu und Glauben die Zusicherung ableiten, dass die Beklagte die IGR mindestens in der Aufbauphase mit ausreichenden Mitteln dotieren werde. [...] Andererseits durfte die Klägerin aber aufgrund der Werbeunterlagen auch allgemein darauf vertrauen, dass die werbemässig herausgestrichene Einbindung der IGR in den Swissair-Konzern ein zuverlässiges und korrektes Geschäftsgebaren verbürge und dass die Beklagte als Muttergesellschaft für diese Zuverlässigkeit und Vertrauenswürdigkeit einstehe.

B   GE 124 II 297, E. 6b: In den allgemeinen Angaben über die Konzernverhältnisse, welche Geschäftspapier und Werbeunterlagen der EOP/Infocall AG enthielten, kann keine Grundlage für berechtigtes Vertrauen der Klägerin darauf gesehen werden, dass die Telecolumbus AG für eine korrekte Vertragsabwicklung ihrer Tochtergesellschaft und insbesondere für eine korrekte Aufklärung über allfällig auftretende Probleme sorgen werde.

2. Haftung innerhalb der Tochtergesellschaft

Wie bei jeder Aktiengesellschaft (bzw. GmbH oder Genossenschaft) haften die mit der Verwaltung bzw. Geschäftsführung beauftragten Organe gemäss den Verantwortlichkeitsbestimmungen des Gesellschaftsrechts für ihre Handlungen (OR 717 Abs. 1; zur Verantwortlichkeitsklage im Aktienrecht vgl. die Ausführungen zum Aktienrecht, S. 219). Innerhalb des Konzernrechts stellt sich in diesen Zusammenhang die Frage einer solchen Verantwortlichkeitshaftung insbesondere bei den Organen einer Tochtergesellschaft, wenn diese die Interessen des Konzerns über diejenigen ihrer eigenen Gesellschaft stellen.

Rechtsprechung BGE 130 III 213, E. 2: Eine Besonderheit des vorliegenden Falles besteht darin, dass die dem Beklagten vorgeworfene Handlung zugunsten einer anderen Konzerngesellschaft erfolgt ist. Es fragt sich damit, ob im Konzern die Treuepflicht gegenüber der einzelnen Konzerngesellschaft oder gegenüber dem Konzern als Ganzem besteht. [...] Vorliegend ist die Klägerin [die Gesellschaft, als deren Organ der Beklagte gehandelt hat] durch die zugunsten der Konzernschwester erfolgte Gutschrift geschädigt worden. [...] Der Beklagte hat [...] offensichtlich und für ihn erkennbar nicht im Interesse jener Gesellschaft gehandelt, deren Organ er ist. Er hat insoweit seine Treupflicht gegenüber der Klägerin schuldhaft verletzt. Die Voraussetzungen seiner Haftung nach OR 754 sind damit erfüllt. Nach dem Ausgeführten wäre der Beklagte als Organ der Klägerin von Gesetzes wegen verpflichtet gewesen, allein deren Interessen und nicht diejenigen anderer Konzerngesellschaften zu wahren, und die vom Beklagten vorgenommene Handlung ist unter grundsätzlicher Verletzung dieser Pflicht erfolgt. […] Soweit der Beklagte geltend macht, die Konzernverbundenheit habe zur Folge, dass gar kein Schaden entstanden sei, übersieht er, dass – wie dargelegt – für die Organhaftung nur auf die Interessen der einzelnen Gesellschaft abgestellt werden darf und nicht auf jene des ganzen Konzerns. Entsprechend fragt sich auch nur, ob der einzelnen Gesellschaft ein Schaden entstanden ist oder nicht.

Das Beispiel zeigt, dass es dem Geschäftsführer einer Tochtergesellschaft aufgrund aktienrechtlicher Bestimmungen eigentlich nicht erlaubt ist, bei seinen Handlungen auch die Interessen des Konzerns mit zu berücksichtigen.

9. Teil Bundesgesetz über die kollektiven Kapitalanlagen (KAG)

A. Einführung

Kollektive Kapitalanlagen sind Vermögen, die von Anlegerinnen und Anlegern zur gemeinschaftlichen Kapitalanlage aufgebracht und für deren Rechnung verwaltet werden (KAG 7).

Kollektive Kapitalanlagen sind eine Anlageform, bei der mehrere Anleger ihr Vermögen in einer Kapitalanlage fremdverwalten lassen. Viele kleine Sparer können ihr Vermögen zu einem grossen Kollektivvermögen zusammenlegen, wodurch Investitionen professioneller und unter besserer Risikoverteilung getätigt werden können. Der Vorteil solcher kollektiven Kapitalanlagen liegt demnach darin, dass auch kleine Vermögen durch sachkundige Vermögensverwalter effizient und kostengünstig verwaltet werden können. Sodann ermöglicht das Partizipieren bei kollektiven Kapitalanlagen mitunter auch die Investition in Produkte, die einem einzelnen Anleger ansonsten verschlossen bleiben.

Das Bundesgesetz über die kollektiven Kapitalanlagen (KAG) trat auf den 1. Januar 2007 in Kraft. Für die kollektiven Kapitalanlagen wurden mit diesem Gesetz gesellschaftsrechtliche Formen zur Verfügung gestellt. Anstelle der vertragsrechtlichen Organisation mittels Auftragserteilung an einen Vermögensverwalter zur gewinnbringenden Verwaltung ihres Kapitals (auftragsrechtliche Variante; Anlagefonds) können sich die Anleger nun alternativ auch zu einer Gesellschaft zusammenschliessen und die Verwaltung ihres Vermögens durch die Organe der Gesellschaft vornehmen lassen (gesellschaftsrechtliche Variante). Dabei wurden mit dem KAG in der Schweiz zwei neue Rechtsträger eingeführt: die Kommanditgesellschaft für kollektive Kapitalanlagen (KGK) und die Investmentgesellschaft mit variablem Kapital (SICAV). Die dritte, neu für kollektive Kapitalanlagen vorgesehene Gesellschaftsform, die Investmentgesellschaft mit festem Kapital (SICAF), ist eine eigentliche AG i.S.v. OR 620 ff.

Kollektive Kapitalanlagen können offen oder geschlossen ausgestaltet sein (KAG 7 Abs. 2). Bei offenen kollektiven Kapitalanlagen (open-end fund) können die Anleger jederzeit unter Rückgabe ihrer Anteile gegen Bezahlung ausscheiden (KAG 8). Bei den geschlossenen kollektiven Kapitalanlagen (closed-end fund) haben die Anleger keinen unmittelbaren Anspruch auf Auszahlung ihrer Anteile (KAG 9).

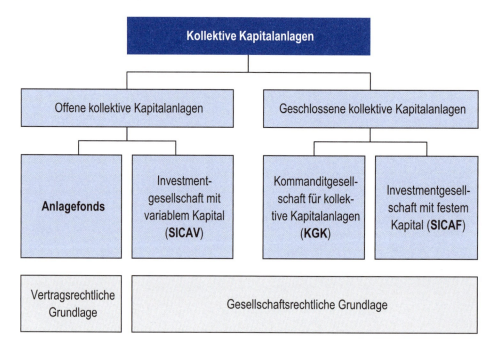

Die wesentlichen Merkmale der Kapitalanlage sind:
- Kollektive Kapitalanlagen sind Vermögen.
- Diese Vermögen werden von den Anlegern zur gemeinschaftlichen Kapitalanlage aufgebracht.
- Sie werden auf Rechnung der Anleger verwaltet (Fremdverwaltung).
- Die Anlagebedürfnisse der Anleger werden gleichmässig befriedigt.

Die kollektiven Kapitalanlagen unterliegen der Aufsicht der Eidgenössischen Finanzmarktaufsicht FINMA (KAG 132 ff.).

B. Offene kollektive Kapitalanlagen

Offene kollektive Kapitalanlagen können auf Vertragsbasis als Anlagefonds oder in der Form der SICAV strukturiert werden (KAG 8 Abs. 1 i.V.m. 36 ff.). Die SICAV ist in weiten Teilen der AG nachgebildet.

1. Anlagefonds

Der vertragliche Anlagefonds basiert auf einem Kollektivanlagevertrag, durch den sich die Fondsleitung zur Verwaltung der von den Anlegern beigesteuerten Vermögen verpflichtet (vgl. KAG 25 ff.). Es handelt sich hierbei nicht um eine Gesellschaft, sondern um eine rein vertragliche Konstruktion.

2. Investmentgesellschaft mit variablem Kapital (SICAV)

Die Investmentgesellschaft mit variablem Kapital (SICAV) ist eine Gesellschaft (KAG 36 Abs. 1):
- deren Kapital und Anzahl Aktien nicht im Voraus bestimmt sind (lit. a);
- deren Kapital in Unternehmer- und Anlegeraktien aufgeteilt ist (lit. b);
- für deren Verbindlichkeiten nur das Gesellschaftsvermögen haftet (lit. c);
- deren ausschliesslicher Zweck die kollektive Kapitalanlage ist (lit. d).

Soweit das KAG keine Regelungen enthält, gelten die aktienrechtlichen Bestimmungen.

Die Entstehung der SICAV richtet sich grundsätzlich nach den Bestimmungen über die Gründung der AG. Einschränkend gilt, dass bei der SICAV nur die Bargründung vorgesehen ist, Sacheinlagen und Übernahmen sind ausgeschlossen (KAG 37 Abs. 1). Die Unternehmeraktionäre haben eine Mindesteinlage von CHF 500'000.– zu leisten (KKV 54 Abs. 1). Die SICAV muss innerhalb eines Jahres ein Mindestvermögen von CHF 5 Mio. aufweisen können (KKV 53 i.V.m. 35 Abs. 2).

Die Firma der Gesellschaft hat zwingend die Rechtsform – ausgeschrieben (Investmentgesellschaft mit variablem Kapital) oder abgekürzt (SICAV) – zu enthalten. Im Übrigen kommen die Bestimmungen des OR über die Firma der AG zur Anwendung (KAG 38).

Für den Statuteninhalt enthält KAG 43 eine von der AG zum Teil abweichende detaillierte Aufzählung.

Die SICAV kennt einzig Namenaktien, die keinen Nennwert aufweisen und vollständig bar liberiert sein müssen. Die Ausgabe von Partizipationsscheinen, Genussscheinen und Vorzugsaktien ist untersagt (KAG 40).

Die SICAV zeichnet sich insbesondere durch zwei Arten von Aktionären aus. Die Unternehmeraktionäre verkörpern in ihrer Funktion den klassischen Aktionär des OR. Daneben gibt es jedoch auch noch die Anlegeraktionäre, welche von ihrer Funktion her als Anleger, also als klassische Geldgeber operieren.

Da die SICAV eine offene kollektive Kapitalanlage ist, ist ihr Aktienkapital variabel. Um die laufenden Veränderungen des Aktienkapitals handhabbar zu machen, finden die Regeln der AG zur Kapitalherabsetzung oder -erhöhung keine Anwendung. Gemäss KAG 42 bedarf es für die

Ausgabe und Rücknahme von Aktien weder einer Statutenänderung noch eines Handelsregistereintrags.

Die SICAV muss ferner ein Anlagereglement aufstellen (KAG 44), worin die Anlagepolitik und die damit verbundenen Risiken umschrieben werden.

Als Anlagegebiete dienen der SICAV Effekten (vgl. dazu KKV 70 ff.), Immobilien (vgl. dazu KKV 86 ff.) oder aber übrige Anlagegebiete (vgl. dazu KKV 99 ff.). Je nach Ausrichtung gelten für die SICAV unterschiedliche Regelungen (KAG 53 ff. für Effekten, KAG 58 ff. für Immobilien und KAG 68 ff. für übrige Anlagen).

Die Organe der SICAV entsprechen denjenigen der AG. Es gibt eine Generalversammlung (KAG 50), einen Verwaltungsrat (KAG 51) sowie eine Revisionsstelle (KAG 52). Zur Revisionsstelle vgl. KAG 126 ff.

Die Aktionärsrechte richten sich nach KAG 46 ff. und insbesondere nach KAG 78 ff.; daneben gelten subsidiär die allgemeinen aktienrechtlichen Bestimmungen.

Die SICAV wird aufgelöst durch Zeitablauf oder bei unbestimmter Laufzeit durch Beschluss der Unternehmeraktionäre, sofern er mindestens zwei Drittel der ausgegebenen Unternehmeraktien auf sich vereinigt, durch Verfügung der Aufsichtsbehörde sowie in den übrigen, gesetzlich vorgesehenen Fällen (KAG 96 Abs. 2).

SICAV sind selten, per 1. Juli 2013 gab es 32 von der FINMA bewilligte Gesellschaften in der Schweiz.

C. Geschlossene kollektive Kapitalanlagen

Geschlossene kollektive Kapitalanlagen können nicht auf vertraglicher Basis geschlossen werden. Es stehen ihnen hingegen zwei Gesellschaftsformen zur Verfügung: die personalistisch konzipierte Kommanditgesellschaft für kollektive Kapitalanlagen (KGK; KAG 98 ff.) und die körperschaftlich konzipierte Investmentgesellschaft mit festem Kapital (SICAF; KAG 110 ff.).

1. Kommanditgesellschaft für kollektive Kapitalanlagen (KGK)

Die Kommanditgesellschaft für kollektive Kapitalanlagen ist eine Gesellschaft (KAG 98),
- deren ausschliesslicher Zweck die kollektive Kapitalanlage ist und
- wenigstens ein Mitglied unbeschränkt haftet (Komplementär), während die anderen Mitglieder (Kommanditärinnen und Kommanditäre) nur bis zu einer bestimmten Vermögenseinlage (der Kommanditsumme) haften.

Die KGK ist grundsätzlich eine KommG gemäss Obligationenrecht, ausgestattet mit bestimmten Sondereigenschaften, um sie auf die kollektive Kapitalanlage auszurichten. Sofern das KAG keine Spezialbestimmung enthält, gelten die Regeln des OR über die KommG (KAG 99 i.V.m. OR 594 ff.).

Komplementäre der KGK müssen Aktiengesellschaften mit Sitz in der Schweiz sein (KAG 98 Abs. 2). Sodann ist eine Bewilligung der Aufsichtsbehörde erforderlich (KAG 98 Abs. 2bis i.V.m. 14). Die Kommanditäre, d.h. die Anleger der KGK, können hingegen wie bei der KommG natürliche oder juristische Personen bzw. Personengesellschaften sein, müssen aber qualifizierte Anleger im Sinne von KAG 10 Abs. 3 sein.

Die Firma der Gesellschaft muss die Bezeichnung der Rechtsform oder ihre Abkürzung enthalten (Kommanditgesellschaft für kollektive Kapitalanlagen oder KGK; KAG 101).

Die Entstehung der KGK richtet sich nach den Regeln der KommG, soweit das Gesetz nichts anderes bestimmt. Der Handelsregistereintrag ist für die KGK konstitutiv (KAG 100). Der Gesellschaftervertrag muss ferner schriftlich abgefasst sein (KAG 102 Abs. 2) und die detailliert in KAG 102 Abs. 1 enthaltenen Punkte aufführen.

Die KGK steht allgemein nur für Risikoanlagen zur Verfügung (KAG 103). Als solche gilt in der Regel die direkte oder indirekte Finanzierung von Unternehmungen und Projekten in grundsätzlicher Erwartung eines überdurchschnittlichen Mehrwertes verbunden mit einer überdurchschnittlichen Verlustwahrscheinlichkeit (KKV 120). Der Bundesrat hat ferner insbesondere Bau- und Immobilienprojekte und alternative Anlagen für zulässig erklärt (KAG 103 Abs. 2 i.V.m. KKV 121).

Abweichend von der KommG ist für die KGK grundsätzlich kein Konkurrenzverbot vorgesehen (KAG 104). Auch kann im Gesellschaftsvertrag der Ein- und Austritt von Kommanditären vorgesehen werden (KAG 105).

Die KGK hat eine Revisionsstelle zu bezeichnen (KAG 107).

Die KGK wird aufgelöst durch Gesellschafterbeschluss aus den im Gesetz oder im Gesellschaftsvertrag vorgesehenen Gründen oder durch Verfügung der Aufsichtsbehörde in den Fällen nach KAG 133 ff. (KAG 109).

KGK sind sehr selten, per 1. Juli 2013 gab es 15 von der FINMA bewilligte Gesellschaften in der Schweiz.

2. Investmentgesellschaft mit festem Kapital (SICAF)

Die Investmentgesellschaft mit festem Kapital (SICAF) ist eine Aktiengesellschaft im Sinne des Obligationenrechts (KAG 110 i.V.m. OR 629 ff.):

- deren ausschliesslicher Zweck die kollektive Kapitalanlage ist (lit. a);
- deren Aktionäre nicht qualifiziert im Sinne von KAG 10 Abs. 3 sein müssen (lit. b);
- die nicht an der Schweizer Börse kotiert ist (lit. c).

Die SICAF ist eine AG im Sinne des Obligationenrechts, auf die abgesehen von der in KAG 110 ff. aufgeführten Spezialbestimmungen allgemein das Recht der AG gemäss OR 620 ff. zur Anwendung gelangt (KAG 112).

Die Entstehung der SICAF richtet sich nach OR 629 ff.

Die Firma der Gesellschaft muss die Bezeichnung der Rechtsform (Investmentgesellschaft mit festem Kapital) oder aber deren Abkürzung (SICAF) enthalten (KAG 111).

Die Aktien der SICAV müssen vollständig liberiert werden. Die Ausgabe von Stimmrechtsaktien, Partizipationsscheinen, Genussscheinen und Vorzugsaktien ist untersagt (KAG 113).

Als Anlagegebiete dienen der SICAF grundsätzlich die übrigen Anlagegebiete i.S.v. KAG 68 ff. und KKV 99 (vgl. dazu oben S. 292).

Per 1. Juli 2013 gab es keine von der FINMA bewilligte SICAF in der Schweiz.

10. Teil Das Fusionsgesetz (FusG)

Übersicht

Gesetzliche Regelung	FusG 1–111
Gegenstand	FusG 1 Abs. 1: Anpassung rechtlicher Strukturen von Gesellschaften, Vereinen, Stiftungen und Einzelunternehmen
Arten von Umstrukturierungen	<ul><li>FusG 3–28: Fusion</li><li>FusG 29–52: Spaltung</li><li>FusG 53–68: Umwandlung</li><li>FusG 69–77: Vermögensübertragung</li></ul>
Gesonderte Regelungen	<ul><li>FusG 78–87: Stiftungen</li><li>FusG 88–98: Vorsorgeeinrichtungen</li><li>FusG 99–101: Institute des öffentlichen Rechts</li></ul>
Fusion	<ul><li>FusG 3 Abs. 1 lit. a: Übernahme einer Gesellschaft durch eine andere Gesellschaft</li><li>FusG 3 Abs. 1 lit. b: Zusammenschluss zweier Gesellschaften</li></ul>
Spaltung	<ul><li>FusG 29 lit. a: Aufspaltung einer Gesellschaft</li><li>FusG 29 lit. b: Abspaltung eines Teils einer Gesellschaft</li></ul>
Umwandlung	FusG 53: Änderung der Rechtsform einer Gesellschaft
Vermögensübertragung	FusG 69: Ein Teil oder das ganze Vermögen einer Gesellschaft wird auf eine andere Gesellschaft übertragen.

A. Vorbemerkungen

Das FusG normiert rechtsformübergreifend (KollG, KommG, AG, KommAG, GmbH, Genossenschaft, SICAV, KGK, Einzelunternehmen, Verein und Stiftung) alle Arten von Umstrukturierungen (Fusion, Spaltung, Umwandlung und Vermögensübertragung). Unternehmen können ihre rechtliche Struktur unter der Ordnung des FusG flexibel und unkompliziert neu gewachsenen Bedürfnissen und veränderten Umständen anpassen.

Die zentralen Anliegen des Fusionsgesetzes sind gemäss FusG 1 Abs. 2:
- Rechtssicherheit
- Transparenz
- Gläubigerschutz
- Arbeitnehmerschutz
- Minderheitenschutz

B. Tabellarischer Überblick nach Gesellschaftsformen

1. Allgemeines

Im Folgenden sollen in einem Überblick die Möglichkeiten der Umstrukturierungen nach dem FusG dargestellt werden. Die Tabellen zeigen auf, in welcher Form ein Rechtsträger in welchen anderen Rechtsträger umstrukturiert werden kann.

Den Tabellen liegen folgende Abkürzungen zugrunde:

VÜ Vermögensübertragung
F Fusion
U Umwandlung
S Spaltung

* Nur möglich, wenn der übertragende Rechtsträger im Handelsregister eingetragen ist.
** Nur möglich, wenn bei der Genossenschaft keine Anteilscheine bestehen und der Verein im Handelsregister eingetragen ist.
*** Für Umstrukturierungen der SICAV gelten die Spezialbestimmungen in KAG 95. Das FusG kommt mit Ausnahme der Vermögensübertragung nicht zur Anwendung.

2. Einzelunternehmen

Transaktion / Übernehmender Rechtsträger	Einzelunternehmen	KollG	KommG	AG	KommAG	GmbH	Genossenschaft	Verein	KGK und SICAV
VÜ	✓*	✓*	✓*	✓*	✓*	✓*	✓*	✓*	✓*
F									
U									
S									

3. Kollektivgesellschaft

Transaktion / Übernehmender Rechtsträger	Einzelunternehmen	KollG	KommG	AG	KommAG	GmbH	Genossenschaft	Verein	KGK und SICAV
VÜ	✓*	✓*	✓*	✓*	✓*	✓*	✓*	✓*	✓*
F		✓	✓	✓	✓	✓	✓		
U			✓	✓	✓	✓	✓		
S									

4. Kommanditgesellschaft

Transaktion	Übernehmender Rechtsträger	Einzelunternehmen	KollG	KommG	AG	KommAG	GmbH	Genossenschaft	Verein	KGK und SICAV
VÜ		✓*	✓*	✓*	✓*	✓*	✓*	✓*	✓*	✓*
F			✓	✓	✓	✓	✓	✓		
U			✓		✓	✓	✓	✓		
S										

5. Aktiengesellschaft

Transaktion	Übernehmender Rechtsträger	Einzelunternehmen	KollG	KommG	AG	KommAG	GmbH	Genossenschaft	Verein	KGK und SICAV
VÜ		✓	✓	✓	✓	✓	✓	✓	✓	✓
F					✓	✓	✓	✓		
U						✓	✓	✓		
S					✓	✓	✓	✓		

6. Kommanditaktiengesellschaft

Transaktion	Übernehmender Rechtsträger	Einzelunternehmen	KollG	KommG	AG	KommAG	GmbH	Genossenschaft	Verein	KGK und SICAV
VÜ		✓	✓	✓	✓	✓	✓	✓	✓	✓
F					✓	✓	✓	✓		
U					✓		✓	✓		
S					✓	✓	✓	✓		

7. Gesellschaft mit beschränkter Haftung

Transaktion	Übernehmender Rechtsträger	Einzelunternehmen	KollG	KommG	AG	KommAG	GmbH	Genossenschaft	Verein	KGK und SICAV
VÜ		✓	✓	✓	✓	✓	✓	✓	✓	✓
F					✓	✓	✓	✓		
U					✓	✓		✓		
S					✓	✓	✓	✓		

8. Genossenschaft

Transaktion	Übernehmender Rechtsträger	Einzelunternehmen	KollG	KommG	AG	KommAG	GmbH	Genossenschaft	Verein	KGK und SICAV
VÜ		✓	✓	✓	✓	✓	✓	✓	✓	✓
F					✓	✓	✓	✓	✓**	
U					✓	✓	✓		✓**	
S					✓	✓	✓	✓		

9. Verein

Transaktion	Übernehmender Rechtsträger	Einzelunternehmen	KollG	KommG	AG	KommAG	GmbH	Genossenschaft	Verein	KGK und SICAV
VÜ		✓*	✓*	✓*	✓*	✓*	✓*	✓*	✓*	✓*
F					✓*	✓*	✓*	✓*	✓	
U					✓*	✓*	✓*	✓*		
S										

10. KGK und SICAV

Transaktion	Übernehmender Rechtsträger	Einzelunternehmen	KollG	KommG	AG	KommAG	GmbH	Genossenschaft	Verein	KGK und SICAV
VÜ		✓	✓	✓	✓	✓	✓	✓	✓	✓
F										✓***
U										✓***
S										

C. Systematik des Gesetzes

Das FusG regelt die Anpassung der rechtlichen Strukturen von Kapitalgesellschaften, Kollektiv- und Kommanditgesellschaften, Genossenschaften, Vereinen, Stiftungen und Einzelunternehmen sowie den Gesellschaftsformen des KAG (SICAV und KGK) im Zusammenhang mit Fusionen, Spaltungen, Umwandlungen und Vermögensübertragungen. Hauptzweck des Gesetzes ist es, den Rechtsträgern im Interesse der Unternehmenskontinuität solche Umstrukturierungen zu erleichtern.

In *1. Kapitel* erläutert FusG 1 den Gegenstand des Gesetzes, während FusG 2 verschiedene Begriffserklärungen bereitstellt.

Die einzelnen Umstrukturierungen werden in folgende Kapitel unterteilt:
- die Fusion im *2. Kapitel* (FusG 3–28)
- die Spaltung im *3. Kapitel* (FusG 29–52)
- die Umwandlung im *4. Kapitel* (FusG 53–68)
- die Vermögensübertragung im *5. Kapitel* (FusG 69–77)

Es werden jeweils abschliessend die zulässigen Transaktionsformen aufgelistet, das Verfahren detailliert erläutert sowie Regeln für den Schutz aller Beteiligten aufgestellt.

Die *Kapitel 6 bis 8* (FusG 78–101) enthalten besondere Bestimmungen über die Fusion und Vermögensübertragung von Stiftungen sowie die Fusion, Umwandlung und Vermögensübertragungen von Vorsorgeeinrichtungen bzw. unter Beteiligung von Instituten des öffentlichen Rechts.

Kapitel 9 normiert die gemeinsamen Bestimmungen, in denen insb. die Klage auf Überprüfung der Anteils- und Mitgliedschaftsrechte (FusG 105), die Anfechtungsklage (FusG 106 f.) sowie die Verantwortlichkeitsklage (FusG 108) geregelt sind.

D. Fusion

1. Definition

Fusion ist die auf einem Fusionsvertrag beruhende, rechtliche Vereinigung von zwei oder mehreren Gesellschaften durch Vermögensübernahme ohne Liquidation. Die übertragenden Gesellschaften werden dabei aufgelöst.

Die wesentlichen Elemente der Fusion sind:
- *Auflösung ohne Liquidation*: Mit der Fusion werden die beteiligten Gesellschaften in eine bestehende oder neu zu gründende Gesellschaft überführt. Sie werden nicht liquidiert, sondern gehen in der übernehmenden Gesellschaft auf.
- *Übergang von Aktiven und Passiven durch Universalsukzession:* Aktiven und Passiven einer oder mehrerer Gesellschaften werden der übernehmenden Gesellschaft auf dem Weg der Universalsukzession zugeführt.
- *Mitgliedschaftliche Kontinuität:* Dem Grundsatz der Kontinuität der Mitgliedschaft folgend werden die Gesellschafter der übertragenden Gesellschaft mit der Fusion grundsätzlich Gesellschafter der übernehmenden Gesellschaft (FusG 7). Im Fusionsvertrag kann jedoch anstelle der Mitgliedschaft auch eine Abfindung vorgesehen werden (FusG 8).
- *Untergang mindestens einer Gesellschaft:* Durch die Verschmelzung zweier Gesellschaften gehen eine (Absorptionsfusion) oder beide (Kombinationsfusion) der übertragenden Gesellschaften unter (zu diesem Begriffspaar vgl. unten S. 300).

Als Fusion wird demnach eine auf Vertrag beruhende Verschmelzung von zwei oder mehreren Rechtsträgern zu einer Einheit verstanden. Sie ist die in der Praxis am häufigsten anzutreffende Umstrukturierungsform. Als Mittel der Unternehmenszusammenfassung bzw. -konzentration kann sie verschiedenen Zwecken dienen. Durch eine konzernübergreifende Fusion kann eine bessere Nutzung von Synergien oder eine gewisse Ertragssumme erreicht werden, doch auch Prestigedenken oder persönliche Interessen können die Motive für eine Fusion sein. Durch eine konzerninterne Fusion kann eine Reorganisation des Unternehmens an die Hand genommen oder eine Liquidation oder Überschuldung abgewendet werden. Weiter ermöglicht die Fusion das sog. «squeeze out» (FusG 18 Abs. 5). Darunter versteht man die Bereinigung zersplitterter Beteiligungen, indem Minderheitsgesellschafter mittels zwingender Abfindung aus der Gesellschaft verdrängt werden. Dies ist aber nur möglich, wenn mindestens 90% der Gesellschafter der übertragenden Gesellschaft einer solchen zwingenden Abfindung zustimmen.

2. Zulässige Transaktionen

Uneingeschränkt möglich ist die Fusion zwischen Gesellschaften der gleichen Rechtsform. Das Gesetz sieht aber auch Fusionen zwischen Gesellschaften unterschiedlicher Rechtsformen vor (FusG 4).

Übertragender Rechtsträger	Übernehmender Rechtsträger						
	KollG	KommG	AG	KommAG	GmbH	Genossenschaft	Verein
KollG	✓	✓	✓	✓	✓	✓	
KommG	✓	✓	✓	✓	✓	✓	
AG			✓	✓	✓	✓	
KommAG			✓	✓	✓	✓	
GmbH			✓	✓	✓	✓	
Genossenschaft			✓	✓	✓	✓	✓**
Verein			✓*	✓*	✓*	✓*	✓

* Nur möglich, wenn der übertragende Rechtsträger im Handelsregister eingetragen ist.

** Nur möglich, wenn bei der Genossenschaft keine Anteilscheine bestehen und der Verein im Handelsregister eingetragen ist.

Speziell geregelt wird die Fusion unter Beteiligung einer Gesellschaft in Liquidation; eine Fusion ist hier nur zulässig, wenn die in Liquidation befindliche Gesellschaft als übertragender Rechtsträger fungiert und die Vermögensverteilung noch nicht begonnen wurde (FusG 5). Ferner ist die Fusion von Gesellschaften im Fall von Kapitalverlust oder Überschuldung grundsätzlich nur zulässig, wenn die wirtschaftlich gesunde Gesellschaft über frei verwendbares Eigenkapital im Umfang der Unterdeckung und gegebenenfalls der Überschuldung verfügt (FusG 6).

Gesondert geregelt ist schliesslich die Fusion von Stiftungen (FusG 78 ff.), Vorsorgeeinrichtungen (FusG 88 ff.) und Instituten des öffentlichen Rechts (FusG 99 ff.).

Unzulässig ist die Fusion nach dem FusG bei einer Beteiligung eines Einzelunternehmens oder einer Gesellschaftsform des KAG (SICAV oder KGK).

Für eine grenzüberschreitende Fusion (eine ausländische Gesellschaft fusioniert mit einer schweizerischen Gesellschaft) sind im IPRG Sondervorschriften zu beachten (IPRG 163a ff.).

Rechtsprechung BGE 132 III 470, E. 3.1: Das Fusionsgesetz als privatrechtlicher Erlass regelt Strukturanpassungstatbestände bei Instituten des öffentlichen Rechts nicht umfassend, sondern legt die privatrechtlichen Voraussetzungen fest, unter denen Institute des öffentlichen Rechts mit privatrechtlichen Rechtsträgern fusionieren, sich in privatrechtliche Rechtsträger umwandeln oder sich an Vermögensübertragungen beteiligen können (FusG 1 Abs. 3 […]). Diese Voraussetzungen regeln die FusG 99 bis 101. Für den Fall, dass dem Institut des öffentlichen Rechts – wie in casu – die Rolle des übernehmenden Rechtsträgers zukommt, sieht FusG 99 Abs. 2 einzig die Übernahme des Vermögens von anderen Rechtsträgern oder Teilen davon vor. Die Übernahme einer privatrechtlichen Gesellschaft durch Absorptionsfusion […] ist hingegen nicht vorgesehen.

3. Arten der Fusion

Gesellschaften können gemäss FusG 3 auf zwei Arten fusionieren, nämlich
- durch Absorptionsfusion (FusG 3 Abs. 1 lit. a)   → A schluckt B
- durch Kombinationsfusion (FusG 3 Abs. 1 lit. b) → A und B werden zu C

Bei der *Absorptionsfusion* werden eine oder mehrere Gesellschaften aufgelöst. Alle Aktiven und Passiven der aufzulösenden Gesellschaft werden auf eine andere, bereits bestehende Gesellschaft übertragen. Die übernehmende Gesellschaft hat dabei gemäss FusG 9 Abs. 1 ihr Kapital insoweit zu erhöhen, als dies zur Wahrung der Rechte der Gesellschafter der übertragenden Gesellschaft erforderlich ist. Im Unterschied zur Kombinationsfusion entsteht bei der Absorptionsfusion rechtlich keine neue Gesellschaft. In der Praxis kommt praktisch ausschliesslich die Absorptionsfusion vor. Ihr häufigster Anwendungsfall ist die Übernahme einer Tochtergesellschaft durch ihre Muttergesellschaft.

Übertragende Gesellschaft A,   Bestehende, übernehmende
wird aufgelöst   Gesellschaft B

Werden zwei oder mehrere Gesellschaften aufgelöst und ihr Vermögen auf eine neu zu gründende Gesellschaft übertragen, spricht man von einer *Kombinationsfusion.* Die Neugründung erfolgt im Wesentlichen nach den allgemeinen Regeln des Obligationenrechts über die Gründung einer Gesellschaft (FusG 10).

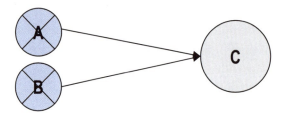

Übertragende Gesellschaften A und B, werden aufgelöst   Neu gegründete, übernehmende Gesellschaft C

Diese beiden Fusionsformen werden im Gesetz grundsätzlich einheitlich geregelt. Einzelne Bestimmungen treffen jedoch nur auf eine der beiden Formen zu.

4. Ablauf einer Fusion

1. Die obersten Leitungs- oder Verwaltungsorgane der an der Fusion beteiligten Rechtsträger schliessen in schriftlicher Form einen **Fusionsvertrag** ab (FusG 12). Inhaltlich sind die Anforderungen von FusG 13 Abs. 1 zu erfüllen. Als Grundlage für die Übertragungsberechnungen dient die Jahresbilanz oder, falls der Bilanzstichtag mehr als sechs Monate zurückliegt bzw. wichtige Änderungen in der Vermögenslage eingetreten sind, eine Zwischenbilanz (FusG 11).

2. Gestützt auf den Fusionsvertrag haben die obersten Leitungs- oder Verwaltungsorgane einen gemeinsamen oder je einen eigenen **Fusionsbericht** zu erstellen (FusG 14). Mit diesem Bericht, dessen Inhalt durch FusG 14 detailliert bestimmt ist, wird den betroffenen Gesellschaftern die Fusion erläutert und begründet.

3. Ein zugelassener Revisionsexperte (vgl. dazu oben S. 191) prüft den Fusionsvertrag, den Fusionsbericht und die Bilanz, sofern es sich bei der übernehmenden Gesellschaft um eine Kapitalgesellschaft oder eine Genossenschaft mit Anteilsscheinen handelt (FusG 15 Abs. 1). Der Revisor schliesst die **Prüfung** mit einem schriftlichen Prüfungsbericht ab, der u.a. darlegt, ob die Rechte der Gesellschafter genügend gewahrt bleiben und das Umtauschverhältnis vertretbar ist (FusG 15 Abs. 4).

4. Jeder der beteiligten Rechtsträger muss den Gesellschaftern an ihrem Sitz während 30 Tagen **Einsicht in die Fusionsunterlagen** (Fusionsvertrag, Fusionsbericht, Prüfungsbericht sowie die Jahresrechnungen und Geschäftsberichte der letzten drei Jahre und allenfalls die Zwischenbilanz) gewähren (FusG 16 Abs. 1). Die Gesellschaften müssen ihre Gesellschafter auf diese Möglichkeit aufmerksam machen und ihnen Kopien zur Verfügung stellen (FusG 16 Abs. 3 und 4).

5. Treten bei einer der beteiligten Gesellschaften nach Abschluss der Fusionsvertrags und vor Ergehen des Fusionsbeschlusses wesentliche Änderungen in ihrem Vermögen ein, so müssen die obersten Leitungs- oder Verwaltungsorgane einander gegenseitig informieren und ggf. den Fusionsvertrag anpassen (sog. **Nachinformation**; FusG 17).

6. Nach Ablauf der Einsichtsfrist ist die Fusion durch die Generalversammlung bzw. bei Personengesellschaften durch die Gesellschafter zu beschliessen (**Fusionsbeschluss**). Die dafür erforderlichen Mehrheiten sind von Gesellschaft zu Gesellschaft verschieden (FusG 18). Die bei einer Absorptionsfusion notwendige Kapitalerhöhung (FusG 9) wird meistens zum gleichen Zeitpunkt beschlossen. Der Fusionsbeschluss muss (ausgenommen beim Verein) öffentlich beurkundet werden (FusG 20).

7. Sobald alle beteiligten Rechtsträger die Fusion beschlossen haben, können sie die Fusion sowie allenfalls die durch die Kapitalerhöhung geänderten Statuten beim Handelsregisteramt zur **Eintragung** anmelden (FusG 21 Abs. 1). Damit wird die übertragende Gesellschaft gelöscht (FusG 3 Abs. 2 und 21 Abs. 3). Die Eintragung unterbleibt beim Verein, wenn dieser nicht im Handelsregister eingetragen ist (FusG 21 Abs. 4).

↓

8. Mit der Eintragung ins Handelsregister wird die Fusion **rechtswirksam** und alle Aktiven und Passiven gehen auf die übernehmende Gesellschaft über (bei Vereinen ist der Zeitpunkt des Fusionsbeschlusses massgebend, soweit sie nicht im Handelsregister eingetragen sind; FusG 22).

Da Fusionen wirtschaftlich bedeutsamer Unternehmen zu einer marktbeherrschenden Stellung führen können, sind solche Zusammenschlüsse unter den Voraussetzungen von KG 9 meldepflichtig. Sie werden erst mit der entsprechenden Genehmigung der Wettbewerbskommission rechtswirksam (KG 34). Der Fusionsvertrag wird in diesen Fällen nur bedingt abgeschlossen und auf dieser Grundlage der Fusionsbeschluss gefasst. Da die Eintragung der Fusion im Handelsregister als Vollzugshandlung in der Regel gegen das wettbewerbsrechtliche Vollzugsverbot verstösst, darf die Fusion erst mit Genehmigung des Zusammenschlusses durch die Wettbewerbskommission eingetragen werden.

Als oberste Leitungs- oder Verwaltungsorgane im Sinne der Fusion gelten:	
AG	Verwaltungsrat (OR 707 ff.)
KommAG	Verwaltung, bestehend aus den unbeschränkt haftenden Mitgliedern (OR 765)
GmbH	Geschäftsführer (OR 809 ff.)
Genossenschaft	Verwaltung (OR 894 ff.)
KollG	Gesellschafter (OR 557 Abs. 2 i.V.m. 535) oder nach Massgabe des Gesellschaftsvertrages
KommG	Unbeschränkt haftende Gesellschafter (OR 599) oder nach Massgabe des Gesellschaftsvertrages

5. Möglichkeiten der erleichterten Fusion

Das FusG sieht für kleinere und mittlere Unternehmen (KMU; FusG 14 Abs. 2, 15 Abs. 2, 16 Abs. 2), für gewisse konzerninterne Fusionen (FusG 23 f.) sowie für Vereine (FusG 13 Abs. 2, 14 Abs. 5, 20 Abs. 2, 22 Abs. 2) ein erleichtertes Verfahren vor.

a) Fusionen von KMU

Bei Einstimmigkeit können die Gesellschafter einer KMU auf die Schritte 2 bis 4 verzichten. Das heisst im Einzelnen, dass eine KMU keinen Fusionsbericht erstellten muss, dass sie den Fusionsvertrag, den Fusionsbericht und die Fusionsbilanz nicht durch einen Revisionsexperten prüfen lassen muss und dass sie vom Recht der Gesellschafter auf Einsicht in die Unterlagen der Fusion absehen kann.

Als KMU gelten gemäss FusG 2 lit. e Gesellschaften, die keine Anleihensobligationen ausstehend haben, deren Anteile nicht an der Börse kotiert sind und die überdies zwei der nachfolgenden Grössen nicht in den zwei letzten dem Fusions-, dem Spaltungs- oder dem Umwandlungsbeschluss vorangegangenen Geschäftsjahren überschreiten: 1. Bilanzsumme von 20 Millionen Franken; 2. Umsatzerlös von 40 Millionen Franken; 3. 250 Vollzeitstellen im Jahresdurchschnitt.

b) Fusionen von Konzerngesellschaften

Von einem erleichterten Fusionsverfahren gemäss FusG 24 Abs. 1 i.V.m. 23 Abs. 1 profitieren die in der Praxis häufig vorkommende Fusionen innerhalb eines Konzerns (zum Konzern vgl. oben S. 280), so die Mutter-Tochterfusion (oder Tochterfusion), die Schwesterfusion sowie die Fusion zweier Gesellschaften, bei der die eine die andere zu 90% beherrscht.

1. *Mutter-Tochterfusion* bzw. *Tochterfusion* (FusG 23 Abs. 1 lit. a):
   Die übernehmende Kapitalgesellschaft besitzt alle Anteile der übertragenden Kapitalgesellschaft, die ein Stimmrecht gewähren (Absorption der Tochtergesellschaft durch die Muttergesellschaft);

2. *Schwesterfusion* (FusG 23 Abs. 1 lit. b):
   Ein Rechtsträger, eine natürliche Person oder eine gesetzlich oder vertraglich verbundene Personengruppe hält alle Anteile der an der Fusion beteiligten Kapitalgesellschaften, die ein Stimmrecht gewähren (Fusion zwischen Schwestergesellschaften).

Die konkreten Erleichterungen dieser beiden Arten von Fusionen sind in FusG 24 Abs. 1 aufgeführt: Im Fusionsvertrag können gewisse Angaben (FusG 13 Abs. 1 lit. b–e) weggelassen werden: Die fusionierenden Gesellschaften müssen weder einen Fusionsbericht erstellen noch den Fusionsvertrag prüfen lassen. Auf das Einsichtsrecht in die Fusionsunterlagen kann verzichtet und der Vertrag muss nicht der Generalversammlung zur Beschlussfassung unterbreitet werden.

3. *Kontrolle von mindestens 90% der Stimmrechte* (FusG 23 Abs. 2):

    Die übernehmende Kapitalgesellschaft besitzt nicht alle, jedoch mindestens 90% der ein Stimmrecht gewährenden Anteile der übertragenden Kapitalgesellschaft. Eine erleichterte Fusion ist ebenfalls möglich, wenn zwei zusätzliche Bedingungen erfüllt sind (FusG 23 Abs. 2 lit. a und b):

    - Personen mit Minderheitsbeteiligungen ist neben Anteilsrechten an der übernehmenden Gesellschaft wahlweise eine Abfindung nach FusG 8 anzubieten. Diese muss im Unterschied zur allgemeinen Regelung der Abfindung dem wirklichen Wert der Anteile entsprechen (lit. a);
    - die Fusion darf für Personen mit Minderheitsbeteiligungen nicht die Einführung oder Ausdehnung einer Nachschusspflicht, einer anderen persönlichen Leistungspflicht oder einer persönlichen Haftung zur Folge haben (lit. b).

Die konkreten Erleichterungen sind in FusG 24 Abs. 2 aufgeführt: Im Fusionsvertrag müssen nur die Angaben gemäss FusG 13 Abs. 1 lit. a–b und f–i gemacht werden, die fusionierenden Gesellschaften müssen weder einen Fusionsbericht erstellen, noch muss der Fusionsvertrag der Generalversammlung zur Beschlussfassung unterbreitet werden. Das Einsichtsrecht muss mindestens 30 Tage vor der Anmeldung der Fusion zur Eintragung ins Handelsregister gewährt werden.

6. Gesellschafter-, Gläubiger- und Arbeitnehmerschutz

Die betroffenen Personen werden im FusG durch verschiedene Bestimmungen vor den Risiken einer Fusion geschützt.

a) Schutz der Gesellschafter

Da eine Fusion die Struktur einer Gesellschaft wesentlich verändert, sorgt der Grundsatz der Mitgliedschafts- und vermögensmässigen Kontinuität dafür, dass die Gesellschafter auch an der übernehmenden Gesellschaft Anteils- oder Mitgliedschaftsrechte erhalten. Eine Abfindung kann von den Gesellschaftern als Alternative zu Beteiligungsrechten gewählt werden (FusG 7–8). Stimmen 90% der Gesellschafter des übertragenden Rechtsträgers zu, kann sogar eine zwingende Abfindung vereinbart werden («squeeze-out Merger»; FusG 18 Abs. 5). Werden diese Grundsätze nicht eingehalten, können die Gesellschafter gemäss FusG 105 auf Ausrichtung einer Ausgleichszahlung klagen.

Rechtsprechung   BGE 135 III 603, E. 2.1.2: Geht bei einer Fusion ein ausgeschlossener Gesellschafter davon aus, die Abfindung sei nicht angemessen, kann er innerhalb von zwei Monaten nach der Veröffentlichung des Fusionsbeschlusses verlangen, dass das Gericht die Anteils- und Mitgliedschaftsrechte überprüft und eine angemessene Ausgleichszahlung festsetzt (Art. 105 Abs. 1 FusG). Diese sogenannte Überprüfungsklage dient der wirtschaftlichen Korrektur einer Verletzung des Prinzips der Kontinuität der Mitgliedschaft [...]. Aktivlegitimiert sind Personen, die durch einen den Grundsatz der mitgliedschaftlichen Kontinuität missachtenden Transaktionsbeschluss in ihrer Stellung als Gesellschafter beeinträchtigt wurden [...]. Gemäss Art. 105 Abs. 2 FusG wirkt das Urteil für alle Gesellschafter in der gleichen Rechtsstellung wie die klagende Partei. Damit wollte der Gesetzgeber verhindern, dass alle Gesellschafter einzeln eine Klage einreichen müssen [...]. Art. 105 Abs. 3 FusG sieht vor, dass der übernehmende Rechtsträger die Kosten des Verfahrens trägt, wobei das Gericht die Kosten ganz oder teilweise den Klägern auferlegen kann, wenn besondere Umstände es rechtfertigen. Gemäss dieser Regelung werden [...] die Kosten grundsätzlich der beklagten Partei auferlegt, was den Gesellschaftern erlauben soll, eine Überprüfungsklage zu erheben, wenn sie legitime Gründe dazu haben, ohne dass sich die voraussichtlichen Prozesskosten prohibitiv auswirken [...].

Ohne die Zustimmung der Gesellschafter kann eine Fusion nicht beschlossen (FusG 12 Abs. 2) und vollzogen werden (FusG 21 Abs. 1). Die Gesellschafter können in die Fusionsunterlagen Einsicht nehmen (FusG 16), bevor sie den Fusionsbeschluss mittels qualifizierten Quorums genehmigen (FusG 18).

Werden Bestimmungen des FusG verletzt, steht den nicht zustimmenden Gesellschaftern ein Recht auf Anfechtung des Beschlusses zu («Anfechtungsklage»; FusG 106 f.).

b) Schutz der Gläubiger

Anspruch auf Sicherstellung der Forderungen: Die Schutzbestimmungen für die Gläubiger einer Gesellschaft wirken sich (anders als bei der Spaltung; FusG 43 Abs. 1) erst nach vollzogener Fusion aus. Auf Verlangen der Gläubiger müssen ihre Forderungen durch die Gesellschaft sichergestellt werden (FusG 25 Abs. 1). Dies kann insbesondere bei einer überschuldeten oder ertragsschwachen Gesellschaft notwendig sein.

Die an der Fusion beteiligten Gesellschaften müssen ihre Gläubigerinnen und Gläubiger im Schweizerischen Handelsamtsblatt dreimal auf ihre Rechte hinweisen. Die Publikation kann ausbleiben, wenn ein zugelassener Revisionsexperte bestätigt, dass keine Forderungen bekannt oder zu erwarten sind, zu deren Befriedigung das freie Vermögen der beteiligten Gesellschaften nicht ausreicht (FusG 25 Abs. 2).

Kann die übernehmende Gesellschaft nachweisen, dass die Fusion die Erfüllung der Forderungen nicht gefährdet, kann sie einer Sicherstellung entgehen (FusG 25 Abs. 3).

Fortbestand der persönlichen Haftung der Gesellschafter: Die persönliche Haftung von Gesellschaftern der übertragenden Gesellschaft für deren Verbindlichkeiten bleibt grundsätzlich während drei Jahren nach Eintritt der Rechtswirksamkeit der Fusion bestehen (FusG 26).

c) Schutz der Arbeitnehmer

Der besonderen Stellung der Arbeitnehmer, die durch eine Fusion ihres Arbeitgebers besonders betroffen sind, wird in FusG 27 f. in Verbindung mit dem Arbeitsrecht (vgl. OR 333) besonders Rechnung getragen.

Die Gesellschaft hat vor dem Fusionsbeschluss die Arbeitnehmervertretungen oder falls es keine solche gibt, die Arbeitnehmer direkt über die geplante Fusion zu informieren und anzuhören (sog. Konsultationsverfahren; FusG 28 i.V.m. OR 333a). Bei Nichteinhaltung dieser Pflicht können die Arbeitnehmer veranlassen, dass die Eintragung der Fusion im Handelsregister untersagt wird (FusG 28 Abs. 3). Zum Schutze der Arbeitnehmer sind im Fusionsbericht auch Angaben über die Auswirkungen der Fusion auf die Arbeitnehmer zu machen (FusG 14 Abs. 3 lit. i).

Die Arbeitsverhältnisse gehen mit Vollzug der Fusion automatisch auf die übernehmende Gesellschaft über (FusG 27 Abs. 1 i.V.m. OR 333). Der Arbeitnehmer ist berechtigt, den Übergang seines Arbeitsverhältnisses abzulehnen (FusG 27 i.V.m. OR 333).

Analog zu den Gläubigern können auch die Arbeitnehmer die Sicherstellung ihrer Forderungen verlangen (FusG 27 Abs. 2). Die vor der Fusion persönlich haftenden Gesellschafter bleiben für alle Verbindlichkeiten aus dem Arbeitsverhältnis auch weiterhin haftbar (FusG 27 Abs. 3).

E. Spaltung

1. Definition

Mittels Spaltung überträgt eine Gesellschaft (übertragende Gesellschaft) Teile ihres Vermögens auf andere Gesellschaften (übernehmende Gesellschaften) gegen Gewährung von Anteils- oder Mitgliedschaftsrechten an ihre Gesellschafter.

Die wesentlichen Elemente einer Spaltung sind:
- Die von der Spaltung erfassten Vermögenswerte werden auf eine oder mehrere bereits bestehende oder neu zu gründende Gesellschaften übertragen, ohne dass die Formvorschriften der Singularsukzession beachtet werden müssen.
- Die Gesellschafter der übertragenden Gesellschaft erhalten Anteils- und Mitgliedschaftsrechte an den übernehmenden Gesellschaften.

Die Spaltung (FusG 29–52) bildet das Gegenstück zur Fusion. Bei dieser Art der Umstrukturierung werden Teile einer Gesellschaft auf eine oder mehrere übernehmende Gesellschaften übertragen. Die Gesellschafter der übertragenden Gesellschaft erhalten Anteils- oder Mitgliedschaftsrechte der übernehmenden Gesellschaft. Darin unterscheidet sich die Spaltung von der Vermögensübertragung, bei welcher keine Mitgliedschaftsrechte übertragen werden. Da, anders als bei der Fusion, nicht alle, sondern nur bestimmte Vermögenswerte auf eine übernehmende Gesellschaft übergehen, spricht man bei der Spaltung von einer partiellen Universalsukzession. In der Praxis kamen die Spaltung bisher selten und die Spaltung zur Übernahme praktisch nie vor. Sie ist für Fälle geeignet, in denen die Gesellschaft unter Wahrung der Mitgliedschaftsrechte ein Unternehmensteil ausgliedern, sich auf Kernkompetenzen konzentrieren oder Restrukturierungen innerhalb eines Konzerns vornehmen will.

Rechtsprechung BGer v. 31. Januar 2006, 4P.299/2005, E. 2.2: Die Fusion bewirkt eine Universalsukzession. Mit der Eintragung ins Handelsregister gehen alle Aktiven und Passiven der übertragenden Gesellschaft von Gesetzes wegen auf die übernehmende Gesellschaft über (Art. 22 des Bundesgesetzes vom 3. Oktober 2003 über Fusion, Spaltung, Umwandlung und Vermögensübertragung [Fusionsgesetz, FusG; SR 221.301]). [...]
Die Spaltung bewirkt eine partielle Universalsukzession. Mit der Eintragung ins Handelsregister gehen alle im Inventar aufgeführten Aktiven und Passiven von Gesetzes wegen auf die übernehmende Gesellschaft über (Art. 52 FusG [...]). Dabei ist mit der beinahe einhelligen Lehre «partiell» dahingehend zu verstehen, dass es sich qualitativ um eine vollwertige Universalsukzession handelt, die aber quantitativ auf die im Inventar genannten Vermögenswerte beschränkt ist. «Partiell» bezieht sich mithin nur auf den Umfang der Universalsukzession, nicht auf deren Rechtswirkungen [...].

2. Zulässige Transaktionen

Die Spaltung ist für Kapitalgesellschaften und Genossenschaften zulässig (FusG 30).

Übertragender Rechtsträger	Übernehmender Rechtsträger						
	KollG	KommG	AG	KommAG	GmbH	Genossenschaft	Verein
KollG							
KommG							
AG			✓	✓	✓	✓	
KommAG			✓	✓	✓	✓	
GmbH			✓	✓	✓	✓	
Genossenschaft			✓	✓	✓	✓	
Verein							

3. Arten der Spaltung

Eine Gesellschaft kann sich gemäss FusG 29 auf zwei unterschiedliche Arten spalten:
- durch Aufspaltung (FusG 29 lit. a) → A wird zu B und C
- durch Abspaltung (FusG 29 lit. b) → A gliedert Teile in B aus

Eine *Aufspaltung* («split-off») liegt vor, wenn die Gesellschaft ihr ganzes Vermögen aufteilt und auf andere (mindestens zwei) Gesellschaften überträgt. Die übertragende Gesellschaft wird aufgelöst und im Handelsregister gelöscht. Mit der Eintragung der Aufspaltung im Handelsregister gehen alle inventarisierten Vermögensgegenstände von Gesetzes wegen auf die übernehmenden Gesellschaften über. Ob die übernehmenden Gesellschaften bereits bestehen (Spaltung zur Übernahme) oder neu gegründet werden (Spaltung zur Neugründung), spielt keine Rolle. Zulässig ist sogar eine Mischform zwischen Spaltung zur Übernahme und Spaltung zur Neugründung.

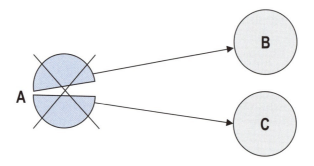

Übertragende Gesellschaft A spaltet sich und löst sich auf. Gesellschaften B und C übernehmen je einen Teil von A.

Eine *Abspaltung* («spin-off» oder «split-up») besteht darin, dass die Gesellschaft einen oder mehrere Teile ihres Vermögens auf andere Gesellschaften (mindestens eine) überträgt. Im Unterschied zur Aufspaltung werden hier nicht das ganze Vermögen, sondern lediglich bestimmte Teile davon übertragen – die übertragende Gesellschaft bleibt bestehen. Auch bei der Abspaltung können die Vermögensteile sowohl auf bestehende (Spaltung zur Übernahme) als auch auf neu zu gründende Gesellschaften (Spaltung zur Neugründung) übertragen werden.

Bezüglich der Mitgliedschaftsrechte können zwei Arten von Abspaltungen unterschieden werden: Beim «spin-off» erhalten die Gesellschafter Beteiligungsrechte an der übernehmenden Gesellschaft, ohne ihre Beteiligung an der übertragenden Gesellschaft zu verlieren. Tauschen die Gesellschafter einen Teil ihrer Beteiligung an der übertragenden gegen Beteiligungsrechte an der übernehmenden Gesellschaft ein, spricht man von einem «split-up».

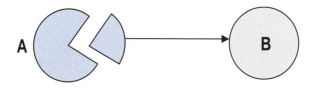

Übertragende Gesellschaft A spaltet einen Teil ab. Gesellschaft B übernimmt einen Teil von A.

Bei beiden Formen der Spaltung wird die *mitgliedschaftliche Kontinuität* gewahrt (FusG 31). Den Gesellschaftern der übertragenden Gesellschaften werden Anteils- oder Mitgliedschaftsrechte an einer oder sämtlichen übernehmenden Gesellschaften zugewiesen oder ihre Beteiligungsquote an der fortbestehenden übertragenden Gesellschaft wird entsprechend erhöht. Erhalten die Gesellschafter der übertragenden Gesellschaft an allen beteiligten Gesellschaften Anteile im Verhältnis ihrer Beteiligung, spricht man von einer *symmetrischen Spaltung* (FusG 31 Abs. 2 lit. a). Erhalten die Gesellschafter dagegen Anteils- und Mitgliedschaftsrechte an einzelnen oder an allen beteiligten Gesellschaften unter Änderung der Beteiligungsverhältnisse, liegt eine *asymmetrischen Spaltung* vor (FusG 31 Abs. 2 lit. b).

4. Ablauf einer Spaltung

1. Überträgt eine Gesellschaft durch Spaltung Vermögensteile auf eine **bestehende Gesellschaft**, so schliessen die obersten Leitungs- oder Verwaltungsorgane der an der Spaltung beteiligten Gesellschaften einen **Spaltungsvertrag** ab (FusG 36 Abs. 1).	Will eine Gesellschaft durch Spaltung Vermögensteile auf **neu zu gründende Gesellschaften** übertragen, so erstellt ihr oberstes Leitungs- oder Verwaltungsorgan einen **Spaltungsplan** (= einseitiger Rechtsakt, da es an einer Vertragspartei mangelt; FusG 36 Abs. 2).

Der Spaltungsplan oder der Spaltungsvertrag hat inhaltlich die Anforderungen von FusG 37 zu erfüllen. Er regelt unter anderem die Umtauschverhältnisse (FusG 37 lit. c) und muss zusätzlich zu den Anforderungen des Fusionsvertrags ein Inventar der zu übertragenden Vermögensverhältnisse (FusG 37 lit. b) und eine Liste der zu übertragenden Arbeitsverhältnisse (FusG 37 lit. i) enthalten. Der Spaltung ist die Bilanz zugrunde zu legen. Wie bei der Fusion muss auch hier eine Zwischenbilanz erstellt werden, wenn die letzte Bilanz mehr als sechs Monate zurückliegt oder wichtige Änderungen eingetreten sind (FusG 35).

2. Die obersten Leitungs- oder Verwaltungsorgane der beteiligten Gesellschaften verfassen entweder für jede Gesellschaft einzeln oder zusammen einen schriftlichen **Spaltungsbericht** (FusG 39 Abs. 1). Insbesondere sind die in FusG 39 Abs. 3 aufgelisteten Punkte zu erläutern und zu begründen.

3. Der Spaltungsvertrag bzw. Spaltungsplan (inkl. Inventar), der Spaltungsbericht und die Bilanz sind durch einen zugelassenen Revisionsexperten (vgl. dazu oben S. 191) zu prüfen (FusG 40 i.V.m. 15). Dieser schliesst die **Prüfung** mit einem schriftlichen Prüfungsbericht ab, der u.a. darlegt, ob die Rechte der Gesellschafter genügend gewahrt bleiben und ob das Umtauschverhältnis vertretbar ist (FusG 40 i.V.m. 15).

4. Die Gesellschafter können während 30 Tagen **Einsicht in die Spaltungsunterlagen** (Spaltungsvertrag oder Spaltungsbericht, Prüfungsbericht und die Jahresrechnungen und Jahresberichte der letzten drei Jahre sowie ggf. die Zwischenbilanz) nehmen (FusG 41). Die Gesellschaften müssen ihre Gesellschafter auf diese Möglichkeit aufmerksam machen und ihnen Kopien zur Verfügung stellen (FusG 41 Abs. 3 und 4).

5. Falls sich zwischen Abschluss des Spaltungsvertrages und dem Ergehen des Spaltungsbeschlusses wesentliche Änderungen im Aktiv- oder Passivvermögen ergeben, müssen die obersten Verwaltungsorgane einander gegenseitig informieren und ggf. eine Anpassung des Spaltungsvertrages vornehmen (sog. **Nachinformation**; FusG 42 i.V.m. 17).

6. **Schuldenruf und Sicherstellung**: Die Gläubiger aller an der Spaltung beteiligten Gesellschaften müssen dreimal im SHAB darauf hingewiesen werden, dass sie unter Anmeldung ihrer Forderungen innert zwei Monaten Sicherstellung verlangen können (FusG 45 f.). Die Gesellschaften müssen die fristgerecht angemeldeten Forderungen der Gläubiger sicherstellen (FusG 46 Abs. 1). Die Pflicht zur Sicherstellung entfällt aber, wenn die Gesellschaft nachweisen kann, dass die Forderungen durch die Spaltung nicht gefährdet sind (FusG 46 Abs. 2).

7. Nach erfolgtem Schuldenruf und allfälliger Sicherstellung von Gläubigerforderungen stimmt die Generalversammlung bzw. Gesellschafterversammlung dem Spaltungsvertrag oder Spaltungsplan zu und beschliesst die Spaltung (**Spaltungsbeschluss**; FusG 43). Für die erforderlichen Mehrheiten verweist FusG 43 Abs. 2 auf FusG 18. Für den Fall der asymmetrischen Spaltung sieht FusG 43 Abs. 3 als Sonderregelung vor, dass mindestens 90% aller Gesellschafter zustimmen. Der Spaltungsbeschluss ist öffentlich zu beurkunden (FusG 44).

8. Die beschlossene Spaltung ist von den obersten Leitungsorganen beim Handelsregister zur **Eintragung** anzumelden (FusG 51). Bei einer Aufspaltung ist zusätzlich die Löschung der übertragenden Gesellschaft vorzunehmen (FusG 51 Abs. 3).

9. Mit der Eintragung ins Handelsregister wird die Spaltung **rechtswirksam** und die im Inventar aufgelisteten Vermögenswerte gehen auf dem Weg der Universalsukzession über (FusG 52).

Auch Spaltungen können gemäss KG 9 meldepflichtig sein, da ein abgespalteter Teil, der in eine übernehmende Gesellschaft integriert wird, dieser Gesellschaft zu einer marktbeherrschenden Stellung verhelfen könnte. Die Rechtswirksamkeit der Spaltung bleibt diesfalls i.S.v. KG 34 bis zur Entscheidung der Wettbewerbskommission aufgeschoben.

Als oberste Leitungs- oder Verwaltungsorgane im Sinne der Spaltung gelten:	
AG	Verwaltungsrat (OR 707 ff.)
KommAG	Verwaltung, bestehend aus den unbeschränkt haftenden Mitgliedern (OR 765)
GmbH	Geschäftsführer (OR 809 ff.)
Genossenschaft	Verwaltung (OR 894 ff.)

Während bei der Aufspaltung die übertragende Gesellschaft aufgelöst und im Handelsregister gelöscht wird, ist bei der Abspaltung in aller Regel eine Kapitalherabsetzung der übertragenden Gesellschaft notwendig. Dies ist namentlich dann der Fall, wenn die übertragende Gesellschaft nicht über freie Mittel in der Höhe der Buchwerte der übertragenen Vermögenswerte verfügt. Die Kapitalherabsetzung erfolgt dabei grundsätzlich nach den Vorschriften des Obligationenrechts. Keine Anwendung finden allerdings gemäss FusG 32 die aktienrechtlichen Vorschriften betreffend Gläubigerschutz bei der Kapitalherabsetzung (OR 733 f.), da der Gläubigerschutz durch den Schuldenruf während des Spaltungsverfahrens (FusG 45) bereits hinreichend gewährleistet ist.

Gemäss FusG 33 Abs. 1 muss die übernehmende Gesellschaft ihr Kapital erhöhen, soweit dies zur Wahrung der Rechte der Gesellschafter der übertragenden Gesellschaft erforderlich ist. Mit dieser Vorschrift soll die Mitgliederkontinuität gewährleistet werden. Die Kapitalerhöhung folgt grundsätzlich den Vorschriften des Obligationenrechts (insb. OR 650 ff.). Gemäss FusG 33 Abs. 2 finden aber die rechtsformspezifischen Vorschriften über die Sacheinlagen keine Anwendung. Ebenfalls ausgenommen wird die Vorschrift von OR 651 Abs. 2, womit bei einer Spaltung das genehmigte Kapital die Hälfte des bisherigen Aktienkapitals übersteigen darf.

Für die Neugründung einer Gesellschaft im Rahmen einer Spaltung gelten die Bestimmungen des Obligationenrechts über die Gründung einer Gesellschaft (FusG 34). Keine Anwendung finden die Vorschriften über die Anzahl der Gründer bei Kapitalgesellschaften sowie die Vorschriften über die Sacheinlagen.

5. Möglichkeiten der erleichterten Spaltung

Ein erleichtertes Verfahren ist bei der Spaltung für kleine und mittlere Unternehmen im Sinne von FusG 2 lit. e (KMU; vgl. dazu oben S. 302; FusG 39 Abs. 2, 40 i.V.m. FusG 15 Abs. 2, 41 Abs. 2) vorgesehen. Das schwerfällige und teure Verfahren der Spaltung wäre andernfalls für viele KMU wenig attraktiv. Bei Einstimmigkeit können die Gesellschafter einer KMU auf die Schritte 2 bis 4 – Spaltungsbericht, Prüfung und Einsichtsrecht – verzichten. Anders als bei der Fusion ist für die Spaltung innerhalb eines Konzerns keine Erleichterung vorgesehen.

6. Gesellschafter-, Gläubiger- und Arbeitnehmerschutz

Auch bei der Spaltung trägt das FusG dem Schutz der von der Spaltung besonders betroffenen Personen Rechnung.

a) Schutz der Gesellschafter

Dem Anspruch auf mitgliedschaftliche Kontinuität wird bei der Spaltung vollumfänglich entsprochen; die zwangsweise Ausrichtung einer Barabfindung anstelle von Anteils- und Mitgliedschaftsrechten gegen den Willen der Gesellschafter ist – anders als bei der Fusion – nicht vorgesehen. Da aber niemand gegen seinen Willen zur Beteiligung an einer neuen Gesellschaft gezwungen werden kann, darf den Gesellschaftern analog zu FusG 8 Abs. 1 ein Wahlrecht zwischen den Beteiligungsrechten und einer Abfindung eingeräumt werden.

Um die vermögensmässige Kontinuität sicherzustellen, können Gesellschafter das Umtauschverhältnis überprüfen lassen und auf Ausgleichszahlung klagen (FusG 105). Aber bereits die Prüfung durch den zugelassenen Revisionsexperten (FusG 40), das Einsichtsrecht in die Spaltungsunterlagen (FusG 41), das Recht auf Information bei veränderten Vermögensverhältnissen (FusG 42) sowie die Quoren für die Beschlussfassung der Spaltung (FusG 43) sorgen für einen wirksamen Gesellschafterschutz.

Werden Bestimmungen des FusG verletzt, steht den nicht zustimmenden Gesellschaftern ein Recht auf Anfechtung des Beschlusses zu («Anfechtungsklage»; FusG 106 f.).

b) Schutz der Gläubiger

Anspruch auf Sicherstellung der Forderungen: Bei einer Spaltung sind die Gläubigerinteressen besonders zu schützen, da Vermögen aufgeteilt und auf einen übernehmenden Rechtsträger übertragen wird, was regelmässig zu einer Schmälerung der Haftungsbasis des übertragenden Rechtsträgers führt. Diesem Umstand wird durch den vor der Spaltung durchzuführenden Schuldenruf sowie die Sicherstellung der Gläubigerforderungen Rechnung getragen (FusG 45 f., 43 Abs. 1; vgl. dazu oben S. 304).

Zusätzlich zum Anspruch auf Sicherstellung der Forderungen wird der Schutz der Gläubiger durch eine subsidiäre solidarische Haftung aller an der Spaltung beteiligten Gesellschaften verstärkt (FusG 47). Wird eine Forderung gegenüber der Gesellschaft, der sie durch die Spaltung zugeordnet wurden (primär haftende Gesellschaft), nicht befriedigt, so sind die anderen an der Spaltung beteiligten Gesellschaften nach den Voraussetzungen von FusG 47 Abs. 2 solidarisch haftbar (subsidiär haftende Gesellschaften).

Fortbestand der persönlichen Haftung der Gesellschafter: Analog der Regelung bei der Fusion bleibt die persönliche Haftung von Gesellschaftern der übertragenden Gesellschaft für deren Verbindlichkeiten grundsätzlich während drei Jahren nach Eintritt der Rechtswirksamkeit der Spaltung bestehen (FusG 48 i.V.m. 26).

c) Schutz der Arbeitnehmer

Der Schutz der Arbeitnehmer entspricht grundsätzlich demjenigen bei der Fusion (vgl. dazu oben S. 304). Im Unterschied zur Fusion können zudem gleich wie die Gläubiger auch die Arbeitnehmer der übertragenden Gesellschaft bereits vor erfolgter Spaltung die Sicherstellung ihrer Forderungen verlangen (FusG 49).

F. Umwandlung

1. Definition

Umwandlung bedeutet die Änderung der Rechtsform einer Gesellschaft ohne Auflösung, Liquidation und Neugründung. Die Rechtsverhältnisse der Gesellschaft werden durch die Umwandlung nicht verändert (FusG 53).

Die wesentlichen Elemente einer Umwandlung sind:
- Die bisherige Gesellschaft bleibt mit neuem Rechtskleid bestehen.
- Die wirtschaftliche und rechtliche Identität sowie alle Rechtsbeziehungen bleiben unverändert.
- Die mitgliedschaftliche und vermögensrechtliche Kontinuität bleibt im Grundsatz gewahrt.

Die Umwandlung ermöglicht es einem Rechtsträger, seine unpassend gewordene Rechtsform durch eine neue zu ersetzen. Dadurch kann sich ein Unternehmen flexibel veränderten wirtschaftlichen Anforderungen anpassen. Eine finanziell und aufwandmässig nachteilige Liquidation kann vermieden und das Rechtssubjekt als ökonomische Einheit mit allen vermögens- und mitgliedschaftlichen Beziehungen beibehalten werden.

2. Zulässige Transaktionen

In FusG 54 sind alle zulässigen Umwandlungen abschliessend aufgeführt:

Übertragender Rechtsträger \ Übernehmender Rechtsträger	KollG	KommG	AG	KommAG	GmbH	Genossenschaft	Verein
KollG		✓	✓	✓	✓	✓	
KommG	✓		✓	✓	✓	✓	
AG				✓	✓	✓	
KommAG			✓		✓	✓	
GmbH			✓	✓		✓	
Genossenschaft			✓	✓	✓		✓**
Verein			✓*	✓*	✓*	✓*	

* Nur möglich, wenn der übertragende Rechtsträger im Handelsregister eingetragen ist.
** Nur möglich, wenn bei der Genossenschaft keine Anteilscheine bestehen und der Verein im Handelsregister eingetragen ist.

Soweit die Ausgangs- und Zielrechtsform in ihren rechtlichen Strukturen kompatibel sind, ist eine Umwandlung zulässig. Eine Kapitalgesellschaft kann sich daher ohne Weiteres in eine andere Kapitalgesellschaft umwandeln. Ausgeschlossen ist etwa die Umwandlung einer Gesellschaft in eine Stiftung (als blosse Vermögensgesamtheit) oder die Umwandlung einer Kapitalgesellschaft oder Genossenschaft in eine KollG oder KommG. Denn hier unterscheiden sich die Haftungsverhältnisse in grundlegender Weise und durch die Umwandlung würde neu eine persönliche Haftung der Gesellschafter entstehen. Zu ihrem Schutz verlangt das Gesetz diesfalls eine Liquidation mit anschliessender Neugründung, wobei das Vermögen gemäss FusG 69 ff. auf dem Weg der Vermögensübertragung oder nach den allgemeinen Grundsätzen der Singularsukzession übertragen werden muss.

Einzelunternehmen, Stiftungen und die Gesellschaftsformen des KAG (SICAV oder KGK) sind grundsätzlich von der Umwandlung nach dem FusG ausgeschlossen.

Sonderbestimmungen gelten für die Umwandlung von Vorsorgeeinrichtungen (FusG 97) und Instituten des öffentlichen Rechts (FusG 99 ff.).

3. Arten der Umwandlung

Die Umwandlung bewirkt nicht die Auflösung der alten Gesellschaft. Es werden dementsprechend auch keine Vermögenswerte auf einen anderen Unternehmensträger übertragen. Das Rechtssubjekt bleibt als solches bestehen, die Umwandlung vollzieht sich durch blosse Statutenänderung. Man spricht deshalb von einer **rechtsformverändernden Umwandlung**.

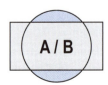

Der bisherige Rechtsträger (mit Rechtskleid A) wird nicht aufgelöst, sondern streift sich ein anderes Rechtskleid (B) über.

Eine Ausnahme ergibt sich für die Umwandlung einer Kollektiv- oder Kommanditgesellschaft in eine Kapitalgesellschaft oder eine Genossenschaft. Hier wird ein Gesamthandverhältnis an der Gesellschaft durch die Gesellschafter auf eine juristische Person übertragen. Eine Rechtsformumwandlung ist hier nicht ausreichend, da Vermögen von einer Gemeinschaft ohne Rechtspersönlichkeit auf eine juristische Person übertragen wird. Der bisherige Rechtsträger wird aufgelöst. Man spricht hier von einer **übertragenden Umwandlung**.

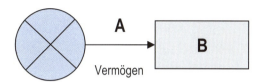

Das Vermögen des bisherigen Rechtsträgers wird auf B (mit gewünschtem, neuen) Rechtskleid übertragen. A wird aufgelöst.

Eine Spezialsituation ergibt sich bei der Umwandlung einer KollG in eine KommG und umgekehrt. Gemäss FusG 55 werden sie durch eine reine Veränderung der Gesellschafterstruktur vollzogen, indem neu Kommanditäre hinzutreten (bei der Umwandlung in eine KommG; FusG 55 Abs. 1) bzw. austreten oder zu unbeschränkt haftenden Kollektivgesellschaftern werden (bei der Umwandlung in eine KollG; FusG 55 Abs. 2). Das normale Umwandlungsverfahren gemäss FusG 57 ff. findet keine Anwendung.

4. Ablauf einer Umwandlung

1. Das oberste Leitungs- oder Verwaltungsorgan der umzuwandelnden Gesellschaft erstellt einen schriftlichen **Umwandlungsplan** (FusG 59 Abs. 1). Inhaltlich sind die Anforderungen von FusG 60 zu erfüllen.

2. Das oberste Leitungs- oder Verwaltungsorgan der umzuwandelnden Gesellschaft erstellt einen schriftlichen **Umwandlungsbericht** (FusG 61 Abs. 1). In diesem Bericht sind insbesondere die in FusG 61 Abs. 3 aufgelisteten Punkte zu erläutern und zu begründen, namentlich die Pflichten, welche den Gesellschaftern in der neuen Rechtsform auferlegt werden können (FusG 61 lit. f).

3. Ein zugelassener Revisionsexperte (vgl. dazu oben S. 191) **prüft** den Umwandlungsplan, den Umwandlungsbericht und die für die Umwandlung massgebliche Bilanz (FusG 62 Abs. 1). Der Revisionsexperte muss insb. prüfen, ob die Rechtsstellung der Gesellschafter gewahrt bleibt (FusG 62 Abs. 4).

4. Die Gesellschafter können während 30 Tagen **Einsicht in die Umwandlungsunterlagen** (Umwandlungsplan, Umwandlungsbericht, Prüfungsbericht, die Jahresrechnungen und Jahresberichte der letzten drei Jahre sowie ggf. die Zwischenbilanz) nehmen (FusG 63). Die Gesellschaften müssen ihre Gesellschafter auf diese Möglichkeit aufmerksam machen und ihnen Kopien der Unterlagen zur Verfügung stellen (FusG 63 Abs. 3 und 4).

5. Der Umwandlungsplan muss der Generalversammlung bzw. den Gesellschaftern zur **Beschlussfassung** (je nach Gesellschaft mit unterschiedlichen Mehrheiten; vgl. FusG 64 Abs. 1 lit. a – e) unterbreitet werden. Bei KollG und KommG müssen alle Gesellschafter zustimmen (FusG 64 Abs. 2). Der Umwandlungsbeschluss ist öffentlich zu beurkunden (FusG 65).

6. Die Umwandlung wird beim Handelsregister zur **Eintragung** angemeldet (FusG 66). Bei einer übertragenden Umwandlung ist zusätzlich die Löschung der übertragenden Gesellschaft vorzunehmen.

7. Mit der Eintragung ins Handelsregister ist die Umwandlung **rechtswirksam** geworden und die Gesellschaft hat ein neues Rechtskleid erhalten (FusG 67).

Als oberste Leitungs- oder Verwaltungsorgane im Sinne der Umwandlung gelten:	
AG	Verwaltungsrat (OR 707 ff.)
KommAG	Verwaltung, bestehend aus den unbeschränkt haftenden Mitgliedern (OR 765)
GmbH	Geschäftsführer (OR 809 ff.)
Genossenschaft	Verwaltung (OR 894 ff.)
KollG	Gesellschafter (OR 557 Abs. 2 i.V.m. 535) oder nach Massgabe des Gesellschaftsvertrages
KommG	Unbeschränkt haftende Gesellschafter (OR 599) oder nach Massgabe des Gesellschaftsvertrages

5. Möglichkeiten der erleichterten Umwandlung

Für kleinere und mittlere Unternehmen im Sinne von FusG 2 lit. e (KMU; vgl. dazu oben S. 302) kann ein erleichtertes Verfahren zur Anwendung kommen (FusG 61 Abs. 2, 62 Abs. 2, 63 Abs. 2): Bei Einstimmigkeit können die Gesellschafter bei KMU auf die Schritte 2 bis 4 – Umwandlungsbericht, Prüfung und Einsichtsrecht – verzichten.

6. Gesellschafter-, Gläubiger- und Arbeitnehmerschutz

Der Rechtsstellung aller Beteiligten wird durch folgende Bestimmungen Rechnung getragen:

a) Schutz der Gesellschafter

Der Grundsatz der mitgliedschaftsrechtlichen Kontinuität sorgt dafür, dass die Anteils- und Mitgliedschaftsrechte der Gesellschafter gewahrt bleiben (FusG 56 Abs. 1). Eine zwangsweise Abfindung gegen den Willen der Gesellschafter ist nicht zulässig. Da aber niemand gegen seinen Willen zur Beteiligung an einer anderen Gesellschaftsform gezwungen werden kann, darf den Gesellschaftern analog zu FusG 8 Abs. 1 ein Wahlrecht zwischen den Beteiligungsrechten und einer Abfindung eingeräumt werden.

Die vermögensmässige Kontinuität ist durch die Möglichkeit zur Überprüfung des Umtauschverhältnisses (FusG 62) und eventueller Klage auf Ausgleichszahlung (FusG 105) sowie das Einsichtsrecht (FusG 63) gewährleistet. Auch die Mehrheitserfordernisse bei der Beschlussfassung des Umwandlungsplans sorgen für einen Schutz der Gesellschafter (FusG 59 Abs. 2 und 64).

Werden Bestimmungen des FusG verletzt, steht den nicht zustimmenden Gesellschaftern ein Recht auf Anfechtung des Beschlusses zu («Anfechtungsklage»; FusG 106 f.).

b) Schutz der Gläubiger

Für die Gläubiger kommt es bei der Umwandlung zu keinem Schuldnerwechsel. Der bisherige Schuldner ändert lediglich seine Rechtsform. Die Umwandlung hat keinen Einfluss auf die Höhe des Gesellschaftsvermögens. Ein Anspruch auf Sicherstellung ihrer Forderungen ist deshalb anders als bei der Fusion und der Spaltung nicht vorgesehen.

Hingegen bleibt analog der Regelung bei der Fusion und der Spaltung die persönliche Haftung von Gesellschaftern grundsätzlich während drei Jahren nach Eintritt der Rechtswirksamkeit der Spaltung bestehen (FusG 68 Abs. 1 i.V.m. 26). Zudem ist die Umwandlung einer Gesellschaft, die überschuldet ist oder einen Kapitalverlust aufweist, unzulässig.

c) Schutz der Arbeitnehmer

Auch für den Arbeitnehmer ist das Schutzbedürfnis bei einer Umwandlung im Vergleich zu den übrigen Umstrukturierungen aufgrund fehlender Vermögensübertragung gering.

Als Einziges sieht FusG 68 Abs. 2 mittels Verweis auf FusG 27 Abs. 3 vor, dass die persönlich haftenden Gesellschafter für alle Verbindlichkeiten aus dem Arbeitsvertrag haftbar sind, für die sie schon vor der Umwandlung hafteten.

G. Vermögensübertragung

1. Definition

> Mittels Vermögensübertragung überträgt eine Gesellschaft ihr Vermögen oder ein Vermögensteil mittels Universalsukzession auf eine übernehmende Gesellschaft (FusG 69 Abs. 1).

Die Vermögensübertragung ermöglicht es einem Rechtsträger, alle Aktiven und Passiven oder Teile davon als Ganzes mittels Universalsukzession auf einen anderen Rechtsträger zu übertragen. Dem Unternehmen wird es damit ermöglicht, schnell und unkompliziert alle in einem Inventar bezeichneten Vermögensteile gesamthaft, und nicht auf dem mühsamen Weg der Singularsukzession, in einen anderen Rechtsträger zu überführen. Wirtschaftlich kann diese Art der Umstrukturierung einer Fusion oder Spaltung nahekommen, wenn ganze Betriebe oder Betriebsteile übertragen werden. Als wichtiges Unterscheidungsmerkmal zur Spaltung beschlägt die Vermögensübertragung aber nur die vermögens-, nicht aber die mitgliedschaftsrechtliche Komponente: Erhalten die Gesellschafter der übertragenden Gesellschaft Anteils- oder Mitgliedschaftsrechte der übernehmenden Gesellschaft, kommen die Regeln über die Spaltung zur Anwendung (FusG 69 Abs. 1). OR 181 Abs. 4 verweist für die Vermögensübertragung ausdrücklich auf die Regeln von FusG 69 ff. Für die nicht vom FusG erfassten Fälle bleibt OR 181 aber nach wie vor massgebend.

Das Vermögen oder ein Vermögensteil (V) von A (übertragende Gesellschaft) wird auf B (übernehmende Gesellschaft) übertragen.

2. Zulässige Transaktionen

Übertragender Rechtsträger \ Übernehmender Rechtsträger	Einzelunternehmen	KollG	KommG	AG	KommAG	GmbH	Genossenschaft	Verein	KGK und SICAV
Einzelunternehmen	✓*	✓*	✓*	✓*	✓*	✓*	✓*	✓*	✓*
KollG	✓*	✓*	✓*	✓*	✓*	✓*	✓*	✓*	✓*
KommG	✓*	✓*	✓*	✓*	✓*	✓*	✓*	✓*	✓*
AG	✓	✓	✓	✓	✓	✓	✓	✓	✓
KommAG	✓	✓	✓	✓	✓	✓	✓	✓	✓
GmbH	✓	✓	✓	✓	✓	✓	✓	✓	✓
Genossenschaft	✓	✓	✓	✓	✓	✓	✓	✓	✓
Verein	✓*	✓*	✓*	✓*	✓*	✓*	✓*	✓*	✓*
KGK und SICAV	✓	✓	✓	✓	✓	✓	✓	✓	✓

* Nur möglich, wenn der übertragende Rechtsträger im Handelsregister eingetragen ist.

Sowohl Gesellschaften als auch Einzelunternehmen, Vereine, Stiftungen, Vorsorgeeinrichtungen sowie die Gesellschaftsformen des KAG (KGK und SICAV) können eine Vermögensübertragung durchführen. Der übertragende Rechtsträger muss jedoch im Handelsregister eingetragen sein (FusG 69 Abs. 1). Dank dieser liberalen Ausgestaltung kann sie als Alternative zur Spaltung dienen, sollte diese für die beteiligten Rechtsträger nicht zulässig sein.

Sonderbestimmungen gelten für die Vermögensübertragung, an denen eine Stiftung (FusG 86 f.), eine Vorsorgeeinrichtung (FusG 98) oder ein Institut des öffentlichen Rechts (FusG 99 ff.) beteiligt ist.

Beispiel Eine KollG kann sich nicht in eine AG abspalten. Es bleibt ihr aber unbenommen, durch eine Vermögensübertragung einen Teil ihres Vermögens auf eine AG zu übertragen, um damit wirtschaftlich ein ähnliches Ergebnis zu erreichen wie mit einer Spaltung.

3. Ablauf einer Vermögensübertragung

1. Die obersten Leitungs- oder Verwaltungsorgane der an der Vermögensübertragung beteiligten Gesellschaften schliessen einen schriftlichen **Übertragungsvertrag** (FusG 70 Abs. 1) ab. Dieser enthält gemäss FusG 71:
   - die Firma, den Sitz und die Rechtsform der beteiligten Rechtsträger (lit. a);
   - ein Inventar mit der eindeutigen Bezeichnung der zu übertragenden Vermögensgegenstände des Aktiv- und Passivvermögens; Grundstücke und immaterielle Werte sind einzeln aufzuführen (lit. b) und bei einem Eigentümerwechsel dem Grundbuchamt zu melden (vgl. FusG 104). Für die Übertragung sind die im Inventar aufgelisteten Vermögenswerte massgebend. Nicht im Inventar aufgeführte Gegenstände verbleiben im Zweifel beim übertragenden Rechtsträger (FusG 72);
   - den gesamten Wert der zu übertragenden Aktiven und Passiven (lit. c);
   - die allfällige Gegenleistung (lit. d);
   - die Liste der Arbeitsverhältnisse, die mit der Vermögensübertragung übergehen (FusG 71 Abs. 1 lit. e).

   Die Vermögensübertragung ist nur zulässig, wenn das Inventar einen Aktivenüberschuss aufweist (FusG 71 Abs. 2).

2. Das oberste Leitungs- oder Verwaltungsorgan des übertragenden Rechtsträgers muss dem Handelsregisteramt die Vermögensübertragung zur **Eintragung** anmelden. Die Erstellung eines Berichts und deren Prüfung durch einen Revisionsexperten entfallen. Die Gesellschafter müssen lediglich nach erfolgter Vermögensübertragung informiert werden (FusG 74).

3. Mit der Eintragung ins Handelsregister wird die Vermögensübertragung **rechtswirksam** (konstitutive Wirkung). Die Gesamtheit der im Inventar aufgeführten Aktiven und Passiven geht zum Zeitpunkt der Eintragung auf den übernehmenden Rechtsträger über.

4. Das oberste Leitungs- oder Verwaltungsorgan der übertragenden Gesellschaft muss die Gesellschafter über die Vermögensübertragung im Anhang zur Jahresrechnung oder allenfalls an der nächsten Generalversammlung **informieren** (FusG 74 Abs. 1). Dies geschieht erst nach erfolgter Vermögensübertragung. Dabei sind gemäss FusG 74 Abs. 2 die folgenden Punkte zu erläutern und zu begründen:
   - der Zweck und die Folgen der Vermögensübertragung (lit. a);
   - der Übertragungsvertrag (lit. b);
   - die Gegenleistung für die Übertragung (lit. c);
   - die Folgen für die Arbeitnehmer und Hinweis auf den Inhalt eines allfälligen Sozialplans (lit. d).

   Die Informationspflicht entfällt, wenn der Wert der übertragenen Aktiven weniger als 5% der Bilanzsumme der übertragenden Gesellschaft ausmacht (FusG 74 Abs. 3). Berechnungsgrundlage bildet dabei die letzte von der Gesellschaft erstellte und gegebenenfalls von der Generalversammlung genehmigte Bilanz.

Auffallend bei dieser Form der Umstrukturierung ist, dass der Vertrag *nicht der Zustimmung* der Generalversammlung bzw. der Gesellschafter bedarf. Dies liegt daran, dass mit der Vermögensübertragung keine Änderung der gesellschaftsrechtlichen oder statutarischen Zuständigkeitsordnung bezweckt wird. Auch eine Vermögensübertragung muss sich grundsätzlich auf den Gesellschaftszweck abstützen und sich mit diesem vereinbaren lassen. Je nach Gesellschaftsform oder gesellschaftsvertraglicher Regelung kann jedoch die Mitwirkung der Gesellschafter erforderlich sein, dies namentlich dann, wenn die Transaktion zu einer Zweckänderung führt oder einer Liquidationshandlung gleichkommt.

Zu beachten ist, dass eine Vermögensübertragung unter Umständen kartellrechtlich unter den Begriff des meldepflichtigen Zusammenschlusses gemäss KG 9 fällt. Ist dies der Fall, so wird die zivilrechtliche Wirksamkeit der Vermögensübertragung aufgeschoben, bis das Ergebnis der kartellrechtlichen Prüfung vorliegt (FusG 73 Abs. 2 i.V.m. KG 34).

Als oberste Leitungs- oder Verwaltungsorgane im Sinne der Vermögensübertragung gelten:	
AG	Verwaltungsrat (OR 707 ff.)
KommAG	Verwaltung, bestehend aus den unbeschränkt haftenden Mitgliedern (OR 765)
GmbH	Geschäftsführer (OR 809 ff.)
Genossenschaft	Verwaltung (OR 894 ff.)
KollG	Unbeschränkt haftende Gesellschafter (OR 557 Abs. 2 i.V.m. 535) oder nach Massgabe des Gesellschaftsvertrages
KommG	Unbeschränkt haftende Gesellschafter (OR 599) oder nach Massgabe des Gesellschaftsvertrages

4. Gesellschafter-, Gläubiger- und Arbeitnehmerschutz

Zur Wahrung der Rechte und Interessen der Gläubiger sowie der Gesellschafter der übertragenden Gesellschaft sind bei der Vermögensübertragung gewisse Schutzmassnahmen zwingend zu beachten. Hierzu gehört allgemein insbesondere die Einhaltung der gesetzlichen und der statutarischen Bestimmungen zum Kapitalschutz und zur Liquidation der Gesellschaft (FusG 69 Abs. 2).

a) Schutz der Gesellschafter

Da die mitgliedschaftliche Komponente bei der Vermögensübertragung nicht tangiert wird, sind die Gesellschafter weniger schutzbedürftig als bei anderen Arten von Umstrukturierungen. Dies rechtfertigt die erst nachträgliche Orientierung der Gesellschafter (FusG 74).

Werden Bestimmungen des FusG verletzt, steht den nicht zustimmenden Gesellschaftern ein Recht auf Anfechtung des Beschlusses zu («Anfechtungsklage»; FusG 106 f.).

b) Schutz der Gläubiger

Der Gläubigerschutz bei der Vermögensübertragung ist durch die Solidarhaftung der bisherigen Schuldner gewährleistet: Für die vor der Vermögensübertragung begründeten Schulden haften die bisherigen Schuldner während drei Jahren solidarisch mit dem neuen Schuldner (FusG 75 Abs. 1). Die Ansprüche gegen den übertragenden Rechtsträger verjähren drei Jahre nach Veröffentlichung der Vermögensübertragung (FusG 75 Abs. 2). Ausnahmsweise sind die an der Vermögensübertragung beteiligten Rechtsträger verpflichtet, trotz dieser Solidarhaftung die betreffenden Forderungen sicherzustellen. Dies ist namentlich dann der Fall, wenn die solidarische Haftung vor Ablauf dieser Dreijahresfrist entfällt (etwa durch Konkurs) oder die Gläubiger glaubhaft machen, dass die solidarische Haftung keinen hinreichenden Schutz bietet (FusG 75 Abs. 3).

Sofern die übrigen Gläubiger dabei nicht zu Schaden kommen, können die an der Vermögensübertragung beteiligten Rechtsträger die Forderung auch direkt erfüllen (FusG 75 Abs. 4).

c) Schutz der Arbeitnehmer

Der Schutz der Arbeitnehmer entspricht demjenigen bei der Fusion und Spaltung. Die Arbeitnehmer haben analog zum Schutz bei der Fusion Anspruch auf vorgängige Information und Konsultation (FusG 77 i.V.m. OR 333a) und auf den automatischen Übergang der Arbeitsverhältnisse mit allen Rechten und Pflichten auf die übernehmende Gesellschaft (FusG 76 Abs. 1 i.V.m. OR 333) sowie auf die Sicherstellung ihrer Lohnforderungen (FusG 76 Abs. 2 i.V.m. 75 Abs. 3 und 4). Zusätzlich haftet der übertragende Rechtsträger gleich wie gegenüber den Gläubigern solidarisch für ihre Lohnforderung (FusG 76 Abs. 2 i.V.m. 75).

Lösungen

Lösungen zum 1. Teil

Übung 1

Prüfen Sie in den folgenden Fällen, ob eine einfache Gesellschaft besteht.

Gründung einer Aktiengesellschaft

Da der Gesellschaft erst mit dem Eintrag ins Handelsregister Rechtspersönlichkeit zukommt, ist hier noch keine AG entstanden. Als subsidiäre Form gilt sie in der Gründungsphase als einfache Gesellschaft (BGE 104 IB 264).

Kino Paradiso

Infrage kommt eine einfache Gesellschaft oder eine KollG. Die Komplexität und Professionalität der Kinoführung sowie das auf Dauer angelegte Gewinnstreben deuten auf professionelle Strukturen hin, was eher auf eine Kollektivgesellschaft hindeutet. Das generelle Auftreten unter dem Begriff Paradiso lässt den Schluss zu, dass es sich hierbei um eine Firma handelt. Dieser Umstand spricht für eine Kollektivgesellschaft, da die einfache Gesellschaft kein Firmenrecht kennt. Durch den Umstand, dass die Gesellschaft letztes Jahr einen Jahresumsatz von über CHF 500'000.– erwirtschaftet hat, ergibt sich, dass die Gesellschaft zur kaufmännischen Buchführung und Rechnungslegung verpflichtet ist (vgl. OR 957). Auch dies spricht für das Bestehen einer Kollektivgesellschaft. Dass die KollG nicht im Handelsregister eingetragen ist, hat für deren Bestehen keine Konsequenzen, da bei einer kaufmännisch geführten KollG der Eintrag nur deklaratorische Wirkung hat. Es spricht hier also mehr für die Annahme einer KollG.

Übung 2

Konkubinat

Teil 1

Annette und Bruno bilden ein Konkubinat. Dieses gilt als einfache Gesellschaft, sofern die entsprechenden Voraussetzungen erfüllt sind. Die beiden haben sich zu einer wirtschaftlichen Gemeinschaft mit dem Zweck der Bewohnung der Liegenschaft zusammengefunden, an die beide durch finanzielle Leistungen, die Einbringung von Sachen und die Erledigung von Haushaltsarbeiten beitragen. Es gilt somit das Recht der einfachen Gesellschaft.

Teil 2

Ob in diesem Beispiel eine einfache Gesellschaft entstanden ist, ist umstritten. Es kann wohl davon ausgegangen werden, dass die Konkubinatspartner in irgendeiner Form ein gemeinsames Ziel verfolgen. Allein schon die Absicht, gemeinsam eine Wohnung zu teilen und dort zusammen zu leben, stellt das gemeinsame Interesse so sehr in den Vordergrund, dass sich die Annahme einer einfachen Gesellschaft aufdrängt. Auf der anderen Seite stellt sich die Frage, ob von einem Willen, sich einem gemeinsamen Zweck unterzuordnen, bei einer derart strikten Trennung noch die Rede sein kann.

Übung 3

Musikunterricht

Es stellt sich die Frage, ob es sich in diesem Fall um eine einfache Gesellschaft oder einen zweiseitigen Vertrag handelt.

Abgrenzungsmerkmal der einfachen Gesellschaft ist die gemeinsame Zweckverfolgung. In der Tat haben sowohl Anton als auch Brigitte ein gemeinsames Interesse, dass Brigitte eine erfolgreiche Violinistin wird. Ihre Hauptinteressen sind aber gegenseitiger Natur. Denn Anton erhält für seine Tätigkeit ein Honorar, Brigitte will eine beruflich und finanziell erfolgreiche Karriere. Das Interesse von Anton an der Karriere besteht vor allem darin, dass sich durch deren erfolgreichen Verlauf auch die Höhe der ihm zufallenden Honoraranteile vergrössert. Obwohl Anton und Brigitte durchaus auch gemeinsame Interessen haben, sind die primären Interessen gegenteilig – es handelt sich nicht um eine einfache Gesellschaft. In casu haben wir es mit einem zweiseitigen Vertrag, genauer einem Auftrag zu tun.

Es kann also selbst bei Bestehen eines gemeinsamen Interesses ein zweiseitiger Vertrag vorliegen. So haben beim Mietvertrag beide Parteien ein gemeinsames Interesse daran, dass die Mietsache möglichst gut erhalten bleibt. Beim Werkvertrag wollen beide, dass das Werk fachgerecht erstellt wird. Trotzdem ist das Hauptinteresse der Parteien gegenseitiger Natur. Der einen Partei geht es um das Mietobjekt bzw. das Werk, das Interesse der anderen Partei liegt primär beim Entgelt.

Übung 4

Beschwerdeführung

Die einfache Gesellschaft hat keine eigene Rechtspersönlichkeit. Verpflichtet und berechtigt werden die Gesellschafter. Die Gesellschafter handeln nach allgemeinem Stellvertretungsrecht gemäss OR 32 ff. Die einfache Gesellschaft ist demzufolge auch nicht aktivlegitimiert und somit nicht zur Beschwerdeführung berechtigt. Tritt eine einfache Gesellschaft als solche vor Bundesgericht auf, ist nicht diese Partei, sondern gelten die einzelnen Gesellschafter als Partei. Klagen der Gesellschaft erfolgen vermutungsgemäss von allen Gesellschaftern gemeinsam. Sie bilden dabei eine notwendige Streitgenossenschaft. Im vorliegenden Fall hat Annette nach Absprache mit Bruno und Christian Beschwerde erhoben. Es gelten somit alle drei Gesellschafter als Parteien vor Bundesgericht.

Variante

Auch hier gilt der allgemeine Grundsatz, wonach die einfache Gesellschaft mangels Rechtspersönlichkeit keine Partei in einem Verfahren sein kann. Unklar ist allerdings, ob Annette mit ihrer Beschwerde auch im Namen von Bruno und Christian Beschwerde erhoben hat. Aufgrund des Grundsatzes, dass Klagen der einfachen Gesellschaft vermutungsweise alle Gesellschafter gemeinsam betreffen, wird das Gericht annehmen, dass Annette als vermutungsweise zur Vertretung der Gesellschaft berechtigter Gesellschafter auch Bruno und Christian mit der Beschwerde verpflichtet. Entsprechend wird das Gericht auch hier grundsätzlich alle drei Gesellschafter als Parteien behandeln. Zu berücksichtigen ist aber Folgendes: Die Beschwerde- bzw. Klageführung gilt allgemein als Handlung, welche im Sinne von OR 535 Abs. 3 über den gewöhnlichen Betrieb der einfachen Gesellschaft hinausgeht, und verlangt demnach die Einwilligung sämtlicher Gesellschafter. Für die Beschwerdeführung benötigt Annette somit die Einwilligung von Bruno und Christian. Lehnen Bruno oder Christian die Beschwerdeführung ab, so durfte Annette nicht für die Gesellschaft Beschwerde führen. In diesem Fall fehlt es an der notwendigen Streitgenossenschaft und das Gericht wird auf die Beschwerde nicht eintreten.

Übung 5

Geschäftsführung

Annette: Als nicht geschäftsführende Gesellschafterin steht ihr ein Einsichtsrecht in die Geschäftsbücher zu, mit dem sie sich einen Überblick über die Geschäftslage verschaffen kann (OR 541). Unter dieses Einsichtsrecht fällt auch ein Auskunftsrecht gegenüber Christian und David. In einem weiteren Schritt kann sie die beiden nach OR 538 Abs. 2 auf Schadenersatz belangen. Die dabei anwendbare Sorgfaltspflichtregelung von OR 538 Abs. 1 wird der Klage aber wohl keinen Erfolg bescheren. Wenn Christian und David schlecht wirtschaften, weil sie es nicht besser können, so trifft sie kein Verschulden (subjektive Sorgfaltspflicht). Annette hätte sich ihre Gesellschaftspartner vor der Gründung besser aussuchen müssen.

Bruno: Als Geschäftsführer hat Bruno zusätzlich noch die Möglichkeit, mittels seines Vetorechts gegenüber Christian und David spezifische Geschäfte zu blockieren.

Übung 6

Konkurrenzverbot

OR 536 verbietet dem Gesellschafter alle Tätigkeiten, die den Zweck der Gesellschaft beeinträchtigen könnten. Wenn Bruno alleine auftritt, konkurriert er direkt mit der Gesellschaft um den Auftritt. Es spielt auch keine Rolle, dass Bruno nicht für eine andere Gesellschaft, sondern als Einzelperson für sich alleine arbeitet. Auch dies ist im umfassenden Konkurrenzverbot von OR 536 enthalten.

Als Folge der Verletzung des Konkurrenzverbotes können Anton und Christian gestützt auf OR 538 Abs. 2 Schadenersatz verlangen. Das konkurrierende Verhalten von Bruno kann zudem Anlass sein, ihm die Geschäftsführungsbefugnis zu entziehen oder einzuschränken (OR 539) oder die Gesellschaft aus wichtigem Grund aufzulösen (OR 545 Abs. 1 Ziff. 7 und Abs. 2). Ein Recht auf Ausschliessung eines Gesellschafters ist gesetzlich nicht vorgesehen, kann aber im Gesellschaftsvertrag vorgesehen werden. Möglich bleiben im Weiteren auch Sanktionen aus dem allgemeinen Vertragsrecht, wie etwa ein Anspruch auf Unterlassung (OR 98 Abs. 3), auf Gewinnherausgabe (OR 423 Abs. 1) oder ein Deliktsanspruch.

Übung 7

Wechsel im Gesellschafterbestand

Obwohl nur bei der Kollektivgesellschaft gesetzlich geregelt (OR 576), sind Fortsetzungsklauseln auch bei der einfachen Gesellschaft zulässig. Durch eine Fortsetzungsklausel können die Gesellschafter vereinbaren, dass die Gesellschaft beim Tod eines Gesellschafters ohne dessen Erben mit den verbleibenden Gesellschaftern weitergeführt wird. Die Rechte des verstorbenen Gesellschafters wachsen den anderen Gesellschaftern an. Die Gesellschaft darf also weitergeführt werden. David steht als Erbe von Anton ein schuldrechtlicher Abfindungsanspruch zu.

Eine Fortsetzungsklausel kann als Teil des Gesellschaftsvertrages formlos und damit auch mündlich abgemacht werden.

Übung 8

Beiträge

Teil 1

Architekt Heinz hat zwei Sachen erbracht:

- Geldleistung (Hälfte des Kaufpreises)
- Arbeitsleistung in Form der Architekturpläne

Peter hat eine Sacheinlage in Form eines Grundstückes eingebracht. Die Einbringung war aber nicht zu Eigentum, da er den Kaufvertrag ja nur für sich abgeschlossen hat. Die Einbringung erfolgte mittels Gebrauchsüberlassung.

Teil 2

Nein. Peter hat das Grundstück für sich alleine gekauft und ist allein im Grundbuch eingetragen. Eine Eigentumsübereignung an die einfache Gesellschaft hat nie stattgefunden. Da Peter das Grundstück nur zum Gebrauch in die Gesellschaft eingebracht hat, fällt das Grundstück bei der Auflösung an Peter als Eigentümer zurück. Heinz kann nur eine Entschädigung für seine Geldleistung bei der Bezahlung des Grundstückes verlangen, das Grundstück selbst ist ihm aber entzogen.

Übung 9

Vertretung

Die Vertretung der einfachen Gesellschaft vollzieht sich nach den Regeln des allgemeinen Stellvertretungsrechts von OR 32 ff. Hat ein Gesellschafter, ohne dazu ermächtigt zu sein, als

Vertreter der Gesellschaft einen Vertrag abgeschlossen, so hat der Vertrag für die übrigen Gesellschafter nur eine bindende Wirkung, wenn er im Nachhinein genehmigt wird (OR 38 Abs. 1). Ist eine Vollmacht streitig, so hat grundsätzlich der Dritte dessen Vorhandensein zu beweisen. Dazu weist OR 543 Abs. 3 eine Spezialregelung auf. Es gilt die Vermutung, dass ein zur Geschäftsführung Berechtigter auch zur Vertretung befugt ist. Dieser Absatz findet aber keine Anwendung, da Anton zur Geschäftsführung gar nicht berechtigt ist. Die einfache Gesellschaft ist in casu nicht verpflichtet worden. Hans kann nach OR 39 von Anton Schadenersatz verlangen. Daneben kann er Anton auf Erfüllung des Vertrages verpflichten, da ein Gesellschafter, der ohne Vollmacht handelt, sich in jedem Falle persönlich zur Erfüllung verpflichtet.

Übung 10

Kündigung

OR 545 Abs. 1 Ziff. 6 sieht die Möglichkeit der Kündigung vor, wenn eine Gesellschaft auf Lebenszeit begründet wurde.

Weiter legt OR 546 Abs. 1 fest, dass bei einer Gesellschaft auf Lebenszeit die Frist zur Kündigung sechs Monate beträgt. Nach der Praxis des Bundesgerichts ist die sechsmonatige Frist jedoch nicht zwingender Natur. Das bedeutet, dass die Gesellschafter anderweitige Regelungen treffen können. Dies haben sie in casu gemacht, indem sie die Gesellschaft als unkündbar vereinbart haben. Anton kann sich also nicht auf OR 546 Abs. 1 berufen. Einzige Schranke bei einer unkündbaren, auf Lebenszeit vereinbarten Gesellschaft ist ZGB 27 Abs. 2 (übermässige Bindung, Schutz der Persönlichkeit). In casu wird dies aber sicher nicht schon nach wenigen Monaten der Fall sein. Anton hat somit kein sofortiges Kündigungsrecht.

Allenfalls kann er einen anderen Auflösungsgrund geltend machen, etwa eine Auflösung durch gemeinsame Übereinkunft nach OR 545 Abs. 1 Ziff. 4. Ist Bruno damit aber nicht einverstanden, würde höchstens noch der Gang vor einen Richter helfen, bei dem er eine Auflösung aus wichtigem Grund nach OR 545 Abs. 1 Ziff. 7 verlangt. Das Argument, dass der Aufwand zu gross sei, wird dabei aber sicher nicht genügen.

Übung 11

Liquidation

Teil 1

Nein, die Gesellschaft befindet sich im Liquidationsstadium, d.h., der Zweck der Gemeinschaft besteht nur noch im Vollenden der Liquidation. Die Durchführung der von Anton geplanten Aktivitäten steht im Rahmen des ehemaligen Zwecks der Gesellschaft. Der Anlass kann nicht mehr durch die einfache Gesellschaft durchgeführt werden.

Teil 2

Können sich die Gesellschafter nicht einigen, so hat der Richter analog den Regeln der KollG nach OR 583 Liquidatoren zu bestellen. Diese werden dann die Aufteilung vornehmen.

Teil 3

Ja, OR 551 bestimmt, dass die Forderungen von Dritten durch die Beendigung der Gesellschaft nicht betroffen werden. Es gelten die normalen vertraglichen Verjährungsfristen von OR 127 ff. Nach OR 128 Ziff. 1 verjähren Mietzinsforderungen nach fünf Jahren, was in casu nicht der Fall ist. Die Mietzinse können also nach den normalen Regeln der Haftung von den ehemaligen Gesellschaftern gefordert werden. Diese haften primär, unbeschränkt und solidarisch für die Mietzinse.

Lösungen zum 2. Teil

Übung 12

Pastaland

Als Kollektivgesellschafter sind nach OR 552 Abs. 1 nur natürliche Personen erlaubt. Die Gesellschafter können die GmbH zwar aufnehmen, allerdings hört die Gesellschaft auf, eine KollG zu sein. Obwohl die Gesellschaft in dieser Form auch keine einfache Gesellschaft darstellt – die Gesellschaft führt die Firma Pastaland Meier und Co. –, so wird sie mangels Alternativen als einfache Gesellschaft geduldet.

Übung 13

Hoteleröffnung

Es ist zu überprüfen, ob eine KollG überhaupt entstanden ist. In casu handelt es sich wohl um ein nach kaufmännischer Art geführtes Gewerbe. Denn die Führung eines Hotels ist eine auf dauernden Erwerb gerichtete Tätigkeit, die nach Art und Umfang einen kaufmännischen Betrieb erfordert (vgl. dazu vorne S. 43). Als kaufmännisches Unternehmen ist der Eintrag im Handelsregister zwar Pflicht (OR 934 Abs. 1), hat aber keine konstitutive Wirkung (vgl. auch OR 553). Die KollG ist wirksam entstanden.

Die unterlassene Eintragung kann aber dazu führen, dass der Handelsregisterführer – nach erfolgter Mahnung – die KollG von Amtes wegen einträgt. Ausserdem haftet die KollG für Schäden, die aus der unterlassenen Eintragung resultieren (OR 942). Die Voraussetzung für die Haftung entspricht im Wesentlichen der Regelung von OR 41 ff. So muss ein Vermögensschaden nachgewiesen werden, welcher durch die unterlassene Eintragung kausal verursacht wurde, und den Schädiger muss ein Verschulden treffen.

Spricht man hingegen der Gesellschaft den kaufmännischen Charakter ab, so hat der Handelsregistereintrag konstitutive Wirkung für die Entstehung (OR 553). Es besteht somit keine KollG, sondern als Auffanggesellschaftsform eine einfache Gesellschaft.

Übung 14

Gewinn

Ein Honoraranspruch besteht nur, wenn er vertraglich vereinbart wurde (OR 558 Abs. 3). Wurde ein solcher vereinbart, so besteht sein Anspruch unabhängig davon, ob die Gesellschaft Verluste einspielt oder nicht.

Ein Gewinnanteil darf hingegen erst ausbezahlt werden, wenn die durch einen Verlust entstandene Verminderung der Kapitalanteile wieder ausgeglichen wurde. Hat m.a.W. der diesjährige Gewinn die Verluste der vorangegangenen Jahre übertroffen, so kann der darüber hinausgehende Betrag als Gewinn ausbezahlt werden. Konnten die Verluste noch nicht gedeckt werden, so verbietet OR 560 Abs. 1 die Auszahlung des diesjährigen Gewinns – er dient zur Deckung der bisherigen Verluste.

Übung 15

Konkurrenzverbot

Es ist zu überprüfen, ob er damit gegen das Konkurrenzverbot verstösst.

Das Gesetz regelt das Konkurrenzverbot für die KollG in OR 561. Darin wird unabhängig von einer möglichen Schädigung die Teilnahme an anderen Unternehmen als unbeschränkt haftender Gesellschafter, als Kommanditär oder als Gesellschafter einer GmbH verboten. Erlaubt ist hingegen die Mitgliedschaft in einer AG, einer Genossenschaft, einem Verein oder auch – wie vorliegend – als stiller Gesellschafter. OR 561 verbietet die Beteiligung von Christian an der anderen Bäckerei daher nicht.

Weiter kann die Beteiligung eines Kollektivgesellschafters an einer stillen Gesellschaft, welche im Geschäftsbereich der geschützten Gesellschaft tätig ist, das Konkurrenzverbot von OR 536 (einfache Gesellschaft) verletzen, welches kraft Verweisung auch für die KollG gilt. OR 536 verbietet dem Gesellschafter alle Tätigkeiten, welche den Zweck der Gesellschaft beeinträchtigen könnten. Der Schutzumfang von OR 536 geht weiter als derjenige von OR 561. Der Begriff «alle Tätigkeiten» umfasst auch die Teilnahme als stiller Gesellschafter an einem Konkurrenzunternehmen. Andererseits verlangt OR 536 anders als OR 562 die Möglichkeit einer Schädigung der Gesellschaft. Dies ist in casu sicher zutreffend, da durch den Betrieb einer Konkurrenzbäckerei Kunden verloren gehen können.

Christian hat das Konkurrenzverbot von OR 536 verletzt.

Ob Christian Geschäftsführer ist oder nicht, spielt keine Rolle für die Anwendbarkeit des Konkurrenzverbots.

Übung 16

Betreibung

Nein, der Eintrag im Handelsregister wirkt für die nichtkaufmännische KollG konstitutiv (OR 553). Es bestand folglich gar nie eine KollG. Das Unternehmen gilt als einfache Gesellschaft. Die einfache Gesellschaft ist anders als die KollG nicht betreibungsfähig. Für Verbindlichkeiten haften die Gesellschafter primär, solidarisch und unbeschränkt. Es sind also die einzelnen Gesellschafter zu betreiben.

Übung 17

Vertretung/Haftung

Es stellt sich hier die Frage, ob die KollG für unerlaubte Handlungen (den verursachten Unfall) des Prokuristen einstehen muss, welche dieser in Ausübung seiner geschäftlichen Verrichtungen begeht. Es wird m.a.W. gefragt, ob die Haftung der Gesellschaft für unerlaubte Handlungen ihrer Gesellschafter gemäss OR 567 Abs. 3 analog auch für Prokuristen gilt.

Die Mehrheit der Lehre bejaht dies mit dem Hinweis auf die ähnliche Rechtsstellung von Prokuristen und Kollektivgesellschaftern. Die Rechtsprechung und eine Lehrminderheit verneint dies mit dem Hinweis, dass der Prokurist einer KollG nur als Stellvertreter dient (und nicht nach ZGB 55) und in diesem Bereich die Haftung für unerlaubte Handlungen zu verneinen ist.

Letztere Meinung ist wohl zu bevorzugen, eine Haftung für unerlaubte Handlungen sollte auf ZGB 55 (Organhaftung) beschränkt sein. OR 567 Abs. 3 ist auf die Haftung von Gesellschaftern beschränkt.

Übung 18

Haftung

OR 569 Abs. 1 bestimmt, dass ein neu eintretender Gesellschafter auch für Verbindlichkeiten haftet, die vor seinem Eintritt bestanden. Die Abmachung, dass er keine vorher bestandenen Schulden übernehme, kann nach OR 569 Abs. 2 nicht gegen aussen geltend gemacht werden, da diese nur interne Wirkung unter den Gesellschaftern entfaltet. Da Anton ausgetreten ist, ist er als Aussenstehender zu behandeln, womit die Abmachung ihm gegenüber keine Bedeutung hat. Anton kann von David den ausstehenden Betrag einfordern. David wiederum kann nun aber im vollen Umfang Regress auf Bruno und Christian nehmen, sodass David, sofern Bruno und Christian solvent sind, letztlich doch nicht für die Schulden aufkommen muss.

Übung 19

Haftung

Bei der kaufmännischen KollG besteht gemäss OR 552 Abs. 2 die Pflicht zur Eintragung in das Handelsregister. Der Eintragung kommt aber nur deklaratorische Bedeutung zu. Die mangelnde Eintragung hindert die Entstehung nicht. Vorliegend ist somit eine KollG entstanden, die Gesellschafter haben jedoch ihre Pflicht zur Eintragung m Handelsregister nicht wahrgenommen.

Für Forderungen gegenüber der KollG haftet primär das Gesellschaftsvermögen. Ein Gesellschafter haftet subsidiär mit seinem Privatvermögen nach OR 568 Abs. 3, wenn die Gesellschaft erfolglos betrieben wurde.

Christian muss seine Forderung somit grundsätzlich gegenüber der KollG geltend machen. Voraussetzung für eine Betreibung gegen die KollG ist jedoch, dass diese im Handelsregister eingetragen ist. An dieser Eintragung fehlt es vorliegend aufgrund des Versäumnisses der Gesellschafter. Eine Betreibung gegen die KollG ist demnach aufgrund des Verschuldens der Gesellschafter nicht möglich. In einer derartigen Situation ist die nicht mögliche Betreibung gegen die KollG als erfolglose Betreibung im Sinne von OR 568 Abs. 3 zu qualifizieren. Dies ermöglicht es Christian, seine Forderung direkt gegenüber den Gesellschaftern geltend zu machen. In einer derartigen Situation haften demnach aufgrund des Eigenverschuldens der Gesellschafter diese nicht mehr nur subsidiär mit ihrem Privatvermögen, sondern können direkt haftbar gemacht werden. Mangels Zahlung kann somit Christian Anton oder Bruno gemäss SchKG 39 Abs. 1 Ziff. 2 auf Konkurs betreiben (vgl. zu diesem Fall den Entscheid des Obergerichts des Kantons Thurgau vom 22.11.2010, in RBOG 2010, S. 104 ff.).

Übung 20

Ausschluss

OR 577 erlaubt den Ausschluss eines Gesellschafters auf Antrag aller übrigen Gesellschafter durch den Richter. Allerdings ist dies nur bei Vorliegen eines wichtigen Grundes möglich und der Grund muss in der Person des Auszuschliessenden liegen.

Voraussetzung ist primär ein Antrag von allen übrigen Gesellschaftern. Dies ist in casu gegeben. Da es nur zwei Gesellschafter gibt, kann der ältere alleine den Ausschluss des jüngeren Bruders vor Gericht einfordern.

Weiter wird das Vorliegen eines wichtigen Grundes verlangt, der zudem noch vorwiegend in der Person des Bruno liegt. Ob dies hier gegeben ist, ist zweifelhaft. Anton müsste schon darlegen können, dass Bruno die Gesellschaft so schlecht führt, dass ein weiteres Zusammenarbeiten nicht mehr zumutbar ist.

Kommt man zum Ergebnis, dass Bruno nach OR 577 ausschliessbar ist, so muss noch überprüft werden, ob in einer Zweimann-Gesellschaft ein Ausschluss überhaupt möglich ist.

Dies ist zu bejahen. OR 579 sieht für den Fall, dass nur ein Gesellschafter übrig bleibt, den Übergang der Gesellschaft in ein Einzelunternehmen vor. Das Fortbestehen einer KollG ist nicht möglich, da hierfür mindestens zwei Gesellschafter nötig sind. OR 579 erlaubt es aber Anton, die Aktiven und Passiven ohne Liquidation zu übernehmen. Das Gesellschaftsvermögen geht ohne Weiteres in das Privatvermögen des verbleibenden Gesellschafters über. Anton muss Bruno aber eine Abfindung zum Fortführungswert bezahlen. Weiter müssen die Änderungen im Handelsregister eingetragen und die Firma geändert werden.

Übung 21

Auflösung

Ja, solange die Gesellschaft noch existiert, ist sie partei- und prozessfähig. Mit der Auflösung wurde lediglich der Gesellschaftszweck geändert, der nun allein in der Liquidation der Gesellschaft liegt. Erst wenn diese vollendet ist, hört die Gesellschaft auf zu existieren. Bis dahin kann somit gegen die KollG geklagt werden. Nach Beendigung der KollG könnte er noch im Rahmen von OR 591 gegen die einzelnen Gesellschafter vorgehen.

Lösungen zum 3. Teil

Übung 22

Beistandschaft

Nein. Auch eine handlungsunfähige Person kann Kommanditär sein. OR 619 Abs. 2 hält fest, dass die Beistandschaft des Kommanditärs keinen Auflösungsgrund für die Gesellschaft darstellt. Die KommG bleibt unverändert bestehen.

Übung 23

Geldmangel

Es gilt zu unterscheiden zwischen der Kommanditsumme und der Kommanditeinlage. Die Kommanditsumme ist derjenige Betrag, der gegenüber Gesellschaftsgläubigern als Haftungslimite eines Kommanditärs nach aussen bekannt gegeben wird. Der vom Kommanditär zur Erreichung des Gesellschaftszweckes in die Gesellschaft einzubringende Beitrag wird Kommanditeinlage genannt. Vorliegend wurde abgemacht, dass Christian eine Kommanditeinlage von CHF 50'000.– leistet. Diesen Betrag können Anton und Bruno als Einlage mittels der actio pro socio für die Gesellschaft von Christian einfordern. Da er diesen Betrag schon eingebracht hat, muss er nichts mehr an die Gesellschaft leisten. Die Bereitschaft, die Kommanditsumme auf CHF 100'000.–. festzusetzen, hat keine Auswirkung auf die Kommanditeinlage. Hingegen wird er dadurch u.U. im Falle der Auflösung der Gesellschaft noch weitere CHF 50'000.– zur Befriedigung der Gesellschaftsgläubiger in die Liquidationsmasse einwerfen müssen.

Übung 24

Trunkenheit

Die Vertretungsbefugnis kann einem Gesellschafter aus wichtigen Gründen entzogen werden. Dieser in OR 565 verankerte Grundsatz gilt gemäss OR 603 auch für die KommG. Als wichtiger Grund wird etwa angeführt: grobe Pflichtverletzung, Unfähigkeit zu einer richtigen Geschäftsführung, Missbrauch der Vertretungsmacht. Kein wichtiger Grund ist ein misslungener Geschäftsabschluss, der negative finanzielle Konsequenzen zeitigt. Vorliegend scheint die Beeinträchtigung aber doch erhebliche Ausmasse angenommen zu haben, die eine getreue Geschäftsführung verunmöglichen. Ein wichtiger Grund ist also anzunehmen.

Der Entzug erfolgt durch den einstimmigen Beschluss aller Gesellschafter, vorliegend durch den auszuschliessenden Komplementär und den Kommanditär. Wird der Entzug abgelehnt, so kann auf Antrag eines Gesellschafters der Richter den Entzug anordnen. Zum Antrag an den Richter ist auch ein Kommanditär berechtigt, denn dieser ist in Gesellschaftsangelegenheiten ein vollwertiger Gesellschafter. Wenn nun also Anton sich dem Entzug verweigert, kann Bruno beim Richter den Entzug aus wichtigen Gründen verlangen. Vorliegend wird der Richter noch zu berücksichtigen haben, dass bei einem Entzug die Gesellschaft vertretungslos wäre. Dies ist zwar kein Hinderungsgrund, der Entzug sollte aber doch zurückhaltender anzunehmen sein. Denn ein Entzug wird in diesem Falle meistens gleichbedeutend mit der Auflösung der Gesellschaft sein.

Übung 25

Optimistische Einschätzung

Mit einem Jahresumsatz von CHF 400'000.– trifft die KommG Zeller & Co. nach OR 957 Abs. 1 keine Pflicht zur kaufmännischen Buchführung und Rechnungslegung. Die Buchführung beschränkt sich auf die Buchführung von Einnahmen und Ausgaben sowie der Vermögenslage («Milchbüchleinrechnung»). Die KommG ist somit nicht an die strengeren Voraussetzungen der kaufmännischen Rechnungslegung gebunden. Hingegen gelten auch für sie die Grundsätze der ordnungsgemässen Buchführung sinngemäss (OR 957 Abs. 3). OR 957a Abs. 2 nennt eine beispielhafte Aufzählung der Grundsätze für die ordnungsmässige Buchhaltung. Darin ist auch das Prinzip der Wahrheit und der Klarheit aufgeführt. Die KommG Zeller & Co. muss demnach auch bei ihrer Buchführung diesen Grundsätzen genügen. Ob diese Missstände allerding ausreichend sein werden, um den Kaufvertrag rückgängig zu machen, müsste vom Richter im Einzelfall beurteilt werden. Der Massstab hierfür ist relativ hoch. Zur Buchführung und Rechnungslegung vgl. oben S. 43.

Übung 26

Konditorei

Es ist zu überprüfen, ob Christian damit gegen das Konkurrenzverbot verstösst.

Das Gesetz regelt das Konkurrenzverbot nicht speziell für die KommG. Kraft Verweis von OR 598 Abs. 2 gilt das Recht der KollG, welches das Konkurrenzverbot in OR 561 regelt. Darin wird unabhängig von einer möglichen Schädigung die Teilnahme an anderen Unternehmen als unbeschränkt haftender Gesellschafter, als Kommanditär und als Gesellschafter einer GmbH verboten. Im Umkehrschluss ist also die Beteiligung an einer AG, einer Genossenschaft, einem Verein und an einer einfachen Gesellschaft erlaubt. Das Konkurrenzverbot der KollG verbietet die Handlung von Christian nicht.

Zusätzlich ist noch das Konkurrenzverbot der einfachen Gesellschaft gemäss OR 536 zu überprüfen, da dieses durch den Verweis von OR 557 Abs. 2 ebenfalls für die KollG und somit auch für die KommG anwendbar ist.

OR 536 verbietet dem Gesellschafter alle Tätigkeiten, welche den Zweck der Gesellschaft beeinträchtigen könnten. Der Schutzumfang von OR 536 geht weiter als derjenige von OR 561. Der Begriff «alle Tätigkeiten» kann auch den Beitritt zu einem Verein umfassen, wenn dieser in Konkurrenz zur KommG steht. Andererseits verlangt OR 536 anders als OR 562 die Möglichkeit einer Schädigung der Gesellschaft. Bei der Beurteilung ist zu berücksichtigen, dass ein Kommanditär in der KommG in der Regel weniger eng involviert ist als ein unbeschränkt haftender Gesellschafter. Das Konkurrenzverbot ist deshalb bezüglich eines Kommanditärs etwas milder zu beurteilen. Durch den blossen Beitritt beim Verein schädigt er die KommG wohl nicht. Insofern wird das Konkurrenzverbot kaum anwendbar sein. Vorliegend wird er aber im Tearoom aktiv, indem er Konditoreiwaren herstellt. Damit steht Christian in direkter Konkurrenz zur KommG. Eine mögliche Schädigung wird nicht abzusprechen sein, da durch das alternative Angebot von Konditoreiwaren der KommG Kunden verloren gehen können. Selbst wenn ein Kommanditär milder beurteilt werden soll, so verstösst Christian hier gegen das Konkurrenzverbot von OR 536.

Christian hat das Konkurrenzverbot von OR 536 verletzt.

Übung 27

Jakob & Söhne

Die Bildung der Firma einer KommG wird in OR 947 Abs. 3 und 4 geregelt. Abs. 3 verlangt, dass der Familienname wenigstens eines unbeschränkt haftenden Gesellschafters angeführt werde und dass ausserdem ein Zusatz das Gesellschaftsverhältnis andeute. Abs. 4 dagegen verbietet, dass die Namen anderer Personen als der unbeschränkt haftenden Gesellschafter in der Firma erscheinen.

Vorliegend ist Abs. 3 erfüllt. Mit «Meier» wurde der Familienname eines unbeschränkt haftenden Gesellschafters verwendet und mit dem Zusatz «& Söhne» auf ein Gesellschaftsverhältnis hingedeutet. Durch den Zusatz «& Söhne» in Verbindung mit dem Namen des Vaters werden die Kommanditäre aber ebenso individuell bezeichnet, wie wenn ihr eigener Name in der Firma enthalten wäre. Dies widerspricht Abs. 4, da Kommanditäre nur beschränkt haften. Es handelt sich beim Zusatz «& Söhne» nicht bloss um einen auf das Gesellschaftsverhältnis hindeutenden Zusatz im Sinne von Abs. 3, sondern auch im Sinne von Abs. 4 um den Namen der Kommanditäre. Die Firma ist somit nicht zulässig. Sie würde vorliegend zur Annahme führen, dass auch die Söhne unbeschränkt haften. Zulässig wäre etwa die Firma «Hans Meier & Co., Kommanditgesellschaft». Die Aufführung des Vornamens ist erlaubt, jedoch ebenso wenig notwendig wie der Begriff «Kommanditgesellschaft».

Variante

Durch den Zusatz «Kommanditäre» kann argumentiert werden, dass für Dritte nun klar ist, dass die Söhne Kommanditäre sind. Insofern besteht im Unterschied zur vorhergehenden Firma keine Täuschungsgefahr mehr. Trotzdem ist auch diese Firma nicht zulässig. Denn OR 947 Abs. 4 verbietet ganz allgemein die Verwendung des Namens der Kommanditäre in der Firma, unabhängig davon, ob eine Täuschung möglich ist oder nicht. Streitigkeiten, ob die Firma täuschend sei oder nicht, sollen damit zum Vorneherein verhindert werden.

Übung 28

Gebrüder Meier

Nach OR 605 haftet Markus gleich einem unbeschränkt haftenden Gesellschafter, wenn er bei der Vertretung nicht auf seine Position als Kommanditär hinweist. Wie sich aus dem Sachverhalt ergibt, vertritt er die Gesellschaft generell in dieser Weise. Es stellt sich daher die Frage, ob Markus damit generell zum unbeschränkt haftenden Gesellschafter mutiert.

Normalerweise wechselt der Kommanditär seine Rechtsstellung nicht durch einen Fall der unbeschränkten Haftung nach OR 605 ff. In casu vertritt der Kommanditär die Gesellschaft aber regelmässig mit Wissen (und damit wohl auch im Einverständnis) der Komplementäre. Sein Verhalten entspricht dem eines Komplementärs, weshalb er auch wie einer behandelt werden sollte. Er hat seine Rechtsstellung als Kommanditär aufgegeben und ist zum Komplementär geworden. Nun ist aber innerhalb der KommG kein Kommanditär mehr vorhanden. Die Gesellschaft verfügt damit nicht mehr über alle Voraussetzungen der KommG. In casu sind alle Gesellschafter natürliche Personen. Die Gesellschaft mutiert notwendigerweise zu einer Kollektivgesellschaft. Fehlt es an einer Voraussetzung für eine KollG, würde eine einfache Gesellschaft vorliegen, etwa wenn der Kommanditär eine juristische Person wäre.

Übung 29

Haftung

Es stellt sich die Frage, ob der Kommanditär als Gesellschafter oder als Handlungsbevollmächtigter die KommG vertreten hat. Grundsätzlich kann ein Kommanditär nicht als Gesellschafter die KommG vertreten. Weist er sich aber gegenüber Dritten nicht als Handlungsbevollmächtigter aus, so haftet er nach OR 605 wie ein unbeschränkt haftender Gesellschafter. In casu hat er sich aber jeweils durch das Kürzel i.V. genügend ausgewiesen, dass er nicht als Gesellschafter handelt. Der Kommanditär haftet deshalb nur mit seiner Kommanditsumme für Gesellschaftsschulden. Als Folge der unerlaubten Handlung wird er aber privat haftbar. Für die Gesellschaft kann sich eine Haftung für die unerlaubte Handlung als Geschäftsherr nach OR 55 ergeben, nicht jedoch nach OR 567 Abs. 3, da dieser nur bei der Vertretung als Gesellschafter zur Anwendung kommt.

Variante

Es stellt sich wieder die Frage der Anwendbarkeit von OR 605. Durch das Weglassen des Kürzels hat der Kommanditär nicht auf seine Bevollmächtigung hingewiesen. Ein Dritter durfte daher annehmen, dass er als Gesellschafter handelt. Es trifft ihn daher die unbeschränkte Haftung nach OR 605 für die Gesellschaftsschulden. Er hat durch seine Nachlässigkeit aber keineswegs generell seine Rechtsstellung als Kommanditär geändert. Er ist weiterhin nicht zur Geschäftsführung und Vertretung als Gesellschafter befugt. Die Gesellschaft haftet deshalb nicht für die unerlaubte Handlung nach OR 567 Abs. 3, sondern weiterhin über die Geschäftsherrenhaftung von OR 55.

Übung 30

Der Wert eines Autos

Vorliegend wurde der Wert des Autos im Handelsregister bewusst zu hoch angegeben. Die Bewertung steht im Ermessen der Gesellschafter. Dem Handelsregisterführer steht keine Kognitionsbefugnis zu, die Richtigkeit und Angemessenheit der Bewertung zu überprüfen. Gemäss OR 608 Abs. 3 steht einem Gläubiger der Nachweis offen, dass der Wertansatz von Sacheinlagen des Kommanditärs nicht ihrem wirklichen Wert zum Zeitpunkt des Einbringens entsprochen hat. Die Beweislast für die Überbewertung trifft den Gläubiger. Gelingt dem Gläubiger Hans dieser in der Praxis äusserst schwierige Beweis, so kann er vom Kommanditär zu Recht noch CHF 10'000.– fordern. Nach Anrechnung der Kommanditeinlage im effektiven Wert von CHF 20'000.– verbleibt noch ein entsprechender Betrag zu seiner Kommanditsumme.

Gläubiger Otto verkennt, dass die Vermögenswerte im Zeitpunkt der Einbringungen zu bewerten sind. Für im Nachhinein eintretende Wertverminderungen trifft den Kommanditär keine Nachschusspflicht. Der Kommanditär wird im Ergebnis maximal CHF 10'000.– an die Gläubiger nachzahlen müssen.

Übung 31

Tod

Bei den Personengesellschaften bewirkt der Tod eines Gesellschafters grundsätzlich die Auflösung der Gesellschaft, vgl. OR 545 Abs. 1 Ziff. 2. Das Recht der KommG stellt für den Tod eines Kommanditärs aber eine Sonderregelung in OR 619 Abs. 2 auf. Darin wird explizit die Fortsetzung der Gesellschaft vorgesehen. Es besteht von Gesetzes wegen eine Nachfolgeklausel. Als Nachfolger treten die Erben des Kommanditärs als Erbengemeinschaft der Gesellschaft bei.

Lösungen zum 4. Teil

B. Die Entstehung der Aktiengesellschaft

Übung 32

Freizeitpark

Die Gemeinde Lyss als öffentlich-rechtliche Körperschaft, die Fun GmbH als juristische Person und die Zeller Co. als Handelsgesellschaft sind zur Gründung einer AG berechtigt.

Es muss noch geprüft werden, ob die Vorschriften über die Liberierung erfüllt wurden. Dies ist zu verneinen, da OR 693 Abs. 2 verlangt, dass Stimmrechtsaktien zu 100% liberiert werden, was die Gemeinde nicht getan hat. Die Fun GmbH und die Zeller & Co. kamen ihrer Liberierungspflicht grundsätzlich korrekt nach, gemäss OR 632 Abs. 1 müssen Namenaktien zu mindestens 20% liberiert werden.

OR 632 Abs. 2 verlangt zudem, dass mindestens CHF 50'000.– liberiert werden. Auch dies ist nicht geschehen. Gesamthaft wurden nur CHF 35'000.– liberiert.

Übung 33

Immobilienhandel

a) Christian liberiert seine Aktien nicht ausschliesslich mit Geld, sondern auch noch mit einer Sache. Es handelt sich um eine Sacheinlage, Christian erhält Aktien für die Geräte. Eine Sacheinlage erfordert immer eine qualifizierte Gründung.

b) Anton verkauft die Computer der AG gegen Entgelt. Es ist eine Sachübernahme zu überprüfen. Eine qualifizierte Gründung ist nur notwendig, wenn es sich um Sachübernahmen von einem gewissen Wert handelt. Es muss sich um Geschäfte von grösserer wirtschaftlicher Bedeutung handeln, welche entsprechenden Einfluss auf das Kapital der AG haben und somit von Interesse für spätere Aktienerwerber und Gläubiger sind. Der Kauf von Computern für CHF 3'000.– ist hierfür nicht bedeutend genug. Die Voraussetzungen für eine qualifizierte Gründung liegen somit eher nicht vor.

c) Barbara liberiert ihre Aktien durch das Einbringen von Know-how. Es liegt damit keine Barliberierung vor, sondern die Liberierung eines anderen Wertes. Da sie als Gegenleistung Aktien erhält, ist eine Sacheinlage zu überprüfen. Als Sacheinlage kann nur ein bilanzierungsfähiger Wert dienen. Wissen und Fähigkeiten als Grundstücksbewerter erfüllen diese Voraussetzung nicht. Barbara kann somit ihre Aktien nicht auf diese Weise liberieren. Sie muss ihren Liberierungspflichten für die an sie ausgegebenen Aktien daher auf andere Weise nachkommen.

d) Zu prüfen ist eine Sachübernahme. Beim Wert von CHF 100'000.– liegt ein Geschäft von einem gewissen Wert vor. Der Vertrag wurde bereits abgeschlossen, die Erwerbsabsicht besteht sicher. Nach der Rechtsprechung des Bundesgerichts in BGE 128 III 178 begründen aber Geschäfte, die unter den statutarischen Zweck der AG fallen, keine qualifizierte Gründung nach OR 628 Abs. 2. Der Kauf eines Grundstückes wird für die AG zum normalen Betrieb gehören, nach dieser Rechtsprechung ist keine qualifizierte Gründung notwendig.

e) Wie bei d) handelt es sich hier um eine Sachübernahme. Im Unterschied zum vorhergehenden Sachverhalt wird das Grundstück aber nicht von einem Dritten erworben, sondern von einem Mitgründer. In Anwendung der oben erwähnten Rechtsprechung des Bundesgerichts wäre auch hier keine qualifizierte Gründung notwendig. Im Gegensatz zu d), wo das Grundstück eines unbeteiligten Dritten gekauft wird, besteht beim Kauf von einem Aktionär eine erhöhte Gefahr, dass das Grundstück zu teuer gekauft wird, was eine Schwächung des Aktienkapitals zur Folge hätte. Zum Schutze der Gläubiger hat deshalb in diesen Fällen auch dann eine qualifizierte Gründung zu erfolgen, wenn das Geschäft zum normalen Betrieb der AG gehört.

f) Zu prüfen ist eine Sachübernahme. Hier ist die unmittelbare Absicht zum Kauf eines Grundstückes höchst zweifelhaft. Der Kaufpreis ist noch nicht bekannt und das Kaufobjekt noch nicht bestimmt. Auch ist die Verwirklichung des Geschäfts bei einer Versteigerung keineswegs gesichert. Hinzu kommt, dass der Kauf von Grundstücken ohnehin zum normalen Geschäftsbetrieb gehört. Eine qualifizierte Gründung wird nicht vonnöten sein.

g) Zu prüfen ist eine Sachübernahme. Die Absicht zum Kauf ist hier sicher genügend bestimmt, der Vertrag wurde ja bereits unterzeichnet. Der Kauf von Autos zum Preis von CHF 150'000.– stellt ein wichtiges Geschäft dar. Auch gehört es nicht zum normalen Geschäftsbetrieb der Gesellschaft. Es liegt vorliegend eine Sachübernahme i.S.v. OR 628 Abs. 2 vor, eine qualifizierte Gründung ist erforderlich.

h) Infrage kommen Gründervorteile. Dies ist jedoch zu verneinen. Stimmrechtsaktien sind nicht personenbezogen. Der Vorteil bezieht sich spezifisch auf die Aktien; überträgt Anton die Stimmrechtsaktien, gehen die Stimmrechtsvorteile auf den Erwerber über. Es liegt kein Gründervorteil vor, folglich ist auch keine qualifizierte Gründung erforderlich.

Übung 34

Sacheinlage

Ja. Der Eintrag einer AG im Handelsregister heilt nach OR 643 mit der Gründung verbundene Mängel. Die AG erlangt auch in diesem Fall die Rechtspersönlichkeit. Gläubiger und Aktionäre, die im Glauben an die höhere Finanzkraft der AG Rechtsgeschäfte mit ihr eingegangen sind resp. Aktien erworben haben, können gemäss OR 643 Abs. 3 beim Richter die Auflösung der AG verlangen. Dazu müssen sie zeigen, dass sie durch die falsche Werteinschätzung in erheblichem Masse in ihrem Interesse gefährdet wurden. OR 643 Abs. 4 setzt zudem noch fest, dass das Begehren innert drei Monaten nach Eintragungspublikation der AG zu erfolgen hat. Die Voraussetzungen von OR 643 Abs. 3 und 4 sind so streng, dass sie in der Praxis kaum Bedeutung haben.

Übung 35

Kauf einer AG

Die Gesamtheit der Aktien einer wirtschaftlich liquidierten, rechtlich aber noch bestehenden AG wird Aktienmantel genannt. Durch den Kauf dieses Aktienmantels können Gründungskosten und Steuern gespart und der Firmenname weiter genutzt werden. Der Handel mit einem Aktienmantel wird jedoch als rechtsmissbräuchlich betrachtet. Rechtsgeschäfte über den Aktienmantel sind daher nach herrschender Lehre nichtig. Der bestehende Handelsregistereintrag ist zu löschen.

Übung 36

Scheiternde Gesellschaft

Schliesst eine Person ein Rechtsgeschäft zugunsten einer zukünftigen AG ab, so treten die Rechtswirkungen zunächst direkt bei ihm ein (OR 645 Abs. 1). Die Handelnden haften für solche Rechtsgeschäfte persönlich und solidarisch. Als handelnd in diesem Sinne wird jedoch nicht nur derjenige betrachtet, welcher das Rechtsgeschäft effektiv abschliesst, sondern auch alle anderen, mit deren Wissen und Willen das Rechtsgeschäft abgeschlossen wurde. Das Bundesgericht spricht dabei von den «intellektuellen Urhebern» des Rechtsgeschäfts (BGE 76 II 166). Anton hat die Zebras mit Wissen von Bruno und Christian erworben, alle drei sind als Handelnde i.S.v. OR 645 Abs. 1 zu qualifizieren. Anton hat mit dem Vertragsabschluss alle Gründer zur Erfüllung des Vertrages verpflichtet. Die Gründer haften persönlich, solidarisch und unbeschränkt auf das Erfüllungsinteresse des Verkäufers.

Dass die Gründung der Gesellschaft nicht zustande gekommen ist, entbindet die Gründer nicht von der Verbindlichkeit des Vertrags. Allenfalls können sie nach den allgemeinen Irrtumsregeln (OR 23 ff.) unter Haftung nach OR 26 vom Vertrag zurücktreten. Dies ändert jedoch nichts an ihrer Haftung für einen Schaden, welcher dem Vertragspartner durch den Abschluss des Vertrages entstanden ist. Anton wäre gut beraten gewesen, den Vertrag unter der suspensiven Bedingung der Gründung der AG abzuschliessen.

Lösung Übung 37

Weigerung der Übernahme

Nein. Es ist der AG freigestellt, welche Vertragsverhältnisse sie übernehmen will und welche nicht. Weder die verpflichteten Gründergesellschafter noch der Vertragspartner Hans haben einen Anspruch darauf, dass die AG den Vertrag übernimmt. Der Vertrag bleibt aber zwischen den Gründergesellschaftern und Hans bestehen. Die Vertragspartner hätten als zusätzliche Bedingung noch die Übernahme des Vertragsverhältnisses durch die künftige AG vereinbaren sollen. Können sich die Parteien nicht auf eine einvernehmliche Auflösung des Vertrages einigen, so ist der Vertrag zu erfüllen. Beide Parteien haften bei einer Nichterfüllung für das Erfüllungsinteresse des Vertragspartners.

C. Aktienkapital und Aktien

Übung 38

Aktienkauf

1. Der Kauf der 100 Inhaberaktien durch die AG:

   Vorliegend sind die Voraussetzungen über den Erwerb eigener Aktien (OR 659 ff.) zu prüfen:

   Die verwendeten Mittel müssen aus frei verwendbarem Eigenkapital stammen (OR 659 Abs. 1). Dies ist hier der Fall, die Zeus AG erwirbt die Aktien mit dem erwirtschafteten Bilanzgewinn.

Der Nennwert der gekauften Aktien darf nicht 10% des Aktienkapitals übersteigen (OR 659 Abs. 1). Vorliegend wurden 100 Aktien mit einem Nennwert von je CHF 1'000.– gekauft, insgesamt haben die gekauften Aktien einen Nennwert von CHF 100'000.–. Das gesamte Aktienkapital hat einen Nennwert von 1 Mio. Franken. Die Zeus AG hat somit genau die erlaubten 10% erworben. Der höhere Kurswert spielt bei der Berechnung keine Rolle.

Als letzte Voraussetzung muss die Zeus AG noch Reserven in der Höhe des Anschaffungswertes erstellen (OR 659a Abs. 2). Dies ist nicht geschehen; die Zeus AG hatte Reserven lediglich in der Höhe der Nennwerte der Aktien (CHF 100'000.–) geschaffen, nicht aber in der erforderlichen Höhe des Anschaffungswertes (CHF 1,5 Mio.).

Der selbst getätigte Kauf der 100 Inhaberaktien ist nicht rechtmässig erfolgt.

2. Der Kauf der Aktien durch das Treuhandbüro:

Es stellt sich die Frage, wie der Kauf der Aktien durch das Treuhandbüro zu bewerten ist. Rechtlich tritt das Treuhandbüro mit dem Kauf in die Aktionärsstellung ein. Wirtschaftlich hingegen sind die Aktien der Zeus AG zuzuordnen. Umstritten ist hier die Frage, ob die treuhänderisch erworbenen Aktien ebenfalls der Zeus AG zuzuordnen sind, was zur Folge hätte, dass sie mehr als die erlaubten 10% der eigenen Aktien (OR 659 Abs. 1) erworben hat. Das Bundesgericht und ein Teil der Lehre lehnt dies mit dem Hinweis ab, dass das Treuhandbüro das Risiko des Aktionärs trägt. Fällt die Zeus AG in Konkurs, tritt die Wertverminderung der Aktien beim Treuhandbüro ein. Das zum Kauf der Aktien als Darlehen an das Treuhandbüro gezahlte Geld bleibt als Darlehensforderung vollständig intakt. Folgt man der Meinung des Bundesgerichts, so fällt der Kauf der Aktien durch das Treuhandbüro nicht unter die Vorschriften des Erwerbs von eigenen Aktien von OR 659.

Übung 39

Schenkung

OR 659 Abs. 1 verbietet den Erwerb von eigenen Aktien über 10% des Nennwerts des Aktienkapitals. OR 659 Abs. 2 erlaubt ausnahmsweise bei vinkulierten Namenaktien den Erwerb von bis zu 20%. Vorliegend handelt es sich um nicht vinkulierte Namenaktien, es bleibt also bei der Schranke von 10%. Somit dürfte die AG die Schenkung nicht annehmen, da sie sonst über 10% des Nennwerts des Aktienkapitals besitzen würde. Andererseits ist zu beachten, dass der primäre Zweck von OR 659 der Kapitalschutz ist. Wenn nun aber die Zeus AG eigene Aktien geschenkt erhält, mindert sie damit ihr Vermögen nicht. Auch wurden weder das Aktienkapital noch die gesetzlichen oder statutarisch gebundene Reserven (OR 659 Abs. 1) als Entgelt für den Kauf verwendet. Es rechtfertigt sich damit, dass die Zeus AG ausnahmsweise die Grenze von 10% überschreiten darf. Die Schenkung darf angenommen werden. Die Stimmrechtssuspendierung von OR 659a wird aber auch hier anwendbar sein. Zudem besteht in analoger Anwendung von OR 659 Abs. 2 die Pflicht zum Wiederverkauf der Aktien innert zwei Jahren. Die Errichtung einer Reserve nach OR 659a Abs. 2 dient hier lediglich der Publizität in der Bilanz, da der Anschaffungswert ja null Franken war.

Übung 40

Erwerb eigener Aktien

Der vorliegende Sachverhalt behandelt den Erwerb eigener Aktien, genauer gesagt den originären Erwerb eigener Aktien. Das Bundesgericht hat in mehreren Entscheiden klar festgehalten, dass der originäre Erwerb eigener Aktien absolut unzulässig ist. Zur Begründung führte es u.a. an, dass es gegen die Liberierungspflicht verstosse und einen Akt von Selbstkontrahierung darstelle. Diese Meinung ist in der Lehre auf vermehrten Widerstand gestossen. In der Tat ist die Unterscheidung schwer verständlich, ist das Endergebnis für den Kapitalschutz doch dasselbe wie beim derivativen Erwerb von eigenen Aktien. Die Gleichstellung der beiden Erwerbsarten ist deshalb vorzuziehen. Somit würde auch der originäre Erwerb eigener Aktien unter OR 659 ff. fallen. Es sind also deren Voraussetzungen zu überprüfen. OR 659 Abs. 1 verbietet den Kauf von eigenen Aktien über 10% des Nennwerts des Aktienkapitals. Vorliegend kaufte die Zeus AG Aktien im Nennwert von CHF 10'000.–, was bei einem Aktienkapital von CHF 200'000.– unter dem Grenzwert von 10% liegt und somit erlaubt ist. Weiter muss das Entgelt für die Aktien aus frei verwendbarem Eigenkapital stammen. Dies ist der Fall, das Geld kommt von den freien Reserven. Letztlich muss nach OR 659a Abs. 2 eine dem Anschaffungswert entsprechende Reserve geschaffen werden. Wird dies getan, so darf nach der Lehrmeinung die Zeus AG die Aktien originär erwerben.

Übung 41

Liberierungsangst

Inhaberaktien dürfen erst ausgegeben werden, wenn die Aktien zu 100% liberiert worden sind (OR 683 Abs. 1). Vorher ausgegebene Inhaberaktien sind nichtig. Die Nichtigkeit betrifft aber nur das Wertpapier, Anton ist Aktionär der Zeus AG geworden. Weil die Inhaberaktien jedoch als nicht bestehend betrachtet werden, können sie auch nicht rechtsgültig an Dritte übertragen werden. Es können somit auch keine Aktionärsrechte oder -pflichten übertragen werden. Diejenige Person, die bei der Gründung der Zeus AG die Inhaberaktien gezeichnet hat, ist zur vollständigen Liberierung verpflichtet. Bevor Anton somit seine Aktien an Drittpersonen verkaufen kann, muss er seinen Liberierungspflichten nachkommen. Erst dann darf die Zeus AG die Inhaberaktien gültig ausgegeben.

Variante

Anton hat Namenaktien besessen, die nur zu 50% liberiert worden sind. Nach OR 632 reicht es, wenn Namenaktien zu 20% liberiert wurden. Es kann also davon ausgegangen werden, dass Anton Aktionär mit allen Rechten und Pflichten geworden ist. Die Aktien dürfen denn auch ohne Weiteres weiterverkauft werden, allfällige Vinkulierungshindernisse bestehen vorliegend nicht. Es ist nun zu überprüfen, ob mit der Übertragung der Aktie auch alle Pflichten, namentlich die Liberierungspflicht, auf den Erwerber übergehen. Die Übertragung nicht voll liberierter Namenaktien wird in OR 687 geregelt. Gemäss Abs. 1 wird der Erwerber gegenüber der Gesellschaft erst dann zur Zahlung verpflichtet, wenn er im Aktienbuch eingetragen ist. Diesem Wortlaut folgend wäre also nach wie vor Anton zur ausstehenden Liberierung verpflichtet, obwohl alle Aktionärsrechte bereits auf den Erwerber übergegangen sind. Diese Diskrepanz ist nach bundesgerichtlicher Rechtsprechung jedoch störend. In Anlehnung an die Übertragungsregeln der Rechte von Aktien legte das Bundesgericht daher in BGE 90 II 170 fest, dass auch alle Pflichten aus der Aktie unmittelbar mit der Übertragung auf den Erwerber übergehen. Der Eintrag in das Aktienbuch hat auch diesbezüglich nur deklaratorischen Charakter. Daraus folgt, dass aus der Übertragung die Pflicht zur Nachliberierung des ausstehenden Betrages auf Bruno übergegangen ist und Anton grundsätzlich hiervon befreit ist.

Als einzige Ausnahme statuiert OR 687 Abs. 2, dass der Veräusserer einer Aktie zur Nachliberierung verpflichtet ist, wenn die Gesellschaft innert zwei Jahren seit ihrer Eintragung im Handelsregister in Konkurs gerät und der Rechtsnachfolger seines Rechts aus der Aktie für verlustig erklärt worden ist. Die Gesellschaft besteht in casu aber bereits mehr als zwei Jahre, womit Anton definitiv von allfälligen Liberierungspflichten befreit ist.

Übung 42

Unerwünschter Aktionär

Vorliegend hat Anton börsenkotierte Namenaktien mittels Erbganges erworben. OR 685d Abs. 3 legt fest, dass in einem solchen Fall die festgelegten statutarischen Erwerbsbeschränkungen nicht anwendbar sind. Insbesondere ist auch keine prozentmässige Beschränkung des Erwerbs möglich. Die Zeus AG verfügt über keine Ablehnungsgründe. Durch den Erbgang sind alle Eigentums- und Aktionärsrechte inkl. des Stimmrechts auf Anton übergegangen. Anton darf als Aktionär an der nächsten GV teilnehmen und verfügt dort über 20% aller Stimmen. Auch spielt es keine Rolle, ob Anton bereits im Aktienbuch als Aktionär eingetragen ist. Die Eintragung hat lediglich deklaratorischen Charakter.

Variante

In der Variante hat Anton die Aktien mittels eines Rechtsgeschäfts ausserhalb der Börse erworben. Hier stehen der Zeus AG mehrere Vinkulierungsbeschränkungen offen. Nach OR 685d Abs. 1 kann eine Gesellschaft eine prozentmässige Höchstgrenze zum Erwerb der Aktien festlegen. Dies hat die Zeus AG getan, indem sie die Hürde bei 5% angesetzt hat. Die Vinkulierung bei börsenkotierten Namenaktien verhindert die Übertragung des Eigentums und der Aktionärsrechte nicht. Beim ausserbörslichen Erwerb gehen diese Rechte im Zeitpunkt der Anmeldung bei der Zeus AG auf Anton über. Die Mitwirkungsrechte, insbesondere das Stimmrecht, ruhen aber bis zur Anerkennung durch die Zeus AG. Der Gesellschaft wird hierzu eine Frist von 20 Tagen gewährt (OR 685g). Die Zeus AG darf sich also bis nach der GV Zeit lassen, darüber zu befinden, ob sie Anton als vollwertigen Aktionär mit Stimmrecht anerkennen will. Da während dieser Zeit die Mitwirkungsrechte ruhen, kann Anton sein Stimmrecht an der GV überhaupt nicht ausüben. Aufgrund der 5%-Hürde kann die Zeus AG Anton weiter nur mit 5% der Aktien als vollwertigen Aktionär mit Stimmrecht anerkennen, für die restlichen 15% der Aktien wird er als Aktionär ohne Stimmrecht eingetragen. Versäumt die AG die Ablehnung innert 20 Tagen, so erhält Anton das Stimmrecht für alle gekauften Aktien.

Übung 43

Nachbarn

Da die Namenaktien nie gehandelt wurden, gelten vorliegend die Vinkulierungsvorschriften für nicht börsenkotierte Namenaktien. Nach OR 685b Abs. 4 kann ein Aktionär im Falle des Erwerbs der Aktien durch Erbgang nur dann als vollwertiger Aktionär abgelehnt werden, wenn die Gesellschaft dem Erwerber die Übernahme der Aktien zum wirklichen Wert anbietet. Die Zeller AG kann Astrid also ein Übernahmeangebot für die Aktien machen, sofern sie über die nötigen Mittel verfügt. Lehnt Astrid aber das Übernahmeangebot ab, so bleibt sie dennoch Eigentümerin der 100 Namenaktien und verfügt über alle Vermögensrechte, denn nach OR 685c Abs. 2 gehen das Eigentum und die Vermögensrechte unmittelbar mit dem Erbgang auf den Erwerber über. Zur Übertragung der Mitwirkungsrechte hingegen braucht es die Zustimmung der Gesellschaft. Die Zeller AG wird Astrid die Mitgliedschaftsrechte verweigern können, wenn sie ihr ein Übernahmeangebot für die Aktien macht. Astrid hat hier dann die Wahl, das Angebot anzunehmen oder als Aktionärin ohne Mitgliedschaftsrechte, insbesondere ohne Stimmrecht, im Aktienbuch eingetragen zu werden.

Variante

Bei einem rechtsgeschäftlichen Erwerb sieht OR 685b bei nicht börsenkotierten Namenaktien als weitere Möglichkeit die Ablehnung aus einem wichtigen, in den Statuten aufgeführten Grund vor. Vorliegend wurde als Ablehnungsgrund in den Statuten die Nichtzugehörigkeit zur Familie Zeller angegeben. Es ist zu überprüfen, ob in casu ein wichtiger Grund gegeben ist, welcher zur Ablehnung i.S.v. OR 685b berechtigt. OR 685b Abs. 2 präzisiert den Begriff des wichtigen Grundes auf eine Beschränkung im Zusammenhang mit der wirtschaftlichen Selbstständigkeit und im Hinblick auf den Gesellschaftszweck. Letzteres ist hier näher zu prüfen. Eine Beschränkung der Aktionäre auf Familienangehörige ist je nach Gesellschaftszweck durchaus denkbar. In casu beschränkt sich der Zweck der Gesellschaft auf die Bereitstellung von Immobilien für die Familie Zeller. Insofern besteht eine enge Verbindung der Gesellschaft mit dieser Familie. Deshalb ist eine entsprechende Beschränkung der Aktionäre auf Familienmitglieder durchaus berechtigt. Art. 9 der Statuten ermöglicht der Zeller AG somit, Astrid als Aktionärin aufgrund eines wichtigen Grundes abzulehnen. Die Ablehnung bezieht sich hier nicht nur auf das Stimmrecht; gemäss OR 685c Abs. 1 verbleiben bei einem rechtsgeschäftlichen Erwerb alle Rechte, inkl. dem Eigentumsrecht und den Vermögensrechten, beim Veräusserer. Dies hat zur Folge, dass Astrid weder das Eigentum noch die Aktionärsrechte an den Aktien durch den Kauf vom Nachbarn erworben hat.

Übung 44

Imbiss

Bei einem ausserbörslichen Verkauf von börsenkotierten Namenaktien gehen das Eigentum und die Aktionärsrechte erst dann auf den Erwerber über, wenn dieser bei der AG um Anerkennung als Aktionär ersucht (OR 685f). Bis zu diesem Zeitpunkt übt der Verkäufer alle Aktionärsrechte aus, insbesondere auch das Stimmrecht. Vorliegend hat B den Kauf noch nicht bei der Zeus AG gemeldet. Anton verfügte folglich über alle Aktionärsrechte und durfte an der GV teilnehmen und abstimmen.

Übung 45

Mitsprache

Anton hat seine Aktie im Rahmen einer bedingten Kapitalerhöhung erworben. Hier gehen alle Aktionärsrechte nach der Ausübung des Bezugsrechtes mit der Erfüllung der Einlageleistung auf den Erwerber über. Diese Voraussetzungen sind durch Anton bereits erfüllt. Er wird damit vollwertiger Aktionär und verfügt sofort über alle Aktionärsrechte, also auch über das Stimmrecht.

Bruno hat eine vinkulierte Namenaktie an der Börse erworben. Bei einem börsenmässigen Kauf von börsenkotierten Namenaktien gehen alle Aktionärsrechte mit der Übertragung auf den Erwerber über. Die Mitwirkungsrechte ruhen aber bis zur Zustimmung durch die AG. Bruno hat unmittelbar nach Kauf der Aktie die Anerkennung als Aktionär der AG beantragt. Die AG hat nun eine 20-tägige Frist, das Ersuchen aufgrund der Vinkulierungstatbestände abzulehnen. Die AG kann die 20 Tage verstreichen lassen, ohne dass Bruno etwas tun kann. Ohne Anerkennung durch die AG wird Bruno somit frühestens 20 Tage nach seiner Anmeldung vollwertiger Aktionär der Gesellschaft. Lässt die Gesellschaft diese Zeit somit verstreichen, kann Bruno an der kommenden GV noch keine Mitwirkungsrechte ausüben, da diese bereits in 12 Tagen stattfinden wird.

Übung 46

Genussscheine

Nein, OR 732 ff. regelt die Herabsetzung von Aktienkapital. Diesem ist nach OR 656a Abs. 2 das Partizipationskapital zuzurechnen, nicht aber die Genussscheine. Die Regeln von OR 732 ff. betreffen folglich nicht die geplante Rücknahme und Vernichtung von Genussscheinen.

Die Aufhebung von Genussscheinen erfolgt durch einen statutenändernden Generalversammlungsbeschluss (OR 657 Abs. 1 i.V.m. OR 698 Abs. 2 Ziff. 1). Darüber hinaus muss die Mehrheit der Inhaber aller sich im Umlauf befindenden Genussscheine der Aufhebung zustimmen (OR 657 Abs. 4).

Übung 47

Verlust

Vorliegend soll Aktienkapital in der Höhe von CHF 3'000'000.– herabgesetzt werden und dafür neues Aktienkapital für CHF 1'000'000.– wieder in die Gesellschaft hineingebracht werden. Da insgesamt ein höherer Betrag herabgesetzt als anschliessend wieder erhöht wird, kommen grundsätzlich die Vorschriften über die Kapitalherabsetzung gemäss OR 732 ff. zur Anwendung.

Es stellt sich aber die Frage, ob eine Kapitalherabsetzung für die Zeus AG in dieser Situation überhaupt zulässig ist. Der Verlust der Zeus AG ist so gross, dass die Gesellschaft überschuldet ist (OR 725 Abs. 2). Das Fremdkapital ist nicht mehr voll durch die Aktiven gedeckt: Dem (Umlauf- und Anlage-)vermögen der AG von CHF 5'900'000.– stehen Schulden (Fremdkapital) von CHF 6'900'000.– gegenüber. Die Deckung des Fremdkapitals bildet aber eine Voraussetzung für das Kapitalherabsetzungsverfahren. Bei Vorliegen einer Überschuldung gilt zwingend das Vorgehen nach OR 725 f., wonach der Verwaltungsrat den Richter zwecks Konkurseröffnung zu benachrichtigen hat. Die Herabsetzung des Aktienkapitals genügt in diesem Moment nicht mehr. Die Kapitalherabsetzung kann dann aber allenfalls Teil von Sanierungsmassnahmen gemäss OR 725a sein.

Variante

In der Variante vermag das Vermögen der Gesellschaft (CHF 7'400'000.–) die Schulden der AG (CHF 6'900'000.–) zu decken. Es liegt folglich keine Überschuldung vor. Hingegen besteht ein Kapitalverlust im Sinne von OR 725 Abs. 1, da die Hälfte des Aktienkapitals und der gesetzlichen Reserven nicht mehr gedeckt sind: Das Vermögen abzüglich des Fremdkapitals beträgt CHF 500'000.–, was weniger als die Hälfte des Aktienkapitals und der gesetzlichen Reserven (CHF 2'000'000.–) ausmacht. Oder anders gerechnet, der Bilanzverlust (CHF 3'500'000.–) ist höher als die Hälfte des Aktienkapitals und der gesetzlichen Reserven (CHF 2'000'000.–). Aus OR 725 Abs. 1 ergibt sich, dass der Verwaltungsrat als Folge eines Kapitalverlustes eine GV einzuberufen und Sanierungsmassnahmen zu beantragen hat. Eine mögliche Sanierungsmassnahme ist hierbei die Kapitalherabsetzung nach OR 732 ff., deren Regeln grundsätzlich anwendbar sind. Daran ändert auch nichts, dass neues Kapital in die AG eingeworfen wird. Diesbezüglich finden die Regeln von OR 732 ff. nur dann keine Anwendung, wenn die gleichzeitige Neueinbringung mindestens im selben Ausmasse geschieht. Hier wird aber nur ein Drittel des bisherigen Aktienkapitals neu eingebracht.

In casu wurde der Prüfungsbericht nicht eingeholt. Dies ist jedoch auch im Falle der Kapitalherabsetzung als Sanierungsmassnahme zwingend vorausgesetzt (OR 732 Abs. 2). Darauf darf selbst dann nicht verzichtet werden, wenn alle Gläubiger ihr Einverständnis zur Kapitalherabsetzung gäben. Der Beschluss zur Kapitalherabsetzung hätte deshalb nicht gefasst werden dürfen und der Handelsregisterführer wird eine Eintragung aufgrund des Fehlens eines entsprechenden Prüfungsberichts verweigern. Der dreimalige Schuldenruf durfte hingegen bei der Kapitalherabsetzung zu Sanierungszwecken zu Recht unterbleiben (OR 735).

Übung 48

Sanierungsmassnahmen

Um die Gesetzmässigkeit beurteilen zu können, ist zuerst zu überprüfen, ob der Verlust so gross ist, dass ein Kapitalverlust oder sogar eine Überschuldung vorliegt. Ist dies der Fall, so gelten die Vorschriften von OR 725 f.

Ein Kapitalverlust ist gegeben, wenn die Hälfte des Aktienkapitals und der gesetzlichen Reserve nicht mehr gedeckt sind bzw. der Verlust mehr als die Hälfte des Aktienkapitals und der gesetzlichen Reserve ausmacht.

Zur Berechnung ist dem Aktienkapital das Partizipationskapital zuzurechnen.

Vorliegend sind CHF 2'900'000.– (Bilanzverlust) CHF 6'000'000.– (Aktienkapital, PS-Kapital und gesetzlichen Reserven) gegenüberzustellen. Daraus ergibt sich, dass kein Kapitalverlust vorliegt, da der Bilanzverlust weniger als 50% des Aktienkapitals und der gesetzlichen Reserven beträgt.

Da der Bilanzverlust zu gering für einen Kapitalverlust ausgefallen ist, scheidet auch eine Überschuldung aus. In casu liegt also keine qualifizierte Unterbilanz vor, die in OR 725 f. vorgeschriebenen Massnahmen können daher unterbleiben.

Die vorgeschlagenen Massnahmen sind nun einzeln unter dem Gesichtspunkt eines (einfachen) Bilanzverlustes zu überprüfen:

a) Auflösung der allgemeinen Reserven (CHF 500'000.–)

Die allgemeinen Reserven bilden einen Teil der gesetzlichen Reserven und dürfen zur Deckung eines Verlustes aufgelöst werden (OR 671 Abs. 3). Dies ist vorliegend der Fall.

In der Bilanz ergibt sich durch die Auflösung folgende Veränderung:

Aktiven		Passiven	
Umlaufvermögen:		Fremdkapital:	
· Kasse/Bank	100	· Kreditoren	800
· Debitoren	800	· Darlehen	2'000
· Lager	1'000	· Hypotheken	4'000
Anlagevermögen:		Eigenkapital:	
· Maschinen	2'000	· Aktienkapital	4'000
· Immobilien	5'000	· Partizipationskapital	1'000
· Beteiligungen	1'000	· Gesetzliche Reserven	500
Bilanzverlust	2'400		
Total	**12'300**		**12'300**

Die Auflösung der allgemeinen Reserve in der Höhe von CHF 500'000.– bewirkt in der Bilanz einen Rückgang der gesetzlichen Reserve um CHF 500'000.– und eine entsprechende Reduzierung des Bilanzverlustes. Insgesamt wird dadurch die Bilanzsumme sinken.

b) Aufwertung von Grundstücken (CHF 1'000'000.–)

Die Aufwertung von Grundstücken oder Beteiligungen ist nach dem Wortlaut von OR 670 Abs. 1 nur zulässig, wenn ein Kapitalverlust vorliegt, was – wie oben ausgeführt wurde – vorliegend nicht der Fall ist. Eine Aufwertung ist demnach als Sanierungsmassnahme nicht möglich.

Würde die Aufwertung trotzdem vorgenommen, sähe die Veränderung in der Bilanz folgendermassen aus:

Aktiven		Passiven	
Umlaufvermögen:		Fremdkapital:	
· Kasse/Bank	100	· Kreditoren	800
· Debitoren	800	· Darlehen	2'000
· Lager	1'000	· Hypotheken	4'000
Anlagevermögen:		Eigenkapital:	
· Maschinen	2'000	· Aktienkapital	4'000
· Immobilien	6'000	· Partizipationskapital	1'000
· Beteiligungen	1'000	· Gesetzliche Reserven	1'000
Bilanzverlust	2'900	· Aufwertungsreserve	1'000
Total	**13'800**		**13'800**

Durch die Aufwertung sind die Immobilien nun um CHF 1'000'000.– erhöht angegeben. Da auf der Passivseite gemäss OR 670 Abs. 1 eine Aufwertungsreserve gebildet werden muss, bleibt der Bilanzverlust gleich hoch. Die Bilanzsumme erhöht sich entsprechend um 1'000. Diese Sanierungsmassnahme dient insb. der Abwendung einer Überschuldung.

c) Eine Kapitalerhöhung (CHF 2'000'000.–)

Eine Kapitalerhöhung ist jederzeit möglich, es müssen jedoch die Vorschriften von OR 650 ff. eingehalten werden.

In der Bilanz wirkt sich die Kapitalerhöhung um CHF 2'000'000.– folgendermassen aus:

Aktiven		Passiven	
Umlaufvermögen:		Fremdkapital:	
· Kasse/Bank	2'100	· Kreditoren	800
· Debitoren	800	· Darlehen	2'000
· Lager	1'000	· Hypotheken	4'000
Anlagevermögen:		Eigenkapital:	
· Maschinen	2'000	· Aktienkapital	6 000
· Immobilien	5'000	· Partizipationskapital	1'000
· Beteiligungen	1'000	· Gesetzliche Reserven	1'000
Bilanzverlust	2'900		
Total	**14'800**		**14'800**

Auf der Passivseite nimmt das Aktienkapital um CHF 2'000'000.– zu. Das eingebrachte Vermögen wird auf der Aktivseite auf dem Konto der Kasse/Bank gutgeschrieben. Der Bilanzverlust wird durch diese Sanierungsmassnahme nicht verringert, die AG verfügt jetzt aber über grössere liquide Mittel. Die Bilanzsumme nimmt entsprechend zu.

d) Eine Kapitalherabsetzung im Verfahren nach OR 735 (CHF 1'500'000.–)

Eine deklaratorische Kapitalherabsetzung im Verfahren nach OR 735 ist möglich, wenn die AG eine Unterbilanz aufweist. Eine Unterbilanz i.S.v. OR 735 liegt vor, wenn die Bilanz einen Verlust aufweist. Dies ist vorliegend der Fall.

Die deklaratorische Kapitalherabsetzung wirkt sich in der Bilanz folgendermassen aus:

Aktiven		Passiven	
Umlaufvermögen:		Fremdkapital:	
· Kasse/Bank	100	· Kreditoren	800
· Debitoren	800	· Darlehen	2'000
· Lager	1'000	· Hypotheken	4'000
Anlagevermögen:		Eigenkapital:	
· Maschinen	2'000	· Aktienkapital	3'000
· Immobilien	5'000	· Partizipationskapital	500
· Beteiligungen	1'000	· Gesetzliche Reserven	1'000
Bilanzverlust	1'400		
Total	**11'300**		**11'300**

Durch die Herabsetzung hat sich auf der Passivseite das Aktienkapital um CHF 1'000'000.– und das PS-Kapital um CHF 500'000.– reduziert. Im selben Masse konnte dadurch der Bilanzverlust verringert werden. Die Bilanzsumme wurde durch diese Sanierungsmassnahme reduziert.

D. Organisation der Aktiengesellschaft

Übung 49

Lausanne

Die Einladung zur GV muss 20 Tage im Voraus beim Aktionär eintreffen. Damit will man sicherstellen, dass ein Aktionär genügend Zeit zur Verfügung hat, um sich auf die Versammlung angemessen vorzubereiten. Vorliegend wurde die Einladung 20 Tage im Voraus verschickt, beim Aktionär wird sie deshalb nicht 20 Tage im Voraus eintreffen, womit die Einberufungsfrist von OR 700 Abs. 1 nicht erfüllt ist. Die Nichtbeachtung dieser Formvorschrift hat aber nicht die Nichtigkeit, sondern bloss die Anfechtbarkeit der gefassten Beschlüsse nach OR 706 zur Folge.

Sofern niemand innerhalb der zweimonatigen Frist eine Anfechtungsklage einreicht, bleibt die verkürzte Frist ohne Folgen.

Eine GV muss nicht am Gesellschaftssitz stattfinden, auch eine GV im Ausland ist grundsätzlich erlaubt. Der Ort darf aber nicht rechtsmissbräuchlich gewählt werden. Dies kann der Fall sein, wenn der Tagungsort nicht für alle Aktionäre erreichbar ist. Vorliegend ist es durchaus erlaubt, eine GV in Lausanne durchzuführen, es ist Aktionären aus der Ostschweiz zuzumuten, nach Lausanne zu reisen.

Übung 50

Brotvorlieben

Prima Vista ist festzuhalten, dass zur Erhebung von Rechtsmitteln gegen einen Beschluss der GV keine Anwesenheitspflicht an der besagten GV besteht. Dem Aktionär Anton stehen auch als Abwesendem der GV alle Rechtsmittel zur Verfügung. Als Rechtsmittel gegen einen Beschluss der GV sieht das Gesetz die Anfechtungs- und die Nichtigkeitsklage vor.

Eine Anfechtungsklage ist nicht mehr möglich, da sie gemäss OR 706a Abs. 1 innert zwei Monaten seit der GV angehoben werden muss und somit für Anton zeitlich verwirkt ist.

Zu prüfen ist die Möglichkeit einer Nichtigkeitsklage nach OR 706b. Um eine Nichtigkeit eines Beschlusses zu rechtfertigen, muss dieser Beschluss gegen fundamentale Prinzipien einer AG verstossen und im Vergleich zu einer Anfechtung wesentlich tiefgründiger erfolgt sein. Vorliegend ist OR 680 Abs. 1 betroffen, in dem als einzige Pflicht des Aktionärs die Liberierung vorgesehen ist. Diese zwingende gesetzliche Vorschrift ist ein wesentlicher Grundsatz des Aktienrechts. Es rechtfertigt sich deshalb, eine Verletzung dieses Grundsatzes als einen Nichtigkeitsgrund gemäss OR 706b anzusehen. Anton wird mittels einer Feststellungsklage die Nichtigkeit des Beschlusses vom Richter bestätigen lassen. Der Beschluss ist damit von Anfang an ungültig.

Übung 51

Folkloreschifffahrt

Allgemein

Die Einladung zur Generalversammlung muss gemäss OR 700 Abs. 1 mindestens 20 Tage im Voraus den Aktionären zugehen. Vorliegend sind es nur 10 Tage. Die Aktionäre verfügen dadurch nicht über die vorgeschriebene Vorbereitungszeit. Zudem muss die ordentliche GV gemäss OR 699 Abs. 2 innerhalb von sechs Monaten nach Abschluss des Geschäftsjahres abgehalten werden, was ebenfalls nicht der Fall ist – unter der Annahme, dass das Geschäftsjahr 2012 identisch ist mit dem Kalenderjahr 2012. Beide Mängel können grundsätzlich mittels einer Anfechtungsklage geltend gemacht werden (OR 706 f.). Allerdings hat Anton die gesetzliche Frist von zwei Monaten verpasst, sein Recht auf eine Anfechtungsklage ist verwirkt. Für eine Nichtigkeitsklage gemäss OR 706b sind die beiden Mängel nicht ausreichend. Eine Nichtigkeitsklage aufgrund einer fehlerhaften Einberufung wäre etwa möglich, wenn hierdurch ein Grossteil der Aktionäre gar nichts von der GV erfahren hätte oder von ihr ausgeschlossen würde oder wenn die 10-tägige Einberufung statutarisch verankert worden wäre.

a) Jeder Aktionär hat ein Auskunftsrecht an der GV (OR 697 Abs. 1). Das Auskunftsrecht muss an der relevanten Stelle ausgeübt werden können. Es bringt dem Aktionär nichts, wenn er in Traktandum 8 Auskunft über den Geschäftsgang des Jahres 2006 erhält, wenn über die Jahresrechnung und die Décharge des Verwaltungsrates bereits vorher abgestimmt wird. Dies läuft auf eine Verweigerung der Auskunftspflicht hinaus. Eine zeitliche Beschränkung der Redezeit kann je nach Grösse der GV nötig werden, ein gänzlicher Ausschluss ist aber nicht zulässig. Auch hier scheitert eine Anfechtungsklage aber an der zweimonatigen Frist. Eine Nichtigkeitsklage ist nicht möglich, da nur im Einzelfall eine Rechtsverletzung vorliegt. Eine Nichtigkeitsklage wäre erfolgreich, wenn in generell abstrakter Weise kein Auskunftsrecht gewährt wird.

b) Traktandum 6 beinhaltet lediglich die Wahl des Verwaltungsrates, nicht auch die Änderung der Statuten. Zu einem solchen Antrag ist Anton nicht berechtigt, da dies nicht traktandiert war (auch wenn die Reduktion der Amtsdauer gemäss OR 710 zulässig wäre). Um über einen Antrag Beschluss fassen zu können, muss dieser nach OR 700 Abs. 3 traktandiert sein. Der Verwaltungsratspräsident war deshalb berechtigt, nicht auf den Antrag von Anton einzutreten. Als einzige Ausnahme von dieser Regel nennt OR 700 Abs. 3 den Antrag auf Einberufung einer ausserordentlichen GV, die Wahl der Revisionsstelle und den Antrag auf Durchführung einer Sonderprüfung. Der Antrag von Anton auf Durchführung einer Sonderprüfung hätte deshalb berücksichtigt und darüber eine Abstimmung abgehalten werden müssen. Aber auch diesbezüglich scheitert eine Anfechtungsklage an der zweimonatigen Frist. Eine Nichtigkeitsklage ist nicht möglich.

c) Unter dem Traktandum der Liquidität der Gesellschaft wurde das Schiff der Ahoi AG verkauft. Anhand des Traktandums konnte nicht auf einen solchen Antrag geschlossen werden. Unter «Liquidität» lässt sich höchstens annehmen, dass der Gesellschaft in irgendeiner Form zu flüssigen Mitteln verholfen werden soll. Solche allgemein gefassten Traktanden vereiteln das Recht der Aktionäre, sich gebührend auf eine GV vorbereiten zu können. In keiner Weise konnten die Aktionäre vermuten, dass geplant war, das Schiff zu verkaufen. Kommt erschwerend hinzu, dass der Verkauf des Schiffs einer stillen Liquidation der AG gleichkommt, da ihre bisherige Geschäftstätigkeit hierdurch verunmöglicht wird. Der Verkauf bedeutet eine völlige Umstellung der bisherigen Geschäftspraxis, was in der Traktandierung nirgends angedeutet wurde. Die AG hat es somit unterlassen, das Traktandum genügend eng zu umschreiben, sodass es den Aktionären nicht möglich ist, sich darauf angemessen vorzubereiten. Aber auch diesbezüglich scheitert eine Anfechtungsklage an der zweimonatigen Frist. Eine Nichtigkeitsklage ist bei einer zu weit gefassten Traktandierung kaum erfolgsversprechend.

Fazit: Anton hat leider zu lange überlegt und muss die gemachten Beschlüsse akzeptieren.

Übung 52

Unbeliebte GV

a) Gemäss OR 689 Abs. 2 kann sich ein Aktionär an der GV vertreten lassen. Als Vertreter ist grundsätzlich ein beliebiger Dritter zulässig, es sei denn, in den Statuten wird verlangt, dass der Vertreter selbst Aktionär der AG sein muss (OR 689 Abs. 2). Vorliegend ist kein entsprechender Statuteninhalt ersichtlich. Anton durfte demnach seinen Nachbarn mit der Vertretung beauftragen. Aus welchen Beweggründen sich der Aktionär vertreten lässt oder wie er den Vertreter instruiert, ist ihm überlassen.

b) Wie in Antwort a) bemerkt, kann sich ein Aktionär vorbehaltlich einer anderslautenden statutarischen Regelung von einem beliebigen Dritten vertreten lassen. Der Vertretung liegt in der Regel Auftragsrecht zugrunde (OR 392 ff.). Als Beauftragter ist der Vertreter an die Weisungen des Auftraggebers gebunden (OR 397 Abs. 1). Tut er dies, wie es vorliegend der Fall ist, nicht, so hat er die vertragsrechtlichen Konsequenzen für die Verletzung des Auftrags zu tragen. Vom gesellschaftsrechtlichen Standpunkt aus ist die Stimmabgabe aber gültig erfolgt.

c) Der Organvertreter wird vom Verwaltungsrat aufgestellt und stimmt gemäss den Anträgen des Verwaltungsrates. Will Christian dem Organvertreter die Weisung erteilen, dass er gegen die Anträge des Verwaltungsrates stimmt, so gerät dieser in einen Interessenkonflikt. Es muss ihm deshalb möglich sein, die Vertretung abzulehnen und den betreffenden Aktionär an den unabhängigen Stimmrechtsvertreter zu verweisen. Denn falls die AG einen Organvertreter vorsieht, muss sie gemäss OR 689c auch einen unabhängigen Stimmrechtsvertreter bereitstellen, der nach den Weisungen des Aktionärs abstimmt. Christian kann sich also an den unabhängigen Stimmrechtsvertreter wenden oder selbst einen eigenen Vertreter mit Instruktionen an die GV entsenden.

Übung 53

Falsches Quorum

Grundsätzlich ist gemäss OR 706 Abs. 1 jeder Aktionär zur Anfechtungsklage legitimiert. Vorliegend hat Anton aber an der GV der Kapitalerhöhung zugestimmt. Es verstösst gegen Treu und Glauben, wenn er einem Beschluss zustimmt und diesen im Nachhinein anficht. Anton wird wegen fehlendem Anfechtungsinteresse keine Klage zustehen, es sei denn, er könnte zeigen, dass bei der Beschlussfassung ein wesentlicher Irrtum (OR 24) oder eine Täuschung (OR 28) im Spiel war. Bruno war bei der Beschlussfassung nicht anwesend. Die Anwesenheit ist keine Voraussetzung für die Erhebung einer Anfechtungsklage. Bruno ist somit grundsätzlich zur Anfechtungsklage berechtigt.

Übung 54

Anfechtung

Der Aktionär hat die zweimonatige Frist zur Anfechtungsklage eingehalten (OR 706a Abs. 1). Er ist als Aktionär zur Klage legitimiert (OR 706 Abs. 1). Ein Anfechtungsinteresse ist sicher zu bejahen.

1. Als Erstes rügt Anton eine Gesetzesverletzung bei der Beschlussfassung. Hierzu ist die Anfechtungsklage grundsätzlich geeignet (vgl. OR 706 Abs. 1). Vorliegend wurde über eine Kapitalerhöhung abgestimmt, genauer gesagt, über eine ordentliche Kapitalerhöhung. (Die GV hat den genauen Betrag der Erhöhung festgelegt, was eine bedingte Kapitalerhöhung ausschliesst. Eine genehmigte Kapitalerhöhung ist schon deshalb ausgeschlossen, weil nach OR 651 Abs. 2 das genehmigte Kapital nicht die Hälfte des bisherigen Aktienkapitals übersteigen darf.) Es gilt zu überprüfen, ob die ordentliche Kapitalerhöhung einen wichtigen Beschluss i.S.v. OR 704 darstellt, welcher nur mit qualifiziertem Mehr gefasst werden kann. Gemäss OR 704 Abs. 1 Ziff. 5 erfordert eine ordentliche Kapitalerhöhung nur dann das qualifizierte Mehr, wenn die Kapitalerhöhung gegen Eigenkapital, gegen Sacheinlage oder zwecks Sachübernahme oder mit der Gewährung von besonderen Vorteilen abgewickelt wird. Dies ist gemäss Sachverhalt nicht der Fall. Auch Ziff. 6 ist nicht anwendbar, da das Bezugsrecht ausdrücklich anerkannt wird. Daraus folgt, dass die ordentliche Kapitalerhöhung vorliegend keinen wichtigen Beschluss darstellt, zur Annahme genügt deshalb nach OR 703 die absolute Mehrheit der vertretenen Stimmen. Der Beschlussfassung erfolgte bezüglich des erforderlichen Mehrs gesetzmässig.

2. Weiter rügt Anton eine Verletzung des Grundsatzes der Gleichbehandlung der Aktionäre. Auch dies stellt einen gültigen Anfechtungsgrund dar (vgl. OR 706 Abs. 2 Ziff. 3). Die AG verletzt aber vorliegend den Gleichbehandlungsgrundsatz nicht, denn sie ist nur dazu angehalten, allen Aktionären den Bezug der Aktien im Verhältnis ihrer bisherigen Anteile zu gleichen Bedingungen zu ermöglichen. Keinesfalls hat sie darauf Rücksicht zu nehmen, ob der einzelne Aktionär auch finanziell in der Lage ist, das Bezugsrecht auszuüben.

3. Als Letztes bemängelt Anton die Unverhältnismässigkeit und das Fehlen der Zweckmässigkeit der Kapitalerhöhung. Hierfür steht die Anfechtungsklage nicht zur Verfügung. Ein Richter hat weder die Verhältnismässigkeit noch die Zweckmässigkeit eines Beschlusses zu überprüfen. Es liegt nicht am Richter zu entscheiden, was das Beste für die AG ist oder was den Aktionären am meisten nützt.

Insgesamt wird Anton mit allen Anliegen beim Richter abblitzen.

Übung 55

Abberufung

OR 710 erlaubt die freie statutarische Festlegung der Amtsdauer eines Verwaltungsrates, sofern sechs Jahre nicht überschritten werden. Die Wahl des Verwaltungsrates auf fünf Jahre erfolgte damit bezüglich der Dauer rechtskonform.

OR 705 ermöglicht es nun der Generalversammlung und damit den Aktionären, die Mitglieder des Verwaltungsrates jederzeit abzuberufen.

Sofern die Voraussetzungen von OR 699 Abs. 3 erfüllt werden, kann eine ausserordentliche GV einberufen oder an der nächsten ordentlichen GV die Abberufung traktandiert werden. (Umstritten ist, ob als Traktandum die Bezeichnung «Wahl des Verwaltungsrates» genügt oder ob spezifisch die Abberufung traktandiert werden muss. Letzteres ist wohl vorzuziehen.) Die GV beschliesst dann über die Abberufung mit dem einfachen Mehr, sofern sie kein erhöhtes Quorum in den Statuten vorsieht.

OR 705 Abs. 2 behält Entschädigungsansprüche des abberufenen Verwaltungsrates vor. Die Beziehung zwischen der Gesellschaft und dem Verwaltungsrat richtet sich in der Regel nach Auftragsrecht (OR 394 ff.), je nach Gestaltung des Verwaltungsratsmandats kann auch ein Arbeitsverhältnis vorliegen. Bei Annahme eines Auftragsverhältnisses richtet sich die Auflösung nach OR 404, im Falle eines Arbeitsverhältnisses gelangt OR 336 ff. zur Anwendung.

Übung 56

Einsichtsrecht eines Verwaltungsrates

OR 717 auferlegt einem Verwaltungsrat eine umfangreiche Sorgfaltspflicht. Die Sorgfaltspflicht umfasst auch die Annahme des Verwaltungsratsmandats. So lässt sich argumentieren, dass ein Verwaltungsrat gegen seine Sorgfaltspflicht verstösst, wenn er das Verwaltungsratsmandat trotz offenkundiger Interessenkollision angenommen hat. Dies ist umstritten, nach der hier vertretenen Auffassung genügt dies allein schon zur Pflichtverletzung; der Vertreter weiss, dass die Gefahr eines Interessenkonflikts besteht. Deshalb hätte er das Verwaltungsratsmandat ablehnen müssen.

Geht man davon aus, dass der Vertreter korrekt in den Verwaltungsrat gewählt wurde, so verfügt er als Verwaltungsratsmitglied gemäss OR 715a Abs. 2 während einer Verwaltungsratssitzung über ein umfassendes Einsichts- und Auskunftsrecht über die Geschäftsangelegenheiten der AG. Allerdings hat hier der Vertreter vermutungsweise die Auskunft nicht im Interesse der Zeus AG verlangt, sondern um die Informationen an die Yankee AG weiterzugeben. Dies widerspricht der Treuepflicht des Verwaltungsrates gegenüber der Zeus AG, wie sie in OR 717 Abs. 1 statuiert ist. Jedes Mitglied des Verwaltungsrates hat im Interesse der Gesellschaft zu handeln. Dies wurde vorliegend nicht getan, der Vertreter hat sein Auskunftsrecht missbraucht.

Egal, ob man die Interessenkollision bereits bei der Annahme des Verwaltungsratsmandats als Sorgfaltspflichtverletzung berücksichtigt oder erst bei der Einsicht in die Geschäftsangelegenheiten als Treuepflichtverletzung: Folge des Handelns des Vertreters ist seine Belangbarkeit mittels der Verantwortlichkeitsklage von OR 754.

Übung 57

Arbeitszeugnis

OR 722 begründet die Haftung einer AG für unerlaubte Handlungen ihrer Organe. Vorliegend ist zu prüfen, ob die Zeus AG aufgrund der Handlung von Anton für den Schaden der Yankee AG einzustehen hat.

Primäre Voraussetzung ist eine Schädigung aus unerlaubter Handlung nach OR 41 ff. von Anton. Das Vorliegen eines Schadens ist gemäss Sachverhalt anzunehmen; die Widerrechtlichkeit der Handlung von Anton ist ebenfalls anzunehmen, da das Verhalten von Anton den Tatbestand der Fälschung von Ausweisen gemäss StGB 252 erfüllt. Für die adäquate Kausalität ist die Frage zu stellen, ob das fehlerhafte Ausstellen des Arbeitszeugnisses geeignet war, die Schädigung der Yankee AG durch Hans herbeizuführen. Dies ist zu bejahen, erstens erhielt Hans gemäss Sachverhalt die Anstellung nur aufgrund des guten Arbeitszeugnisses, zweitens dürfte Hans durch das Arbeitszeugnis einen nicht berechtigten Vertrauensbonus durch die Yankee AG erhalten haben. Das Verschulden von Anton liegt ebenfalls vor, hat er doch vorsätzlich ein falsches Zeugnis ausgestellt. Aus dem Gesagten ergibt sich, dass Anton aus unerlaubter Handlung gemäss OR 41 ff. haftet.

Die Haftung der Zeus AG für die unerlaubte Handlung von Anton wird nun gemäss OR 722 bejaht, wenn als erste Voraussetzung Anton zur Geschäftsführung oder Vertretung befugt oder m.a.W. ein Organ der Zeus AG war und zweitens die Handlung in Ausübung geschäftlicher Verrichtungen begangen wurde. Anton als Verwaltungsrat gilt ohne Weiteres als formelles Organ. Weiter stellt das Verfassen eines Arbeitszeugnisses eine Handlung dar, die allgemein zu den geschäftlichen Verrichtungen eines Verwaltungsrates in einer AG zu zählen sind.

Daraus folgt, dass die Zeus AG für die unerlaubte Handlung seines Organs gemäss OR 722 einzustehen hat.

Variante 1

Anton ist kein Verwaltungsrat, sondern ein Prokurist.

An der Beurteilung von OR 41 ff. ändert sich nichts. Hingegen ist zu überprüfen, ob ein Prokurist zur Geschäftsführung oder Vertretung befugt ist bzw. ob dem Prokurist Organqualität zukommt. Der Umstand, dass eine Person Prokurist und damit zur Vertretung befugt ist, reicht für sich alleine nicht, um als Organ einer AG zu gelten. Der Prokurist muss massgeblich an der Willensbildung der AG teilnehmen. Aus dem Sachverhalt ergeben sich keine Anhaltspunkte, dass Anton über seine Position als Prokurist hinausgehende Befugnisse hat, die Organqualität ist ihm deshalb abzusprechen. Daraus folgt, dass die Zeus AG nicht für die Handlungen von Anton einzustehen hat.

Variante 2

Anton ist nicht Verwaltungsrat, sondern Angestellter der Zeus AG.

Ein Arbeitnehmer in einem normalen Angestelltenverhältnis ist nicht massgeblich an der Willensbildung der AG beteiligt, er ist folglich kein Organ der Gesellschaft, weshalb die AG nicht für seine Handlungen aufgrund der Organhaftung einzustehen hat. In diesem Fall wäre allenfalls die Frage noch aufzuwerfen, ob ein solcher Angestellter alleine über das Verfassen eines Arbeitszeugnisses entscheiden darf bzw. ob hier eine nicht zulässige Delegation von Kompetenzen durch ein Organ der Gesellschaft vorliegt.

Übung 58

Revisionsstelle

Zunächst ist zu untersuchen, ob die AG der ordentlichen oder der eingeschränkten Revision unterliegt. Der Sachverhalt deutet auf eine eher kleine Gesellschaft hin, deren Aktien nicht an einer Börse kotiert sind. Als Publikumsgesellschaft kann sie daher sicher nicht bezeichnet werden. Aus dem Sachverhalt geht ferner nicht hervor, dass sie eine der in OR 727 Abs. 1 Ziff. 2 OR genannten Grössen überschreiten würde. Auch die weiteren Voraussetzungen von OR 727 können mangels entsprechender Angaben im Sachverhalt als nicht erfüllt betrachtet werden. Es ist deshalb davon auszugehen, dass die Gesellschaft einer eingeschränkten Revision gemäss OR 727a Abs. 1 unterliegt.

Gemäss OR 727c muss sie als Revisionsstelle einen zugelassenen Revisor nach den Vorschriften des Revisionsaufsichtsgesetzes bezeichnen. Diese Voraussetzungen erfüllt Christians Mutter. Sie ist als zugelassene Revisorin gemäss RAG 5 befähigt, eine eingeschränkte Revision vorzunehmen.

Problematischer ist die Beurteilung der Unabhängigkeit. OR 729 Abs. 1 verlangt, dass die Revisorin unabhängig ist und sich ihr Prüfungsurteil objektiv bildet. Die Unabhängigkeit darf weder tatsächlich noch dem Anschein nach beeinträchtigt sein. Bei der eingeschränkten Revision verzichtet OR 729 auf gesetzliche Konkretisierungen, die entsprechenden Vorgaben von OR 728 Abs. 2 können aber auch für die eingeschränkte Revision eine Leitlinie darstellen. Danach ist es mit der Unabhängigkeit unvereinbar, dass eine enge Beziehung des leitenden Prüfers zu einem Mitglied des Verwaltungsrats besteht (OR 728 Abs. 2 Ziff. 3). Die von OR 729 geforderte Unabhängigkeit ist zu verneinen.

Die Mutter erfüllt die Voraussetzungen eines Revisors für die Zeus AG nicht. Als Folge steht allen Aktionären und Gläubigern sowie dem Handelsregisterführer ein Klagerecht auf Abberufung zu (OR 731b).

Wenn die Zeus AG Kosten sparen will, könnte sie gemäss OR 727a Abs. 2 mit Zustimmung aller drei Gesellschafter auch gänzlich auf eine Revisionsstelle verzichten. Voraussetzung ist aber, dass die Gesellschaft nicht mehr als zehn Vollzeitstellen hat.

E. Die Rechtsstellung des Aktionärs

Übung 59

Pflichten eines Aktionärs

Nein. Einzige Pflicht eines Aktionärs ist die Liberierung der von ihm gezeichneten Aktien (OR 680 Abs. 1). Andere Pflichten, insb. eine Treuepflicht, sind unzulässig. Anton kann somit ohne Weiteres Aktien eines Konkurrenzunternehmens in seinem Besitz haben. Ein die Treuepflicht von Aktionären festhaltender Statuteneintrag verstösst gegen zwingendes Recht. Anton kann die Ungültigkeit der entsprechenden Bestimmung nötigenfalls auch mittels Nichtigkeitsklage beim Richter feststellen lassen.

Übung 60

Impulsiver Aktionär

a) OR 697 Abs. 1 berechtigt jeden Aktionär, vom Verwaltungsrat an der Generalversammlung Auskunft über die Angelegenheiten der Gesellschaft zu verlangen. Als Erfordernis wird in OR 697 Abs. 2 lediglich verlangt, dass die Auskunft für die Ausübung der Aktionärsrechte erforderlich ist. Vorliegend wird über eine Kapitalerhöhung im Zusammenhang mit einer Fusion diskutiert. Das Auskunftsbegehren von Anton steht im direkten Zusammenhang mit dem Traktandum; der Aktionär hat ein aktuelles Rechtsschutzinteresse an der Beantwortung seiner Frage. Dem Verwaltungsrat steht es aber zu, die Auskunft zu verweigern, wenn durch sie Geschäftsgeheimnisse oder andere schutzwürdige Interessen der Gesellschaft gefährdet sind (OR 697 Abs. 2). Hier ist im Einzelfall abzuwägen, ob der Stand der laufenden Fusionsverhandlungen und die Geschäftsstrategie ein Geschäftsgeheimnis darstellen. Da die Verhandlungen über die Fusion noch im Gange sind, könnte es für die Gesellschaft in der Tat negative Folgen haben, wenn sie ihre Strategie bekanntgeben würde. Der Verwaltungsrat darf daher die Auskunft mit Verweis auf das Geschäftsgeheimnis verweigern.

b) Ja. Gemäss OR 697 Abs. 3 dürfen die Geschäftsbücher nur mit ausdrücklicher Ermächtigung der Generalversammlung oder durch Beschluss des Verwaltungsrates eingesehen werden. Da weder die Ermächtigung noch ein entsprechender Beschluss vorliegen, besteht kein Recht auf Einsicht in die Geschäftsbücher.

c) Gemäss OR 736 Ziff. 4 kann ein Aktionär beim Gericht die Auflösung verlangen, wenn er über mindestens 10% des Aktienkapitals verfügt. Dies ist bei Anton als Mehrheitsaktionär zweifellos der Fall. Er muss aber einen wichtigen Grund für die Auflösung vorbringen können. Die Auskunfts- und Einsichtsverweigerung reichen hierzu nicht aus. Die Auflösung einer Gesellschaft ist im Übrigen als Ultima Ratio anzusehen, das Gericht hat zu prüfen, ob allenfalls weniger schwerwiegende Rechtsbehelfe dem Aktionär ebenfalls dienen. Würde es das Anliegen von Anton auf Auskunft und Einsicht als gerechtfertigt einstufen, kann es gemäss OR 697 Abs. 4 beides auch direkt anordnen. Eine Auflösung wäre selbst bei der Berechtigung der Anliegen ausgeschlossen, da diese klar unverhältnismässig ist.

Übung 61

Sonderprüfung

1. OR 697b ermöglicht den Aktionären explizit, trotz Ablehnung an der Generalversammlung, den Richter um Einleitung einer Sonderprüfung zu ersuchen. Die Einleitung einer Sonderprüfung soll als Instrument des Minderheitenschutzes auch entgegen den Interessen der Mehrheit der Aktionäre beantragt werden können. Die Gesellschaft selbst wird ohnehin jede

Sonderprüfung ablehnen, bedeutet sie doch erhebliche Umstände und Kosten. Die Interessen der restlichen Aktionäre und der Gesellschaft sind hier ohne Bedeutung.

2. In der Tat verlangt OR 697a als Voraussetzung, dass das Recht auf Auskunft und Einsicht bereits ausgeübt wurde. Es reicht aber gemäss BGE 133 III 133 E. 3.2 und nach allgemeiner Lehrmeinung, dass ein Aktionär dieses Recht ausgeübt hat. Die Gesuchsteller gemäss OR 697a müssen nicht mit dem Aktionär identisch sein, der das Begehren um Auskunftserteilung gestellt hat. Die Aktionäre Anton, Bruno und Christian sind daher ohne Weiteres berechtigt, die Sonderprüfung zu verlangen.

3. Ob die Sonderprüfung als Schikane zu betrachten ist, hat der Richter zu ermitteln. Die Aktionäre müssen dem Richter die Notwendigkeit einer Sonderprüfung glaubhaft machen. Der Gesellschaft steht offen, den Richter vom Gegenteil zu überzeugen. Gelingt ihr das, wird der Richter eine Sonderprüfung verweigern.

Übung 62

Generalversammlung

Vorliegend ist der Verstoss gegen mehrere Aktionärsrechte zu überprüfen:

1. Verstoss gegen das Recht auf Meinungsäusserung:

   Jedem Aktionär steht an der GV das Recht zu, sich zu den Traktanden zu äussern und Anträge zu stellen. Eine Einschränkung der Redezeit ist nur bei grösseren Versammlungen aus zeitlichen Gründen erlaubt, keinesfalls jedoch eine generelle Verweigerung, wie es vorliegend der Fall ist. Es liegt somit ein Verstoss gegen das Recht auf Meinungsäusserung vor; mittels Anfechtungsklage gemäss OR 706 f. kann der Beschluss angefochten werden. Aufgrund des Kausalitätserfordernisses kann aber der Verwaltungsrat eine Aufhebung abwenden, wenn er zeigt, dass der Entzug des Meinungsäusserungsrechts keinen relevanten Einfluss auf die Beschlussfassung ausgeübt hat (Kausalitätserfordernis).

2. Verstoss gegen das Bezugsrecht:

   Jeder Aktionär hat im Verhältnis seines bisherigen Anteils Anrecht auf den Bezug von neuen Aktien (OR 652b). Ein Entzug dieses Bezugsrechts ist nur aus wichtigen Gründen im Einzelfall erlaubt. Vorliegend geht es aber nicht um eine spezifische Kapitalerhöhung, das Bezugsrecht soll generell für zukünftige Kapitalerhöhungen beschränkt werden. Ein solcher Statuteneintrag ist nichtig und kann mittels Anfechtungsklage gemäss OR 706 f. oder subsidiär mittels einer Nichtigkeitsklage nach OR 706b zu Fall gebracht werden.

3. Verstoss gegen das Recht auf Gleichbehandlung:

   Jeder Aktionär ist unter gleichen Voraussetzungen gleich zu behandeln und besitzt dieselben Rechte. Eine Bevorzugung ist nur aufgrund von sachlichen Gründen gerechtfertigt. Es stellt sich somit die Frage, ob in der Beschränkung des Bezugsrechts auf aktive Aktionäre tatsächlich eine Ungleichbehandlung zu sehen ist oder ob faktisch nicht dennoch für alle Aktionäre die gleichen Voraussetzungen bestehen. So liesse sich argumentieren, dass jeder Aktionär in der Gesellschaft tätig werden kann und damit die Möglichkeit zur Beibehaltung des Bezugsrechts habe. Dem ist aber entgegenzuhalten, dass die einzige Pflicht des Aktionärs die Liberierung ist (OR 680 Abs. 1); weitere Pflichten, insbesondere eine aktive Mitarbeit in der Gesellschaft, dürfen nicht aufgestellt werden. Ein grundlegendes Aktionärsrecht wie das Bezugsrecht von der Erfüllung weiterer Pflichten abhängig zu machen, ist somit unzulässig. Ein sachlicher Grund für die Ungleichbehandlung, der diese im Einzelfall rechtfertigen würde, ist nicht zu sehen. Der Umstand, dass sich einzelne Aktionäre stärker in der Gesellschaft engagieren, vermag die Ungleichbehandlung in einem so elementaren Bereich wie dem Bezugsrecht nicht zu rechtfertigen. Der Beschluss ist demnach gemäss OR 706 Abs. 2 Ziff. 3 anfechtbar.

F. Die Reserven

Übung 63

Bilanz

1. Aufwertung auf den Verkehrswert: Die Liegenschaften und die Maschinen befinden sich im Anlagevermögen der AG. Dieses darf nach OR 960a Abs. 1 höchstens zu den Anschaffungskosten bilanziert werden. OR 670 erlaubt aber bei Grundstücken und Beteiligungen die Bilanzierung zum Verkehrswert, wenn ein Kapitalverlust vorliegt. Letzteres ist hier gegeben, die Aktiven decken neben dem Fremdkapital nicht mehr die Hälfte des Aktienkapitals (inkl. Partizipationskapital) und der gesetzlichen Reserven (OR 725 Abs. 1); oder anders ausgedrückt, der Bilanzverlust (3'000) ist höher als die Hälfte des Aktienkapitals und der gesetzlichen Reserven (2'000). Eine Aufwertung der Liegenschaft ist aufgrund des vorliegenden Kapitalverlustes erlaubt. Maschinen sind in OR 670 nicht aufgeführt, eine Aufwertung auf den Verkehrswert ist deshalb nicht möglich.

   Auswirkung der Aufwertung der Liegenschaft auf die Bilanz:

Aktiven		Passiven	
Umlaufvermögen:		Fremdkapital:	
· Kasse/Bank	200	· Kreditoren	1'000
· Debitoren	800	· Darlehen	2'000
· Lager	2'000	· Hypotheken	4'000
Anlagevermögen:		Eigenkapital:	
· Maschinen	2'000	· Aktienkapital	3'000
· Immobilien	4'000	· Gesetzliche Reserven	1'000
Bilanzverlust	3'000	· Aufwertungsreserve	1'000
Total	12'000		12'000

   Da auf der Passivseite eine Aufwertungsreserve in derselben Höhe wie die Aufwertung gebildet werden muss, bleibt der Bilanzverlust gleich hoch. Bei der Bestimmung einer möglichen Überschuldung ist diese Korrektur aber von erheblicher Bedeutung.

2. Auflösung von stillen Reserven:

   Der Verwaltungsrat ist berechtigt, stille Reserven aufzulösen. Ob er auflösen will, ist ihm relativ frei überlassen. Da die Auflösung vermutungsweise das erwirtschaftete Ergebnis wesentlich beeinflusst, wird er die Auflösung jedoch in der Jahresrechnung im Anhang aufführen müssen (OR 959c Abs. 1 Ziff. 3).

   Auswirkung der Auflösung der stillen Reserven auf die Bilanz:

Aktiven		Passiven	
Umlaufvermögen:		Fremdkapital:	
· Kasse/Bank	4'200	· Kreditoren	1'000
· Debitoren	800	· Darlehen	2'000
· Lager	0	· Hypotheken	4'000
Anlagevermögen:		Eigenkapital:	
· Maschinen	2'000	· Aktienkapital	3'000
· Immobilien	3'000	· Gesetzliche Reserven	1'000
Bilanzverlust	1'000		
Total	11'000		11'000

   Durch den Verkauf des Lagers ist dieser Posten nun bei 0. Die Kasse hat aber um 4'000 zugenommen, wobei sich die 4'000 aus den 2'000 des Lagers und den 2'000 der stillen Reserven zusammensetzt. Das Vermögen in der Bilanz hat dadurch um 2'000 zugenommen, was den Bilanzverlust auf 1'000 verringert.

3. Deckung des Verlustes mit der Reserve:

Die allgemeine Reserve darf unabhängig von ihrer Grösse zur Deckung von Verlusten verwendet werden (OR 671 Abs. 3).

Auswirkung der Deckung durch die Reserve:

Aktiven		Passiven	
Umlaufvermögen:		Fremdkapital:	
• Kasse/Bank	200	• Kreditoren	1'000
• Debitoren	800	• Darlehen	2'000
• Lager	2'000	• Hypotheken	4'000
Anlagevermögen:		Eigenkapital:	
• Maschinen	2'000	• Aktienkapital	3'000
• Immobilien	3'000		
Bilanzverlust	2'000		
Total	**10'000**		**10'000**

Die allgemeine Reserve von 1'000 wurde mit dem Bilanzverlust verrechnet, diese sind damit ebenso wie das Bilanztotal um 1'000 gesunken.

Übung 64

Schlechte Wirtschaftslage

a) Gemäss OR 659a muss die Zeus AG für die eigenen Aktien eine Reserve in der Höhe des Anschaffungspreises bilden. Der Nennwert spielt hier keine Rolle. Die Zeus AG hätte also Reserven in der Höhe von 10 Millionen bilden müssen.

b) Eine Korrektur der Reserve auf den jeweiligen Marktwert der Aktien ist nicht erlaubt. Die Reserve muss weiter die Höhe des Anschaffungspreises der Aktien betragen, also 10 Millionen Franken.

c) Sind die Aktien verkauft, kann die Reserve aufgelöst werden (OR 671a). Dies gilt auch dann, wenn die Aktien unter dem Einstandspreis weitergeben wurden.

Übung 65

Grosszügige AG

Grundsätzlich muss eine AG gemäss OR 671 Abs. 2 Ziff. 3 unabhängig von bestehenden Reserven 10% derjenigen Beträge, die nach Bezahlung einer Dividende von 5% als Gewinnanteil ausgerichtet werden, der allgemeinen Reserve zuweisen. Insofern dürfte der Jahresgewinn nicht gesamthaft ausbezahlt werden. Nun darf aber bei einer allgemeinen Reserve, die über 50% des einbezahlten Aktienkapitals beträgt, der über die 50%-Hürde hinausgehende Betrag frei verwendet werden. Sofern aus der Jahresrechnung also Geld an die allgemeine Reserve fliesst, kann die GV dieses Geld durch Beschluss gleich wieder an die Aktionäre ausgeschüttet werden. Es wird deshalb allgemein akzeptiert, dass, sofern die allgemeinen Reserven über 50% des einbezahlten Aktienkapitals betragen, die Zuweisung an die allgemeine Reserve gemäss OR 671 Abs. 2 Ziff. 3 unterbleiben kann. Die AG durfte also den gesamten Jahresgewinn ausschütten. Der Agio muss aufgrund des Verbots der Einlagenrückgewährung zwingend der allgemeinen Reserve zukommen. Eine direkte Ausschüttung ist hier nicht erlaubt, indirekt über die allgemeine Reserve hingegen schon.

G. Verantwortlichkeit

Übung 66

Klagemöglichkeiten

Gemäss bundesrechtlicher Rechtsprechung ist die Anfechtungsklage nach OR 706 f. subsidiär zur Verantwortlichkeitsklage nach OR 754. Die Anfechtungsklage ist unzulässig, wenn sie sich auf einen Sachverhalt stützt, der Gegenstand einer Verantwortlichkeitsklage gegen einzelne Gesellschaftsorgane bilden kann (BGE 92 II 243). Diese Regelung wird stark kritisiert. Beide Klagen haben unterschiedliche Beklagte, unterschiedliche Prozessvoraussetzungen und einen unterschiedlichen Prozessgegenstand. Es wäre deshalb angebracht, dass beide Klagen unabhängig voneinander eingereicht werden dürfen.

Übung 67

Organe einer Gesellschaft

Nur Organe können unter OR 754 zur Verantwortung gezogen werden. In den Fällen 1 bis 4 wird daher nach der Organfunktion der betreffenden Person gefragt.

1. Anton ist formell als Direktor angestellt. Obwohl die Berufsbezeichnung auf eine Organstellung hinweist, ist das Verrichten von Sekretariatsarbeiten sicher kein Beitrag an der Willensbildung der Gesellschaft und gehört nicht zur Geschäftsführung. Eine Organstellung ist deshalb abzulehnen. Ein gutgläubiger Dritter darf aber, basierend auf der Bezeichnung Direktor, von einer Organstellung ausgehen, ihm gegenüber hat Anton Organstellung und ist entsprechend passivlegitimiert. Anton gilt als Organ durch Kundgabe.

2. Bruno ist als Verwaltungsrat der Zeus AG ein formelles Organ und deshalb immer passivlegitimiert, egal, ob er in das Geschäftsgeschehen involviert ist oder nicht. Selbst ein fiduziarisches Verwaltungsratsmitglied trifft die Haftung nach OR 754.

3. Wurden Prokuristen bis vor ein paar Jahren noch generell als Organe bezeichnet, so änderte dies das Bundesgericht in BGE 128 III 29. Organstellung innerhalb der Geschäftsführung hat grundsätzlich nur die oberste Leitung der Gesellschaft. Personen mit untergeordneter Stellung in der Geschäftsleitung, wie etwa Prokuristen, sind höchstens in Ausnahmefällen als Organe zu qualifizieren. Sofern keine besonderen Umstände vorliegen, die zusätzlich zu seiner Stellung als Prokurist darauf hinweisen, dass er an der Willensbildung der AG teilhat, nimmt ein Prokurist keine Organstellung ein und ist folglich auch nicht passivlegitimiert.

4. Ein Handlungsbevollmächtigter ist grundsätzlich kein Organ der Gesellschaft. Daran ändert auch nichts, wenn er vereinzelt Geschäftsführungsfunktionen übernimmt. Nur wer über eine dauernde Entscheidungsberechtigung auf Geschäftsführungsstufe verfügt und damit an der Willensbildung der AG beteiligt ist, dem kommt eine Organstellung zu. David ist somit nicht passivlegitimiert.

Übung 68

Spendierfreudiger Geschäftsführer

Vorliegend ist eine Haftung für Verwaltung oder Geschäftsführung gemäss OR 754 zu prüfen.

Als Erstes ist die Aktivlegitimation von Christian und David zu beurteilen. Hierzu ist vorrangig zu bestimmen, ob der Schaden für die Kläger mittelbarer oder unmittelbarer Natur ist. Die Vergabe von Aufträgen an eine befreundete AG zu Konditionen, die für die AG ungünstig sind, stellt einen Verstoss gegen die Treuepflicht nach OR 717 dar, welche in erster Linie den Interessen der Gesellschaft und nur mittelbar den Aktionären und Gläubigern dient. Der Schaden tritt also primär gegenüber der Zeus AG auf und nur mittelbar bei den Aktionären und Gläubigern. Ausserhalb des Konkurses ist der Aktionär bei Vorliegen eines mittelbaren Schadens zur Klage legitimiert, er kann aber nur auf Leistung an die Gesellschaft klagen (OR 756 Abs. 1). Ein Gläubiger ist bei Vorliegen von mittelbarem Schaden ausserhalb des Konkurses überhaupt nicht zur

Klage legitimiert. Daraus folgt, dass nur der Aktionär Christian berechtigt ist, eine Verantwortlichkeitsklage gemäss OR 754 anzustreben.

Weiter ist die Passivlegitimation von Anton und Bruno zu prüfen. Gemäss OR 754 Abs. 1 ist diese zu bejahen, Anton ist als Verwaltungsrat ein formelles Organ und fällt ohne Weiteres in den Anwendungsbereich von OR 754 Abs. 1. Auch Bruno unterliegt als Geschäftsführer dieser Haftung, er hat grosse Teile der Geschäftsführung der Zeus AG übernommen, womit er massgebend an der Willensbildung der AG teilnimmt und somit unabhängig davon, ob er als Organ im Handelsregister eingetragen ist, als Organ der Zeus AG gilt.

Es ist nun einzeln für Anton und Bruno zu prüfen, ob sie durch eine Verletzung ihrer Pflichten als Verwaltungsrat bzw. Geschäftsführer einen Vermögensschaden zu verantworten haben.

Der angerichtete Schaden beträgt zehn Millionen Franken, die Differenz zwischen dem marktüblichen und dem überteuerten Preis, den die Zeus AG gezahlt hat. Die Pflichtverletzung von Bruno besteht im Verstoss gegen die Treue- und Sorgfaltspflicht nach OR 717. Ein adäquater Kausalzusammenhang ist zu bejahen, denn ein die Treuepflicht befolgender Geschäftsführer hätte den Schaden verhindert. Das Verschulden ist ebenfalls zu bejahen, hat doch Bruno vorsätzlich zu schlechten Konditionen Aufträge verteilt.

Anton kann zu seiner Verteidigung anbringen, dass er den Abschluss von Verträgen und die gesamte Geschäftsführung in diesem Bereich der Zeus AG nicht mehr selbst betreut, sondern hierfür Bruno eingestellt hat. Er haftet aber gemäss OR 754 Abs. 2 für die Erfüllung der befugterweise an Bruno übertragenen Aufgabe, sofern er nicht nachweisen kann, dass er bei der Auswahl, Unterrichtung und Überwachung die nach den Umständen gebotene Sorgfalt angewendet hat. Der Nachweis sorgfältiger Überwachung wird dabei vermutungsweise nicht gelingen, als Aufsichtsperson hätte er wohl bemerken müssen, dass Bruno über Monate hinweg Verträge zu massiv überteuerten Konditionen abgeschlossen hat. Anton wird sich das Verhalten von Bruno anrechnen müssen.

Aktionär Christian kann also Anton und Bruno mittels der Klage nach OR 754 zur Verantwortung ziehen. Anton und Bruno haften gemäss OR 759 solidarisch, wobei das Gericht die Ersatzpflicht der einzelnen Beklagten festsetzt.

Übung 69

Fahrlässige Finanzplanung

Bruno strebt eine Haftung für Verwaltung und Geschäftsführung gemäss OR 754 an.

Vorliegend besteht für den Aktionär ein mittelbarer Schaden, da die Pflicht zur sorgfältigen Finanzplanung in erster Linie den Interessen der Zeus AG dient. Die Gesellschaft befindet sich nicht in Konkurs. Bruno ist folglich aktivlegitimiert, kann gemäss OR 756 Abs. 1 aber nur auf Leistung an die Gesellschaft klagen.

Annette ist als Verwaltungsrat ein formelles Organ und damit sicher passivlegitimiert. Schwierigkeiten bereitet die Beurteilung der Yankee AG. Obwohl juristische Personen grundsätzlich keine Organfunktion haben können, wird eine Verantwortlichkeitsklage gegen juristische Personen gemäss OR 754 grundsätzlich als zulässig betrachtet. Weiter hat die Yankee AG offiziell keine Organfunktion gehabt. Die Yankee AG hat aber durch die Verantwortung und Kompetenz beim Rechnungswesen und der Finanzplanung massgebend an der Willensbildung der AG teilgenommen, weshalb sie als faktisches Organ anzusehen und damit auch passivlegitimiert ist.

Der Schaden berechnet sich aus der Differenz zwischen dem Vermögen, wie es wäre, wenn die Finanzplanung pflichtbewusst erfolgt wäre, und der gegenwärtigen Vermögenslage. Die Pflichtverletzung der Yankee AG besteht im Verstoss gegen die Treue- und Sorgfaltspflicht nach OR 717. Ein adäquater Kausalzusammenhang ist zu bejahen, wenn eine sorgfältig handelnde Person den Schaden verhindert hätte. Bezüglich des Verschuldens der Yankee AG ist leichte Fahrlässigkeit ausreichend, was im vorliegenden Sachverhalt wohl zu bejahen ist.

Annette haftet für den Schaden gleich wie die Yankee AG. Denn gemäss OR 716a Abs. 1 Ziff. 3 gehört die Ausgestaltung des Rechnungswesens und der Finanzplanung zu den unübertragbaren Aufgaben des Verwaltungsrates. Der Verwaltungsrat darf zwar Teile dieser Aufgaben delegieren, muss aber die Gesamtleitung bei sich behalten. Dies ist hier nicht der Fall, die Aufgaben liegen alleine bei der Yankee AG. Annette war nicht befugt, das gesamte Rechnungswesen und die Finanzplanung an die Yankee AG zu übertragen, und haftet damit nicht nur für die Auswahl, Unterrichtung und Überwachung gemäss OR 754 Abs. 2, sondern muss sich das gesamte Handeln der Yankee AG zuschreiben lassen.

Annette und die Yankee AG haften gemäss OR 759 solidarisch für den entstandenen Schaden, wobei das Gericht die Ersatzpflicht jedes einzelnen Beklagten festsetzt.

Übung 70

Revisionsstelle

Anton strebt eine Haftung der Revisionsstelle gemäss OR 755 an.

Zuerst ist die Aktivlegitimation von Anton zu überprüfen. Die rechtzeitige Feststellung der Überschuldung stellt primär eine Pflicht der Revisionsstelle gegenüber der Gesellschaft dar, der Aktionär ist mittelbar geschädigt. Im Konkursverfahren ist der Aktionär gemäss OR 757 Abs. 2 zur Geltendmachung von mittelbarem Schaden berechtigt, sofern die Konkursverwaltung darauf verzichtet. Dies ist vorliegend der Fall, Anton ist zur Klage aktivlegitimiert.

Als Nächstes ist die Passivlegitimation der Revisionsstelle und der Mitarbeiter zu überprüfen. Die Verantwortlichkeitsklage richtet sich gegen die Revisionsstelle; vorliegend wurde damit die Yankee AG betraut. Die Klage trifft dabei nur die vertragsschliessende Partei – also die Yankee AG –, nicht aber deren einzelne Mitarbeiter. Eine Klage nach OR 755 gegen die Mitarbeiter der Yankee AG scheitert an deren Passivlegitimation, selbst wenn diese effektiv für den Schaden verantwortlich sind.

Bezüglich der Yankee AG ist zu berücksichtigen, dass sie nie offiziell von der Generalversammlung als das die Aufgaben der Revisionsstelle übernehmende Organ gewählt wurde. In der Praxis hat sie diese Aufgabe aber über einen längeren Zeitraum ausgeübt, sie ist deshalb als faktisches Revisionsorgan zu betrachten und somit passivlegitimiert.

Der Schaden berechnet sich aus dem Anwachsen des Verlustes zwischen dem Zeitpunkt, an dem die Überschuldung hätte festgestellt werden müssen, und demjenigen, an dem sie festgestellt wurde. Die Pflichtverletzung besteht in dem Nichttätigwerden trotz offensichtlicher Überschuldung. Die Revisionsstelle hätte gemäss OR 728c bzw. 729c den Verwaltungsrat zur Benachrichtigung des Gerichts auffordern oder, falls der Verwaltungsrat dies unterlässt, das Gericht selbst benachrichtigen müssen. Ein adäquater Kausalzusammenhang besteht, da bei rechtzeitiger Intervention durch die Revisionsstelle und dadurch veranlasste Sanierungsmassnahmen der Schaden zumindest hätte eingedämmt werden können. Bezüglich des Verschuldens reicht bereits Fahrlässigkeit, die aufgrund der Übernahme der Revisionsstelle trotz nicht ausreichender Kapazitäten sicher zu bejahen ist (Übernahmeverschulden).

Die Yankee AG ist nach der Revisionshaftung von OR 755 zur Leistung von Schadenersatz an die Gesellschaft verpflichtet.

Vgl. zu diesem Fall auch BGer v. 8. Februar 2008, 4A.505/2007, E. 4.

H. Die Beendigung der Aktiengesellschaft

Übung 71

Auflösung

Ein Aktionär ist zur Auflösungsklage gemäss OR 736 Ziff. 4 berechtigt, wenn er mindestens 10% des Aktienkapitals vertritt. Anton als Eigentümer von 20% des Aktienkapitals darf eine Auflösungsklage beim Richter einreichen. Die Auflösungsklage setzt aber noch das Vorliegen wichtiger Gründe voraus; dies ist der Fall, wenn die Fortsetzung der Gesellschaft nicht mehr zugemutet werden kann. Die Uneinigkeit zweier Aktionäre fällt grundsätzlich nicht darunter. Eine Streitigkeit zwischen Aktionären ist nur ausnahmsweise ein Auflösungsgrund, wenn als Folge der Streitigkeiten die Gesellschaft als Ganzes nicht mehr funktioniert, wenn sie etwa beschluss- und manövrierunfähig wird. Aber selbst wenn ein wichtiger Grund angenommen wird, kann der Richter auf die Auflösung verzichten, wenn eine weniger drastische Lösung ohne Liquidation der Gesellschaft den Parteien zugemutet werden kann (OR 736 Ziff. 4). Eine Auflösungsklage scheitert vorliegend wohl am wichtigen Grund. Es steht Anton aber frei, an der Generalversammlung die Auflösung der Gesellschaft nach OR 736 Ziff. 2 zu beantragen. Für den Beschluss reicht, vorbehaltlich eines anderslautenden Statuteneintrages, das einfache Mehr – es müssten also noch mindestens zwei andere Aktionäre dem Beschluss zustimmen.

Übung 72

Vermisste Gläubiger

Haben gemäss OR 744 Abs. 1 bekannte Gläubiger die Anmeldung unterlassen, so ist der Betrag ihrer Forderungen gerichtlich zu hinterlegen. Für die Forderung von Hans hätte also ein entsprechender Betrag hinterlegt werden müssen. Die Hinterlegungspflicht für bekannte Forderungen bei unbekannter Identität des Gläubigers ist umstritten, wird jedoch aus Gründen des Gläubigerschutzes allgemein bejaht.

Daraus folgt, dass die Gesellschaft vor der Verteilung an die Aktionäre den Betrag der beiden Forderungen aus dem Vermögen hätte aussondern und hinterlegen müssen.

Übung 73

Schuldenruf

Nein. Der in OR 742 Abs. 2 verankerte Schuldenruf sieht keine Ausnahmen in seinem Anwendungsbereich vor. Selbst wenn alle Gläubiger bekannt sind – was in der Praxis doch sehr schwierig festzustellen ist –, muss immer ein dreimaliger öffentlicher Schuldenruf im Schweizerischen Handelsamtsblatt erfolgen.

Lösungen zum 6. Teil

Übung 74

Liberierungspflicht

Gemäss OR 777c ist jeder Gesellschafter verpflichtet, seine Stammanteile bei der Gründung vollständig zu liberieren. Da Heinz seine Einlage nur zu zwei Dritteln einbezahlt hat, ist er seiner Pflicht zur vollständigen Liberierung nicht nachgekommen.

Dass Karl mehr als einen Stammanteil besitzt, ist nicht zu beanstanden (vgl. OR 772 Abs. 2). Es ist ihm ebenfalls erlaubt, seinen Anteil durch eine Sacheinlage zu leisten. Um aber eine Überbewertung von Sacheinlagen zu verhindern, sind gewisse Vorsichtsmassnahmen zu befolgen. OR 777c Abs. 2 verweist diesbezüglich auf die aktienrechtlichen Vorschriften: Der Lieferwagen muss in den Statuten angegeben und bewertet werden. Der angegebene Betrag darf dabei den wirklichen Wert des Lieferwagens zu diesem Zeitpunkt nicht übersteigen. Ferner ist Karl als Sacheinleger zu nennen (OR 777c Abs. 2 Ziff. 1 i.V.m. 628 Abs. 1). Gemäss OR 777c Abs. 2 Ziff. 2 i.V.m. OR 642 muss der Lieferwagen ebenfalls im Handelsregister vermerkt werden. Damit die Liberierung durch Sacheinlage gültig ist, müssen gemäss OR 777c Abs. 2 Ziff. 3 i.V.m. 634 zudem folgende Voraussetzungen gegeben sein: Die Sacheinlage muss erstens gestützt auf einen schriftlichen Vertrag zwischen Karl einerseits und Heinz und Fritz andererseits erfolgen. Zweitens muss die Gesellschaft nach erfolgter Liberierung sofort über den Lieferwagen verfügen können. Drittens muss ein Gründungsbericht vorliegen, der genaue Angaben über die Sacheinlage enthält und von einem zugelassenen Revisor geprüft und bestätigt wurde.

Da die Voraussetzungen für eine Eintragung bei der Scherzkeks GmbH aufgrund einer nicht vollständigen Leistung der Einlagen von Heinz nicht erfüllt sind, wird der Handelsregisterführer eine Eintragung in das Handelsregister ablehnen. Die GmbH kann das Persönlichkeitsrecht also grundsätzlich nicht erlangen (OR 779).

Übung 75

Entstehung der Scherzkeks GmbH

Grundsätzlich hat der Registereintrag für die Gesellschaft konstitutive Wirkung. Gemäss OR 779 Abs. 2 gilt dies sogar, wenn die Voraussetzungen für die Eintragung tatsächlich nicht erfüllt sind. Man spricht hier von der heilenden Wirkung der Eintragung. Heinz muss die vollständige Liberierung jedoch so bald als möglich nachholen.

Bei schwerwiegenden Mängeln steht den Gesellschaftern und Gläubiger gemäss OR 779 Abs. 3 jedoch das Recht zu, auf Auflösung der Gesellschaft zu klagen. Das Gericht wird eine Güterabwägung zwischen den Interessen der Kläger an der Auflösung und den Interessen der Gläubiger oder Dritter am Weiterbestehen der Gesellschaft vornehmen. Sind die Interessen der Kläger wegen der Nichterfüllung statutarischer oder gesetzlicher Vorschriften in erheblichem Masse gefährdet oder verletzt, wird das Gericht der Klage auf Auflösung eher entsprechen. Das Klagerecht erlischt gemäss OR 779 Abs. 4 drei Monate nach der Veröffentlichung der Gründung im SHAB.

Übung 76

Brand in der Lagerhalle

Gemäss OR 779 Abs. 1 erlangt die Gesellschaft ihre Rechtspersönlichkeit erst durch den Eintrag im Handelsregister. Mangels Rechtspersönlichkeit kann die GmbH vor dem Eintrag noch keine Rechte und Pflichten eingehen. Für Rechtsgeschäfte, welche die Mitglieder vor der Eintragung im Namen der Gesellschaft abschliessen, haften die Handelnden persönlich und solidarisch (OR 779a Abs. 1). Da der Mietvertrag zu einem Zeitpunkt abgeschlossen worden ist, als die Gesellschaft noch nicht eingetragen war, hat sich Carlo daher persönlich verpflichtet.

Die Agrumitalia kann für die Handlung von Carlo nur zur Verantwortung gezogen werden, wenn sie den Vertrag übernimmt, was zur Befreiung der Haftung von Carlo führen würde. Die Übernahme des Vertrags durch die Agrumitalia richtet sich vorliegend nach den Vorschriften von OR 779a Abs. 2, wonach die Gesellschaft innerhalb von drei Monaten nach ihrer Eintragung Verpflichtungen, die ausdrücklich in ihrem Namen eingegangen worden sind, übernehmen kann. Die Handelnden werden so befreit und es haftet nur die Gesellschaft.

Die Kompetenz der Agrumitalia zur Übernahme eines derartigen Geschäftes bestimmt sich nach den Statuten. Im Zweifel sind jedoch die Geschäftsführer zur Übernahme befugt. In der Praxis wird zum Teil auch ein konkludentes Verhalten (z.B. durch vorbehaltlose Erfüllung des Geschäftes) als hinreichend betrachtet. Unterbleibt die Übernahme, bleibt es bei der Haftbarkeit des Handelnden. Zu prüfen wäre allenfalls ein Rücktrittsrecht des Geschäftspartners unter Berufung auf die Unverbindlichkeit des Vertrages wegen Irrtums in der Person.

In casu hängt die Haftbarkeit der Agrumitalia GmbH somit davon ab, ob diese den Mietvertrag zwischen Carlo und Peter nachträglich übernimmt. Da zur Geschäftsführung in der GmbH grundsätzlich alle Gründungsgesellschafter (also auch Carlo) berechtigt sind, sollte die Übernahme eigentlich unproblematisch sein. Für allfällige Schadenersatzansprüche haftet daher die GmbH direkt.

Hätte Carlo es versäumt, ausdrücklich im Namen der Agrumitalia den Vertrag abzuschliessen, wäre die Anwendung von OR 779a Abs. 2 ausgeschlossen. Diesfalls könnte die GmbH den Vertrag nur mit der Zustimmung von Peter als Vertragspartner mittels Zession und Schuldübernahmen übernehmen.

Übung 77

Geschäftsführerhonorar

Mit Gesellschaftsbeschluss kann einem Geschäftsführer, dem diese Stellung durch Gesellschaftsbeschluss zugestanden wurde, die Befugnis zur Geschäftsführung und Vertretung jederzeit entzogen werden (OR 815 Abs. 1). Änderungen dieser Art sind im Handelsregister einzutragen (OR 814 Abs. 6; HRegV 73 Abs. 1 lit. q).

Gutgläubigen Dritten gegenüber entfaltet eine Demission grundsätzlich erst nach der Eintragung im Handelsregister ihre Wirkung (BGE 104 Ib 321). Diese konstitutive Wirkung des Eintrags bezieht sich indessen nur auf das Aussenverhältnis. Im Innenverhältnis zwischen Gesellschaft und Geschäftsführer sind Abberufung und Kündigung hingegen gültig, ohne dass ein Eintrag im Handelsregister erfolgen muss. Grundsätzlich steht Gabriele somit kein Honoraranspruch zu.

Der Gutglaubensschutz in Bezug auf den Registereintrag kann nun aber bewirken, dass einen noch im Handelsregister eingetragenen Geschäftsführer trotz Abberufung eine Haftung trifft. Dies ist dann der Fall, wenn etwa ein Dritter sich auf die Bonität des eingetragenen Geschäftsführers verlässt. Hier könnte man sich fragen, ob durch einen so erbrachten Nutzen ausnahmsweise doch ein Honorar zu entrichten ist. In einem umstrittenen Entscheid des Bundesgerichtes (BGE 111 II 480) wurde dies jedoch verneint.

Übung 78

Erbschaft

Der Rechtsübergang der Stammanteile infolge Erbgangs erfolgt von Gesetzes wegen; alle Rechte und Pflichten, die mit dem Stammanteil verbunden sind, gehen ohne Zustimmung der Gesellschafterversammlung auf die Tochter Anna über (OR 788).

Eine Ausnahme gilt für die Ausübung des Stimmrechts und der damit zusammenhängenden Rechte, für die es die Anerkennung als stimmberechtigter Gesellschafter durch die Gesellschafterversammlung braucht (OR 788 Abs. 2).

Die Tochter Anna ist somit Gesellschafter der GmbH geworden, verfügt aber erst mit Zustimmung der Gesellschafterversammlung über das Stimmrecht. Dieses kann nur verweigert werden, wenn die Gesellschaft Anna die Übernahme ihres Anteils zu seinem wirklichen Wert anbietet (OR 788 Abs. 3). Lehnt Anna dieses Angebot innerhalb eines Monats ab, so verbleibt sie Gesellschafter der GmbH, verfügt aber über kein Stimmrecht.

Übung 79

Aufnahme neuer Mitglieder

Die Aufnahme neuer Mitglieder in die GmbH ist einmal durch die Abtretung von Stammanteilen möglich (OR 785). Verfügt ein Gesellschafter über mehr als einen Anteil, so kann er mit Zustimmung der Gesellschafterversammlung einen Anteil an eine Drittperson übertragen. Die Zustimmung kann entfallen, wenn dies die Statuten so vorsehen (OR 786). Mit erteilter Zustimmung erlangt die Abtretung Rechtswirksamkeit (OR 787).

Die Aufnahme neuer Mitglieder ist ferner im Rahmen einer Kapitalerhöhung möglich (OR 781). Ein Beschluss über eine Erhöhung des Stammkapitals ist von den Gesellschaftern mit qualifizierter Mehrheit zu fassen (OR 808b Abs. 1 Ziff. 5). Die Ausführung des Beschlusses richtet sich nach den Vorschriften des Aktienrechts. Wird der Beschluss nicht innerhalb von drei Monaten im Handelsregister eingetragen, fällt er dahin (OR 781 Abs. 4). Obwohl gemäss OR 781 Abs. 3 ein öffentliches Angebot zur Zeichnung der Stammanteile unzulässig ist, schliesst dies nicht die Suche nach einzelnen Gesellschaftern in Fachblättern und Zeitungen aus. Damit aber die GmbH neue Mitglieder aufnehmen kann, muss sie gleichzeitig das Bezugsrecht der bisherigen Gesellschafter einschränken. Andernfalls wäre nämlich jeder Gesellschafter berechtigt, eine seinem bisherigen Anteil entsprechende Erhöhung seiner Einlage zu beanspruchen (OR 781 Abs. 5 Ziff. 2 i.V.m. 652b), was die Aufnahme neuer Mitglieder verhindern würde.

Übung 80

Kapitalherabsetzung

Bei der Kapitalherabsetzung wird das Kapitalkonto der Unternehmung herabgesetzt. Der auf diese Weise entstehende Buchgewinn kann zu Sanierungszwecken verwendet werden.

Mögliche Formen der Kapitalherabsetzung sind die Nennwertherabsetzung oder die Herabsetzung durch Vernichtung von Stammanteilen. Die Kapitalherabsetzung ist regelmässig mit einer Statutenänderung verbunden. Als solche bedarf sie eines entsprechenden Gesellschafterbeschlusses, welcher öffentlich zu beurkunden ist (OR 782 Abs. 1 i.V.m. OR 780). Der Beschluss wird, sofern die Statuten nichts anderes vorschreiben, mit Zustimmung der absoluten Mehrheit der vertretenen Stimmen gefasst (OR 808).

Bezweckt die Kapitalherabsetzung die Sanierung einer Unterbilanz, darf diese gemäss OR 782 Abs. 3 nur dann durchgeführt werden, wenn die Gesellschafter die in den Statuten vorgesehenen Nachschüsse voll geleistet haben (vgl. OR 795a).

Vor Herabsetzung des Aktienkapitals ist ein Prüfungsbericht zu erstellen (OR 782 Abs. 4 i.V.m. OR 732 Abs. 2). Weiter muss sichergestellt sein, dass die Forderungen der Gläubiger vollständig gedeckt sind. Der Herabsetzungsbeschluss muss daher von den Geschäftsführern dreimal im SHAB publiziert werden. Wenn das Stammkapital nicht um mehr als den Betrag der Unterbilanz herabgesetzt wird, kann es die GmbH allerdings unterlassen, den Gläubigern bekannt zu geben, dass sie binnen zwei Monaten von der dritten Mitteilung an unter Anmeldung ihrer Forderungen Befriedigung oder Sicherstellung verlangen können (OR 782 Abs. 4 i.V.m. OR 735).

Zu beachten ist schliesslich, dass das Stammkapital der GmbH in keinem Fall unter das gesetzliche Minimum von CHF 20'000.– fallen darf (OR 782 Abs. 2).

Wirksam wird die Kapitalherabsetzung mit dem Eintrag ins Handelsregister.

Übung 81

Austritt und Konkurrenzverbot

Mangels anderweitiger Informationen ist davon auszugehen, dass gemäss dispositivem Gesetzesrecht alle drei Gesellschafter Geschäftsführer sind (OR 809 Abs. 1). Sofern die Statuten der Net Solution GmbH keine anderweitige Regelung vorsehen, besteht für geschäftsführende Gesellschafter ein Konkurrenzverbot (OR 812 Abs. 3). Dem Geschäftsführer ist es demnach verboten, sich im Rahmen des Geschäftszweiges der Gesellschaft konkurrierend zu betätigen. Da die PC Help AG offensichtlich im selben Bereich tätig ist wie die Net Solution GmbH (beide Unternehmen bieten Netzwerklösungen an), ist es Mathias als Geschäftsführer nicht erlaubt, sich für die ihm angebotene Stelle zu bewerben.

Die Statuten können eine abweichende Regelung vorsehen. Sie können das Konkurrenzverbot aufheben oder auch auf nicht geschäftsführende Gesellschafter ausdehnen. Auch ohne entsprechende Bestimmung in den Statuten darf Mathias die angebotene Stelle annehmen, wenn die übrigen Gesellschafter dem zustimmen (OR 812 Abs. 3). Michael und Christian stehen dieser Lösung aber wohl ablehnend entgegen.

Im vorliegenden Fall besteht kein Hinweis auf eine entsprechende statutarische Regelung. Als Geschäftsführer der Net Solution GmbH ist es ihm nicht erlaubt, für die PC Help AG tätig zu werden. Um dies zu tun, ohne gegen das Konkurrenzverbot zu verstossen, müsste er aus seiner Geschäftsführer-Position ausscheiden. Mangels anderweitiger Vereinbarung ist er jedoch als Gesellschafter zur Geschäftsführung nicht nur berechtigt, sondern auch verpflichtet. Ein Ausscheiden als Geschäftsführer würde eine Statutenänderung bedingen, was angesichts der negativen Haltung von Michael und Christian aber wohl schwierig zu bewerkstelligen sein wird.

Mathias kann sodann versuchen, seinen Gesellschaftsanteil nach OR 785 auf einen anderen Gesellschafter oder auf Dritte zu übertragen. Auch hierfür ist jedoch die Zustimmung der Gesellschafterversammlung erforderlich (OR 786).

Als letzte Möglichkeit könnte er versuchen, als Gesellschafter der Net Solution GmbH auszuscheiden. Ein solcher Austritt ist nur aus wichtigen Gründen mittels Klage vor Gericht möglich (OR 822 Abs. 1). Ein wichtiger Grund wird nach geltender Rechtsprechung dann angenommen, wenn die Fortsetzung dem Gesellschafter nicht mehr zugemutet werden kann (vgl. BGE 105 II 114). Die Aussicht auf eine lukrativere Anstellung stellt keinen wichtigen Grund in diesem Sinne dar. Eine Klage auf Austritt aus der Gesellschaft würde daher mit grosser Wahrscheinlichkeit abgewiesen.

Lösungen zum 7. Teil

Übung 82

Mitgliedschaft I

Hans geht fälschlicherweise von der Annahme aus, dass er durch die Übertragung des Anteilscheins Genossenschafter geworden ist. Der Wechsel der Mitgliedschaft bei der Genossenschaft findet jedoch grundsätzlich nur durch Ein- und Austritt statt. Die Übertragung eines Genossenschaftsanteils bewirkt hingegen keinen Mitgliedschaftswechsel (OR 849 Abs. 1). Im Unterschied zu einer Aktie handelt es sich beim Anteilschein auch nicht um ein Wertpapier, sondern lediglich um eine Beweisurkunde (OR 853 Abs. 3). Die Mitgliedschaft ist nicht im Anteilschein verkörpert.

Mit der Übertragung des Anteilscheins von Fritz auf Hans ist somit nur das Forderungsrecht am Genossenschaftskapital auf diesen übergegangen. Mitglied der Genossenschaft ist nach wie vor Fritz.

Will Hans selbst Mitglied werden, muss er schriftlich seinen Beitritt zur Genossenschaft erklären (OR 840 Abs. 1). Zusätzlich wird in der Regel ein förmlicher Aufnahmebeschluss der Verwaltung oder Generalversammlung verlangt (OR 840 Abs. 3).

Übung 83

Mitgliedschaft II

Grundsätzlich hat jeder Genossenschafter ein Recht auf Auskunfterteilung von der Revisionsstelle (OR 857 Abs. 1). Dieses Informationsrecht des Genossenschafters lässt sich weder durch die Statuten noch durch Beschlüsse eines Genossenschaftsorgans beschränken (OR 857 Abs. 4). Trotzdem ist die Revisionsstelle nicht verpflichtet, Hans in die Geschäftsbücher Einsicht zu gewähren. Eine Einsichtnahme ist nämlich grundsätzlich nur mit ausdrücklicher Ermächtigung der Generalversammlung oder durch Beschluss der Verwaltung gestattet (OR 857 Abs. 2).

Hans kann lediglich verlangen, dass ihm Auskunft über alle relevanten Vorgänge erteilt wird. Will er nähere Informationen haben, müsste er die Ermächtigung der Generalversammlung oder der Verwaltung einholen.

Eine weitere Möglichkeit für Hans bestünde darin, an den Richter zu gelangen. Dieser kann verfügen, dass die Genossenschaft von bestimmten Unterlagen, die für die Ausübung seines Kontrollrechts erheblich sind, eine Abschrift anfertigen lässt (OR 857 Abs. 3). Selbst in diesem Fall müssen jedoch die Geschäftsgeheimnisse der Genossenschaft gewahrt werden.

Übung 84

Mitgliedschaft III

Nach OR 891 Abs. 1 kann jeder Genossenschafter von der Generalversammlung gefasste Beschlüsse beim Richter mit Klage gegen die Genossenschaft anfechten. Das Anfechtungsrecht erlischt, wenn die Klage nicht spätestens zwei Monate nach der Beschlussfassung angehoben wird (OR 891 Abs. 2). Unabhängig von der Einhaltung der Anfechtungsfrist kann ein Genossenschafter die Nichtigkeit von Beschlüssen gerichtlich feststellen lassen, die mit schwerwiegenden formellen oder inhaltlichen Fehlern behaftet sind. Da Mecker innerhalb der zweimonatigen Frist liegt, kann er eine Anfechtungsklage gemäss OR 891 beim Richter einreichen.

Formelle Mängel bei der Beschlussfassung sind nicht ersichtlich. Eine Änderung der Eintrittsbestimmungen in die Genossenschaft muss in den Statuten geregelt werden (OR 833 Ziff. 4). Da nichts Gegenteiliges im Sachverhalt vermerkt ist, kann davon ausgegangen werden, dass dies geschehen ist.

Vom Materiellen her steht es einer Genossenschaft frei, statutarisch festzuhalten, dass nur Mieter Genossenschafter sein können und dass nur ein Mieter pro vorhandener Wohnung Genossenschafter werden darf (OR 839 Abs. 2). Diese Beschränkung ist aber mittels eines Generalversammlungsbeschlusses ohne Weiteres abänderbar. Wird dies wirksam getan, so hat sich Mitglied Mecker dem Mehrheitsbeschluss zu beugen. Im Weiteren verunmöglicht das Prinzip der offenen Tür ohnehin eine generelle Beibehaltung der jeweiligen Stimmkraft der Mitglieder. Zweck der Genossenschaft ist es, den Mitgliedern günstige Mietwohnungen zu verschaffen – dieser Zweck wird durch die Aufnahme von mehreren Mitgliedern aus einer Wohnung nicht geändert oder verunmöglicht. Selbst wenn nun die Genossenschaft statt 20 neu 200 Mitglieder hätte, wäre dies durch Herrn Mecker zu akzeptieren.

Der Beschluss über die Abänderung der Aufnahmevoraussetzungen für neue Mitglieder ist gültig und mittels Anfechtungsklage nicht rückgängig zu machen.

Übung 85

Austrittsrecht

Gemäss OR 842 Abs. 1 steht jedem Genossenschafter der Austritt frei, solange die Auflösung der Genossenschaft nicht beschlossen ist. Die Genossenschaften sind jedoch befugt, in den Statuten gewisse Austrittserschwerungen vorzusehen. Ein dauerndes Verbot oder eine übermässige Erschwerung des Austritts durch die Statuten wäre hingegen gemäss OR 842 Abs. 3 ungültig. Konkret stellt sich hier somit die Frage, ob die Anknüpfung der Mitgliedschaft an das Eigentum der Eigentumswohnung zulässig ist.

Übermässig wäre die Erschwerung des Austritts dann, wenn sie faktisch einem Austrittsverbot gleichkommt. Dies liegt in casu nicht vor: Die Statutenbestimmung, die besagt, dass der Austritt aus der Genossenschaft zwingend mit dem Verkauf der Liegenschaft verbunden ist, stellt zwar eine Erschwerung dar. Die vorgesehene Ordnung wird jedoch durch den Genossenschaftszweck geradezu vorausgesetzt. Dieser besteht nämlich im gemeinsamen Betrieb und Unterhalt der genossenschaftlichen Liegenschaften. Damit die Siedlungsgenossenschaft funktionieren kann, wird die Beteiligung aller Eigentümer gerade vorausgesetzt.

Nicht zuletzt ist auch zu beachten, dass die Mitgliedschaft in der Genossenschaft auch für den niedrigen Verkaufspreis ausschlaggebend war. Die Statutenbestimmung ist somit zulässig. Die Genossenschaft kann dem Ehepaar Imboden den Austritt verbieten.

Übung 86

Nachschusspflicht

Gemäss OR 840 Abs. 2 muss die Beitrittserklärung, wenn bei einer Genossenschaft neben der Haftung des Genossenschaftsvermögens eine persönliche Haftung oder Nachschusspflicht des einzelnen Genossenschafters besteht, diese Verpflichtungen ausdrücklich enthalten. Fehlt der Hinweis auf die finanziellen Verpflichtungen in der Beitrittserklärung und kann der Nachweis der tatsächlichen Kenntnisnahme von der Genossenschaft nicht erbracht werden, treten die Rechtsfolgen der Formungültigkeit ein. Eine Berücksichtigung der Formungültigkeit kann jedoch gegen Treu und Glauben verstossen und die Berufung darauf rechtsmissbräuchlich sein. Dies gilt vor allem in jenen Fällen, wo ein Mitglied nach erfolgtem Beitritt von der Haftungs- und Nachschussverpflichtung erfährt. Ein Mitglied darf somit die Mitgliedschaft nicht einfach stillschweigend fortsetzen, wenn es von den finanziellen Verpflichtungen Kenntnis nimmt. Wurde die in Abs. 2 vorgeschriebene Beitrittserklärung nicht abgegeben, entfällt für den betroffenen Genossenschafter die persönliche Haftung oder Nachschusspflicht.

Kann Emil somit nicht nachgewiesen werden, dass er nachträglich von der Nachschusspflicht erfahren hat, kann er zur Leistung eines Nachschusses nicht angehalten werden.

Übung 87

Stimmrecht

Nein. Eine Abstufung des Stimmrechts nach der Zahl der Anteilscheine ist nicht zulässig. Es ist zwar nicht erforderlich, dass alle Anteilscheine auf den gleichen Kapitalbeitrag lauten, und die

Genossenschafter können nach OR 853 Abs. 2 auch statutarisch den Erwerb mehrerer Anteilscheine vereinbaren. Die Genossenschafter stehen jedoch grundsätzlich in gleichen Rechten und Pflichten (OR 854). Die Verschiedenheit der Kapitalbeteiligungen hat keinen Einfluss auf das Stimmrecht des Mitgliedes: Jeder Genossenschafter hat zwingend eine Stimme. Der Grund hierfür liegt darin, dass bei einer Genossenschaft das Schwergewicht auf der persönlichen Beteiligung des einzelnen Mitgliedes liegt und nicht in seinem Kapital.

Wollen die Genossenschafter also das Stimmrecht mit der Kapitalbeteiligung verknüpfen, müssen sie eine andere Rechtsform wählen, die eine solche Regelung zulässt.

Stichwortverzeichnis

A

Abberufung
- Geschäftsführung 184, 247
- Revisionsstelle 191
- Verwaltungsrat 182

Abfindung
- Aktionär 200
- Genossenschafter 270
- Gesellschafter einer GmbH 237, 248, 251, **252**
- Personengesellschafter 77, 95, 114
- Umstrukturierungen **298**, 303, 308, 312

Abschluss von Rechtsgeschäften vor Entstehung der Gesellschaft
- AG 137
- Genossenschaft 260
- GmbH 235

Abschreibungen 52, 54, **55**, 147, 210

Absolut notwendiger Statuteninhalt
- AG 133
- Genossenschaft 262
- GmbH 236

Absorptionsfusion 225, 298, **300**, 301

Abspaltung 146, **305**, 308

Abtretung von Gesellschaftsanteilen 250

Actio pro socio 34, **71**, 111

Adäquater Kausalzusammenhang **188**, 214, 218, 219, 220, 221, 347

Agio 129, 131, **150**, 208, 209, 212

Akquisition 281

Aktie
- originärer Erwerb 199
- Substanzwert 151

Aktien
- Ausgabebetrag 129, **150**, 160
- Beteiligungspapier 45, 150, 190
- Dispo-Aktien 156
- Inhaberaktien 129, 134, **151**, 154
- Innerer Wert 151
- Liberierung 127, **129**, 135, 143, 151, 161, 200
- Mitgliedschaftstitel 150
- Namenaktien **151**, 152, 154, 155
- Nennwert 129, 143, **150**, 152
- Stimmrechtsaktien 129, **152**, 205
- stimmrechtslose 153, 156
- Teil des Aktienkapitals 142
- Urkunde 151
- Vinkulierung s. dort
- Vorzugsaktien 153, 205
- Zeichnung 129, 161, 199

Aktienbuch 151, 156

Aktiengesellschaft 125
- Aktien 142, 150
- Auflösung 223
- Beendigung 223
- Definition 126
- Elemente 127
- Entstehung 128
- Firma 136
- Gründergesellschaft 137
- Haftung der Gesellschaft 142
- Haftung Revisionsstelle 195
- Haftung Verwaltungsrat 188
- Handelsregister 135
- Liquidation 224
- Organe 172
- Organisation 171
- Revision des Aktienrechts 227
- Sitz 137
- Statuten 133
- Verantwortlichkeit 213

Aktienkapital
- Begriff 142
- Bilanzverlust 145
- Haftungsbasis 142
- Kapitalerhöhung 159
- Kapitalherabsetzung 165
- Liberierung 129
- Mindesthöhe 142
- Schutz 142
- Überschuldung 149
- Verbot der Einlagerückgewähr 143

Aktionär 127, 199

Aktionärspflichten 200
- aufgrund des BEHG 200
- Liberierung **129**, 143, 200

Aktionärsrechte 200
- Auflösungsklage 206, 223
- Auskunftsrecht 203
- Bauzins 144, 201
- Benutzung der gesellschaftlichen Anlagen 201
- Bezugsrecht 159, 202
- Dividende 200
- Einberufung und Traktandierung einer Generalversammlung 202

- Einsichtsrecht 202
- Gleichbehandlungspflicht 204
- Informationsrecht 202
- Kontrollrecht 202
- Liquidationsanteil 201
- Meinungsäusserungs- und Antragsrecht 175, 202
- Mitgliedschaft 150, 201
- Mitwirkungsrechte 201
- Schutz der Beteiligungsquote 202
- Schutzrechte 202
- Sonderprüfung 203
- Stimmrecht 202
- Teilnahme an der Generalversammlung 175, 201
- unentziehbare Rechte 206
- unverzichtbare Rechte 206
- Vertretung 176, 205
- Vertretung im Verwaltungsrat 201
- Vorwegzeichnungsrecht 202

Allgemeine Reserve 209
Allgemeine Stellvertretung **62**, 78, 137
Amtsdauer
- Revisionsstelle 191
- Verwaltung Genossenschaft 268
- Verwaltungsrat AG 182

Anfechtungsklage
- AG 178
- Genossenschaft 266

Anhang 52
Anlagefonds 290, 291
Anleihensobligationen 45, 53, 190, 248, 302
Anteilscheine 260, 262, 263
Antragsrecht an der Generalversammlung 176, 202
Aufgaben des Verwaltungsrates 184
Auflösung
- AG 223
- Einfache Gesellschaft 80
- Genossenschaft 276
- GmbH 254
- Kollektivgesellschaft 101
- Kommanditgesellschaft 120

Auflösungsklage 206, 223
Aufsichtsstelle 230
Aufspaltung 225, **305**, 308
Aufwertung 55, 147
Aufwertungsreserve 209
Ausgabebetrag einer Aktie 129, **150**, 160
Auskunftspflicht
- der Revisionsstelle 193
- des Verwaltungsrates 176

Auskunftsrecht
- AG 203
- Genossenschaft 270
- GmbH 249
- Personengesellschaften 73

Auslösungssumme 273
Ausschluss
- AG 200
- Einfache Gesellschaft 78
- Genossenschaft 274
- GmbH 251
- Kollektivgesellschaft 96
- Kommanditgesellschaft 115

Ausschüttungsverbot 143
Ausserordentliche Generalversammlung 173, 202
Austritt
- AG 200
- Einfache Gesellschaft 68, **95**
- Genossenschaft 258, 259, 264, 265, 270, 271, **272**
- GmbH 237, 246, 249, **251**
- Kollektivgesellschaft 95
- Kommanditgesellschaft 114

B

Bankgenossenschaften 278
Bauzins 134, **201**, 237
Bedingt notwendiger Statuteninhalt
- AG 134
- Genossenschaft 262
- GmbH 237

Bedingte Kapitalerhöhung 162
Beendigung
- AG 223
- Einfache Gesellschaft 79
- Genossenschaft 276
- GmbH 254
- Kollektivgesellschaft 101
- Kommanditgesellschaft 120

Befähigung des Revisors 191
BEHG 26, 184, 200, 285
Beitragspflicht
- AG 200
- Einfache Gesellschaft 71
- Genossenschaft 271
- GmbH 250
- Kapitalgesellschaft 34
- Kollektivgesellschaft 93
- Kommanditgesellschaft 111
- Personenbezogene Gesellschaft 34

Benutzung der gesellschaftlichen Anlagen
- AG 201
- Genossenschaft 270

Beschlussfassung
- AG, Generalversammlung 177
- Einfache Gesellschaft 74
- Genossenschaft 265
- GmbH 243
- Kollektivgesellschaft 93
- Kommanditgesellschaft 112

Beschlussfassung AG
- Verwaltungsrat 183

Beschlussquoren
- Einstimmigkeit 74, 243
- Mehrheitsprinzip 74, 177, 243, 265
- qualifizierte Mehrheit 177, 243, 265

Beschränkung des Erwerbs eigener Aktien 144
Besondere Arten von Genossenschaften 278
Beteiligungen 50
Beteiligungsabzug 281
Beteiligungspapier 150
Beteiligungsquote
- AG 202
- GmbH 239

Betreibungsfähigkeit
- AG 127
- Einfache Gesellschaft 66
- Genossenschaft 257
- GmbH 232
- Juristische Person 33
- Kollektivgesellschaft 88
- Kommanditgesellschaft 105

Betriebsfremde Aufwände und Erträge 52
Betriebsstätte 281
Bezugsrecht 167, 200
- AG 153, 161, 163, **202**
- GmbH 240, 243, **249**

Bilanz 43, **48**, 55, 102, 112, 142, 147
Bilanzverlust 145
Börsengesetz 26, 184, 200
Buchführung 44, **47**
- Einfache Gesellschaft 76
- kaufmännische 37, **43**
- Kollektivgesellschaft 94
- Kommanditgesellschaft 113
- Pflicht zur kaufmännischen Buchführung und Rechnungslegung 44
- vereinfachte 45

C

Corporate Governance 227

D

Décharge 174, **216**
Deklaratorische Kapitalherabsetzung
- AG 166
- GmbH 241

Delegiertenversammlung
- AG 173
- Genossenschaft 265

Delikstfähigkeit
- Einfache Gesellschaft 79

Deliktsfähigkeit
- Juristische Personen 33
- Kollektivgesellschaft 99
- Kommanditgesellschaft 119
- strafrechtlich 33

Deliktshaftung
- Einfache Gesellschaft 79
- Juristische Personen 33
- Kollektivgesellschaft 99
- Kommanditgesellschaft 119

Depotbank 218
Depotvertreter 176, 228
Derivativer Erwerb von Aktien 199
Direkte Steuern 52
Direktoren **63**, 172, 185, 188, 233, 253, 269
Dispo-Aktien 156
Dividende
- AG 127, **200**, 208
- Genossenschaft 259, **270**
- GmbH 232, 249

Dividendenreserve 210
Divisionaler Konzerne 283
Durchgriff 28, **287**

E

Eigenkapital 49
- Aktienkapital 141
- Partizipationskapital 153
- Reserven 208
- Stammkapital 239

Einberufung der Generalversammlung der AG 174, **202**
Einberufung der Generalversammlung der Genossenschaft 265
Einberufung der Generalversammlung der GmbH 242
Einfache Gesellschaft 66
- Abgrenzung 83
- Abgrenzungen **69**
- Auflösung 80
- Ausscheiden 77
- Ausschluss 78
- Aussenverhältnis 78
- Beendigung 79
- Begriff 66

- Beiträge 71
- Buchführung und Rechnungslegung 76
- Definition 66
- Eintritt 77
- Entstehung 70
- Fortsetzungsklausel 77
- Geschäftsführung 72, 75
- Gesellschaftsbeschlüsse 72, 74
- Gewinn- und Verlustbeteiligung 75
- Haftung 79
- Innenverhältnis 70
- Konkurrenzverbot 76
- Liquidation 81
- Nachfolgeklausel 77
- Treuepflicht 76
- Verantwortlichkeit 76
- Vertretung 78

Einlage
- Einfache Gesellschaft 71
- Genossenschaft 259
- GmbH 234
- Kommanditgesellschaft 111

Einpersonengesellschaft 27

Einsicht
- Nichtgeschäftsführender Personengesellschafter 70
- Partizipant 153

Einsichtsrecht
- Aktionär 202
- Genossenschafter 270
- GmbH 249
- Kommanditär 112
- Umstrukturierungen 301, 302, 307, 311
- Verwaltungsrat 184

Einstimmigkeit 74, 302

Eintritt
- AG 201
- Einfache Gesellschaft 77
- Genossenschaft 271
- GmbH 250
- Kollektivgesellschaft 95
- Kommanditgesellschaft 114

Einzelkaufmann 82

Emissionsprospekthaftung 217

Endogener Aufbau eines Konzerns 282

Enseigne 56

Entschädigung des Verwaltungsrates 188

Erbengemeinschaft 28, **31**

Erbgang
- Erwerb von Aktien **200**
- GmbH 251
- Übertragung 155, 158

Erfolgsrechnung 43, **50**, 112

Errichtungsakt der AG 129

Erwerb
- derivativer Erwerb 200
- originärer Erwerb 200
- vinkulierte Aktien 144

Erwerb eigener Aktien 144

Exogener Aufbau eines Konzerns 282

F

Faktische Gesellschaft 29

Faktisches Organ 63

Fakultativer Statuteninhalt
- AG 134
- Genossenschaft 263
- GmbH 238

Fantasiefirma 56

Festübernahme 163

Finanzanlagen 49

Finanzaufwände 52

Finanzerträge 52

Firma 55
- AG 136
- Begriff 55
- Bestandteile 56
- Einfache Gesellschaft 66
- Fantasiefirma 56
- Firmenkern 57
- Firmenschutz 58
- Gemischte Firma 56
- Genossenschaft 274
- GmbH 252
- Kollektivgesellschaft 96
- Kommanditgesellschaft 116
- Notwendige Zusätze 57
- Personenfirma 56
- Persönlichkeitsrechtlicher Schutz 60
- Sachfirma 56
- Schutz öffentlicher Interessen 58
- Schutzbehelfe nach UWG 60
- Unzulässige Firmen 57

Flüssige Mittel 49

Forderungen aus Lieferungen und Leistungen 49

Fortsetzungsklausel
- Einfache Gesellschaft 77
- Kollektivgesellschaft 95
- Kommanditgesellschaft 114

Fremdkapital **49**, 145, 149, 164, 210

Frist
- Anfechtungsklage 179
- Handelsregister 39
- Kündigung einfache Gesellschaft 80

- Nichtigkeitsklage 180
- Übernahme Handlungen durch AG 136
- Übertragung vinkulierter Aktien 158
- Umstellung auf neues Rechnungslegungsrecht 44
- Verantwortlichkeitsklage 217

FusG 294

Fusion 298
- Ablauf 301
- Absorptionsfusion 300
- Auflösung ohne Liquidation 225
- Definition 298
- Erleichterte Fusion 302
- KMU 302
- Kombinationsfusion 300
- Konzerngesellschaften 302
- Schutz 303
- Zulässigkeit 299

Fusionsbericht 301
Fusionsbeschluss 301
Fusionsgesetz 294
Fusionsvertrag 298

G

Genehmigte Kapitalerhöhung 160

Generalversammlung
- Wahlen 177

Generalversammlung der AG 173
- Anfechtungsklage 178
- Ausserordentliche 173
- Befugnisse 174
- Beschlussfassung 177
- Durchführung 175
- Einberufung 174
- Nichtigkeit 180
- Ordentliche 173
- Teilnahme 175
- Traktanden 174
- Universalversammlung 173
- Vertretung 176
- Wahlen 175

Generalversammlung der Genossenschaft 265
- Anfechtung 266
- Befugnisse 266
- Beschlussfassung 265
- Einberufung 265
- Nichtigkeit 267
- Stimmrecht 265

Genossenschaft 257
- Anteilscheine 263
- Auflösung 276
- Ausschluss 274

- Aussenverhältnis 274
- Austritt 272
- Beendigung 276
- Definition 258
- Eintritt 271
- Elemente 258
- Entstehung 260
- Firma 274
- Generalversammlung 265
- Genossenschafter 270
- Grundkapital 263
- Gründung 260
- Haftung 275
- Innenverhältnis 270
- Konkurs 276
- Liquidation 276
- Organe 264
- Revisionsstelle 269
- Sitz 275
- Statuten 262
- Vertretung 275
- Verwaltung 268
- Zweck 259

Genossenschaft, besondere Arten 278

Genossenschaft, Besondere Arten
- Bankgenossenschaften 278
- Beteiligung von Körperschaften des öffentlichen Rechts 278
- Genossenschaftsverband 278
- Träger einer Vorsorgeeinrichtung 278
- Versicherungsgenossenschaften 278

Genossenschafter
- Pflichten 271
- Rechte 270

Genossenschaftsverband 278
Genussschein 154

Gerichtsstand
- AG 136, **137**
- Genossenschaft 275
- GmbH 252
- Kollektivgesellschaft 92, 97
- Kommanditgesellschaft 110, 116

Gesamthandsgemeinschaft
- Kollektivgesellschaft 90
- Kommanditgesellschaft 107

Gesamthandsverhältnis
- Einfache Gesellschaft 68

Geschäftsbericht 43, **44**, 48, 175, 184, 202, 246
Geschäftsbücher 73, 185, 225, 255, 268

Geschäftsführung
- AG 185
- Einfache Gesellschaft 72

- Genossenschaft 268
- GmbH 246
- Kollektivgesellschaft 93
- Kommanditgesellllschaft 112

Geschäftsübernahme **81**, 102, 121

Geschlossene kollektive Kapitalanlagen 290

Gesellschaft 27
- Abgrenzungen 29
- Begriff 27
- Formen 32
- Gemeinsamer Zweck 28
- Gesellschaftsvertrag 28
- Körperschaften 32
- personenbezogen 34
- Rechtsgemeinschaften 32
- Vereinigung von Personen 27

Gesellschafterversammlung der GmbH 242
- Anfechtung von Beschlüssen 245
- Befugnisse 245
- Beschlussfassung 243
- Einberufung 242
- Nichtigkeit von Beschlüssen 246
- Stimmrecht 244
- Vertretung 245

Gesellschaftsanteil bei der GmbH 239

Gesellschaftsbeschlüsse
- AG 177
- Einfache Gesellschaft 72
- Genossenschaft 265
- GmbH 243
- Kollektivgesellschaft 93
- Kommanditgesellschaft 112

Gesellschaftsvertrag
- Einfache Gesellschaft 67
- Kollektivgesellschaft 89
- Kommanditgesellschaft 106

Gewinnbeteiligung
- AG 200
- Einfache Gesellschaft 75
- Genossenschaft 270
- GmbH 249
- Kollektivgesellschaft 93
- Kommanditgesellschaft 113

Gleichbehandlungspflicht der Aktionäre 132, 144, 166, 188, **204**

GmbH 232
- Auflösung 254
- Ausschluss 251
- Aussenverhältnis 252
- Austritt 251
- Beendigung 254
- Definition 233

- Elemente 233
- Entstehung 234
- Firma 252
- Geschäftsführung 246
- Gesellschafterversammlung 242
- Gesellschafterwechsel 250
- Haftung 253
- Innenverhältnis 248
- Kapital 239
- Konkurs 254
- Liquidation 254
- Organe 242
- Pflichten des Gesellschafters 250
- Rechte des Gesellschafters 249
- Revisionsstelle 247
- Sitz 252
- Stammkapital 239
- Statuten 236
- Vertretung 252

Gratisaktie **161**, 165

Gründergesellschaft 137

Gründergesellschafter 126

Gründervorteile 130, **132**

Grundkapital 142, 259, 260

Gründung einer AG 128
- Abschluss von Rechtsgeschäften vor Entstehung der AG 137
- Entstehungsphase 130
- Errichtungsphase 128
- Gründervorteile 132
- Handelsregister 135
- Liberierung 129
- qualifizierte 130
- Sacheinlage 131
- Sachübernahme 131
- Statuten 133
- Verrechnung 132
- Zeichnung der Aktien 129

Gründung einer Genossenschaft 260
- Handelsregister 260
- qualifizierte 261
- Statuten 262

Gründung einer GmbH 234
- Handelsregister 238
- Qualifizierte 235
- Sacheinlage 235
- Sachübernahme 236
- Statuten 236

Gründungshaftung 218

Gründungsphase 67, 69

H

Haftung der Gesellschaft 33
- AG **126**, 142
- Einfache Gesellschaft 68, **79**
- Genossenschaft 258, **275**
- GmbH 234, 247, 253
- Kollektivgesellschaft 90, **98**
- Kommanditgesellschaft 107, **117**

Haftung der Gesellschafter
- AG 126, **142**
- Einfache Gesellschaft 68, **79**
- Genossenschaft 258
- GmbH 233, 234, **253**
- Kollektivgesellschaft 90, **98**
- Kommanditgesellschaft 107, 111, **117**

Haftung der Revisionsstelle 220

Haftung des Unternehmens
- Strafrechtlich 33

Haftung des Verwaltungsrats 219

Haftung eines Gesellschafters beim
- Austritt aus einer bestehenden Gesellschaft 77, 95, 114, 274
- Eintritt in eine bestehende Gesellschaft 77, 95, 114

Haftung für
- den Emissionsprospekt 217
- Geschäftsführung der AG 219
- Gründung einer AG 218
- Liquidation einer AG 219
- Revision 220
- Verwaltung der AG 219

Handelsamtsblatt, Schweizerisches (SHAB) **37**, 38, 59, 135, 226, 304

Handelsregister 37
- Eintrag 40
- Führung 40
- Funktion 37
- Gliederung 39
- Hauptregister 39
- Publizitätsprinzip 38
- Tagesregister 39
- Zentralregister 39

Handelsregistereintrag 68
- AG 135
- Genossenschaft 260
- GmbH 238
- Kollektivgesellschaft 90, **92**
- Kommanditgesellschaft 109

Handelsregisterverordnung 36, 37

Handelsreisender 186

Handlungsbevollmächtigter 245

Handlungsfähigkeit
- Juristische Person 34
- Kollektiv- und Kommanditgesellschaft 90, 107

Hauptregister 39

Herabsetzung des Aktienkapitals 165

Hilfsperson 63

Holding 281

Holdingprivileg 281

Honorar des Verwaltungsrats 188

HRegV 36, 37, 39

I

Immaterielle Werte 50

Imparitätsprinzip 54

Informationsrechte des Aktionärs 202

Inhaberaktien 129, **151**, 154

Inhaberpapiere 151

Innengesellschaft 82

Innerer Wert einer Aktie 151

Inventar 48, 305, 307

Investmentgesellschaft mit festem Kapital (SICAF) 293

Investmentgesellschaft mit variablem Kapital (SICAV) 291

J

Jahresbericht 43, 44, **48**, 202

Jahresrechnung 43, 44, **48**
- Anhang 52
- Bilanz 48
- Erfolgsrechnung 50

Joint Venture 68, **281**

Juristische Person 33

K

Kaduzierung 143, 200, 201

KAG 290

Kapitalerhöhung 159
- Auswirkung auf die Bilanz 148
- bedingte 162
- Bezugsrecht 153, **161**, 163
- Festübernahme 163
- genehmigte 160
- ordentliche 160
- Sanierungsmassnahme 147

Kapitalerhöhung bei der Genossenschaft 264

Kapitalerhöhung bei der GmbH 240

Kapitalgesellschaft 34

Kapitalherabsetzung 165
- als Sanierungsmassnahme 148
- deklaratorische 166
- Herabsetzung des Nennwerts der Aktien 166
- konstitutive 165
- Reduktion der Anzahl Aktien 166

- Verfahren 167

Kapitalherabsetzung bei der Genossenschaft 264
Kapitalherabsetzung bei der GmbH 241
Kapitalherrschaft, Grenzen 206
Kapitalverlust 145
Kartellrecht 280, 315
Kaufmännisches Unternehmen 36
Kausalzusammenhang
- Haftung aus Verantwortlichkeit nach OR 752 ff. 214
- Haftung der Genossenschaft nach OR 899 276
- Haftung der GmbH nach OR 817 253
- Haftung nach OR 722 188

KGK 292
KMU, Umstrukturierungen 302, 308, 312
Kollektivanlagengesetz 290
Kollektive Kapitalanlagen 290
- Anlagefonds 291
- Arten 290
- Definition 290
- geschlossene 292
- Investmentgesellschaft mit festem Kapital 293
- Investmentgesellschaft mit variablem Kapital (SICAV) 291
- Kommanditgesellschaft für kollektive Kapitalanlagen (KGK) 292
- offene 291

Kollektivgesellschaft
- Haftung 98

Kollektivgesellschaft
- Abgrenzung 90
- Auflösung 101
- Ausschluss 96
- Aussenverhältnis 96
- Austritt 95
- Beendigung 101
- Beiträge 93
- Beschlussfassung 93
- Buchführung und Rechnungslegung 94
- Definition 89
- Eintritt 95
- Elemente 90
- Entstehung 91
- Firma 96
- Fortsetzungsklausel 95
- Geschäftsführung 93
- Gesellschaftsschulden 93
- Gesellschaftsvermögen 93
- Gewinn- und Verlustbeteiligung 93
- Haftung 94
- Handelsregister 92
- Innenverhältnis 93

- Konkurrenzverbot 94
- Konkurs 100
- Liquidation 101
- Nachfolgeklausel 95
- Sitz 97
- Verantwortlichkeit 94
- Vertretung 97

KollG s. Kollektivgesellschaft
Kombinationsfusion 225
KommAG s. Kommanditaktiengesellschaft
Kommanditaktiengesellschaft 229
- Elemente 231

Kommanditär 57, 83, 106, 108, **110**, 112
Kommanditeinlage **111**, 113
Kommanditgesellschaft 105
- Abgrenzungen 108
- Auflösung 120
- Ausschluss 115
- Aussenverhältnis 115
- Austritt 114
- Beendigung 120
- Beiträge 111
- Beschlüsse 112
- Buchführung und Rechnungslegung 113
- Definition 106
- Eintritt 114
- Elemente 107
- Entstehung 109
- Firma 116
- Fortsetzungsklausel 114
- Geschäftsführung 112
- Gesellschaftsschulden 112
- Gesellschaftsvermögen 112
- Gewinn- und Verlustbeteiligung 113
- Haftung 117
- Handelsregister 109
- Innenverhältnis 110
- Kommanditär 110
- Komplementär 110
- Konkurrenzverbot 113
- Konkurs 119
- Liquidation 121
- Nachfolgeklausel 114
- Sitz 116
- Verantwortlichkeit 113
- Vertretung 116

Kommanditgesellschaft für kollektive Kapitalanlagen (KGK) 292
Kommanditsumme 107, **111**, 113, 118, 119
KommG s. Kommanditgesellschaft
Kompetenzvermutung zugunsten
- der Verwaltung der Genossenschaft 264

- des Verwaltungsrates der AG 181

Komplementär 106, **110**, 112

Konkurrenzverbot
- AG, Verwaltungsrat 188
- Einfache Gesellschaft 76
- GmbH 250
- KGK 293
- Kollektivgesellschaft 94
- Kommanditgesellschaft 113

Konkurs **225**
- AG 136, 149, 215
- Genossenschaft 276
- GmbH 239, **254**
- Kollektivgesellschaft 100
- Kommanditgesellschaft 119

Konkursaufschub 149

Konsolidierungspflicht 283

Konstitutive Kapitalherabsetzung 165

Kontrollrechte
- Aktionär 202
- Einfache Gesellschaft 73
- Gesellschaft 31
- GmbH 249
- Kommanditgesellschaft 112
- Konzern 285

Kontrollübernahme 285

Konzern 280
- Abgrenzungen 281
- Begriff 280
- Definition 280
- Divisionaler Konzern 283
- Durchgriff 287
- endogener Aufbau 282
- exogener Aufbau 282
- Haftung 286
- Haftung aus erwecktem Konzernvertrauen 287
- Holding 282
- Konsolidierungspflicht 283
- Konzernbildung 282
- Konzernleitung 284
- Managementgesellschaft 282
- Minderheitenschutz 285
- Stammhaus 282

Konzernbildung 282

Konzernleitung 284

Konzernrechnung 283

Konzernvertrauen 287

Körperschaften 32

Kündigung
- AG, Aktionär 200
- AG, Verwaltungsrat 182
- Einfache Gesellschaft 80
- Genossenschaft 273
- GmbH 250
- Kollektivgesellschaft 101
- Kommanditgesellschaft 120

Kurzfristige Verbindlichkeiten 50

L

Langfristige Verbindlichkeiten 50

Legitimation
- Anfechtungsklage 178
- Nichtigkeitsklage 180
- Verantwortlichkeitsklage 215

Liberierung
- AG 129, 135, 143, 151, 200
- Genossenschaft 263
- GmbH 234, 250

Liquidation
- AG 224
- Einfache Gesellschaft 81
- GmbH 254
- Kollektivgesellschaft 101
- Kommanditgesellschaft 121

Liquidatoren
- AG 174, 219, **225**
- Genossenschaft 258
- GmbH 242, **255**
- Kollektivgesellschaft 102
- Kommanditgesellschaft 121

Lösungen 317

M

Managementgesellschaft 282

Mangelhafte Generalversammlungsbeschlüsse 178

Mangelhafte Organisation der AG 172

Marke 50, **56**

Materialaufwand 52

Meinungsäusserungsrecht 175, **202**

Minderheitenschutz
- AG 134, 206, 224
- Fusionsgesetz 294
- GmbH 243
- Konzern 285

Mindestkapital
- AG 129
- GmbH 234

Mitarbeiteraktien **163**, 164, 202

Miteigentum 91, **93**, 112

Mitgliedschaftstitel 150

Mittelbarer Schaden 214

Muttergesellschaft 281, 282, **283**

N

Nachfolgeklausel

- Einfache Gesellschaft 77
- Kollektivgesellschaft 95
- Kommanditgesellschaft 114

Nachschusspflicht 34
- Genossenschaft 261, 271
- GmbH 250, 251

Namenaktien 134, 144, **151**, 154
Namenpapiere 151
Natürliche Personen 27
- AG, Verwaltungsrat 182
- Einfache Gesellschaft 69
- Genossenschaft 268
- GmbH, Geschäftsführer 246
- Kollektivgesellschaft 89
- Kommanditgesellschaft 107

Nebenleistungspflichten in der GmbH 250
Nennwert 150
- AG 129, 143, 151, 166
- Genossenschaft 260
- GmbH 237, **239**, 249

Nettovermögen 80, **151**
Nichtigkeit
- Generversammlungsbeschlüssen der AG 180
- Gesellschafterbeschlüsse der GmbH 246
- Versammlungsbeschlüsse der Genossenschaft 267
- Verwaltungsratsbeschlüsse 183

Nichtigkeitsklage 180
No intra corporate conspiracy 280

O

Offene kollektive Kapitalanlagen 291
Offene Reserven 54
Offene Tür, Prinzip 259, 272
Offenlegungspflicht 203
Öffentliche Aufgaben 29
Öffentliches Interesse 40
Optionsanleihen **163**, 164, 202
Ordentliche Generalversammlung 173
Ordentliche Kapitalerhöhung 160
Ordrepapiere 151
Organ
- faktisches 63
- formelles 63

Organe 39, 62
- AG 172
- Genossenschaft 264
- GmbH 242
- Personengesellschaften 68, 97, 108

Organisation
- AG 171
- Genossenschaft 264

- GmbH 242

Organisationsreglement 135, 183, 269
Organvertreter 176
Originärer Erwerb von Aktien 199

P

Partiarische Rechtsgeschäfte 30, 82
Partizipant 153
Partizipationskapital 142, 144, **153**, 166
Partizipationsschein 153
Passiven **48**, 55, 145
Personalaufwand 52
personenbezogene Gesellschaft 34
Personenfirma 56
Personengesellschaft **27**, 28, 45, 60, 62
Personenvereinigung 27
Pflichten des Gesellschafters
- AG 200
- Einfache Gesellschaft 71
- Genossenschaft 271
- GmbH 250
- Kollektivgesellschaft 93
- Kommanditgesellschaft 111

Pflichten des Verwaltungsrates 186
Prokurist 186
Protokollführung 176
Prozentmässige Beschränkung des Erwerbs eigener Aktien 144
Prozessfähigkeit
- Juristische Person 33
- Kollektivgesellschaft 96
- Kommanditgesellschaft 115

Prozesskosten 180, 216
Prüfung, Sonderprüfung 203
Publizitätsprinzip 38

Q

Qualifizierte Gründung
- AG 130
- Genossenschaft 261
- GmbH 235

Quorum
- AG, Generalversammlung 177
- AG, Verwaltungsrat 183
- Einfache Gesellschaft 74
- Genossenschaft 265
- GmbH 243
- Kollektivgesellschaft 93
- Kommanditgesellschaft 112

R

RAG 189, 191
Rechnungsabgrenzungsposten 49

Rechnungslegung 47
- Anhang 52
- Bewertungsregeln 55
- Bilanz 48
- Erfolgsrechnung 50
- Geschäftsbericht 48
- Grundsätze 53
- internationaler Rechnungslegungsstandard 46
- Inventar 48
- Jahresbericht 48
- Konzernrechnung 46, 283
- Pflicht zur kaufmännischen Buchführung und Rechnungslegung 44
- spezialgesetzliche Grundlagen 46
- zusätzliche Anforderung an die kaufmännische Rechnungslegung 45

Rechnungslegungsgrundsätze 53

Rechte des Gesellschafters
- AG 200
- Genossenschaft 270
- GmbH 249

Rechtsfähigkeit
- AG 127
- Einfache Gesellschaft 66
- Genossenschaft 257
- GmbH 232
- Juristische Person 33
- Kollektivgesellschaft 90
- Kommanditgesellschaft 107

Rechtsgemeinschaften 32

Rechtspersönlichkeit 32
- AG 126
- Einfache Gesellschaft 68
- Genossenschaft 258
- GmbH 232
- Kollektivgesellschaft 89
- Kommanditgesellschaft 107

Rechtsübergang
- Börsenkotierte Namenaktie 156
- nicht börsenkotierte Namenaktien 158

Reglement 134, 238, **245**, 263

Reinertrag 263, **270**, 278

Reserve
- Aufwertungsreserve 209
- eigene Aktien 209

Reserven 208
- allgemeine Reserven 209
- Allgemeine Reserven 209
- Ausschüttungsverbot 143
- beschlussmässige Reserven 210
- gesetzliche Reserven 209
- offene Reserven 208

- Schutz des Aktienkapitals 145
- statutarische Reserven 209
- stille Reserven 210
- Verbot der Einlagenrückgewähr 143
- Verrechnung des Verlustes 146

Revision des Aktienrechts 227

Revisionsaufsichtsgesetz 189, 192

Revisionsbericht 194

Revisionsexperte 191

Revisionshaftung 220

Revisionsstelle 189
- Abberufung 191
- Anforderungen an die Unabhängigkeit 192
- Aufgaben 193
- eingeschränkte Revision 189
- Funktion 189
- Haftung 195
- ordentliche Revision 189
- Organ der Gesellschaft 172
- Rücktritt 192
- Wahl 191

Revisor 191

Rückstellungen 50

Rücktritt
- Revisionsstelle 192
- Verwaltungsrat 183

S

Sachanlagen 50

Sacheinlage
- AG 131
- Einfache Gesellschaft 71
- Genossenschaft 261
- GmbH 235
- Kollektivgesellschaft 93
- Kommanditgesellschaft 111

Sachfirma 56

Sachübernahme
- AG 131
- Genossenschaft 261
- GmbH 236

Sanierungsmassnahmen 146
- Aufwertung von Grundstücken oder Beteiligungen 147
- Herabsetzung des Aktienkapitals 148
- Kapitalerhöhungen 147
- Verrechnung des Verlustes mit Reserven 146

Schaden
- mittelbarer 214
- unmittelbarer 214

Schuldenruf 225, 307

Schutz der Beteiligungsquote 202

Schutz des Aktienkapitals 142
- Ausschüttungsverbot 143
- Beschränkung des Erwerbs eigener Aktien 144
- Bildung von Reserven 145
- Kapitalherabsetzung 145
- Liberierungspflicht 143
- Verbot der Aktienausgabe unter dem Nennwert 143
- Verbot der Einlagenrückgewähr 143

Schutzrechte des Aktionärs 202
Selbsthilfe, gemeinsame 258
Selbsthilfe, Gemeinsame **259**
SHAB 304, 307
Sitz
- AG 137
- Einfache Gesellschaft 68
- Genossenschaft 275
- GmbH 252
- Kollektivgesellschaft 97
- Kommanditgesellschaft 116

Sonderprüfung 203
Sorgfaltspflicht
- der Verwaltung einer Genossenschaft 268
- des Personengesellschafters 76, 94, 113
- des Verwaltungsrates 187

Spaltung 304
- Ablauf 307
- Arten 305
- Definition 304
- KMU 308
- Schutz 308
- Zulässigkeit 305

Stammanteil 234, 239
Stammhaus 282
Stammhauslösung 282
Stammkapital 234
Statuten 129, **133**
Statuten der AG
- absolut notwendiger Statuteninhalt 133
- bedingt notwendiger Statuteninhalt 134
- fakultativer Statuteninhalt 134

Statuten der Genossenschaft
- absolut notwendiger Statuteninhalt 262
- bedingt notwendiger Statuteninhalt 262
- fakultativer Statuteninhalt 263

Statuten der GmbH
- absolut notwendiger Statuteninhalt 236
- bedingt notwendiger Statuteninhalt 237
- fakultativer Statuteninhalt 238

Stellvertretung 62
- AG 186
- AG, Gründergesellschaft 137
- Einfache Gesellschaft 78
- Genossenschaft 275
- Kollektivgesellschaft 97
- Kommanditgesellschaft 116

Stille Gesellschaft 82
Stille Reserven 54, 147, 208, **210**
Stimmbindungsverträge 244
Stimmkraft/-recht
- AG 202
- Genossenschaft 265
- GmbH 244
- Personengesellschaften 74, 93, 112
- Stimmrechtsaktien 152

Stimmrechtsaktien 152
Stimmrechtslose Aktie
- Partizipationskapital 153
- Vinkulierung 157

Stimmrechtsvertreter, unabhängiger **176**, 228
Strafrechtliche Verantwortlichkeit
- Juristische Person 33
- Revisionsstelle 195

Substanzwert einer Aktie 151

T

Tagesregister 39
Tantieme 188
Tantiemen 143
Täuschungsverbot 58
Teilnahme an der Generalversammlung 175, 201
Teilnahme, unbefugte 179
Tochtergesellschaft 280
Tod eines Gesellschafters 95, 120
Traktanden 174
Transitorische Aktiven 49
Transitorische Passiven 50
Treuepflicht 34
- Aktionär 177, 200
- Genossenschaft **270**
- Genossenschafter 259
- GmbH 250
- Personengesellschafter 76, 94, 113
- Verwaltungsrat 187

U

Übernahme durch eine öffentlich-rechtliche Körperschaft 277
Überschuldung 149
Übertragung der Mitgliedschaft
- AG 154, **199**
- Einfache Gesellschaft 77
- Genossenschaft 272
- GmbH 250

- Kollektivgesellschaft 95
- Kommanditgesellschaft 114
- Personengesellschaft 34

Übertragungsvertrag 314
Übrige kurzfristige Forderungen 49
Umwandlung 309
- Ablauf 311
- Definition 309
- KMU 312
- Rechtsformverändernd 310
- Schutz 312
- Übertragend 311
- Zulässigkeit 310

Unabhängiger Stimmrechtsvertreter 176
Unbefugte Teilnahme an einer GV 179
Unentziehbare Rechte des Aktionärs 206
Universalsukzession
- Fusion 298
- Spaltung 307
- Vermögensübertragung 313

Universalversammlung
- AG 175, 181
- Genossenschaft 266
- GmbH 242

Universalversammlung der AG 173
Unmittelbarer Schaden 214
Unterbilanz **145**, 148, 241
Unternehmen, kaufmännisch 37
Unternehmung als Sacheinlage 132
Unübertragbare Aufgaben des Verwaltungsrates 184
Unverzichtbare Rechte des Aktionärs 206
Urabstimmung 265
UWG 60

V

Verantwortlichkeit innerhalb
- AG 213
- Einfache Gesellschaft 76
- Genossenschaft 258
- GmbH 253
- Kollektivgesellschaft 94
- Kommanditgesellschaft 113

Verantwortlichkeit innerhalb der AG 213
- Emissionsprospekt 217
- Geschäftsführung 219
- Gründung 218
- Liquidation 219
- Revisionsstelle 220
- Verwaltung 219

Veräusserungswert **54**, 149
Verbindlichkeiten
- kurzfristig 50
- langfristig 50

Verbindlichkeiten aus Lieferungen und Leistungen 50
Vereinigung von Personen 27
Verjährungsfrist
- Ausscheiden aus einer einfachen Gesellschaft 77
- Ausscheiden aus einer Kollektivgesellschaft 95
- Verantwortlichkeit innerhalb der AG 217

Verlustbeteiligung 31
- AG 126
- Einfache Gesellschaft 75
- Genossenschaft 258
- GmbH 234, 250
- Kollektivgesellschaft 93
- Kommanditgesellschaft 113

Vermögen
- AG 127, **142**
- Einfache Gesellschaft 68, 79
- Genossenschaft 258, **263**
- GmbH 239
- Kollektivgesellschaft 89, 93
- Kommanditgesellschaft 107, **112**
- von Gesellschaften 33

Vermögensrechte
- AG, Aktionär 150, **200**
- AG, Genussschein 154
- AG, Partizipant 153
- Einfache Gesellschaft 75
- Genossenschaft 270
- GmbH 240, **249**
- Kollektivgesellschaft 93
- Kommanditgesellschaft 113

Vermögensschaden 214
Vermögensübertragung 313
- Ablauf 314
- Definition 313
- Schutz 315
- Zulässigkeit 313

Vermögensverwaltung 290
Verrechnung
- als Sanierungsmassnahme 146
- bei der Gründung einer AG 132

Verrechnungsverbot 54
Versicherungsgenossenschaften 278
Vertretung 60
- AG, Allgemein 127, 172
- AG, Generalversammlung **176**, 201
- AG, Gründergesellschaft 137
- AG, Verwaltungsrat 185
- Begriff 60
- bürgerliche Stellvertretung 62

- Direktor 253, 269
- Direktoren 172
- Einfache Gesellschaft 78
- Genossenschaft 275
- Gesellschafter 62
- GmbH 252
- Handelsregister 39
- Handelsreisender 186
- Kaufmännische Vertretung 62
- Kollektivgesellschaft 97
- Kommanditgesellschaft 116
- Körperschaften 32
- Organ 62
- Prokurist 172, 186, 188
- Rechtsgemeinschaften 32
- Vertretungsarten 62
- Vertretungsbefugnis 60
- Vertretungsmacht 60

Vertretung des Aktionärs 176, 201
- Depotvertreter 176
- Dritte 176
- Organvertreter 176
- unabhängiger Stimmrechtsvertreter 176

Vertretung des Genossenschafters 266
Vertretung des Gesellschafters in der GmbH 245
Vertretungsmacht 60
- Einfache Gesellschaft 78
- Geschäftsführer einer GmbH 253
- Kollektivgesellschafter 97
- Kommanditär 117
- Komplementär 116
- Organ 62
- Verwaltungsrat 185

Vertriebsaufwand 52
Verwaltung der Genossenschaft 268
- Delegation an Dritte 269
- Pflichten 268
- Verwaltungsausschuss 269

Verwaltungsaufwand 52
Verwaltungsausschuss der Genossenschaft 269
Verwaltungsrat 181
- Abberufung 182
- Aufgaben 184
- Beschlussfassung 183
- Entschädigung 188
- Funktion 181
- Geschäftsführung 185
- Haftung 188
- Nichtigkeit 183
- Organisation 183
- Pflichten 186
- Recht auf Einsicht und Auskunft 184
- Rücktritt 183
- Sorgfaltspflicht 187
- Treuepflicht 187
- Vertretung 185
- Wahl 182

Verwaltungsratsbeschlüsse 183
Vetorecht
- Einfache Gesellschaft 73
- Gesellschafter einer GmbH 244
- Kommanditär 112
- Verwaltungsrat der Kommanditaktiengesellschaft 230

Vinkulierung 154
- börsenkotierte Namenaktien 155
- gesetzliche 155
- nicht börsenkotierte Namenaktien 157
- statutarische 155

Vorräte 49
Vorwegzeichnungsrecht 163, **202**
Vorzugsaktien **153**, 205

W

Wahl der Revisionsstelle 191
Wahl des Verwaltungsrates 182
Wahlen der Generalversammlung 177
Wandelanleihen 162
Wertberichtigungen 52, **55**
Wertpapier 49, **126**, 151, 217, 263
Wertschriften 49, 52
Wettbewerb 76, 280
Wohlerworbene Rechte 206

Z

Zeichnung der Aktien **129**, 161, 199
Zentralregister 39
Zession 138
Zirkulationsverfahren 183
Zwangsvollstreckung
- Auflösung einfache Gesellschaft 80
- Vinkulierung von Aktien 155, **158**

Zwischenbilanz **149**, 268, 301, 307, 311